한국교회사

개정판
한국 교회사

김해연 지음

성광문화사

헌 증 사
(獻呈辭)

이 책을 지금은 천국에 먼저 가신
내 어머니 이남희 권사 영전(靈前)에
삼가 드립니다.
내 어머니는 나를 영아 때 대구에서
주님께 서원으로 바치고
계속 눈물의 기도를 하셨습니다.

1997. 9. 30

소자 김 해 연 드림

개정판 서문

　본서는 3년 전에 간행한 『한국교회사』의 개정판으로서 보다 충실한 신학대학원 교재가 됨을 목표하고 더 나아가 초판의 미비점을 보완하고 역사의 흐름을 명료히 하며 사상의 맥을 찾는 데도 관심을 두었고, 특히 기독교 인사들의 생애와 사상 및 일화에도 적잖은 지면을 할애한 동시에 시대의 편성을 새롭게 하여 원시시대를 두었다. 그리고 사서(史書)로서 종전과 같이 삽화 또는 지도를 넣어 이해와 흥미를 돕고자 하는 동시에 초판에 있었던 본문의 참고도서는 모두 삭제하였다.

　또한 부록도 개편하여 「한국교회 영도권 문제」 대신에 「샤머니즘과 한국의 문화 및 기독교」를 넣었고 「한민족의 기원과 사상」이라는 새 연구를 삽입하여 단지파 후예론을 보충하고 초기 한민족의 사상의 형성을 개괄적이나마 발굴하여 한국사와 한국기독교사 연구에 보탬이 되고자 하였다. 또한 최근에 대두된 「여성의 지위(안수) 문제」도 논하였고, 「네비우스 선교정책과 한국교회 영향」에 대한 글도 싣게 되었다.

　필자로서는 많은 자료를 수집하여 최선을 다 한다고 하였으므로 얼마나 새로운 내용이 된 것인지에 대해서는 독자들의 평가에 맡기고 부족한 사람이 이만한 책을 쓰게 됨에 대하여 하나님께 감사하고, 또 감개가 무량하다. 무엇보다 난삽한 원고를 맡아 출간해 준 성광문화사에 감사하며 이 책의 원고를 교열한 분들께도 이 자리를 빌어 고마움을 전하며 본서를 대하는 모든 성도들이 한국교회 내력에 대하여 좀 더 알고 사랑하며 더욱 훌륭한 봉헌이 있기를 기도드린다.

　　　　　　　　　　　　1997. 7. 31

　　　　　　　　　　　　　　　　기독신학대학원 대학교에서
　　　　　　　　　　　　　　　　죽 전 김 해 연 배상

<일러두기>

※ 선교사의 명칭은 한국식(韓國式)으로 통일한다.
1. 스왈론(W. L. Swallon)→ 소안론(W. L. Swallon, 蘇安論)
1. 맥길(William McGill)→ 맥우원(William B. McGill)
1. 정킨(Junkin)→ 전위렴(W. M. Junkin, 全偉廉)
1. 데이트(Tate)→ 최의덕(L. B. Tate, 崔義德)

선교사들의 한국식 명칭은 주로「Protestant Missionaries in Korea」 1893-1983, Allen D. Clark, The Christian Literature Society of Korea, 1987에 의지하였음을 밝히며 그 외에 약간의 사료(史料)에 의지한다.

※ 천주교 신부들의 명칭은 라틴어에 준하였다.
1. 안또니오 꼬레아(Antonio Corea)
1. 깔레티(F. Carletei)

※ 한국명이 없는 선교사나 서양인들의 이름은 종래의 것을 따랐다.
1. 토머스(John Thomas)
1. 존 T. 언더우더(John T. Underwooder)

차 례

<개정판 서문>/7

총론 21
  제 1 절 총괄적 서술(敍述) 21
  제 2 절 시대구분과 각 시대의 성격 23
  제 3 절 한국교회사론 24
    1. 선교사(宣敎史)에 치중된 사서(史書)들/25
    2. 사건사(事件史)에 입각한 역사/27
    3. 순교사/29
    4. 교리사 및 사상사/30
  제 4 절 한민족의 기원:단지파설 34

Ⅰ. 원시 시대사(A.D 751-?) 37
  제 1 절 경교의 전래 37
    1. 경교란 무엇인가?/37

2. 경교의 전래/37
    1) 한국 선교의 가능성/37
    2) 경교의 특색과 경교비의 내용/38
제 2 절 가락국(駕洛國)을 통한 기독교 유입(流入) ················ 39

II. 천주교 전래 시대(1593–1868) ························ 43
제 1 절 천주교 신부들의 예비적 전교(傳敎) ················ 43
제 2 절 천주교와의 예비적 접촉 ······················· 44
  1. 예수회 신부 세스페데스/44
  2. 소현세자의 접촉/47
  3. 허균(許筠)/48
  4. 정두원(鄭斗源)/49
  5. 홍담헌(洪湛軒)/49
  6. 이이명(李頤命)/50
제 3 절 서학(西學)의 연구와 가성직 시대 ················ 51
  1. 강학회와 그 이전의 서학에 관한 관심/51
  2. 홍유한(洪儒漢)의 토착적 신앙/52
  3. 이승훈(李承薰)의 수세(受洗)/53
  4. 가성직(假聖職) 시대/54
  5. 김범우 사가(私家)에 모인 최초의 교회/55
  6. 초기 천주교의 특색/56
제 4 절 초기 천주교 수난 ·························· 60
  1. 사대교난(四大敎難)/60
  2. 황사영 백서/66
  3. 오다 줄리아(太田 Julia)/66
  4. 한국의 천주교 박해 동기: 전통 사회와 충돌/67

III. 선구자들의 시대(1627–1884) ······················ 71
  1. 박연(Jan Janes Weltvrée, 朴燕)과
     합매아(Hendrick Hamel, 合梅兒)의 표도(漂到)/71

2. 바실 홀과 머리 맥스웰의 성경전래/73
　　3. 곽실렵(Karl F. A. Gutzlaff, 郭實獵)/74
　　4. 최초의 개신교 순교자 최난헌(Robert Jerain Thomas, 崔蘭軒)/76
　　5. 위렴신(Alexander Williamson, 韋廉臣)/79
　　6. 나약한(John Ross, 羅約翰) 목사의 고려문(高麗門) 전도/80
　　7. 선교사 곽현덕(Hunter Corbett, 郭顯德)과
　　　 적고문(Calvin W. Mateer, 狄考文)/84
　　8. 이수정(李樹廷)의 활약/85

Ⅳ. 각 교파의 전래와 개화 및 항일운동시대(1885〜1919) ············ 91
제1절 각 교파 선교사들의 입국과 사역(使役) ······················ 91
　　1. 원두우(Horace Grant Underwood, 元杜尤)와
　　　 아편설라(Henry Gerhart Appenzeller, 亞扁薛羅)/91
　　2. 성공회 선교사/98
　　3. 호주 장로회 선교사/99
　　4. 카나다 장로회 선교사/100
　　5. 남장로회 선교사/101
　　6. 침례회 선교사/102
　　7. 남감리회 선교사/105
　　8. 동양선교회의 한국 선교/106
　　9. 구세군의 한국 선교/108
　 10. 오순절교회의 전래/109
　 11. 정교회(正敎會)의 전래/110
　 12. 안식교 전래와 허시모(C. A. Haysmer, 許時謨) 사건/111
제2절 선교지 분할과 선교정책 ································ 112
　　1. 선교지 구분/112
　　2. 선교정책/113
　　3. 구체적 선교 방법/115
제3절 한국 사회의 개화와 기독교 ····························· 131
제4절 초기 기독교와 조선 사회의 실정 ························ 140

제 5 절 한국 초기 교회의 대부흥과 발전(1903-1910) ·············· 152
  1. 시대의 변천/152
  2. 1907년의 부흥/153
  3. 한국교회 부흥의 증거/156
제 6 절 항일운동과 기독교 ·································· 160
  1. 이승훈/162
  2. 조만식/165
  3. 김마리아/169
  4. 안창호/170
  5. 남궁억/173
  6. 전덕기/179
  7. 박용희/181
  8. 박승봉/181
  9. 박원경/182
  10. 박상동/182
  11. 이상재/183
  12. 정재면 목사와 명동학교(明東學校)/184

V. 개신교회의 성장과 계몽기(1919-1938) ·················· 187
제 1 절 교회의 정치체제 확립 ······························· 187
제 2 절 교회의 사회적 책임 ································· 193
제 3 절 조선 사회의 빈곤상과 기독교회 ······················ 195
  1. 빈곤의 문제/195
  2. 교회에 끼친 빈곤의 문제/196
  3. 사회 활동에 지대한 관심을 보이다/197
제 4 절 겨레와 함께하는 교회 ······························· 198
  1. 105인 사건/198
  2. 순지분(D. W. Stevens, 順知分)과 장인환(張仁煥)/200
  3. 겨레의 운명을 죽음으로 짊어진 천주교인 안중근(安重根)/201
  4. 3·1 독립운동과 교회의 수난/202

5. 3·1 독립운동과 선교사/210
   6. 3·1 운동의 결과와 교회의 참여 의의(意義)/211
   7. 한국 교회가 3·1운동에 가담한 의의/212
   8. 당시 기독교회의 각오/212
제 5 절 환난에서도 계속 성장하는 교회 ························· 213
   1. 교회 전진 운동/213
   2. 한국교회의 내외 활동/225
제 6 절 한국적 종파 운동과 이단 ······························· 240
   1. 종파 운동/240
      1) 최태용의 복음교회/240
      2) 자치교회의 조직/244
         (1) 최중진의 자치교회/244
         (2) 김장호의 조선기독교회/244
         (3) 이만집의 자치교/245
         (4) 마산 예수교회/246
      3) 변성옥의 조선 기독교회/246
      4) 하나님의 교회 : 성결교 분리/247
      5) 김교신(金教臣)과 성서조선/248
      6) 적극신앙단/251
   2. 한국적 이단과 신비파/253
      1) 이용도의 신비주의/253
      2) 이용도 목사와 원산파 접신극/255
      3) 황국주의 피가름과 목가름/257
      4) 남방 여왕/258
      5) 메시야 운동과 시온산 제국/258

Ⅵ. **신앙 투쟁기(암흑기, 1938 – 1945)** ················· 261
제 1 절 신사참배 강요와 한국교회의 투쟁 ··················· 261
   1. 신도의 정체와 한국교회/261
   2. 신사참배 강요/263

3. 신사참배 반대 투쟁/272
   1) 평양신학교 학생의 반대운동/272
   2) 선교사들의 불참배 운동/273
   3) 박관준 장로의 진정서/274
   4) 김선두 목사의 일본 정계요원 동원 투쟁/276
   5) 교역자들의 규합 투쟁/276
   6) 그 밖에 투쟁 용사들/285
   7) 일본 조합(組合, 구미아이) 교회와 기타 교회/287
제 2 절 한국 교회의 순교적 신앙 전통수립과 신학적 갈등 ············ 289
제 3 절 해방전 교회사 회고 ·· 294

Ⅶ. 양적 증가 및 무질서의 시대(1945-1963) ··················· 297
〈해방후 시대의 총론〉 ·· 297
제 1 절 조국 광복 ·· 298
  1. 일본의 항복/298
  2. 대한민국 독립/299
  3. 교회 재건 운동/300
     1) 북한 정권의 수립과 교회의 재건/300
        (1) 북한 정권의 수립/300
        (2) 교회 정화 작업/301
     2) 출옥 성도들의 재건 구상/302
     3) 남한 교회의 재건 및 새 교단/303
        (1) 남부대회/303
        (2) 감리교 재건/303
        (3) 장로교 재건/304
        (4) 성결교 재건/305
        (5) 구세군 재건/305
        (6) 침례교 재건/306
        (7) 안식교 재건/306
     4) 복구파 및 재건파 탄생과 그 내력/307

제 2 절 공산당과 교회의 충돌 ··· 307
  1. 북한 교회의 수난/307
  2. 남한 교회의 수난/310
제 3 절 피난 교회의 활동 ··· 313
  1. 피난민 전도운동/313
  2. 종군 전도/314
  3. 봉사활동/314
  4. 예술활동/315
  5. 문서활동/316
  6. 기독교 박물관 재건/317
제 4 절 전란을 극복하는 교회 ·· 317
  1. 교회 재건/317
  2. 신앙 부흥 운동/318
제 5 절 전도 사업 ·· 322
  1. 국내 전도/322
  2. 해외 선교/325
제 6 절 교육 및 문화사업 ··· 326
  1. 교육/326
  2. 문화사업/332
제 7 절 교회의 분열과 합동 ·· 337
  1. 교회의 분열/337
  2. 장로교의 분열/340
  3. 장로교의 연합운동/348
제 8 절 한국에 들어온 기관과 자생적 기구 및 한국적 유사종교 ········ 352
  1. 한국에 들어온 기관과 자생적 기구 및 교파/352
  2. 자생적 유사종파 및 이단/361
제 9 절 각종 전도운동과 빈야드(Vine Yard) ······················· 371

Ⅷ. 한국적인 신학의 건설과 교회의 성장기(1963 – 현재) ············ 373
제 1 절 각종 신학의 모색 ··· 373

1. 평신도 신학/373
   2. 토착화 신학/374
   3. 미시오 데이(Missio Dei) : 하나님의 선교/376
   4. 민중신학/377
   5. 여성신학/378
   6. 통일신학 시도/379
   7. 포스트모던 신학과 종교다원주의/382
   8. 영성신학/384
   9. 생태학적 신학/386
   10. 성(誠)의 신학/388
제 2 절 초대형 집회와 미래지향적 목표 설정 ·························· 390
   1. 복음화운동/390
   2. 빌리그래함 전도집회/391
   3. 엑스폴로 74/392
   4. 민족 복음화 성회/392
   5. 각 교단의 목표(1984)/392
   6. 전군신자화/393
   7. 경목, 교도소/394
제 3 절 성경번역을 통한 선교(한국적 신학수립의 일환) ············· 395
제 4 절 주는 교회로 발돋움하다 ······································ 396
제 5 절 토착적 기독교 미술가들 ······································ 399
제 6 절 한국적 찬송 ·· 402
제 7 절 서양 기독교 음악의 전래 ····································· 403
제 8 절 개신교 선교 100주년 대회 ···································· 405
제 9 절 8·15 50주년 : 희년(禧年, 1995)···························· 406

결론 ··· 407
   1. 한국교회의 어제와 오늘/407
   2. 한국교회의 당면과제/410

부록 : 한국교회사 특강
부록 Ⅰ. 한국교회 부흥소사 ···································· 417
제 1 절 해방 전 시대 부흥 ···································· 418
  1. 하리영(하디)이 주도한 부흥운동/418
  2. 영계 길선주/419
  3. 신유의 종 김익두/422
  4. 김종우 목사/425
  5. 감리교 김창식 목사/425
  6. 임종순 목사/426
  7. 순교의 대명사 주기철/427
  8. 소위 최권능 목사/428
  9. 신비가의 대표자 이용도/429
  10. 관북의 믿음의 아버지 전계은/430
  11. 전도집회자 유한익/431
  12. 국내외에 전도한 감리교 정남수/431
  13. 이명직 목사/431
  14. 해방 전 사회상과 부흥/432
제 2 절 조국광복 후 부흥 ···································· 433
  1. 장로교 부흥사 전재선 목사/434
  2. 신유의 종 박재봉 목사/435
  3. 전형적 부흥사 이성봉 목사/436
  4. 용문산 기도원의 나운몽/437
  5. 최다의 집회인도자 박용묵/438
  6. 양도천/439
  7. 감리교의 이강산 목사/439
  8. 「한국의 예레미야」 김치선 목사/439
  9. 최근의 동향/440
  10. 여성 부흥사들/440
    1) 명향식/440
    2) 우태숙/441

3) 변계단/441
　　4) 최자실/441
　제 3 절 한국교회 100년의 개신교 인물 자료 · 441
　제 4 절 한국교회 부흥회의 어제와 오늘 · 444

부록 Ⅱ. 샤머니즘(Shamanism)과 한국의 문화와 기독교 · · · · · · · · · · · · 445
　1. 서론적 고찰/445
　2. 샤머니즘의 본질/449
　3. 무속의 이념/451
　4. 샤머니즘과 한국 기독교와의 상관성/452
　5. 종교와 문화의 상관성 : 타종교와의 대화/461
　6. 무속과 한국인의 의식 구조/468
　7. 맺는 말/470

부록 Ⅲ. 근세 조선의 역사와 기독교 · 473
　제 1 절 조선 후기의 사회상과 문화 · 473
　　1. 병자호란과 북벌론/474
　　2. 사림의 문화와 당쟁/474
　　3. 실학의 발달/476
　제 2 절 천주교의 전래와 박해 및 신앙형태 · 484
　　1. 천주교 전래/484
　　2. 1만여명 순교와 신앙자유 획득/492
　　3. 조선 천주교 신앙공동체와 신앙형태/502
　제 3 절 조선정부의 천주교에 대한 인식과 정책 · · · · · · · · · · · · · · · · 506
　　1. 조정의 천주교 인식/507
　　2. 조선 조정의 천주교 대책/509
　　· 종결/511

부록 Ⅳ. 한민족의 기원과 사상 (단지파 후예론에 근거하여) · · · · · · · · · · 513
　1. 서론 · 513

2. 한민족의 기원 ·· 514
   1) 먼저 단지파의 내력을 살펴본다./515
   2) 언어와 종족에 의한 고증(考證)/517
   3) 고전(古典)과 풍속에 의한 고증/524
3. 한민족의 사상 ·· 526
   1) '우리'라는 집단주의/526
   2) '구실'을 중히 여기다/527
   3) 운명사상 : 팔자타령/527
   4) 「홍익 인간」/527
   5) 한국은 「동방예의국」/529
   6) 한국 민족 특유의 사생관(死生觀)/530
   7) 한민족 고유의 기(氣) 철학/532
4. 결론 ··· 534

부록 Ⅴ. 여성의 지위(혹 안수) 문제에 대한 소고
　　　＜한국교회의 경우와 병행하여＞ ················· 537
1. 김춘배(金春培) 목사의 여권 주장/538
2. 여권 문제와 김영주의 모세 저작 부인설 및 아빙돈 성경/538
3. 여성 신학자 피오렌자(S. Fiorenza)의 해석학/539
4. 채정민의 「정통의 교회도 俗染은 可畏 ― 여자에게 言權이 없다」/541
5. 「석명서」(釋明書)/543

부록 Ⅵ. 네비우스 선교정책과 한국교회 영향 ············ 547
1. 삼자(三自)의 선교정책/549
   1) 자급(自給)/549
   2) 자전(自傳)/550
   3) 자치(自治)/551
2. 네비우스 선교정책의 특징/551
   1) 선교의 대상/551
   2) 지도자 훈련/553

3) 치리권의 위임/554
   3. 네비우스 선교정책이 한국교회에 미친 영향/555
     1) 긍정적인 면/555
     2) 부정적인 면/558
     3) 현대의 적용 가능성/559

부록 Ⅶ. 한국 기독교 초대 여성운동사 · 561
제1절 기독교 여성운동의 자취 · 561
   1. 초기 범국가적 여성운동/561
   2. 초기 기독교 여성운동/563
   3. 농촌운동/564
   4. 절제운동/565
   5. Y.W.C.A./566
   6. 기독교 문화운동/567
   7. 근우회/568
제2절 한국 기독교 초기 여성의 중심인물(38명) · · · · · · · · · · · · · · · · · · · 568

총 론

제 1 절 총괄적 서술(敍述)

한민족은 그 민족적 기원이 아직 불분명하고 거의 학술적 결론이 없으나 이스라엘의 잃어버린 단지파일 확률이 높다.[1] 만약 단지파가 우리의 조상이라면 한국 교회사의 연원(淵源)은 퍽 오랜 것이다. 그러나 실제로 최근의 복음과의 접촉은 중국이나 일본에 비하여 다소 일천(日淺)하지만 질적 면으로는 결단코 열등하지 않다. 한국은 구한말(舊韓末)의 정책 탓으로 열강과의 접촉이 자유롭지 않아 개방적인 중화나 섬나라 일본에 비해 늦게 서학에 접한다. 곧 중국은 아편전쟁(Opium War, 1839~42)을 계기로, 일본은 명치유신(1868)과 도꾸가와 바꾸후(德川幕府) 시대를 기점으로 서양 문물과 활발히 접한 것이다.

그러나 한국 교회의 발전은 먼저 초기 선교사들의 현명한 선교정책(Policy of Mission)과 지정학(Geopolitics)의 영향에 의해 외국과의 접촉은 늦어도 많은 전란은 도리어 종교적 계기가 되었고, 우리 민족 고유의 한(恨) 많음과 다정다감과 기복심은 항시 새로운 세계를 동경하였고, 창조적인 민족성은 새로운 종교와 문물을 결코 등한히 하지 않았으며, 또 한민족 고유의 인내심과

---

1) 본서의 부록 Ⅳ "한민족의 기원과 사상" 참조.

충절은 수없는 박해에도 굴하지 않는 신앙 전통을 이룩한 것이다.
　특히 일제(日帝)는 한민족의 정기(精氣)를 없애려고 조선어 금지와 창씨개명을 강요하는 동시에 내선일체(內鮮一切)를 위해 신사참배를 실시코자 했으나 이것에 성도들은 결코 쉽사리 굴복할 수 없었던 것이다. 일부에서 현실에 영합하고 또 원치 않으면서도 힘에 눌려 형식적인 순종을 한 이들도 있다. 그러나 이러한 박해가 마치 초대 기독교 즉 예루살렘 교회가 탄생한 후 얼마 되지 않아서 로마의 정권으로부터 심한 박해를 받음과 같이 모진 수난을 당해 그 때 한국교회는 결코 생존할 수 없을 것 같았으나, "순교의 피는 씨앗이다" 라는 터툴리안(Tertullian)의 말대로 그 씨는 싹이 나고 열매를 보았고 더욱이 기독교 신앙의 정통성을 고수하면서 크게 발전했으며, 8·15해방 후에도 많은 혼란과 함께 남북분단의 비극과 이데올로기(Ideologie) 때문에 또 한 차례 큰 진통을 겪고 38이북의 교회는 송두리채 사탄(Satan)의 수중에 넘어간 것이며 6·25 동란에 또 많은 순교의 피를 흘렸고 공산당을 피해 남하한 신실한 성도들의 신앙적 선도(先導)로 기독교는 크게 발전을 보았는데 이는 남한교회가 결코 무력하기만 하였던 것은 아니었음을 나타낸 것이다.
　최근의 동향은 다소간 신학적 논쟁도 있고 지나친 교파분열과 현대사조에 휩쓸리는 세속주의 경향이 없지 않으나 그래도 교회는 날로 증가되며 뜨거운 선교열을 지녔고 성직자, 평신도 할것 없이 세계 도처 특히 공산권까지 나가서 주는 교회가 되려고 몸부림이다. 그러나 한국교회의 급선무는 교회의 내실(內實)이며 무엇보다 민족통일의 과업과 사회정화(社會淨化)에 주역(主役)이 되어야 되는 것이다.
　우리가 한국교회사를 살피는 데는 먼저 한국사 및 동양사와 세계사와 연계에서 작업을 하지 않을 수 없다. 역사의 주인은 하나님이시라는 신주권사상(神主權思想)에 근거하여 하나님이 어떻게 이 민족과 교회를 이끄시며 우리 민족과 교회의 사명이 무엇인가를 정확히 규찰(規察)할 필요가 있는 것이다. 역사는 하나님의 역사(His Story)로서 보편사를 어떻게 섭리하셨으며 하나님의 구원의 기관인 교회가 하나님의 뜻을 얼마나 성취했는가를 비판해야 되는 것이므로 역사의 진자운동(振子運動, Pendulum Movement)의 모습을 그리는 것이 역사학도의 소명이며 그 진실을 보는 이들로 하여금 내일의 지표(指標)가 되게 함에 역사연구의 참된 뜻이 존재할 것이다.

우리는 더 나아가 '모든 진리는 하나님께 속한다'는 대원칙 아래서 모든 인간중심주의 사색을 배제하고 성삼위(聖三位)의 역사를 바로 기술해야 할 것이다.

제 2 절 시대구분(Division of the Ages)과 각 시대의 성격

어떤 역사든지 시대를 정확히 나누는 것은 어렵다. 사학자의 사관(史觀)에 따라 서술의 취지에 따라 다소의 차이가 생긴다. 본서는 교과서적 연구를 전제로 한 까닭에 가장 보편적 구성을 하였으되 그 서술에서는 다소간 폭넓은 서술을 한 때문에 정확한 시대 구분에 속하지 않은 경우도 있으나 대체로는 그 시대 범위에서 넘어가지 않으려 하였다.

I. 원시 시대사(A.D. 751-?)
II. 천주교의 전래시대(1593-1868)
III. 선구자들의 시대(1627-1884)
IV. 기독교 각 교파의 전래와 개화 및 항일운동기(1885-1919)
V. 성장과 사회계몽기(1919-1938)
VI. 신앙투쟁기(암흑기)(1938-1945)
VII. 양적 증가 및 무질서의 시대(1945-1962)
VIII. 한국적인 신학의 건설과 교회의 성장기(1963-현재)

고 김양선은 모두 여섯 시대로 나눈다. ① 전래시대(700-1884), ② 선교시대(1884-1900), ③ 부흥과 조직시대(1900-1912), ④ 발전시대(1912-1930), ⑤ 박해시대(1930-1945), ⑥재건시대(1945-1962).

한국교회 역사는 보편적으로 해방전과 해방후 50년으로 크게 나누어진다. 전반기에는 민족적 자립의 교회상을 형성하기보다는 선교회 중심의 교회인 피선교지교회(Younger Church) 형태를 결코 벗어나지 못했다고 볼 수 있고 후반기에 와서도 국권회복과 교회가 자리도 채 잡기 전에 6·25전란을 겪었기 때문에 또 교회는 외세의존의 교회형태가 된다. 그러나 점차로 정치적 안정과 경제성장으로 교회도 자립기를 맞는다. 70년대 후반부터는 소위 토착화 신학이 대두되고 민족주체적 교회상을 모색하게 되는 것이며 교회의 목소리도 점차로 한국 사회에서 굳어지게 되었으나, 한국사회의 경제 성장은 교회의 세속화 즉 유물주의와 배금사상의 침투로 말미암아 물량주의가 교회의 본질과 경건을 크게 해치는 결과도 초래하여 한국적 교회상의 수립과 함께 교회본연의 자세로 환원되어야 할 과제에 관하여 금세기 최대의 역사학자인 영국 캠브리지 대학의 H. 버터필드 교수는 "교회의 급선무는 성장이 아니라 교회 본질의 파수이다"(『기독교와 역사』에서)라고 한 것이다.

제 3 절 한국교회사론(韓國敎會史論)

어떤 역사기술(歷史記述)이든지 그 역사에 적합한 역사관과 수사론(修史論, Historiography)이 있다. 한국교회사 내지 한국기독교사는 한국 특유의 역사를 지니고 있기 때문에 어떻게 교회사를 편성하고 정리할 것인가의 문제가 생기는 것이며 그래야 한국교회사의 연구에 있어서 발전을 기하게 될 것이다.

역사는 단순한 연대기(Chronology)가 아니라 역사적 사실(The historical fact)의 주관적이며 또한 객관적인 해석을 하는 문학성을 가진다. 그래서 위대한 역사 철학자 헤겔(G. W. F. Hegel, 1770-1831)도 "역사는 객관적 방면과 주관적 방면을 종합하고 있어 사건(res gestae)을 의미함과 동시에 사건의 기술(historia rerum gestarum)을 의미한다" 하였다. 우리가 말하는 역사적 사실은 모두 사건을 뜻하지 않음은 너무도 자명(自明)하며 어떤 사건을 역사적 사실로 보고 그 사건의 참된 역사적 의미를 추구하는 데 역사가의 특권과 흥미가 있고 또 역사가는 역사교훈도 주의깊게 고려하는 것이다.

흔히 교회사 연구의 전형(典型)으로는 세가지가 있는데, 첫째는 사건 중심의 역사이며 둘째는 교리사 내지는 사상사 및 신학사가 있고 셋째는 복음전파의 과정을 살피는 소위 선교사(宣敎史)이다. 그 외에도 순교사(殉敎史)와 예배사(禮拜史) 및 권징사(勸懲史)도 연구하고 있다. 또한 기독교 생활사 및 도덕적 실천의 역사 나아가 기독교 학문과 문헌의 역사를 다루는 문헌사(文獻史) 및 기독교 학문사(基督敎學問史), 고고학(考古學), 그리고 더 나아가 교회부흥사(敎會復興史) 및 분열사(分裂史)도 연구과제이다.

1. 선교사(Missions History)에 치중된 사서(史書)들

한국 교회의 태동(胎動)에 한인(韓人)이 주체적이었음은 주지(周知)하는 바인데, 그러나 학문적으로 많은 공헌을 한 초대 외국 선교사들은 신구교를 막론하고 한국에서 교회의 성장과 발달에 대해 기록을 남겼다. 곽안련(郭安連, Charles A. Clark)의 "한국교회와 네비우스 방법"(The Korean Church on the Nevius Methods, 1930)은 교회의 성장을 특별한 선교정책 즉 네비우스(Nevius) 정책의 소산이라 하였다. 실로 그 정책은 한국교회 발전의 결정적 계기가 된 선교정책이었던 것은 누구도 의심치 않는다. 앞서 말한 곽안련은 평양신학교의 실천신학 및 종교교육을 가르치면서 많은 저서를 내어 한국의 신학교육에 큰 공헌을 한 것이다.

↑ 곽안련 목사

다음으로 1927년 간행된 용재(庸齊) 백락준(白樂濬)의 『한국개신교사』(The History of the Protestant Missions in Korea, 1832-1910)는 한국에 개신교가 전래된 경위를 세밀히 다룬 명저로서 앞으로 이만한 저서를 기대하기는 쉽지 않을 것으로 보는 이가 많다. 그후 1928년에 『朝鮮 예수敎 長老會史記』가 나왔고 그 이전인 1918년에 『長老敎會史典彙集』이 나왔다. 이 책들을 보면 당시 선교사들의 상황과 선교활동보고 및 총회, 노회의 전도상황을 소상히 밝힌다.

초대 한국 주재 외국 선교사들은 본국에 자기들의 활동상황을 자세히 보고하는 동시에 한국에서의 교회 설립 또는 그 발전상을 기록하고 나아가 한국의 역사와 지리, 풍속과 문화 또는 정치, 경제, 사회에 관한 많은 글을 남겼는데 "The Korean Repository"와 "The Korean Review" 또는 "The Korean Mission Field"가 좋은 자료이며 상당히 수준높은 선명한 인쇄로 된 정기 간행물이다.

또 미국 남감리회 선교사(宣敎史)를 쓴 왕영덕(Alfred W. Wasson, 王永德)의 『한국에서의 교회성장』(Church Growth in Korea)은 한일합병이 되는 1919년까지 약 10년 동안의 교회 침체를 지적하고 한국교회 성장과 퇴조가 정치적 또는 사회환경에 큰 영향이 있음을 지적한다. 1910년 남 장로교의 경우 새로이 입교한 교인이 2,010명이었으나 1915년에 겨우 825명이며 1919년에는 아주 줄어서 368명 뿐이라는 통계를 제시한다. 주기적 변천의 자취를 통한 역사이해도 퍽 흥미로운 방법 중에 하나인 것이다.

보다 학문적 체계를 지닌 연구서로는 1935년에 나온『한국선교사, 장로교회』(History of Korean Mission, Presbyterian Church U. S. A. 1884-1934, by Harry A. Rhodes)가 있다. 그리고 장정심(張貞心)은 감리교인으로서 1934년에『朝鮮 基督敎 50年史話』(京城)를 내었다. 보다 이전에 이능화(李能和)는 비기독교인으로서『朝鮮 基督敎 及 外交史』(京城, 1928)를 한문으로 지었으며 성결교회 이명직(李明稙)은 1929년에『朝鮮耶蘇敎 東洋宣敎會 聖潔敎會 略史』(京城)를 폈으며 천주교회도『朝鮮天主公敎會 略史』(京城天主會靑年聯合會, 京城)가 있다. 이것들이 모두 선교사(宣敎史) 형태로 쓴 것은 아니나 대부분 초기 선교활동 중심의 사실(史實)에 근거한 것은 분명하다 하겠다.

특히 괄목할 저서는 서명원(Roy E. Shearer, 徐明源)의 WILDFIRE : CHURCH GROWTH IN KOREA(한국어판 :『韓國敎會成長史』이승익 역)로서 그는 주기적 성장이론에 더하여 지역간의 차이도 있음을 밝힌다. 한국의 중부와 동남부 또는 서북부 지방의 성장이 차이가 있다고 하였다. 특히 서북부 지방에는 평양을 위시하여 선천, 재령, 강계 등지에 일찍이 선교부가 설치되었다〔관서지방의 기독교 발전에 대해서는『개화기 관서지방과 개신교』(한국근대화와 기독교, 한국기독교 연구논총 제1집, 이광린)를 보시오〕.

끝으로 1961년 곽안전(郭安全, A.D. Clark)의『한국교회사』(심재원 역)도 선교사들이 그들의 입장에서 쓴 간략한 서술이다. 물론 달레(C. H. Dallet)의 "Historie de l'Eglise de Coree"(Paris, 1874)는 방대한 천주교 한국전래사인데 최근에 완역이 되었으며, 1966년에 정기수 역의『조선교회사 서설』(탐구당)이 나왔던 것이다. 그리고 미국 정통장로교 선교사 하도례 (Theodore Hard, 河道禮)와 신내리(Alvin R. Sneller, 申內利)가 한국의 농촌선교 및 문화에 대한 좋은 자료를 제공하였다. 그리고 후자는 "한국교회 성장의 비결"(한국개혁주의 신행협회, 1992)이라는 유익한 논문을 간행하고서 작고(作故)한 것이다. 최근『한국교회사』(A History of The Church in Korea, CLS, 1971)를 개정한 클라크(Allen D. Clark)의 영문저서는 선교사로서 균형된 서술이 돋보인다.

2. 사건사에 입각한 역사

춘원(春園) 이광수(李光洙)가 지적한 것과 같이 한국교회는 학문적 열세와 연구의 빈약성을 면치 못하나 조선총독부는 1925년에 『朝鮮の 統治上 基督敎』(京城)를 펴낸다. 여기는 많은 통계자료가 나오나 신빙성이 희박하며 그 다음해에 감리교 양주삼(梁柱三) 감독이 『조선 남 감리교 30년 기념보』(경성)를 조선 감리회 전도국에서 발행한다. 그리고 1930년에 오천영(吳天永)은 『朝鮮農村敎會事業』을 내어서 특수한 자료를 제공한 것이며(耶蘇敎書會刊) 또 정인과 목사도 『朝鮮耶蘇敎 長老敎會史』(京城, 總會事務所, 1940)를 발간한 것이다.

그러나 한국교회사에 있어서 최초로 충실하게 쓴 역사서는 고(故) 김양선(金良善)의 『韓國基督敎解放十年史』(새로움 말씀사, 1956)이다. 그리고 같은 저자의 『韓國基督敎史 硏究』(기독교문사, 1971)도 그의 사후 생질(甥姪)인 김광수(金光洙)에 의해 발간되었다. 두 저서는 한국교회사 연구에 필독을 요하는 귀중한 저술로 평가된다. 또한 이호운(李浩雲)의 『韓國基督敎會初期史』 역시 1832-1905년에 일어난 사건들을 상세히 사료와 함께 흥미롭게 서술한 역작(力作)으로 평가 받는다.

한편 일본에서 목회에 종사하면서 교회사 연구에 몰두한 오윤태(吳允台)는

← 경교돌십자가(통일신라시대)

↑ 십자무늬장식(통일신라시대)

1978년 『韓國基督敎史』 I, II, III을 내놓았다. 특히 경교(景敎)에 관계된 연구업적은 그 신빙성 여부를 떠나서 괄목할만 하다고 본다. 신라시대 특히 통일신라 때 한국에 기독교 특히 경교(Nestorianism)가 들어온 것은 확실하다. 어떤 문명사가(文明史家)는 경주에 있는 "첨성대"도 본래는 페르샤나 근동 지역에서 유행된 짐승의 "먹이 창고"였다고 하였다.

↑ 마리아상(통일신라시대)

한국교회사 서술의 해방 후 초창기에 변종호(邊宗浩)도 『한국기독교사 개요』(1959, 심우원)를 내어서 많은 독자층이 있었다. 좀 서술이 적고 복잡한 것이 흠이었으나 많은 사건들을 다루고 많은 역사적 지식을 제공한 책이다. 근래에 와서 연세대 민경배는 많은 논문과 함께 몇권의 사서(史書)를 저술하였으나 그가 주장하는 민족사관에 대해서는 긍정적 측면과 함께 한계성도 있을 것이다.

그리고 한국교회가 낳은 천재 채필근(蔡弼近)은 『朝鮮基督敎發展史』를 거의 1년간 연재하였다(1938-8 -1938-12. 기독신문). 또한 김광수 박사의 여러 권의 저서는 신중하고도 진지한 연구자세와 업적으로서 한국교회에 길이 남을 것이다. 그리고 장신대학의 이영헌 교수가 쓴 『韓國基督敎史』도 상세하고 훌륭한 저서이다. 최근에 개혁주의 신행협회에서 김영재 교수는 『韓國敎會史』(1992)를 발행하였는데 그 저서는 개혁주의 역사관에 입각하면서도 한국교회의 순교적 전통을 지키고자 하는 노력이 엿보이는 역작이다. 역사가는 유명한 역사학자인 랑케(L. V. Ranke)의 말대로 "그것이 본래 어떻게 있었느냐"(Wie es eigentlich gewesen war)를 보여 주는 데 더욱 충실해야 된다.

3. 순교사(殉敎史)

한국 교회 최초의 순교사화(殉敎史話)는 1839년 소위 기해교난(己亥敎難)을 기록한 현석문(玄錫文)의 『긔힉일긔』(기해일기, 1905)이다. 이 문서는 완전본이 아니며 선교사가 해설을 첨가한 것으로서 귀중한 자료이며 이 책은 프랑스어로 번역되어 로마 교황청으로 보내졌다고 한다.

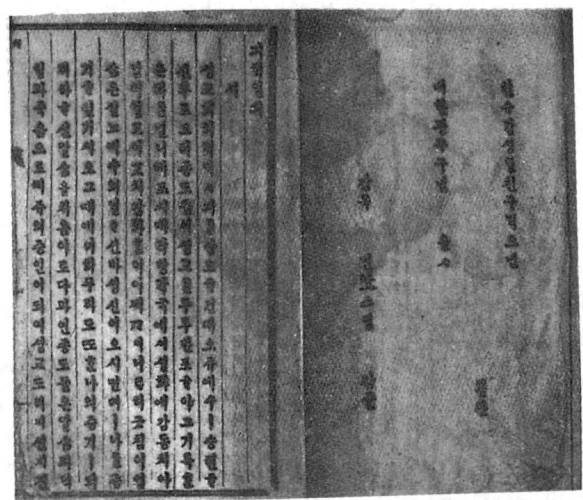

← 기해일기

↑ 순교자 한경희 목사

일본인 浦川和三郎은 1944년 『朝鮮殉敎史』(大阪)를 저술하였으며 김춘배 목사는 『순교사화집』(성문학사, 1951 초판)을 내었는데 서양의 기독교 순교사와 한국의 천주교회 순교사를 함께 다루었다. 김린서(金麟瑞)는 『한국교회 순교사와 그 설교집』(신앙생활사, 1966)에서 만주에서 순교한 한경희 목사의 순교를 1935년 1월이라 했으나 1934년 11월에 만주 얼음장 밑에서 순교한 것이다(그의 3남 신옥氏가 밝힘, 국민일보, 1992. 6. 29). 그리고 만주와 몽고 선교에서 희생된 이현태(李賢泰)

목사도 몽고인들에게 박해를 받아 심한 상처를 입어 1939년 1월 5일에 별세한 것이라(상게서, p. 166) 전한다.

김광수는 순교사를 따로 저술한 후(1979),『韓國基督敎人物史』(基督敎文社, 1981)에서 순교자들인 주기철, 백홍준, 박관준, 김응락, 李줄리아, 이승훈, 김대건, 안중근을 상세히 취급했다. 최근 1977년 교단 창설 30주년 기념 대성회(고려파)에서는 "순교정신을 계승하자"는 표어로 순교정신을 더 높였으며, 1956년 안용준은『태양신과 싸운 이들』(칼빈문화사, 부산)을 저술하여 신사참배 반대와 순교적 신앙을 고양(高揚)시켰고, 로마 카톨릭에서는 르네 앙드레앙(안응렬 역)의『한국 79위 순교 복자전』(경향 잡지사, 서울)을 출판했다. 유홍렬은 1962년에『高宗治下 西學受難의 硏究』(乙酉文化社)에서 천주교 박해사를 밝히며 그의『한국천주교회사』(카톨릭 출판사, 1962)는 기독교 수난사만 아니라 방대한 자료로 교회와 사회제반에 걸쳐서 또는 종교와 사상 및 학술을 신앙적 관점에서 상론(詳論)한 명저인 것이다.

또한 최석우(崔奭祐)는『丙寅迫害資料硏究』(韓國敎會史硏究所, 1968)를 펴냈고, 그후 다시금 김춘배는『한국기독교수난사화』를 증보하여 낸 것이다. 그리고 성결교 오영필은『성결교회 수난기』(기독교 대한성결교회 출판부, 1971)를 썼으며 안응렬은『순교 복자전』의 개정판을 발간했으며(1974), 또한 박용규도『한국교회 인물사』(전7권) 가운데『순교자』(제5권, 선교문서출판부)를 펴낸 것이며 같은 해에 나온 윤재영 번역의『황사영 백서』(정음사)도 좋은 순교사 연구자료이다. 끝으로 1981년에 김수진이 지은『자랑스런 순교자』(범론사)가 있다는 것도 밝혀둔다.

4. 교리사 및 사상사

가장 괄목할만한 한국 교리사 및 사상사 방면의 저서는 유동식의『韓國神學의 鑛脈』(韓國神學思想史, 展望社, 1982)이라 생각된다. 시대구분은 한국신학의 태동시대, 정초시대, 전개시대로 나누고, 신학자로는 최병헌의 종교신학, 양주삼의 목회신학, 송창근의 사회윤리, 박형룡의 근본주의적 교리이해, 김재준의 진보주의적 역사이해, 정경옥의 자유주의적 실존적 이해, 남궁혁의 신약신학, 변홍규의 구약신학을 논한다. 그리고 민중신학(서남동, 안병무, 현영학)과 종교신학(윤성범, 변선환, 김경재)도 체계화 하였고, 현대 한국신학의 상징적 인물로는 예수교 장로회 박형룡, 기독교 장로회 김재준, 감리회의 대표적 신학자로 홍현설을 꼽고 있다.

심일섭은 『한국신학형성사 서설(上, 下)』(기독교사상, 174-175, 1972, 11-12)에서 한국 기독교의 토착화 문제와 복음 선교의 전망을 논하였다. 이원순은 明淸來 西學書의 韓國思想史的 意義(史論選 1, 1976)에서 복음과 전통적 사상과의 문제를 다루었다. 또 김옥희는 『東學思想과 韓國初期 카톨리시즘』(신학 전망 44, 1979 봄)에서도 전통적, 토속적 종교사상과 기독교 문제를 논구한다. 한우근 역시 『이조 후기의 실학 사조와 天主教』(司牧 34, 1974. 7)를 논하고, 전경연의 『말세 신앙과 한국교회』(기독교 사상, 1961. 6)와 이종성의 『아우구스티누스의 역사관과 한국교회의 말세신앙』(교회와 신학 5, 1972), 최창영의 『茶山의 基督教 思想』(대국학원 25, 1960), 금장태의 『茶山의 양학사상과 서학정신』(司牧 34, 1974. 7), 금장태의 『천주교 전래와 한국 근세사상』(司牧 64, 1979. 7), 민경배의 『적극신앙단이 한국민족교회 형성에 끼친 영향 범위에 관한 연구』(기독교사상 174, 1972. 11), 간하배의 『韓國長老教 神學에 관한 研究』 I - II, (신학지남 134-136, 1966 ; 139-140, 1967), 『한국장로교회에 있어서의 시대주의』(간하배, 신학지남 139-140, 1967), 이근삼의 『한국 장로교회의 신학과 신앙고백의 정착화』(고신대 논문집 7, 1979. 5), 박형룡의 『한국장로교회의 신학적 전통』(신학지남 170, 1975), 그의 영문으로 된 『Korean Theology Where it has been ? Where is it going ?』(신학지남 157, 1972)을 참고함이 유익할 것이다.

김재준의 『한국교회의 신학운동』(기독교사상 28, 1960), 홍현설의 『기독교 대한 감리회의 교리적 선언과 한국교회』(기독교사상 271, 1981), 이종성의 『미국연합장로교회의 신앙고백과 한국교회』(기독교사상 271, 1981), 주재용의 『웨스트민스터 신앙고백과 한국교회』(기독교사상 271), 박봉랑의 『基長 신앙고백서의 神學』(세계와 선교 57, 66, 1978), 이근삼의 『신도 국가주의와 日本』(교회생활 2, 1974), 이영헌의 『신비사상의 역사적 고찰』(복된 말씀 20-22, 1973), 윤성범의 『이용도와 십자가 신비주의』(신학과 세계 4, 1978), 박봉배의 『이용도의 사랑의 신비주의와 그 윤리성』(신학과 세계

4), 민경배의 『이용도의 신비주의 연구』(현대와 신학 5), 또는 같은 저자의 『한국 종교의 신비주의적 요소』(신학논단 8, 1964)가 교리사와 사상사에 좋은 자료가 될 것이다.

또한 문상희의 『샤마니즘과 기독교』(세계와 선교 35), 장병일의 『유형학적 입장에서 본 기독교와 샤마니즘』(기독교사상, 1961)은 한국의 전통적 종교문화와 복음과의 충돌에 좋은 해답과 권위있는 해설이 된다. 그리고 신학사상 25호에는 박형룡 신학에 대한 논평이 나온다(이종성, 박아론, 신복윤, 김용옥, 김정준, 주재용). 또 『무교회론에 대하여(內村鑑三)』(김린서)는 신학지남 52에 있고 근일에 자못 문제가 되는 민족문제는 전택부의 『한국 기독교와 민족운동』(기독교사상 120), 주재용의 『韓末 基督教의 自主・民權意識』(신학연구 23), 민경배의 『韓國敎會와 民族運動, 그 系譜의 相關性』(교회와 민족, 1981), 홍이섭의 『민족운동에 나타난 新敎』(기독교사상 86), 서굉일의 『북간도 기독교인들의 민족운동 연구』(1-3, 신학사상 32-34, 35), 또는 박순경의 『民族問題와 神學의 課題』(신학사상 35)가 유익한 자료이다.

그리고 신학사(神學史)에 관한 글로는 『神學指南의 韓國神學史的 意義』(박형룡, 신학지남 171, 1975)가 있고, 또 지명관의 『한국교회 80년사 비판』(기독교사상 97-99), 이원순의 『초기한국 그리스도교사의 비교사적 일고』(한국학보 23, 1981 여름), 유동식의 『한국종교연구의 경향』(기독교사상 174), 손봉호의 『韓國敎會 成長과 基督敎 哲學의 定立』(미스바 6, 1981), 또는 이장식의 『景敎思想의 硏究』(신학사상 2)와 "景敎一神論硏究"(성선, 1971. 11), 이근삼, 허순길의 『한국 개혁신학의 발전사』(고신대 논문집 4, 1976)가 훌륭한 참고 논문이다. 또 1981년에 송길섭(宋吉燮)은 『韓國神學思想史』를 내었는데 상권에서 해방 전만 취급하였다.

신학사나 사상사 연구는 많은 전기류의 책들을 열람해야 되는데 그 이유는 교의신학적 제반문제를 역사적으로 서술하기 때문이다. 최덕성의 『Protestantism과 민족주의』(이스바 4), 민경배의 『한국 프로테스탄티즘 저항사』(기독교사상 154), 고환규의 『고당 조만식 선생』(기독교사상 272), 이장식의 『故晩雨 宋昌根 박사의 생애와 신앙사상』(신학연구 20), 지동식(池東植)의 『구두인 박사와 연세신학』(신학논단 12), 박봉랑의 『김재준 박사와 한신』(세계와 선교 56), 김찬국의 『김정준의 생애와 신학』(신학사상 35), 남궁혁의 『朴楨燦 목사의 사진과 그의 이력』(신학지남 31), 이장식의 『본 훼퍼와 주기철』(기독교사상 179), 민경배의 『初期 尹致昊의 基督敎 信仰과 開化思想』(敎會와 民族, 1981), 지동식의 『최태용의 시, 평론, 신학』(현재와 신학 6), 김광수의 『한국교회 인물사』(기독교문사 1981)가 아주 좋은 자료이다. 역사는 어떤 의미로는 인물사인데 역사책은 카아(E. H. Carr)의 말대로 그 책을 쓴 사람이 어떤 인물인가도 큰 문제이다.

근일에 흔히 논의(論議)되는 민중신학적 입장에서 교회사를 서술하려는 것은 민중(오클로스)을 곧 교회 구성원으로 보아서 복음을 믿고 회개한 하나님의 백성을 교회 구성원으로 보는 정통적 신학사상에 도전한다. 그러나 민족적 주체의식을 확립하려는 뜻은 참으로 귀하며 우리 한국교회나 민족의 선각자들이 민족주의적 신앙을 가진 것은 충분히 인식되고도 남으나 고의로 선교사관을 저버림이 문제이다. 다만 제국주의에 편승한 선교라 해서 복음전파와 식민주의를 혼동해서는 안될 것이라는 지적은 참으로 훌륭하다.

끝으로 한국교회사론을 마침에 있어서 수평적이며 직접적인 역사이해(Eusebius)와 다각적이며 열린 역사이해(St. Augustine)가 있어서 전자는 하나님의 역사간섭의 직접성만을 인식하나 후자는 보다 포괄적 이해로써 원만한 역사해석 내지는 역사의식이 형성됨을 지적코자 한다. 크로체(Benedetto Croce, 1866-1952)가 「모든 역사는 현대의 역사」라 함과 같이 과거의 역사를 현재라는 시각에서 과거를 이해할 때 올바른 역사의 가치평가는 이룩될 것이다.

역사가의 역할은 역사를 구성할 때 죽어있는 역사를 살아서 움직이는 역사로 만드는 일이며 이것은 콜링우드(R. G. Collingwood, 1889-1943)가 말한 것처럼 사건이나 역사가의 사상의 어느 하나만 아니고 상호관계 하에 있는 양자를 잘 처리할 때 가능하다. 다시 말하면 역사학자는 바른 역사 철학을 가져야 한다는 것이다.

제 4 절 한민족의 기원 : 단지파설

한민족의 기원이 이스라엘의 잃어버린 10지파(The Lost Ten Tribes) 중에도 단지파일 것이라는 데 대해서 본서의 "한민족의 기원과 사상"이라는 부록을 참작하기 바라고 여기서는 그 개략을 논한다. 먼저 단지파는 거처를 옮기는 때마다 그 지파의 명칭을 사용하였고 또한 기원전 14세기 경에 거처가 비좁아서 팔레스타인(Palestine)을 떠났던 증거는 거의 확실하고 이들이 한반도에 약 B.C. 12세기 경에 정착한 것인데 그 때가 고조선의 건국연대 즉 청동기 시대와 아주 일치한다. 원래 건국연대를 B.C 2333년으로 잡는 것이 정설(定說)이나 최근의 국사학계(國史學界) 연구에 따르면 주전 15세기에서 10세기에 걸쳐 있던 청동기 시대라고 한다. 만약 이러한 고고학(考古學)의 뒷받침이 없다면 아니 이러한 학설에 근거치 않는다면 단자손 기원설은 도저히 성립(成立)되지 않는다.

무엇보다 평양 대동강변에서 히브리 문구가 적힌 와당(תשפ, 도착했다)이 발견이 되었으며 한글 가운데도 고대 히브리 자모(字母)와 같은 것들이 발견될 뿐만 아니라 형질 인류학적으로나 언어학적으로 고찰하여도 우리 한민족은 몽고나 우랄과 알타이어계에 부속될 수 없다는 것이 학계의 중론(衆論)이다.

↑ 고대 히브리어 문양 와당(대동강 유역 평양 근교 출토)

총론 / 35

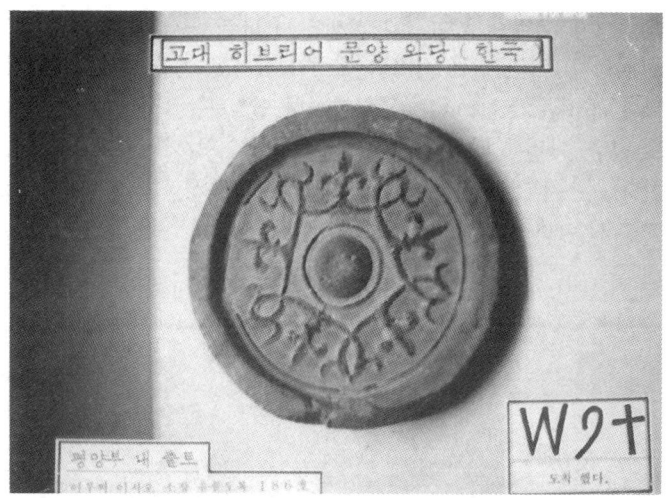

↑ <대동강변에서 발견된 기원전 12세기 것의 히브리어 문양(文樣)>, 현재 국립중앙박물관 소장

<단지파가 한반도에 정착하기까지의 대이동 경로>

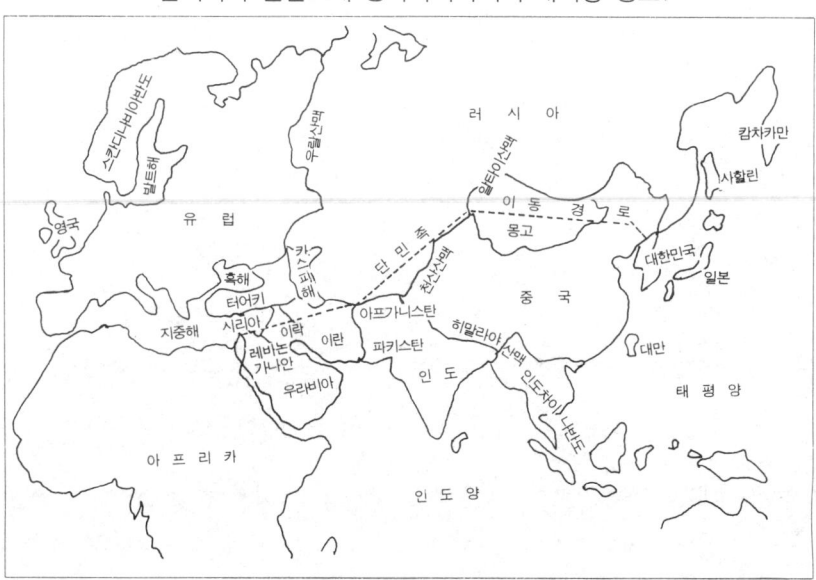

또한 이스라엘 풍속과 한국인의 풍속이 같다는 것은 일찍부터 많이 논의(論議)된 것이다. 다만 단군 설화의 해석에 있어서 이를 윤성범은 "삼위일체론의 잔해"(Vestigium trinitatis)로 확실히 인정하는 데 반하여 이를 거부하는 이들도 있다. 그런데 김봉은씨는 "단군 선민의 역사"에서 단민족의 이동경로를 밝힌다. 이 지도는 많은 자료의 연구에 따른 것으로 볼 수 있어 여기에 참고 자료로 싣는 바이다.

I
원시 시대사
(A.D. 751-?)

제1절 경교의 전래

1. 경교란 무엇인가?

경교(景敎)의 출발은 동로마제국 수도 콘스탄티노플의 주교 네스토리우스(Nestorius, 381-451)가 주장한 그리스도의 성품론(신성거부·다만 인성뿐)인데, 당나라에 와서 "밝은 종교"라는 뜻에서 경교라 불리웠고, 종교의 발원지 페르샤, 로마를 좇아 파사교(波斯敎), 대진교(大秦敎)라고 불리우기도 하였다.

2. 경교의 전래

1) 한국 선교의 가능성

신라와 당나라는 교분이 많았던 때문에 통일신라 때는 적어도 경교가 유입이 되었을 것이다. 이에 대하여 김양선(金良善)은 자신이 발굴한 석십자상과 마리아상(1956년 불국사에서 발견)을 경교의 것으로 단정한다.[1]

특히 영국의 여류 고고학자 고든(E. A. Gordon)[2]이 한국을 답사하고 경교 전래에 대한 확신을 얻어 자비로 금강산 장안사에 "대진경교중국유행비"(大秦景教中國流行碑)의 모조품을 건립한 것이다 (1917년).

아무튼 한국에 경교가 전파된 것은 민간에 미륵신앙이 생겼다는 것이 이를 잘 증거한다.[3] 원래 불교에는 미래관이 없는데 기독교의 메시야 사상의 유입으로 미륵불이 생겼고, 고든이 장안사에 경교비를 세운 것도 이것과 관계가 있을 것이라고 본다.[4]

그리고 일제때 압록강 건너편 안산(按山)에서 많은 경교 유물이 나왔고 한국의 유학자 이규경(李圭景)의 "오주연문"(五州衍文)에 경교에 관한 문구가 있으며 일본의 고대 역사서 서기(書記)에 당에 유학갔던 "홍법대사"(弘法大使)가 귀국할 때 경교인을 대동(帶同)한 것을 적고 있다.[5]

↑ 대진경교유행중국비

2) 경교의 특색과 경교비의 내용

경교는 마리아를 신모(神母)로 여기지 않고 「십자가」패를 달고 성찬 때 성자가 친히 내림(來臨)하신다 하며 육식(肉食)을 금하지 않고 또 금식을 장려한다. 그리고 성직자들의 독신주의를 강요치 않는다.

---

1) 본서 pp. 27, 28 참조. 현재 숭실대 박물관에 소장되어 있다.
2) E. A. Gordo, *Asian Christology and the Mahayana*, Tokyo, Maruzen, 1921, pp. 47, 48. 고든 여사는 미륵불의 원어 '메다로돈'은 성육신 이전의 메시야를 의미하는 것으로 보았다.
3) 이만열, 『한국기독교사특강』, 성경읽기사, 1996, pp. 23, 24
4) 李贊英, 『韓國基督教會史總覽』, 所望社, 1994, p. 58.
5) 일본에 경교가 전해졌다면 한국에는 더욱 많이 전해졌다는 것이다.

대진(大秦)의 경교비문의 주요 내용은 여호와의 창조와 인간의 범죄 타락, 메시야가 오셔서 십자가에 달려 죽으시고 부활한 것, 중생과 성령 및 세례를 말하고 신자는 매일 아침 7시에 예배와 독경할 것과 구제할 것과 당나라의 경교 전파 또는 경교 선교사들의 이름이 나타난다.

제 2 절   가락국을 통한 기독교 유입

가락국(42?-562)의 시조 김수로와 허황후가 기독교인이었다는 논의가 있다.「신앙계」1995, 3월에 따르면 김수로(金首露)는 자신이 하나님을 잘 섬기는 신령한 사람이었고 허황옥이 먼 뱃길을 오게 된 것도 상제(上帝)의 지시에 의한 것이었고, 그 상제는 기독교의 하나님이며 가락국의 유물들에는 이국적 색채가 짙다. '고배'나 '뿔잔'은 오늘날 천주교회가 사용하는 성찬기와 같고 '이형토기'라고 명명(命名)된 것은 구약 때 사용된 기름뿔로 보인다. 심지어 석상(石像)에 새겨진 목자는 양(羊)을 가슴에 품고 있다. 이를 가락국 문화 즉 가야 문화에 대해 심취한 조국현씨는 '목자상'으로 본다.

가락국의 관제(官制)나 지명(地名) 즉 신귀간(神鬼干), 사로국(斯盧國)은 모두 기독교적이다. 신귀간은 수로왕의 성직자이며 사로는 이스라엘의 샤론(Sharon) 평야이고 또한 사벌국(沙伐國)은 사울(Saul), 이서국(伊西國)

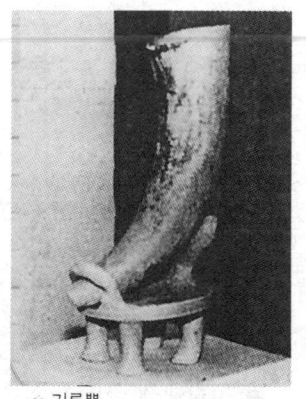
ㅜ 기름뿔

ㅜ 고배

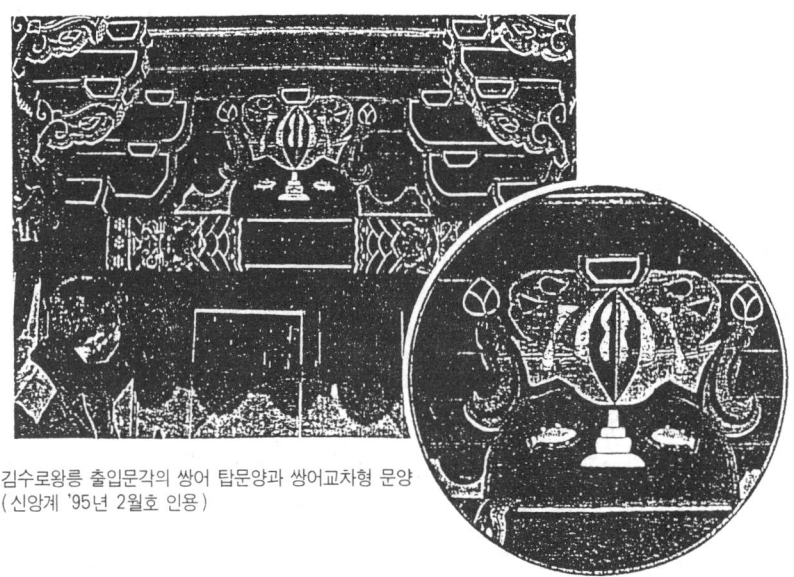

김수로왕릉 출입문각의 쌍어 탑문양과 쌍어교차형 문양
(신앙계 '95년 2월호 인용)

방상시탈 (중요민속자료 제16호)
우리 나라 최고(最古)의 가면 유물

은 이스라엘(Israel)을, 소문국 (召文國)은 솔로몬(Solomon) 을 연상케 한다.

그리고 지금도 가야 지방(김 해시 주변)에 가면 구지가의 노래는 애국가로 통할 정도라 한다. 이는 구지가가 당시 가야국 (가락)의 찬송가였다는 사실은 흥미롭다. 또 김수로 왕릉 안에 있는 '연화석'은 그 조각 형태가 인도의 것임을 시사한다. 그리고 그 왕릉 문에 새겨진 두마리의 물고기 형상도 기독교 전래를 나타낸다고 한다(유우식, 금

I. 원시 시대사 / 41

관가야 왕실의 기독교 신앙, 미간행물). 그런데 물고기 형상은 비단 기독교의 전유물일 수 없다는 데 문제가 없지도 않다. 즉 불교에서도 물고기는 잠을 별로 자지 않으므로 수행(修行)의 상징으로 삼는다. 또 허황후릉 석탑(5층)에는 유우식씨의 판독으로 1층에 '婆', 3층에 '娑', 예수의 얼굴을 상징하는 '虎'가 있어 이 탑은 파사탑(婆娑塔)이며 이는 경교(景敎)의 유입을 나타낼 것이다. 무엇보다 일찍이 장보고의 활약으로 극동항로를 장악하여 페르샤 상인들과 자연히 교섭이 잦았다.

쌍어입이 3층탑의 제2층을 향한 그림은
婆子次妻 즉 예수 신앙의 표현으로
보며 제3층은 次妻 예수의 제자
娑·馬·玉의 상징으로 본다.

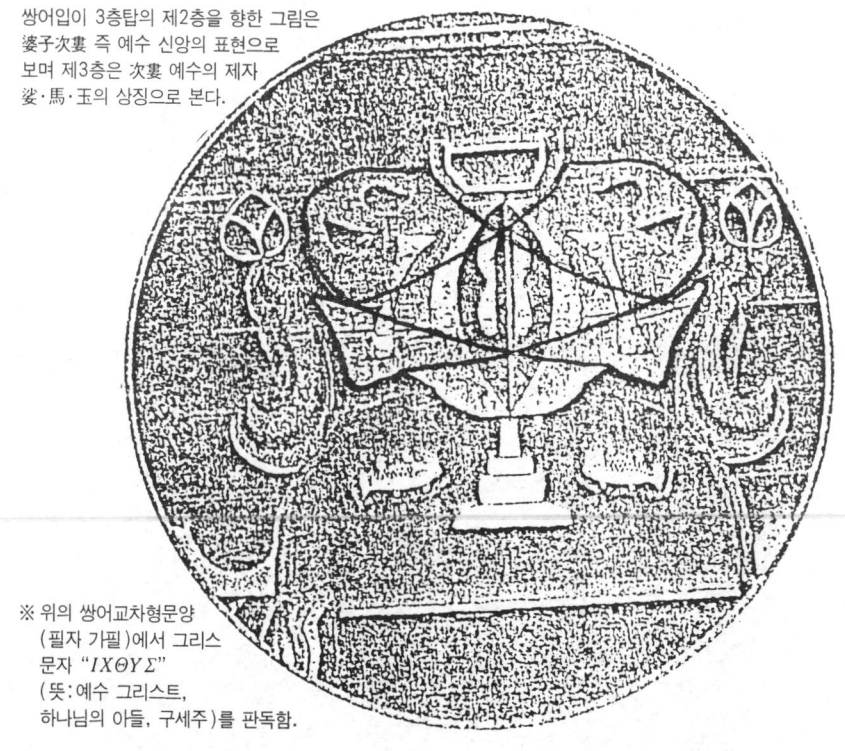

※ 위의 쌍어교차형문양
(필자 가필)에서 그리스
문자 "ΙΧΘΥΣ"
(뜻: 예수 그리스트,
하나님의 아들, 구세주)를 판독함.

<김수로왕릉 출입문각의 쌍어문 및 쌍어교차형문양(雙魚交叉形文樣 그림)>

특히 전기 유선생은 중요민속자료 16호 「방상시 탈」에서도 방상씨를 사도

도마로 주장하고 전기 쌍어문양에 방상시 얼굴을 판독한 것이다. 또 쌍어문양에서 $IX\Theta Y\Sigma$ 라는 기독교 상징을 보인다는 것은 참으로 놀라운 기독교 전래의 결정적 증거라 하겠다.

II

천주교 전래시대
(1593-1868)

제1절 천주교 신부들의 예비적 전교(傳敎)

정식으로 천주교가 한국에 전교하기 전에도 1567년부터 약 100년간 전후 여섯 차례에 걸쳐서 예수회와 다른 신부들이 한반도 선교에 대해 관심을 두었다.[1] 첫째는 일본 규수(九州) 등지에 사역한 포르투칼 신부 가스파르 빌렐라(Gaspar Vilela)와 스페인의 도미니코 신부 도미니코 요안(Dominico Juan) 또 방지거회 안또니오 데 쌍따 마리아(Antonio de Sainte Marie), 예수회의 노엘(Noel) 신부가 대표적인 인물이다. 다음은 조선인 수사(修士) 권·원선시오와 명나라 대신(大臣) 서광계(徐光啓)·바오로(Paulo)도 조선에 전교하려 하였고 특히 마리아는 1650년 조선의 한 항구에 왔으나 쇄국의 문이 도무지 열리지 않아 뜻을 이루지 못하고 북경으로 가서 사신들을 따라오는 상인들 틈에 끼여 조선에 접근하려고 한 것이다.[2]

가스파르 빌렐라의 통신문은 포르투갈 에보라(Evora) 신학교 한 수사와 아

---
1) 柳洪烈,『증보 한국천주교회사』(상권), 가톨릭출판사, 1962, p. 19.
2) _____, 전게서, p. 24.

비스(Avis) 수도원에 보낸 것으로서 내용은 다음과 같다.[3]

"일본에서 배로 10일쯤에 꼬라이(Coray, 高麗)가 있어 나는 4년 전에 거기에 가고자 하였다. 그 나라는 대(大) 타르타리아(Tartaria, 달단-韃靼 즉 만주)에 가는 길목에 있고 거기서 더 나가면 알레마니아(Allemania, 독일)에 이른다. 그 나라 사람들은 백인종이다. 나는 그곳에 가고자 하였으나 길이 막히어 못갔다. 그 나라로부터 중국 왕이 사는 페킹(Pakin, 北京)에도 갈 수 있다."

"…이 나라 사람들은 살결이 희고 싸움을 좋아하며 말타는 솜씨가 능숙하여 말 위에서 달리며 활, 창, 칼 등을 가지고 싸운다. 그들이 긴 수염을 가지고 끊임없이 사자와 호랑이의 사냥질을 함은 우리나라(포루트갈)에서 사슴이나 토끼를 사냥하는 것과 같다. 나는 그 나라에 가고자 하였으나 전쟁이 벌어져서 못갔다. (주께서) 부르시는 날이 아직 안온 모양이다. '주여 그들을 인도하사 빛(光明)을 주옵소서. 아멘.' 이와 같이 많은 이교도가 그들이 믿는 것 밖에는 아무것도 없는 줄로 알고 그 잘못에 속아서 망(亡)해감을 봄은 크게 슬픈 일이다."

제2절 천주교와의 예비적 접촉

1. 예수회 신부 세스페데스(Gregorio de Cespedes)

임난(壬亂) 때에 일본군 신자를 위해 예수회 신부 세스페데스(Gregorio de Cespedes)가 종군하였다. 그가 한국인들과의 접촉이 없었다는 게 종래의 주장이었으나(Allen D. Clark, The result of this … were, however, quite negative, and produced no result…) 그의 본국에 보낸 편지가 발견되어 약간의 선교활동을 한 것으로 볼 수 있다.[4]

---

3) 레온 피촌(Leon Pichon)의 견해는 가스파르 빌렐라가 한국에 가서 1567년에 사역했다고 "일본과 조선의 초기 관계사"(문헌보고, 제7권, 제1호, p. 2)에 주장했으나 이 외에 다른 것을 제시하지 못하였다.
4) 세스페데스는 일군 고니시(小西)의 제1군에 종군했는데 모두 1만8천7백명 가운데 신자가 1,800

Ⅱ. 천주교 전래시대 / 45

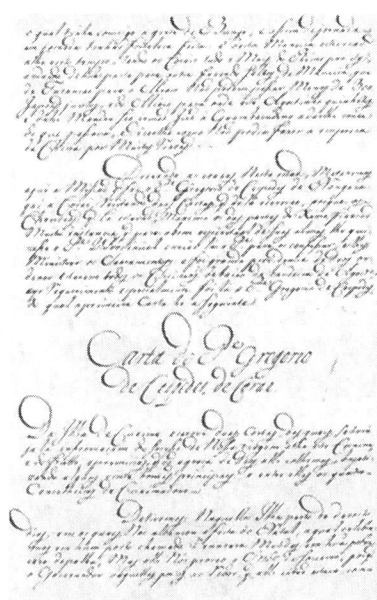

† 세스페데스의 편지(임진왜란 때 본국에 보냄)

그런데 달레(Ch. Dallet)의 책에는 세스페데스가 한국인을 전혀 접촉할 수가 없었던 것은 "소개령"(疎開令) 때문이라 한다.[5] 그러나 그는 일본에 가서 남양으로 팔려가는 한국인을 구제하려고 비상대회(1598. 7. 4)를 나가사끼에서 열고 조선인 포로 2천명을 구출하여 신변을 안전하게 하고서는 한국어로 번역된 각종의 교리서들을 가르쳐 세례를 주고 입교시켰다는 것이다.[6]

사실 일본에 잡혀간 한국인 가운데 (7년에 적어도 6-7만 혹 10만명) 귀환한 자는 7천명 정도이고[7] 기독교를 믿은 수효가 상당하였다 하니 적극적인 의미의 복음의 접촉이 생긴 것이

명이었다 한다(김윤경, 성서가 국어에 미친 영향, "성서와 한국 근대문화", 대한성서공회, 1960). 어떤 기록에 그가 두번에 걸쳐(1593-1595, 1597년 3개월) 웅천에서 한국인 남녀 또는 고아들에게 전도하였고 일본에 가서도 그곳으로 잡혀간 한국인들에게 전도하였다는 이 사실을 그는 2통의 서신을 통해 남겼다. Guzma, Historia de las Missiones, Alcala, 1601. 한국외대 박철은 한번 그가 왔으며(1593. 12. 27일 도착) 1년 체류한 것으로 밝힌다(朴哲, 예수회 신부 쎄스뻬데스-한국 방문의 최초의 서구인, 서강대학교 출판부, 1987). 박교수는 친히 스페인에 찾아가 그의 연고지를 두루 답사하고 관련 사료를 많이 발굴하여 이러한 결론을 낸 것이다.

5) "성(城)에서 성으로 돌아다니며 자연의 도리에 어긋나는 모든 질서없는 행동과 싸우면서 나쁜 버릇을 바로 잡고 성사를 행함으로써 일본인 교우들을 북돋아 주었을 뿐더러 이교도이던 많은 일본 군사에게도 세례를 주었다."(C. Dallet, Histoire de L'Eglise en Coree, 1874(安應烈, 崔奭佑 譯註, <天主教會史>上, 분도, 1979, pp. 281-282).

6) 山口正之, 耶蘇會宣敎師の 朝鮮捕虜救濟及 び敎化, 靑丘學叢, 第四號. 분도출판사, 한국가톨릭대사전, p. 676.
Thomas J. Campbell, S. J., The Jesuits, 1534-1921, The Encyclopaedia Press, London, 1921, p. 242.

7) 柳洪烈, 전게서, p. 32. Guzman에 따르면 이들 7천명 가운데 일본인도 섞여 있다. 李贊英,

다. 결국 6만명 이상이 마카오·인도 방면에 노예로 팔려가고 또 일본의 노예가 되는 중 극소수만 재질을 인정받아 대접을 받으면서 안락한 생활을 할 수 있었고 좋은 후원자를 만나 고생을 면하는 것이며 주로 기리시단(キリシタン, 切支丹) 가정에 팔려간 포로들이 그러한 혜택을 누린 것이다. 고니시 유끼나가(小西行長)의 딸 마리아 부인이 아버지로부터 받은 한국인 2인을 신학교(권 빈센트가 경도 신학교 수학)에 보내 성직자로 만든 것이 그 예이다. 이 때에 1606년 이탈리아 로마까지 간 안또니오 꼬레아(Antonio Corea)는 신부 깔레티(F. Carletei)의 구제로 로마에 가게 되었는데 그와 5인의 한국인이 석방된 가운데 안토니오 꼬리아만 특혜를 받았다. 지금도 이탈리아 알바에는 20여 가구가 꼬레아 성을 가지고 산다고 한다.

↑ 1991. 11. 9. 그의 고향에 세운
세스페데스 기념관(태극기 조형물)

↑ 안또니오 꼬레아

『歷史例話』, 소망사, 1991, pp. 20. 21. "이런 전쟁을 통하여 하나님은 그들의 신령한 유익을 도모하였으니 그 새로운 이삭의 첫 열매를 우리에게 알려 주셨다."(Louis Froes)

2. 중국에서 소현세자(昭顯世子)의 천주교 접촉

병자호란 때 청에 인질(人質)로 갔던 소현세자의 1645년 귀국에 즈음하여 천주실의(天主實義)[8]가 전래되었고 천구의(天球儀), 천문서 등을 가지고 왔다. 소현세자가 북경 주재 독일인 주교 아담 샬(John Adam Schall von Bell, 1591-1666)이 준 천주상과 교리문서를 거절한 말은 다음과 같다.

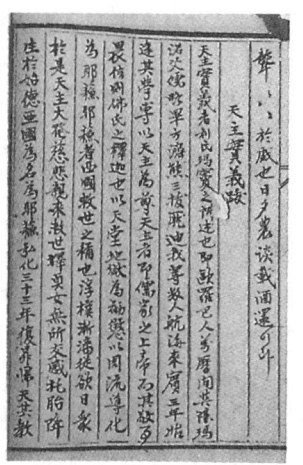

↑ 천주실의

↑ 아담 샬(이승훈 시세자)

---

8) Matteo Ricci(利瑪竇)의 『천주실의, De Deo Vera Doctrina』는 서구의 정신문화로는 중화사상을 극복함이 쉽지 않음을 보고 중국의 예속(禮俗)에 허용된 동양적 교의적 서적을 간행한 것이다. 모두 8편으로 구성되었고, 이수웅역(분도, 1984)이 있다. 1편은 천주가 처음으로 천지 만물을 만들고 주재하며 양양함을 논하고, 2편은 천주(天主)에 관한 오인(誤認)에 대한 해석, 3편은 영혼불멸, 동물과 차이, 4편은 귀신과 영혼이 다르고 천하만물이 일체일 수 없음을, 5편은 윤회사상과 살생금지의 오류 및 재소의 정의, 6편은 세상의 의미와 사후에 천당과 지옥, 7편은 인성의 선함과 천주교도의 정학론, 8편은 서양 풍속과 신부불혼과 천주의 서토(西土)강생(降生)을 해석한다(기독교서회, 기독교와 한국문화, p.15).
마테오 리치(1552-1610)는 이탈리아 출신으로 로마 대학에서 수학과 천문학을 배우되 당대의 유명한 수학자 클라비우스에게서 천문과 지리를 배우고 선교를 자원하여 1578년 인도 고아에, 1582년에 마카오에 도착하여 중국 선교의 문을 연다. 1601년 북경에 가서 궁중학자로 평생 헌신하고 그가 죽으니 국장의 예우를 한 것이다.

"…서양의 종교서적과 천주상을 우리 나라에 가져 가고 싶은 생각이 태산 같지만, 우리 나라에는 아직 천주교를 아는 사람이 없기 때문에 혹시나 잘못하여 천주상을 더럽힐까 두려운 바입니다. 그러므로 천주상은 다시 돌려 보냅니다."[9]

소현세자는 천주교 영세를 받은 환관들과 함께 귀국하여 그들을 궁내에 두고 천주교 신부를 맞아들여 잘 포교코저 했으나 겨우 70일만인 그해 4월 26일에 계모 조대비의 농간으로 갑자기 세상을 하직한 것이다. 세자는 전후 8년의 귀양에서 돌아와 2, 3일 병석에 앓다가 죽으니 별스러운 소문이 나돈다. 못가져 올 물건들(비단, 서적들) 때문이니 신의 노를 풀기 위해 소각하라는 것이므로 소각한 것이다. 또 세자를 잃은 인조는 명에서 온 환관들과 궁녀들을 6개월 만에 돌려 보낸 것이다.[10]

정교봉보(正敎奉褒)에 황비묵(黃斐默) 신부의 소현세자에 대한 글이 다음과 같이 나타난다.

"순치(順治) 원년(1644)에 조선 국왕 이종(李倧:仁祖)의 세자(昭顯世子)는 북경에 볼모로 와서 아담 샬(湯若望)의 명성을 듣고 때때로 천주당을 찾아와 천문학 등을 살펴 물었다. 샬 신부도 자주 세자 관사(舘舍)를 찾아가서 이야기함이 오래고 서로 깊이 사귀었다. 샬 신부는 거듭 천주교가 정도(正道)임을 말하고 세자도 자못 듣기를 좋아하고 자세히 묻곤 하였다. 세자가 귀국함에 미쳐 샬 신부는 그가 지은 서적인 주교연기, 진복성전, 주제군징을 위시하여 천문(天文), 산학(算學)에 관한 과학서와 여지구(輿地球) 한틀, 천주상 한폭을 보냈다. 세자는 삼가 이것들을 받고 손수 글월써 보내 치사하였다."

3. 홍길동전을 쓴 허균(許均, 1569-1618)이 천주교도가 되다.

허균은 1614년 사신을 따라 북경에 가서 지도와 게(偈) 12장(章)을 얻어와서 천주교를 믿었다는 증거가 많다(유몽인의 어우야담, 이규경의 오주연문장전산고). 여기 게 12장은 곧 기도문으로 12단(端)을 가리키고 있다. 한편

---

9) 柳洪烈, 전게서, p. 44.
10) ____, 전게서, p. 46.

허균이 천주교를 믿고 홍길동전(洪吉童傳)을 쓴 것은 그가 서자(庶子)였기에 설움을 받아 절에 들어가 불교도 배운 일이 있었으나 만족치 못하여 천주교를 믿게 된 것이고 서자의 슬픔을 소설화한 것이 바로「홍길동전」인 것이다.[11]

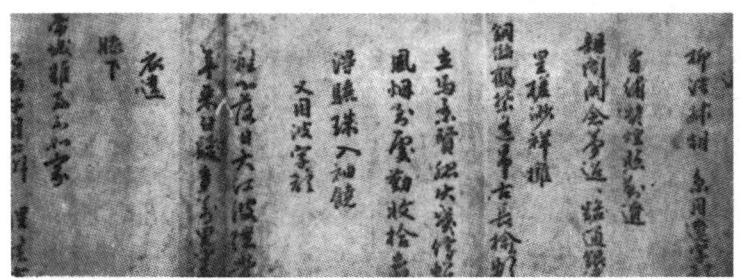

↑ 첫 신자 허균의 글

4. 정두원(鄭斗源)

정두원(鄭斗源)이 예수회 신부 로드리케즈(J. Rodriquez)로부터 홍이포 (紅夷砲) 제작법과 천문, 역학, 지리에 관한 서적을 받아 돌아왔고 인조와 백관이 임석한 중에 시험발사를 하여 서양 무기의 위력을 나타낸 것이며 이때 천주교 서적들도 반입이 되어 궁궐 창고에 사장(死藏)이 되었으나 후일 이익 (李翼)이 이를 발견하여 사학(史學) 연구에 크게 공헌하였다.

5. 홍담헌(洪湛軒, 1731－1783)

중국에 사신과 동행하여 북경에 33일 기거하는 중에 나흘간을 독일인 할레르스타인(Augustinus von Hallerstain) 등과 교류하여 천주교 교리를 배우고 진기한 시설물들을 북경 천주당에서 보고 크게 감탄한다. 또 과학서들과 망원경, 나침판을 구경하고 귀국 후 17년 동안을 연구에 몰두하여 혼천의기

---

11) ＿＿＿, 전게서, p. 56.

(渾天儀器)를 만든 것이다.

6. 이이명(李頤命)과 독일·스페인 신부들

이이명은 숙종의 승하를 고부(告訃)하는 주청사가 되어 북경에 가서 독일 신부 괴굴러(I. Kögler)와 스페인 신부인 핀혜이로(Pinheiro)를 만나 그들에게서 천문 역산에 관한 한역서(漢譯書)를 얻게 되었다. 이이명의 저서인「소제집」(疎齊集)에 괴굴러와 다른 신부에게 보낸 편지 내용이 있다.

"천주당의 문을 두드려 감히 방문하였더니 귀하께서 옛 벗과 같이 맞아 주었고 돌아올 때에는 선물까지 주어 기쁨을 더해줌으로 동서 10만리나 떨어진 사람들이 저절로 인연을 맺게 되어 이는 참으로 이상한 인연이라 하지 않을 수 없습니다. 어제 본 천주당은 거룩하고 엄숙하였으며 금빛과 찬란 빛으로 장식되어 눈이 부시었습니다. 이상한 상을 높이 매달은 것이나 향로와 촛대가 탁상 위에 놓여 있음은 불교의 사원을 방불케 하는 것 같았습니다. 귀하가 주신 애유락과 이마두 두분 선생의 글을 읽고 대략 그 뜻을 이해하였습니다. 아! 세간에서 도(道)를 즐겨 찾는 인사들이 모두 귀국의 학자처럼 열심을 품기만 한다면 성현의 학이 후세에 전해지지 않을까봐 염려할 까닭이 그 어디에 있겠습니까? 그와 같은 고심(苦心)에는 가히 귀신들도 감동할 것입니다. 무릇 상제(上帝)를 높이고 인간의 본성을 회복하고자 힘쓰는 바는 우리 유교의 도리와 동일한 것 같습니다."

위의 정두원, 홍담헌(일명 홍대용), 이이명 세 사람 사절들의 천주교와 서구 문화와의 접촉은 폐쇄된 조선 사회의 개명(開明)과 천주교를 도입하는 첨병의 역할을 하게 되었다. 그리고 이들은 이전의 실사구시(實事求是) 학풍의 계승이기도 한 것이다.

제3절 서학(西學)의 연구와 가성직 시대

1. 강학회(講學會)와 그 이전의 서학에 관한 관심

　서학에 관심을 기울이던 가운데 천주교에 관심을 갖기 시작한 이들이 생겼으니 주로 기호(畿湖)의 남인계 학자 정약종(鄭若鍾), 황사영(黃嗣永), 김범우(金範禹), 권철신(權哲身), 권일신(權日身), 정약용(鄭若鏞), 정약전(鄭若銓), 이가환(李家煥), 이벽(李檗), 이승훈(李承薰) 등이었다. 그들이 양주의 천진암, 주어사(走魚寺) 등지에 모여 천주교 교리학습을 하되 교리서에 적힌 대로 주일(主日)을 준수하고 조석(朝夕)으로 기도하며 금요일에는 고기를 금하고 그들이 지킬 수 있는 계율(戒律)을 지킨 것이다.
　당시 상황에 대해 이원순은 다음과 같이 서술한다.

　　"겨울에 주어사에 우거하면서 강학회를 가졌는데… 그들은 녹암(권철신)이 정한 규정에 따라 새벽에 기상하여 찬 물로 세수하고, 봉야잠(鳳夜箴)을 낭송하였으며, 해가 뜰 때 경재잠(敬齋箴)을, 정오에는 사홀잠(四忽箴)을, 해가

↳ 북경천주당

질 때엔 서명(西銘)을 외웠는데, 그 의식이 장엄하고 근신하며 공손하였고 이 때로부터 규칙과 법도를 어김이 없었다."[12]

이들 강학회 이전에 허균이나 이수광(李睟光)의 서학 연구를 계승하여 성호 이익(星湖 李翼)과 순암 안정복(順菴 安鼎福)은 정계에 투신하기 보다는 산림과 초야에 묻혀 학문을 닦고 제자를 가르치며 저술에 힘쓴 것이다. 그들에게 서양 학문인 천주교가 새로이 부각된 때문에 서학(西學)이라고 불리운 것이며 성학(聖學), 천주학, 천학(天學)으로도 불리운 것이다.

특히 한번도 중국에서 서양 신부와 대면이 없다는 연암(燕岩) 박지원(1737-1805)의「북경 천주당기」를 살펴 본다.

"열하(熱河)로부터 북경에 들어가서 곧 천주당을 찾았다. 선무문 안 동쪽을 바라보면 쇠로 만든 종과 같은 둥근 지붕이 근방의 여염(閭閻)집 보다 우뚝 솟아난 것이 있는바 그것이 바로 천주당이다. 북경 성내 사방에 하나씩 있다.… 그네들은 역서(曆書)를 잘 만들고 자기 나라 제도(制度)로써 집을 지어 산다. 그 술(術)은 부위(浮僞)를 물리치며 성신(誠信)을 귀하게 여기며 밝(昭)히 상제를 섬기는 것으로써 종지(宗旨-본바탕)를 삼는다. 충효자애(忠孝慈愛)를 공부하는 근본으로 삼고 천선개과(遷善改過)를 입문으로 삼는다. 사람의 가장 큰 일인 생사(生死)에 대하여 항상 '갖춤이 있어서 걱정하지 않는다(有備無患)'는 것을 최후의 목표로 삼아서 스스로 뿌리를 찾고 본원을 궁구하는 학(學)이라고 한다.…"[13]

2. 홍유한(洪儒漢)의 토착적 신앙

"그는 충청도 예산(禮山) 사람으로(1736년생) 이익(李翼)에게서 글을 배우고 천주교 서적에 접하여 다른 공부는 제쳐두고 그 책에 있는 대로 7, 14, 21, 28일에 안식하고 묵상한 것이다. 그가 천주교 도리에 대하여 잘 이해하지는 못하였으나 원리적으로 좋은 음식은 금하여 욕망이 죄라고 여겨서 그렇게

---

12) 李元淳, "天眞庵, 走魚寺 講學會 論辨",『한국천주교회사연구』, 한국천주교회사연구소, 1986, pp. 85-87.
13) 朴趾源, 燕岩集, 제14권, 熱河日記, 北京天主堂記事.

가르쳤고 길에서 불쌍한 이들을 보면 말(馬)에서 내려서 대신 태워가고 자신이 판 논이 수해(水害)를 받을 때 그 돈을 반환하였으며 경북 소백산 기슭에서 13년을 은거(隱居)하면서 신앙생활을 한 것이다.

그가 비록 물세례는 받지 못했으나 덕의 세례에 힘썼고 그가 나중에는 예산의 집에서 별세한 것이다."[14]

3. 이승훈(李承薰)의 수세(受洗)

이승훈은 1783년 동지사(冬至使)의 서장관(書狀官)인 부친을 좇아가서 북경에서 그라몽(L. de Grammont) 신부에게 영세를 받고(1784. 2), 이승훈·베드로는 수십종의 교리서와 십자고상(十字苦像), 성화, 묵주 등을 가지고 와서(1784. 3) 염초교 자기 집에서 종교생활을 하는 한편, 그가 가져온 책을 여비와 격려를 준 이벽에게 주었다. 중국에 있던 예수회 관구장 드·방따봉(de Ventavon)은 아직 성직자 한 사람도 없는 조선인이 수세한 데 대해 너무도 기뻐 본국의 친한 벗에게 소식을 전하되 세례문답에 있어서 충분한 답을 했을 뿐만 아니라 어떤 고문이나 죽음이라도 달게 받겠다고 했으며, 복음의 가르침은 한 남자가 여러 부인을 가짐을 허락지 않는다고 주의시키니 자기는 정처(正妻) 외에는 아무도 없으며 결코 다른 여자를 생각지 않는다고 잘라 말했다는 것이다.

교리의 연구를 마친 이벽은 이승훈과 정약종, 정약용 형제를 만나 다음과 같이 감상을 말한다.

"이것은 참으로 훌륭한 종교이며 참된 도리이다. 천주께서 우리 백성을 불쌍히 여기사 우리로 하여금 세계를 구하고 죄를 보속(補贖)하는 은혜에 참여하게 하고자 하심이다. 이것은 천주의 명령이니 우리들은 그 부르심에 귀를 막을 수 없다. 모름지기 천주교를 널리 펴서 복음을 온 세상에 선전하여야 한다."[15]

이벽은 그날로 전교를 시작하여 학문과 도덕이 높은 중인들이나 양반들에게

---

14) C. Dallet, 전게서. 조선 사회의 중요한 벼슬의 가문에서 출생한 사람이다.
15) Dallet: Hist. de l'Eg. Corée, I, pp. 19-20.

이르도록 복음을 전하니 천주교에 눈뜨는 사람이 연달아 나타났다. 결국 권철신과 권일신 형제와 정씨 3형제도 입신한다.

4. 가성직(假聖職) 시대

신자가 늘게 되니 영세인 이승훈이 1784년 이벽과 권일신에게 세례를 주고 이벽에게는 조선 전교에 공로가 있다 하여 요안·밥띠스따(요안 세자-洗者), 권일신에게는 복음 전도에 힘쓰겠다는 뜻으로 방지거·사베리오라는 영명(靈名)을 주었다. 결국 이승훈, 이벽, 권일신 삼인은 한국 천주교의 창설자들로서 날로 그들의 전도로 교인의 수효가 더하였다.

이승훈과 권일신, 정약전은 1786년 북경에서 이승훈이 본대로 교회 발전책을 세웠다.

"종전과 같이 성직자의 계급도 없고 역원(役員)도 없이 전혀 공화주의(共和主義)로써는 신앙을 지켜 나가고 발전시키기란 매우 어려운 일이다. 북경 교회에는 주교, 신부 등의 성직자가 있어서 미사 성제(聖祭)를 올리고 견진, 성체, 고해, 성사(聖事)를 주고 한다. 우리 조선에도 이러한 조직과 성직자를 두기로 하자."

이러한 제안에 따라 이승훈이 주교로, 권일선·방지거, 이단원·루이·공사가, 유항검·아오스딩, 최창현·요안, 정약전 등을 신부로 하여 성무를 맡게 하였다. 2년 동안에 강론, 세례, 고명을 듣고 견진을 베풀고, 미사 성제를 올린 까닭에 많은 신도가 생기고 신덕(信德)을 굳게 한 것이다.[16]

그러나 1787년에 가서 다시 교리책을 연구한 결과 가성직단 결성의 효력이 문제시되어 일시 전교를 멈추고 편지로 북경 주교에게 지도와 재결(裁決)을 바란 것이다. 그리고 북경에 신부 파송을 요청한 것이다(1790. 9).

---

16) S. C. Neil, *A History of Christian Missions*, p. 414. "교회를 스스로 조직하고 미사를 집행하며 고해성사에 임하고 가톨릭 교회의 여러 실천 사항을 시행한 것이니 멀고도 요원한 지역에서 스스로 세우고 꾸며나간 성직없는 교회의 놀라운 한 실례다."

5. 김범우 사가(私家)에 모인 최초의 교회

1785년 봄부터 서울 명례동(지금 명동)에 있는 김범우(金範禹) 집에 이벽을 위시하여 권일신, 권철신, 정약전, 정약용 등이 모여 예배를 드렸는데 초신자들도 상당수 모였고 이벽은 상좌에서 강론하였다. 이 때에 양반과 중인 중에서 모이는 자가 수십명이었고 예수의 화상을 걸어 놓았으며 그 형상을 추조에 금리(禁吏)가 바쳤다. 이곳 김범우의 집은 천주교와 끊을 수 없는 인연(명동 대성당 건립)을 맺은 것이다. 그리고 역관 김범우(세례명·도마) 만은 고초를 받고 충청도 단양에 귀양갔으나 수주일 뒤에 세상을 떠난 것이다. 김범우는 여러 차례의 고초를 받으면서도 "하나님께서는 억조창생을 불쌍히 여기시어 구원의 은혜를 베푸셨습니다. 모두가 죄인인 인간은 이 은혜를 감사하여 구원의 은혜를 베푸셨습니다."라고 굳게 신앙을 지켰다 한다. 우리는 그의 죽음을 한국 천주교 최초의 거룩한 죽음으로 본다. 같이 잡혀서 문초를 받던 이벽과 이승훈은 배교하였다. 그래서 이벽은 배교한 죄책을 안고 괴로워 하다가 1785년 33세에 세상을 떠났고[17] 이승훈은 일시 약해졌으나 1801년 2월 26일(음력) 서울 서소문 밖 네거리에서 45세로 참수되었다. 이 때에 권철신, 이가환은 옥사하고 이승훈 외에도 최필공(崔必恭), 정약종이 순교하였고 정약용은 강진에 유배된 것이다. 역사는 이를 신유교난(辛酉敎難)이라 하는데 후술(後述)할 것이다. 그리고 정식 사제인 주문모(周文謨)입국(1794)까지 한국의 가성직단의 노력으로 생긴 교인의 수효는 4,000명으로 본다.[18] 10년의

---

17) 어떤 학자는 이벽 아버지가 목을 매어 자결하려는데 일시 자기 부친의 자살을 막으려고 일체 신도들 앞에 나타나지 않았는데 당시 유행하던 흑사병으로 33세를 일기로 작고한 것으로 본다. 金玉姬, 曠菴 李蘗의 西學思想, 가톨릭 출판사, 1979. pp. 32, 33.
　이벽의 죽음에 즈음한 다산 정약용의 만사(輓詞) "友人"
　　仙鶴下人間(선계의 학, 세상에 오니)
　　軒然見風神(훤칠하고 좋은 풍채로다)
　　羽翮皎如雪(날개는 눈 같고)
　　鷄鶩生嫌嗔(집 오리들 시기하고 성내네)
　　鳴聲動九寮(울음 소리 하늘에 퍼지고)
　　嘹亮出風塵(맑은 소리 세상에 뛰어난다)
　　乘秋忽飛去(가을타고 홀연히 날아가버려)
　　怡悵空勞人(슬퍼하나 부질없는 수고로다)
18) 이원순, 『한국 천주교회사』, 탐구당, 1980, p. 14.

세월에 많은 수효는 아니라 하겠으나 한국의 자생교회로서는 큰 성과를 얻었다고 하겠다.

그리고 조선의 천주교회는 정계에서 퇴진한 소위 남인 학자들의 양반과 중인들의 신앙운동으로 건립되어 다시 상민(常民), 천민(賤民)의 계층에까지 그 신앙이 전파되니 양반 계급에서 탄압이 시작된 것이며 교회의 모임 자체가 계급타파 운동이 된 것이다. 어떤 이는 기독교가 한국에 들어올 때 한국을 건지기 위해 맡은 과제는 첫째 계급주의 타파, 둘째 사대사상의 척결, 셋째 숙명론의 미신타파라 한 것과 같이 초기 천주교는 계급의 초월에 힘쓴 것이다.

6. 초기 천주교의 특색

한국의 천주교가 1784년 이승훈의 영세 이후 100년에 많은 수난에서도 뿌리를 내려 다음과 같은 특색을 지닌 것이다.

1) 자생교회

한국 천주교(개신교 역시)는 외부의 전교(傳敎)에 의하지 않고 우리 민족이 자발적으로 천주교를 가치있는 종교로 인정하여 감히 종래의 사상과 관습을 버리고 새로운 종교를 수용하여 한국적 신앙형태를 이룬 것이다.

2) 신앙의 대중화

초기 천주교는 많은 수난에도 불구하고 처음에는 식자층(識者層)의 서학이었으나 이제는 경기도와 중부지방을 벗어나 전라도와 경상도 산촌에까지 나아가 전도가 되었다. 즉 상류층에서 하류층으로 확대된 것이니 개신교의 경우와 상반되는 현상이 되었다.

3) 서민문화의 탄생

신앙의 대중화에 따라 한글 보급과 함께 새로운 서민문화가 생겼다. 일반서민의 글로써 교리서적을 발간해 냄으로써 한글문화를 창출해 냈고, 조선왕조 후기의 서민들의 노래곡조인 「4·4 조」의 「천주가사」는 근대 가사문학의 한

흐름을 계승한 것이다.[19] 종래의 양반·유식계급을 중심으로 이룩되었던 유교문화의 한계를 탈피한 새로운 형태의 서민문화 형성이 천주교 신앙운동으로 가능해진 것이다.

그리고 이와 같은 천주교의 특색은 그것으로 중단되지 않고 19세기 초부터 전래된 개신교 문화형성에 직간접으로 연결된 것이다.

"어와 세상 벗님네야, 이네 말 좀 드러보쇼, 지분에는 어른 잇고, 노라에는 임군 잇네, 네몸에는 영혼 잇고, 훗날에는 텬쥬 잇네, 부모에게 효도하고, 임군에는 츙성하세, 삼강오륜 지켜가자, 텬쥬 공경 웃듬일세… 이네 몸은 죽어져도 영혼남어 무궁하리 인류 천주공경 영혼불멸 모르면은 살아서는 목석이요 죽어서는 지옥이라"(텬쥬공경가, 이벽)

한글로 된 서적에는 「초힝공부」「셩 아타시오 신경」「셩모를 찬숑ᄒ는 경」「예수 셩심송」「텬쥬셩교 공과」「요리문답」「침례ᄒ는 규식」「쥬년 쥬일과 쳠례의 ᄎ셔」와 같은 신앙생활에 필요한 지침서 외에 「셩경직희」「셩경광익」「셩경직희광익」과 같은 성경 번역과 함께 주해서도 있었다.

"무릇 사람이 하늘을 우러러 보매 그 위에 임자 계신 줄을 아는 고로 질통고난을 당하면 앙천 축수하여 면하기를 바라고 번개와 우뢰를 만나면 자기 죄악을 생각하고 마음이 놀랍고 송구하니 만일 천상에 임자 아니 계시면 어찌 사람마다 마음이 이러하리오."(정약종, "인심이 스스로 천주 계신 줄을 아나니라")

"슬프다 오늘 한시각 사이에 죽는 사람이 얼마 되는 줄을 모르되 그 중에 내년을 기다리다가 지옥에 들어간 이가 무수할지니 너도 내년이란 말을 다시 말지어다. 사람이 개과천선하면 주 그 죄를 사하심을 허락하여 계시나 내년을 기

---

19) 「천주가사」는 정약전의 「십계명가」, 이가환의 「경계가」, 이벽의 「천주공경가」와 같은 것이 제1기, 제2기는 신유교난 이후부터 1876년 병자수호조약까지 기간에 생긴 최양업 신부의 「ᄉ향가」, 「령셰가」, 「텬당가」, 「십계강론」등 27편을 말할 수 있고, 「ᄉ향가」는 천주교의 모든 교리가 집약된 장편가사로서 박해받는 성도를 위로하려고 영원한 본향을 상기시켜 희망과 용기를 주려는 동기에서 나온 것이다. 제3기의 천주가사는 1876년부터 1930년까지 작시된 것인데 근대적 자각과 각성이 서려있는 것으로 김낙호의 「자신책가」, 김기호의 「셩당가」, 박제원의 「소경자탄가」 등이다.

다리는 사람에게는 내년을 허락하지 아니하시나니 너도 오늘부터 시작하여 미루어 핑게하지 말지어다."(정약종, "사람이 천주를 믿으면 즉시 봉행할지니라")

또 이들 한글 문서들은 대부분 필사된 것이며 어쩌다 시골에서 구하면 서로 베껴서 사용한 것이다. 활자본이 나온 것은 1864년 앙베르(L. M. J. Imbert) 주교에 의하여 태평동에 두 대의 인쇄기를 차려서 교리서들을 간행한 것이다.

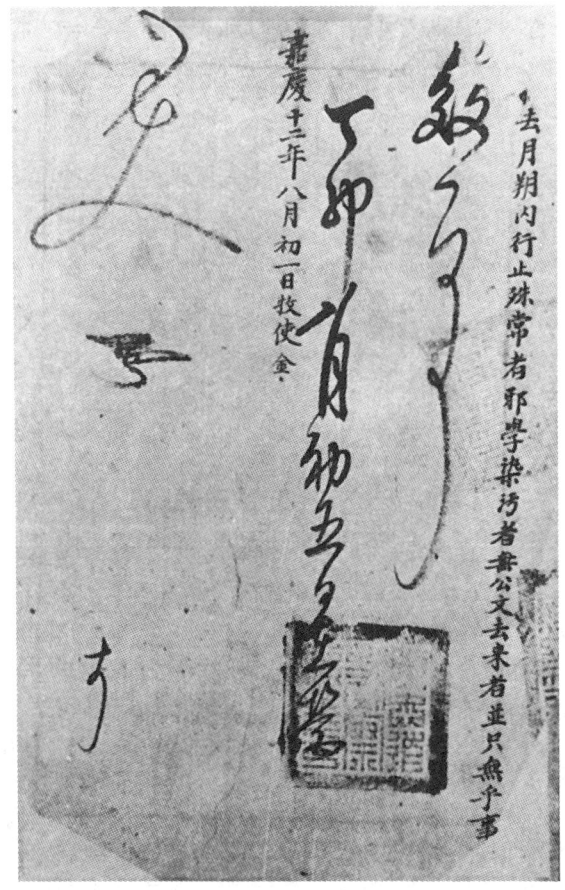

⇐ 1807년 천주교 탄압을 위해 내린 邪敎禁止公文. (「숭실대 기독교박물관」 소장)

4) 귀족적 서교문화(西敎文化)의 형성

천주교의 전교를 위해 서민문학이 형성된 동시에 국한문(國漢文) 병용의 귀족적 서교문학도 대두된다. 소위 헌종(憲宗, 1835-1849)의 척사윤음(斥邪綸音)이 1839년 10월 18일에 내려졌는데 널리 백성들과 지식인들이 읽도록 한문과 언문(諺文)을 사용한 것이다. 시전(詩傳), 서전(書傳)과 같은 유학서(儒學書)에서 문구를 인용하여 「삼강오륜」을 주축으로 한 유교의 바름을 논하고 천주교는 영혼의 부모를 천주라 하는 것이 잘못이며 조상 제사를 가벼이 여김도 호랑이와 이리와 같다고 한 것이다.

"선왕이 매양 말하기를 정학(正學)이 밝아지면 사학(邪學)은 스스로 그칠 것이라고 하였다. 그러나 이제 들건데 사학이 그대로 성하여 서울로부터 기(畿), 호(湖)에 이르기까지 더욱 날로 심하여 간다고 한다. 사람의 사람됨이 인륜(人倫)이 있음에서이다. 또 나라의 나라됨은 교화(敎化)가 있음으로써이다. 오늘날 사학이라는 것은 어버이도 없고 임금도 없어서 인륜을 헐어 없이하고 교화에 어긋나 스스로 이적(夷狄)과 짐승으로 돌아가게 한다. 버러지 같은 백성들이 점점 이에 물들어 그릇되어 가니 어린아이가 우물에 빠지는 것과 같다. 이 어찌 슬프고 마음 아프게 하는 것이 아니랴! 감사(監司)와 수령(守令)은 자세히 타일러서 사학을 믿는 자로 하여금 선뜻 마음을 고치게 하고 사학을 믿지 않는 자로 하여금 두려워하게 하도록 징계(懲戒)하여 우리 선왕이 편히 길러낸 훌륭한 공(功)에 저버림이 없도록 하라. 이와 같이 엄금한 후에도 오히려 뉘우치지 않는 무리가 있거든 반역죄로 다스려라. 수령은 각각 그 맡은 바 지방에서 오가통(五家統)의 법을 밝게 실시하여 그 통 내에 만약 사학의 무리가 있거든 곧 통수(統首)로 하여금 관에 고하여 죄를 다스려 사학을 뿌리째 없애버려 남은 씨가 없도록 하라. 이렇게 교(敎)를 내리니 묘당(廟堂)에서부터 밝혀 펴서 서울이나 시골 할것 없이 고루 알도록 하여라."[20]

귀족적 천주교 서교문학의 백미(白眉)는 이벽의 「성교요지」로서 밀턴의 실락원에 비길 정도로 우수한 문학 작품인데 이질적 서구 기독교 사상을 중국 고대 시경(詩經)을 본받아 동양적 관조의 세계 특히 한국적 정서의 세계로

---

20) 純祖實錄, 卷2, 4張,

수용 소화한 사시(史詩)이며 정약용의「주교요지」와 더불어 한국 초기 천주교회에 나타난 최초의 호교론(護敎論)이며 그 종교적 가치와 시가 문학으로서의 국문학적 가치, 그리고 동서양 사상의 용해 수용이라는 사상적 가치가 매우 중요하다.[21]

제 4 절 초기 천주교 수난

우리는 앞서도 김범우와 이승훈 및 이벽의 수난에 대하여 언급한 바가 있으나 이제 본격적으로 천주교 박해에 대하여 논할 차례가 되었다.

1. 사대교난(四大敎難)

천주교 전교 초기에 조상의 제사 때문에 수난 당한 일이 있다. 역사가들은 이를 신해교난(辛亥敎難, 1791)이라 하는데, 전라도 진산(珍山)의 양반 윤지충(尹持忠)과 권상연(權尙然)이 북경 주교의 지시로 위패(位牌)를 태워 재(灰)를 집 뜰안에 묻었다가 관헌에게 체포되어 1791년 11월 13일 사형에

← 주리 틀음

---

21) 이벽은 주어사(走魚寺)에 은거하여 교리를 연구하는 중 자신의 신앙고백 겸「성교요지」를 저술한 것이며 그 원본이 현재 숭실대 기독교 박물관에 소장되었고 한글번역으로는 수녀 김옥희(金玉姬)가 하였으며 1976년에 하성례, 이성배가 공역으로 그 전문이 나왔다.

처해진 것이다. 1795년 주문모(周文模)를 체포하려는 정부에 대항하여 윤유일(尹有一), 최인길(崔仁吉), 지황(池璜) 등이 스스로 목숨을 희생시킨 을묘교난(乙卯敎難) 등이 비교적 초기에 당했던 소규모 박해였다. 그 후 1801년 순조의 즉위와 함께 전국적인 범위로 확산된 신유교난(辛酉敎難)으로 천주교는 호된 시련을 겪었다.

주문모 신부[22] 이하 이승훈, 정약종, 최창현, 홍교만, 이존창, 김건순, 강완숙, 황사영 등 지도급 인사 100여 명이 그 해(1801년)에 순교의 피를 흘렸다. 이 외에 400여 명 교인이 유배됨으로써 천주교 조직은 와해의 위기를 맞이하였다.

← 줄 톱질

이 후에도 정부의 천주교에 대한 금압정책은 변하지 않았으며 교회를 재건하려는 천주교인들과 이를 분쇄하려는 정부 당국의 사이의 갈등과 마찰은 계속되었다. 1811년과 1825년 천주교인들은 북경 주교와 로마 교황에게 선교사 파송을 요구하는 서한(書翰)을 보냈으므로 1831년 로마 교황에 의해 조선교구가 중국 북경교구에서 독립적으로 설정(設定)되었다.

그래서 빠리외방전교회(La Société des Missions Etrangères de Paris)가 한국 선교를 담당하면서 프랑스인 신부들이 와서 사역(使役)했으나[23] 한

---

22) 주 신부는 "我死 今後三十年 哀嗟 朝鮮 無牧者"라고 하고 순교한 대로 1834년까지 조선교회는 무목자시대였다.
23) 「빠리외방전교회」는 1658년 7월 27일 창설된 가톨릭 선교단체로 주로 아시아에 선교사들을 파송했다. 「빠리외방전교회」가 생긴 것은 병자호란 때 인질로 간 소현세자가 청나라에 볼

국 정부의 대응책도 강경했던 때문에 1839년에 앵베르(L. M. J. Imbert) 주교 이하 모방(P. P. Maubant), 샤스탕(J. H. Chastan) 등 외국인 신부와 최경환,[24] 정하상, 유진길, 조신철 등의 천주교도(天主敎徒)가 순교한 기해교난(己亥敎難)이 일어났다. 이에 1846년에는 최초의 한국인 신부 김대건(金大建)이 순교한 병오교난(丙午敎難)이 일어났으며[25] 1866년 대원군에 의한 병

↑ 천주교 첫 선교사 앵베르, 샤스탕, 모방

모로 가서 북경에서 Jesuit 신부들을 만나 교류를 나누고 선교사를 파송해 달라고 요청했으나 그 요청이 받아들여지지 않았다는 사실이 유럽에 알려져 선교사 파송 운동이 생긴 결과라 한다.<柳洪烈, 한국천주교회사> 上, pp. 47-48.
  "어제 천만 뜻밖에 보내주신 귀중한 구세주 천주님의 성화를 비롯하여 각종 양학(洋學) 서류 등의 선물을 배수하옵고 제가 얼마나 기뻐하오며 감사하옵는지 귀하는 상상조차 못하실 것입니다… 저는 만일 귀하의 동료 중 혹자가 저 자신과 저희 나라 사람을 교도 훈육하기 위하여 저와 함께 저희 나라에 들어가 머물게 되기를 더욱 원하옵니다 마는 함께 저희 나라에 들어갈 선교사를 안배하기가 정 불가능하다면 귀하가 말씀하시는 그 전도사라도 어느 정도 귀하 또는 귀하의 동료의 역할을 대신할 수 있으리라 믿습니다."
  <소현세자의 서한>
  아래의 글은 빠리에서 신부를 보내자는 팜플레트 내용이다(1650년).
  "조선 왕(세자를 가리킴)은 북경에 들어왔을 때 예수회 신부와 여러번 친히 사귀었다. 불행하게도 예수회에서는 조선에 보낼 신부를 갖지 못하였다. 신부가 모자랐기 때문에 모처럼 포교의 실마리가 풀린 것을 헛되이 잃어버리게 한 것은 이번 뿐이 아니다…"
  <세 신부를… 세 교회에 보내자>
  이러한 운동으로 1663년 신학교가 생겼는데 여기서 배출된 신부들로 1831년부터 조선의 전교를 맡게 된 빠리 외방전교회(外邦傳敎會)가 만들어졌고 이들이 주로 극동(極東)지방과 카나다(Canada) 지방의 전교를 맡게 된 것이다.
24) 본서 부록 "근세조선의 역사와 기독교"<1만명 순교와 신앙자유 획득> 참조.
25) ＿＿＿, 전게서, 김대건 순교사항 참조.

인교난(丙寅教難)이 일어난 이후 신미양요(1871)[26]를 지나 10년에 걸쳐 외국인 신부 베르네(S. F. Berneux, 張敬一) 등 9인이 순교한 동시에 남종삼(南鍾三), 홍봉주(洪鳳周), 장주기(張周基) 등 8,000여 명이 순교하는 한국 천주교 최대의 박해가 일어났다.

여기서 1839년의「기해박해」에서 정하상(丁夏祥)은 정약종의 아들로서 재상에게 올리는 글 "상재상서"(上宰相書)를 써서 천주교의 변증을 한국 최초로 한 것이다.[27] 이는 헌종의 척사윤음(斥邪綸音)에 대하여 그는 종교박해가 의리에 불합하고 천주교는 무군무부(無君無父)의 사교(邪教)가 아니며 교리에 대한 설명과 함께 마지막 우사(又辭)를 이렇게 쓴다.

"죽은 사람 앞에 술과 음식을 바치고 제사지내는 일은 천주교에서는 금하고 있나이다. 살아 생전의 영혼도 술이나 밥을 받아 먹지 못하거늘 하물며 죽은 뒤에 어찌 그 영혼이 먹으리오? 음식이라는 것은 육신을 먹이는 것이요 영혼의 양식은 도덕이라 아무리 지극한 효도라도 좋은 음식은 잠든 부모에게는 드리지 못하나이다. 잠자는 때는 음식을 먹을 때가 아니나이다. 세상에서 잠자는 때도 이러하거든 하물며 죽어서 크게 자는 때에 무엇을 먹사오리까? 채소와 죽과 같은 것을 죽은 부모에게 드리는 것은 헛일이 아니면 거짓 일이니 어찌 사람의 자식이 되어 헛되고 거짓된 예로써 아무리 죽은 이에게일지라도 가히 할 일이 오리까?"

---

26) 신미양요 때 나온 판소리 "괫심한 西洋되놈"(姜漢永편, 연세대 인문과학연구소, 1966)에 이렇게 나온다. "괘씸하다 서양되놈 무군무부 천주학을 네나라나 할것이지 단군기자 동방국에 충효윤리 밝았나니, 어허감히 여혀보자. 興兵加海 나왔다가 防水性 불에타고　足山城 총에 죽고 남은 목숨 도생하자 바삐 바삐 도망한다."

27) 그 변증 내용이 천주교 박해가 비합법적이라는 것과 천주교는 이성적 판단과 양심에서 받아들이지 않을 수 없다는 것이다. "신유년 전후에 인민의 생명을 많이 없애면서도 천주교의 기원과 전통을 조사하여 본 사람이 하나도 없습니다… 이제 감히 그 도리가 그릇되지 아니함을 간단히 말하겠습니다. 곧 천지 위에는 어른이 계신데 거기에는 세가지 증거가 있습니다. 첫째는 만유요, 둘째는 양심이요, 셋째는 성경입니다." "금과 옥을 가리켜 억지로 기와와 자갈이라 이르고, 먹어서 이로운 것을 억지로 못먹는거라 이르니 이 일을 장차 어찌할고. 나라의 임금이 금하는데도 백성이 실행하는 자가 있으니 이 말을 가지고 그렇게 생각하는 것입니까. 이것도 역시 말은 됩니다마는 지위에는 높고 낮음이 있고 일에는 가볍고 무거운 것이 있으니 한나라에는 나라의 임금이 가장 중하나 나라의 임금보다 높은 것은 천지의 큰 임금이십니다."

↑ 매질

또 현석문(玄錫文)의 「기해일기」는 처음에 앙베르(L. M. J. Imbert)가 처음에 박해기록을 남기려 했으나 위험을 느낀 때문에 현석문에게 맡겼는데 앙베르의 순교(1839. 3. 1)와 많은 기해의 순교자가 있었음을 밝히고 있어서 103위의 순교 복자를 1925년 교황청이 시복케 된 중요한 문서인 것이다.

현석문과 그의 가족들도 많은 고문 끝에 순교한 것이다. 이는 황사영의 「백서」(帛書)와 함께 「기해일기」는 초기 천주교도들이 어떻게 자신들의 신앙을 지키려고 노력했던가를 보여주고 황사영은 그 사건으로 극악의 대역죄인이 되어 참수와 시체가 여섯 토막을 당하였고 가산이 몰수되고 가족들도 귀양을 갔으며 그 백서는 의금부에서 발견되어 현재 로마교황청에 보관되었다. 다음에 따로 서술한다.

특히 기해년 수난 때에 궁녀인 박희순(朴喜順, 루시아)은 천주교를 믿는 때문에 잡히어 족질(桎)이라는 형틀이 채워졌다. 포도대장은 박루시아에게 "너

↑ 정하상 초상

← 정하상의 「상재상서」

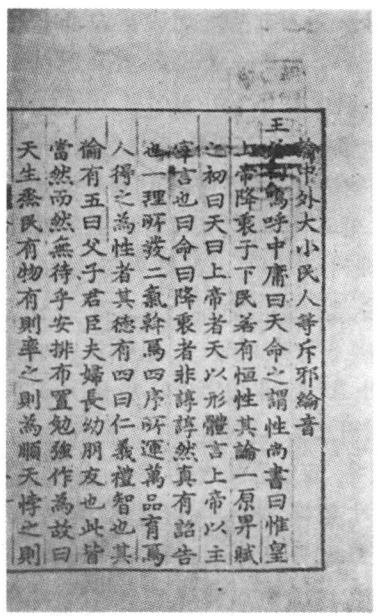
↑ 척사윤음

↑ 학춤

궁녀는 다른 여자와도 다를 터인데 어째서 이 천한 사교를 믿느냐?" 하니 "저희들의 교는 결코 천하게 볼 것이 아니외다. 천주는 하늘과 땅을 덮고 있는 만물을 만드신 분이외다. 사람은 누구나 이 천주로부터 그 생명을 받고 있는 것이므로 마땅이 이를 찬미하지 않으면 안되오이다."

"그 교를 버리고 그 무리의 이름을 말하여라."

"천주는 저의 창조주시며 아버지시외다. 어떠한 일이 있더라도 이를 버릴 수 없나이다. 다른 사람에게 해를 주지 말라고 훈계하시고 계시므로 그 이름을 댈 수도 없사오이다."

박희순은 옥에서도 옆에 있는 교우들에게 교리를 가르쳤으며 슬픔을 위로하고 약함을 도와 주어서 언제나 종도(宗徒)로서의 일을 다하던 중 5월 24일 서대문 밖에서 참수되었으나 목이 떨어질 때까지 기도를 드렸다 하는데 그녀의 나이 불과 39세였다.

또 김효임(金孝任)도 옥에 갇혀 있을 때 포졸들이 옷을 벗기우고 매를 몹시 맞는 온갖 모욕 조롱을 겪었는데 김효임은 관장에게 "여자도 존중을 받을 권리가 있습니다. 나라의 법을 따라 죽이는 것은 감수하겠으나 법에도 없는 모욕은 너무도 원통하다" 하여 옷 벗기는 형벌이 그 후로 없어졌다 하며

"왜 결혼을 하지 않았느냐?"는 관장의 물음에 "몸과 마음을 조찰히 하여 천주를 공경하고 자기 영혼을 구하기 위해서입니다."라고 대답한 것이다.

2. 황사영(黃嗣永) 백서(帛書)

1801년에 신유교난에 순교한 황사영이 박해의 사정을 명주에 적어서 북경 교회에 보내어 구원을 청하려다가 그가 잡혀 몰수된 1만 3천여 자의 긴 폭의 편지이다. 이 편지는 뮈델 주교가 불어로 번역하여 책으로 200부를 만들어 1925년에 로마 시복식에서 교황 비오 11세에게 헌증되어 교황청 고문서 보관소에 소장되었고, 백서원본은 1894년 갑오개혁 때에 고문서 정리 중 포도청 의금부 등에 보관되었던 것이다. 백서의 사본은 영인(影印)되어 학계에 배포된 것이다.

백서의 내용은 먼저 조선 교회를 재건해 가기 위하여 재정적 원조를 바라며 다음으로 신부를 파송해 줄 것이며 끝으로 조선인이 북경에 갈 수 있도록 주선해 달라는 것인데 청 황제가 친히 조선 왕에게 신앙의 자유를 얻게 해 달라는 것이었다. 그리고 서양의 무력을 이용해서라도 조선에 전교 허락을 받게 해 달라는 요청서였으니 문제가 되지 않을 수도 없었다.

3. 오다 줄리아(太田, Julia)

여기서 한국교회사와 직접적 관련된 것은 아니나 이(李) 줄리아(Julia)를 말하고자 한다. 그의 순교를 기념하는 무덤이 지금의 절두산에 있는데 일본에서도 멀리 떨어진 이즈열도(伊豆列島)의 끝섬인 고오즈시마(神津島)에서 그녀 무덤의 흙을 가져다 가묘를 한 것이다. 줄리아는 그녀의 나이 스물 두 살 때 즉 젊고 아리따운 시절에 조선의 귀족으로서 임진왜란에 잡혀 고니시(小西) 장군의 보호와 인도로 세례(영세)를 받고 일본에 가서 고시니장군이 정변으로 처형되고 하나의 전리품(戰利品)으로 당시 세도가인 도꾸가와 이에야스(德川家康)의 내전(內殿) 시녀가 되었고 도꾸가와는 그녀의 미모에 반하여 그를 극히 총애했으나 기독교 신앙이 돈독하여 그의 청을 거절하니 결국 1611년 금교령(禁敎令)으로 천주교 박해가 시작되었으며 그는 끝내 고도(孤

島)에 정배된 것이다. 줄리아는 자기를 선대하여 주는 가마를 마다하고 주님
이 골고다로 가시듯이 맨발로 자갈밭 길을 걸어서 발에서는 피가 흘러 걷기
어려울 정도의 고행을 스스로 택한 것이다. 그녀는 그곳에서 40년 간이나 살
면서 주민을 교화하고 교회당을 세우며 신앙을 지키고 살다가 죽은 것이다.
그녀의 무덤에는 한 신부가 세워준 커다란 십자가가 있고 섬 천주교회 부인회
에서 사시사철 동백꽃을 헌화하고 있다고 한다.(李圭泰,「歷史散策」, 新太陽
社, 1986. pp. 93-97).

↑ 줄리아의 무덤(神津島)

↑ 줄리아의 초상화

4. 한국의 천주교 박해동기 : 전통사회와 충돌

(1) 유교전통과의 충돌

제사문제가 원래 한국사회에서 기복(祈福)을 목적한 종교적 미신이 아니었
고 효도를 표시하는 민간의식(民間儀式)이었으나 기독교와는 충돌될 수 밖에
없었다. 유일신 여호와만을 섬기라는 계명에 정면으로 저촉(抵觸)되고 기독
교복음과 토착문화와의 상관관계는 오늘도 선교신학(宣敎神學)의 과제로 논
의(論議)되고 있으며 이에 대한 비티칸(Vatican)의 훈령의 혼선도 있었다.
1939년 훈령에 조상제사는 "선조에게 효성을 표시함에 불과(不過)한 민간의
식"이라고 허용했으나 1715, 1742년 양차에 걸쳐 프란체스코와 도미니코 선

교사들이 조상제사를 금했으므로 중국과 한국교회에 큰 타격이 되었다.

제사는 원래 경천(敬天)에서 나온 것이다. 돌단을 쌓고 양을 제물로 바친 히브리적 종교의 신앙행위가 유교의 조선숭배 형태를 통하여 잘못 나타난 것으로 볼 수 있다. 유교는 효를 통치(統治)의 원리로 삼은 데서 조상의 제사를 강조한 것이다.

(2) 사색당쟁(四色黨爭)의 희생

사색당쟁은 이씨조선 500년의 긴 세월에 형성된 한국인의 고질병이요 오늘의 한국교회에도 큰 타격이 되었다. 그런데 김용덕 교수는 이조당쟁을 정치발전(政治發展)의 계기로 본다.[28] 왕정 시대에 당파가 서로 견제할 때 정치 발전이 있을 수 있었지만 남인(南人)을 거세(去勢)하려는 데서 천주교는 박해를 받은 것이라 한다.

(3) 보수적 쇄국주의(鎖國主義)

이조(李朝)는 중화의 속국으로 또는 그 사상적 맥락의 주자학(朱子學)을 신봉하여 외래 종교인 기독교를 거부하였다. 원래 기독교는 그 본질이 인간의 해방과 개방에 있으므로 폐쇄된 사회와 충돌이 되었고 당시 사회와 국가를 개혁할 과제가 기독교에 있었던 것인데 초기 한국교회는 본래의 기독교 문화변혁적 사명을 아주 훌륭히 감당한 것이라고 볼 수 있다. 곧 사회개량과 문명의 선도자 역할을 잘 감당하여 후대 교회의 모범이 된 것이지만 충돌만은 결코 피할 수 없었던 것이다.

(4) 미신과의 충돌

샤머니즘(Shamanism)과의 충돌은 당시로서 불가피하였고 무속(巫俗)의 문제는 과거만 아니라 현재도 같은 해결의 과제를 안고 있는 것이며 또한 복술(卜術)의 문제도 한국사회에 오래토록 만연된 것이다. 헨리 도어(Henry Dore)의 『중국미신연구』(*Researches into Chinese Superstitions*, trans. by M. Kennelly, Vol, 1-15)는 이 방면의 명저로서 한국의 미신도 많이 언급(言及)한다. 그리고 정령숭배(精靈崇拜, Animism)도 한국 사회에 오래 되고 널리 퍼져있는 원시적 종교신앙의 형태이다. 이는 마치 빛과 어둠이 공존(共存)하지 못함과 같아서 어느 하나가 물러설 수밖에 없었고 초기 한국교회

---

28) 김용덕, 『韓國史의 探究』, 을유문화사, 1981.

는 축첩(蓄妾)과 미신(迷信) 또는 주벽(酒癖)을 타파(打破)하는 중요한 임무를 잘 감행하였다.

(5) 중국의 경우를 모방하다.

대원군은 중국의 관아가 교회를 탄압한 경우를 본받는다. 중국도 기독교가 서민층에 전파되어 교민(敎民)이 교회 재산 즉 선교사에게 비호를 받고 지방 토호들의 억압을 피하려 하니 자연히 중국의 관아는 반기독교적이 되어 교회를 박해하였던 것이다(서울대동양사연구실, 강좌중국사 Ⅳ. 지식산업사, 1991, p. 51).

(6) 서학(西學)은 동학(東學) 즉 천도교(天道敎)와의 마찰도 적지 않았다. "내 것은 옳고 네 것은 나쁘다"(我是汝非)는 식으로 동학도들은 서학을 냉대한 것이다. 우리 한국 민족은 최근까지도 "텃세"라는 게 있다. 이는 국민의 보수적 성향에서 비롯된다고도 하겠으나 무조건 외래의 것에 대한 거부감을 갖는다. 동학은 순수한 민족 종교라는 자부심에서 서학을 배척하였고 서학을 배척하는 뜻에서 천도교(天道敎)를 동학(東學)이라 했던 것이며 동학의 철저한 경험주의는 기독교의 인식론(認識論) 즉 신의 존재에 대한 인간의 근본적 인식 능력 즉 종교심에 대한 거부인 것이다.

(7) 도굴사건

1868년 고종 5년에 오페르트(E. Oppert)가 남연군(南延君, 대원군의 父)의 묘를 도굴한 것인데 이는 대원군으로 하여금 쇄국정책을 강화하고 천주교도들과의 내응(內應)에서 된 사건이라 하여 이들에 대한 단속을 엄중히 하였다.

III
선구자들의 시대
(1627 – 1884)

 천주교의 전래는 처음에 학문적인 동시에 다분히 정치적이었고 그 정치성 때문에 모진 박해를 겪었으나, 개신교는 성경의 번역과 전파에 의해 전도하는 복음적 신앙운동이었다. 우리 성경번역의 효시는 만주 목관 주재의 나약한(J. Ross)과 매킨타이어에게 비롯되는데 이에 대해서는 후술하며 이제는 개신교 선구적 전도자들에 대해 약술하려 한다.

1. 박연(Jan Janes Weltvree, 朴燕)[1]과 합매아(Hendrick Hamel, 合梅兒)의 표도(漂到)

 우리나라에 최초로 신교가 전래된 것은 1627년 화란 사람 박연(J. J. Weltvree) 일행 3인의 표도영류(漂到永留)에 의한다. 그가 선악화복을 자주 거론하고 화란이 신교국임을 보면 그는 분명코 개신교도였다. 박연이 전도자

---

1) Jan Janes Weltvree(1595 – ?)는 하멜 일행이 도착한 때에 서울로 이송하되 통역을 맡아 보았고 이들에게 한국의 풍속과 언어를 가르치기도 하였고 박연(벨트브레)은 귀화하여 신무기 「홍이포」의 제작법을 한국 군인들에게 가르친 것이다.

는 아니나 그의 운동에서 그와 접촉하는 사람에게 큰 감화를 준 것이다. 박연은 1626년 본국을 출발하여 홀란디아(Hollandia)호를 타고 항해하였고 그 익년에 우벨케르크(Ouwerkerck)선을 타고 일본으로 향하다가 폭풍으로 표류, 담수(淡水)를 얻으려고 경주로 상륙하여 체포가 되어 한때 종군도 하였고 한국에 영주하면서 조선 여인을 아내로 취하여 일남일녀를 얻었으며 그 자손들도 훈련도감(訓鍊都監)에 편속되어 군인 일가를 이룬 것이다.

↑ 하멜표류기(1668)

⇐ 박연(웰데부레) 동상
(화란 조각가 엘리 발튀스작
1991. 5.5 서울 어린이공원)

합매아(하멜)도 상인으로서 효종 4년(1653)에 스퍼워(Sperwer)호로 7월 30일 나가사끼(長崎)로 향하던 중 역시 풍랑으로 표류하다가 8월 15일 제주도 화순포(和順浦)에 파선하여 일행 64명중 선장 에흐베르츠(Egberz)와 28명이 익사했으나 그 배의 서기인 합매아는 36인과 함께 살아서 억류생활 14년만에 그 중 생존자 15인이 일본을 거쳐서 본국에 가서 조선왕국기(朝鮮王國記)를 포함한 『하멜표류기』를 써서(1668)[2] 한국을 최초로 세계에

---

2) 흔히 『하멜 표류기』는 일명 「조선 난파기」 또는 「난선제주도파기」(蘭船濟州島難破記)라 하고 부록으로 「조선국기」(朝鮮國記)가 있다. 그는 14년의 억류생활 체험을 정리하고 한국의

소개한 것이다. 합매아 일행은 모두 기독교인 특히 개신교도였음이 분명하다. 그리고 『하멜 표류기』에는 자신들이 억류된 동안에 어려움과 기쁨을 당할 때마다 시종일관 하나님께 애원과 감사를 아울러 드렸다고 하며 일본을 거쳐 고국에 가기까지 계속으로 기도한 것이다.[3]

2. 바실 홀(Basil Hall)과 머리 맥스웰(Murray Maxwell)의 성경전래

↑ 리라(Lyra)호 함장이었던 바실 홀이 쓴 『한국 서해안 항해기』에 있는 천연색 삽화

바실 홀은 영국인으로서 1816년 우리나라 서해안 측량을 목적으로 맥스웰 선장과 함께 왔다. 그는 해군대령으로서 리라(Lyra)호의 함장인데 9월 4일 비인만(庇仁灣) 갈곶 아래에 정박했을 때 문정(問情)을 위해 상선한 검사(檢使) 조대복에게 성경을 전한 것이다. 조대복은 성경을 받을때 한 종교의식을 행하는 것처럼 정중하게 받았다고 하며 그때 준 성경은 1627년도 에딘버러(Edinburgh)판 대형 성경이라 하는데 이것은 한국 기독교 역사에 처음 있은 중대한 사건이었다. 물론 그 책이 성경인 것은 알지 못한 것이나 맥스웰은 그에게 선물로 선택하는 것 대신에 준 것이다. 원래는 대영백과사전을 원했다고도 한다. 이 성경은 중국에 선교한 마례손(Morrison)이 부탁한 한문성경이라 한다. 이에 대해 김광수(金光洙)목사는 1611년에 간행한 흠정역(King James Ver-

---

풍물과 역사 또는 제도, 정치, 경제 등 가능한 주제들을 다 기록한 것이다. 가장 좋은 책은 <Gari Ledyyard, The Deutch Come to Korea, An Account of the Life of the First Westerners in Korea, 1653-1666>, 1971이다. 하멜은 난파된 때에 "제군이여, 돛대를 절단하여 하나님의 자비를 의뢰하라… 우리의 모든 지식과 기능과 노력은 소용없다."고 한 것이다.
3) H. Harmel은 원래 화란의「동양척식회사」사원으로서 무역기지 확보가 주된 목적이었다. 하멜 일행은 귀국하여 사원으로서 충실히 업무를 수행하는 뜻으로 회사에 보고서로 쓴 것이『하멜 표류기』인데 그들은 14년 동안의 급료를 지불받았다 한다.

sion)으로 본다. 바실 홀은 약 10일간 전라도 다도해 근방을 순항하면서 추자도에도 상륙했다.

바실 홀은 서해안을 방문한 경험을 본국에 돌아가 출판했으니 1818년에 "*A Voyage of Discovery to the West Corea and the Great Loochoo Island*"를 지은 것이다. 이 책은 내용이 기발하고 문장이 미려(美麗)하여 환영을 받았는데 책 중간에 한국의 풍속화가 들어있고 중판을 하였다고 한다.

↑ 우리나라 관리의 성경수령 광경(바실 홀 내항시)

↑ 맥스웰(M. Maxwell) 함장

3. 곽실렵(Karl F. A. Gutzlaff, 郭實獵)[4]

한국에 최초로 방문한 개신교 선교사는 중국선교의 개척자요[5] 최초의 일본 성서 요한복음의 역간자(譯刊者)로 유명한 곽실렵(구쯔라프) 목사였다. 그는 프루시아(Prussia)계 독일인으로 할레(Halle) 대학에서 수학(修學)했는데 이곳은 17세기 독일 경건파 운동의 중심지였고, 곽실렵은 화란선교회에 소속한 여러 선교사 중 한 사람이었다. 그는 중국선교의 개척자 마례손(R. Morrison, 1782-1834, 馬禮遜)의 감화로 중국선교사 지망을 했으나 1827년 화란

---

4) Karl F. A. Gutzlaff(郭實獵, 1803-1851)는 화란 선교회 소속으로 극히 짧게 방문했으나 최초의 개신교 선교사이며 최초의 한글 성경 중에서 극히 일부 즉 「주기도문」을 번역하였다 한다. 그러나 한문으로 번역된 것이라는 설이 더 타당할 것이다.
5) 곽실렵은 중국학 학자이며 Karl F. A. Gutzlaff는 영어로는 Charles Gützlaff라 하고 Wm. 블레이어와 브루스 헌터의 『한국의 오순절과 그 후의 박해』라는 책에는 그를 장로교 선교사라 한다.

선교회 파송으로 쟈바와 스마트라에 갔다. 그는 중국선교의 꿈을 실현코자 하여 중국으로 가기 위해 중국 화교에게 전도하는 선교사들을 만나 우선 중국어를 잘 배우게 되었고 중국 이름(郭實獵)을 쓰고 중국 의복을 입고 다녀 후일 그는 "중국인의 사도"라고 칭함을 받았고 독립적 사역을 하려고 조정에서 「안리호」(安利號)라는 앰허스트(Lord Amherst)를 타고서 2차의 항해를 하는 도중 조선의 서해안에 당도한 때는 1832년 2월인데, 이 때에 장산곶(長山岬)과 군산만(群山灣)에서 약 1개월 동안 섬사람들에게 한문성경과 교리문서를 전하여 돌아갔다. 그의 이와 같은 전도는 로마 카톨릭 선교사의 입국보다 앞선 것이라는 데 역사적 의의가 크고 그는 1832년 7월 17일 황해도 부근에 상륙하여 성경을 전하고 한국정부에서 통상교섭의 서한을 전하려 했으나 불응(不應)하므로 다시 동월 25일 남하하여 홍주(洪州)라는 고대도(古代島) 안항(安港) 즉 지금의 충남 보령군 오천면 삽시도 2리에 도착하였다. 그 홍주를 Basil's Bay라 한다. 그들은 본국의 회신(回信)을 기다리는 동안 주민들과 접촉하여 성경전달만 아니라 의약품, 감자를 심고 주민에게 도움을 주었으나, 국왕의 회신은 통상을 중국과 협의하지 않고는 불가능하다는 것이었다.

이것 역시 외국인으로 한국과 통상 교섭을 한 최초인 것이며 한국문화사의 중대한

↑ 곽실렵(구쯔라프)

↑ 곽실렵(구쯔라프) 선교 기념비
1982. 7. 17. 그의 상륙일을 기념하여 건립하다

일이 아닐 수 없다. 또 홍주목사(牧使) 이민회(李敏會)가 서생(書生) 양씨의 도움으로 주기도문을 한글로 번역한 것이라 하나 최근 연구에 따르면 한문으로 번역한 것이다. 백낙준 박사는 김양선 교수의 양씨설(梁氏說)을 반대하여 그 서생은 "○○양이"로 본다. "우리가 수집한 정보로는 현재 서울에는 유럽 사람이라고는 한명도 없으며 기독교란 이름조차 알려지지 않고 있다"(C. Gutzlaff, Journal of Tree Voyages along the Coast of China, p. 323, 324)고 하였다.

그러나 당시 한국에는 많은 박해 중에 천주교가 침투되어 있어 서양인들로부터 성화나 염주(念珠)와 기독교 서적을 싣고 오는 자를 원했던 것이다. 곽실렵은 별다른 성과가 없는 극히 짧은 전도였으나 그들은 "어쨌든 이는 하나님의 역사(役事)였다. 이 땅에 뿌려진 하나님의 진리의 씨가 소멸되리라고 나는 믿지 않는다. 하나님의 영원한 섭리로서 그들에게 하나님의 자비가 미칠 날이 오고야 말 것이다. 우리는 이 날을 기다리고 있다. 한편 이 날을 오게하기 위하여 십자가의 도를 애써 전하지 않으면 아니될 것이다… 하나님께 이 미약한 첫 방문사업도 축복할 수 있다고 성경은 가르치고 있다. 우리는 한국 땅에 광명의 아침이 찾아오기를 기다려야 한다."고 하였다.

4. 최초의 개신교 순교자 최난헌(Robert Jerain Thomas, 崔蘭軒)

독일인 선교사 곽실렵이 최후의 기도를 남기고 떠난지 33년 뒤에 또 한명의 개신교 영국인 최난헌(토머스, R. J. Thomas)가 한국에 와서 순교의 피를 뿌린 것이다. 그는 웨일스(Wales) 사람으로서 런던 선교회 소속하여 처음에 중국에 파송받아 산동에서 한국의 천주교도 두 사람을 만나 한국의 기독교 박해 사실과 한문사용을 듣고 1865년 9월 황해도 창린도(昌麟島) 근처에 도착하여 복음서 16권과 역서(曆書) 한권을 전하고 약 2개월 동안 서해안 일대에 다니면서 성경을 반포하고 조선어를 학습한 후 중국에 귀환하였는데 조선에는 1866년「병인교난」으로 많은 프랑스 선교사와 수천의 신자가 죽게 되었다.[6] 최난헌(토머스)은 당시 조선징벌에 나선 프랑스의 로즈(Roze) 제독

---

6) 이것을 교회사에서 최대의 박해로 본다.

의 통역겸 안내자가 되었으나 프랑스의 내란으로 지연되므로 무장한 상선 서먼호(General Sherman)의 통역겸 안내자로 오게 되어 위렴신(Williamson) 선교사에게 한문신약성경을 얻어서 선교하게 되었는데 서먼호는 원래 한성(漢城)으로 갈 생각이었지만 통상을 지방장관이 거절하여 1866년 8월 29일 대동강을 거슬러 올라가 장사포(場沙浦) 석호정(石湖亭)에 닿아서 많은 전도문서와 성경을 주민에게 나눠주고 다시 평양 부근 석섬(石島) 만경대(萬景臺)에 가서 또 주민에게 전도하였다.

⇧ 혜촌 김학수 : 최난헌(토머스)의 순교

최난헌(토머스) 목사의 순교일화는 한국의 중군(中軍)과 교전(交戰)에서 생겼는데 최목사는 중국에서 전일(前日)에 안 평안감사 박규수(朴珪壽)가 해결해 줄 것으로 믿었으나 그는 대동강변에 도착하자마자 참수되었다. 그러나 그는 끝까지 모래사장에 무릎을 꿇고 최후의 기도를 드리고 성경을 전하면서 복음을 전하였다(1866. 9. 3). 평양감사 박규수는 최난헌이 1년 전에 북경에서 만난 선교사인 줄 모르고 죽이고 중앙 정부에 보고하였는데 어떤 학자는 9월 5일이라고도 한다. 최난헌의 순교는 헛되지 않고 복음의 씨앗이 되어 평양은 한국의 예루살렘이 되었고 후일 평양에 개척 선교사로 온 마포삼열(馬布三悅, Samual A. Moffett)이 1893년 4월 학습문답때 한 신자에게서

↑ 1866년 제너럴 서먼호 사건으로 희생된 최난헌(토머스) 목사와, 1932년에 장로교에서 그를 기념하여 그가 희생된 부근에 세운 토머스 기념 예배당. Thomas의 "T"字를 본뜬 예배당.

중국어 신약성경을 발견한 것이다.

최난헌 목사가 순교한 때 그의 나이 불과 27세였다. 그의 부친이 목회하던 하노버(Hanover)교회당에는 그의 순교기념패에 "나의 날이 지나갔고 내 경영, 내 사모하는 바가 다 끊어졌구나"(욥 17 : 11)라는 글귀가 있다. 최난헌 목사는 영국의 회중교회(Congregational Church)목사였으며 그는 한국이 정치적 변혁기로서 또 한글이 부서(婦庶)에까지 독해되고 있음을 알고 선교의 시급함을 알았으나 최난헌은 선교를 세속직과 병행하여 할 수 있다고 믿은 것이 순교에 이르게 한 것이다. 1909년 북미장로회 조선선교부는 그 선교 25주년을 기념하려고 그의 순교지를 표시하길 결의하였고, 1932년 9월 14일 대동강의 석섬에 순교기념 예배당을 헌당하였으며 그 머릿돌에 "순교자의 피는 교회의 씨앗"이라 쓴 것이며 1935년 7월 1일에는 '토머스'호라는 전도선을 진수하였는데, 최난헌의 순교를 목격한 3인의 노인이 참석하였다고 한다.

최난헌 목사의 순교를 빌미로 미국 대통령 그랜트(Grant)가 북경주재 미국 공사 프레데릭 로우(F. Low)로 하여금 조선왕국과 통상조약을 체결하라는 훈령을 내린 것이다. 이것은 결국 대원군의 쇄국정책 '洋夷侵犯 非戰斥和 主和賣國'이라는 척화비(斥和碑)를 세우게 하였다. 그런데 만경대에서 성경을 받은 겨우 네살의 소년 최치량(崔致良)은 후일 강서(江西)와 평양교회 창설자가 되었고 최난헌 목사를 죽인 박춘권(朴春權)은 안주교회(安州敎會)의 영수(領袖)가 되었다. 또 그때 받은 성경책으로 벽지를 삼았던 영문주사(營門主事) 박영식(朴永植)의 집이 후일에 평양 최초의 교회인 널다리골 교회당(S. A. Moffett 세움)이 된 것이다. 그리고 최난헌을 처형한 박춘권의 조카 이용태(Lee Young Tai)는 후일 숭실학교를 나와서 리눌서(Dr. W. D. Reynolds)와 함께 성경개정작업을 하였다.

↑ 토머스호와 12세 때 최난헌(토머스) 목사의 죽음을 목도한 장씨(우측)

5. 위렴신(Alexander Williamson, 韋廉臣)

이 「은둔의 왕국」에 대한 선교사들의 개척사업은 서먼(General Sherman)호의 비극과 함께 중단되지 않았다. 최난헌의 뒤를 이은 이는 바로 1865년에 최난헌을 한국에 파송한 위렴신(윌리암슨, Alexander Williamson) 자신이었다. 그는 스코틀랜드인으로서 일찍이 런던선교회 소속선교사로서 1855년에 중국에 와서 그리피스 존(Griffis John) 등과 같이 상해(上海)에서 선교하였다. 그는 최난헌(토머스) 목사의 생사도 알아볼 겸 한국 사정을 알리고 1867년 만주에 내왕하는 한인(韓人)들과 두 차례 접촉하였다. 이 때에 그는 한인을 상대로 성경을 팔고 전도문서를 반포한 것이다. 그는 한국에 관한 사정을 광범위하게 수집하여 『북중국, 만주, 동몽고 여행기 및 한국사정』(Journeys in North China, Manchurea, and Eastern Mongolia, with some account of Corea, London, 2vols, 1870)을 출판하였다. 한국에 관한 부분은 서구인들이 한국에 오기도 전에 한국, 한국인 및 그 문화를 서구인들에게 알려 준 고문헌(古文獻)이다. 그는 한국인에게서 받은 인상을 이렇게 보고하였다. "지시대로 나는 그 나라 많은 사람들과 만나 책자를 많이 팔았다. 그들은 중국인들과 마찬가지로 무척 친절하였다"[7]고 하였다.

위렴신 목사는 그의 생애를 전부 중국과 만주 선교에 헌신을 하여 큰 공을 세웠고 한국선교를 지원할 뿐만 아니라 친히 고려문(Korean Gate)까지 와서 전도하였고 고려문에는 매년 3차 시장이 열리었고 한국인과 중국인이 살아서 성경을 팔 수 있어서 후에 나약한(로쓰) 목사나 매킨타이어 선교사의 한인 접촉을 위한 길잡이의 역할을 하였다. 이러한 위렴신 목사의 이름은 한국 기독교 역사에 잊을 수 없는 인물인 것이다. 그는 최난헌 선교사를 「힘과 경륜의 신사」로 인식한 것이다. 위렴신은 "분명히 조선은 가능성의 나라이다… 이 나라에 지금 없는 것은 그 발전과 개진을 위해 필요한 서양의 종교와 문명의 자극 및 그 지도일 따름이다"고 한 것이다. 위렴신은 전쟁을 통해서도 선진국은 후진국을 개방해야 된다는 견해였다. 이는 낙스(John Knox)의 칼빈주의 영향으로 볼 수 있을 것이다. 그는 "전쟁이 비록 악이기는 해도 하나님은 결국 선으로 상쇄한다"고 믿은 것이다.

6. 나약한(로쓰, John Ross, 羅約翰, 1841-1915) 목사의 고려문(高麗門) 전도

위렴신(Williamson) 목사가 스코틀랜드인이었는데 또 한 사람의 스코틀랜

---

7) 위렴신은 한국의 동지사 일행과도 접촉한 것인데 이것을 그로서는 아주 대단한 일로 여긴 것이다. 그의 유능한 한국어 실력 때문에 동지사 일행은 북경의 「런던 선교회」를 방문할 정도로 친분이 두터웠던 것이다.

드 사람으로 한국 복음 전파에 크게 공헌한 목사가 나약한이었다. 그는 1841년 출생으로서 신학박사 학위를 취득하였고 31세 때에 전도자로 헌신한 것이다(碑文 : 大英神學博士 羅君約翰蘇格蘭人也 生於一千八百四十一年 道學畢業 後承順主旨 遠越重洋來華傳道時三十一歲… 奉天市東開敎會堂). 그는 그의 매부 마륵태(John McIntyre, 馬勒泰, 1837-?)도 같이 만주 봉천과 우장(牛莊)에 와서 사역(使役)했는데 이 고장이 한국교회 수립을 위한 선구지(先驅地)였다. 이 곳에서 한국 최초의 신자인 백홍준(白鴻俊)과 이응찬(李應贊), 이성하(李成夏), 김진기(金鎭基)를 탄생시켰으며 또 최초로 한글성경을 출판한 곳이며 최초로 한국인 전도인을 파송한 뜻깊은 땅이며 봉천은 지금 심양(瀋陽)이다.

↑ 마륵태(매킨타이어) 목사

나약한(로쓰) 목사가 만주선교를 희망한 큰 이유 중의 하나는 영국인으로서 한국 선교를 하다가 장렬히 순교한 최난헌 목사의 뜻을 계승하기 위함이 분명하다. 쇄국정책이 완화되지 않음을 알고 우선 만주의 한인을 교화(敎化)하여 그들로 하여금 한국내에 잠입시켜 선교의 성과를 달성해 보려는 것이었을 것이다. 1873년에 나약한은 제1차 만주전도여행을 떠나 천리길이나 되었음으로 1개월이나 되었다. 이 곳 고려문에는 약 3000호에 달하는 한국인 가구(家

↑ 나약한(로쓰) 목사

↑ 서상륜

ㄷ)가 있었다. 그는 또 1874년 봄에 중국인 서기를 동반하고 고려문 전도를 목적으로 제2차 만주 전도여행을 시도하여 앞에 말한 한국청년을 얻어 기독교를 전파한 것이다. 선진학문을 배우려고 장사를 핑계로 이곳을 방황하던 그들은 중국인 서기와 만나 한국역사와 한국어를 가르쳐주는 대가로 후한 월급과 서양학문을 가르쳐 준다는 조건하에 우장으로 간 것이다. 그런데 청과의 국경지대인「고려문」에는 장책이 있어「책문」으로 불리우기도 한 것이다.

나약한(로쓰) 목사는 이 청년들을 통하여 한글을 배웠고 한국에 대한 지식을 마륵태 목사와 함께 얻어서 1874년에는 『한영회화책』(A Korean English Primer), 1879년에는 『한국, 그 역사, 생활 습관』(Corea, It's History, Manners and Customs), 1875년에는 『예수설교문답』과 『예수설교요령』도 출판한 것이다. 이는 한국선교의 문호개방을 위한 그들의 노력이 얼마나 컸던가를 엿볼 수 있다. 나약한은 한글에 대하여 "그들이 사용하는 글자는 표음문자(表音文字)인데다 매우 단순하고 아름다와서 누구나 쉽게 또 빨리 배울 수 있다"라고 칭찬한 것처럼 그는 한글의 기독교 문서를 많이 발행한 것이다.

나약한(로쓰) 목사는 서상륜 등을 이끌고 1882년 봉천에 와서 인쇄소를 차려 가을에 최초의 복음인 누가와 요한복음서를 인쇄하였고 1883년에는 마태, 마가, 사도행전이 인쇄되고 1887년에는 신약성경 전부가 인쇄되어 『예수성교전서』라는 명칭으로 3,000부를 내었다. 나약한 목사는 서상륜을 시켜 성

← 예수성교전서(1887)

↑ 노춘경

Ⅲ. 선구자들의 시대 / 83

↑ 서경조 형제에 의해 황해도 소래에 설립된
최초의 한국인교회 : 개축된 기와 예배당

경을 한국에 전하려 했으나 고려문에서 겨우 통과하여 고향에 돌아와 전도한지 반년도 못되어 수십명의 신자를 얻었다. 이성하도 1884년 봄에 의주로 돌아오매 나약한 목사는 그에게도 복음서와 사도행전을 보내는 한편 배편으로 6000권의 복음서를 목인덕(Möllendorf)을 통해 인천으로 보내어 서상륜으로 하여금 복음을 전한 것인데 1886년 7월 11일 한국내에서 최초로 세례를 받아 신자가 된 유학자(儒學者) 노춘경(盧春京, 혹 노도사)은 "내가 기독교를 깨닫게 된 유일한 길은 복음서(한문의 마가, 누가)를 읽은데 있었다"고 하고 그 기쁨이야 말로 하늘에 충천(衝天)한 것이었다. 또 이 성경은 한글의 재생과 발전을 위해서도 놀라운 영향을 끼친 것이다.

또 나약한 목사는 한국에서 세례를 베풀어 달라는 초청을 여러번 받았다. 서상륜은 1883년 5월 16일 황해도 고향에 최초의 한인교회를 세웠다 하나 실상은 동생인 서경조씨가 세웠을 것이다. 이 송천교회(松川敎會, 솔내교회, 솔래교회, Sorai Church)는 "아! 참말이다. 진리이다. 이는 인생문제를 해결하는 신통한 글이로다."라고 감탄한 고향의 성경을 읽은 신자들의 모임인

⇐ 최초의 유급 교역자(1887)
백홍준, 서상륜, 최명오

↑ 서경조

것이었다. 솔내의 58세대 중 50세대 어른들이 모두 기독교에 전향한 것이다. 그 고향인들은 성경의 의문점이 있으면 서상륜에게 물었다고 한다. 처음의 한국인 교회는 원두우(언더우드, H. Underwood)목사에 의해 서경조(徐景祚)외 10명이 세례를 받음으로 창설된 것이다. 나약한(로쓰) 목사가 와서 교회를 세우지 않은 것은 좀 의아스럽기도 하나 아마도 북쪽의 국경선을 넘기 어려운 때문이었을 것이다.

당시의 나약한(로쓰) 번역의 성경을 읽은 학자들은 이구동성(異口同聲)으로 불교보다 우수한 종교라고 평하였으며 희망과 새로운 사상을 주는 종교라고 절찬을 한 것이다. 김양선은 "한문의 본고장에서 한문성경을 가지고 번역하는 저들로서 국한문 성서를 만들 법한데도 순수 한글로 성경을 만들어 낸 그 높은 뜻은 만고에 빛날 것"이라 하였다.

우리는 여기서 최초의 만주에 산 한국인 신자 백홍준이 봉천에서 옥사한 것을 알아야 겠다. 차재명이 편찬한 『조선예수교 장로회사기』에는 그가 자연사(自然死)한 것으로 쓰여져 있으나 그는 만주 봉천에서 개신교 최초의 순교자가 된 것이다(1894). 백홍준은 전도사 신분이었고 2년간이나 봉천감옥서 수인(囚人)이 된 것은 만주에 있는 선교사와 내통하여 기독교 전도를 한다는 죄명으로 체포하여 청국(淸國)에 넘겨졌으니 그 선교사는 나약한(로쓰) 목사였던 것이며 그는 나약한 선교사의 권서(勸書)로 본국에 들어와 전도한 것이나 그를 전도사로 임명한 선교사는 원두우(언더우드)였고 세례는 마륵태(매킨타이어) 목사에게 받은 것이다(1876년).

7. 선교사 곽현덕(콜벳, Hunter Corbett, 郭顯德)과 적고문(마티어, Calvin W. Mateer, 狄考文)

서먼(General Sherman)호 사건(1866년)에 대한 탐문은 미국에서 계속되는 중에 미국 극동해군 사령관 로완(Rowan) 제독(提督)은 그 사건을 조사하려고 1867년에 와츄셋(Wachusett)호를 보내었다. 그 군함의 사령관은 한미조약의 미국측 대표였던 슈펠트(R. W. Shufeldt)였다(1882). 이 군함에 산동성 주재(駐在) 선교사(北長老會) 곽현덕(Hunter Corbett, 郭顯德)이 통역관으로 있었으나 어떤 복음전도 사역을 하였는지는 아직 나타난 것이 없다.

또 다시 로완제독은 셰난도아(Shenandoah)호를 평양 대동강 입구까지 파송할 때 또한 선교사 적고문(狄考文, 마티어)이 역시 통역관으로 동선한 것이다. 서면호 사건에 대해서는 더 이상 새로운 소식이 없고 다만 그 배의 전원이 불타거나 물에 빠져 죽었다는 것을 알게 되었고 그 배가 3주간을 정부회신(한국)을 기다리던 적고문은 해안 촌락에 나가서 한문성경과 전도지를 뿌리면서 한국사정을 알리고 한 것이며 석도(席島 : 황해도 송화군 풍천 관내)에 십자가를 세우고 돌아간 것이다. 이찬영 목사는 8·15 이후에도 이 십자가가 서 있음을 보았다고 하고 다음과 같은 기록도 있다.

"우리는 제일 높은 산꼭대기까지 올라갔다… 거기서 나는 십자가 하나를 보게 되었다. 십자가가 거기 서있는 이유를 알 수 없었다. 무슨 종교적 관련성이나 있는지도 알 수 없었다. 나는 이 십자가가 기독교와 관련성이 있다고 믿는다. 상징하는 의의가 많은 십자가를 볼 때 나는 이상한 감상을 가지게 되었다. 나는 이 가련한 백성들이 언제나 십자가의 의의와 거기 포함되어 있는 진리를 완전하게 알고 사랑하게 될 것인가 생각하였다"(Oh, M. W, *The Cross at the Mouth of Taedong River*, 토머스 기념선교회 刊, Seoul. 1956, p. 13, 14).

우리는 이제 초기 한국교회를 위해 헌신한 초대 선교사들을 마감함에 즈음하여 그들은 굳센 종교적 확신과 위대한 신앙과 영웅적 용기와 개척정신의 소유자들인 것이다. 우리는 오늘의 한국교회 부흥 성장을 생각할 때 초기 선교사들의 헌신과 봉사의 깊은 뜻에 경의를 표하지 않을 수 없다.

8. 이수정(李樹廷)의 활약

한국에 기독교회 설립을 위해 북쪽 서간도나 만주지역에서 많은 선교사들이 사역한 반면에 동남으로 일본에서도 하나님의 역사는 진행된 것이니 1882년 9월 이수정(호는 筌齊, 漢陽人)은 당시 고종이 보낸 신사유람단의 수행원으로 갔는데 그는 일본에서 훌륭한 개화적 농학자 쯔다셴(津田仙)박사에게 농학을 배우는 동시에 기독교에 대한 관심을 더하게 되었다. 이수정은 중국어 성경과 『마가복음주해』 정위량(A. P. W. Martin, 丁偉良)의 『천도소원』(天道溯源)을 얻어 기독교의 핵심을 이해하는 동시에 일본인 목사 야스가와 (安

川亭)에게 세례를 받는다(1883. 4. 29). 또 야스가와를 통해 미국인 선교사 녹스(G. W. Knox)와 맥리가(맥클레이, R. S. Maclay, 麥利加, 1827-1927)와도 친교를 갖게 되었다. 이 맥리가 목사는 실상 장로교의 안론(알렌, H. N. Allen)보다 먼저 한국에 도착한 것이다(1884. 6. 24).

⇧ 이수정

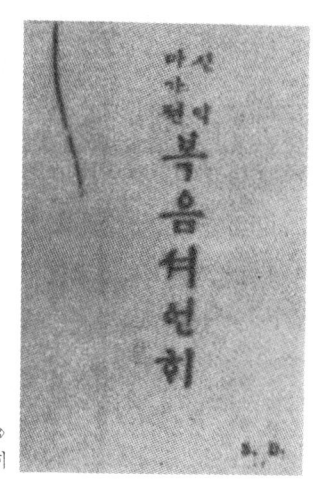
⇨ 신약마가젼복음셔언히

이수정은 일본에 체류하면서 기독교 신앙을 한인들에게 간증하는 동시에 미국성서공회 루미스(Henry Loomis) 총무의 요청으로 중국어와 일어 성경을 가지고 성경을 한글로 번역하여 요꼬하마(橫濱) 미국성서공회에서 간행하니 (1884) 마가복음과 사도행전만 포함한 『懸吐漢韓新約聖書』이며[8] 1885년에는 또 『마가복음서 해설』[9]을 간행하였는데 이 책이 원두우(언더우드)가 1885년에 한국에 올 때 품에 넣어 온 성경인 것이며 원두우가 1894년에 수정하여 서울에서 출판한 것이다. 또한 이수정은 한국에서 선교사업을 시작해 달라는 특별 진정서를 여러 미국교회에 제출한 것이며 이런 결과로 맥리가는 1984년 6월 24일 한국을 찾게 된 것이다. 단순히 그가 한국을 방문한 것이 아니라 정식 선교사로 입국하였고 고종의 윤허를 얻었으므로 후에 장로교 선교사들이 입국할 수 있었다.

8) <마 5:3 虛心者ヘ 福矣ㄴ 以天國ヘ 乃其國也全>
9) <막 6:37 耶蘇(예수쓰)-디답ᄒ시되 너의가 먹을거슬 쥬라 디답ᄒ되>

또 맥리가(맥클레이)는 원래 1884년 중국 선교사로 파송되었는데 1885년 2월 미국선교부 파울러(Pauler)감독에게서 조선선교사업 관리자로 임명을 받고, 동년 3월 5일에 동경 아오야마 자택에서 제1회 조선선교사회를 주장한 것이다. 그런데 맥리가는 김옥균의 도움으로 한국에서 병원과 영어학교를 허락받은 것인데 일본서 두 사람은 서로 사귀었던 것이다.

⇐ 루미스

맥리가(맥클레이)⇒

이수정은 일본에 머물면서 계속 성경번역에 종사하지 않고 정치에 관심을 두다가 1888년 4월 23일에 귀국했으나 관헌에게 체포되어 처형당한다. 그러나 일설에는 배교했다고도 하는데 이는 권력을 장악한 보수당의 정치적 보복인 것이며 이수정의 일본에서의 성경번역과 조선선교호소는 마치 "마케도냐의 손짓"(행 16:9)과 같은 것이다. 전기 김옥균이 루미스(H. Loomis)에게서 한문성경과 『천도소원』(天道溯源)을 받아 기독교인이 되었는지는 의문이나 김옥균이 낙스와 루미스 선교사를 초청하여 연회를 베푼 것을 보면 기독교를 환영한 것은 분명하며, 개화인사 김옥균은 맥리가(맥클레이) 선교사 부부가 인천항으로 입국한 후 그들을 선대한 것이니 김옥균은 먼저 부인

↑ 한국개화운동의 기수들(좌로부터 홍영식·박영효·서재필·김옥균). 이들은 갑신정변이 실패한 후 일본으로 망명하여 그곳에서 기독교와 접촉하였다.

을 보내었고 오후에는 친히 찾아가 한국에 온 것을 깊이 환영한 것이지만 불교도였던 그가 기독교 신앙을 고백한 것으로 보기 어렵다고 한다. 그러나 승려 이동인(李東仁)은 기독교를 믿은 것으로 추정되고 있다.

이수정은 한국선교의 호소를 미국교회에 하면서 "만일 미국교회가 이를 듣지 않으면 어떤 방법으로도 하나님이 한국에 사람을 보내겠으나 그의 공로는 한국교회 역사에 길이 남을 것이다."라고 하였다. 또한 이수정은 한국정부의 높은 고관(弘文官提學)으로서 그의 높은 지위와 학식은 일본사회에 명성을 얻어 동경제국대학 한국어 교수가 되었던 것이다. 그리고 이수정은 일본에서 유학생들에게 전도하여 1884년에는 동경에 최초의 또 다른 한인교회를 세웠다. 그리고 이수정이 동경제국대학 교수로 있으면서[10] 1887년에 발행된 『메이지학전』(明治學典)의 한글 훈음(訓音)을 맡았고 한국의 풍속과 제도에 관한 오해를 수정하는 데 무던히도 애쓴 것이다. 1887년 이수정은 귀국후 다소간 고종의 환대를 받았으나 곧 일본에서 자객에게서 얻은 상처로 득병하여 사망한 것으로 보인다. 그가 더 이상 한국에서 일을 못한 것은 못내 아쉬운 일이다. 그의 일본 체류기간이 불과 5년도 되지 않았으나 많은 환영을 받고 특히 1883년 5월 8일에 모인 제3회 일본 기독교 신도대회(東京, 神學敎會堂)가 600명에 달하는 대성회요 훌륭한 명사들이 참석(內村, 新島襄, 金森, 植村, 宮川, 小崎)한 중에서 대표기도와 연설을 하게 된 것이다.

← 일본기독교신도대회
 (1883) 첫째줄 중앙
 이수정

---

10) 그가 일한 학교는 「동경외국어학교」 즉 동경제국대학의 전신이며 이 외국어학교는 G. H. F. Verbeck(1830-1898) 선교사의 주선으로 세운 학교이다. 이에 대하여 후술한다.

그 연설 요지는 "자신은 변방 출신으로 문명을 모른다. 귀국의 호의와 성령의 인도로써 세례를 받았고, 이 성회(盛會)에서 감히 말할 충동에 못이겨 몇 마디 나타내는데, 요한복음 14장에 나타난 '예수는 내 안에, 나는 예수안에 있다'는 진리가 알기 쉽다고 보이나 실상은 깊은 진리일 것이다. 또 성경의 영감은 등불에 비슷하고 자신의 근원은 자기 속에 믿음이 있음을 확인하라는 것이다. 그리스도께서 내 마음에 계시면 이미 죄사함을 받고 천국에 들어갈 사람임이 틀림없다는 것이다."

"또 성령의 감화로써 사탄의 유혹을 이긴 것은 은혜라는 것이다. 그리고 불교는 사닥다리를 올라가는 것이니 이는 허망한 종교요 기독교는 진리이다"는 것이다. 이에 대하여 우찌무라(內村)는 다음과 같이 설명한다. "참석자 중에 한 사람의 한국인은 은둔국의 국민을 대표하는 명문의 사람으로 일주일 전에 세례받고 자기나라 의복을 항상 착용하는 기품이 당당한 자로서 우리 중에 참석하고 있었다. 그는 자기나라 말로 기도했는데 우리는 그 마지막 아멘하는 소리밖에 알아듣지 못하였다. 그러나 그 기도는 무한한 힘을 가진 기도였다. 그가 출석하고 있다는 사실과 또 그의 말을 알아듣지 못한다는 사실이 그 장소와 광경을 더한층 오순절과 같이 만들어 주었다. 대친목회의 부흥을 완전한 Pentecost로 화하게 함에는 현실의 불은 '혀'가 필요하지만(행 2:3) 우리는 그것을 우리들의 상상력으로 보충하였다. 우리들의 머리 위에는 무엇인가 기적적이요 놀랄만한 사실이 일어나고 있다는 것을 온 회중이 다같이 감득(感得)하였다. 우리들 회중 일동은 다 태양이 머리 위에 비치고 있지 않은가 하기까지 신기하게 여겼다."

이수정은 끝까지 기독신자로 신앙을 지키지 못하였으나 그가 고백한 신앙의 내용을 보면 기독교를 바로 이해한 것으로 보인다.

내가 아버지 안에 있고 아버지가 내 안에 있으며 내가 너희 안에 있고 너희가 내 안에 있다는 말이 기독교 진리의 요지라 하고 이를 신인감응이치(神人相感之理)로 보았고 하나님의 초월성과 내재성도 종과 채와의 관계로서 설명하며 삼위일체, 믿음의 도리에 대해서도 스스로 증험할 것이며 이런 믿음은 천국에 이르게 할 것이 확실하다는 고백인 것이다(示天父在我我在父我在爾爾在我卽神人相感之理有信必成之確證耶蘇當時使徒親承至訓更無余惟至今日去聖也旣遠恐學者不於義理上透徹則不能發大信. 神之在天如聲之在鍾擊則響槌有聲鐘

與槌雖具而各懸一處其有聲乎故燈以大炷燃則光大鍾以小槌叩則聲小卽多求多與小信小成之意惟無不成之理. 若信三位一體之旨則卽信己身與三位並合爲一夫以此心至謂爲神殿言其信心所在神亦在焉神在我身中則我則卽在神身中一念卽至間不容髮不在於上下而方在於爾動諍語默中故欲確知得救之成否只自省信心之有無莫問於而師莫求質於神此是神人致感明驗也但不深究此義而確信上天之必有我父必有基督心有聖靈則其得赦罪而心至天國).

Ⅳ
각 교파의 전래와 개화 및 항일운동시대
(1885-1919)

제 1 절 각 교파 선교사들의 입국과 사역(使役)

1. 원두우(Horace Grant Underwood, 元杜尤)와 아편설라(Henry Gerhart Appenzeller, 亞扁薛羅)

안론(알렌, H. N. Allen, 安論, 1853-1932) 박사의 뒤를 이어 한국에 온 선교사가 원두우와 아편설라이다. 흔히들 원두우와 아편설라 이 두 사람을 한국에 들어와 선교한 첫 선교사라 하는데, 이는 안론 박사가 한국에 들어온 첫 선교사이면서도 들어올 때 선교사로서가 아니라 하는 것은 미국 공사관의 공의로 들어왔고 선교의 문호를 열어 놓은 위대한 공적을 쌓음에도 불구하고 너무도 신중하게 조선 정부와의 마찰을 피하

↑ 안론(安論)

여 국금(國禁)이 풀린 다음에 시작하기를 강력히 주장하여 선교의 열의에 불타는 다른 선교사들의 활동을 제재했기 때문이다.

원두우는 1859년 7월 1일 영국 런던에서 출생하였고 13세 되던 때에 미국으로 이주하여 1881년 뉴욕 대학을 졸업하고 뉴저지(New Jersey)에 있는 뉴 부른스위크(New Brunswick) 신학교에 입학하여 1884년 동 신학교를 졸업하였다. 이 신학교는 미국 화란계 개혁교회(철저한 칼빈주의)에서 경영하는 학교로 일본 개척 선교사 페어벡(G. H. F. Verbeck, 1830－1898)[1] 등 유명한 선교사들을 배출한 신학교이다. 원두우는 신학 재학시절부터 인도 선교를 지망하고 그것을 위한 모든 준비를 갖추기에 여념이 없었던 자이다. 인도와 같은 더운 곳에 가기 위하여서는 의학적인 소양도 필요한 것이어서 그는 1년간 병원에서 임상 실습까지 하였다. 그러던 그가 한국 선교사로 나오게 된데는 아래와 같은 사정이 있었다. 오윤태(吳允泰) 목사는 이수정씨의 한국 선교를 호소하는 글을 읽고 감화를 받아 한국으로 오게 됐다(吳允泰,『日韓基督敎流史』, p. 87)고 하지만 직접적인 동기는 원두우 자신의 수기에서 찾아보는 것이 옳을 것이다.

"1882년과 83년 겨울 사이에 지금은 동경 명치학원에 계시지마는 그 때는 한 학생이었던 목사 알버트 올트만(Albert Oltman)박사가 뉴 브른스위크에 선교를 지원하는 학생들을 모으고 그들에게 마침내 조약을 맺어 서방제국에 문호를 연 은자의 나라에 대한 위촉받아 준비한 글을 읽었다. 복음을 들은적 없는 이 천 이삼백만이나 되는 사람들, 문호가 열리기를 기도하는 교회, 1882년 슈펠트(Shufeldt) 제독의 노력에 의하여 조약이 맺어져 문호가 열렸으나 교회측으로는 1년 이상 지났으면서도 아무 움직임도 없는 교회가 그를 크게 자극했기 때문에 자기가 나서서 거기로 갈 사람을 찾아 보려고 결심했다는 소박한 이야기였다. 나 스스로는 인도에 부르심을 받았다고 믿었다. 또한 이러한 확신으

---

1) 페어벡(Guido Herman Fridolin Verbeck)은 모라비아(Moravia) 선교운동의 영향으로 그는 처음 Utrecht에서 Engineering을 전공하였고 어학에도 많은 발전을 보였고 문학과 음악재주도 많았다 한다. 그는 미국에서 Auburn 신학을 졸업하고 화란개혁교회에서 안수받은 후 일본「나가사끼」에서 활동했는데, 그의 활동으로 1869년「동경제국대학」이 세워진 것이며 그는 일본 정부의 외국문서와 논문의 공식적 번역가가 되었고 1879년 선교사로 복귀하여 신학교에서 강의를 하면서 일본교회를 위한 저서를 한 것이다.

로 특별한 준비를 했고 또 1년간 의학 공부도 했다. 그래도 누군가 한국으로 가려는 사람들이 있어야 하겠다고 나는 분명히 느꼈고 그리고 내가 할 수 있는 일은 해야겠다고 마음먹었다. 1년이 지났다. 아무도 지망하지 않았다. 어느 교회도 한국에 들어가려는 움직임이 있어보이지 않았다. 심지어 각 교파 외국 선교 사업의 지도자들까지도 한국에 들어가기는 시기 상조라고 글들을 쓰기까지 했다. 그때에 메시지가 내게 왔다.

'왜 너 자신이 못 가느냐?' 그러나 인도, 인도의 핍절(乏絶), 인도로 부르심을 받은 나의 특수한 소명 그리고 부분적으로나마 준비된 길을 모두가 막는 것 같았다. 문은 다 닫혀졌고 그 중 어느 하나 열기도 불가능한 것 같았다. 두 번 나는 나의 교회에 청원했으나 재정문제로 거절당하여 못 가게 되었고, 두 번 장로교 본부에 청원했다. 나는 쓸데없는 짓이라는 생각이 들었다. 한국으로의 문은 닫혀진 것 같고 국내에 머무른다든지 인도로 가려던 첫 의도를 따르는 길만 활짝 열리는 것 같았다. 결국 이 길을 결정할 수 밖에 없었다. 주저주저하면서 뉴욕의 어느 교회의 청빙을 수락한다는 편지를 써서 편지함에 넣으려 했다. 그 순간 나는 한소리를 들은 것 같았다. '어느 누구도 한국으로 가려고 안 한다', '한국에 가면 어떤가' 편지를 도로 손에 집어넣고 또 한번 한국으로 가려는 시도를 하기로 마음먹고 또 한 번 중앙가(Center Street) 22번지(옛 장로교 선교부)로 얼굴을 돌렸다. 이번에는 전에 본 총무는 그만 뒀고 엘린우드 박사(F. F. Ellinwood)의 새얼굴을 보았다. 그는 나에게 그의 관심을 확언했고, 며칠 후에는 내가 다음 이사회에서 임명될 것이라는 전갈을 받았다.

드디어 그는 1884년 7월 28일 선교사로 임명받았다. 그리고 1884년 12월 16일 일본을 향하여 샌프란시스코를 출항하여 1885년 1월 동경에서 2개월간

⇧ 아펜설라·원두우의 상륙 : 김학수 화백의 그림

있으면서 이수정과 어학준비를 하고 한국을 향하여 떠났을 때 그가 번역한 마가복음을 가지고 왔다."

아펜설라는 1858년 2월 6일 펜실바니아주 센덜톤(Senderton) 독일계 개혁교회 가정에서 태어났다. 1876년 10월 6일 구원을 체험했으나 랑카스타(Lancaster) 프랑클린 마샬 대학(Franklin and Marshall College) 재학시절, 1879년 4월 20일 감리교로 교적을 옮겼다. 1882년 이 대학을 졸업한 후 누저지주 두류 신학교(Drew Theological Seminary)에 입학했다. 대학 1년간 재학할 때 선교에 관한 관심을 갖기 시작한 아펜설라는 신학교에 다니면서 선교사가 되려는 결심을 깊이 하고 일본을 선교지로 생각하였다. 그러나 동급생 중 한국 선교를 포기하였다. 1883년 10월 24-28일 신학교 연합회가 코네티컷주 하드포드(Hardford)에서 열렸을 때 원두우와 아펜설라도 여기 참석했다. 이 회합에서 돌아왔을 때 아펜설라는 부득이 한국선교를 단념한 벗 워즈워스 대신 한국으로 가기로 결심하고 감리교 선교부에 지원서를 제출했다. 그리고 이 지원서는 1884년 크리스머스 주간 그가 결혼한 아내와 신혼여행을 하고 있을 때 선교부로부터 수락한다는 전갈을 받았다. 한국으로 향하여 떠나기 전 날 샌프란시스코에서 감독 파울러(C. H. Fowler)에게서 목사 안수를 받았다.

1885년 4월 5일 부활주일에 원두우와 신혼부부 아펜설라는 누구도 먼저 내리는 일이 없이 동시에 제물포에 상륙했다는 이야기를 남겨 놓았지만 사실

⇐ 아펜설라 부부

은 아펜설라 부인이 제일 먼저 상륙하였다.[2] 원두우 목사가 배 뒷쪽에서 먼저 내리면서 "내가 이겼다"고 하였다는 설도 있다. 그래서 장로교가 감리교보다 한국에서 더 번성하였다 한다. "이 날 무덤의 문을 깨치신 그가 빛과 자유를 이 나라에 가져다 주소서!"라는 것이 아펜설라의 기도였지만 당시 한국의 정세는 매우 불안한 상태에 있었다. 갑신정변이 일어난지 겨우 다섯달 전후였고 정변을 치른 뒤에도 청(淸)은 보수파의 정부를 수립하고 원세개(袁世凱)가 통상사무 전권위원으로 서울에 남아 있어서 국정을 간섭하고 있었고, 일본은 한성조약(1885. 1. 9)을 강제로 체결하고 우리나라에 일본 군대를 주둔시켰다. 1885년 8월 20일에는 을미사변(乙未事變)이 터져서 민비가 살해되었다. 젊은 선교사들이 처음으로 한국에 온지 석달 뒤의 일이었다.

한편 동진정책을 쓰는 러시아의 한국 침공의 야망도 노골적으로 드러나기 시작했다. 당시 외교 고문으로 있던 목린덕(묄렌도르프)[3]의 알선으로 북경 러시아 공사관 서기 웨베르(C. Waeber)가 들어와서 고종 23년(1886) 8월 국서를 황제에게 바쳐 "부령(富寧)을 러시아에 개방하고 만일 제국과의 분쟁이 있을 때에는 러시아가 군함을 파견하여 원조할 것"을 청원하다가 이것이 친정파인 민영기, 김윤식 등의 반대를 만나 실패하자 1888년 7월 조선과 「육로통상조약」을 맺어 조선과 러시아 양 국민의 국경 무역의 자유와 경흥을 러시아에 개방하게 하였다. 러시아가 이렇게 한국에서 세력권 확장을 도모하게 되자 중동지역에서 언제나 러시아를 견제하던 영국이 가만히 있지 않았

↑ 우리나라 최초 성경번역위원들

---

2) 이들은 민영익의 병을 치료한 호기(好機)를 놓치지 않았다(1884. 12. 4). 그들이 탄 배는 제리오 마루(敦賀丸)이었고 부활주일 오후 3시경이라 한다. 아펜설라는 「Appen」, 원두우는 「Undy」라는 별명을 서로 부르면서 친하게 사역하였다 하는데 Appen이 Undy보다 1년 연상이었다.
3) 목린덕(P. G. von Möllendorf, 穆麟德)은 천진(天津) 주재의 독일 영사로서 이홍장(李鴻章)의 권유로 한국정부의 외교를 돕게 되었다.

다. 1885년 영국은 동양 함대를 파견하여 거문도를 강제로 점령하고 포대를 쌓고 병영을 세워 러시아 동양함대의 길목인 대한 해협을 위협하고 있었다.

이렇게 원두우, 아편설라 선교사들의 한국 상륙을 전후하여 청, 일, 러, 영 등 열강의 한국내에서의 각축이 심하여 이러한 살벌하고 삼엄한 분위기 속에 젊은 미국 여자가 상륙하여 견디어 낼만하지 못하다고 미국 공사관은 판단하였다. 그래서 아편설라 부부는 일본으로 돌아가 잠시 정세를 관망할 수 밖에 없었다. 그러다가 천진조약이 1885년 4월 12일에 체결되어 청일 양국은 4개월 이내에 조선에서 철병하기로 하는 등 3개조의 조항이 체결됨으로써 청일간의 살벌한 분위기가 어느 정도 가라 앉게 되어[4] 6월초에 아편설라 부부는 다시 한국에 돌아왔다. 그는 다방면으로 활동하였다. 선교부가 한국에 설치되자 1887년까지는 현지 부총무로, 그 후부터는 총무로 일했고 1885년 8월 3일에는 배재학당을 세우고 다년간 교장 일을 맡아 보았다. 그는 희랍어에 능통했던 까닭에 성경번역위원으로 수고했고 최초의 감리교 정동교회 목사의 일을 보았다. 그는 또한 그의 생명을 성경번역을 위해 바쳤다. 1902년 6월 12일 목포에서 모이는 성경번역 위원회에 참석하려고 구마가와 마루란 조그마한 배를 타고 가다가 목포 근해에서 인천을 향해 가는 상선 기소가와마루와 충돌하였다. 안개가 자욱한 아침이었는데 기소가와마루에는 신호가 없었기 때문에 빚어진 참사였다. 바람을 쏘이려고 갑판위에 있다가 배가 마주치는 순간 아편설라는 기소가와마루에 뛰어올라 무사했으나 일행 중 서기 조한규씨와 부탁받은 이화학당에 다니다가 여름방학이 되어 고향 목포지방으로 돌아가는 두 여학생을 구출하려고 도로 기소가와마루에서 뛰어내려 아랫 층에 내려갔던 것이다. 너무도 엄청난 파상을 입은 배가 불시에 침몰해 가므로 맨 밑층에서 올라 오는 문을 승무원들이 막은 것은 2층의 1등 선객들만이라도 구출하려던 것이었을 것이다. 이 때문에 아편설라는 윗층으로 올라 올 수 없어 익사하고 말았다.[5] 이 때 사망자 수는 미국인 1명 일본사람 4명 한국인 14명 승무원 8

---

4) 천진조약(1885)의 양국 군대의 철병은 청국 세력을 물리치고 청일전쟁에 이긴 일본은 마관조약(1895)에서 청국이 조선을 완전 독립국임을 확인케 했으나 이것도 침략 야욕의 전초전(前哨戰)이었다.

5) Griffis 선교사는 Appenzeller에 대하여 "사자처럼 당돌하고 여인처럼 우아한가 하면 주님을 위해 물불을 안가리는 이 열정의 감리교인은 남을 위해 섬기다가 세상을 떠난 것이다"(A Modern Pioneer, p. 71)라고 하였다.

명이었다(김세환,『배재 80년사』, p. 66).

아펜설라는 1885년 7월 19일 한국 최초의 인천 내리 감리교회를 설립하였다[6](『인천내리교회 95년사』, p. 62~63).

아펜설라 부부가 인천까지 왔다가 일본으로 잠시 돌아간 어간에 대신 한국에 온 감리교 선교사는 의료 선교사 시란돈(스크랜톤, W. B. Scranton, 施蘭敦)이다. 그는 부인과 어머니 메리 시란돈(Mary F. Scranton) 여사를 일본에 남겨두고 왔다. 이들과 아펜설라는 본래 한 배로 일본에 왔으나 요꼬하마에 머물러 어학을 배우고 있는 동안에 아펜설라 부부가 먼저 한국으로 떠났던 것이다. 시란돈 박사는 오자마자 광혜원에서 알렌 박사와 함께 일하다가 후에 견해의 차이로 따로 시병원(施病院)을 차리고 나갔고 어머니 시란돈 여사는 이화학당을 세우고(1885) 우리나라 최초의 여성교육을 시작한 공을 세웠다. 원두우는 재학시절부터 의학적 훈련을 쌓았기 때문에 광혜원에서 가르치는 한편 집을 짓고 불쌍한 고아들을 모아 안론(Allen) 박사 부인과 협력하여 한문 영어 성경을 가르치기 시작하였는데 이는 경신 학교의 전신이다. 시란돈 박사가 광혜원을 그만두고 따로 나가자 대신 1885년 6월 누구보다 먼저 한국 선교사로 임명받고 일본에 와서 준비하고 있던 의료 선교사

↑ 시란돈(스크랜톤) 선교사

← 이화학당 학생들(1915)

---

6) 교회 설립은「내리교회」가 한국 최초이고 당회는「새문안교회」가 최초이다.

헤론 박사(J. W. Heron, 1885-1890, 惠論)가 와서 광혜원에서 안론 박사와 함께 일하였다.

2. 성공회 선교사

안론(알렌)이 1884년 9월 미국공사관 공의로 부임하여 가족을 동반하여 오고저 상해(上海)에 갔다가 돌아오는 길에 일본 나가사끼(長崎)에서 함께 한국으로 들어온 이가 중국 푸초(Foochow)에서 선교하던 영국 성공회 선교사 월프(Archdeacon J. R. Wolfe)이다. 그는 의사의 권유도 있어 전지 요양으로 조선에 와서 본 경험에 "가증스럽고 잔인한 전족의 풍속도 없고 영아살해의 죄도 없고 우상도 그 전각도 없는"것으로 피력한 것이 있고 그는 남지나(南支邦) 연례지방 대회에서 조선 방문의 보고에서 조선 선교의 필요성을 역설하면서 참 종교의 부재(不在)를 느끼지 않을 수 없었다는 것이다.

⇐ 1926년의 성공회 대성당

← 1900년에 세운 토착적인
강화성공회성당

그의 권유로 한 사람의 중국인 목사와 3인의 신자들이 한국선교에 헌신하여 1885년 11월 말에 월프는 2인의 중국인 전도자와 함께 부산에 도착하였다. 그는 다시금 1887년 가을 두사람의 감독과 함께 다시 부산에 오매 환영은 받았지만 별 성과는 거두지 못했다. 성과가 없는 데에는 아직도 종교의 자유가 없고 기존의 중국인 전도자들도 지식인들과 교제할 정도였다. 그러나 그의 입국은 호주에 선교를 호소하여 대지안(데이비스, Henry J. Davies, 代至安)이 첫 호주장로회 선교사로 온 것이다. 그리고 월프의 선교는 정식으로 성공회 한국 선교가 열리게 하여 "외지 복음선교회"(Society for the Propagation of the Gospel in Foreign Parts)가 1890년 콜페(C.J. Corfe) 감독을 한국에 파송한 것이며, 1920년도 통계자료에 따르면 성공회 포교소는 73이요, 교역자는 93인이며 신도수효는 5,069인이다(차옥숭편, 기독교사 자료집 권2, 한국종교사회연구소, 1993, pp. 574, 575).

3. 호주 장로회 선교사

호주 장로회가 선교사를 한국에 보낸 것은 앞서 말한 월프의 역할에서 비롯된다. 1889년 10월 호주 빅토리아 장로회 선교부가 앞에 나오는 대지안(데이비스, H. J. Davies, 代至安) 목사와 그 매씨 미스 대마가례(데이비스, M. S. Davies, 代瑪嘉禮)를 파송했는데 원래 대지안 목사는 인

↑ 대지안선교사

도 선교사로서 건강관계로 본국 휴양 중 한국에서 나온 것이다. 그러나 그가 부산에서 사역하다가 천연두에 합병된 폐렴으로 소천하니 1890년 4월 5일이 었다(기일 선교사집). 그러나 그의 소천은 호주교회로 하여금 한국선교에 대한 새로운 관심을 진작(振作)시켰다. 호주선교부는 1891년 10월 경남지방을 중심으로 선교운동을 시작한 것이다.

4. 카나다 장로회 선교사

카나다인으로서 처음 한국에 온 선교사는 매견시(맥켄지, W. J. Mckenzie, 梅見施)이다. 그가 신학생으로 라부라돌(Labrador)에서 전도하는 중에 한국에 관한 글을 읽고 "무슨 방법이라도(장사, 노동) 그들의 생활에 섞여야 한다. 필요하다면 원조를 얻기 위해 교회를 자극하자"는 정신으로 많은 우여곡절끝에 1893년 10월 독립 선교사로 한국에 와서 황해도 송천(松泉)의 한국인 가정에서 한국인처럼 살면서 서신왕래 관계로 서울에 가는 외에는 그곳에서 전도에 열중한 것이다. 그는 교회에다가 타종교와 구별하려고 성 죠지(St. George) 십자가를 달았다.[7] 그는 1895년 여름 일사병으로 고생하는 동시에 정신착란증도 생겨 결국

↑ 매견시(맥켄지) 선교사

총으로 자결한 것이나 그가 헛되이 죽지 않은 것은 그의 죽음에 자극을 받아 여러 선교사들이 한국에 오게 되었다. 1898년 구례선(具禮善, Dr. Mrs. Robert G. Grierson), 부두일(富斗一, Rev. Mrs. W. R. Foate), 마구례(馬具禮, Rev. D. M. McCrae) 목사가 함경남북도를 중심하여 선교한 것이다. 매견시를 "내한한 선교사 중에 가장 우수한 표본"(E. A. McCully)이라 하였으니 그는 한국의 음식맛을 잊을까 봐서 본국에서 보내온 성탄선물로 보내온 진미를 한인들에게 나누어 주었다는 일화도 있다. 그가 카나다를 떠나는 배에서

---

7) St. George 십자가는 여러 형태의 십자가 가운데 영국의 수호 성자인 George(생애 미상)의 축제에 좇아 사용된 흰 바탕에 붉은 십자가 문장이 새겨진 것이다. 이는 전통적인 서방교회 곧 로마교회 십자가이다. 등변형 ✚는 주로 동방교회가 사용하였고 라틴교회는 가지 길이가 다른 †를 본래 사용한 것이다.

"배갑판 위에 발을 올려 놓으니, 나는 내가 갈길에 올라섰다. 오직 고향 친지를 떠나는 것 뿐이었다. 유감스런 것은 없다. 떠나는 것에 대해 섭섭한 감정도 없다. 희생이 아니다. 거기가 살아야 한다. 하나님의 영광을 위하여 오래오래 거기서 살며 일하게 하소서! 그리고 사망이 생명 속에 삼키워져 큰 나팔소리가 소란스레 들릴 때까지 나의 백골이 진토가 되어 그들의 백골과 같이 땅속에 묻히게 하소서!"라고 한 것이며, 그는 한국에서 72세까지 사역하다가 원산의 집에서 주님의 부름을 받았는데 그의 유언은 "내가 먼저 세상을 떠난 뒤에도 우리 교회는 세상에 있는 교회들과 갈라 놓으라. 그들에게 물들지 말라. 그리고 내 무덤은 봉분하지 말고 평토장으로 하라"고 하였는데 그는 평소에 무덤이라도 높으면 교만하게 보인다고 하였던 것이다.

5. 남장로회 선교사

원두우 선교사는 1891년 10월 첫 안식년으로 귀국하여 내쉬빌(Nashville)에서 모인 외국 선교사를 위한 신학교 연합회(Inter-Seminary Alliance for Foreign)에서 한국 선교에 대해 호소한 결과 많은 난관 끝에 최의덕(Lewis Boyd Tate, 崔義德), 전위렴(William M. Junkin, 全偉廉), 리눌서(William Davis Reynolds, 李訥瑞)가 선교사로 오게 되었고, 이 외에도 마티 데이트양(Miss Mattie S. Tate)이 동종(同從)하여 1892년 10월 18일에 서울에 왔고 데이비스양(Miss Linnie F. Davis)과 볼링양(Miss Pasty Bolling), 레이번양

⇧ 미 북장로교와 남장로교 선교사들(1893). 서울

(Miss Mary Leyburn)이 11월 3일에 인천으로 와서 전라도에서 사역한 것이다. 그런데 원두우 선교사가 내쉬빌에서 연설할 때 그곳에 와서 반더빌트(Vanderbilt) 대학에 재학하던 한국인 명문자제(名門子弟)인 윤치호(尹致昊) 선생도 힘써 도운 것이다. 한국 순천(順天)에 거주하던 변요한(J. Fairman Preston, 邊要韓) 목사는 원두우를 "남장로교 한국 선교의 아버지"라 한 것인데 사실 그러하였다. 그리고 원두우는 1891년 9월에도 시카고(Chicago)에 있는 맥코믹(McCormick) 신학교에도 가서 학생들에게 한국 선교 상황을 강연한 것이다. 또 원두우는 선교 지망생들과 함께 버지니아(Virginia)주와 북부 캐롤라이나(North Carolina)주의 큰 도시 교회를 순방하면서 선진한 결과 뉴욕의 존 T. 언더우더(John T. Underwooder)가 25,000불(弗)을 헌금하여 비로소 남장로회 외지 선교회가 한국에 선교하기로 결정한 것이다. 조운선(Miss Olga Cameron Johnson, 趙雲仙)도 독립 선교사로 한국에 왔으나 1, 2년 뒤에 생활비 부족으로 일본에 가서 교사일을 보지 않을 수 없었다고 한다.

6. 침례회 선교사

독립 선교사 편윅(펜윅, Malcolm C. Fenwick, 片犬)이 1889년 12월 8일 한국에 오게된 것은 혜론(J. W. Heron, 惠論) 박사의 처가 복음을 전하다가 교수형을 당하게 되었다는 헛소문을 듣고 자신의 무식도 불구하고 결단을 내리어 조선이 어딘지도 모르고 다만 지중해 어딘가 생각하고 26세의 청년의 몸으로 한국에 와서 약 10개월간 어학을 배웠으나 한국인들 속에 들어가지 않고는 어려움을 알 수 없고 그는 서양인들 없는 소래에 와서 약 1년간 서병조(徐丙朝)의 집에 유하면서 말을 배워 전도하였고 그 후에는 원산을 중심으로 성공적으로 선교하였고 어학과 경영의 재능을 발휘하는 동시에 능력있는 부흥 전도를 하였고 토착적인 농촌에서 작업을 하면서 전도하는 동시에 1893년 "약한

↑ 편윅선교사와 신목사

의 긔록 ᄒᆞ디로 복음"이라는 성경을 번역하고 "복음찬미"(1899)라는 찬송가를 사용하되 적은 선교사에 많은 한국인 전도인을 두는 정책을 쓴 것이다. 그는 1893년 미국에서 한국순회 선교회를 조직하여 1896년 다시 한국에 와서 열렬히 전도한 것이다. 그리고 1949년 제39회 총회를 계기로 대한 기독교 침례교회라 하여 동아 기독교를 개칭한 것이다.

그리고 미국 보스톤의 클라렌돈 침례교회 엘라 씽 선교회(Ella Thing Memorial Mission)는 이즈음에 폴링(Rev. Mrs. E. C. Pauling), 스테드만(F. W. Steadman), 가델라인양(Miss Amanda Gardeline), 엘머양(Miss Arma Ellmer)을 한국에 파송하여 충청도 공주에 주재하였고 그후 이들은 원산으로 선교지를 옮겨 활동을 한 것이다.

편윅은 카나다 토론토 태생으로 정규학교 교육이나 신학교육의 배경이 없는 사람이며 처음에는 평신도 전도자였으나 특별한 종교적 체험을 통하여 한국에 가라는 소명감을 얻었던 것이다. 그는 코리아(Korea)와 콜시카(Corsica)를 분별하지 못했으나 그는 당시 북미주에서 외지 선교사업 촉진가였던 와일더(Robert P. Wilder)의 강연을 듣고나서 "자신은 적어도 유리잔과 같은 고급 그릇은 아니라도, 생명수를 길러주는 쭈그러지고 녹슨 깡통"이라도 되면 생명을 건질 것이라는 신념으로 내한하였던 것이다.

⇐ 침례교의 전신인 동아기독교는 카나다출신 선교사 편윅(가운데 검은 옷 입은 이)에 의해 1889년 설립되었다.

편윅이 지은 『한국에서 그리스도의 교회』(*The Church of Christ in Corea*)에 나타난 서문에서 어떤 이는 다음과 같이 편윅에 대해 서술한다. "여러 해 동안 편윅이 한국에서 노력하였다. 그리스도를 말과 행실로써 설교했다. 그러나 결실은 없었다. 그때 그는 복음이 전달될 때에는 그곳 토착 신자에 의하여 가장 잘 전파된다는 바울적 교회의 기초가 된 원리를 재발견 하였다. 이책은 물론 한국에서의 기독교 확장사이다. 그러나 그것은 동시에 모든 선교사들이 초대 교회의 선교 방법으로 되돌아가는 날 어떤 결과가 생길 것인가 하는 사실을 실증한 글이기도 하다." 그는 또 한국에서 한민족과 문화의 우수성에 감탄한 나머지 "기독교 없이도 한국은 서양 문명보다 많은 공헌을 하였다. 내 생각에는 동양이 서양에 윤색됨이 좋지 않다고 본다."고까지 한 것이다. 실제로 편윅은 한국인들이 가진 윤리적 포용성과 전통의 고수 또는 사회적 질서 곧 남녀유별과 장유유서는 서양이 가지지 못한 장점이며 이것은 구약의 선민들을 연상케 한다고 하겠다. 그리고 엘라 씽(Ella Thing) 선교단을 설립한 것인데, 이 선교단체는 폴링(E. C. Pauling) 목사 부처(夫妻)와 아멘다 가르드라인 양을 제1진으로 한국에 파송했고 추후로 스테드만(F. W. Steadman) 목사 부처와 새디 액클스(Sadie Ackles)양과 아르마 엘머(Arma Ellmer)양을 파송한 것이다. 그들은 부산에 체류하면서 선교하다 후일 충청도 공주지역으로 옮겼다. 이들이 본국의 재정난으로 오래 선교치 못하고 귀국했으나 그들의 성과는 좋았다. "우리는 군(郡)마다 시(市)마다 다니며, 복음의 기쁜 소식을 들어보지 못한 사람들에게 복음을 전하고 있습니다. 본토인들은 일반적으로 온순하고 인내심이 있고 친절합니다. 우리들은 사업에 많은 재미를 보고 있습니다."라고 보고한 것이다. 귀국할 때 한국의 새로운 신자들을 한국민의 관리에 맡긴 것이다. 스테드만은 1905년 자기에게 전도받고 신자된 교인들을 내방(來訪)하였는데 그는 자기가 일하던 지역내에 200명 신자와 한개의 자립교회(自立敎會)가 서 있었다고 전한다(F. W. Steadman, "Our Work in Korea" The Baptist Missionary Magazine, Vol. 85, No. 10(October, 1905. p. 388).

그의 사역은 모든 개척선교와 신앙파수의 귀감이 되는 것이며 「문서순회선교」로 많은 성과를 거두었고 순교자를 배출하는 역사를 낳게 한 것이다. 편윅의 자전적 기록은 당시 한국의 모습과 한국인의 기질 또는 선교의 큰 지침이

될 것이다.[8]

7. 남감리회 선교사

우리는 앞서 최초 감리회 선교사인 아펜설라(H. G. Apenzeller)가 북감리회 소속인 것이며 또 한국에 남감리회 소속 목사가 최초로 온 것은 1895년 10월 13일에 E. A. 핸드릭스(Hendrix)감독과 이덕(C. F. Reid, 李德)박사가 내한하였는데 이들은 중국 선교사들로서 한국에서 상해 중서학원(中西學院)의 교수로 있던 윤치호(尹致昊)의 강력한 권유에 힘입었던 것이다. 한국선교지방회와 중국연회와의 관계는 계속적으로 유지되지는 않고 1897년에 한국독립 선교부를 조직한 것이다. 그리고 송도(松都, 개성)에 미국 남감리교 한국 선교본부를 옮겼고 중국연회와 완전한 독립은 1907년에 된 것이다.

↑ 이덕(李德)

↑ 양주삼 목사

그런데 전기 윤치호는 한국의 교육과 선교를 위해 미화 200불($)을 내놓음으로서 한국 선교를 격려했으니 참으로 귀한 일이 아닐 수 없고 당시 조선의 국왕도 핸드릭스 감독을 만나 "미국 국민들이 선교사들을 보내온 것을 감사합니다. 더 많이 보내 주십시오!"라고 환영해 마지 않았다. 1897년 2월에 이덕(Reid) 목사는 고양읍에서 전도하여 장년 24명과 3명의 어린이에게 유아세례를 베풀면서 처음으로 남감리교회를 세운 것이며 이 때 한국선교를 호소한 윤치호씨는 가옥 한채를 바쳤다 하고 또 그해 6월 2일 이덕 목사 사택에서 예배를 볼때 설교를 윤치호씨가 하였는데 이것이 뒤에 "광화문 교회"가 된 것이다. 또 남감리회에는 1897년 5월 15일에는 벌써 내한한 하

---
8) 편위, 『대한기독교회사』(The Church of Christ in Corea, 1911), 허긴역, 침례회 신학대학 출판부, 1989.

리영(R. A. Hardie, 河里泳)의사 부부를 선교사로 임명하여 개성에 남성(南星)병원(The Ivy Memorial Hospital)이 세워졌고 1904년에는 개성에 호수돈여숙(好壽敦女熟) 및 경성에 협성신학교(냉동, 冷洞)가 1910년에 6,000$로 기지를 확보하여 세워졌다. 또 1911년에는「그리스도 회보」가 기의남(奇義南, W. G. Cram) 목사를 주간으로 발행하게 된 것이다. 또 1897년에 중국 선교사 감부인(Mrs. P. Josephene P. Campbell)이 조선 여인을 상대로 전도한 것이며 감리교는 1930년 양주삼 박사의 노력으로 남북 감리교가 합동되어 제 1 대 총리사로 그가 피선되었다.

8. 동양선교회의 한국선교

일본에서 소위 동양선교회(Oriental Missionary Society)가 1901년 창설된 것은 카우만(C. E. Cowman)인데, 그는 본래 전시기사로서 그 부인의 감

⇐ 카우만

⇑ 초창기 중앙교회

⇐ 길보른

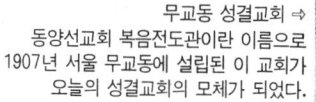
무교동 성결교회 ⇒
동양선교회 복음전도관이란 이름으로
1907년 서울 무교동에 설립된 이 교회가
오늘의 성결교회의 모체가 되었다.

화로 신자가 되어 일본에 나와 이 선교회를 세운 것이다. 그의 친구이며 후배인 길보륜(E. A. Kilbourne, 吉寶崙)을 1902년 초일(招日)하여 전도하게 하고 또 1907년에는 조선에도 선교하게 하였다.

초기에는 초교파적으로 전도하되 야간에는 노방(路榜)에서 북을 치면서 악대를 앞에 세우고 전도하고 낮에는 전일에 결심한 자를 찾아 심방하여 가까운 교회로 보내었으나 후에는 성결교회 즉「동양선교회 성결교회」라는 이름으로 교단 형성을 한 것이다(1907). 이 때는 일본에서 동양선교회 경영의 성서학원에서 배운 김상준과 정빈씨가 귀국하여 무교동에 집 한채를 구입하여 "복음전도관"을 개설한 때이며 초기의 두 선교사들은 하나님의 은혜를 뜨겁게 체험하고 성경적인 순수한 복음을 동양 각국에 전하려는 의도였다.

1916년에는 영국인 토머스(John Thomas)가 최초의 감독으로 왔고 1921년에 킬보른 총리가 경성(京城)에 주재(駐在)하게 되면서 급속히 교회가 발전되었다. 그는 한국인 고문을 두어 의사소통을 원활케 하였는데 최초 고문이 된 사람이 이명직(李明稙), 이명헌(李明憲), 뿌릭스 부인이었다. 1911년 3월 부터는 성경학원을 세워 교역자(教役者)를 양성한 것이며 축호전도(逐戶傳道)를 하여 경남에서부터 함남 혜산진(惠山鎭)까지 실시하였으므로 교세가 많이 신장(伸張)되었다.

↑ 초창기 성결교 간부들

9. 구세군(Salvation Army)의 한국 선교

구세군의 창설자 윌리엄 부드(William Booth)대장이 1907년 일본에 순회할 때 거기서 비로소 한인과 접하게 되어 그 해에 내일톤(Nailton) 부령(副領)이 예비조사하고 1908년 10월에 허가두(혹가아드, Robert Hoggard, 許

← 구세군 선교
구세군의 한국 개전은 1908년에 이루어졌다. 개척 선교사 허가두(중앙의 말탄 이)의 전도 광경(1912년)이다.

← 윌리엄 부드

허가두 정령 ⇒

嘉斗) 정령(正領) 일행이 와서 서울 애오개와 새문안에 터를 잡고 구세군 본래의 사업을 그 본래의 방식대로 개시(開始)한 것이다.[9] 그들의 삼대목표는 구령(救靈), 구호(救護), 사회사업(社會事業)이었다. 구세군은 한국에서 전도하되 한국어로 하지 않고 통역을 두고 나팔과 북을 치면서 제금(提琴)을

---

9) 이들은 「구세군 개척대」인데 구세군이 창설되지 않은 곳에 파송한 자로서 이 사관들은 신앙, 행위, 정신이 모두 구세군의 모범자들이어야 했다.

흔들어 사람을 모으고 군복차림의 외국인들이 열심으로 전도한 것이다.[10] 그들은 애오개에 「소녀고아원」을 인계받아 경영하는 동시에 일본인들의 한국민족정신 퇴화운동과 싸우기도 한 것이다. 3·1운동 당시에는 100여 군데 군영(軍營)을 두었다고 한다.

구세군 교리는 11개 조(條)이나 핵심은 중생, 성결과 봉사이다. 이 교리는 성결교 교리와 별로 차별이 없는데, 성결교나 구세군이 모두 웨슬레 교파에서 나온 것이다. 창설자 부드(Booth)가 영국 감리교 목사였던 것이다.

구세군은 본래 사회악의 박멸과 죄악과 전투적 대결이라는 군대적인 의식(儀式)과 조직 때문에 초기에 군복차림으로 왕왕 변을 당하기도 하고 곤궁을 겪었다. 1909년에 구세군 신문이 나왔고, 1910년에는 총회와 사관 양성소인 성경대학(2년제)을 세웠으며 1920년에는 금주(禁酒)신문도 발행한 것이다.

↑ 구세군 총회 : 1910년 서울 평동에서 개최된 구세군 한국총회

10. 오순절교회(Pentecostal Church)의 전래

1928년 봄 당시 개인자격으로 내한한 미국인 럼제이(Miss Mary C. Rumsey)

---

10) 처음에 통역을 둔 것 뿐이다. R. Hoggard 내외, Bonwick 내외, Milton 내외, 워드 여사관이 일본에서 배편으로 와서 다른 풍토에서 많은 희생을 하면서 언어를 공부하고 생활을 익혀 심산궁곡에까지 복음을 전하였고 Sweden 사관 2명, 그 밖에도 한국에 뼈를 묻은 사관들이 많다.

의 오순절 운동을 한국 오순절 교회의 출발로 보는데, 그녀는 원래 감리교인으로서 감리교 신학교를 나온 후 미국 오순절교인이 되어 한국선교를 목적으로 일본을 거쳐 한국에 와서 감리교 선교사 하리영(河理泳, Robert A. Hardie)의 주선으로 한국 오순절 운동을 전개하기 시작한 결과, 1931년 서빙고 교회가 세워져 일본성서학원(名古屋 五旬節계통) 졸업생 박성산(朴聖山)이 시무한 것이다. 박성산은 "성령의 세례가 나타나는 표적은 방언이다"라고 외치면서 방언, 신유, 권능을 주장한 것이며, 1932년 미국 오순절 교회의 파슨스(T. M. Parsons), 영국 오순절 교회 소속의 메르디스(E. H. Meredith), 베시(L. Vessey) 등이 계속 사역하게 되었다.

↑ 서빙고 교회(1932년)

11. 정교회(St. Nicholas Korea Orthodox Church : Orthodox Church)의 전래

동방정교회 즉 러시아 정교회 교무원 암부로시(Ambrosi) 신부가 1887년 내한하여 러시아 공관 내에 임시 성당을 설치하고 '러시아 정교회'라 불렀다. 1900년 2월 7일 본 성당을 '성 니콜라이 성당(St. Nicholay's Church)'이라고 칭하였고 1912년에는 러시아 교무원의 지원으로 보정(普正)학교를 설립

← 1898년 시작된 정교회 : 1896년경 정동의 러시아 공사관

하여 운영하였다. 그러나 1919년 10월 러시아 혁명 때문에 선교비가 중단되어 학교 운영은 물론 선교사업 자체도 마비상태에 빠졌으나 1945. 8. 15 해방 후 김의한(金義漢) 신부 주관하에 교회의 재건 사업이 상당히 활기를 띠었으나 6·25 사변 당시 김신부가 납북(拉北)됨으로 교회 운영은 중단되었고 1953년 11월 주일 UN군에 참전한 그리스 군대에 의해 그리스 정교회 관구 소속이 되었다. 1975년 12월 1일에는 사목 트람바스(Sotirious Trambas)가 부임하여 시무한 것이다.

12. 안식교 전래와 허시모(許時謨, C. A. Haysmer, 1898 - ?) 사건

안식교의 한국전래는 천주교와 개신교 전래와 비슷하게 한국인 유은현, 손홍조 양인이 하와이 이민길에 일본 고베(神戶)의 재림교회 전도인 구니아히데(國各秀)로부터 침례를 받은 것이 시초이며, 그후 1905년 최초의 선교사 스미트(W. R. Smith) 부부가 진남포에 와서 전도하기 시작한 것이다. 이후 계속하여 1907년 사업태(M. Scharffenburg, 史嚴泰), 1908년 노설(R. Russel, 魯雪) 의료선교사 부부, 전시열(C. L. Butterfield, 田時悅) 목사 부부, 여선교사 스코트(H. M. Scott)가 각각 내한하였으며, 1909년 왕아시(R. C. Wangerin, 王雅時) 부부, 오버그(H. A. Oberg), 리(H. M. Lee), 1920년 이시화(C. W. Lee)가 부임하였으며, 1926년에는 소위 선교사 허시모(C. A. Haysmer, 許時謨)가 12세 한국 어린이가 선교사 사과밭에서 사과 한개를 따먹었다고 양볼에 염산으로 "도적"이란 글을 새긴 것이 문제가 되어 한국인과 선교사 사이에 불화가 되고 급기야는 안식교 자체 징계 후 추방을 당한 것이다.

이 사건은 당시 일간지(조선일보, 동아일보)에 실리어 선교사 규탄 여론이 생겼고, 허시모 선교사는 그해 7월 13일 상해죄로 평양 지방법원의 재판을 받은 것이다. 허시모 선교사 자신도 공개 사과하는 동시에 선교회도 "전세계 인류 앞에 사죄한다"는 표시를 한 것이다.

그런데 문제는 이 기회에 일본인들도 선교사 규탄을 하는가 하면 좌익계에서도 합세하니 사정은 그렇게 단순치 않았으나, 신문이 공정한 이성적 언론을 펴서 두 세력은 실패하고 한미친선에 크게 손상이 되지 않았던 것은 불행중 다행이었다.

제 2 절 선교지 분할과 선교정책(宣教政策)

1. 선교지 구분

⇐ 서울에서 개최된 제1회 장로교 선교사 공의회(1893년)

제일 먼저 선교지역 분할을 생각한 교파는 감리교와 장로교이다. 최초로 1889년에 호주 장로교 선교사 헤론(J. W. Heron)을 회장으로, 대지안(데이비스)을 서기로, 원두우와 길포드(Gilford)를 창립위원으로 하여 미국과 호주 장로교의 연합선교회(선교사공의회, The Council of Misssions)가 발족되어 지역을 기존 사역지 중심으로 구분한 것이다. 그러다가 1893년 1월에 제1회「선교사 공의회」가 만들어져 호주 장로교와 카나다 장로교 선교회도 여기에 참가한 것이다.

선교지역을 분할하는 것을 1936년 장·감 양교파가 철폐하기까지는 약간씩 수정하면서 크게 마찰 없이 전도협

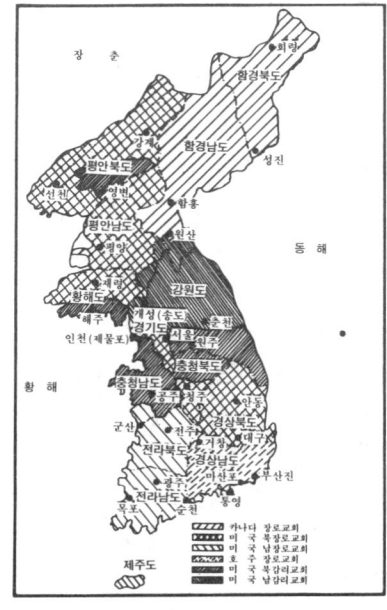

주요 선교단체들의 선교 구역 분계도

동을 한 것이다. 결국 장로교 총회에서 강원도 춘천과 황해도 해주에 전도 목사를 파송함으로써 구역협정이 무너진 것이다.

 a) 남장로회 : 전라도
 b) 호주 장로회 : 경상남도
 c) 카나다 장로회 : 함경도
 d) 북장로회 : 평안도, 황해도, 경상북도를 맡아 교회, 학교와 병원을 세웠다.

또 1892년 6월 11일에 미국 북장로회와 북감리회가 합의하여 선교구역을 정한 것이다.

 a) 남감리교회 : 강원도 3분의 2, 연안(延安), 해주(海州), 원산(元山) 이남지역
 b) 북감리교회 : 평북 태천(泰川), 박천(搏川), 영변(寧邊), 희천(熙川), 평남 강서(江西), 강원도 3분의 1, 서울남부, 충남지역이었다.

그리고 5000이상의 지역에서는 장·감 두 교파가 함께 전도하여 교회를 세울 수 있게 하였다. 1년 4차 정기 심방을 하되 그 중 2차는 선교사의 순회심방이 있어야 하며 이명증서(移名證書)가 없을 때는 타교회 교인을 자교회로 받지 못하며, 교회는 타치리회의 치리(治理)를 존중하고 타 선교부 유급사역자를 그 선교부 허락없이 고용하지 못한다는 것이다.

2. 선교정책(Policy of Mission in Korea)

1893년 제1회 선교사 공의회는 구체적 선교정책이 수립되었다. 요점적으로 보면 다음과 같다. 그리고 이러한 정책수립에 네비우스(J. Nevius)의 초청 강연의 힘이 컸다.

 1) 상류계급 보다는 근로계급을 상대로 전도함이 좋다(善).
 2) 부녀자 전도와 부녀자 교육에 힘씀이 후세 교육에 유익하다.
 3) 시골에서 초등학교를 세우고 기독교 교육을 실시하여 많은 효과를 거둘 수 있다.

↑ 존 네비우스 선교사

4) 한국인 교역자를 배출한다.
5) 성경을 속히 번역하여 회개하는 자를 얻는다.
6) 모든 종교서적은 순수한 한글로 쓰도록 한다.
7) 자립하는 교회와 헌금하는 교인수를 증가시킨다.
8) 동족으로 하여금 전도케 해야 된다.
9) 의료 선교사는 약만으로 치료하지 말고 기회 이용하여 본을 보어야 한다.
10) 먼 지방에서 장기간 치료한 자는 방문해 주어야 한다.[11]

특히 감리교 선교정책은

a) 순회전도를 원칙으로 하고
b) 포괄적 교육
c) 여자 교역자가 많다.

여자 무당이 많던 시대에 전도부인(Bible Woman)을 통해서 여성의 지위 향상은 물론 무당을 누르고 전도에 큰 성과를 얻었던 것이다. 그러나 초기 선

---

11) 당시 의료선교의 효과는 대단하였는데 1894년에 청일전쟁이 일어나 한반도에 콜레라가 만연되었고 환자가 많아 관민(官民)이 모두 손을 쓸 수 없을 때 몇 안되는 선교사들이 고을마다 나서서 방역활동을 헌신적으로 하였다(서정민, 『한국교회사회운동사』, 이레서원, 1995. p. 75).

교사들의 평신도보다 조금 나은 수준의 교역자 양성 정책은 개화 사회 인사가 해외에 유학가는데 비하여 후진성을 면치 못하게 한 것이라는 비판을 받으나 현실성을 너무 고려한 것으로 볼 수 있을 것이다.

3. 구체적 선교방법

선교의 정책은 그 방법을 정한 것이므로 그들이 실행했던 복음전파의 길을 열거해 본다.

1) 노방전도

한국어를 어느 정도 익히면 선교사들은 즐겨 거리에 나가서 책을 소리내어 읽고 사람이 모이면 그때 전도한 것이다. 물론 이 방법은 자유로이 전도할 수 있는 때에 실행된 것이다. 그 대표적인 예가 평양의 마포삼열(馬布三悅)이었다. 마포삼열(Dr. Samuel A. Moffett)은 1864년 1월 25일 미국 일리노이주의 메디슨(Medison)시에서 출생하여 훌륭한 조부의 교훈 밑에 자라서 하노버(Honover)대학과 맥코믹 신학교를 마치고 당시 유명한 부흥사 무디(D. L. Moody)의 감화도 있고하여 그는 여러 명의 선교 지망생과 함께 헌신한 것이다. 그리하여 그는 그 신학교의 대표적 선교사 중에 하나이며 한국에 와서 많은 고난을 이기고 크게 업적을 남긴 사람이다. 그가 1890년 1월 20일에 한

⇐ 마포삼열의 생가
(매디슨)

강에 도착하였다. 그는 서울과 평양의 거리에서 노방전도 하다가 불량패인 이기풍(李基豊)에게 돌을 맞았다. 과연 마포삼열은 "거리의 사람"이라는 별명이 붙을 정도로 늘 길거리에서 살았던 것이다. "때로는 자기 단독으로 노방전도를 했지만 마포삼열과 함께 서울 거리에서 노방전도 및 사랑방 전도도 했었다… 후에 장대현 교회의 전신인 널다리교회를 창설하고는 마포삼열과 한석진은 매일 아침마다 일찍이 일어나 기도회를 필하고는 복잡한 장거리를 지나서 골목 골목 다니면서 전도지를 주면서 전도를 했다"(馬布三悅博士傳記, p. 1345).

2) 사랑방 전도

앞서 마포삼열 선교사의 경우에서 언급됨과 같이 당시 선교사들은 한국의 전통적 가옥 형태인 사랑방을 이용하여 전도하고 여선교사들은 안방으로 가서 전도했으니 가두전도, 공중전도가 허락되지 않았을 때 많이 사용한 방법이었다. 또 선교사들의 집에 객실(응접실)을 만들어 찾아오는 이들에게 전도하였다. 한국의 사랑방은 남자들만의 공간이었고 특히 농한기(農閑期)에는 모여서 이야기도 하고 고담(古談)이나 옛소설을 읽기도 하며 시국 돌아가는 이야기도 하는 곳이다.

↑ 원두우 선교사 지방 순행

3) 순회전도

최초의 지방순회는 1887년 아펜설라와 함께하던 한위렴(W. B. Hunt, 韓緯廉)의 여행과 원두우(언더우드)가 1887년 가을 황해도 송천교회에서 세례 청원으로 시작되었고 그는 간단한 의약과 책자를 가지고 송도, 송천, 평양, 의주까지 전도여행을 떠난 것이다. 그결과 송천에서 7명을 포함하여 모두 20명에게 세례를 주었고 제2차로 순회를 나서 2주간 전도하며 평양까지 왔을 때 금교령(禁敎令)이 내렸으므로 서울로 환송되었다. 원두우는 소래교회에 예배당과 교역자 보조를 청했으나 "하나님의 종을 대접하는 일을 어찌 남에게 동냥을 해 드리겠습니까? 우리들이 성미와 십일조를 좀 더 열심히 하여 잘 모시겠습니다. 초가삼칸 초라한 예배당도 자기네들이 건축위원회를 조직하고 헌금중에 있으니 얼마 안있어 기와로 건축할 것"이라고 선교비 지원을 거절했다 한다.

↑ 평양신학교와 마포삼열 설립자

1888년 10월에 아펜설라가 북의 국경까지 여행하여 한사람의 세례교인과 기독교에 관심있는 이들을 많이 만나 보았는데 이는 아마도 나약한(John Ross) 선교사의 업적일 것이다. 또 1889년 원두우는 신혼여행을 빙자로 그 부부가 송도, 송천, 평양, 강계, 의주를 약 두달가량 돌면서 600여 환자를 치료한 것이다. 그의 부인이 의료선교사로 왔던 홀톤(Lilias S. Horton, 1888 —

1921) 의사였다. 그들이 의주에 왔을 때 약 100명의 신자가 세례받기 원했던 것이다. 그러나 그의 여행권으로 국내에서 세례를 줄 수 없으므로 그들 가운데 서른 세명을 압록강의 만주쪽으로 데리고 가서 집례한 것이다.

1887년 8월 아펀설라와 도원시(G. H. Jones)가 16일을 원주, 대구, 부산을 말을 타고 순회한 것이다. 1891년 봄 마포삼열과 기일(G. S. Gale, 奇一)이 약 석달을 평양, 의주, 봉천에 들려서 존로스 목사와 나흘을 같이 지내고 동만주 한인촌을 방문하고 다시 돌아오는 길에 함흥을 거쳐 서울에 돌아왔다.

동부지역은 뒷날 소안론(W. L. Swallon, 蘇安論), 기일, 맥우원(William B. McGill)이 순회하였고 그후 카나다 선교부 지역이 되어 철저히 답사되었으며, 함흥에는 1896년 함흥중앙교회가 세워져서 소안론이 시무한 것이며 1904년 원산 부흥과 1907년 대부흥으로 교인이 늘어 신창리에 ㄱ자형 예배당을 지었으므로 신창리 교회로도 불리우고 함흥지방의 중심 교회가 되었고, 1916년 함흥남부교회가 분립되면서 함흥중앙교회로 불린 것이며 교회와 함흥영생학교, 제혜병원이 역사적 연원(淵源)이 있고 함흥

↑ 지방여행증(1894)

← 함흥중앙교회

YMCA, YWCA도 모두 이 교회를 중심한 것이다. 6·25 이후 1954년 자유를 찾아 남하한 교인들이 서울에 반성교회(현 한성교회)를 이룩하여 옛 함흥중앙교회 맥을 이었다.

1892년에 마포삼열과 리눌서(W. D. Reynolds, 李訥瑞)가 공주에 이르도록 순회전도를 하였고, 전라도는 남장로회 선교사들이 순회한 것이다. 1893년 전위렴(W. M. Junkin, 全偉廉)과 최의덕(L. B. Tate, 崔義德)이 전주까지 순회하여 그곳에서 약 두 주간을 머문 것이다.

1894년에는 드류(A. D. Drew, 1893-1904)와 리눌서가 전라도를 거의 순회하였다. 선교사들의 순회는 청일전쟁이 발발하기 전에는 자유로이 실시된 것이다. 그런데 청일전쟁으로 평양시민이 산간 벽지와 시골로 갔으나, 이들이 가는 곳에는 복음을 전하여 선교사업은 더 확장된 것이다. 순회전도는 선교사들만이 아니라, 연못골 이씨 부인은 선교사 부인들과 함께 관서지방을 다니면서 사경회를 인도하는 등 초창기 한국교회에 기여한 바가 많다(상게서, p. 154). "평양에서는 물론이고 먼 지방교회에 순회하면서 훈련을 위주한 성서반과 성서연구, 그리고 교회교육에 분주한 나날을 보냈다"(상게서, p. 201).

"마포삼열의 권유와 또는 그가 직접 순회하면서 곳곳마다 신도의 그룹을 형성해 놓은 것이 3년 동안에 성장하여 교회를 이루게 된 것이다"(상게서 p. 203). 아편설라는 배위량(W. N. Blair)이 온 1901년에 서북부지방을 함께

← 평양주재 장로교
선교사 일동(1930)

순회하면서 선교활동 상황을 시찰한 것이다. 마포삼열은 한때 자전거를 이용하여 순회를 했으나 전도기회를 잃는다고 중단했다고 한다. 교통수단이 여의치 않은 때에 그들의 노고가 막심했던 것을 짐작할 수 있다. 물론 그의 어머니가 좋은 마차를 보내 주었으나 별로 사용하지 않았고, 조랑말도 짐을 운반하는데 조금 썼을 뿐 대개는 걸어서 전도한 것이다. 또 순회전도시 추운 겨울 초가에 유숙하는데 온종일 신고 다니던 버선을 화로불에 말리는 냄새를 도저히 맡을 수 없어서 창호지를 뚫고 코만 내놓아 선교사들의 코가 벌겋게 되었다고 한다. 물론 초기 선교사들의 지방여행은 선교지역 설정을 위해 답사하려는 것이었으나 당시 선교사의 수효도 많지 않고 기독교인의 수효 격증(激增)은 선교사들의 순회여행(巡回旅行)을 계속하게 하였다. 이러한 개척기에 선교사들이 내륙을 여행하려면 한국 정부로부터 특별여권을 발부받아야 했다.

이 특별여권은 중앙정부에서 지방장관에게 보내는 일종의 지시로서 선교사에게 숙소, 환전, 신변보호의 편의를 제공하라는 것이다. 그러나 선교사들은 당나귀를 타고 호신용으로 권총이나 단총을 지니고 다녔고, 가끔 군인들을 대동하여 선교사들의 위의(威儀)를 더하고 지방민의 존경을 받게 하는 데 큰 도움이 되었던 것이다. 또 군인의 동행은 외국인이라면 질색하고 도망하는 촌민에게 안심을 주게도 되었다. 또 자기를 위한 한국어 선생도 대동한 것이다. 그리고 길 안내도 같이 다녔다. 그리고 여행장비에는 보통 통조림, 침구, 약

⇐ 영남지방의
초도 순회전도 중에
있는 아담스와 존슨
선교사(1895)

품, 전도지, 여비인데 당시 통화는 엽전(葉錢)을 싣고갈 마필(馬匹)을 따로 고용하여 선교사가 한번 떠나려면 일단의 인마부대(人馬部隊)의 출동과 같았다. 점심때나 저녁때에 들리는 지점에서는 선교사들은 짐을 풀고 모여든 사람들에게 전도하고 약품과 책자를 내어 놓고 팔기도 하였다. 지방에 교회가 세워진 뒤에는 순회선교사들은 교회당으로 직행하여 집회에서 전도하고 성례도 집행하였다. 이러한 순회전도의 성격이 차츰 변했으나 20세기 초반까지는 한국에서 사용된 주요한 선교방식의 일면이었다. 특히 원두우 목사는 순회전도에는 두세명의 한인들과 동행하여 코르넷(Cornet)을 취주하였고 어떤 곳에 도착하면 천막을 치고 대형 예수님의 초상화를 걸어놓고 나팔을 불면서 주변을 돌면서 전도지를 돌리고 사람을 모은 다음에는 코르넷 취자의 선도로 찬양가를 부른 후에 환등기 상영을 했다고 한다. 그리고 하루에 약 40리 또는 60리 정도를 전도여행을 하였다 한다.

　허대전(J. G. Holdcraft, 許大殿)의 『현대순회여행』(*Modern Cercuit Rider*)에 다음과 같이 기록되었다. "재한 전도담당 선교사들의 생활은 미국역사에서 그 유형을 찾는다면 미국 개척시대에 있었던 순회전도인들의 생활에 해당한다고 할 수 있다. 순회 선교사들의 담당교회수는 12-75개소나 되는 것이 보통이요, 교인의 수효는 20명 되는 곳도 있고 어떤 교회는 600명이나 되는 먼 곳에 있기도 했다… 전국순회는 1년에 평균 두 차례씩은 있었다. 이 순회일자는 여러달 전에 미리 약속하여 둔다. 전국 순회과정에서 어느 한 목적지에 도착할 때는 보통 오후 늦게가 아니면 저녁이 된다. 맞아들이는 숙소는 초가집이거나 기와집이거나 천정이 낮은 10척평방쯤 되는 단칸방이었다. 이 방은 선교사를 접대하려고 특별히 '소재'되어 있었으나, 돗자리까지 들고 보지 않는 것이 좋았다. 어떤 때는 밖에 앉아서 일보는 편이 더 좋을 수도 있지만 예의상 그럴수도 없었다. 그래서 이 구역순회 목사는 여러 시간 온돌방에 앉아서 교회서류를 검열도 하고 교회 제직들과 의논도 하고 세례 청원자들이나 어색스러워하는 학습청원자들을 시취(試取)하기도 했다.

　이런 사무는 저녁예배 후에도 계속하여 밤중까지 계속되기도 했다. 일을 다 끝내고 눈을 감고 자려고 들면 좀처럼 잠들 수가 없다. 왜냐하면, 방안에서 수면 방해물이 있는가 하면, 열댓자 떨어진 바깥 마당 저쪽에는 말, 소, 돼지, 닭들이 부석대는 놈도 있고, 일찌기 깨어서 서성대는 놈도 있기 때문이다. 아침이 되면 조반을 먹고 예배를 마친 후에 이순희목사는 또다시 길을 떠난다. 해마다 몇달 동안은 매일 이러한 경험을 되풀이 한다."

↑ 초기 선교사들의 모습
왼쪽에서 오른쪽으로 배위량(Wm N. Blair), 원두우, 샤록 박사, 윌리엄 B, 헌트(한부선의 부친), 웰번

4) 고등교육을 통한 선교

선교사들은 한국사회의 미개를 타파하려고 많은 소학교를 세웠던 것이며 특히 개신교 선교사업을 서술함에 있어서 우리가 기억할 것은 선교기관들이 직접 경영하거나 또는 유지비 전부 또는 일부를 담당하는 학교에만 국한하여 왔다. 교육사업이 점차 발전됨에 따라 선교사들이 고급학교에 주의를 기울이고 초등교육기관은 한국교회에 일임하게 되었다. 그러나 선교사들은 초등학교 교사의 선택에 있어서 각별한 주의를 기울여서 기독교 신자만을 채용하였다. 이들이 서구의 신식교육을 받지 못했기 때문에 선교지부 중심지마다 단기 사범과를 부설하고 강습을 받게 하였다.

당시 선교사들의 교육정책이 기신위주(起信爲主)요 지력계발(智力啓發)이 부차적이었고, 그래서 자연히 종교과목에 역점을 두었다. 이것이 선교교육의 확실한 증거인 것이다. 학교에는 기도실이 마련되어서 자유로이 기도하고 예배할 수 있게 한 것이다. "전도사업의 기회는 크고 많아서 선교사들이 돌볼 수 있는 정도 이상이었으므로 전도를 목적으로 하는 학교사업이 전도에 도움

외국인 선교사의 신교육 광경

이 될 수 있었겠지만 한국에서는 불필요하였다"(H. G. Underwood, *The Call of Korea*, p. 112).

한말(韓末)의 기독교 학교가 선교의 기관으로서의 역할은 충분히 하고도 남은 것이다. 배재학당과 경신학교의 경우 학교예배 참석이 필수가 된 것이다. 교과목 역시 기독교 학교에 맞게 한문성경, 십계명, 운문(韻文)예수전 등이요, 주일날에는 주일학교로 변한 것이다.

1903년 노보을(W. A. Noble, 盧普乙)이 연차대회 참석차 출발전에 받은 한국인들의 진정서에 다음과 같이 쓰여 있다. "…한국에는 일본과 중국 상품으로 가득 차 있고 한국인들은 나무 베고 물을 긷는 하인 노릇만 하고 있다. 우리에게도 기회를 주어서 광목과 비단짜는 법을 가르쳐 주고 우리 상품을 우리 손으로 제조하며 전기기계를 설치하며 우리 손으로 발동기를 돌릴 수 있게 해 달라"는 것이었고, 여기에 노보을은 첨가하기를 "전제주의 학정하에 있는 국가를 정치적 개혁으로 인도하는 길은 산업의 자유와 발전에 있음은 명백한 사실이다. 우리가 한국에 대한 깊은 관심을 가진다 하면서 온 세계가 이 나라를 착취함을 막을 길을 찾지 않음은 매우 부당한 처사일 것이다. 한인들이 요구하는 바와 같은 학교를 우리 신도들이 이용할 수 있도록 설립한다면 그것은 하나의 자선사업만이 아니요 확실히 기독교적일 것이다"라고 한 것이다.

5) 문서전도

문서전도의 활성화는 1889년 10월 정동(貞洞)에 있는 원두우 사저(私邸)에서 결성한 「조션셩교셔회」(朝鮮聖敎書會, The Korean Religious Tract

↙ 초창기
예수교서회 건물 모습

Society) 이후 1890년 6월 25일 헌장을 통과시키고 나서 되었고[12]「야소교서회」(耶蘇敎書會)로 개칭된 것은 1919년이며, 카나다 선교회 소속인 기일(Rev. J. S. Gale, 奇一)은 단독적으로 성경을 번역하여 출간했는데 이 성경은 1925년 기독교 창문사 발행으로 윤치호(尹致昊)의 후원에 힘입어 나왔고[13] 기일은 한국학에도 조예가 있어「인물한국사, 춘향전, 구운몽」을 영역한 것이다.

↑ 기일목사

이 서회는 대개 중국에서 이미 선교사들이 번역한 것들 중에서 좋은 것들을 선택한 출판이었다. 그 대표적 번역서는 기일의 『텬로역뎡』(The Pilgrima Progress, by J. Bunyun, 1895)이며, 그리피스 존(Griffith John)이 지은 『셩교촬리』

---

12)「조선성교서회」창설위원은 아펜셀라, 배위량(W. M. Baird), 긔표(D. L. Gifford), 존스(G. H. Jones), 기일(J. S. Gale), 흘법(H. B. Hulbert), 마포삼열(S. A. Moffett), 리눌서(W. D. Reynolds), 원두우(H. G. Underwood), 혜론(J. W. Heron), 올링거(F. Ohlinger), 방거(D. A. Bunker)이었는데 초대 회장에 오랫동안 중국에서 선교한 올링거가 피선되어 그는 1893년 한국을 떠날 때까지 개시하는데 큰 도움을 주었다 한다.

13) 기일(J. S. Gale)은「성서번역위원장」이라는 직함이 문제가 생겨 사임하고 개인 번역을 했다. 그를 도운 이들은 이원모, 이창직, 이교승 등이며 번역 원칙은 첫째, 저작자의 본 뜻을 분명히 하고, 다음은 조선어풍을 좇아서 번역하는 것이었고, 기일은「스코필드」관주성경 신약도 1917년에 인쇄하였다.

 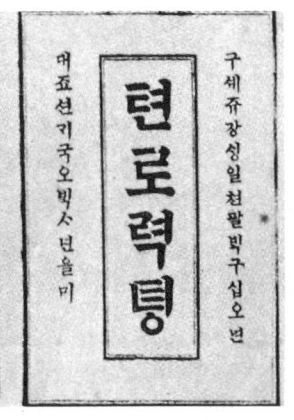

기일역 성경전서와
천로역정

(*The Saint Doctrine of Christianity*)가 처음 간행되었다.

또한 성서공회는 개역성경을 1938년에 발행하였으니 큰 사업이 아닐 수 없다. 성경번역은 국문학 발전에 지대한 공헌을 하였다. "근자에는 교육이 발달되어 교인이 아니라도 약 20%의 문맹을 제하고는 거진 다 한글을 알게 되었지마는 교회가 처음 들어오던 시기로 거슬러 올라갈수록 문맹은 매우 더 많았다. 그러나 그 시기에도 신자가 되면 성경을 읽고 찬송가를 부르기 위하여 한글을 배워 알게 되었다."(김윤경, 성서가 국어에 미친 영향). "아마 조선 글과 조선 말이 진정한 의미로 고상한 사상을 담는 그릇이 됨은 성경의 번역이 그 시초일 것이요, 만일 후일에 조선문학이 건설된다면 그 문학사의 제 1 면에는 신구약의 번역이 기록될 것이외다"(춘원 이광수, 耶蘇教의 朝鮮에 준 思想). "한데 오늘날(1907) 전국토에서 책은 읽혀지고 있다. 남녀노소가 읽고 있다. 책들은 초가집 안방 상자 위에 놓여 있고 노파의 눈에도 지식욕의 눈빛이 역력하다. 이 변화는 대단한 의미를 가지고 있다. 이것은 근대 선교의 최대 기적이다. 하나님께서 이 길을 미리 준비해 놓고 계셨다. 하나님께서 이 한글을 준비하게 하셨다. 아세아 뿐 아니라 세계에서도 버금할 바를 찾을 수 없는 우수한 이 한글을! 이 글이 4백년 전에 창제되어 있긴 하였지만 그간 풍진 속에서 업수임을 받아왔다. 그러다가 마침내 복음에 봉사하도록 부름을 받게 된 것이다."(J. S. Gale, *The Literary Work of Twenty Five Years*).

참으로 성경이 한국민족에게 끼친 영향은 현저하였던 것이다. 송도에 있던 남감리교 선교부 콜리어(C. T. Collyer)목사는 "우리들은 이곳에서 사업에 착수한지 5년밖에 안되었다. 당시에 이 지방은 복음이 전파되지 아니한 곳이었으나, 현재는 정교인(正敎人)과 원입교인(願入敎人)을 합하여 307명이 있다. 그 중 적어도 70%는 권서인(勸書人)들이 직접 전도하여 얻은 교인이라는 사실을 밝힐 수 있다"고 하였다. 그때 권서인들은 성서공회에서 매서(賣書)하는 신앙이 독실한 이들이었다. 선교사들은 새 신자가 성경의 지식을 갖도록 주력하였고 되도록이면 교인 한 사람이 성경책을 다 가지도록 권고한 것이다. 다시 성서공회는 개신교 선교사업을 협조하는 63면의 권서인과 19명의 전도부인(Bible Woman)을 채용하여 성경을 반포한 것이다. 1906년도까지 성서의 반포수는 127,269권이나 된다.[14] 이는 중국에서 50년 동안 결신자를 낸 것 보다 더 많다고 한다.

성경번역과 반포를 위해 배재학당을 사임하면서까지 힘썼던 아펜셀라가 목포 앞바다에서 익사한 것은 특기할 사항이 아닐 수 없다. 또한 선교사들은 문서를 대개 네가지 분야에 걸쳐서 발간한 것이다. ① 교과서, ② 기독교신문, ③ 선교사업관계도서, ④ 성경공과 및 성경번역이었다. 기일(J. S. Gale)은 『유몽천자』를, 배위량(A. A. Baird) 부인은 식물학, 물리학, 지리학을, 밀의두(E. H. Miller, 密義斗)는 산수교과서를, 노보을(W. A. Noble)은 심리학을, 방거(D. A. Bunker, 房巨)와 흘법(H. B. Hulbert, 1888-1905)은 『배재교육총서』를 간행한 것이다. 그리고 기독교 신문분야에서는 원두우(H. G. Underwood)와 빈톤(C. C. Vinton, 1891-1907)이 「그리스도 新聞」(The Christian News)을 계속 발행하였다. 이 신문은 크게 발전을 보았는데 한국정부가 467부를 사서 전국 367군과 정부 10부처에 각 한부씩 배부한 것인데 아마도 기독교에 대한 호의보다는 서양문명의 계몽을 바란 때문일 것이다. 감리교 선교부는 「조선 그리스도인 회보」(The Christian Advocate)를 1897년 창간하여 1901년까지 내었는데 편집인은 아펜셀라이었다. 그때 발행부수는 한국에 800부 정도였다(아펜셀라전기). 그래서 적자를 면치 못한 것이나 교인들간의 영향력을 하나로 묶어준 것은 사실이다.

---

14) 당시 성경은 피터스와 리눌서(A. Peters, W. D. Reynolds) 번역이다. 김해연, 『한국역사와 성경신학』, 은성, 1996. pp. 100-112 참조.
이덕주, 초기 한국기독교사 연구, <초기 한글 성서 번역에 관한 연구>, 한국기독교역사연구소, 1995. p. 374.

또 도원시(G. H. Jones)는 1900년 12월에 「신학월보」(The Theological Review)를 내었으나 1904년에 정간(停刊)되고 다른 간행물(감리교회보)를 내었다. 또 주일학교 공과해설에 대한 요구에 응하려고 신문에 통일공과도 역재(譯載)하였는데 통일공과는 해방후에도 그 이름이 사용된 것이다. 그리고 영문으로 발행한 「The Korean Repository」는 주로 한국과 한국문화에 대한 학문적 연구결과의 발표였고 감리교에서 운영한 것이다. 1901년에 「The Korean Methodist」가 부정기

간행물로 빈톤(C. C. Vinton)이 발행하였고, 도원시(G. H. Jones)는 「The Korea Methodist」를 시작했으나 1905년에 합병되어 월간 「The Korea Mission Field」가 되었는데 이는 한국복음주의 선교단체 연합회(The Federal Council of Evangelical Missions in Korea)의 기관지였다.

끝으로 성경연구 및 기독교에 관한 교양문헌이 광범위하게 간행되어 성경주석, 교리문답서, 개인전도에 관한 서적이었는데 기독교서적 보급이 퍽 잘되어 1898년 북장로교 선교부만 하여도 국내에 20개 보급소가 있었고, 서울에 있는 북감리회 서점은 한해에 3,024권을 팔아서 498.07불을 얻어 선교비에 보태었다 한다. 당시 어떤 작가는 "기독교 세력은 한국문학계를 지배한다"고 할 정도였다. 감리교가 경영한 삼문출판사(三文出版社)는 한국유일의 선교기관 인쇄소로서 대성과를 거두었다. 신약과 기독교서적들 또는 영자지(英字紙)인 「獨立新聞」(The Independent)을 간행한 것이다.

선교사들은 한국선교의 기초작업으로서 한국의 역사, 지리, 문화, 언어, 풍습, 종교등을 열심히 연구한 것이다. 원두우 목사의 「한영문법」(1890), 「한영자전」, 「영한자전」(1890), 기일 목사의 「사과지남」(辭課指南, 1893), 「한영대자전」(1897) 등은 「한불자전」 1880년과 「한불문전」 1881년 다음가는 한국어 연구의 중요한 교본(敎本)이었다. 일찍이 선교사들의 한국어 연구가 없었더라면 한글의 재생과 보급은 이루어지지 못했다고 해도 과언이 아니니다.

6) 사학의 명문(名門)인 연희와 숭실

앞서도 연희전문(현재 연세대학교)에 대해 약간 언급하였으나 여기서 다시금 초대 선교정책에 있어서 큰 핵심이었던 교육전도 사업인 기독교 학교에 대해 더 보충설명을 하고자 한다.

초등교육을 중소도시와 농촌교회가 자립경영하게 되므로 자연히 중등교육은 선교부의 몫이 되어 많은 기독교적 인재를 양성한 것이며 한국의 근대화에 큰 몫을 한 동시에 지도자 양성을 위한 고등교육 또는 목사 양성기관인 신학교는 많은 학생들의 지적욕구를 채우기 위해서도 조속히 설립되어야 했다. 이런 일은 어떤 선교회 단독으로 감당키 어려운 과제인데 마침 장·감 양교파의 연합사업으로 1906년 대학부 2학급에 12명의 학생이 생긴 것이다. 이것이 숭실전문학교의 모체인 것이다. 또 시설 확장이 필요하여 평양의 교인들이 6,000원을 모금하고, 비신자 사회에도 모금하였고 미국 켄사스(Kansas)주의 위치타(Wichita) 제1감리교회는 2,500$을 기부하여 『과학관』이라는 것이 건축되었다. 그리고 정식 대학승인을 얻은 것은 1910년이다. 그리하여 한국 최초의 대학이 되었다. 교장은 마포삼열(馬布三悅) 목사이며 많은 인재를 배양한 것이다. 당시 뜻있는 기독교 영재(英材)들은 숭실전문학교를 거쳐 평양신학을 가거나 도미(渡美) 유학의 길에 올랐던 것이며 특히 숭실대학 영문과는 신학교 예과와 같았던 것이다.

⇐ 원두우 동상과 구관

또 하나 서울에서 원두우 선교사가 세운 연희전문학교(현재 연세대학교)는 1911년부터 선교사의 이상 즉 상업, 농업, 직업, 및 문화의 측면을 종교만큼 강조하는 넓은 대학교육을 꿈꾸면서 시작 되었으나 1917년 4월에 정부로부터 정식인가를 받되, 성서학과, 문과, 상과, 수물(數物)과, 농과, 또한 응용화학과 등 6개학과였으나 학교가 출발된 지점인 1915년 사립학교 규칙에는 신설학교는 기존학교의 10년 유예기간 혜택 없이는 성경교육과 종교행사를 실시할 수 없었다. 개교는 되었어도 신학과는 모집할 수 없는 실정이었다. 연희전문의 재단법인 제1장에 교육목적은 「기독교 주의에 따른 설립」이며 "이사, 직원, 교수, 강사들은 다 기독교의 성경을 믿고 그 교리를 따르는 자"라야 한다고 명시되었다.

이 연희전문은 원두우(언더우드) 한 사람의 피땀에 의해서 신촌에 2백에이커(약 244,840평)에 달하는 학교부지를 만들었고, 건축을 하다 득병하여 1916년 10월 12일 병치료차 갔다가 미국에서 세상을 떠났다. 그의 나이 불과 쉰일곱이었다. 한국교회가 남아있는 이상 그는 영원히 위대한 개척 선교사로, 목회자로, 교육자로, 학자로 인정이 될 것이다. 현재 연세대 교정에 세운 동상에 다음과 같이 적혀 있다.

"쥬강생 천팔백 팔십 오년 사월에 박사 이십오의 장년으로 걸음을 이땅에 옮겨 삼십 삼년 동안 선교의 공적이 사방에 퍼지고, 큰 학교론 연희전문이 이루히니 그럴사 박사 늙으시도다. 신학, 문학의 높은 학위는 박사 이를 빌어 무거움이 아니라, 얼굴로 좇아 얼른 살피기 어려우니, 이렇듯이 년세보다 지나쇠함을 볼때 누구든지 고심으로 조선 민중의 믿음과 슬기를 돕는 그의 평생을 생각할지로다. 베픈 바 날로 늘어감을 따라 우리의 사모 갈수록 깊으며, 적은 힘모아 부은 구리로서 방불함을 찾으려 함이라. 뉘 박사의 일생을 오십칠세라 하더뇨. 박사 의연 여기 계시도다."

7) 의료선교(Medical Mission)

안론(H. N. Allen)이 와서 한국 정부의 고관인 민영익의 중환을 고침으로 어의(御醫)가 되었고(1884), 처음의 제중원(1886. 3.29)이 나중에 세브란스 의학교(1899)가 되어 의료선교에 임하게 되었고 초대 교장에 어불신(魚不信, O. R. Avison)이 되고 세브란스(Louis H. Severance) 박사가 1만 5천 달라

↑ 세브란스 박사

어불신(에비슨, 魚不信) 박사 ⇒

의 거금을 희사하여 14분과의 병원을 서울 역전에 세우고 세브란스의학전문학교로 1904년 개교하여 본격적 현대식 교육과 선교를 한 것이며, 정동에 최초의 부인병원이 세워졌으니(1887), 이는 시란돈(스크렌톤) 부인의 구상으로 되었고 이 병원은 동대문에서 1892-1912년까지 확장된 부인 병원으로 개업하다가 현재는 이대부속병원이 되었으며 처음에는 고종 황제가 보구여관(保救女舘)이라 칭하였다.

↑ 초창기세브란스 병원(Severance Hospital Seoul)

제3절 한국사회의 개화와 기독교

대원군의 철저한 쇄국주의(National Isolationism) 정책도 한국을 국제정세로부터 언제까지나 고립시킬 수 없었다. 대원군 퇴진 후 1876년 조일수호조약(朝日修好條約)이 체결됨으로써 개국의 문이 열린 것이니 조미수호조약(朝美修好條約, 1882)의 체결을 필두로 영, 독, 로, 이, 불, 오, 백기이(英, 獨, 露, 伊, 佛, 墺, 白基伊)등 여러 나라와 조약을 맺게 되어 이제는 완전히 문호(門戶)가 개방되고 서구문명과 접촉하게 됨으로써 이제는 선교사의 출입과 포교가 자유롭게 되고, 1896년에는 서교금령(西敎禁令)을 거두고 신교자유(信敎自由)가 생긴 것이다. 그러나 보다 합법적인 허용은 1906년 「포교규칙」을 발표하였으므로 때를 기다리던 선교사들은 이것을 절호의

↑ 아펜셀라

기회로 삼았을 뿐 아니라, 1885년 즉 고종 22년 후로는 선교의 자유를 점차로 얻게 되었고 일본이 통감부를 세운 뒤로 「이또」가 신교의 자유를 표방하자 힘써 교육을 통한 선교를 힘쓴 것이다.

아펜셀라는 정동(貞洞)제일교회와 배재학당(培材學堂)을 설립하고 선교(宣敎)와 교육(敎育)에 힘썼고 원두우는 새문안교회와 육영공원을 세우고 선교와 교육에 종사하였던 것이다.

특히 원두우(Underwood)는 탁월한 교육가로서 1907년에는 연희전문학교를 창설하고 많은 인재(人材)를 길러 내었다. 안론(H. M. Allen, 장로교), 시란돈(W. B. Scranton)은 세브란스 병원을 개원하였다. 이리하여 개신교가 한국에서 개척한 삼대사업(三大事業)은 곧 선교(Mission)와 교육(敎育)과 의료의 기초를 형성하였던 것이다.

또 아펜셀라는 1894년 5월 4일에 한국에서 처음으로 기독교 서적과 외국서적을 판매하는 서점을 열어 앞서 말한 코리안 리포지토리(Korean Repository)

⇐ 초기의 새문안교회 (1887)

라는 월간지와 코리아 리뷰(Korea Review)를 1892년부터 간행하였고 인쇄소, 제본소를 증설하여 지식을 전파하고 한국의 지성들을 계몽할 수 있는 수단을 다 갖추어서 기독교 문명의 훌륭한 대행자의 활동을 전개한 것이며(이만열,「아펜젤러」연세대학교 출판부, 1985. p. 202, 203), 그가 중등교육기관으로 세운 배재학당 당훈(培材學堂 堂訓)은 "욕위대자 당위인역"(欲爲大者 當爲人役, 크게 되고저하는 자는 당연히 다른 사람의 부림을 받아야 한다)이었던 것이다. 아펀설라는 한국인으로 하여금 개화적 인물이 되게 하려는 교육이념(敎育理念)을 가졌고 기독교적 정신을 갖게 하려는 것이 분명하다.

우월(又月) 자서전에 따르면 그의 부인 아편설라가 이화에 총장(제 6 대)으로 있을 때 종교과목을 매우 강조하였다고 한다. 이것은 후일 한국사회의

초창기 배재학당의 ⇒ 교사와 학생(1887년)

훌륭한 기초가 된다고 역설했다는 것이다.[15] 여기서 말하는 종교(Religion)는 기독교를 뜻한다. 그래서 우월은 언제나 이 과목을 자신이 담당했다고 한다. 그리고 배재학당에서 영어와 성경은 물론이며 한문(漢文)도 가르친 것이다.

이것은 그가 얼마나 한국민에게 적합한 교육정책을 수립했던가를 알 수 있다. "전국 각지에서 현 상태를 개선하기 위해 찾아오는 사람들을 구원하기 위해 소임을 다하는" 사람들을 양성하는 데 교육의 목적을 두었다(감리회 선교부 1892년 연례보고서 p. 271). 그는 45세라는 애석한 나이를 살다가 간 한국교회의 초석이었던 것이다. 그리피스(W. P. Griffiss)는 "조선의 아펜설라는 조선기독교의 기초가 되었다…여행가, 탐험가, 교사, 건설가, 전도인, 그리고 성서번역 등으로서의 그의 공헌은 과연 찬란한 것이었다. 동시에 그의 성품은 온화하였다. 17년간의 그의 봉사생활은 면류관을 받기에 합당하였다"고 하였다.

원두우 목사 부인이 쓴 글(A. T. Pierson에게 보내는 서신)에 다음과 같이 한국적 교육의도를 잘 보여 준다.

↑ 1886년의 배재학당 학생들

"우리는 여학생들에게 서양 옷을 입히고 서양식으로 생활하도록 할 의향은 조금도 없다. 우리는 그들이 충실한 한국 여자가 된다면 더할 나위 없이 기쁘겠다. 우리는 그들이 자기 나라를 자랑스럽게 여기기를 소원하며 주 그리스도의 가르침을 받아 그렇게들 되기를 바란다. 우리는 그들을 한국 여자가 되도록 교육하는 것이지 미국 여자를 만들려고 하는 것이 아니다."

---

12) 김활란, 우월(又月)자서전 : 『그 빛 속의 작은 생명』

↑ 1918년의 이화학당
학생들 뒷줄 오른편
끝이 유관순

다시금 원두우를 보자. 그는 신학박사이며 또한 법학박사 학위를 취득하였고 특히 초교파주의의 열렬한 추진자였으며 유익한 봉사를 많이 하는 중에 성서번역연합회의 의장이었고, 조선문서전도회 회장이었고 기독교 교육협회 회장, 연희전문학교 교장이었는데, 그는 1916년 10월 12일 미국에서 59세를 일기로 세상을 떠났다. 브라운(A. J. Brown)박사는 "그는 한국교회의 창설자이며, 건설자로서 기독교 역사 속에 길이 살아있을 것이다"라고 하였는데, 브라운은 당시 미국의 동양 선교부 총무로서 활약하였다. 그리고 당시 서구 문명의 혜택이 없는 조선에 이화학당(1885), 고아원(장로회선교회, 1887), 여학교가 세워져 한국의 개화에 크게 공헌을 하였다. 한국 신식 여성교육의 효시라 할 수 있는 이화(梨花)는 민비(閔妃)로부터 당명(堂名)과 현판(懸板)을 1887년 하사 받아 근대 한국의 기독교 정신의 산실(産室)로서 훌륭한 선각자(先覺者)들을 많이 배출한 것이다. 특히 유관순(柳寬順)의 신앙과 순국정신은 만고(萬古)에 길이 빛나는 것이며, 이화학당이 개교되던 당시의 우리 정세(政勢)나 경제, 사회, 문화, 교육 등 모든 면에 걸쳐 숨막힐 정도의 낡은 생각, 낡은 제도에 대한 강한 집착이 있었고 반대로 여기서 벗어나려는 상극된 반발이 일어나 암담 속에서 새것이 이룩되기 위한 몸부림이 대두되고 있는 상태였다.[16]

---

16) 『梨花 八十年史』, p. 69.

당시 한국사회의 형편을 이화의 창설자 시란돈 부인(Mrs. Mary Fitch Scranton, 1885-1909)이 다음과 같이 서술한다. "우리들이 길에 나타나기만 하면 부녀자들은 급히 문을 닫고 숨어버리고 어린 아이들은 고래고래 소리를 질렀다. 게다가 한국어 책도 선생도 없고 통역도 간단한 회화밖에 통하지 못하였기 때문에 한국어를 배우기가 어려웠다. 뿐만 아니라 집도 햇볕 들어올 유리창이 없어 포오크 공사의 선물인 사진틀 유리를 창에 끼어 햇볕을 볼 수 있게 되었다. 선교사는 '무엇을 먹을까'하는 걱정도 하지 않을만큼 세상사에 초연해야 하지만 우리가 온 첫해 여름동안은 먹는 문제에 대단히 고생을 하였다… 처음에는 암담하기도 했으나 결국은 한국에 오게 된 것이 기쁨이었다"고 한다(『梨花八十年史』, p. 39).

또 이들의 교육과 선교는 한국의 가난과 무지(無知)에 대한 기독교 정신의 구현(具現)임이 분명하였다. 또 당시의 인민대중 특히 양반의 자제는 엄두도 못내어 가난한 집의 자녀를 교육하려 하였던 것이다. 결국 1년만에 김부인이라는 기혼여성 한 사람을 얻어 1대 1로 교육을 했다고 한다. "미국인 야소교 선교사 시란돈은 조선인 박씨와 다음과 같이 계약하고 이 계약을 위반할 때는 어떠한 벌(罰)이든지 어떠한 요구이든지 받기로 함. 나는 당신의 딸 복순(福順)이를 맡아 기르며 공부시키되 당신의 허락없이는 서방(西方)은 물론 조선 안에서라도 단 十里라도 데리고 나가지 않기를 서약함. 1886年 月 日 시란돈"(東亞日報, 1936. 5. 21.).

그 후에 이화에는 개화지사(開化志士)의 자녀들과 극소수의 상류층 학생으로 구성이 되었던 것이다. 그리고 당시 한국 사회가 워낙 폐쇄된 까닭에 교회나 학교도 엄격히 남녀가 구별이 되었다. 특히 교회당은 기역자(ㄱ)형으로 지었던 것인데, 그 일례가 평양의 장대현 교회당과 만주 용정교회당[17]이며 교회당에 휘장을 쳐서

↑ 최초의 용정교회

―――――――――
17) 李泉泳, 『聖潔敎會史』, 기독교 대한 성결교회 출판부, 1970.

↑ 평양 장대현교회

남자 설교자와 여성 청중이 볼 수 없게 한 것이다. "나는 여기 여성 교회에 모이는 여자들을 위한 설교자를 얻는데 곤란을 당하여 새로운 방법을 생각해냈다. 나는 전도를 겸한 성경 행상하는 남자(매서인, 賣書人)에게 부녀자들에게 설교해 주기를 청하고 그들이 서로 볼 수 없도록 가운데 휘장(병풍)을 쳤다. 그를 휘장 뒤에서 설교하게 하여 그 남자와 여자가 서로 바라보지 않고도 부녀자들이 설교를 들을 수 있게 하였다"(梨花八十年史, p. 50). 또 당시 한국인들은 서양 선교사를 '서양 도깨비'라고 불렀으니[18] 어떻게 쉽게 전도하며 교육을 할 수 있었겠는가? 우리는 초대 한국 선교사들의 희생과 봉사의 터에 오늘이 있음을 깊이 인식해야 된다.

특히 이화에서 여아(女兒)를 학생으로 구하기 어려웠던 것은 여자애들은 매매되고 있었다고 한다. 이 얼마나 한국 사회의 후진성인가? 복음의 빛이 없던 시대의 참상(慘相)이다. 그리고 이화학당의 신축건물은 그 자체가 교육적 의미를 가졌었고 기독교 전파에 유익하였으니 당시 큰 건물은 서울 장안에 1898년에 준공된 명동천주교당(明洞天主敎堂) 정도였다. 조선호텔이 1914

---

18) 「洋鬼人」이라고도 한 것이다. 그러나 「양대인」(洋大人)이라고 부르기도 하였는데, 전자는 하시(下視)하는 칭호이며 후자는 존칭으로 보인다. 그런데 1888년 소위 '아기소동'(Baby Riot)이 생겼는데 이것은 외국 선교사들이 아기들을 납치하여 삶아 먹고 눈을 빼어서 약이나 사진 재료로 사용한다는 낭설이 생겨 선교에 크게 지장이 되어서 외국 공사들이 한국 정부에 간섭을 요청한 것이며, 심지어 주한 외국인 공관에서도 아이들을 먹는다는 소문이 나서 문제가 되었고 외국인이 세운 병원에서도 아이들을 데려다 죽인다는 헛소문 때문에 선교사들이 설립한 교육기관까지 의심하여 성난 군중이 이화학당 수위들을 살해한 것이다. 성난 군중들은 길에 몰려 다니면서 아우성치고 욕을 하며 외국인들을 위협해 외국인들은 거리에 다닐 수 없게 위험한 상태가 되었는데 외국인들에게는 죽임을 당했다는 보고가 없고 외국인들을 돕던 한국인이 주요 공격대상이 되었다. 이런 사태는 1870년 청나라에서도 「천진교안」(天津敎案)이 생겼다. 결국 외국 공사들과 조선정부가 신속히 조처하였고 미국, 프랑스, 러시아 군대가 제물포부터 서울에 주둔하여 외국인들을 보호하고 무력시위를 전개하여 사건이 진압되었다. 그런데 얼마간 선교에 장애가 되는 사건이기도 하였으나 선교를 공개적으로 할 수 있는 하나의 선교적 이정표(里程表)가 된 것이다.

↑ 명동성당이 보이는 서울 모습(1910년경)

년에, 경성 우체국이 1915년에, 총독부 청사가 1926년에 완성된 것이다. 이화의 본당은 1899년에 준공을 4년에 걸쳐서 하게 되었다.

그리고 찬송가 및 풍금의 보급으로 많은 문명의 길을 열어 놓은 것이다. 그리고 서양음악의 보급은 곧 교회음악을 뜻한다. 이화에도 최초로 문과, 음악과, 가사과를 둔 것이다. 그래서 구한말(舊韓末)의 기독교는 조용한 아침의 나라를 깨우는 길잡이가 된 것이다. 특히 Y.W.C.A, Y.M.C.A 선교회, 전도대, 계몽대가 생겨 기독교적 봉사정신을 함양하고 사회의 어둠을 깨우친 것이다.

특히 Y.M.C.A 운동에 공을 세운 월남(月南) 이상재(李商在) 선생은 1850년 충남 한산(韓山)출생으로서 그는 1881년 「신사유람단」의 수행원으로 일본과 미국을 다녀와서 기독교인이 되었다. 초대 선교사로서 문필가였던 기일(J. S. Gale)의 신앙지도로 훌륭한 크리스챤 장로가 되었고 1908년부터 원두우(H. G. Underwood)의 지도로 황성(皇城) 기독교 청년회 총무겸 교육부장을 맡아(58세) 그후 20년동안 청년들과 함께 살면서 청년들의 신앙지도와 정신교육 및 인격함양과 사상훈련을 하였다. 그는 일본 정부가 5만원으로 매수하려해도 결코 굴하지 않고 자신의 자리를 지켰다고 한다. 당시 5만원은 큰 돈이라고 한다. "나는 당신들이 그 돈을 미끼로 고향으로 쫓아버릴 생각이지만 내 나이 아직 60도 아닌데 벌써 쉬라고 하는 것은 날더러 죽으라고 하는 말과 다름이 없오"라고 대노하여 거절한 것이다.[19] 그래서 그를 "평생 야인으로 살다가 간 인물"로 보기도 한다.[20]

↑ 개화기 선구자들:
김정식, 안국선, 이상재, 이원극, 김린, 이승만

한국인 신자들 뿐만 아니라 선교사들도 마치 '코이네' 헬라어로 신약을 쓴 것처럼 한글을 발견하여 성경을 한글로 번역하고 기독교 문헌을 한글로 출판하고 생도들에게 한글을 가르쳤다. 물론 배재학당에서는 '漢文'도 가르쳤다. 도원시(G. H. Jones)는 『영한사전』을 지었다. 한글을 발전시키고 보급케 한 것은 기독교의 한글 성경과 찬송가인데 1900년대까지 약 20년간에 걸친 성경반포가 700만권이었다. 한영사전도 1897년에 나왔다. 또 '조선 그리스도인 회보'와 '기독신보(基督申報)'또 '敎會'등의 월간지가 나왔다. 교리서로서 『성교촬리(聖敎撮理)』(1890, Underwood)가 효시로 1903년까지 25만권의 기독교 서적이 출판되었다. 마포삼열의 『장원양우상론(張遠兩友相論)』[21], 기일 목사의 『천로역정』, 홀버트(H. B. Hulbert)의 『사

---

19) 김광수, 『한국기독교인물사』, 기독교교문사, 1981, pp. 112-119.
20) 장병일, 『살아있는 갈대』, 향린사, 1968, pp. 60-70.
21) 『장원양우상론』은 장씨와 원씨가 상호 담론하는 내용이다. 원작자는 스코틀랜드인으로서 중국에 와서 선교한 William Milne(1785-1822)의 중국어로 된 것을 마포삼열이 순수 한글로 번역한 것으로서 중국 전통사상을 기독교 사상에 비교하면서 하나님만이 참 신이시고 예수를 통해서만이 영혼구원이 가능함을 역설한 책이다. 중국 전통학문에 심취하고 있던 원씨(遠氏)가 이미 기독교에 입문하고 있던 장씨(張氏)를 만나 이야기를 나누는 중에 기독교에 개종하는 과정을 보여주되 이들은 중국 전래의 유교를 바탕으로 한 불교와 도교가 생활화되고 있는 배경에서 문답을 하되 11회에 걸쳐서 실시되는 대화의 주제는, 유일신 하나님은 창조주요, 예수, 천당과 지옥, 참 평안, 부활과 부활의 몸, 기도, 심판, 죄, 영생, 구원 등이다.
그 한 예를 들어본다.
"하ᄂ님이라 홈은 이에 텬지만물이 근본이니 젼혀 능ᄒ시며 지극히 놉흐시며 지극히 셩실ᄒ시며 지극히 착ᄒ심이다… 하ᄂ님이 하늘과 ᄀ지 아니홈도 ᄯᅩᄒᆫ 그러 ᄒ오니 대개 하ᄂ님이라 홈은 곳 죠화를 닐옴이오 하놀이라 함은 이에 하ᄂ님이 ᄆᆞᄃᆞᆫ 물건이니이다"

민필지』(四民必知)는 교회 안에서는 물론 전국민에게 널리 읽혀진 것이다.[22] 특히 『천로역정(Pilgrims Progress)』은 기독교 신앙과 정신을 소재로 한 종교소설로서 일반인에게 널리 읽히고 애독된 것이다. 한국 신문학의 비조 육당 최남선과 춘원 이광수는 그들의 신문체가 성서와 천로역정에 영향된 바 컸음을 증언하였다(梅山 金良善, 『한국기독교연구』, 기독교문사, 1980. p. 75).

일본이 '한국의 얼'을 말살하고자 '한글'을 탄압할 때도 "그리스도교의 예배와 성경공부만은 일본말을 쓰라고 강요하지 못한 것이다. 이 점에서도 그리스도교는 우리 말의 쇠망을 막음에 큰 공로가 있는 것이다"(대한 성서공회, 『성서와 한국의 근대문화』, p. 33).[23]

특히 한국 근대의 개화에 있어서 서북지방의 선도적 역할을 한 것은 기독교의 전파와 깊게 연관되는 것이다. 특히 천주교 전파도 유식계급에 치중되었고(조 황, 『조선후기 천주교사연구』, 고려대학교 민족문화연구소, 1988. p. 38), 관서지방은 개신교를 받아들임으로서 본래 양반과 서얼의 차가 심하지 않은 데 더하여 기독교 사민평등의 윤리를 실현시켰고 청교도적 정신의 영향으로 우상을 배격하고 성경에 대한 절대적 신앙을 갖게 되고 열렬한 전도심을 갖게 되었고 안식일을 철저히 지키고⋯ 절제와 근면을 존중하고 금주, 금연, 일부일처제를 준수하였던 것이다(한국기독교 문화연구소,『한국의 근대화와 기독교』, 1983, p. 29-50 : 개화기 관서지방과 개신교).

개화기 관서지방은 정치적, 경제적, 사회적으로 활기를 띠고 있었고 이것은 특히 개신교의 영향하에 나타났던 것이었다. 또 이러한 활기는 일제하에 들어가면서도 식지 않고 항일(抗日)운동의 힘이 되었으니 3·1운동 당시 개신교도의 활동이 두드러진 것이 그 증거인 것이다.

---

22) 『四民必知』는 초등학교 즉 소학교 교과서로 사용된 것이다.
23) 성경을 한글로 번역한 것이 한글의 계승과 발전을 가져왔다. 선교사들이 지배계층의 언어를 택하지 않은 것은 민족문화 전승에도 큰 도움이 된 것이다. 『장로회사전휘집』 p. 28에 "「諺文」으로 出刊하고"라 한다.

제 4 절 초기 기독교와 조선 사회의 실정(實情)

"새 포도주는 새 푸대에 넣어야 둘이 다 보전되느니라"(마태 9:17)는 성경과 같이 초대 기독교회도 철저히 전통적 사회와 문화에 대해 도전을 하였으니 첫째는 샤머니즘(Shamanism)과 조상제사인데 특히 조상숭배는 우리 민족 생활에 깊이 뿌리내리고 있는 풍속이다. 공자는 말하기를 "효자가 어버이를 섬기는 것은 살아서 공경을 다하고 봉양함에는 즐거움을 다하고 병들때는 근심을 다하고 돌아간 때는 슬픔을 다하고 제사지낼 때는 엄숙함을 다할 것이라."(명심보감-효행편)[24] 하였는데 이러한 공자의 영향을 받은 한국 사회의 '제사'는 효를 위한 절대적 행사였으나 기독교의 우상을 만들지 말고 절하지 말라는 '십계명'에 위배되는 것으로 보아서 충돌하지 않을 수 없었다. 기독교가 제사제도를 반대한 이유의 또 하나는 당시 한국의 가난한 처지에서 커다란 폐풍이었기 때문이었다. 기독교는 단순히 계명의 저촉만 아니라 이러한 폐풍을 금주와 금연 및 축첩폐지와 함께 개량하려 하였다. 만약 기독교가 처음부터 제사제도에 타협했더라면 기독교 선교의 길은 평탄했을 것이다. 그러나 기독교는 쉬운 길보다 험한 십자가의 길을 선택한 것이니 이는 기독교의 본질이기도 한 것이다.

한국 사회의 전래적 조상숭배 후손계대욕(後孫繼代慾)을 작열시켜 특히 남자 후손을 낳기 위해 남성은 폐습의 생활을 하게 하였고 그 반면에 여성의 지위는 격하(格下)시켰다. 나라는 경제적으로 가난하여 빚지고 파산(破産)한 생활상태가 되어 국민들은 진보적이며 건실하고 활기에 찬 새 생명력을 요구한 것이다. 또한 우리 민족은 종교적 부정성(不貞性)을 나타내어 조상숭배의 제사를 지내고 불당에 나가서 제(齊)도 올리고 산신당에서 샤만(Shaman)에게 궤배(詭拜)[25]를 버젓이 행하였다.

그런데 당시 선교사 기일이 본 한국인상(韓國人像)은 다음과 같다.

"원래 조선인은 우리들에 못지않게 훌륭하다. 아니, 내 생각으로는 조선이 더 낫다. 그들은 복음에 대한 준비로 서구식 교육을 받을 필요도 없고 어떤 고

---

24) 子曰孝子之事親也 居則致其敬 養則致其樂 病則致其憂 喪則致其哀 祭則致其嚴
25) 궤배는 무릎 꿇고 절한다는 것이다.

등교육을 받을 필요도 없다. 그들은 이미 준비를 갖추고 있으며 우리가 그들에게 줄 수 있는 최고의 것을 간직하고 있다. 그들에게 아무 결점이 없는 것은 아니지만 그들은 그런 장점을 가지고 있다. 게다가 그들은 대체로 아내에게 선량하고 자식들에게는 너그럽다. 하지만 종교세계에서는 잘못 투성이므로 여기서 우리들은 사신(邪神) 숭배의 특질을 발견하게 된다."[26]

사회적으로 혼란해도 한국인은 대체로 선량했고 기독교 복음을 받을만한 심령적 준비가 충분했음을 짐작케 하고도 남는다.

1> 그리고 기독교가 고등한 윤리를 가르침으로 예수를 믿게 된 남자들은 '소실'을 청산하였고 '소실'로 있던 이들은 회개하였다. 또한 기독교는 가정을 중히 여기고 가정에서 행복을 느끼게 하였고 여권이 신장(伸張)되어 여자들도 글을 배우고 교회에 나가 찬송을 부를 수가 있었으며 교회에서 심지어 집사직을 맡아 교회재정 관리에 참여하기도 한 것이다. 특히 가정에서 한 밥상에 온 식구가 함께 식사를 하게 된 것은 기독교 가정에서 시작된 우리나라 가정생활의 일대 혁명이었다. 기독교가 들어오기 이전에는 어른들 특히 남자들은 따로따로 개인상을 차려 식사를 하였으므로 부인들은 부엌에서 상차리는 일에 많은 고생을 했으나 기독교는 이런 일을 개혁한 것이다.

2> 폐쇄적인 한국사회에 기독교가 전래되어 서양문화가 발아되는데 특히 교회는 찬송가를 통해 서양음악의 '리듬'이 한국사회에 전파되고, '풍금'(Organ)을 사용하는 동시에 남여혼성합창도 교회에서 시작되었으니 이를 통해 아무런 저항없이 서양음악은 도입이 되었다. 또 교회를 통해 현대연극이 시작되었고 현대건축도 교회당 건축이 지대한 공헌을 하였으며 문학에 있어서도 서양문학 중에서 기독교적 문학이 한국문학(신문학)에 많은 영향을 주었음을 부인할 수 없다. 고대소설에 천주교가 끼친 영향도 무시할 수 없고 특히 실학(實學)에 끼친 공로나 개신교가 전파됨에 따라 근대 시민사회 형성은 물론 성서번역과 아울러 많은 신문과 번역을 통해 언문(諺文)의 보급은 물론

---

[26] 「연동교회 80년사」 p. 12. 기일 선교사의 당시 한국인상은 참으로 바로 본 것일 뿐 아니라 기일의 신앙인격을 엿보게 한다. "원래 조선인은 우리들에 못지않게 훌륭하다. 아니, 내 생각으로는 조선이 더 낫다."는 표현은 좀처럼 하기 쉽지 않은 것이며 추호의 우월감을 갖지 않은 것으로 보인다.

여러 종류의 사전과 네비우스(S. C. Nevius)가 지은 『그리스도 문답』, 『引家歸道』(인가귀도), 『聖敎撮理』(성교찰리)가 한글로 번역되었다.

특히 1903년 원산과 1906년 평양에서 일어난 부흥운동으로 전도대는 거리에 나와 서서 북을 치면서 큰 소리로 찬송을 불렀고, 이것은 불신자와 동네 어린이들에게까지 전달되어 새로운 개화의 풍조와 함께 삽시간에 번져갔다. 더우기 부흥사경회에서 열광적으로 부르는 찬송은 을사보호조약과 한일합방의 망국적 서러움과 울분의 폭발이었고 분노와 애통의 한 표현이었으니 한국에 있어서 찬송가와 부흥운동은 단순한 종교적인 의식에 국한되지 않고 소위 창가운동과 신문학(특히 新詩)의 모체가 된 것이다. 또한 찬송가는 '애국가운동'과도 관련이 되어 이 나라 민족주의(Nationalism)의 기치가 된 것이며 예술가곡과 대중음악에도 모체가 된 것이다.

3> 기독교가 한국의 여성해방운동에 기여한 데 대해 좀 더 자세히 언급하려 한다. 우리 사회에서도 지체높은 가문(家門)에서는 딸에게도 글을 가르쳤으나 일반 가정에서는 딸에게 글을 가르친다는 것은 전혀 생각할 수 없었다. 앞에서도 이화학당을 말하면서 다루었으나 현대교육을 여성에게 한다는 것은 사회풍토를 완전히 변혁시키는 일이었다. 참으로 어려운 일을 개신교 선교사들이 실현한 것이니 칭찬하지 않을 수 없다.

현대 여성교육은 이화(梨花)와 정신(貞信)에서부터 시작되었고 여자들은 바깥출입도 못하던 때에 현대식 학교에 가서 신식교육을 받아 문맹이 눈을 뜨고 기독교회를 통해 가정생활 양식과 함께 자녀교육이 달라진 것이다. 가정만 아니라 사회적으로도 절제회를 조직하여 가정에서의 절제는 물론 남자들이 술

↖ 이화학당 모습(1886)

↑ 정신여학교 전신인 예수교여학당(1886)

마시고 담배 피우는 일도 금한 것이다.[27] 교회에서 여성의 지위가 향상됨에 따라 남녀평등 사상도 교회의 여성해방운동의 중요한 목표가 되었다.

4> 기독교는 한국 민족의 계몽을 위해 또는 전도를 위해 교육과 의료를 통해 구체적으로 봉사하였다. 한국 정부 1886년 9월에 귀족을 위한 교육기관인 육영공원(育英公院)을 세워 외국인 선생을 채용하고 서양문화를 접하려 하였으니 이는 이화학당(1886. 5)보다 3개월 후이다. 그 외에도 배재, 경신, 정신, 숭실(1893), 연희(1911), 세브란스 의전이 생겼는데 선교사들이 교회 설립(1887년 정동감리교회)보다 학교를 먼저 세운 것은 매우 현명한 일이었다. 또 로제타 허을(Mrs. Rosetta Sher-

← 초창기의 함흥영생학교 민족운동가들이 많이 배출된 학교이다.

---

27) 구세군에서는 1921년 3월부터 금주 신문을 발행하였고 이것이 금주운동의 좋은 무기가 되었으며, 여자 기독교 절제회가 주동이 되어 금주운동을 하였고, 또 기독교 청년회(YMCA)가 농촌운동을 통하여 금주운동을 벌인 것이다. C. E.에서도 금주 금연 운동을 실시한 것이다.

wood Hall, 許乙)이 1928년 여자의학 전문학교를 세워 여성의사의 배출을 힘쓴 것이다.

← 105인 사건 3·1운동으로 가장 많은 피해를 입은 기독교 학교의 하나인 선천의 신성중학교

또 일제 때 기독교 학교와 병원의 실태를 보면 다음과 같다.

A) 학교 ;

　　북 간 도 - 은진, 명신중학교
　　함경북도 - 회령의 보흥여중, 성진의 보성여중
　　함경남도 - 함흥의 영생중(남여), 원산의 루시여중
　　평안북도 - 선천의 신성남중, 보성여중, 강계의 영실남중
　　평안남도 - 평양의 광성남중, 숭실남중, 정의여중, 숭의여중, 숭인상업
　　황 해 도 - 재령의 명신남중, 명신여중
　　경 기 도 - 개성의 송도남중, 호수돈여중, 이천의 영정여학교,
　　　　　　　인천의 영화여중, 수원의 삼일학교, 매향여중

← 개성의 송도고등보통학교 학생일동 (1929). 개성 3·1운동은 송도· 호수돈·미리흠 등 기독교 학교가 주동이 되어 전개되었다.

서　　울 — 배재남중, 경신남중, 이화여중, 정신여중, 배화여중
충청남도 — 공주의 영명남중
경상남도 — 일신여중(부산), 계성남중, 신명여중(대구),
　　　　　　창신, 의신여학교(마산)
전 라 도 — 신흥남중, 기전여중(전주), 영명남중(군산), 영흥남중,
　　　　　　정명여중(목포), 매산학교(순천), 숭일(광주)

　위의 기록에 의하면 남자중학교는 18개, 여중은 20개이다. 기독교가 얼마나 여성해방운동에 깊은 관심을 가졌던가를 증거한다. 1894년 경에는 감리교에 7명의 독신녀 선교사가 있었고, 장로교는 3명이 있었다. 양교파는 여성선교의 중요성을 다 같이 인식하여 정책적으로 강조한 것이다.[28]

---

28) "대한이 오늘날 형편에 처하여 위급한 사정을 생각할진대, 백성 교육 하기가 시각이 급한지라…"(그리스도 신문, 5권 10호, 1901년 3월 7일) "대개 사람의 집이 흥망과 성쇠가 전혀 자손을 교육하는데 있으니 어찌 관계됨이 크지 아니하리요… 옛 사람이 가라사대 자식에게 황금 한 광주리를 주는 것이 경서 한 권 가르치는 것만 같지 못하다 하고… 문호의 성쇠가 교육하는데 있지 아니타 하리요. 동포 형제들은 삼갈찌어다."(죠션크리스도인 회보, 4호, 1907년 2월 24일). 1910년 한일합병 당시 정부인가교가 2,250여 개 가운데 장로교 501, 감리교 158개교가 되었다. 기독교인들은 교회를 세울 때 대개 예배당과 교육기관을 함께 세웠다. 그리고 교회기관에서 교사를 양성하기도 하였던 것이다. 평양의 경우 "…남녀 회원 수 백인이 일심으로 협력하여 큰 예배당을 정(丁)자 모양으로 지었는데 간수는 16간이나 되고… 또한 아해들을 교육하기를 위하여 새로 학당을 설립하고 하나님께 예배함과 아해를 교육하기를 날로 힘쓰는데, 이 회당과 학당을 지을 때에 서양 목사의 손으로 지은 것이 아니라 본국 교우들이 각각 연보하기를 힘쓰고 돈이 없는 사람들은 몸으로 가서 역사 하였으니…"
"예수 교회마다 학당을 설립하는 것은 유익한 일인고로 건양이년 육월초일일로 위시하여 이십일까지 할 터이니… 아무곳 교회든지 학당을 설립하려 하면 선생 될 사람을 택하되 예수를 진실히 믿는 이로 보내시오."(그리스도신문, 1권 9호, 1897년 5월 7일)
　이 때의 교육의 목적을 보면 1. 한국인으로 하여금 더 나은 한국인이 되게 하는 것이요. 2. 한국인이 자기 나라와 문화에 대해 긍지를 갖도록 하며 외부로부터 아무런 도움이 없이 자주적, 자율적으로 자신과 사회, 민족의 문제를 해결할 줄 아는 자유인으로 만드는 것을 목표로 하였다.
　이와 같은 목표는 기독교계 학교가 식민지 하에 들어가서도 민족 정신을 보전할 수 있는 원인이 되었다. 결국 교육은 의료와 함께 선교의 기반이 되었고 오늘의 서구적인 인격으로 키우는 기독교계 학교에 비교가 될 수 있고 이는 식민지 시대 교육이 타율적인 인간을 양성하고 자기의 문화와 민족에 대해 긍지를 갖지 못하게 함과 비교가 된다(이만열, 『한국기독교사특강』, 성경읽기사, 1996. pp. 96, 97.).

↖ 선교사가 설립한 초기 기독교학교
(대구 계성학교, 1907년)

1893년 장・감 양교파 연합선교회(공의회)는 다음과 같이 선교정책을 발표했다.

1) 전도의 목표를 상류층보다 근로계급에 더 두도록 한다.
2) 모성은 다음 세대에 중요한 영향을 줌으로 여성선교와 청소년 교육을 특수 목적으로 한다.
3) 기독교 교육을 통하여 한국인 교역자를 양성한다.
4) 성경을 중심으로 한글문서운동을 통한 선교를 한다.
5) 교회의 자립과 자치를 강조한다.
6) 의료사업을 통한 선교를 한다(여성! 깰지어다. 일어날지어다. 노래할지어다. p. 20, 21).

B) 병원 :

기독교 종합병원은 서울 제중원, 평양의 기홀병원(1893), 대구 동산병원(1899), 부산 일신병원(1893), 선천 미동병원(1901), 강계 겨레지병원(1909), 해주 구세병원(1913), 전주 예수병원(1904), 함흥 제혜병원(1908), 원산 구세병원(1898), 개성 남성병원(1907) 등이다.

우리는 당시 여선교사들의 눈에 비친 한국여성의 모습을 보자!
"조선의 여자들은 대체로 아름답지 않다. 나는 그들을 누구못지 않게 사랑하고 내 형제처럼 여기는 사람이지만, 그 생각을 털어 놓아야겠다. 슬픔과 절망, 힘든 노동, 질병, 애정의 결핍, 무지 그리고, 흔히 수줍음 때문에 그들의 눈빛은 흐리고 얼굴은 까칠까칠하고 상처투성이가 되었다. 그래서 스물 다섯이 넘은 여자에게서 아름다움 비슷한 것을 찾는 것은 헛일이다. 다만 아직 무거운 걱정거리나 힘든 노동에 시달리지 않은 나이어린 소녀들과 젊은 색시중에는 종종 예쁘고 깜찍한 그리고 가끔 드물기는 하나 아름답기도 한 활짝 핀 우아한 모습을 한 이를 볼 수 있다"고 하였다(L. H. Underwood, "언더우드 부인의 조선생활"「뿌리깊은 나무」, p. 18-19인용).

5> 여기서 우리는 금일까지 문제시되는 무속(巫俗)에 대해 언급치 않을 수 없다. 무속은 자연을 숭배하는 원시적 신앙으로서 모든 영물을 두려워하고 숭배하는 종교이다. 이러한 정령숭배(精靈崇拜)는 수천년 동안 자연숭배에서 물려받은 정령, 귀신, 천신(天神), 지기(地祇)는 물론이며 일월산천의 신과 선령(善靈) 또는 악령과 배종신(陪從神)들이 있다. 원시인들의 상상에는 지상과 공중 및 해면을 초자연적 존재로 가득찬 것으로 여겨 그 신들이 인간의 길흉화복을 지배하게 하였다.

문제는 그들에게서 복을 받되 화는 피하는 것이 주된 종교행위일 뿐 거기에 어떤 종교적 도덕이 관련되지 않는다. 이러한 신앙은 인간의 도덕적 성격을 억압하고 인격을 비열화하며 공포심만을 더할 뿐이다. 결국 무속신앙은 한반도 중에도 삼남지방(三南地方)에 더 심하였고 관서지방(關西地方)은 진취성이 많아 서양의 종교인 기독교를 더 빨리 수용한 것이다.

그런데 무속이 기독교 전래에 역·순기능을 한 것도 있다. 첫째는 기독교의 하나님과 그 세계를 쉽게 받아들이게 하였다. 무속에서는 많은 귀신과 함께 주제신(主帝神) 하나님을 믿고 있었으므로 이와 유사한 조직의 기독교 신령계를 쉽게 이해한 것으로 볼 수 있다. 또한 무속은 기독교를 현실적 길흉화복의 종교로 받아들인 것이다. 교역자들의 기능은 마치 무당(Shaman)의 역할로 요청된 것이다. 기독교의 이신득구(以信得救)는 믿기만 하면 복을 받는다는 의타적(依他的) 신앙이 되게 한 것이다. 믿음이라는 개념이 어느 정도 주체성을 가진 실존적 결단과 연관되는 가의 문제이다. 끝으로 한국의 기독교가 보수적 성향이 많음도 무속의 영향이라고 할 수 있다. 새로운 존재에 이르지 못하는 신앙은 결과적으로 정체작용(停滯作用)을 일으키고 전통주의와 보수주의(Conservatism)로 경직된다고 보는 견해가 있으나 참된 원색적 기독교가 보수 신앙임을 부인해서는 안된다.

결국 무속적 영향으로 "재수가 없어서" "운이 나빠서"라는 식으로 어떤 문제나 사건에 대해 개인적 책임을 느껴 적극적 대처가 없게 된다. 굿이라는 것은 무당이 그 역할을 감당한다. 기독교가 한국땅에 전래되어 미신타파라는 입장을 취한 것이다. 특히 무속신앙은 부녀층에 널리 보급되어 대소재앙초복(大小災殃招福)을 모두 무격(巫覡)에게 의지하였고 심지어 궁중에 까지 파급되었던 것이다. 또한 무속적 동제(洞祭)와 더불어 참여자가 절하여 부락의 안녕을 기원하고 제사가 끝나면 신당 앞에서 음식을 먹되 제물로 바친 고기는 부락민에게 나누어 주었다.

한국사회의 변혁에 있어서 원동력이 된 기독교는 당시의 구습 특히 무속적 풍조를 청산하게 하였던 것이다. 무당이나 판수들의 회개가 현저하게 많았던 것이다. 당시의 교회는 핵심적 선교의 대상을 적중하게 파고들었던 것을 보여준다. 교회는 우상이나 미신의 폐해를 조리있게 설명하여 설득시키는 차분한 경로를 밟았으니 우상숭배와 미신 때문에 병마, 불행, 불안에 대한 초월적 허망에 젖어 있던 것을 교회는 직시(直視)하여 그들을 구원코자 한 것이다.

6> 그리고 초기 기독교회는 사회변혁의 일환으로 금주, 금연, 아편금지를 단호하게 실행한 것이다(1890년 이후). 금주의 이유는 성경적 근거보다는 경제적 도덕적 이유와 새 시대 역사(役事)의 사명감이란 이유가 훨씬 컸다. 아편에 대해서는 국가적 제재가 약하다고 보고 아편의 폐해를 교회에서라도 박멸코저 하였던 것이다. "조선인의 도덕적 몰락이 계속된 것"으로 말하기도 한다(A. J. Brown, *The Mastery of the Far East*, New York, 1919, p. 390).

7> 심지어 교회는 한국사회의 구제 사법행형(司法行刑)이 형언할 수 없을 정도로 악명높은 잔악한 것으로 보고 교회는 이러한 폭력에 간여하여 개선코저 했으니 당시 죄인들을 때려 치사(致死)케 하는 일이 예사였던 것이다. 당시의 아픔과 슬픔에 동행하여 교회는 커다란 결실을 나타내었다. 1902년 12월에 첫 감옥전도를 허락받고 그 이전에도 감옥에 책과 음식 살 돈을 주었다. 교회는 정의와 사랑과 인도(人道)의 정신을 나타냄으로 새로운 행형질서의 자극이 되었으며, 또한 당시 교회는 재판의 무고한 연기를 개정토록 했으며

형언못할 비위생성과 빈약한 식사, 설비의 불완전을 공개하여 개선의 여론을 일으킨 것이다.

8> 기독교회는 구한말(舊韓末)의 낙후된 산업을 개선코자 했다. 이는 일종의 청교도적 윤리의식인데 이는 바로 사회혁신의 잠재력이 되었다. 기독교회는 정직과 성실의 상업윤리 및 근면과 일의 존엄성이 더해진 것이다. 그래서 생활의 안전과 상당한 부는 이럴 때 필연적으로 수반되기 마련이었고 많은 상하관계의 신분의 문제와 이웃과의 문제도 있었으나 교인들은 주일성수를 철저히 실행하였고 하나님의 영광을 위해 성실히 사업을 하였다. 산업중에도 교회는 농업에 치중하여 진흥책을 강구한 것이며 조선교회의 장래가 이들 농민에게 달렸다고 생각한 것이다. 또 시간의 절약, 능률의 극대화, 안정성, 그리고 경제성이 목표였다. 우선 시골의 도로를 만들고 광범위한 체계적 농사개량과 농업지식 전달에 힘썼던 것이다. 과수업의 발달도 한국선교의 커다란 성취였다. 한국의 지질적 토양이 과수원을 하기에 적당함을 안 것도 역시 교회였다. 거의 교회마다 과수원을 하나씩 가질 정도였으니 이는 교회 자립의 정신의 발로이기도 한 것이다.

9> 개화기 교회는 조선 말기의 패역한 관리상(官吏像)을 고치려 하였다. 공적 매관매직 때문에 정부나 관청에는 인재가 결핍하고 저속한 탐욕이 병균처럼 서식한 것이었다. 1880-1900년대가 가장 심각히 타락한 이도상(吏道像)을 보인 것이며 교회는 그들의 부정을 고발하기에 결코 물러섬이 없었다. 기독교는 철저하게 준법적이었기에 고발하고 비판하고 저항할 수 있었다. 기독교는 공직(公職)이 부의 수단이 아니라 공복(公僕)이라는 개념의 정착에 있었다. 교육과 기독교 이외에는 이런 일을 해낼만한 매체(단체)가 없었던 당시의 실정이었다. YMCA운동은 농촌개량을 힘썼고 저축운동과 함께 농촌청년 지도자 양성을 비기독교가 생각지도 못한 때에 교회가 앞장서 행한 것이다.

10> 앞서 소개한 '물산장려운동'도 사회경제적 변혁을 기도(企圖)한 것이다. '有恒産 有恒業'(유항산 유항업)의 정신과 '失恒産 失恒業'(실항산 실항업)의 정신을 인식한 것이 교회였는데 이는 당시의 운명론과 적극으로 상치

(相馳)된다. 1921년 연전(延專)이 학생들로 구성된 애향 단체를 만들었고 1920년대에는 노회에 농촌부가 생겨 YMCA와 협조하여 농경, 축산의 지도로써 농촌계몽과 자립운동을 적극으로 하였다.

실로 한국은 쇄국과 인습, 형식과 빈곤이라는 여러가지 멍에를 언제나 메고는 살 수 없었다. 그러나 이 멍에는 진리만이 풀어놓을 수 있었고(요 8:32) 이 진리의 전파와 개화라는 두 과제는 당시 선각자들의 뇌리를 언제나 강타하였고 복음을 전하되 당시의 실정(實情)을 감안하여 그 복음을 의료사업 및 교육사업이라는 외피(外皮)에 싸서 줄 수 밖에 없었다. 때문에 한민족(韓民族)은 영혼구원과 함께 질병과 무지에서 구출(救出)된 것이며 실로 기독교는 한국근대화의 선구자가 된 것이다.

어떤 친일(親日)학자들은 일본의 강점(强占)이 오히려 한국의 개화에 공헌하지 않았는가라는 견해를 피력하기도 하나 언어도단(言語道斷)이다. 일본의 식민정책은 한국의 문화적 퇴보를 꾀하여 서구 선교사와 선각자들이 세운 많은 사립학교들을 폐쇄하고 1개면(面)에 한 학교만으로 통폐합조치함으로써 한국인의 얼을 뺏고 기독교의 전파를 근원적으로 봉쇄한 것이다. 그들은 겉으로는 근대교육을 했으나 식민지 지배체제의 연속화를 만들려 하였다.

1895년! 이 해는 청일전쟁이 끝나던 해요 민비(閔妃)가 시해당한 해이니, 나라의 체면이 말이 아니었다. 그래서 온 백성은 충격을 금할 수 없었고 여기서 기독교의 새로운 국면(局面)이 전개되어 놀라운 교회성장을 초래한다. 역사학자 라토렛(K. S. Latourette)교수는 "이러한 비운(悲運) 까닭에 한국교회는 급격한 증가를 보인다. 또한 당시 한국에는 종교적 진공상태라고 보아도 좋다"는 것이다. 이때 미국은 일본편을 들어서 민비시해는 "당연지사(當然之事)"라고 하여 보도알선까지 한다.

11> 구한말의 종교들 특히 사교(邪敎)들의 발호는 참으로 극심하였는데 잠깐 당시의 참상을 살펴본다. 이씨조선 말엽의 불교는 타락한 데다가 이단사설(異端邪說)로 취급되어 백성들에게 정신적 해탈을 줄 수 없었고 유교는 양반계급의 특권과 존귀를 유지하려는 종문(宗門)으로 되어버려 제세구민(濟世救民)의 도(道)가 되지 못했다. 당시 새로 유행된 천주교 역시 국토를 침략하려는 매국적(賣國賊) 독소가 들어있는 것 같아 신뢰를 받지 못하고 박멸하

려 한 것이다. 당시 사회사정을 보면 농상공민(農商工民)과 천민계급은 양반에 눌리어 가렴주구(苛斂誅求)를 당하여 민생은 도탄에 빠지고 서민은 완전히 희망을 잃었다.

이러한 종교적 공백기에 새로운 어떤 종교지도자가 출현하면 당연히 호응이 된다. 그때 마침 일어난 이가 최제우(崔濟愚)였고 그는 당시 유행하던 『정감록(鄭鑑錄)』의 미래관(역사관 : 한국인의 유일한…)에 유교, 불교, 도교의 윤리와 각성(覺性) 또는 양성(養性)을 본받아 백성이 접근하기 쉬운 교를 주창한다. 결국 후천개벽(後天開闢)의 사상으로 지상천국을 바라본 것이다.

이들 신흥종교가 반드시 사회에 역기능(逆機能)만 한 것이 아니라 양반계급과 관부에 대항하는 민중운동(民衆運動)으로써 사회해방에 공헌도 했으나 시천교(侍天敎)가 매국 행위의 선봉에 나서며 지나친 보수적 규율로써 우매한 신도들에게 비과학적 미신을 믿게하여 사회에 해독을 준 일이 더 많았다. 일부 유사교는 세속적 관직을 미끼로 또는 교단의 중직에 등용하리라는 약속으로 금품사취와 음란, 살인행위와 같은 망행을 저질렀던 것이다.

욕심많은 우민(愚民)이 한번 발목이 붙들리면 전재산을 바치고 또는 딸도 바치고 나중에는 자신이 사지(死地)에 들어간 것이다. 보천교(普天敎), 백백교(白白敎) 같은 유사종교를 믿다가 가산(家産)을 탕진한 사람이 수없이 많고 목숨을 잃은 사람도 적지 않았다. 특히 백백교 사건은 처음에 교리는 매우 이상적이었으나 전해룡(全海龍)이 교주가 된 뒤에는 신도들의 재물을 편취하고 여신도들의 정조를 유린하며 또 사형(私刑)하는 등 가진 악덕행위를 다하고 이를 두려워하여 많은 사람을 산으로 유인하여 살해하여 암매장 하였고 십수년 동안 잔인무도한 행위를 계속하다가 1937년에 사실이 발각되어 교주는 자살하고 간부들은 거의 체포되어 14명은 극형을 당하였다. 그 외에도 소위 훔치교, 보천교는 당시 인민들에게 재산탈취를 능사로 한 종교였다. 심지어 문간에 접객원을 두어 소위 차천자(車天子)는 본관에 앉아 신원을 확인한 서류를 가만히 먼저 지하로 통하게 하여서 보고는 신통히 아는 것처럼 속여 그들의 재산을 탈취한 것이다. 보천교 신자는 해방(8·15)당시에도 15,000여명이 되었다 한다.

제5절 한국 초기 교회의 대부흥과 발전⟨1903-1910⟩

1. 시대의 변천

  동학란과 청일전쟁 또 1894년의 갑오경장(甲午更張)은 뜻이 다르긴 해도 한국인에게 심각한 반성과 각성을 촉구한 사건이었다.[1] 1895년 모삼률(무어, S. F. Moore, 毛三栗) 선교사 보고서는 "한국의 실정은 변해가고 있는 것이 보인다. 오랫동안 무관심하던 백성들은 이제 각성의 징조를 나타내는 것 같이 보인다"고 하였고, 또 평양의 이길함(Graham Lee, 李吉咸) 선교사는 "전쟁은 한국인의 마음에 큰 충격을 주어 정신을 차리게 만들었고 삶의 참 길이 무엇인지를 찾아보게 만들었다. 한국에 복음을 전파할 수 있는 절호의 시기가 왔다. 그러므로 선교부는 더 많은 선교사를 보내어야 한다"고 애타게 호소한 것이다. 이러한 때에 사랑의 능력의 하나님을 신뢰함으로써 새 희망과 힘을 가질 수 있는 기독교의 복음을 저들에게 준 것이다.
  신자의 증가는 청일전쟁의 싸움터였고 내정개혁과는 거리가 먼 탐관오리가 여전했던 관서지방(關西地方)에서 더욱 현저했다. 그곳의 신자들은 민족을 살리는 길은 그리스도의 희생 봉사정신으로 새 사람을 만드는 데 있다고 믿고 전도인의 사명감에 불타고 있었기 때문이다. 1895년 마포삼열(馬布三悅)은 "평양에서의 활동은 이제 개척전도의 단계를 지나서 확고한 기반을 닦기 위한 단계로 접어들었다. 교회는 발전하고 팽창하기 시작하였으며, 동포의 생활에 영향을 미치는 한 요인으로 자신을 자각하기 시작하였다… 우리가 기뻐해야 할 이유는 세례교인과 학습교인들이 모두 열렬한 복음전도 활동을 행하였기 때문이다"라고 보고한 것이다.
  또한 당시 선교사들의 훈육은 신앙, 도덕, 생활개선 등을 겸한 것이어서 민족운동의 개조와 사회풍속의 개량에 큰 공헌을 하였다. 역사가 이능화(李能和)는 개신교가 한국사회에 끼친 영향에 대해 "한국신교는 재래의 악습관을

---

1) 동학난이 서정쇄신에 목표를 둔 서민봉기이나 당시의 관료사회를 나타내고 있으며 청일전쟁을 가져왔으며, 개화당의 갑오경장은 조선사회의 서구적 문물을 따르는 정치, 경제, 사회의 전반적 개혁이라는 점에서 교회사적 의미가 크다고 하겠다. 갑오경장으로 한국은 소위 근대사회로 탈바꿈을 한 것이다.

개변시켰고, 민족정신을 개조시켰는데 그 주요한 것을 예기하면 음사(淫祀)의 폐기,[2] 계급의 파제(破除), 여성의 지위향상, 근로정신, 혼상례의 종간(從簡), 민주주의 사상도입 등이라"하였다(李能和, 朝鮮基督教 及 外交史).

평양의 마포삼열 선교사는 1893년 신자를 원입교인과 세례교인으로 나누어 원입교인은 3개월 동안 사신우상, 조상숭배 폐지, 성수주일(聖守主日), 효도, 축첩엄금, 가정순화, 음주, 황언, 도벽, 잡기, 간음의 악습을 버리고 근면히 일하여 풍족한 가정생계를 가질 것을 훈육한 다음 세례를 주었다. 이러한 제도는 오늘까지 시행되는 것이다.

2. 1907년의 부흥

이 부흥의 불길은 전국을 휩쓴 최초 최대의 부흥의 불길이었다. 1903년 감리교 선교사들이 원산에 모여 중국주재 감리교 선교사 화이트(Miss M. C. White)양의 인도로 1주간 기도회와 성경공부 집회를 연 일이 시발점이 되었다. 그리하여 많은 사람이 중생을 체험하고 원산에서 정춘수, 전계은, 차을경, 서울에서 유경상, 김계명 등이 주동으로 부흥운동을 초기에 일으킨 것이다. 여기에 카나다 선교회 소속 선교사 하리영 박사(Dr. R. A. Hardie)가 은혜를 받았다는 소식을 듣고 평양의 장·감 선교사들이 1906년 하리영(하디)을 청하여 집회를 가진 것이다.[3] 특히 평양주재 선교사들은 여름과 가을 동안 계속적으로 사경 기도회를

↑ 하리영(하디) 박사

가지되 각 자가 점심을 준비해가서는 성경을 읽다가 기도하는 것을 일과로 삼았다는 것이다(함부선 선교사 증언). 같은 해 8월에도 선교사들의 연례회가 모여 존스톤(Rev. Howard Agnew Johnston D. D)목사가 웨일즈(Wales)와 인도 카시아(Kassia Hills) 부흥을 전하여 선교사들과 한인 신자들에게 큰

---

2) 음사(淫祀)는 불교 승려들의 그릇된 수행(修行)을 뜻하며, 이능화는 기독교인이 아닌 사학자이다.
3) Hardie는 의사이며 여러가지 신학책을 저술하였고 한국에 있는 10군데 선교부를 심방하여 기도에 관한 설교를 하였으며 1904년에 벌써 10,000명의 신자가 생긴 것이다.

감동을 준 것이며[4] 그 때 한국에서 큰 부흥사가 된 길선주(吉善宙)씨가 큰 은혜를 받았다. 그후 1907년 1월 6일 평양 장대현 교회에서 대사경회(약 1,500명 모임)가 모였고 이 때에 길선주 목사의 역할이 놀라웠으며 방위량(W. N. Blair), 배위량(W. M. Baird), 선교사 이길함(Graham Lee)의 설교도 있었다. 그 때에 많은 죄를 고백한 것이며[5] 이 부흥운동은 각 지방으로 파급되었고 숭실대학과 중학교에도 전파된 것이고 또 평양여고에도 파급되었다. 그래서 평양신도들은 일찌기 체험못한 신앙의 힘을 얻은 것이다.[6] 이 때는 평양신학교가 제1회 졸업생 7인을 낸 때이며 서경조, 방기창, 한석진, 양전백, 송린서, 길선주, 이기풍이었고, 그 해에 독로회가 생긴 것인데 이것도 부흥의 원인(原因)이 되었을 것이다.

이 당시의 일반 민중의 심리는 종교신앙을 받을만한 상태였다. 남감리교 선

← 평양신학교 제1회 졸업생 7인(1907)

---

4) Kassia에서는 1905-1906년에 8,200명의 신자가 생겼다는 기쁜 소식이다.
5) 북한 전역에서 700명이 회집하였고, 길선주는 "나는 아간이올시다. 친구의 미망인 재산을 친구의 부탁으로 관리하다가 美貨 100$을 사취했는데 내일 아침 반환하겠다"는 자복을 하자 은혜의 문이 열렸다 한다.
6) 이 부흥의 불길은 1910년까지 계속되었으며 1907년 10월에는 한 주일에 4,000명이 세례를 받았고 수천명이 신앙결심서를 보내온 것이다. 감리교회에서도 그해 10월에 3,000명이 세례를 받고 입교한 것이다. 당년에 서울에서 그 결심서를 제출한 이가 13,000명이었다 한다.

교부의 무야곱(J. R. Moose) 목사는 "이런 국민의 전반적인 대각성은 전적으로 전도와 성경보급에서 얻은 결과라고 말할 수 있을 것이다… 일반적인 불안의식과 정신적 지주의 결여는 백성들로 하여금 선교사와 그가 전하는 복음으로 지향하게 하는 원인이 되어 우리에게 무슨 믿을만한 것이 있는가 찾으려고 애쓰고 있다"고 한 것이다.

우리는 한국의 소위 부흥년(1907)이라는 역사가 생긴 세가지 요소를 살펴보면, 첫째는 분열된 심령을 낳게 한 패배의식, 둘째는 영적체험의 심화를 위하여 외래(外來)의 반가운 소식을 갈망함과, 셋째 부흥을 일으키려는 선교사들의 적극적 노력을 말할 수 있다. 처음 원산에서 감리교 선교사들이 고요하게 시작한 기도회가 새로운 기동력이 되어 마침내 전국으로 파급이 되었다.

평양신학교 학생들은 중생의 은혜를 체험했을 뿐만 아니라 십자가의 도리를 전하는 열성적 전도인이 되어 평양성 뿐 아니라 인근 촌락 또는 멀리 제물포와 공주 및 각 지역에 까지 북을 치고 나팔을 불면서 성경책을 전하면서 전도했다고 한다(이러한 증언은 필자의 증조부인 영수님의 증언이다). 계속하여 사경회는 감리교 선교부 평양지부 주최로 교역자와 제직을 위한 수련회로 연결되고 그해 3월 평양에서 장로교의 부인도사경회(婦人都査經會)가 12일 동안 개최되어 같은 체험을 하였다고 한다.[7]

윌리엄 쎄실(William Cecil) 경(卿)의 기록은 다음과 같이 당시의 부흥을 서술한다.

"그 결과는 어떻게 되었던지 한국에서 일어나는 이 사태는 사람들의 주목의 대상이다. 더우기 평양에서 일어난 성신강림의 사실이 웨슬레 대부흥운동에 선재(先在)하였던 성령강림과 유사한 것이다. 웨슬레의 일기를 읽고 평양에 나타난 성령강림 기사를 비교하여 보면 이 두 현상이 아주 같다는 사실을 분명히 알게 될 것이다. 그 두 사건에는 비상한 권능이 나타남을 볼 수 있고, 신자들은 이성(理性)의 지배 이외에 다른 힘에 몰려서 죄를 깨닫게 되고 이 죄를 깨닫게 하는 힘으로 자기의 죄를 이기고 다른 사람들까지도 그 힘을 믿게 하는 사실들이 있다. 이 초기 부흥회에 참석하였던 한인들은 웨슬레의 제자들과 마찬가지로 전도(傳道)에 나서서 훌륭한 성과를 거두고 있으므로… 기독교의 빛을 동

---

7) 그 모임에 550명이 왔는데 비용은 자담이며 며칠씩 아이를 업고 오기도 하였고 은혜를 받으니 자연히 고부간 갈등도 해소되었다 한다.

양에 비추게 하는 과업은 한국을 통하여서만 가능하리라는 말을 하는 사람들이 적지 않다"(1908. May. London Times).

1908년 미국 북감리교회의 4년 총회가 발티모어(Baltimore)에서 모였을 때에 한국과 일본주재(駐在) 감리교 감독 해리스(M. C. Harris)는 다음과 같이 서술하였다.

"이 부흥운동의 효과는 전적으로 훌륭하였다. 즉 교회의 신앙수준은 더 높아졌고, 미리 자세한 성경교육이 있었으므로 광신(狂信)은 거의 없었고 정신이상 같은 경우는 하나도 없었고, 수천명의 신도가 올바른 마음의 자세를 세웠고 다수인에게 성직의 소명을 받게 하였고, 그보다 더 많은 교회들이 성경말씀을 공부하려고 무려 2,000명의 대집회가 한 장소에서 거행되었으며, 수천명이 글 읽기를 배우고 기독교를 알아보려고 문의하며 술주정꾼, 도박꾼, 도적놈, 오입쟁이, 살인강도, 독선적인 유학자들, 구태의연한 불교도들, 여러 천명의 잡신을 섬기는 사람들이 다 그리스도 안에서 새사람이 되었으니, 옛것은 모두 다 지나가고 말았다."

3. 한국교회 부흥의 증거

첫째, 한국교회의 심령적 신생을 가져왔다. 이런 부흥운동으로 얻은 새 신앙체험은 가혹한 시련을 당했으나 한국교회의 도덕적 심령적 세력으로 존속되었다. 한국의 부흥을 보고서 세계적 여행가인 이사벨라 버드 비숍(Isabella Bird Bishop)부인은 "이 선교사업은 하나님의 영이 지금도 세상에서 역사하심과 죄의 실상(實相), 장차 있을 심판, 하나님의 공의와 사랑, 속죄 성결의 필요성 등 천고(千古)의 진리는 사도시대와 마찬가지로 인간생활을 변화시킬 수 있음을 보여주고 있다"고 하였다. 기독교가 한국에서 근거를 갖게 됨과 한국에 적응성이 있음이 정신운동이 되고 부흥이 된 증거이다. 이러한 기독교 부흥운동은 일단 한국인의 환경에 이식(移植)되면 한국인의 정신적 욕구를 만족시켜 준 것이다.

둘째, 1907년의 부흥은 한인신자(韓人信者)들과 선교사들 간의 이해증진(理解增進)이 되었다. 서로 다른 전통 즉 동양과 서양의 거리는 멀었고 사상과 사고방식의 차이로 선교사들과 한인신자들 간에 원만한 이해는 어려웠고 또한 선교사들은 고자세(高姿勢)를 가졌고 한인들은 선생으로 존경하며 선교사들을 대했으나 이제는 서로 연약한 인간임을 알게되고 회개한 그들이 이제는 새로운 도덕적 삶이 필요했다. 한 선교사는 다음과 같이 의미심장한 말을 하였다.

"금년(1907)까지 나는 다소간 한인을 멸시하는 생각을 가지고 있어 동양은 동양이고 서양은 서양이니, 이 양자 사이에는 유사성(類似性)이나 공동의 광장이 있을 수 없다고 생각하여 왔다. 나는 다른 이들과 같이 한인들은 양인(洋人)들과 동일한 신앙체험을 가질 수 없을 것이라고 말해왔다. 이번 부흥은 나에게 두가지 사실을 가르쳐 주었다. 첫째로 외형적으로 보면 한국은 서양과 정반대되는 것이 수천가지가 있겠으나 그 내심과 기타 근본적 인생문제에는 서양의 형제들과 동일하다는 것이다. 즉 전생활을 신앙화함에는 기도와 단순하게 어린이처럼 의지하는 점에는 동양이 서양을 가르쳐줌이 더 많고 더 심오하다는 것이다. 우리가 이 사실을 배우기 전에는 원만하고 흠없는 기독교 복음을 이해할 수 없다."

실로 이렇게 조성된 상호간의 동정과 존경심은 자연히 신자들과 선교사들 사이에 이해 깊은 친교(親交)가 생겼다. 서로의 비밀을 알게 되었으며 생활의 변화를 목격했으므로 비신자 사회의 어떤 비소(誹笑)와 비방(祕方)에도 공동으로 막을 수 있었다. 이러한 결과로 교회연합운동을 논하게 되었다.

셋째, 부흥의 한 결과는 크리스챤 사회의 도의향상(道義向上)이었다. 어떤 선교사의 보고서에 "우리의 교회가 이번 자복의 물결을 통하여 정화(淨化)되었고 정죄의식(淨罪意識)이 확고해졌으며 보편화된 사랑의 정신으로 교회를 더 높은 수준으로 오르게 한 것으로 믿는다. 성령의 권능은 약한 자를 강하게 만들었고 잘못된 길을 걷던 여인들에게 깨끗한 생활을 가르쳐 주었다. 모든 잘못된 일을 바로잡았고 도둑해갔던 돈이 도로 돌아왔으나 이번 부흥시기에는 많은 사람들이 그 신앙생활에 있어서 신생(新生)하는 기회였"고 하였다.

넷째로, 부흥의 결과는 종교적 습관을 확정하였다. 즉 성경연구와 기도생활이 성실하게 실시되었다. 어떤 미국 부흥사가 한국교회 부흥을 목격하고 "한인들은 영혼을 위하여 매우 열심히 기도하고 있다. 그들의 독실하고 진지한 신앙은 기독교국의 우리들을 부끄럽게 하고 있다. 지난 겨울 송도에서 부흥회가 몇차례 열렸는데 교인들은 의례 밤집회 후에는 산에 올라가서 얼어붙은 맨 땅에 엎디어 성령강림을 위하여 하나님께 울며 기도하였다. 재령(載寧)에서는 매일 새벽 5시반이 되면 몇몇 사람의 한인들이 내가 유하고 있던 선교사집에 찾아와 그 선교사와 같이 한 시간동안 기도하였다. 평양에서는 길목사와 장로 한 사람이 교회당에 와서 새벽기도를 드리는 습관을 가졌다. 다른 교인들도 이 소식을 듣고 같이 참석할 수 있도록 부탁하였다. 길목사는 '누구든지 원하면 며칠동안 새벽 4시반에 모여 기도할 수 있다'고 알렸다. 그 이튿날에는 새벽 1시반부터 사람들이 모이기 시작하였고 2시에는 사람들이 더 많이 모이더니 4시반에 가서는 400여명이나 모였다"고 한 것이다.

다섯째, 부흥의 결과는 자연히 전도의 열매로 나타났다. 부흥운동과 전도운동은 신앙운동의 양면인 것이니 그 증거가 1905년의 평양 부흥의 경우인 것이다. "신년 사경회와 연관하여 집회가 있을 때 가가호호 방문이 진행되었다. 그 결과로 성내(城內) 주민 수백 명이 결신하게 되었고 교회당들은 이내 열심있는 교인들과 관심을 가진 구도자(求道者)들로서 꽉 차게 되었다. 그리하여 밤마다 성경을 가르치고 신앙간증이 있었고 여러 교인들의 자복이 있은 후에는 구도자들이 즉각적으로 반응하여 왔다. 밤마다 20명 내지 60명의 남녀가 이름을 적어내어 마침내 두 교회에서는 1,000명 이상의 구도자가 믿기로 작성하였다"고 <N. P. Report for 1906년>에 나타난다.

1909년에서 1910년에 일어난 전교회적 전도운동을 '百萬名信者化運動'이라고 한다. 이 운동을 처음 시작한 때 교인의 수효는 불과 8,000명이었다. 그러나 선교사들은 20만명이라고 생각한 것이다. 이것은 결국 심리적 계기가 되게 하려는 것임이 분명하였다. 이때는 한일합병의 때이다. 민족적 실망 또는 파멸과 굴욕의 구렁텅이에 빠진 때에 전도의 날, 구원의 날이 된 것을 확신한 것이다.

이 운동에 서양 선교사는 물론 남녀노소, 신자들과 학생, 평신도와 모든 교역자들이 전심전력하여 이 표어의 구현에 노력한 것이다. 첫째는 교인들이 친히 전도사가 할 일을 대신하였고 다음은 "쪽복음서"의 전달이었다. 한국인들 매가정마다 "쪽복음"을 거의 받지 않은 곳이 없을 정도로 복음을 전한 것이다. 그러나 100만명 결신자는 얻지 못했다. 그러나 이 운동은 한국인들의 전도열을 진작(振作)시켜 한국교회의 미래전통으로 넘겨 준 것이다. 또 교인들이 복음전도를 위해 헌금을 하게도 한 것이다.

그리고 1909년에 제주도에 김형재를, 1908년에는 남감리회가 간도(間島)에 이화춘(李和春)을, 장로회도 1910년에 김영재를 간도선교에 보냈다. 그리고 마포삼열에게 돌을 던졌던 부랑아 이기풍이 목사가 되어 1907년 부흥의 해에 제주도에 보냄을 받았는데, 제주도는 사신우상의 섬이었고 1901년 신축교난 때문에 민심이 흉흉하였고 어지러웠으나 다행히 기독교 선교가 정식 허락된 뒤라서 성공할 수 있었다. 그는 자신이 돌맹이를 선교사에게 던짐과 같이 자신도 수없이 돌을 맞으면서도 전도하여 한둘씩 회심케 된 것이다. 이기풍은 죽일듯이 달려드는 무리를 피하지 않을 수 없었고 굶주림과 목마름을 겪어야 했다. "傳道局에서 濟州에 宣敎師를 派送하되, 그 俸給과 用費는 全國老會가 捐補擔當하기로 作定하고 宣敎師는 李基豊氏 內外로 定하다"(長老敎會史典彙集, 郭安連, p. 49). 이기풍 목사는 1907년 정미년(丁未年) 제주도(濟州道)에 선교하여 금성리교회(錦城里敎會)를 세웠다. 그는 매서인 김재원(賣書人 金在元)과 전도하여 11명의 장년이 믿어 교회를 형성한 것이다(상게서 p. 268). 제주도 성내교회(城內敎會)도 이기풍의 전도열매인데 다른 전도인의 도움도 있었다(상게서 p. 274). 그리고 성내교회에서는 남녀소학교를 세워서 기독교 교육을 하고 복음을 전파한 것이다(상게서, p. 278).

또 중국 동만주(東滿洲)에 파송받은 이화춘은 남감리회 선교사 하리영(河裡泳, R. A. Hardie)과 함께 전도하여 신자가 많아져 교회를 설립하여 선교사 부두일(富斗一, W. R. Foote)과 목사 김영제(金永濟)가 돌아가면서 시무(視務)한 것이다(상게서, p. 310, 311). 같은 지역에 1907년에 세워진 모아산(帽兒山) 교회는 이응현(李應賢)이 전도하여 사랑이 넘치는 교회를 이룩하고 한국인 교역자와 선교사들이 연속 순회하여 관리한 것이다(상게서, p. 314). 독립운동의 본거지가 된 명동교회(明東敎會)와 호천포교회(湖泉浦敎會)와 춘성내교회가 세워졌고 또 민족운동의 초석이 된 용정시교회(龍井市敎會)가 생기고 러시아에 해삼위(海參威) 교회가 생기매 1909년에 장로교회는 최관흘(崔寬屹) 목사를 교포선교사업에 파송하였다. 동만주 일대에 이 시대에 적지 않은 교회가 생겨 아주 활발히 복음을 전하였고 장은평(藏恩平) 교회는 그 지역 제1의 교회가 되어 교인이 300명이나 되었다 한다(상게서, p.

322-327).

여섯째, Korean Pentecost는 오늘의 보수적인 한국 교회의 기틀을 마련했다. 청교도적인 선교사들의 사상을 크게 받았던 까닭도 있다. 그들 중 미국의 선교사들이 주축이 된 장로교 선교사들은 대부분 보수 계통인 Princeton, McComick, San Anselmo, New York, Moody 성경학교 출신이었다.

일곱째, 한국 뿐만 아니라 그 해 가을(1907년)부터 만주와 기타 등지에서 하나님의 강한 능력이 나타나기 시작한 것이다. 만주 치긍산 지역 교회들에는 참으로 놀라운 회개가 일어났으며 성령님의 불길 같은 역사를 체험케 되어 악한 분노, 분쟁한 일 등을 상대방에게 빌게 되었다 하는데 이것은 요나단 코포스(Jonathan Goforth) 선교사의 한국에서의 성령의 역사를 이야기한 결과라 한다.

여덟째, 고난을 감수하게 된 부흥이다. 소위 105인 사건에 많은 박해를 받았으나 기독교 신앙을 지킨 것이다. 어떤 성도는 문중의 축출을 받기도 하엿으나 그리스도를 온유한 마음으로 전파하여 그 온 문중이 회개하였고 그의 소유도 복권되기도 한 것이다. 어떤 이는 문중의 매를 맞아서 죽게 되었으나 계속 전도하다가 피를 토하고 죽었지만 그를 구타한 그 고향에 11교회가 섰다고 한다. 이것은 참으로 훌륭한 신앙적 승리이다.

제 6 절 항일운동과 기독교

1910년 일본이 아시아(Asia) 침략 야욕으로 「한일합방」을 한 이후 그들은 한국의 학교에서 조선어 교육을 금함으로써 우리 말을 없이하려고 하는 동시에 「창씨개명」(創氏改名)을 강요했으나 다행히 기독교는 외적 탄압에서도 민족 정신의 최대 보루가 되었다. 그래서 기독교를 탄압하면 조선의 「민족 정기」(民族精氣)가 꺾일 것으로 보고 일본의 고유한 종교인 신도(神道)를 내세워 신사참배를 강요한 것이며 여기에 한국교회는 교회 자체와 민족의 운명을 걸고 결사투쟁을 한 것이다.[8]

---

8) 신앙지조와 민족혼을 위해 투쟁하다가 투옥된 자가 2,000명이요, 목사 순교자가 50여명, 폐쇄된 교회당이 200개나 된다. 그러나 자신의 입신출세만을 꿈꾸는 소위 시국인식파 인사들은

신앙의 속성으로 보아서 다른 신을 섬길 수 없어 그 지조를 지킨 것이며 민족의 일원으로서 조국의 풍전등화(風前燈火) 같은 현실에서 결코 좌시(座視)할 수 없었다. 기독교회는 1905년부터 일제(日帝) 침략 야욕이 노골화되므로 항일운동도 본격화되어 먼저는 기도회 형태로 항일운동이 나타난 것이다. 1905년 9월 장로회 공의회(한국어회)는 길선주 장로의 건의로 그해 양력 11월 감사절 다음날부터 7일간 전국 교회가 나라를 위한 기도회를 열기로 하다. 11월 17일 을사조약 맺은 후 전덕기 목사와 정순만의 인도로 상동 기도회가 1주간 모여 수천명이 통곡을 하였고 그 후도 계속 지역별로 평양이나 또는 새벽기도회, 수요기도회 형식으로 진행되다. 그래서 민족정신을 보존하는데 크게 기여한 것이다. 또 최재학, 이시영 등의 기독교인은 평양에서 상경하여 격문을 뿌리고 조약 철폐를 주장하였으며 김하원, 이기범, 차병수, 김홍식 등은 「2000만 동포에게 경고하는 글」을 뿌리고 모인 군중에게 격렬한 항일 구국 연설을 한 것이다. 그리고 경제적 항거 또는 정치적 항거와 같은 항일운동을 생각할 수 있다(이만열, 『한국기독교사 특강』, 성경읽기사, 1996. pp. 143−150).

또한 재일 기독청년의 「2·8 독립선언」(1919. 2. 8)은 국내의 「3·1 운동」의 모체가 된 것이며 한국의 일본강점과 기독교도 탄압에 대하여 주한 미국 선교사들 가운데 크게 협조적인 사람들이 있었다. 어떤 선교사는 다음과 같이 말한 것이다. "정치적인 문제에 대하여 선교사들은 중립을 취한다. 그러나 잔혹의 문제에 대하여서는 결단코 중립적일 수 없다"고 한 것이다(1920년 익명

1942년 「혁신교단」을 만들어 3천여군데 교회 종을 일본 군부에 헌납하여 무기를 만들게 한 것이며 일본식 세례인 「미소기 바라이」(淸淨)에 순응하기도 하였고 일본까지 가서 신사참배를 하는가 하면 강제 노역에 교역자들도 억지로 사역케 되었으며 모세오경, 묵시록을 없애고자 했으며 기독교의 본질을 완전히 타락시킨 것이다. 1943년부터는 교회의 경내에서 국기에 대한 배례, 황성요배, 출전장병을 위한 묵도, 황국신민서사의 제창을 강요하였고 주일학교는 일요수련회로, 부흥회는 연성회로, 주일 오후집회, 야간, 수요기도회는 일체 금지하였고 교회당 안에서 일본어 강습, 근로작업이 강행되었고, 신의주·선천의 교회에서는 '시국의 중대성을 인식하고 금후에는 휴일에도 쉬지않고 근무에 정진할 것'을 결의하기도 하였고 교회의 연보도 비행기 제조를 위한 헌납금으로 쓰이게 된 것이다. 어떤 교역자들은 과거 교회의 비국가적 죄를 씻는다고 한강과 송도 앞바다에서 천조대신의 이름으로 세례를 받았다. 또 어떤 교회당에는 일본의 신주당을 설치하고 매일 아침 절하는 자가 있는가 하면 동료 교역자를 모함·투옥시키는 자, 교회를 팔아먹는 자도 생겼다.

의 선교사). 그래서 선교사들은 일본 정부가 선교사들에게 호소하여 한국인들이 더이상 시위에 나서지 못하도록 영향력을 행사하여 달라는 때의 느낌은 절대로 그 문제에 대하여 중립적일 수밖에 없다고 한다.

일제 때에 국내만 아니라 간도(間島)에서도 비록 이민과 함께 이주했으나 기독교인을 중심으로 많은 수난과 함께 항일운동을 벌인 것이다. 1920년 10월 29일 일군은 용정의 동명학교[9]와 교회당을 소각하였고 새벽에 이 마을을 모두 소각하고 곡식도 불태우고 남자들을 모두 예배당 안에 가두고 밀집에 기름을 부어 학살하였다.

간도에는 1914년 이동휘가 명동에 와서 이전의 「연변교민회」를 해체하고 「국민회」를 발족한 것이다. 국민회는 각 현에 분회를 두고 회장은 영수 구춘선(具春先)이고 분회의 분회장은 목사나 장로 등 교회의 유력자들이었다. 그래서 간도의 기독교인들은 이동휘의 무력적 항쟁의 정신에 따라서 행동한 것은 온건한 독립운동을 했던 상해 임시정부의 투쟁과는 다른 방향이었다.[10] 또 「의민단」의 단장 방우룡은 천주교인들의 주선으로 자위단체를 형성하고 마침내 1920년 1월 4일 회령에서 오는 조선은행권 15만원을 기독교인 전홍섭 등이 탈취하는데 성공했으나 결국 체포되어 중형을 당하였다.

여기서 신사참배 문제는 후술하기로 하고 기독교 애국지도자들을 살펴보도록 한다.

1> 또 3·1 운동의 주역(主役)이었던 **남강(南岡) 이승훈**을 생각지 않을 수 없다. 남강은 1864년 평북 정주(定州) 출생으로 1907년 7월 도산 안창호의 평양 모란봉 연설회에 참석하여 큰 감동을 받고 그 시로 결심하고 3·1 독립만세 운동과 민족교육에 헌신한 것인데, 그때 도산의 연설 내용은 다음과 같다.

"여러분! 울기만 하면 무얼 합니까? 우리가 못나서 당한 일인데 누구를 원망합니까? 분한 생각을 하면 부지깽이라도 들고 나가 일인 한 사람이라도 때려 죽이고 싶지만 그것으로는 되지 않습니다. 일본사람들은 서양문화를 재빨리 수

---

9) 동명학교(東明學校)는 윤동주를 비롯한 여러 독립지사를 배출한 학교이다.
10) 여기에 기독교인으로 적극 참가한 이는 김약연과 박운선, 김용수, 김창현, 정재면, 강봉우와 같은 이들이 있다.

입하여 새교육을 받았기 때문에 세계의 대세를 알고 국민이 단결하여 한덩어리가 되었습니다. 우리가 그네들을 막으려면 뭉쳐 한덩어리가 되어야 합니다… 우리는 오랜 잠에서 깨어야 합니다. 깨는 데는 우리가 배워야 하고 후진들을 잘 가르쳐야 합니다. 의병을 일으키는 것도 좋습니다. 그러나 규율 없고 교양 없는 군인은 아무데도 쓸 수 없습니다. 물고기를 낚으려면 먼저 그물을 만들어야 하는 것같이 우리나라를 바로 잡으려면 먼저 우리가 깨어야 하고, 우리 후진들을 가르쳐야 합니다. 이것이 우리나라를 구하는 첫째의 방법입니다…"

남강은 또 1910년 한일합병 때 평양 산정현 교회 한석진 목사의 감화로 신자가 되었고 그가 「오산학교」를 세울 때도 기독교 신앙에서 보다는 민족정신의 발로이었으나 이후는 확고한 신자가 되어 평신(平神)에 입학도 했으나 마포삼열의 권고로 목사될 것이 아니라고 중퇴하고 많은 민족교육을 위해 심혈을 기울였다.

그의 유언으로 "겨레의 광복을 위해 힘쓰라. 나의 유해는 땅에 묻지 말고 생리표본을 만들어 학생을 위하여 쓰게 하라"는 것이었다. 함석헌은 남강에 대해 "남강이 무엇인가, 열(熱)이요, 성(誠)이로다. 강(剛)이요 직(直)이러니 의(義)이시며 신(信)이시라. 나갈젠 단(斷)이면서도 겸(謙)이시더니라"[11]고 한 것이다.

남강은 우리 민족과 바벨론에 잡혀갔던 이스라엘 민족을 비교하면서 "나라를 위해 일하다가 어려운 일을 만나도 좌절하거나 타협하거나 비굴하지 말 것"을 역설하고 자신은 스스로 강인한 신앙의 본이 되고자 노력했다. 우리 백성에게는 날카로운 예언자적 통찰로 불의를 고발하고 잘못을 충고해 주는 용기가 부족하다고 남강은 늘 말한 것이다. 또 그는 한민족이 미래를 보며 희망을 가지고 현실을 극복하는 힘이 약함도 사실이라 하였으며, 그는 오산학교만 아니라 교회봉사에도 온 정성을 기울였고 자신을 죽은 뒤 표본을 만들라는 유언은 일본경찰의 박해로 성사되지 못하고 시체를 경성제국대학 병원에서 표본작업을 하였으나 오산학교 서쪽에 안장한 것이다. 남강 이승훈이 자신의 동상 제막식에서 남긴 연설은 그의 기독교적 신앙의 깊이를 잘 보여 준다.

---

11) 『오산 80년사』, p. 46.

"나는 하나님을 보게 된 것이 가장 영광이며 물질적 동상보다도 정신적으로 하나님 앞에 나아가게 된 것을 내 일생 중에 가장 더 큰 일이 없을 것이라고 생각합니다. 정신적으로 영생할 수 없는 인간은 저러한 동상을 몇백개 해 세우더라도 모래 위에 지은 집과 같이 없어지고 말 것입니다."

남강은 교회의 장로로서 구약 10번, 신약을 40번 읽었다고 하며 자주 설교를 하였으며 김교신과도 교분을 두터이 하였다. 그가 신민회 사건으로 감옥에 있을 때에도 신앙생활에 전념하였고 자기가 사는 동네에 교회당을 짓고 전도에 몰두하여 300여명을 모은 것이다. 또 안명근(안악) 사건으로 제주도에 유배되었을 때에도 성경공부와 기도, 찬송에 몰두하였다 한다. 또 전덕기 목사와 이덕환, 최광옥과 같은 독실한 기독교 신자들의 영향을 받아서 남강은 훌륭한 그리스도인으로 살았다고 하겠다. 그는 또 105인 사건으로 모진 고문에서 "神人"을 보는 환상을 경험한 것으로써 고문을 극복하는 힘이 되기도 하였다 한다.

↑ 평북 정주 : 오산학교

다음과 같은 일화도 있다. 남강이 모처럼 평안에 오니 오산의 동문과 친구들이 방문하여 남강 선생을 위로겸 "요즘 세상 참 살기 어려운 세상입니다."하니 그는 버럭 역정을 내면서 "거 무슨 소리야, 일본놈들 하자는 대로 하고, 그 비위에 맞춰 앞잡이 노릇하면 이처럼 살기 쉬운 세상이 또 어디

↑ 남강 이승훈

있느냐, 쉽지, 암 쉽고 말고, … 왜 어려운가, 옳게 살려니 어려운게야"라고 한 것이다.

남강 이승훈의 사상은 평양 신학교에서의 "의(義)의 신학"에 많은 관심을 가졌던 그는 한국과 이스라엘 민족과를 자주 비교하면서 "나라를 위해 일하다가 어려운 일을 만나도 좌절하거나 타협하거나 비굴하지 말것"을 역설한 것이다.

「오산학교」는 소학과정 8년, 중학과정 4년 그 이후는 대학과정으로 진학할 수 있었는데 기숙사생에게는 매일 6시에 기상하여 운동장에 모여 체조하고 구보도 한 후에 소제하고 식사 후 학과에 들어가서 오후 방과 뒤에는 자유시간이 있고 저녁식사 후에는 자율학습을 하되 교장은 각 방을 돌면서 나태한 학생을 감독하였고 저녁 6시에 뜰 앞「단심단」에 모여 이를 돌면서 노래도 부르고 10시에 소등하면 잠자리에 들었다 한다.

2> 여기서 우리는 **고당 조만식**을 생각지 않을 수 없다. 그는 '한국의 간디'라고 할 수 있다(김광수, 『한국기독교인물사』, p. 219-228). 조장로는 그의 인격과 생활에서 참으로 민족과 교회의 귀감이 된다. 일찌기 숭실중학교

↑ 고당 조만식

에서 기독교에 입문하여 술과 담배를 끊고 일본에 유학하여 명치대학 법학부를 졸업하여 한국의 최초 사립민족 학교인 '오산(五山)'의 교사와 교장이 되어 신앙에 기초한 솔선수범을 보이는 훌륭한 교육을 하였으니 겨울에 눈이오면 밤에 학교 마당을 쓸었고 소사(小使)에게 장작불을 지피우지 않고 손수 방을 덥힌 것이다.

고당이 일으킨 물산장려운동(物産獎勵運動)은 그가 지리와 역사를 가르침과 민족애의 발로일 것이며 그가 강연 도중에 자신이 입은 옷이 서양의 것임을 깨닫고 그 시로 한복으로 갈아입고는 평생 한복을 착용한 것이며 서양의 공산품인 비누 대신에 팥비누를 썼다고 한다. 고당이 지은 국산품 애용의 노래 즉 『물산장려가』는 다음과 같다.

"山에는 금이 나고 바다에 고기가 나고 들에서 쌀이 나고
목화도 난다. 먹고 남고 입고 남고 쓰고도 남는
물건을 낳아주는 삼천리 강산 물건을 낳아주는 삼천리강산"

고당은 1921-1932년까지 평양 YMCA 총무로 무보수로 봉사하였고 그는 "기독교인의 생활"이라는 연설에서 신앙생활의 뜻을 다음과 같이 나타낸 것이다.

"우리 신앙생활에 있어서 가장 경건 가장 충성스러워서 위대한 신앙의 소유자로 대종교가 즉 대설교가, 대신학자, 대교정가(大敎政家), 대활동가가 생겨 기독교를 부흥케 하며 제 2 50년 동안에는 이 백성을 잘 구원하는 길에 출발하자. 조선문제는 기독교의 사역자(使役者)에게 큰 관계가 있음을 심각(深刻)하라"(조만식, 「기독교인의 생활」, 기독신보, 1935. 9. 18)

고당 조만식 장로는 철저한 항일정신에서 창씨개명(創氏改名)을 하지 않았을 뿐만 아니라 어떤 공갈과 협박에도 굴하지 않았다고 한다. 1945년 해방이 되자 평남 도지사(일본인)가 자기 승용차를 보내어 영접하려 했으나 내가 왜 일본인 지사가 타던 차를 타겠느냐 하면서 거절했다고 한다. 그는 평소 남긴 말에 "내가 죽거든 묘비에다가 아무것도 쓰지 말고 두 눈을 새겨라. 한 눈은 왜놈이 망하는 것을 보기 위함이요, 또 하나는 나라의 독립을 보기 위함이라"고 한 것이다. 이를 보면 고당의 사상에는 철저히 자기를 부인하는 정신이 있는 것을 알 수 있는 것이다.

⇐ 평양산정현교회

특히 장로인 조만식은 일본의 신사참배에 항거하면서 그 투쟁에 앞장 선 제자 목사인 주기철을 친히 마산까지 가서 초빙하여 와서 겸손히 받들면서 모범을 보였으며, 주목사가 옥에 갇힌 뒤에도 평양 산정현교회를 다른 장로들(유계준, 오윤선)과 함께 잘 이끌기도 한 것이다. 해방이 되고 공산당이 발호하매 많은 사람들이 남하하는데도 불구하고 "북한 동포를 두고 나 혼자 어디로 가겠느냐? 나는 북한의 일천만 동포와 운명을 같이 하려 한다."고 이북에 잔류하다가 1950년 10월 18일 공산당의 손에 희생된 것이다.

여기서 고당의 숭고한 정신의 면모를 살펴보면 그는 오산에 부임하여 "꿈을 좇던 소년들에게 새 정신을 넣어 주려고 학생들과 함께 비를 맞으면서 체조도 하고 기숙사에서 학생들과 함께 숙식을 하면서 훈육을 하고 성경을 가르친 것이다. 무릎에 겨우 닿는 짧은 수목 두루마기를 입고 머리를 박박 깎고 말총모자를 쓰고 다녔다고 한다. 그러니 그는 과연 '한국의 간디'라는 칭호를 받을만 하다. 고당 조만식 장로는 교육자로서 민족지도자이며 동시에 훌륭한 기독인이었다. 그는 나라를 위하는 일이면 무슨 일이나 개의치 않고 헌신하는 사람으로 살았다"(『진달래 필때 가버린 사람』, pp. 60-64).

다음은 「김소월」의 고당에 대한 시이다.

제이·엠·에쓰

金素月

평양에서 나신 인격의 그 당신님
제이·엠·에쓰
덕없는 나를 미워하시고
재조있던 나를 사랑하셨다.
오산(五山) 계시던 제이·엠·에쓰
십년 봄 만에 오늘 아침 생각난다.
근년 처음 꿈없이 자고 일어나며

자그만 키와 여윈 몸매는
달은 쇠끝 같은 지조가 튀어날듯
타듯하는 눈동자만이 유난히 빛나셨다.
민족을 위하여는 더도 모르시는

열정의 그님

소박한 풍채, 인자하신 옛날의 그 모양대로
그러나 아아, 술과 계집과 이욕과 헝클어져
십오년에 허주한 나를
웬일로 그 당신님

맘속으로 찾으시오 오늘 아침?
아름답다. 큰 사랑은 죽는 법 없이
기억되어 항상 내 가슴 속에 숨어 있어
미쳐 거츠르는 내 양심을 잠 재우리.
내가 괴로운 이세상 떠날 때까지.

＜추모시＞

그는 늘 외로웠습니다
멀리 홀로 앞서 걷느라
또 나라를 빼앗긴 원통함으로ㅡ.

그는 늘 슬펐습니다
긴 세월 가족과 헤어졌기에
또 소식조차 알 수 없기에ㅡ.

그는 늘 아팠습니다
괴로운 나날을 살아가기에
세상을 볼 수도 들을 수도 없어서ㅡ.

그는 늘 쫓기었습니다
사랑도 위로도 동반자도 없었기에
낮과 밤이 모두 다 혼자였기에ㅡ.

이제 편히 쉬소서
모ㅡ든 이들이 마음을 바쳐
위로를 드립니다.

1995. 8.

田善愛(조만식부인)

3> 항일 투쟁에 여성으로서 또 신앙인으로서 아주 훌륭히 투쟁한 이는 애국 부인회 회장 **김마리아**(金瑪利亞)이다. 그녀는 최초의 한국 자생교회인 황해도 송천에서 성장했으며 우리 민족의 수난사(受難史)를 통해 피어난 아름다운 민족혼의 정화(精花)인 것이다. 김마리아의 모든 생애는 첫째 신앙인이요 다음은 애국자이며 셋째는 불굴의 투사로 보냈다. 그녀가 우리 민족 수난사에서 잊지 못하는 것은 그녀의 수난이 너무 뼈져린 것이었으며 특히 굽힐줄 모르는 저항 때문인 것이다. 그녀는 1892년에 나서 1910년 서울 정신여학교를 졸업하고 모교에서 교편을 잡다가 일본 유학중에 3·1만세 사건이 생기자 귀국하여 '대한민국 애국부인회'를 조직하여 항일투쟁에 나섰고 1933년 미국망명에서 돌아와 원산 마르타 윌손(Martha Willson) 신학교에서 교수를 하다가 1944년 3월 13일 해방이 되기 전에 소천(召天)하였다. 그런데 무엇보다 김마리아는 안창호와 동지인 삼촌들의 영향과 정신여학교에서 신마리아와 김원근 같은 민족의식이 강한 교사들의 강한 영향을 받았으며 1918년 일본 유학에서 「조선청년독립단」의 백관수, 송계백, 김도연, 이광수, 최팔용과 교류하였으며 또 황애덕과 차경식과도 교제한 것이다. 그의 「대한민국애국부인회」 결성 취지문을 보면 다음과 같다.

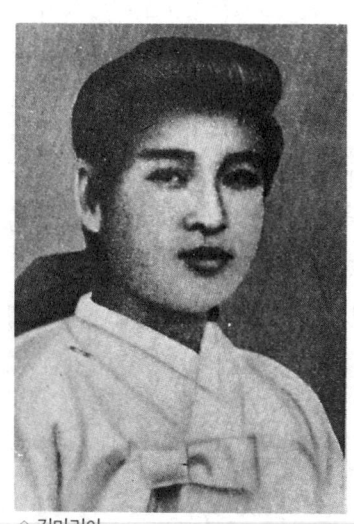
↑ 김마리아

"고어(古語)에 가로되, 나라 사랑하기를 제 집같이 하라 하였거니와 내가 내 집을 사랑하지 않으면 집안이 온전할 수 없듯이, 국민 모두가 나라를 사랑하지 않으면 나라가 보전될 수 없습니다. 이것은 만고에 변하지 않는 진리입니다. 여러분, 우리 여자들도 모두 국민의 한 사람입니다. 빼앗긴 국권을 회복하는 데는 남녀의 구별이 있을 수 없습니다. 오늘 우리가 「대한민국 애국부인회」를 결성하는 목적도 바로 그것입니다. 기왕에도 우리는 혈성 애국부인회 혹은 대조선 애국부인회 또 숭죽 비밀 결사단, 경성 애국 부인회 등등의 이름으로 제각기 애국 운동을 해 왔지만 이제부터는 여러 갈래로 분산되었던 힘을 하나로 뭉쳐 나가려 합니다."[12]

　1933년 고국에 와서 신학교에서 교편을 잡았으나 성경 이외는 강의치 못하게 하여 요한계시록과 다니엘서를 가르치면서 열심을 다해 하나님의 사랑과 함께 조국과 이웃에 대한 사랑을 가르친 때문에 일제(日帝)는 김마리아를 중심하여 강력하게 신사참배를 거부하는 마르타 윌슨 신학교를 폐교시키고 그의 교수직을 빼앗았다.
　손발이 묶이고 입에 착고까지 채워진 신세가 된 그녀는 쓰러질 때까지 무저항으로 대결한 것이다. 김마리아는 김규식 박사에 의하면 한국 유일의 여성인물이다. "김마리아는 한국 역사상 최대의 인물입니다. 독립운동에서도 한국 제일의 애국자로 활약했습니다. 독립운동을 하는데 있어 김마리아는 조직적 대결을 하였습니다. 한국 역사상 여성이 방대한 조직을 가지고 싸운 애국자는 김마리아 외에는 없을 정도니까요. 앞으로 역사가들은 김마리아의 업적이나 독립운동 방법을 극히 찬양할 것으로 압니다."

　4> 우리는 기독교인으로서 항일운동을 한 **도산 안창호**를 교회사에서 취급하되 그가 얼마나 기독교 정신에 철저했던가를 간과(看過)하기 쉽다. 그는 누구보다 특이하게 기독교정신 즉 사랑을 실천한 사람인 것이다. "유정한 사회는 태양과 우로(雨露)를 받은 것 같고 화원에 있는 것 같아서 거기는 고통이

---

12) 『여명 200년』 23권, 신태양사, 1987.
　① 혈성애국부인회(1919. 3. 장선희, 이정숙 중심)
　② 대조선애국부인회(1919. 3. 김원경, 최숙자)
　③ 경성애국애국부인회(1919. 5. 신의경)
　④ 송죽비밀결사단(1913. 황애덕)
이들 15명이 1919. 10. 19에 김마리아 출옥 환영회 이름으로 정신여학교 천미례(Lillian Dean Miller) 교장 2층 사택에서 통합하여 김마리아를 만장일치로 회장으로 선택한 것이다. 그래서 15군데 지부를 두고(간도, 하와이, 미주), 지부장과 임원을 두었다. 많은 회원이 모여 한 달에 1원을 내어 해외에서 2,000원, 국내에서 6,000원이 모여서 상해 임시정부의 경상비로 보낼 정도였다. 그러나 친구 오현주의 배신으로 일경에 탄로되어 김마리아는 1919년 11월 28일 핵심간부 50명 전원과 함께 대구 경찰서로 압송되었고 이는 그의 네번째 체포였다. 이에 2,000여명의 여성 애국자가 수난을 겪었으며 김마리아는 소위 "지독한 계집년"이라는 칭호가 붙을 정도로 모진 고문에도 굴하지 않았으나 더욱 아픈 것은 친구의 배신이었다.

없을 뿐더러 만사가 진흥합니다… 이에 반하여 무정한 사회는 가시밭 같아서 사방에 괴로움뿐이므로 사람은 사회를 미워하게 됩니다. 비유하면 음냉한 바람과 같아서 공포와 우수만 있고 흥미가 없음에 그 결과는 수축될 뿐이요, 염세와 유약과 불활발이 있을 따름이며, 사회는 사람의 원수가 되니, 이는 사람에게 직접 고통을 줄 뿐이므로 모든 일이 안됩니다. 우리 대한 사회는 무정한 사회외다. 다른 나라에도 무정한 사회가 많겠지만 우리 대한 사회는 가장 불쌍한 사회외다. 그 사회의 무정이 나라를 망하게 하였습니다… 민족의 사활문제를 앞에 두고도 냉정한 우리 민족이외다. 우리가 하는 운동도 동지간에 정의가 있었던들 효력이 더욱 많았겠습니다. 정의가 있어야 단결도 되고 민족도 흥하는 법이외다. 정의는 본래 천부한 것이언마는 孔敎를 숭상하는 데서 우리 민족이 남을 공경할 줄은 알았으나 남을 사랑하는 것을 잊어버렸습니다."[13]라 하였고, 또 1919년 "사랑"이라는 제목으로 상해 한인교회에서 설교하였는데 "한 사람의 몸을 위하여 돈 일원을 주는 것은 신령이라 하고 전 민족을 위해 구원하는 것은 신령이라 아니하오. 지금 어떤 이가 독립운동의 일로 나의 신령이 떨어진다 하여 벌벌 떨으오. 지금 독립운동을 위하여 힘을 많이 쓰는 이는 참 진정한 신령이오. 이제 죽고 살랴 아슬아슬한 이 때 금전과 생명을 희생하는 자라야 오직 신령한 교인이외다."는 것은 개인적인 차원을 넘어서는 참 사랑이라는 것이다. 그리고 도산은 자신이 "민족의 죄인이로소이다."라고 하면서 민족의 성원에 보답하지 못하는 것을 안타까워 한 것을 보면 도산은 기독교 신앙과 민족애가 잘 결합되어 있음을 본다.

↑ 도산 안창호

   도산은 1878년 11월 9일 평남 대동강 하류에서 출생하여 조국이 근대화되기 시작하던 때에 이 민족의 힘을 기르는 데 평생을 바친 것이다. 안도산의 사상은 다음 몇 가지이다.

---

13) 안창호, 동지들에게 주는 글, -문공사, "나의 사랑하는 젊은이들에게"-1986.

첫째 무실(務實)인데 이는 곧 참의 정신이며, 다음은 역행(力行)이니 이는 실천궁행(實踐躬行)이고, 셋째는 충의(忠義)인데 이는 충성과 신의(信義)를 뜻하고, 넷째로 용기를 말하며, 다섯째는 평등사상이요, 여섯째는 생명존중이고, 일곱째는 인정(人情)이며, 여덟째는 세계주의다. 끝으로 도산은 동지애를 말하되 모든 물건들도 소중히 여겨 감사한 마음으로 사용한 것이다.

또 그는 독립운동으로 동분서주하였으므로[14] 부인과 같이 지낸 기간은 불과 몇년에 지나지 않았으나 그는 여인관계로 남의 입에 오르내리는 일이 전혀 없는 청교도적 금욕생활을 하여 금전과 이성에 깨끗하였다고 한다(『역사를 만든 한국인』한국출판공사 ; 도산사상연구, 흥사단출판부). 도산은 조국해방을 애석히도 못보고 1938년 6월 28일에 61세를 일기로 민족을 위해 몸을 바쳤는데 "밥을 먹어도 대한의 독립을 위해, 잠을 자도 대한의 독립을 위해서"라는 자신의 말대로 살았던 것이다. 그가 서울 대학 병원에서 "평소에 원하던 치마 하나를 당신에게 못 사주고 가는 것이 미안하다"는 말을 미망인 안(Mrs. Ahn)여사에게 남기고 갔다고 한다.

그런데 우리는 도산이 흥사단 입단 선서에 앞서서 '기도'를 반드시 실행한 것을 알아야 한다. 그리고 안도산은 많은 난관을 기도로써 해결한 것이며(장병일, 『살아있는 갈대』, p. 82, 83), 한때 마포삼열 선교사에게서 전도사로 오라는 청빙을 받은 바 있으나 거절한 것을 보면 그가 독실한 기독교 신앙과 신학적 식견을 가졌으나 그의 기도는 다소 범신론적이기는 하다. "예수교인은 「주기도문」을, 불교인은 「반야심경」을, 무엇이나 제 믿음에 따라서 제가 참된 심경으로 묻고 대답할 힘을 달라고 빌라"(도산 안창호, 흥사단 출판부, 1984)고 하였다. 이는 그가 말한 '신성단결'(神聖團結)이요, 영원한 동지가 되려는 것이었다. "그는 일생동안 학교를 셋이나 세운 뛰어난 교육가요, 60평생을 민족 독립운동에 헌신한 애국적 정치가요 탁월한 경륜의 이론과 방안을 가졌던 선각적 사상가였다. 또한 도산은 중국에서도 그랬거니와 교회에서 수 없이 설교를 하고 애국연설을 했다. 교회는 도산이 민족혼과 애국사상을

---

14) 도산은 1907년 전덕기, 양기탁, 이동녕, 이승훈, 이동휘, 최광옥, 김구와 더불어「신민회」를 조직하였는데 이들 모두 열렬한 예수교 신자들이었다. 또 도산은 국학운동도 하였는데 그를 도운 이는 전덕기, 양기탁, 안태국, 이동녕, 최광옥, 주시경이었다. 그 외에도 이회영, 김동원, 이갑, 유동열, 유동작, 이덕환이 동지였다(이광수, 『도산 안창호』, 1995. 9. 27).

국민에게 심어주는 말씀의 전당이었다. 우리나라 기독교 100년의 최고인물을 든다면 도산을 들지 않을 수 없다. 그의 신앙과 인격과 사상과 생활과 행동의 기조음(基調音)을 이루는 것은 기독교의 정신이었다"[15]고 한다. 도산의 흥사단 운동은 과연 기독교의 학습교인, 세례교인과 같이 단계적이었고 심령의 부흥과 예배에도 힘쓴 것이라 하겠다. 그래서 그는 흥사단에 예비단우, 통상단우를 구분하고, 의무금은 기독교의 십일조를 본받은 것이다.

결국 안도산의 사상적 핵심은 참과 사랑과 봉사로써 "우리는 서로 사랑을 배웁시다"라 했고, "진리는 반드시 따르는 자가 있고 정의는 반드시 이루는 날이 있다. 죽더라도 거짓이 없으라"고 한 것이다. 이 글귀는 현재 도산 공원에 새겨졌다. 도산은 거짓이 없는 한국, 진리와 정의가 빛나는 나라, 이것이 도산이 그린 새 한국의 모습이었다. 도산은 갔으나 그는 민족과 함께 영원히 빛나는 존재가 된 것이다. 그리고 도산은 일찍이(1894) 고향 탄포리에 교회를 설립한 것이며[16] 동리 모든 가구가 신자가 되었고 매일 밤 모여 예배한 것이며, 1904년 Sanfrancisco 한인회를 만들고 가정 순회예배도 드린 것이다.

5> 우리는 개화기 한국민족의 선각자 한서(翰西) 남궁 억(南宮 檍)을 빼놓을 수 없다. 그는 1863년 12월 27일 서울 정동에서 남궁 영씨의 아들로 태어났으니 그 가문은 명문이었고 일찍 부친을 여의었으나 불의와 가난을 잘 극복하면서 굳세게 장성한 것이다. 그가 외국어를 잘하여 1886년에는 고종황제의 영어 통역관이 되었으며 그 후도 많은 관직에 종사하였으나 그는 민비의 시해에 충격을 받아 어전문에서 여러날 엎드려 있었고 일본의 만행에 치를 떨었으며 그 후에 한서는 관직을 떠나 낙향하였다.

한서의 업적은 독립운동에서 시작하여 교육과 전도에도 미친다. 1898년 9월 5일자로 체포되어 심한 고문을 받았으며 그 후 세번이나 구금이 되었다고 한다. 그가 애국을 하고 또 교육사업으로 홍천(洪川) 모곡학교(牟谷學校)에 '무궁화 노래'를 가르친 것은 모두 기독교를 바탕으로 한 것이다. 그는 선각자로서 모든 면에서 새로운 길을 트고 방향을 제시하려는 데 전력을 다한 것이

---

15) 승대, 『한국근대화와 기독교』, p. 78, 79.
16) 현재 『탄포리 교회』란 이름으로 서울에서 재건되었고 당시 교회 출신으로 전국무총리 이영덕씨, 현재 한철하(아시아신대 교수)와 이화여대 교수들 가운데도 그 교회 출신들이 있다고 한다.

다. 그가 '배화'에 재직할 때도 영문법 시간에 비밀리에 교재를 만들어 국사를 가르친 것이다. 청년들에게 애국 정신을 넣으려고 '무궁화 사랑'을 주장하다가 학교재산을 몰수당한 적도 있었다. 한서는 무궁화 묘목을 해마다 수십만주 길러서 각 지방학교와 교회, 사회단체에 팔기도 하고 기증도 하여 나라의 꽃 무궁화를 퍼뜨렸다.

선생은 또 3·1만세 운동을 고취하여 보리울 만세 사건을 일으켰으며 강원도에서 홍천이 중심이 된 것이다. 3·1운동 이후 정치, 사회적 변화를 눈여겨 본 그는 어느 정도 건강을 회복하자, 보리울에 온 본래의 목적을 실현해나가기 시작했다. 그가 우선 착수한 것은 보리울에 교회를 세우는 일이었다. 춘천에 있는 남감리교 선교부에 연락을 취해 전도인을 보내줄 것을 요청하고, 자기사재를 털어 보리울 마을 앞 나직한 언덕 위에 10칸짜리 기와 예배실을 세우니, 1919년 9월의 일이었다.

본래 그는 1915년에 남감리교 매년회에서 본처전도사(Local Preacher)로 임명받은 바 있었는데, 본처 전도사는 평신도로서 지역교회의 치리뿐 아니라 강단에서 설교할 수 있는 자격도 있었고 순행전도사와 달리 한곳에 주재하여 생업에 종사하며 사역하였고 순행전도사의 지휘를 받는 비안수직이다. 서울에서 정3품 통정대부란 높은 벼슬을 하다가 내려온 양반이 교회를 한다니까, 순박한 보리울 사람들도 별로 반대하는 기색이 없이 협력하여 교회는 순탄하게 발전해 나갔다.

교회 예배를 인도하는 한편 그는 교회 안에서 마을 아이들을 모아 가르치기 시작하니 곧 주일학교의 시작이며 모곡학교의 시작이었다. 심산궁곡 보리울에 처음으로 신문화 교육이 시작된 것이다.

이렇게 되니, 주민들은 "개화해야 산다"하며 너 나 없이 몰려드니 예배당에 앉을 자리가 없어 문 밖에 멍석을 펴고서 예배를 드리는 형편이었고 공책과 연필을 공급하며 소학교 과정을 가르치는 모곡학교에는 이웃 마을 아이들까지 몰려와 법석이는 가운데 늘 찬송소리가 울려 퍼졌다. 남궁 억이 보리울에 정착하여 교회를 세우고 학교를 세운 것은 이름도 날려보고 돈도 좀 벌어보겠다는 세속적인 목적에서가 아니었다. 다만 한가지 민족혼을 지키고 가꾸기 위함 뿐이었다. 3·1운동 이후 문화정치를 표방하며 조선의 민족혼을 말살시키려는 일제의 치밀하고도 집요한 통치에 맞서 그 혼을 지키기 위해 교회를 세우고 학교를 꾸려나간 것이다.
 그래서 그는 낮에는 새 일꾼을 양성하기 위한 모곡학교에서 민족교육에 정열을 바치고 밤에는 농민계몽에 주력하면서 온 몸을 민족혼을 위해 불살랐던 것이다. 일례로 그가 거처하는 사랑방에는 늘 기직틀, 그물뜨기, 노끈꼬기, 둥구미만들기 등이 차려져 있어 찾아오는 청년이나 노인들에게 그 기술을 가르치며 우리의 전통적 고담이나 역사이야기로 그들에게 민족정신을 불어넣어주곤 했던 것이다.
 그는 입으로 전하는 교육에 그치지 않고 직접 역사책을 저술하기도 하였는데 1924년에 한문투로 쓰여진 4권짜리『동사략』(東史略)과 1929년에 어린이를 대상하여 이야기체로 쓴 5권짜리『朝鮮 니약이』(조선이야기) 그리고 1931년에 사화체로 쓴『조선어보충』등이 그것이다. 이 책들은 버젓이 인쇄해서 만들 수 없는 내용이었기에 비밀리 미농지에 인쇄해 20-30부를 만들어 모곡학교 선생이나 가까운 친지들에게 나누어 주었었다.
 나라를 잃은 울분과 비애를 풀 길이 없어 심산궁곡의 향리를 찾아들어와 은거생활을 하면서도 일손을 놓지 않고서 민족혼을 불살랐던 남궁 억, 그래도 보리울의 아름다운 산수 아래서 천진난만하게 뛰노는 어린이들을 바라보는 그의 마음은 늘 무겁기만 했다. "저들의 앞날에도 암흑의 세계가 계속될 것인가"라는 회의에서 그의 흉중은 늘 미안함과 부끄러움 그리고 책임감으로 가득 차 있었던 것이다.
 그런 어느날 그 밤도 잠 못 이뤄 뒤척이다가 그는 불현듯 누웠던 자리에서 일어나 두 무릎을 꿇고 조용히 기도를 올렸다.
 "주여, 이 나이 환갑이 넘은 기물(棄物)이오나 이 민족을 위해 바치오니

⇐ 남궁억이 있던
   모곡리 무궁화마을

받으시고 젊어서 가졌던 애국심을 아무리 혹독한 왜정하일지라도 변절치 않고 육으로 영으로 감당할 수 있는 힘을 주옵소서!"
 이 밤에 붓을 들어 떠오르는 대로 지은 노래가 바로 찬송가 371장의 저 유명한 「삼천리 반도 금수강산」이다. 남궁 억은 새벽 일찍이 일어나 성경말씀 한장을 읽은 뒤 유리봉에 올라 나라와 민족을 위해 기도드리는 것을 하루 일과의 시작으로 삼았다.

 "그런 연후에 온 동리를 다니시면서 '어서 일어나라. 쉬지말고 일할 때이다'라고 외치시면서 젊은이들을 깨우러 다니셨죠. 또 '예수님을 바로 믿어야 한다'는 말씀도 잊지 않으셨구요. 호걸풍인 선생님은 엄하시면서도 자애로우셨습니다. 어린이들을 좋아하셨고 양반, 상놈을 가리지 않고 아무에게나 높임말을 쓰면서 공손하셨지요. 또 늘 무궁화가 나라꽃임을 강조하셨고 '나는 못 보더라도 너희는 꼭 독립을 보게 된다'면서 희망을 주시곤 했습니다."

 모곡학교 1회 졸업생으로 아직도 수산 기슭에 홀로 살며 남궁억 선생의 사랑을 잊지 못하고 있는 이복득(78세) 할머니의 증언이다.
 일년 사시사철 낡디 낡은 10전짜리 농립(農笠) 모자를 쓴 채 옷은 겨울엔 무명옷, 봄 가을엔 광목옷, 여름엔 베옷을 입고, 신은 짚신을 삼아 신거나 미투리를 신었으며 먼 여행에는 고무신을 신고 다녔던 남궁 억 선생. 농립모가 찢어지면 실로 깁고 또 기워서 쓰며 옷에 물감을 들일 때는 산에 가서 나무껍질이나 풀뿌리로써 물들여 입을지언정 결단코 일본 제품은 손에도 대지 않았던 그는 일본인들과는 마주 서기도 싫어했고 그들과는 털끝만큼의 관련도 맺지 않으려 했다.
 경찰은 소위 "십자가당 사건"을 빌미로 모곡학교에 습격하여 선생과 그의 제자 12명을 검거하였다(1933. 11. 4). 정성들인 묘목도 무참히 뽑히웠고 72세의 고령인 그가 2년 동안의 옥고에서 쇠약해져서 병보석으로 출감한 뒤로 오래 살질 못하시고 1939년 4월 5일 77세를 일기로 세상을 떠났다.
 한서는 평소에 "내가 죽거든 무덤을 만들지 말고 과목 밑에다 묻어서 거름이나 되게 하라"고 하였다. 이것은 철저한 그의 신앙에서 나온 사상일 것이며 그리고 그는 민족을 염려하되 기도로써 하였다고 하며 자기의 목숨과 바꾸어 민족을 살려 달라는 기도를 쉴날이 없이 하였다.

그의 솔선수범의 정신에 대해 다음과 같은 일화가 전해진다. 1931년 연희 전문학교 졸업식장에서 축사하기를

"내가 여러분을 보려고 놀미재라는 높은 고재를 넘을 때, 무릎이 묻힐만큼 눈이 있었다. 처음에는 먼저간 사람의 발자국만 따라가다가 보니 그 발자국이 다른 곳으로 향한 것이 분명하므로 나는 눈 위에 새 발자국을 내면서 왔다. 아마도 내 뒤에 오는 사람은 내 발자국을 따라왔을 것이다. 여러분 졸업생들도 교육의 혜택도 문화의 혜택도 없고 대부분 결식(缺食)상태에서 빼빼 마르고 핏기도 없는 창백한 얼굴을 가진 이들이 목자없이 방황하고 있는데 이 어린 양들을 구하려고 내 고장의 농촌으로 달려가지 않으렵니까? 오히려 우리는 강자를 도와서 부스러기 권세에 만족해 할 것이 아니라 약자를 살려주어 같이 강해지는 것이 우리의 할 일이라고 생각한다. 여러분 졸업생들도 내가 눈길을 걸어올 때 발자국을 내서 뒤에 오는 사람으로 바른 길을 찾게 한 것과 마찬가지로 새 진로를 개척해서 뒷 사람이 따라갈 수 있게 하기를 바란다"고 하였다 (石浩仁, 『信仰의 韓人像』).

↑ 남궁 억

↑ 옥중에서 개종한 개화파 지식인들 : 윤치호·김정식·이승만·유성준·이원긍·이상재 등

한서는 독립협회 회원이며 동도서기파(東道西器派)에 영향을 받은 유교의 혁신세력과도 제휴한 것이다. 그는 또한 당시의 개화사상을 고취하는 학문적 단체인 여러 학회와 같이 관동학회(關東學會)를 이끌기도 하였다(李基白, 『韓國史新論』, 一潮閣). 또 잊을 수 없는 일화는 남궁억은 우남 이승만의 전도로 예수를 믿고 유교에서 기독교로 전환하였다고 한다(민경배, 『한국기독교회사』, p. 193). 그 장소는 서대문 감옥이었으므

로 기일(J. S. Gale) 선교사는 이를 '한국 최초의 신학교'[17]라 하였고 결국 「옥중교회」가 되었다. 무엇보다 애국자인 한서는 배화에 교편을 잡으면서 여성교육을 통해 민족의식을 고취하려고 우리나라 지도에 무궁화 꽃 자수를 놓게 하였으며 상동학교에서도 가르치면서 민족교육을 하였다.

우리는 한서선생이 지은 찬송가를 오늘도 많이 부르며 현재 홍천 한서중학교 학생은 농장에 갈 때는 한서 선생이 지은 노래를 부른다고 한다.

"三千里半島 錦繡江山
하나님 주신 동산
삼천리 반도 금수강산
하나님 주신 동산
이 동산에 할 일이 많아
사방에 일꾼을 부르네
곧 이날에 일 하려고
누구가 대답을 할까
<후렴>
일하러 가세 일하러 가세
삼천리 강산 위해 하나님 명령 받았으니
반도 강산에 일하러 가세"(371장)

<이 노래는 "일하러 가세"라는 제목으로 도니제티(Donizetti)의 오페라 곡이다>

한서의 "모곡의 노래"(주일학교 교가)는 다음과 같다.

"동막산과 강굽이 앞뒤 둘렀고
모곡 구역 모곡리는 우리 집이라
세상 영화 누릴자는 우리들이며
그 가운데 뜻 붙일손 주일(모곡)학교라

---

[17] 1902년 10월 「한성감옥」에서 생긴 세계 최초의 감옥학교인데 김영선이라는 서장의 허락하에서 이승만은 어린이들에게 한글, 세계지리, 간단한 영어를 가르친 것이다. 즉 소년범들에게 배울만한 교육을 시킨 것이다. 그리고 성인반도 개설하였다. 거기서는 성경을 가르친 것이며 방거, 원두우의 도움도 받은 것이다. 또 도서실도 감옥에 개설되었다(523권의 도서소장).

금동녀야 모여서라 세 동리에서
하나님의 뜻이 있어 입적한 우리
구주님의 은혜를 더욱 감사해
천국 낙도 바라보는 십자 동무야
주예수 흘린 피로 죄 씻음 받고
영생 소망 그대 줄로 기쁨을 삼아
싸워 이겨 저 언덕에 노래 부를때
퍼지리라 온 세상 하나님 나라"

"사람마다 하는 소리가 개명, 개화요, 입마다 외치는 것이 삼천리 강토, 2천만 민족이었다. 이리하여 양반의 학정 밑에 짜먹혀 마른 나무같이 되었던 나라에 새봄이 돌아온 듯 하였다."고 당시의 개화에 대해 어떤이는 서술한다(함석헌,『뜻으로 본 한국역사』, 한길사). 한서의 찬송 2절에도 "봄 돌아와 밭갈 때"가 나온다. 새 역사의 창조는 기독교의 지상과제(至上課題)인 것이며[18] 이 찬송은 일제의 탄압에도 불구하고 요원의 불길처럼 번졌던 것이다.

6> 감리교 목사 전덕기(全德基, 1875-1914)

그가 미국 감리회 스크랜톤(W. B. Scranton) 선교사 집 유리창을 깬 것이 인연이 되어 그의 자애로운 감화로 적개심도 사라지고 교인이 되어 1902년 상동교회 전도사가 되었다. 전덕기는 교회 주변의 빈민가에서 헌신적으로 사역하여 복음을 억압받고 차별대우로부터 해방 즉 예수의 나사렛 선언에 두었다.

그는 1907년 신학과정을 마치고 안수를 받았다. 전덕기 목사는 상동교회 내에「상동청년학원」을 운영하여 한글에 주시경, 음악에 김인식, 국사에 장도빈, 최남선, 영어와 영문법에 남궁억, 현순, 한문에 조성환, 이필주가 체육과 군사교육, 성경과 기독교 교육에는 전덕기가 자담한 것이다. 예배는 물론 전도집회, 새로운 창가, 합창 및 성극 등의 신문화 보급은 당시에 선구적 역할을

---

18) 새 역사 창조의 대열에 굳게 선 이가 역시 남궁 억이었다. 그와 몇몇 지식인들의 노력으로 「교육월보」의 발행을 본 것인데 내용에는 국어·역사·지리·일반상식·산술 또는 농공업·상업·물리학에 관한 것이었다고 한다. 제1호는 1908년에 5페이지가 나온 것이다. 박득준,『조선근대교육사』, 한마당 1989, p. 147.

하였을 뿐 아니라 많은 공헌을 하였던 것이다. 또 1905년 보호조약 후 전덕기는 진남포 감리교 청년회 총무인 김구(金九)를 비롯하여 이준, 이동녕, 이동휘, 노백린, 안태국, 남궁억, 신채호, 최광옥, 최남선, 이상재, 최재학, 김진호, 양기탁, 주시경, 이용채, 윤치호, 이회영, 유일선, 이필주 등 소위 상동파가 모이는 주동역할을 하여 후일 1907년 신민회 모체가 된 것이다.

그후 전덕기는 105인 사건으로 1911년 서울에서 체포되어 결국 1914년 39세라는 아까운 나이로 세상을 떠나 주님의 품으로 간 것이다. 그의 장례에는 고양군 수철리에 가는데 10리가 넘는 행렬이 따라갔다. 그 속에는 남대문 일대의 거지, 기생들이 많았다고 한다.

← 상동감리교회

↑ 전덕기 목사

일제는 1934년 그의 묘지를 이장하라 하여 유골은 화장하여 한강에 뿌렸고 지금은 국립묘지에 위패만 「무후선열 묘역」에 있으며 1922년 묘비를 세웠다. 상동교회 앞에 있는 그의 기념비에는 다음과 같은 글귀가 있다.

그 내용은 과연 참 목자요, 종교지도자임을 나타낸다.

"神佑東方 畏心鉄血 默悟天酬 教育泰斗 公乃誕生
其身犧牲 牧羊盡忠 宗敎東樑 千于我民 居常痛懷
再臨何日 衆心感泣 何法極救 臨命哀禱 復觀面目
以堅片石"

어떤 이는 전덕기 목사를 일제하 감리교 삼대성좌 가운데 한 사람이라 하였다. 그는 헤이그 밀사 파견 모의를 상동교회 지하실에서 하였으며 이준 등은 고종의 허락과 친서를 받고 상동교회에서 전목사와 함께 기도모임을 갖고 떠난 것이다. 이것을 보면 전덕기의 애국열정이 대단했음을 알 수 있는 것이다.

실로 소위 상동파 인물들이 많이 모인 것은 전덕기의 지도력이 인정되었던 증거이다. 이상설과 같은 투사는 전목사의 죽음을 슬퍼하다가 자신도 득병하여 뒤이어 만주에서 세상을 떠났다 한다.

7> 장로교 민족 운동가 **박용희** 목사

그는 1884년 경기도 안성 태생으로 일찍이 기독교에 귀의하여 서울 연동교회를 다녔고 일본으로 건너가 동경성경학원(성결교)에서 신학을 배운 뒤 경기도 용인의 농촌교회에서 농촌사업으로 선교하는 한편 3·1운동에도 적극 참여하는 동시에 그해 4월에는 서울에서 한성 임시정부 설립을 선포하여 상해 임시정부가 탄생할 기틀을 만들기도 한 것이다. 또 1921년 창문사를 발기하였는데 여기는 이상재, 윤치호, 박승봉, 유성준, 전필순이 함께 참여하여 순 한국인 손으로 만든 기독교 출판사였다. 그는 1927년 신간회 안성지부장을 지내면서 민족운동을 한 것이다.

8> **박승봉** 장로

박장로의 호는 산농(汕農)인데 서울의 척리대가(戚里大家)의 가문에서 1871년에 나서 유학을 다녀왔으며 신학에도 대가(大家)다운 학풍을 지녔고 기울어지는 나라를 살리는 길은 이 나라가 기독교화에 있다고 생각하고 할 수 있는대로 서구화와 교회를 도와서 항일을 한 인물이다.

↑ 박승봉 장로

1907년 이준 열사가 헤이그 행에 고종의 밀서를 가져가게 한 일로 그는 평북 관찰사로 좌천되기도 했으며, 이승훈 장로의 오산학교 설립에도 큰 힘이 되었고 이상재, 윤치호, 이승만 등과 친분이 두터워짐으로 기독교에 완전히 귀의하여 연동교회에 출석했던 것이며, 그리고 안동교회 설립에 참여하여 초대 장로가 되었으며 3·1운동 때는 그의 계동자택이 민족지도자들의 모의 장소가 되었다고 하며 거기서 3·1운동 거사를 모의한 곳도 그의 집이며 최남선의 독립선언서 초안도 이곳에서 검토교정된 것이다. 또 그는 독립신문에 자금을 조달하였고 수차례 이 일로 일경에 소환을 당하였다고 한다. 그리고 1922년에는 YMCA 지도자들과 함께 조선민립대학 기성회를 조직하였다. 그가 창문사를 세운 것은 앞에서 언급하였다. 박승봉은 일선에서 반일투쟁을 하지는 않았으나 은밀히 기독교 정신에서 항일운동을 한 것으로 볼 수 있다.

또 박승봉 장로는 양반 장로라는 소문이 났는데, 양반이 상놈이라는 교인이 별세하니 상가에 가서 시신을 염을 하고 궂은 일에 몸을 아끼지 않음을 보고 회개하고 예수를 믿는 자들이 생겼다고 한다.

9> 박원경 여사

그녀는 황해도 출신으로 13세 때에 장연의 김연태라는 목사에게서 영향을 받아 1914년 비밀결사대를 조직하여 상해 임정에 군자금을 조달하는 동시에 1919년에는 독립선언서를 입수하고 교회 청년들을 규합하여 재령만세시위에서 태극기를 들고 선두에서 만세를 불렀다. 이로써 2년 6개월의 옥고를 치루었고 그 후에도 계속하여 군자금을 조달하였다 한다. 박원경의 모든 애국 운동은 그의 신앙심의 발로인 것이었음이 분명하다.

↑ 박원경 여사

10> 재일 선교사 박상동 목사

박목사는 1894년 경북 의성 태생으로 연세대 전 총장인 박대선의 부친인데 대구 기독교 학교인 계성학교 재학 때 3·1운동이 일어나 대구 만세시위에 적극 가담하여 주모자로 체포되어 옥고를 치루었고, 1942년 일본에 선교사로 파송되어 한국인의 인권보호운동을 전개하는 동시에 여러 곳에 개척교회를 세웠는데 일제는 박목사를 구속하고 4년형을 내려 야마구치 감옥에서 복역하다가 8·15 해방을 받은 독립운동가였다. 박상동 목사의 항일운동은 거점이 한국이 아닌 일본 본토라는 데 특이함이 있고 그의 생애 초년부터 전도와 애국운동에 일관한 데 특색이 있다고 하겠다.

↑ 박상동 목사

11> 월남 이상재(月南 李商在)

월남은 1850년 충남 출신으로 구한국 하급관리인데 1902년 탐관오리의 부정과 부패를 탄핵한 탓에 1903년 감옥에 갇혀 선교사들의 감화로 54세에 신자가 된다. 그 후 고종의 간청으로 의정부 참찬에 있으면서 1907년 고종이 강제 퇴위되자 일본의 만행을 규탄하는 민중시위를 주도한 것이다.

월남은 3·1운동 때도 비밀리에 준비에 힘써 일요강좌나 강연회를 통하여 청년들을 모았으며 민중시위를 주도한 것이다. 특히 월남 선생은 민립대학을 세워 민족의 영재(英才)들을 키우려는 데 갖은 노력을 기울였으나 천재(天災)와 기근이 겹쳐서 뜻을 이루지 못하고 YMCA 운동에 전력을 기울인 것이다. 그리고 물산장려운동, 절제운동 또는 지방전도운동 및 창문사 운동을 전개한 것이다. 1927년 신간회(단일 항일운동 전선) 회장에 피선되었으나 그 해에 78세를 일기로 주님의 부름을 받은 것이다.

월남 선생은 한국 기독교사에서 평신도 인물 도산, 남강과 더불어 길이 남을 자취를 지닌 것인데 그는 평생 야인(野人)으로 살았으며 세례 요한과 같은 패기를 지녔던 것이다. 「내부대신 개아들, 외부대신 쇠아들, 군부대신 예끼놈」이라고 욕하다가 곤욕을 치룬 것이며, 부귀를 탐내지 않고 기독교에 귀의하여 청년을 사랑하고 헌신한 월남이었다. 동경 유학생을 본 월남은 눈물을 금할 수 없이 울었다. 이는 그들이 일본인이 다 된 것을 통탄하고 한국 청년들에게 힘과 용기를 달라는 그의 기도였던 것이다.

↑ 월남 이상재

이상재 선생은 일본 시찰단에 끌려가서 일본에서 제일 큰 병기창과 군수공장을 보여주고는 감상을 묻는데 답하기를 "오늘 동양에서 제일간다는 도오꾜오의 병기창을 구경하니 과연 일본이 동양에서 제일 강대국임을 알게 되었소. 그런데 한가지 걱정은 성경에 칼로써 일어나는 자는 칼로 망한다 했는데 일본이 그처럼 칼을 쓰다가 망할까 하는 일이오."이 말을 듣고 일본인들이 아연 실색한 채 아무런 대꾸도 못하고 말았다 한다. 송산 선생은 월남에 대해 "선생은 학자가 아니라 상식자이며, 이론가가 아니라 실제가이며, 수완가가 아니라 정열가이다"라는 평가는 참으로 바른 것이라고 본다.

>   어질고 굳세신 기상
>   조찰고 깨끗한 정기
>   부귀도 임의 마음
>   흔들지 못했고
>   총칼도 임의 뜻을
>   빼앗지 못했네
>   한평생 성스러운 가시덤불 속
>   나라와 운명을 같이한 당신
>   오직 당신만이
>   높고 높은 태산의 준령이셨네
>   오오 당신은
>   이 겨레의 아버지
>   대한의 영웅이셨네
>   (일부분 생략)
>   <1957년 월탄(月灘) 박종화(朴鍾和)>

>   털억이 희올수록 마음 더욱 푸르신 님
>   젊음의 구원조선 차저 품에 드오실제
>   압녁봄 끝업는 길에 꽃이 한참 붉어라
>   <육당 최남선>

12> 정재면(鄭載冕) 목사(1884-1964)와
    명동학교(明東學校)
   정재면이 민족운동에 적극적이 된 것은 상동학원에서 전덕기 목사의 감화가 컸다고 하겠으며, 그가 간도의 명동(明東)에는 전도자로 갔으나 김약연을 만나 그에게 기독

↑ 정재면 목사

교를 전하고 서로 민족운동을 하게 되었고, 명동학교가 기독교적 교육기관이 되었고 민족운동의 본산이 됨에는 정재면의 노력이 지대하며 명동학교는 당시 한민족의 횃불이요 상징이었다.

그 응원가는 다음과 같다.

「무쇠골격 돌근육 소년 남자야
　애국의 정신을 발휘하여라
　다다랏네 다다랏네 우리나라에
　소년의 활동시대 다다랏네
　만인 대적 연습하여
　후일 전공 세우세
　절세영웅 대사업이
　우리 목적 아닌가」

정재면 목사는 1919년 3월 13일 북간도 3·1 독립선언 축하회가 있기까지 용정교회를 중심으로 활약하였고, 1925년부터는 금릉대학(金陵大學) 신학부에 입학하여 백낙준과 교류하였고 평양신학교로 옮겨 1년을 마친 뒤 목사가 되었다.

요컨대 정재면은 최근(1962년)까지 우리들 곁에서 모습을 보인 근대의 인물이나 그는 일생을 통하여 기독교와 한국의 독립을 위해 옥고를 치루면서 또 교육을 하고 목회를 한 일은 역사가 결코 빠뜨릴 수 없다고 본다.

V

개신교회의 성장과 계몽기
(1919-1938)

해방 이전의 한국 교회 성장시기를 1919-1938년으로 잡는다. 그런데 1910-1930년으로 보는 사람도 있다(金英才,『韓國敎會史』, 개혁주의신행협회, p. 177). 초기 기독교는 잘 성장되었으나 1919년 이후는 독립운동의 여파로 교회가 쇠퇴한 것인데 이는 일제 탄압에 많은 원인이 있을 것이다.

그러나 한국의 교회는 많은 환란과 박해에서도 그 생명력을 잃지 않았으며 교회의 사회적 책임을 수행하고 계속하여 발전한 자취를 더듬어 보려 한다. 그리고 우리는 한국교회 특유의 이단이나 신비주의 또는 종파교회가 출현한 것도 고찰한다.

제 1 절 교회의 정치체제 확립

한국에 파송된 감리회 선교부는 상당기간(1909년까지) 일본 주재 감독 해리스(M. C. Harris)의 감독구에 속해 자유권을 행사할 수 없었다. 그해에 겨우 세 관구(管區)로 분리되어 관구 장로사(管區長老司)가 임명된 것이다.

성공회 역시 선교교회(Younger Church) 상태를 벗지 못한다. 이들은 선교(Mission)보다 해외에 있는 교우들의 신앙교육(Didake)에 중점을 둔 까닭에 행정적 발전을 요망치 않았다. 그래서 일찍 전파된 교회였으나 체제면에서 종속성을 면치 못했다.

성결교회(The Evangelical Church)는 1921년에 독립교단이 되고 원래 감리교적 전통에 따라 감독제와 고문을 두고 또 이사회가 있다. 신조(信條)는 1925년에 제정되었고 1929년 연회제도를 둔 것이다. 특기할 사항은 1921년 교역자회인 간담회에서 "활천(活泉)"을 발행하기로 하여 그해 11월에 창간호가 나왔는데 이 잡지의 반응이 매우 좋았다.

침례교(The Baptist Church)는 1905년에 「대한기독교회」라 하여 초대 감독으로 편윅(M. C. Fenwick)이 추대되었는데 그는 앞서도 언급(言及)한 바와 같이 정규학교 교육을 받지 못했으나 한국에서의 경험을 「The Church of Christ in Corea」에 잘 나타낸다. 거기에 "외국인에 대한 복음전파는 선발된 본국인 신자들이 가장 잘 할 수 있다"고 하였다. 그리고 그는 한국인 서경조(徐景祚)의 도움으로 성경을 전역했고 농업기술에 대한 글도 「The Korea Repository」에 많이 게재한 것이다. 편윅은 교회체제가 아무리 확립되어도 한국다움의 교회를 발견함이 귀하다고 느꼈던 선교사였다. 그는 한국의 문화사적 독창성과 그 우수한 윤리의식을 높이 인정한 것이다. 그는 심지어 이렇게도 말한다. "기독교 없이도 한국은 서양문명보다 훨씬 많이 인류전체를 위한 평화와 행복에 공을 끼쳐왔다…내 생각으로는 동양이 서양의 문화에 윤색(潤色)되는 것은 덜 바람직한 일이라고 믿는다"(상게서. p. 49-51). 그는 한국인의 사색유형, 윤리적 포용성, 굳은 주관적 소견, 풍성한 인간미를 본 것이다.

침례교는 태화회(太和會)의 감목(監牧)직을 1914년에야 비로소 한인목사 이종덕(李鍾德)에게 맡긴다. 그러나 편윅의 정신은 참으로 정곡(正鵠)을 찌른 것이었다. 당시 각 교파의 자립과 행정체제의 독립이 늦어짐은 한국교인들의 지혜로운 판단에도 있었다. 아직은 선교사들의 도움이 필요하다는 지극히 효과적인 발전을 모색한 결과로 볼 수 있다.

최초의 장로회 선교회 공의회(Council of Missions)는 처음에는 협의체였으나 치리기관이 되었고, 1901년부터는 한인 위원도 참가하고 마포삼열이 회

← 평양신학교 학생들(1905년)
앞 줄에 앉은 한석진의 손에
태극기가 들려 있다.

장이며 서기는 서경조이었으며(1902. 9. 20, 서울 新門內敎會堂), 이 기관이 1900년 평양에 연합장로회 신학교(The Union Theological Seminary)를 세운 것이다. 그리고 소위 독노회(獨老會)는 1905년에 설립을 승인하였는데 당시에 신학졸업생의 안수를 노회가 하고 총회는 못하는 장로교 원칙 때문에 부득불 자유 노회의 승인을 한 것이다. 최초의 한인 목사(한석진, 이경조, 이기풍, 길선주, 방기창, 송린서, 양전백씨)는 1907년 노회조직과 동시에 탄생한다(평양 장대현 교회당). 이들이 최초의 7인의 한국인 목사이며 모두 평양신학교 출신이었다. 그리고 독노회는 장로회 신조(소위 12신조)를 채택하였고 이 신조는 서문을 수정한 것 외에는 1904년 인도(印度) 자유 장로교회가 채택한 그대로이다. 이는 아시아(Asia) 모든 장로교의 일치의 정신에서 비롯된다.[1] 1907년 제정한 신경(信經)은 다음과 같다(제정 특별 위원은 한석진, 마포삼열이다).

서문 : "조선 장로교회에서 아래 몇가지 조목으로 신경을 삼아 목사와 인허(認許) 강도인(講道人)과 장로와 신도로 하여금 청종(聽從)케 하는 것이 조선교회를 설립하는 교회의 가르친 바 취지와 목표를 버림이 아니요, 오히려 찬성함이니 특별히 웨스트민스터 신경과 대소성경요리문답책자는 성경

---

1) "한국 장로교회 신경은 한국인의 신앙고백서로서의 의미가 전혀 배제된 채 선교사들의 의도대로 제정된 것"이라고 보는 견해가 있으나(민경배), 이는 피선교지 교회의 유약성과 정통적 신학의 파수라는 점에서 바람직스러운 것이라고 해야 할 것이다.

을 명해(明解)한 책인즉 우리 교회와 신학교에서 의당히 교수할 것으로 알며 그 중에 소요리문답은 더욱 교회문답으로 삼느니라"

1. 신구약 성경은 하나님의 말씀으로 신앙과 본문에 대하여 정확무오한 유일한 법칙이니라.
2. 하나님은 한 분 뿐이시니 오직 그만 경배할 것이니라. 하나님은 신이시니 스스로 계시고, 무소부재하시며, 다른 신과 모든 물질과 구별되시며 그 존재와 지혜와 권능과 거룩하심과 공의와 인자하심과 진실하심과 사랑하심에 대하여 무한하시며 무궁하시며 변하지 아니하시느니라.
3. 하나님의 본체에 삼위가 계시니 성부, 성자, 성령이신데 이 삼위는 한 하나님이시라 본체는 하나이요, 권능과 영광이 동등이시니라.
4. 하나님께서 모든 유형물과 무형물을 그 권능의 말씀으로 창조하사 보존하시고 주장하시나, 결코 죄를 내신 이는 아니시니 모든 것을 자기 뜻의 계획대로 행하시며 만유는 다 하나님의 선하시고 지혜롭고 거룩하신 목적을 성취하도록 역사하느니라.
5. 하나님이 사람을 남녀로 지으시되 자기의 형상대로 지식과 의와 거룩함으로 지으사 생물을 주관하게 하셨으니 세상 모든 사람이 한 근원에서 났은즉 다 동포한 형제니라.
6. 우리의 시조가 선악간 택할 자유 능이 있었는데 시험을 받아 하나님께 범죄한지라. 아담으로부터 보통 생육법에 의하여 출생하는 모든 인종들이 그의 안에서 그의 범죄에 동참하여 타락하였으니 사람의 원죄 및 부패한 성품 외에 범죄할 능력이 있는 자가 일부러 짓는 죄도 있은즉 모든 사람이 금세와 내세에 하나님의 공평한 진노와 형벌을 받는 것이 마땅하니라.
7. 인류의 죄와 부패함과 죄의 형벌에서 구원하시고 영생을 주고자 하사 하나님께서 무한하신 사랑으로 그의 영원하신 독생자 주 예수 그리스도를 세상에 보내셨으니 그로만 하나님께서 육신을 이루었고 또 그로만 통해 사람이 구원을 얻을 수 있느니라. 그 영원한 아들이 참 사람이 되사 그 후로 한 위에 특수한 두 성품이 있어 영원토록 참 하나님이시요, 참 사람이시라. 성령의 권능으로 잉태하사 동정녀 마리아에게 났으되 오직 죄는 없으신 자시라. 죄인을 대신하여 하나님의 법을 완전히 복종하시고, 몸을 드려 참되고 온전한 제물이 되사 하나님의 법을 완전히 복종하시고, 몸을 드려 온전한 제물이 되사 하나님의 공의를 만족하게 하시며 사람으로 하여금 하나님과 화목하게 하시려고 십자가에 죽으시고

문히셨다가 죽은 자 가운데서 삼일 만에 부활하사 하늘에 오르사 하나님 우편에 앉아 계시고 그 백성을 위하여 기도하시다가 저리로서 죽은 자를 다시 살리시고 세상을 심판하러 재림하시리라.

8. 성부와 성자로부터 오신 성령께서 인생으로 구원에 참여하게 하시나니 인생으로 죄와 비참을 깨닫게 하시며, 그 마음을 밝혀 그리스도를 알게 하시고, 그 의지를 새롭게 하시고, 권하시며 권능을 주어 복음에 값없이 주마 하신 예수 그리스도를 받게 하시며, 또 그 안에서 역사하여 모든 의의 열매를 맺게 하시느니라.

9. 하나님께서 세상을 창조하시기 전에 그리스도 안에서 자기 백성을 택하사 사랑함으로 그 앞에서 거룩하고 흠이 없게 하시고, 그 기쁘신 뜻대로 저희를 미리 작정하사 예수 그리스도로 말미암아 자기의 아들을 삼으셨으니, 그 사랑하시는 아들의 안에서 저희에게 후하게 주시는 은혜의 영광을 찬미하게 하라는 것이되, 오직 세상 모든 사람에게 대하여는 온전한 구원을 값없이 주시려 하여 명하시기를 너희 죄를 회개하고 주 예수 그리스도를 자기의 구주로 믿고 의지하여 본받으며 하나님의 나타내신 뜻을 복종하여 겸손하고 거룩하게 행하라 하셨으니 그리스도를 믿고 복종하는 자는 구원을 얻을지라. 저희가 받는 바 특별한 유익은 의가 있게 하심과, 양자가 되어 하나님의 아들 수(數)에 참여하게 하심과, 성령의 감화로 거룩하게 하심과 영원한 영광이니 믿는 자는 이 세상에서도 구원 얻는 줄을 확실히 알 수 있고 기뻐할지라. 성령께서 은혜의 직분을 행하실 때에 은혜 베푸시는 방도는 특별히 성경 말씀과 성례와 기도니라.

10. 그리스도께서 세우신 성례는 세례와 성찬이라. 세례는 물을 가지고 성부와 성자와 성령의 이름으로 씻음이니 우리가 그리스도와 병합하는 표적과 인침인데 성령으로 거듭남과 새롭게 하심과 주께 속한 것임을 약속하는 것이라. 이 예는 그리스도 안에서 신앙을 고백하는 자와 그들의 자녀들에게 베푸는 것이요, 주의 성찬은 그리스도의 죽으심을 기념하여 떡과 잔에 참예하는 것이니 이는 믿는 자가 그 죽으심으로 말미암아 나는 유익을 받는 것을 인쳐 증거하는 표라. 이 예는 주께서 오실 때까지 주의 백성이 행할지니 주를 믿고 그 속죄제를 의지함과 거기서 좇아나는 유익을 받음과 더욱 주를 섬기기로 언약함과 주와 및 여러 교우로 더불어 교통하는 표라. 성례의 유익은 본덕(本德)으로 말미암음도 아니요, 성례를 베푸는 자의 덕으로 말미암음도 아니요, 다만 그리스도의 복주심과 믿음으로써 성례를 받는 자 가운데 계신 성령의 행하심으로 말미암음이니라.

11. 모든 신자의 본분은 입교하여 서로 교제하며, 그리스도의 성례와 그 타 법례를 지키며, 주의 법을 복종하며, 항상 기도하며, 주일을 거룩하게 지키며, 주를 경

배하기 위하여 함께 모여 주의 말씀으로 설교함을 자세히 들으며, 하나님께서 저희로 하여금 풍성하게 하심을 좇아 헌금하며, 그리스도의 마음과 동일한 심사를 서로 표현하며, 또한 일반 인류에게도 그와 같이 할 것이요, 그리스도의 나라가 온 세상에 확장되기 위하여 힘쓰며, 주께서 영광 가운데서 나타나심을 기다릴찌니라.
12. 죽은 자가 세상 끝날에 부활함을 받고 그리스도의 심판하시는 보좌앞에서 이 세상에서 선악간 행한 바를 따라 보응을 받을 것이니, 그리스도를 믿고 복종한 자는 현저히 사함을 얻고 영광 중에 영접을 받으려니와 오직 믿지 아니하고 악을 행한 자는 정죄함을 입어 그 죄에 적당한 형벌을 받을찌니라.

다음 장로교 총회는 1912년 9월 2일 평양 경창리 여성경학원에서 7노회(전라, 경충, 황해, 경상, 남평안, 북평안, 함경노회)가 모였다. 목사 96, 장로 125, 선교사 44명, 도합 265명이 모여 회장에 원두우, 부회장 길선주, 서기 한석진, 부서기 김필수, 회계 방위량, 부회계 김석창을 선출한 것이니, 이 총회의 한국 교회사적 의미는 세계 교회 속에 한국교회의 독립성을 보여준다. 그래서 각국 장로교 총회와 세계 연합 총회에 본회 성립을 통고하였고, 영국

↑ 초대산동선교사(김영훈, 박태로, 사병순)

↑ 2대 중국선교사(박효지, 기승한)

과 오스트레일리아, 카나다, 미국 북장로교, 남장로교 총회와 중국 산동노회, 일본 기독교회에서 축사로 치하(致賀)한 것이다. 총회가 제주에 이기풍을 보낸 것은 이미 상론(祥論)했다. 그리고 이웃 산동(山東)에 선교하기로 하여 1차로 박태로, 사병순, 김영훈, 1917년에 박효원, 홍승한, 박효지, 기승한(1917년 9월 1일), 방지일(方之日), 1919년에는 김윤식(의료), 1932년에 안중호 목사가 가서 헌신적 노력끝에 큰 성과를 올려 1933년에 내양노회(內陽老會)를 조직한 것이다. 이에 대한 재정확보를 위해 매년 11월 셋째 주일 후 수요일을 감사일로 정하고 이날의 헌금을 선교비로 하였다. 이 수요일은 선교사들이 조선에 처음 온 날이다. 이 날을 기념하는 뜻도 있을 것이다. 감사일 책정을 만국교회의 자문을 받아 정하기로 했음을 보면 한가지 일도 매우 신중히 또는 세계교회의 일원임을 깊이 인식했던 것이며 당시 한국인 교역자들의 의식수준이 상당했음을 미루어 짐작하게 된다.

이렇게 한국에 들어온 각 교파의 교회는 정착하여 뿌리를 내렸으며 한국사회와 정치는 자못 어지러운데 교회는 점차로 틀을 잡아간 것이다. 이러한 교회조직과 선교의 연합 및 각종 사업의 연계는 이제 한국교회가 훌륭한 신교교회임을 세계에 과시한 것이다. 주후 1916년 장감연합협의회는 연합공의회를 조직하고 사경회와 찬송가, 공과지 출간을 의논하여 내기로 하였고 그 회의는 영어 회의와 한국어 회의로 나뉘어 있었다.

제 2 절   교회의 사회적 책임[2]

3·1운동 직후 한국교회는 1907년 대부흥에 버금가는 교회성장과 급격한 발전을 이룩하였는데 이는 교회에 대한 인식이 새로워진 때문이었다. 한국교회는 민족을 위한 종교적 사명 즉 대 사회적 책임을 훌륭하게 수행해 냈던 것이다. 그러나 1920년대를 넘어서면서 한국교회는 외적 도전 때문에 새로운

---

2) 이원규,『한국교회와 사회운동』, 1989, p. 184.
  "선교 초기 정치참여는 주로 사회 계몽적인 성격을 띤 것이어서 교육이나 의료사업, 민중운동에 초점이 맞추어져 있었다. 그러다가 일제의 압제가 점차 가중됨에 따라 보다 적극적인 활동을 하게 되었다."

전기(轉期)를 맞이한다. 이러한 외적 도전이라는 것은 한국사회 특히 농촌사회의 변화와 사상적으로 사회주의(공산사상)의 침투로 한국교회에는 사회의식(社會意識)이 생기게 되었다.

또 일제(日帝)가 1920년대부터 한국민에 대한 융화책으로 소위 문화정책(文化政策)을 표방하니 이로써 한국사회는 신사상이 물밀듯이 들어왔다. 그런데 교회는 이러한 변화에서 새 교인들을 지도하거나 기성교인들을 지도할 준비가 전혀 미흡했으므로 사회의 뜻있는 이들의 비난을 받은 것이다.

이에 대해 교회는 가만히 있지는 않았다. 특히 감리교에서 기독교 전래 초기에 신학문의 첨단이었던 교회가 오히려 뒤진 것을 인정하고 장로교 역시 신학문을 받아들여 사회에 적응할 것을 표명한 것이다. 여기에 Y.M.C.A가 앞장을 서서 교육방법의 개선을 촉구하였고 문학, 철학, 과학등의 시대사조 정도는 알아야 한다고 자각하였다.

그래서 장로교회는 교회마다 교인을 위한 문고(文庫)의 설치, 교역자를 위한 이동 도서관 운영, 그리고 현대사상과 기독교와의 관계 정립의 도서를 출간하려 하였다. 감리교는 엡워쓰(Epworth) 운동에 근거한 문화운동을 활발히 전개한 것이다. 그 결과로 김인영의 『하나님의 존재』(1933), 이상문의 『종교와 사회문제』, 도인명의 『인류학』이 나와서 한국교회는 사회의식이 태동되고 있음을 말해 준다.

또 한국교회는 1920년대에 생소한 세력인 공산주의 도전을 받아 큰 위기를 경험한다. 소위 흑도회(黑濤會, 조봉암)를 1921년에 세웠으니 이들은 일본을 통해 공산사상을 수입한 것이다. 3·1운동의 실패로 교회운동으로는 독립을 쟁취할 수 없다는 의식이 생기자 공산주의 침투가 쉬웠던 것이다.[3] 이제 교회는 사상적으로 심각한 위기에 직면하게 된 것이다. 이런 상황을 논한 글이 있다. "오늘날(1920년대) 모든 사람들은 다 사회주의 사상에 물들여져 있는 것 같다. 고등보통학교에서도 소년 소녀들이 공산주의 서적을 탐독하는 것을 막

---

3) 일제의 문화정치로 인하여 기독교는 1920년대부터 각종 사상들이 전래되어 1920년에 조직된 「노동공제회」1926년 「한양청년연맹」이 있다. 이들은 완전히 반 기독교적이었다. "아무리 생각해도 이 땅에서 기독교는 없어져야 한단 말이요. 자본가의 앞잡이요 침략의 선봉인데… 교회와 사원이 약탈 조직체가 아닌 적이 없다. 지네 배떼기 불리려고 주인에게 복종하라, 좌편 뺨을 치거든 우편 뺨을 양보하라… 그거야말로 노예생활에 만족하라는 말 아닙니까?"(1926. 보도된 그들의 태도)

을 길이 없다. 한국에서는 어떤 기관보다 교회가 이 공산주의의 침해에 더 시달리는 것 같다. 젊은 청년층은 사회주의자를 자처하면서 안하무인(眼下無人)으로 '하나님은 죽었다'고 신의 존재까지 내놓고 부인한다."

이제 교회는 사회변천과 사상의 도전에 대해 서적으로 설명하는 동시에 하류계층을 위해 농촌문제, 금주 금연의 사회적인 문제를 다루게 된다. 그리하여 1932년에는 전문(前文)과 12개항에 달하는 「사회신조」가 제 9차 「공의회」에서 선포된 것이다. 교회는 사회운동은 반공(反共)이어야 하며, 산업의 인도화(人道化), 인권존중, 합리적 노동과 그 제도의 관리 등을 지향하였다. 한국교회는 이 신조를 만듦으로써 사회의식을 구체화시켰고 사회운동의 기틀을 마련한 것이다.

당시 한국의 농촌은 일본인 지주 밑에 소작농으로 변모하여 한국인 농부들의 경제적 빈곤은 극심한 것이었다. 또 1910년대「임시토지조사국」을 만들어 등기되지 않은 개인 토지를 마구 빼앗고 삼림을 국유화(國有化)하여 동양척식회사(東洋拓殖會社)를 세워 일본의 이민자들에게 배분한 것이다.

결국 1920년대는 농민들이 초근목피(草根木皮)로 연명하다가 견딜 수 없자 만주와 일본으로 떠난 것이다. 이런 때에 농촌 전문 선교사 누소(Lutz, D. N, 1920-1960)가 평양에 와서 농작물 개량과 토지 개량 및 농촌지도자 훈련을 농한기에 3-10일을「농민학교」를 열어 농민들을 지도 계몽을 하였다.

제 3 절 조선사회(朝鮮社會)의 빈곤상과 기독교회

1. 빈곤의 문제

어떤 통계자료에 따르면 1919년 자작농가는 52만 5천호이고, 자작겸 소작농가는 104만호였으나 1932년에는 자작농이 47만 6천호, 자작겸 소작농가가 74만 3천호로 줄고, 소작농가는 1백만 3천호에서 154만 6천호로 늘고 있다. 또 어떤 해외 선교사의 보고서는 "경제적 궁핍은 백성들의 생활을 크게 저하시켰다. 그들은 가족을 부양하기 위해서 힘에 겨운 노력을 하고 있다. 많은 교회의 직원들은 아사(餓死)직전에 있다. 우리가 지금껏 본 적이 없는 절망감이 백성들을 뒤덮고 있는 것 같다."[4]

본서 부록 Ⅲ에도 한국사회의 빈곤한 처지는 여실히 표현되고 있다. 춘원 이광수도 그의 작품에 한민족의 가난을 언급했으며 잡지 <청년>(靑年)에도 한국민의 양대수난을 말한다.[5] 하나는 외래의 수난이요 또 하나는 경제라는 것이다. 비록 진취적 기상은 있어도 워낙 빈곤하니 도리가 없다는 내용이다. 실로 "가난은 나라도 못막는다"는 속담이 맞는 것 같다. 사회가 빈곤하니 교회인들 오죽했으리요?

2. 교회에 끼친 빈곤의 문제

한국교회 원로들이 전하는바에 의하면 시골교회에서 5년을 시무하면서 교회는 네 곳을 보살피는데 그 목회자 사모께서 참기름을 못먹어보았다고 한다. 어떤 목회자는 자식들의 옷을 빨래할 때면 갈아입힐 옷이 없어 홑이불을 덮어 자식들을 가둬놓고 세탁했다고 한다.

이러한 형편에 어떻게 충분한 교양을 교역자들이 쌓을 수 있으며 사회변화에 따라서 적절히 교회가 대처할 수 있었겠는가? 오늘도 양상은 비슷하나 당시의 교회는 가난 때문에 교역자들의 자질이 낙후되어 있었다. 그래서 사회 비난의 대상이 되었고 그런 가운데서도 교회는 사회운동에 관심을 가졌던 것이다. "現今 朝鮮에서 基督敎는 거의 국민적 종교로서 意義를 갖게 되었다… 조선 국민은 어떤 곤란이 있어도 낙담하는 일이 없이 그 重한 十字架를 의지하여 우리의 독립 자유 행복을 위해 전력을 기울여 분투하라"[6]고 하였던 것이다.

---

4) 金得榥, 『韓國宗敎史』, 海文社, 1963, p. 427.
5) 閔庚培, 『韓國基督敎會史』, 大韓基督敎書會, 1980. p. 283.(재인용)
　　본서(한국교회사) 부록 Ⅲ <近世朝鮮의 歷史와 基督敎> 19세기 조선의 사회상을 참조할 것. 삼정(三政)의 문란이 초래한 필연적 가난인 것이니 필설(筆舌)로 그 참상을 형언키조차 어려운 지경이었다.
6) 중앙일보, 3·1운동주요자료집, p. 23-24.

3. 사회활동에 지대한 관심을 보이다

교회는 1920년대에 당한 사회변화(일제탄압, 경제빈곤, 새 시대)에 직면하여 자기 반성의 기회가 된 것이다. 교육을 부르짖는 소리는 교회 안에도 더 높았고 기독교회가 새로운 인식의 전환을 가져야 될 것을 역설하며 특히 사회봉사에 대한 가치를 역설한다(春園全集. 17권, p. 23).

이때의 교회가 사회에 관심을 둔 데 대해 이렇게 말한 이가 있다.

"장로교나 감리교에서 농촌부(農村部)를 두어 농촌의 개발에 힘쓰거나 윤치호, 홍병선(洪秉璇)이 「농업세계」(農業世界)를 간행하기 시작한 것도 이 때이다. 이상재와 이승훈의 민립대학(民立大學) 설립계획, 박희도 중심의 민족주의 전위 단체인 신우회(信友會), 생활개선과 미풍양속 유지를 위한 윤치호, 오긍선(吳兢善), 신흥우(申興雨)의 중앙 진흥회(中央振興會) 조직이 다 그 조류에 병행하고 있었다."7)

그러는 반면에 일부 선교사들과 한국 교회 교역자들 중에는 현대적 풍조를 죄악시(罪惡視)하기도 하였다. 극도의 보수적 자세를 가진 사람들은 신자의 자녀들을 세상 학교에 보냄도 불가하다는 태도를 가졌고 어떤이들은 중도적(中途的) 입장을 취한 것이다.8) 중도노선은 현실과 초월 또는 보수와 진보의 중용을 뜻한다. 춘원(春園)은 이에 대해 다음과 같은 당시의 보수주의에 대해 충고하고 있다.

"元來 하나님의 일과 世上 일의 區別이 있을 理가 없을 것이오. 人類에 福를 주는 事業은 다 '하나님의 일'일 것이다. 牧師 傳道師만이 하나님의 일을 하는 것이 아니라, 諸般 하나님의 일을 各各 分擔하는 것이니 牧師 傳道師도 其實은 하나님의 일의 一部를 擔任함이요, 商工農者나 學者나 技術家도 다 一部를 담당함이외다. 吾人은 결코 日曜日에 會堂에 가서 讚頌하고 기도하는 것만이 하나님께 奉事함이 아니라 他六日에 인류의 복지를 위하야 하는 사업이 온통 하나님께 봉사하는 것이외다. 차라리 六日間 봉사하다가 일요일에는 安息한다 함

---

7) 민경배, 상게서, p. 275.
8) 이자익(李自益)목사 같은이는 "하나님 앞에서나 인간들 앞에서나 매우 적당하게 중도를 택하여 나아갈 것이라."(선교 70주년(희년)기념 설교집, 1924)하였다.

이 至當할 것이다. 農商工業이 어느것이 하나님의 일이 아니리까."⁹⁾

피셔(J. E. Fisher)는 기독교 선교의 사회적 공헌을 다음 12가지로 열거한다.¹⁰⁾ ① 병자와 부상자에 대한 과학적 치료, ② 빈민고아들에 대한 조직적 보호, ③ 미신 숭배의 감소, ④ 어린이에 대한 존중, ⑤ 조혼과 혼인 습속의 개선, ⑥ 여성에 대한 태도와 처우의 개선, ⑦ 민주주의 사상의 보급, ⑧ 한글의 보급과 일반화, ⑨ 민주적인 인간관계와 계급의 타파, ⑩ 사회복지에 대한 봉사와 새로운 역사, ⑪ 알콜, 마약 등에 대한 계몽, ⑫ 근대 학교 교육의 과학적 요청과 존중의 증대이었다.

제 4 절 겨레와 함께하는 교회

1. 105인 사건

일본은 교회 세력이 가장 흥하고 교육 기관이 많고 배일 사상이 강한 평양, 정주, 선천 출신들이 중심인물로 조직된 신민회(新民會)를 타도하기로 계획을 세웠다. 일제의 강압으로 독립협회가 해산된 후 안창호(安昌浩), 전덕기(全德基), 이승훈(李昇薰), 안태국, 이동휘(李東輝) 등 교회 지도자들을 망라하여 배일 결사대인 신민회를 조직하였다. 신민회는 언론인, 군인, 사업가들이 중심이 되어 자기회사(磁器會社)를 세우고 교육을 위하여 학교를 짓고 출판사업 외에도 무장활동을 위한 준비도 하였다(이기백, 『한국사신론』, p. 388). 이 독립단체는 1907년에 조직되었다. 그러나 소위 105인 사건에 간부가 거의 잡혀갔으므로 해체되었다. 그 회원은 애국 사상이 투철한 자를 선발하여 각기 위와 아래 사람은 알되 그 좌우는 알지 못하게 하고 회원의 생명과 재산은 회의 명령에 복종하는 강력한 독립단체였다. 그 신민회 계통인 평양 대성학교, 정주 오산학교는 항일 독립운동을 목적으로 세운 학교이고 평양 숭실학교, 선천 신성학교 들은 기독교의 배일사상이 농후한 학교였다. 또한 평

---

9) 춘원전집, 17권 p. 23.
10) 연세대, 『종교현상과 기독교』 p. 167

양, 정주, 선천교회들은 민족운동의 본거지였다. 그러기에 안창호는 평양에서, 이승훈은 정주에서, 양전백은 선천에서 강력한 민족 운동을 전개하였다. 특히 안창호는 평안도 관찰사 이시영(李始榮)과 힘을 합쳐 여러 차례 교회당에서 협의하였고 "국가의 독립은 인민에게 있고 보호를 청하려면 하나님에게 해야 된다"고 한 것이며 미국 L. A에 기독교적 신민회(1909)도 조직된 것이다. 이에 일본 경찰은 이 독립 단체를 말살하려는 음모를 꾸몄다. 그들의 음모는 대략 다음과 같은 조작극이었다. 1910년 12월 27일 신민회를 중심한 교회의 지도자들이 압록강 철교 준공식에 참석하는 데라우찌 총독을 선천역에서 살해코자 평양, 정주, 선천 등지의 동지 60여명이 신성학교 제 6교실에 모여 신성학교장 윤산온(G. S McCune, 尹山溫)의「다윗과 골리앗」이란 격려사가 있은 후 7교실 천정에 두었던 권총 75정을 제공하였다. 일행은 치밀한 계획을 세우고 선천역에 나갔으나 그 차가 그냥 지나감으로 허사되고 다음에 회로에 거사코자 계획대로 선천역에 배치했으나 일경의 삼엄한 경계망에 실패하고 말았다. 매우 치밀하게 조직된 결사이었기 때문에 탄로되지는 아니하였다는 것이다.

그런데 일경은 이 사건이 발각 되었다는 허위 조작을 해서 1911년 10월 양전백, 이승훈, 이명용, 김동원, 윤치호, 안태국, 유동열, 이춘섭, 정익노, 홍성

↑ 105인 사건에 연루되어 용수를 쓰고 포박되어 법정으로 끌려가는 서북 지역 기독교인들

익, 장관선, 백일지, 김창건, 옥관빈, 최성주, 차이석 등 목사 6명 장로 50명 집사 80명을 포함한 관서 지방 교회 지도자 500여명을 검거 투옥하였다. 이것을 데라우찌 총독 사건이라 한다. 혹독한 고문으로 살인죄를 가하려 하였으나 결국 이승훈 등 7명에게만 형식적인 형이 구형되고 그 외는 무죄 석방하였다. 일본 고등계 순사들의 고문은 참으로 비인간적 만행(蠻行)으로서 부젓가락을 달구어 다리를 지지고, 담배불로 얼굴도 지지고 혀도 빼며 목구멍에 담배연기도 불어 넣었다. 손사락 사이에 쇠를 넣어 천정에 단 것은 물론이다. 그들의 고문은 호흡이 끊어지기까지, 코에 댄 창호지가 전혀 움직이지 않을 때까지 하였다. 이로써 일제의 악랄한 수법이 만천하에 드러났고 이를 계기로 기독교 지도자들의 독립정신은 오히려 앙양되었다. 그러나 이 파동으로 인해 한동안 교회가 흔들렸으나 은연중 교회는 내실화(內實化)되었다.

2. 순지분(D. W. Stevens, 順知分)과 장인환(張仁煥, 1875-1930)

순지분(Stevens)은 1904년 한일(韓日) 간에 맺은 외국인 고용 협정으로 내한하여 1884년부터 일본 외무성 고문이 되어 일본에 충성한 공로로 훈3등 훈장을 받았다(1885년). 그는 서방에 일본의 조선 침탈의 나쁜 여론을 무마하기에 급급한 나머지 홀버트(H. B. Hulbert, 1886-1905) 선교사가 일본에게 불리한 제보를 미국에 하므로 이를 막으려고 샌프란시스코에 와서 1908년 기자회견을 다음과 같이 한 것이 재미 한인의 분노와 적개심을 사게 되었다.

1) 일본이 한국을 보호하게 된 후로 한국에 이익되는 일이 많기 때문에 근래에는 한·일 양국인 사이에 교제가 점점 친밀해진다.
2) 일본의 한국민에 대한 정치는 미국의 필리핀에 대한 정치와 같다.
3) 한국에서 새 정부를 조직한 후로 정계에 참여하지 못한 사람들은 일본을 반대하지만 지방 농민과 각처 인민들은 전일과 같이 정부의 학대를 받지 않기 때문에 모두 일본인을 환영한다.

사건은 1908년 3월 23일 워싱톤을 향하던 순지분을 먼저 서울태생 전명운(全明雲)이 총을 뽑았으나 불발이 되었고, 감리교인 장인환은 급소를 맞혀 절

명케 한 것이다. 장인환은 "내 나라를 망하게 하는 도적을 없애지 않으면 우리는 일본의 손에 망할 것이니… 내 몸을 살신성인하여 나와 같은 의사들이 연속하여 내 뒤를 따라오길 바라오"라는 말대로 그의 뒤를 이어 훌륭한 의사 안중근(1909), 이재명(1909)이 나온 것이다. 또한 전명운과 장인환이 사전에 공모한 일도 없었다 하니 당시 한인들의 울분이 폭발한 증거이다. 그후 장인환은 금고 25년을 선고받아 10년 뒤 출감하였고, 1927년 일시 귀국 때 조만식 선생 등의 환영을 받았으며, 1930년 병고로 샌프란시스코에서 별세하였다.

↑ 의사 장인환

3. 겨레의 운명을 죽음으로 짊어진 천주교인 안중근
   (安重根, 1879 – 1910)

안중근의 아명(兒名)은 응칠(應七)이었고 어려서부터 승마와 궁술을 익히고 그는 신장이 작았으나 체구는 단단하였으며 그의 집안이 천주교를 믿었기 때문에 1895년 프랑스 신부 홍석구에게 영세를 받았으며 이름을 토마스(Thomas)라 하였다. 안중근은 조국의 운명이 기울어짐을 목도하고 해외로 망명하여 자유로이 활동하려고 가사(家事)를 동생 정근에게 부탁하고 연해주

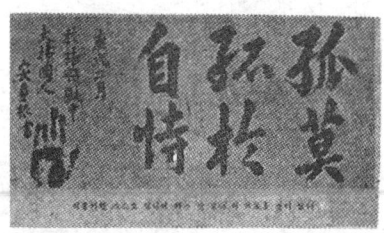
↑ 안중근 친필

⇐ 재판받는 안중근 (제일 오른쪽)과 우연준(오른쪽에서 둘째)

(沿海州)로 가서 무력항쟁만이 국권을 회복할 수 있는 길로 확신하였던 것이다. 그는 충군애국 정신을 고취하여 장년은 의병으로 일본군과 싸우고 유년은 교육을 실시하여 후비에 보충하고 한편 실업을 장려하여 국민의 의무를 다하게 하기 위해 노력하였다. 그는 1909년 봄 연적에서 동지 김기열 등 11명과 함께 단지 동맹을 맺었으니 왼쪽 무명지를 잘라서 태극기에 "대한독립"이라 혈서(血書)하고 구국의 일념에서 평생을 바친 것이다. 그가 1909년 10월 26일 만주 봉천(하얼삔)에서 이또히로부미(伊藤博文)를 조선 침략의 원흉으로 여겨 총살한 것이다. 이것은 예수께서 숙청하심과 같은 심정으로 한 것으로 여겼을 터이다. 이또가 죽었다 하자 안중근은 "천주님이여, 마침내 포악자는 죽었습니다. 감사합니다"라면서 가슴에 성호를 그었다고 한다. 그가 조선과 동양의 평화를 위해 투쟁하였으며 1910년 3월 26일 오전 10시 15분 여순 감옥에서 순국한 것이다(이현희,『인물한국사』, 청아출판사, 1992, p. 432-437). 안중근은 교육에도 많은 정열을 쏟아 고향에서 대학설립도 힘썼으며『安應七辭典』이라는 국어사전도 편찬한 것인데 이것을 한국학의 대가인 최서면 박사가 일본서 구입하여 소장하고 있다고 하며 그의 유명한 "동양 평화론"은 여순 감옥에서 쓴 것이다. 안중근의 재판에 서양인 변호사가 무료 변론을 청구했으나 법정은 이를 거부하고 사형을 언도한 것이다.

4. 3·1 독립 운동과 교회의 수난

기미년(1919년 3월 1일)의 조선 독립만세 운동은 종교단체와 교육기관을 통하여 일어난 민족자존의 위대한 시위운동이었는데 서로 중개의 역할을 하였을 뿐 강력한 통일된 조직을 가지지 못하여 실패한 것이다.[11] 그러나 이 운동 직후에 모든 독립운동의 총본산을 상해에 "임시정부"로써 한 것은 큰 성과이다.

기미년 독립운동 시위와 독립 선언서 대표 33인은 다 종교인이었고 그 중 절대 다수가 기독교인이었다. 3·1독립 시위가 있기까지는 국내외의 기독교

---

11) 외형으로는 성공치 못하였으나 3·1운동은 동양문명사에서 추적 전환(axial transformation)을 이루는 사건이요 민족 역사로 보면 국가의 독립을 위한 민족의 항거이다. 기독교에서 보면 3·1운동은 정의, 자유, 평등, 평화의 정신을 나타낸다(기독교사상 편집부,『한국 역사와 기독교』, 대한기독교서회), 1993, pp. 226, 228.

지도자들의 계속적인 독립운동의 영향이 큰 것이다.[12] 3·1운동은 일본 통치권을 벗어나서 미국, 중국, 만주 등지에 흩어져 있는 해외 동포들로부터 시작된 것으로 중국 상해에 있는 김규식, 여운형, 선우혁, 서병호, 신석우, 장덕수 등이 신한청년단을 조직하고 김규식을 파리 강화회의에 파견하여 조선의 독립을 호소하는 한편 선우혁을 국내로 보내 국내 지도자들의 독립운동시위를 선동하도록 연락하였으며, 미국에서는 이승만, 정한경 등이 주동으로 대한인국민총회와 안창호가 주동인 흥사단 등을 초청하여 3·1운동을 전개하였고, 노령에서는 Y.M.C.A를 중심한 학생들이 3·1운동을 선동하였고, 재일본(在日本) 조선 학생들의 항쟁을 「2·8독립선언」이라 한다. 일본에 유학중인 학생 600여명이 동경의 기독교 청년회관에 모여 독립선언서와 결의문을 발표하였다.

국내에서 3·1운동을 획책한 곳은 서울, 평양, 정주 세 곳이었고 서울은 손병희, 최린 등의 중심인물과 기독교 측인 함태영, 박희도, 이갑성 등의 중심인물과 평양은 길선주, 변인서, 도인권, 이덕환 등 기독교 목사와 장로, 정주는 이승훈, 함태영, 박용희 등의 용감한 결단이 아니었던들 3·1운동이 전국적 거사가 되기는 어려웠을 것이다. 독립선언서 민족대표 33인의 종교적 성분은 기독교측 16인 천도교측 15인 불교측 2인이 이였다. 이로써 3·1운동의 주도권이 기독교측에 있음을 시사하고 3·1운동 만세 시위 역시 전국에 산재한 교회가 중심이 되었던 것이다.

기미년 3·1운동 시위는 서울, 평양, 진남포, 안주, 정주, 곽산, 선천, 의주, 원산 등 제1회 만세 시위가 모두 교회의 주동이었고 그후로 연속된 운동(남만주 등지)은 대부분 교회를 중심하였다. 제1회 시위 때 독립선언 민족대표 33인중 김병조 목사를 제외한 전원이 체포되어 제1회 독립시위가 좌절되자 서울 승동교회 목사 김상진, 안동교회 목사 김백원, 정주교회 장로 조형균, 의주교회 집사 문일영 등이 중심이 되어 독립을 요구하는 애원서를 작성하여

---

12) 교회와 3·1운동에 대하여 독립선언서에 기독교적 요소가 없다고 하여 교회의 3·1운동 참여는 수동적이라는 견해도 있다. 사실상 그들에게 신앙이 첫째일 수밖에 없었고 이것은 신앙의 외연적 의미밖에 없었다고 하겠으나 교회가 적극적이 아니었다는 생각은 결코 바른 이해는 아니라고 하겠다. 왜냐하면 1919년에 기독교인들의 진정서를 총회와 연회에 제출했는데, 상해 임정 요인들과 국내 교회간의 긴밀한 연락을 보여주는 내용이다. 사실 기독교는 1910년대 이전의 각종 항일 민족운동을 주동하여 독립협회, 신민회, 조선국민회를 만든 것이며 그 역량이 3·1운동의 발발을 가져오게 된 배경이 되었다.

↑ 재 동경 조선기독교청년회(YMCA) 회관 모습이다. "우리가 바벨론의 여러 강변 거기 앉아서 시온을 기억하며 울었도다."(시편 137:1) 적의 땅 동경의 강변에서 두고 온 민족의 설움을 기억하며 울음 울었던 한국 유학생들은 바로 바벨론의 포로들이었다. 이들의 회당으로 등장한 YMCA의 터는 이들의 비젼을 함축한 곳이었다. 마침내 1919년 2월 8일 오후 2시「조선청년독립단대회」가 열리고 이 자리에서 독립선언식을 거행했다. 白南奎가 개회를 선언하고 崔八鏞이 대회 성격을 천명하고 白寬洙가 독립선언문을 읽었다. 이어 金度演이 결의문을 채택하고 徐椿이 독립 연설을 시작할 즈음 이들은 일본 경찰의 단상 습격을 받았다. 이것은 선각자의 함성이었고 바로 조선국 3·1운동의 길잡이가 되었다.

3월 12일 조선 총독에게 제출하고 서울에서 제2회 독립시위 운동을 벌였던 것이다. 3·1운동 시위로 인하여 많은 백성이 검거 투옥되고 혹은 희생되었으며 재산 피해도 많았는데 그 중에서 집단참화를 당한 교회 학교등 몇 곳만 지적하면 다음과 같다. 수원 제암리(提岩里)교회 방화, 집단 학살 사건(1919년 4월 15일 하오 2시), 강서 모략장로교회 학살 사건, 강계교회 학살사건 및

↑ 제암리 일대(왼편이 제암교회)

각지 교회 산발적 학살 사건과 정주읍 교회당 전소, 정주 오산학교등의 재산 손실과 이리역의 3·1운동 지휘자 남전리 교회학교 교사 문정관이 태극기를 들고 만세를 절규하니 헌병이 오른팔을 내리치면 왼팔로 태극기를 들고 절규하고 왼팔도 내치면 두 팔을 잃고 목청이 터지도록 만세를 절규하다가 칼에 배를 찔려 선혈을 뿜고 쓰러진 희생과 16세 소녀 유관순이 만세운동 지휘자로 체포되어 공주, 서울 등 감옥서 옥고를 치르면서도 초지일관 그 절개를 굽히지 않

↑ 유관순의 모습

고 독립만세를 불렀다. 그의 지고한 순국정신은 우리 민족 자손 만대로 영원히 추앙하여야 할 것이며 유관순의 독립정신은 분명코 기독교에 뿌리를 둔다. 그녀가 소위 '아우네장터' 만세에 앞서 높은 산에 가서 천지의 주재이신 하나님께 간절히 기도한 것이다. 유관순은 1920년 10월 옥중투쟁을 계속 하다가 토막토막으로 살해되어 석유궤짝에 버려진 것이다. 그는 서대문 감옥에서 은사 박인덕에게 "저는 나라를 위하여 목숨을 바치기로 했습니다. 2천만 동포

의 10분의 1만 목숨을 내놓는다면 독립은 곧 될 것입니다"라는 굳은 의지를 밝혔던 것이다.

동년 4월 중순경 독립운동은 이러한 항쟁이 있었을 뿐 결국 실패로 돌아가자 평양 남산현교회 이규갑, 공주 감리교회 목사 현석칠, 서울 새문안 장로교회 목사 박용희, 의주교회 장로 장 붕 등이 주동이 되어 서울에서 한성 임시 정부를 조직하였다. 그러나 국내에서는 임시 정부의 활동이 부자연스러워 이규갑등이 한성 임시 정부를 상해로 옮겨 상해 임시 정부와 합류시켰는데 그 임시 정부 각료 중추 인물이 기독교지도자들이었다.

이로 보아 3·1운동의 발생지가 교회요 그 주동 인물들이 교회 지도자들이요 그 희생도 교회가 당하였으니 3·1운동과 교회는 혼연일체라 해도 과언이 아닐 것이다.

당시 한국 장로교회가 1919년에 보고한 데 의하면 피체포인 3,804명, 피체된 목사, 장로가 134인, 또 기독교 지도자 수효가 202명, 사살된 자 41명, 당시 수감된 중에 있는 이 1,642명, 매맞고 죽은 자 6명, 훼손된 교회수는 12개소이나 이 수효는 총독부 집계와는 차이가 많다. 또 1919년 3월부터 5월 30일까지 사망자 7,509명, 부상자 15,961명, 체포된 자 46,948명 교회파손 47개소, 학교파손 2, 민가 파손 715채, 그리고 1920년 3월 1일까지 피해자는 사망자 7,645명, 부상자 45,562명, 체포자 49,811명, 가옥소진 724채, 교회소각 59개소, 학교소각 3개교로서 교회가 가장 큰 피해를 입었다. 특히 제암리 온 동리가 만세를 불렀으나 기독교인만 붙잡고 불신자는 놓아준 것이다. 일본 군인들은 앞서도 언급했으나 만세 시위가 막바지에 이르니 아리다(有田後夫)라는 중위의 부대가 그곳에 와서 교인들을 제암리 감리교회당에 모아놓고 총칼로 위협하고 총을 쏘면서 교회당에 방화(放火)하여 교인들 29명을 죽인 것이다. 역사학자 이선근(李宣根)은 이 때에 천도교도들도 죽었다 한다. 심지어 어떤 부인은 자기는 불타 죽어도 어린자식은 살리려고 창밖으로 던졌으나 그 아이마저도 일본 헌병은 총검으로 죽였다는 사실이 온 세상에 전해졌는데 이것은 유명한 3·1운동 34인이라는 석호필(스코필드, F. W. Scofield, 石虎弼) 박사의 노력인 것이다.[13]

---

13) 석호필(스코필드)은 제암리 교회 학살 사건 때 현장에 달려가 카메라로 그토록 처참한 모습을 촬영하여 본국에 보고한 것이다. 미국 연합선교회는 보고서들을 책으로 만들어 국회에 제

① 그런데 조선총독부와 동경일일신문은 사실을 왜곡하였다. 제암리교회의 신도 다수가 소요를 일으켰으며 일본 헌병대와 경찰관이 충돌하여 해산명령을 내렸지만 반항하므로 발포하여 폭도 20명, 가옥 수십호가 소실되었다는 보도이다.

이에 대해 일본 조합교회 목사 가시와기(柏木義丹)가 일본의 식민지 전도에 앞장서고 있던 와다세(渡瀬常吉)의 보고를 비평했으며, 이 엄청난 사건은 계속 각계 각층으로 번져서 일본의 유명한 영문학자 사이또(齊藤勇)는 제암리 현장을 보고 다음과 같은 시를 발표하였다.

"어떤 살륙의 사건"

그곳은 도시에서 떨어져 있는 쓸쓸한 시골
나무로 지어진 소박한 예배당이 서 있는 곳
흰 옷을 걸친 그 고장 사람들
어떤이는 중병에 걸린 노부(老父)를 두고
혹은 해산할 아내를 두고
아니면 간신히 그 날을 보낼 일감을 두고
오늘은 주일도 아닌데 왜 모이는가
명령이다.

바로 엄한 헌병들의 명령이다.
모이는 사람은 이, 삼십명
그 중에는 예수 믿지 않는 사람도 적지 않았는데…
헌병들은 힐책했다.
왜 만세를 불렀는가 하고
아 아, 내 나라가 없어져 간다면 침묵하고 있을까

─────────

출하는 동시에 일본 정부에 대해서도 박해의 중지와 행정 개혁을 요구한 결과 무단정치에서 문화정치로 방향을 돌린 것이다. 곧 하세가와(長谷川) 총독이 물러가고 사이또(齊藤實)을 임명하여 언론, 집회, 신앙의 자유를 인정한 것이나 그것이 충분하지는 않았다. 이러한 문화정치를 실력 배양의 기회로 삼아 조국 근대화의 길로써 독립을 기약한 것이다.

당국자는 선정을 베풀지 않는데
그 누가 그 굴욕과 모멸을 참으랴
더구나 무력과 폭력을 써서 백성의 복종을 요구하는
위정자가 있다고 하면…

예수의 제자들은 헌병에 맞서 신앙의 자유를 외쳤을지 모른다.
비록 그 말이 격해서 지나쳤을지라도
우상숭배를 강요하는 자에게
그 누가 순순히 따를 수 있으랴.

순간을 울리는 총성, 한 발, 두발…
순식간에 예배당은 시체의 산더미
불을 들고 춤추는 자가 있었다.
불꽃의 혀는 벽을 스쳤지만
헌병의 독수에 넘어진 백성들을
주저하는 것처럼, 두려워하는 것처럼, 지켜 주는 것처럼,
그들의 시체를 태워버리지 않는다.
그것을 보자, 바람부는 쪽의 민가에 불을 붙였다.

↑ 제암리 만행사건의 현장에서 외국인과 일본 경찰이 대화를 나누고 있다.

불은 붙는다. 또 붙어 40채의 부락에서
하나도 남김없이.
그대가 초가의 잿더미에 서면
공포스럽게 타오르는 저 내음이 코에 들어오지 않겠는가
젖먹이를 안고 숨진 젊은 아낙네
도망가다 쓰러진 촌노들
씨꺼멓게 얼룩진 이 참상이
그대에겐 보이지 않는가
그대는 보지 않는가

헤롯이 행한 학살보다 더 잔인하지 않다고 누가 말하랴
군자의 나라에는 이같은 일이 흔하지 않은데
만일 이러한 일을 부끄러워하지 않는다면
저주를 받으리라 동해의 섬나라여.

② 당시의 많은 수난 가운데 한 사례만을 증언으로 살펴본다. 1919년 3월 21일에 당한 한 여신자의 진술이다.[14]

"나는 평양에서 3월 2일 체포되어 경찰에 구금되었다. 그 감옥에는 여자들도 여럿 있었고 남자들도 많이 있었다. 경관들은 우리가 기독교인인가를 자세히 묻고 그 날은 별로히 심히 형벌을 받지 않았다. 거기에는 12인의 감리교 여자들과 2인의 장로교 여자, 및 1명의 천도교 여자가 있었다. 감리교 여자 중 세 사람은 전도부인이었다. 그런데 경관들은 채찍으로 우리 여자들을 내리 치면서 옷을 다 벗기고 벌거숭이로 여러 남자들 앞에 세워놓았다. 경관들은 나에게 대해서는 길거리에서 만세를 불렀다는 죄목 밖에는 찾지 못했다. 그들은 내 몸을 돌려 가면서 마구 구타해서 전신에 땀이 흠뻑 젖었다. 내 양 손은 뒤로 잡

---

14) 서북지방 3·1운동은 기독교 교역자들이 선두에 서서 기독교적 의식으로 진행된 것이다. 당시 서북지방 기독교 교세는 전국의 약 절반에 해당한다. 평양에서 발표된 독립선언서 식장에 선교사들이 참석하여 피소된 사건들도 있다. 3. 17일자 <大阪朝日>에 다음과 같은 기사가 났다. "…그곳 기독교 신자들은 마치 예수에게 복종하듯이 그의(마펫) 말을 따른다. 이번에 일어난 소요 운동의 중심은 서울이 아니라 이곳 평양이었다."(김형석, 『한국기독교와 3·1운동』, <이만열 등, 한국기독교와 민족운동, 보성, 1986>, p. 373.)

혀져서 꽁꽁 묶였다. 그리고는 내 알몸을 사정없이 때리고는 땀이 흐르면 찬물을 끼얹고 했다. 춥다고 말하면 담뱃불로 내 살을 지졌다.……어떤 여자는 정신을 잃도록 심한 매를 맞았다.……또 한 전도부인은 두 손을 다 묶였을 뿐만 아니라 두 발을 꽁꽁 묶인 채 기둥에 매달려 있게 했다. 우리들은 성경책을 다 빼앗기고 기도는 고사하고 서로 말도 못하게 했다. 사람으로서는 견딜 수 없는 무서운 욕과 조롱을 우리는 다 받았다."

5. 3·1독립 운동과 선교사

3·1운동 당시 국내에 주재(駐在)한 선교사는 약 400명에 달하였다. 그들은 한국을 위하여 왔기 때문에 한국민의 독립운동에는 동정적이거나 정교분리(政敎分離)를 원칙으로 하는 입장으로 처음에는 관망하였으나 일제의 인도무비(人道無比)한 만행에는 더이상 관망할 수 없어 그들의 만행을 중외(中外)에 알리는 등 안간힘을 썼다. 또 몇 선교사들은 만세 사건을 도왔다.

이에 앙심을 품은 일본 경찰은 선교사의 가택을 수사하기도 하고 혹은 구타하기도 하며 국외로 추방당하기도 하였으니 그 실례로 3·1운동에 가장 동정적이었던 세브란스 의전 교수 스코필드를 추방하였다. 우리는 여기서 3·1운동과 선교사와의 관계에 대해 좀 더 살펴 보자!

선교사들이 해외에 선전한 3·1운동의 진상이 세계에 노출됨으로 일본 정부가 궁지에 몰리자 일본 기독교 동맹 대표들이 내한하여 진상을 조사하고 일본 시사신보에 게재한 논평을 보면 "조선의 그리스도교와 선교사에 관한 일본의 이해를 촉구함은 우리의 임무이다. 조선에는 그리스도 교인 30만이요 교회가 3,292개소, 목사 선교사 수가 2,441명인데 그중 외국 선교사가 약 400명이다. 이같이 큰 세력을 무시하고 선교사들을 각국의 간첩처럼 몰았다는 것은 천박하고 편협한 처사로 심히 유감된다."고 하였다. 당시 총독부가 선교사에게 조선인 무마를 부탁할 때 "우리는 정치에 관여하지 않으며 전도에 번진 정치적 사회적 불편을 진압할 능력도 없고 다만 복음을 전하여 심령을 구원하며 정신적 위안을 줄 뿐"[15] 이라고 그들의 부탁을 일축해 버렸다.

---

15) 다음 글은 기독교가 당시에 영성(靈性)에만 치중한 것이 아님을 보여준다. "…예수교인만이 현 시점에서 국제정세에 정통하여 민족자결의 횃불을 들겠다는 판단을 내렸던 것입니다…

어떤 학자들은 독립선언서에 기독교적 문구가 없음을 보면 기독교적 요소가 없다 한다. 그러나 동양평화와 인류복지를 주장함은 분명코 기독교적 인도주의이며 만세운동 방법이 예수님의 산상 보훈과 같이 비폭력적이다. 또 선교사들의 협력은 그대로 기독교 정신이 인류애, 불의(일제의 침략탄압)에의 정의감에서 발로된 것이었다. 그러나 미국 정부의 극동정책에 따른 대일본 관계에서는 오히려 선교사들의 협조정신을 삭감하였다.

6. 3·1운동의 결과와 교회의 참여 의의(意義)

a) 망명 임시 정부 수립(1919년 4월)
   임시 정부는 꾸준히 항일 독립운동을 추진하여 제 2차 세계 대전에 참전, 오늘의 조국 해방에 큰 기여를 했다.
b) 일제로 하여금 무단정치(武斷政治)를 포기하고 문화정치(文化政治)를 실시케 하였다. 즉 데라우찌(寺內) 총독이 물러가고 사이또 미노루(齋藤實) 총리가 대세에 밀려서 완화책을 썼는데, 우리 민족은 이 문화 정치를 역 이용하여 문화 사회운동을 통하여 점진적으로 실력을 양성하고 뒤 늦게나마 근대화를 위한 역량을 집결했으며 이를 통한 저항의 길을 찾아 장래의 독립을 기약했다.
c) 가장 중요한 것은 민족의 공동체 의식이 행동으로 나타났다는 것이다. 모든 종교, 모든 단체, 온 국민이 하나가 되어 통일에의 가능성을 보여주었다.
d) 환난 중에 신자들의 신앙이 돈독해졌다.
e) 경멸하던 신자와 비기독교인 사이에 융화가 생겼다.
f) 각종 종교들과의 협동. 서로 다른 종교관의 차이에도 불구하고 각 종교가 합동하여 단일화된 세력으로 나타난 것이다.[16]

예수교인만이 참혹한 식민정책에서 소망을 포기하지 않았던 유일한 부류의 한국민이올시다"
(1919. 4. 30字, 미국 기독교 연합회 동양문제위원회 문서)
16) 각기 다른 종교가 3·1운동에 가담하는 데는 불교의 세속화와 천도교의 정치개혁론, 기독교의 민족갱생론 등의 종교의 역사성 또는 종교의 역사 참여를 공통적으로 발현하는 현상이다(金容福,『3·1운동의 역사적 언어구조』, 기독교사상 편집부, 한국 역사와 기독교, 대한기독교서회, 1983, p. 237.).

7. 한국교회가 3·1운동에 가담한 의의

a) 민족의 해방과 독립이라는 절대 명제(命題)의 추구이다. 당시 교회는 시대적 운동이나 종교적 박애운동을 한 것이 아니다. "조선은 언제든지 조선사람"이 되는 것이 목표였다(申錫九 牧師 公判기록).
b) 도덕혁신. 금주 금연 절제운동을 더욱 효과적으로 계속한 것이다.[17]
c) 미래에 소망을 두었다. 홍난파의 '울밑에 선 봉선화' 또는 박태준의 '사우'가 기독교적 신앙에서 민족에게 소망을 준 노래였다.
d) 세계 질서운동으로서 불의의 세력을 몰아내고 정의 구현에 교회가 적극 후원한 것이다.
e) 교회는 겨레의 정서나 뜻을 표출할 곳이 되어 통로가 되었다. 그래서 교회가 없었다면 3·1 운동이 될 수 없었고 거의 모든 운동은 교회당에 모여 의논한 것이다.
f) 기독교 우수성을 나타냄. 일천(日淺)한 역사에도 불구하고 「민족종교」라 자부하던 천도교, 불교 및 유교를 압도한 것이다.

8. 당시 기독교회의 각오

다음의 인용은 3·1운동 시대의 교회가 어떻게 민족과 같이 하려고 하였음을 여실히 나타낸다. "이 독립운동이 한국 교회에 결국 어떤 영향을 미칠 것이냐 하는 문제는 매우 복잡한 문제이다. 교회지도자들은 만일 이 운동이 실패할 경우 교회에 대한 박해나 핍박이 올 것을 뻔히 알면서 이 운동에 가담했던 것이다. 이들은 오랫동안 이 문제로 해서 기도드려 왔으며 세계의 여러 약소민족들이 민족적이요 종교적인 자유를 획득하는 역사의 기로(岐路)에서 자기들도 그러한 축복을 위해 분기하는 것이 하나님의 뜻이라고 믿었노라고 말하는 것을 들었다. 우리는 이 운동이 시작되고 여러 교회의 지도자들이 다 검거되고 난 다음 한국장로회 총회장의 입에서 이런 말을 들었던 것이다. 곧 천

---

17) 3·1운동후 일제의 문화정치는 색다른 독소가 있었는데 그것은 서울, 부산, 대구 등지에 공창, 술, 담배, 아편으로 한국 문화와 정신을 파괴코자 한 것이므로 3·1운동에 허탈해진 민족이 퇴폐화 되었으므로 개신교회는 대대적인 절제운동을 한 것이다.

도교는 완전히 말살시켜 버리고 기독교는 현재 교세의 반으로 약화시키겠다고 다짐하더라는 것이 최근의 정보이다. 이 운동이 완전히 좌절되고 만다면 한국 교회의 미래는 실로 암담한 것이 아닐 수 없다"(三一運動祕史, 기독교사상, 1966, 1966, 2月號).

3·1독립선언서(최남선 초안)에 서명한 기독교인은 모두 16인으로서 이승훈, 양전백, 이명룡, 유여대, 김병조, 길선주, 신홍식, 박희도, 오화영, 정춘수, 이갑성, 최성모, 김창준, 이필주, 박동완, 신석구이며 당시 교회는 국내외 독립선언서와 각종 문서의 전달에 큰 몫을 하였고 이것은 큰 각오없이 가능치 않은 일이었다.

제 5 절 환난에서도 계속 성장하는 교회

1. 교회 전진 운동

1) 제 1차 전진 운동(The Foward Movement)

1919년 10월 4일 제 8회 장로회 총회는 3·1운동 참화를 벗어나 그 저력을 되살려 전국 12개 노회 대표 각 3인씩으로 구성한 진흥위원회를 설치키로 하고 방위량(William N. Blair) 선교사를 위원장으로 하여 1921년까지 3년간을 진흥년으로 하여 제 1년을 준비기도와 개인전도, 제 2년은 부흥회와 단체전도, 제 3년은 유년 주일학교 부흥년으로 정하여 일대 부흥을 일으켰다. 부흥의 방법은 개인전도, 성경공부, 새벽기도회등 9개 조목(條目)이었고 이를 완수한 교회는 총회에 보고되어 회록에 기록하고 상장을 수여한 것이다. 전진운동의 목표는 "한국교회의 활동에 새로운 생명을 불어넣고, 복음전도의 노력을 증진시키며 주일학교 활동에 새로운 자극을 주는 데"있었다. 방위량 선교사는 소책자 열권을 만들어 순회하며 집회를 하였고, 1920년에 결신자 5,603명이 생겼다.

각 노회는 부흥위원회 지부를 설치하고 총회 부흥위원회와 협력하여 전국 교회의 진흥발전운동을 전개하였다. 특히 제 1년에는 각 교회에 부흥 비교표를 배부하여 그 실적을 교회에 보고케 하고 제 2년에는 전국교회가 년 1회

내지 2회 부흥 사경회를 가지게 하였고 지방마다 연합부흥 사경회, 노회는 년 2회 회기마다 대 부흥회를 개최하였다. 평양, 선천, 재령 등지의 연합 사경회는 매회 수천 내지 수만명이 운집하는 놀라운 성과를 거두었다.

사경회 기간은 1주간 내지 10일간이었는데 집회마다 수십명내지 또는 수천명의 결신자를 얻는 놀라운 성과를 거두었고 이때 크게 활약한 부흥사는 길선주, 김익두 목사였다. 이들 부흥사는 일제의 압제 속에서 허덕이는 백성들에게 새 빛과 희망을 주었고 한국 사회에 새로운 시대 정신을 환기시킨 것이다. 그들의 설교를 듣고 회개하는 경관도 있었고 선교사도 회개하고 강도가 회개하며 불치의 병을 고치는 자가 부지기수였다고 한다. 또 한국교회와 교육계의 지도자 치고 그들의 영향을 받지 않은 자 없다고 할 정도인 것이다. 한국에 "제 2 오순절"이 왔다는 것이다.

감리교회도 1920년 이래 백년전진(The Centenary Advance)운동을 벌렸다. 1923년에는 미 감리교 동양 선교 75주년 기념으로 신자 5할 증가 전도운동과 남·여 청년신자 3백명 획득운동과 신학 지망생 색출운동을 벌렸다. 남감리교회는 1921년을 진흥년으로 정하고 앞으로 3년간 교역자의 성령 충만 운동과 지교회 진흥운동을 벌려 1921-1924년에 즈음하여 교회 170개처 교인 16,613명을 획득하는 큰 성과를 거두었다. 이때 남감리교회 부흥사는 유한익(劉漢翼, 1862-1940?) 목사였다. 성결교 역시 이때부터 노방전도로 교회 부흥운동에 진력했다(김진환,『한국교회 부흥운동사』, p. 145). 또 야시전도(夜市傳道)가 생겨서 전도 부흥에 한몫을 하였으며 때마침 세계적 전도운동의 여파로 미국의 대부흥사 울프(B. Wolf)와 그 일행이 와서 12개 도시(서울, 평양, 선천, 대구, 광주 등)에서 순회전도를 하여 매일밤 수백명씩 결신자를 얻었던 것이다(1923년).

1922년에는 출옥된 3·1운동 주동자 이승훈 장로가 1923년 9월 8일 제12회 총회 석상에서 조선 예수교 연합 전도회의 조직을 제안하자 채택하고 연합전도운동을 전개하였다. 이에 호응하여 일어난 전도단은 서울 중앙 전도단, 기독교 연합회 전도단, 해동 전도단, 대구 연합 전도단, 예수교 청년 연합회 하기 순회 강연단, 남감리회 순회 전도단, 서울 여자 기독교 청년 강연단, 엡윗 청년회 강연단, 동경유학생 모국방문 전도단, 숭실대학, 연희전문, 이화 전문 학생 강연단과 기타 미션 스쿨 전도단들이 대거 참여하여 일제히 부흥운동을 일으켜 큰 성과를 올렸던 것이다.

2) 제 2차 진흥운동

1929년부터 한국교회는 제 2차 진흥운동을 벌렸는데 그 출발은 그해 9월 -10월에 서울서 열리는 전국 관람회 기간을 이용하여 전국에서 모여 온 관람객들에게 전도를 개시하는 것이었다. 광화문 네거리에 임시로 대 전도관을 세우고 50일간에 98회의 전도강연을 통하여 청강자 27,000명 중 결신자 3,000명을 얻었고 한편 감리교회도 마련 선교사와 원익상 목사 주관의 서울 중앙 전도관은 1925년 창설이래 4년간에 걸쳐 전도한 청강자 67,748명 중 결신자 9천여명과 신설교회 5개처를 얻은 큰 결과를 얻었다.

1930년 9월 12일 제 19회 장로회 총회는 교회 진흥방침 연구위원회를 설치하고 교회 발전에 관한 연구를 위촉한 바 다음해 1931년 9월 11일 제 20회 총회는 진흥운동 3개년 방안 계획을 채택하였다. 제 1년은 특별기도, 헌신, 성서보급 제 2년은 각 교회와 기관 단체들의 부흥 전도회 개최, 제 3년은 기독교 문화운동이었는데 이 운동은 2년을 더 연장하여 1935년까지 계속하였다. 또 장로교 총회는 진흥의원을 전국적으로 모집하여 1935년까지 회원수는 4천명에 도달하였다. 제 2차 부흥운동에 큰 역할을 한 부흥사로는 역시 길선주, 김익두, 감리교의 정남수 목사였다.

3) 청년운동(The Youth Movement)

1〉교회의 청년 지도

거족적 3·1운동의 실패로 민족 지도자들의 구속과 애국자들의 망명 등은 교회지도자들의 결여로 교회가 허탈 상태에 빠지게 되어 이러한 민족 봉기의 여세를 역이용하려는 사회주의, 공산주의자들이 대두하여 활동하므로 교회 청년들에게는 보수주의 사상을 기반으로 한 기독교 사상과 신사조에 휩쓸려 교회를 떠난 청년들도 간혹 있고 교회의 청년들은 신사조의 갈등에 고민하였다.

또한 일제의 식민지화 정책은 날로 가혹하여 교회청년들을 그대로 방치할 수 없는 상태에 이르렀다. 이 신사조에 진화론등 신사상 도입으로 성경원전에 고등비평이 생기게 되고 사회주의 청년단체가 발행하는 「개벽」잡지 등은 청년들을 사회주의 경향으로 유도하고 있었다. 여기에 경제공황 마저 겹치니 청년들은 사회주의 내지 공산주의의 유혹을 받게 되었다. 이에 당황한 교회 지도자들은 1907년 12월 27-29일 세계 기독교 청년 연맹의 맡(John R. Mott) 박사의 내한으로 한국 기독교 교회 대표 29인 선교사 대표 29인으로 구성된 연구 위원회를 개최하고 한국 교회의 당면 문제를 연구 토의하였다. 맡박사는 "금세기에 전 세계를 기독교화 하자"는 구호를 외친 세계 교회 연합운동의 선구자였다.

이 연구 발표의 일절에는 "현재 청년들은 불안한 상태에 빠져 있음이 사실이다. 예수 그리스도와 그 경륜에 대한 적극적 반대는 없으나 교회에 대하여는 반대의사가 있으니 그 원인은 사회주의 영향과 종교 및 교회를 비판하는 공산주의 서적을 읽는 데서 온 것이다." 한 편 "교회를 잘 이해하는 청년들은 교회 개선의 필요를 느껴 교회의 문화 정도를 높이고 한국인에게 맞는 교회로 개선해야 할 것이며 지적, 영적으로 현대 청년들을 잘 지도할 수 있는 영향력이 있는 교역자를 양성해야 한다. 현대 청년들의 불만, 불평하는 태도는 교회에 대해서만 아니고 위정자나 사회제도에도 있다. 그 원인은 조선의 경제 파멸에 기인한다. 이에 교회는 청년들을 동정하고 도와줘야 하며 사회 청년들에 대해서도 그렇게 하여야 한다. 복잡한 현대 생활과 유물사상의 범람으로 갈피를 못잡는 현대 청년들에게 교회는 그 길잡이가 되어야 한다."라고 하였다.

⇧ 관서지방 남녀기독교 청년수양회(1932년, 제2회)

2〉 Y. M. C. A(Young Men's Christian Association)

이 운동은 교회나 국경을 초월한 세계적 청년회로 영국의 기독교 사업가 윌리엄스(George Williams)경에 의하여 기독교적인 지·덕·체(知·德·體)의 3요소를 청년들에게 함양시키려는 목적으로 1844년 기독교 청년회를 조직하고 활동한 것이 첫 출발이다. 그후 1885년에 빠리(Paris)에서 YMCA대회를 열었을 때 "Y운동은 예수 그리스도를 구주로 믿는 신앙과 생활로 그의 제자가 되기를 원하는 청년들이 하나로 뭉쳐 그 힘을 합하여 그들 가운데 그 나라가 확립됨을 힘쓴다."라고 하여 젊은이들이 하나가 되어 그들에게 하늘나라의 성립을 힘쓰는 일을 Y운동의 목적으로 하였다.

↑ 황성기독교청년회관 : 합방 직전으로 태극기가 걸려 있다.

한국 YMCA는 1900년 영국에 유학하고 귀국한 여병현(呂炳鉉)이 주동이 되어 Y운동의 필요성을 역설하자 언드우드 선교사가 곧 세계 기독교 연맹 총무 맡 박사에게 그 실정을 전하였고 맡 박사는 상해에 있는 동안 순회 총무 나연을 한국에 파견 조사케 한 후 1902년 길례태(P. A. Gillett, 吉禮泰)씨를 서울에 보내 YMCA 설립을 위한 기초작업을 마치고 1903년 10월 28일 서울 정동 유니온 클럽에서 37인의 발기인이 모여 「황성 기독교 청년회」(皇城基督敎靑年會)를 조직하여 회장에 기일(奇一), 총무 길례태, 한인 총무 김규

식 등을 선출하고 활동을 전개하였다.[18]

다음 1904년에는 독립협회 사건으로 구속되었던 이상재 등 독립투사들이 Y사업에 가담하면서 크게 발전되었고 1907년에는 미국 기독교 실업가 와나메이커(J. Wanamaker)의 거액 기금과 현홍양(玄興洋)씨의 900평의 기지 기증으로 종로에 연건평 1천여평의 3층 양옥 회관을 신축하므로 더욱 활발하였다.

1910년에는 지방 도시에 지회와 대학교와 중학교에 학생기독 청년회를 실시하기 시작하여 1914년에는 시 YMCA 5개처, 소도시 YMCA 9개처가 설치되고 1920년 윤치호가 회장, 총무 신흥우, 종교부 지도자 이상재가 되면서부터 사업이 크게 발전되어 전국 주요 도시마다 YMCA가 설치되었다. 이 운동의 문화 사업으로 1914년에 기관지「청년」발행을 필두로『양심의 해방』(신흥우 작),『20세기의 대발견』(김창제 작),『혼돈에서 서광』,『정말(丁抹)농촌』등의 단행본을 발행하여 청년들의 지덕과 사상을 높였고 동년 YMCA가 주동이 되어 전국 각종 청년회를 망라하여「예수교 청년 연합회」를 조직하고 강력한 청년 활동을 벌였으며 1925년 9월 한국 YMCA는 세계 YMCA에 가맹하여 한국 청년의 세계진출을 도모하고 한편 현대 음악도 보급하였다. 이 때로부터 내외국 명사(名士)들을 수시로 초청하여 종교, 문화, 시국강연 등을 행하여 청년들의 지식계발(啓發)과 정신수양에 크게 힘썼으며 특히 구미(歐美) 제국(諸國)의 저명인사와 접촉을 가지게 함으로써 지식을 널리 구하게 하였다. 당시 YMCA는 윤치호씨 말과 같이 "한국인이 세계와 기식(氣息)할 수 있는 유일한 창구(窓口)"였다. 또 무산 계급의 아동과 노동자 교육을 위해 야간학교, 기술학교를 세워 목공, 철공, 인쇄, 사진기술 등을 보급시키고 청소년의 보건을 위해 야구, 농구, 배구, 정구, 탁구, 덴마크체조, 인도봉과 같은 현대 체육을 도입하여 보급시켰다. 1927년부터는 신흥우, 홍병선, 이대위(李大偉) 등이 농촌운동을 전개하였다. 이처럼 YMCA 운동은 정치 경제, 문화, 사회, 독립운동 등 각 방면에서 민족사회에 크게 공헌하였으나 이러한 활동의 기반에는 국권을 잃어버린 식민지 민족으로서의 독립 사상이 뒷받침 되었다.

---

18) 한국 기독교 교회협의회 70년 역사편찬위원회,『하나되는 교회 그리고 세계』, 대한기독교서회, 1994, p. 12.

3〉 YWCA(Young Women's Christian Association)

YWCA를 살펴보면 1657년 영국에서 시작된 교파와 국경을 초월한 기독교 청년회의 이념을 받아 들여 기독교 정신을 부녀자의 실생활 문제와 사회 행위에 적용 실천하려는 노력으로 출발하였다. 이 단체는 기숙사, 독서실, 도서관, 학교등을 설립하고 성경을 가르치며 기도회와 간친회를 개최하여 여자들의 교육, 사교 및 종교적 향상을 도모하며 여자들에게 직업을 알선하며 학교마다 학생 청년회를 조직한다. 미국에서 이 단체는 1857년에 시작되었는데 이 단체 조직의 기원은 킨니아드(Miss Arehor Kinniad)가 크리미아(Crimean) 전쟁에서 돌아온 간호원들을 위해 개설한 여성 생활 훈련소 사업과 엠마 로버츠(Miss Emma Roberts)가 주관한 여성 기도단의 활동에서 비롯된다. 이 두 단체는 각기 기독교 정신으로 생활을 하게 하는 사업으로 영국 각 지에 퍼져 나갔다. 이렇게 자란 두 조직이 1877년 정식으로 여자 기독교 청년회라는 명칭으로 통합되었다. 이때는 영국의 산업혁명으로 젊은 여성들이 구직차 도시로 몰려드는 때 이므로 이 운동은 급속히 발전되었다.

이와 때를 같이 하여 미국 사회에서도 도시로 몰려든 직업여성을 위해 1858년 뉴욕에서 로버츠가 주동이 되어 기도단을 조직하여 지·덕·체 복지를 위한 종교·생활을 지도하였다. 보스톤 지역에서는 미국에서 처음으로 YWCA라는 명칭을 사용하였는데, 주로 종교 활동으로 시작한 이 단체들은 여성들의 당면 문제와 요구에 따라 프로그램(Program)이 전개되었다. 이렇게 미국 내에서 YWCA가 성장하는 한편 교회의 해외 선교 활동 팽창과 더불

↑ 제5회(1932년) 조선예장여전도회 총회(평양) 대표들

어 국제적 여성 기독회 운동에 관심을 두게 되었다. 이로써 영국, 미국, 스웨덴, 노르웨이 등 구미 YWCA들은 1894년 세계 YWCA와 국제적 협조와 유대를 강화키 위해 1966년에는 13명의 간사를 해외에 파견하기 시작하여 1917년과 1921년 사이에는 170명의 해외 간사들이 중국, 일본, 인도 등지를 포함한 각국과 남미 여러 나라에도 파견되었으며 이들은 당시 정신여학교 교사 헨제(Mrs John F. Hense)부인 집에 유하며 재경(在京) 여성 지도자들을 초대하여 YWCA 이념과 조직 활동을 지도 하였는데 이에 힘입어

- 평양 여자 기독교 청년회(1920. 5)
- 신의주 여자 기독교 청년회(1920. 5. 5)
- 성진 여자 기독 청년회(1920. 5)
- 선천 여자 기독 청년회(1920. 6. 29)
- 대구 여자 기독 청년회(1920. 3. 6) 등이 창립되었다.

1921년 봄 김필례(남궁혁 박사 부인)는 재경 선교사들과 여성 지도자들을 역방(歷訪)하며 YWCA 연합회 조직을 상의하던 중 1922년 3월초 동지 신의겸과 유각경, 김활란 등과 모임을 갖고 YWCA 연합회 조직을 구상하고 동년 3월 27일 남녀 유지(有志) 30여명이 경성여자 교육협회에서 제1차 발기회를 열고 회장에 유각경, 위원으로 김활란, 김필례, 방신영, 김살로매, 김경숙 등을 뽑았다. 1차 발기 대회에서 YWCA 총무 신흥우는 세계 YWCA 내력과 사업을 설명

↑ 조선 여자기독교청년회 연합회 10회 정기대회(1934)

YMCA 역대회장		
(8·15전)		
1대	1922	방신영
2대	1923	유각경
3대	1924	황에스더
4대	1925	김활란
5대	1926	김활란
6대	1927	홍에스더
7대	1928	홍에스더
8대	1929	홍에스더
9대	1930	홍에스더
10대	1932	유각경
11대	1934	유각경
12대	1936	김활란
13대	1938	김활란
14대	1940	홍에스더

하고 그해 4월 북경 청화대학에서 열리는 만주 기독교학생청년회(WSCF)총 회에 감리교 여성 대표 김활란, 장로교 여성대표 김필례 2인이 참석하도록 주 선하였다. 북경에서 돌아온 김필례, 김활란 2인은 장, 감 양 교단에 그 상황 을 보고하고 YWCA의 조직의 필요성을 역설하고 그 조직의 첫 방법으로 세 차례의 발기회에서 결정한 대로 1922년 6월 18-22일까지 죽청정 협성여자 성경 학원에서 전국 공사립 고등 여학교 대표와 각 종 여성단체를 초청하여 제1회 조선여자 기독교청년회 하령회(夏令會)를 열어 마지막 22-23일 양 일간 발기총회를 열고 한국 YWCA를 발족시키기로 합의하고 회장 유각경, 부회장 홍에스더, 서기 신의겸, 부서기 김함라, 총무 김필례를 선출하고 총무 로 하여금 각 지방을 순회하고 각 지방 YWCA를 전국 YWCA에 가입을 권 고하고 다음해 8월 18일 전국 34지방 대표가 서울 협성여자 성경학원에 모여 동연합회 창립총회를 조직하고 명예 총무 모리시(Miss, H. P. Morris, 1921 -1941)를 포함하여 임원들을 추대하여 본격적 연합 활동을 벌였고 1923년 8월에 열린 제 2회 총회에서는 세계 YWCA에 가입 추진을 결정하고 그후 1924년 5월 워싱턴에서 모인 실행 위원회는 심심한 토의 끝에 개척 회원국으 로 승인 그 사업 활동으로는 수양회와, 하령회, 금주, 금연, 실생활 개선, 여 성의 지위 향상, 공창폐지, 물산장려, 지방 여학생을 위한 기숙사 설치 등으로 신앙 운동과 사회 운동을 함께 벌려 여성 지위 향상에 크게 공헌하였다.

4〉면려 청년회(C. E., Christian Endeavor)

미국 장로 교회의 청년 운동을 전해들은 한국 장로교회에서도 서울 새문안, 승동, 선천 북교회 등이 면려회란 명칭으로 청년회를 설립하였으나 연합체는 없었다가 3·1운동 직후 안대선(W. J. Anderson) 선교사가 청년 사업을 전 개하여 그들의 신앙지도, 사상선도를 목적으로 경북 안동 지방에서 처음으로 면려 청년회를 조직하였다.

처음에는 헌신예배, 성경연구, 교회봉사, 전도사업이 주된 사업이었으나 차 츰 금주, 금연운동과 물산장려운동, 농촌사업과 같은 사회사업(Social Work) 도 하였다. 1921년 9월 10일 평양신학교의 제 10회 장로회 총회때 안동 지 방 면려회 활동에 대한 보고를 받고 이에 감명받아 각 교회 마다 면려 청년회 를 조직키로 결의하였고 장로교 선교회에서도 동회 내에 면려 청년 위원회를 두고 청년 지도의 권위자 안대선 선교사를 위원장으로 선임하고 전국을 순회하면서 강습회를 열고 면려 청년회 설치를 독려하였다. 이리하여 1923년에는 전국에 약 20여 지회가 설립케 되었고 1,500여명의 회원이 되었으며 연합 활동의 필요를 느껴 1924년 12월 2일-5일 서울 피어선 성경학원에서 기독청년 면려회를 조직하고 세계기구에도 가입하여 기독청년들의 세계 진출의 문호를 개방하였으며 또 진생(眞生)이라는 잡지를 발행하여 널리 계몽운동을 전개하였다.

5〉 엡워쓰 청년회(The Epworth League)

이는 미국 감리회 청년운동 단체로 1889년 오하이오주 클리브랜드시 감리교회에서 처음 조직되어 1890년에 전국적으로 확대되어 미국 감리교회 청년들의 단체도 연합회가 구성되었다.

한국에서는 1897년 5월 5일 정동(貞洞)감리교회에서 처음 시작되었고 차츰 전국적으로 확대되었으며 1920년에는 북감리교 엡워쓰 청년회는 1925년에 남감리교 엡워쓰청년회와 각각 전국적 연합회를 조직하였다. 1930년 남북감리교회가 합하여 조선 감리 교회로 합동되자 두「엡워쓰청년회」는 자동으로「조선 감리교 엡워쓰 청년연합회」로 개칭 되었다. 동회의 사업 방향은 신앙, 친교, 사회봉사 등에 역점을 두었다. 당시 청년사회에는 사회주의, 공산주의, 신사조(新思潮)의 유혹에 헤메이는 청년들을 교회로 인도하고 민주주의 함양과 국권을 되찾으려는 애국사상을 고취시켰다.

4) 종교교육(기독교 교육)의 확대

1〉 유년 주일 학교

1925년에서 1934년까지 약 10년간의 한국교회의 수세자는 매년 평균 약 12,000명이었는데 그들의 6분의 1이 주일학교를 거친 불신 아동들이었다고 한다. 이처럼 주일학교는 세계 어느 나라보다 한국 교회에서 큰 몫을 하였다. "금일, 조선의 기독교회의 대 발전의 주요 원인은 주일학교를 통하여 제 2세 국민들이 하나님의 말씀을 바로 이해하고 그리스도의 사랑의 정신을 실천하여 이 땅위에 복지사회를 건설할 수 있기 때문이다"(기독신보 1924. 3. 12).

교회내 유년 주일학교 제도의 창시자는 영국의 레익스(Robert Raikes)로서 그가 1780년 극빈 소년 몇명을 모아 놓고 주일에 성경을 가르치기 위하여 시작한 것이 19세기 말에는 전 세계로 확장되었다.

한국 초창기에는 청장년을 중심하는 교회였으므로 아동을 상대로는 전도나 교육을 실시하는 일이 없었다. 그러다가 3·1운동 이후 교회 지도자를 많이 빼앗긴 한국 교회가 지도자는 유년부터 교육해야 한다는 생각을 갖게 되었다.

한국교회의 유년 주일학교는 오전 장년반에 편입하여 공부하다가 1905년 선교연합공의회가 조직되면서 주일학교 위원회가 설치되어 주일학교 공과발행을 시작하였다. 1908년에 하밀(H. M. Hamill) 목사가 내한하여 만일 한국에서 주일학교 연합회가 조직된다면 그 착수금으로 1,000불을 즉시 기부할 것이라는 세계주일학교 연합회장 베일리(G. W. Baily)의 뜻을 전하고 주일학교 설치를 역설하자 서울 연동교회, 평양 장대현교회, 남산현교회, 선천북교회, 전주 서문교회가 「소아회」를 만들고 따로 공부를 시작하였다(김양선 교수는 Hamill의 내한을 1907년이라 한다). 그리고 1908년 3월 19일에 윤치호씨를 회장으로 이길함(Graham Lee)이 실행위원장 되는 세계주일학교 연합회 한국지부를 결정하였다.

1911년 4월 세계 선교 협의회의 브라운(F. L. Brown) 박사가 재차 내한하여 주일학교 연합회를 조직하기 위해 주일학교 위원회를 만들고 세계 주일학교 연합회의 원조를 얻기로 하였다.

주일학교는 1905-1911년 사이에 급속하게 발전하기 시작하였는데 1913년 4월 19일 경북궁 뒷뜰에서 모인 주일학교 대회에서 14,700여명이 모여 세상을 놀라게 하였다. 1920년에는 방위량 선교사의 지도 밑에 주일학교 촉진운동이 일어나 1920년에 주일학교의 수가 10,000개에서 14,000개로 증가하였다. 1920년에 허대전(許大殿, J. G. Holdcraft) 선교사가 전국 대회를 개최하였다. 1925년부터는 정인과 목사가 전국 주일학교 총무로 취임하여 크게 활약하였고 주일학교를 위한 책자도 여러 권 발간 되었다. 그 중에 「아이 생활」지는 읽어보지 않은 사람이 없을 정도로 널리 보급되었으며 아동의 신앙성장에 큰 도움을 주었고, 이 「아이생활」은 현재 『새벗』의 전신이다.

⇧ 허대전선교사

2〉 하기 아동 성경 학교

이 제도는 1901년 미국 뉴욕에서 중학생들이 여름방학때 무산 아동을 모아 놓고 문자와 예수님의 봉사 정신을 가르치기 시작하여 3년 후에는 전국적으로 번져 4천 학교와 50만 학생으로 확대되었다. 이 운동은 차츰 세계적으로 확대되었고 한국에서는 1922년 서울 정동교회에서 선생 5인 학생 1백여명으로 시작한 일이 있었다.

이 운동이 점차 확대되자 지도자가 필요하게 되었다. 1924년 3월 31일 주일학교 연합회는 산하에서 하기 성경학교 위원회를 두고 세계 하기 성경학교 총무 보빌(R. G Bovill)박사를 초청하여 교과를 작성하였고 김기연이 순회강사로 전국교회를 순방하며 선전한 결과, 동년 여름에는 46개처 2,800명의 실태 통계는 학교수 1,071교, 학생수 70만 여명에 달하였다. 당시 하기 아동 성경학교 교과목은 주로 체육, 음악, 성경, 위인전, 수공, 사회봉사이었다.

3〉 아동 성경 구락부(俱樂部)

평양 숭실대학 교수 권세열(權世烈, Fransis Kinsler, 1928-1970) 박사는 학년 초과한 아동들의 단기교육을 위하여 성경 구락부 교육을 시작하였다. 처음에는 개척 구락부라 하였으나 급격히 발전되어 당년 13구락부 학생이 5백여명으로 확대되어 이를 아동성경구락부로 개명하였다. 성경을 소재로 한국어독본을 만들고 산수, 지리, 자연 등의 국민학교 교과서를 그대로 사용하였다.

1주 5일간 매일 3시간씩 1년간에 소정의 과목을 마치고 매주 1일은 구락부로 신앙생활을 훈련시켰다. 초창기의 지도자들은 숭실전문 학생이었으나 점차 지방으로 널리 퍼져 전국적으로 학교로하여 많은 무산 아동의 계몽과 인재를 양성하였다. 이 성경 구락부는 한국교회 발전과 전도사업에 큰 몫을 담당하였다. 종교교육은 이미 서술한 외에도 남녀 성경학교 교사양성과 또는 성경통신과 등이 있어 그 어느 것이나 장년 신자의 교육을 목적하였다.

2. 한국교회의 내외활동

1) 해외 선교

선교는 "땅끝까지 이르러 내 증인이 되라"고 하는 주님의 명령의 이행이다. 1912년 한국장로교 총회 성립과 동시에 중국에 선교한 것은 세계 선교사상 처음인 동시에 선교는 한국교회의 특징 중에 하나이며 자랑이기도 하다.

1〉 일본선교

1907년 장로교 대한노회가 조직되고 기념사업으로 최초의 안수목사 7인 중 한사람인 한석진(韓錫晋) 목사를 1909년 동경에 파견하여 일본 유학생들을 위한 선교 사업에 착수하였다. 1919년에는 동선교 사업이 장·감 연합 선교회에 이관되어 주공삼(朱孔三)목사를 선교사로 파송하였고 1925년에는 잠.감 연합 전도국이 설립되어 국장 차상진, 회계 곽안련(C. A. Clark, 郭安連)으로 그 임무

↑ 한석진목사

를 맡겼으며 임종선, 오기선 목사를 선교사로 파송하였다. 1922년 장로회 총회는 고베(神戶)에 김이곤 목사를 파송하였고 1924년에 장·감 연합 선교회가 오사까(大阪)에 박연서 목사를 파송하였다. 한편 1927년 신학 노선 문제로 캐나다 선교회를 탈퇴한 영재형(L. L. Young) 목사가 도일(渡日)하여 일본 관서 지방에서 선교활동을 하였다. 1933년에는 도쿄(東京), 오사까(大

⇐ 제1회 재일본 조선기독교대회, 1934년

阪), 고베(神戶), 나고야(名古屋), 교도(京都), 나라(奈良), 삽뽀로 등 대도시와 지방까지 한인 교회가 설립되었다. 이리하여 당시 재일(在日) 한인 교회 교세는 교회당 46처 선교목사 9인 전도목사 7인 신자 2,400여명으로 발전하였다.

2〉 시베리아 선교

1909년 9월 3일 신학교에서 개최한 대한 노회가 최관흘(崔寬屹) 목사를 시베리아에 파송하여 선교에 착수함으로 그곳 선교사업은 크게 발전되었다. 그러나 희랍 정교회의 방해를 받아 최 선교사는 러시아 관헌에 의해 검거 투옥되었다. 최목사는 희랍 정교회에 개종하였으므로 장로교총회는 그를 제적시켰고 손 목사는 개종에 불응하여 퇴거를 당하였으며 이로써 시베리아 선교 사업은 일시 중단되었다.

그러나 이미 신설된 교회들이 장로교 총회와 감리교 연회에 계속 재파송 청원이 있었으므로 장로교 총회는 수차에 걸쳐 현지를 시찰한 후 1918년에 김현찬 목사를 다시 파송하여 선교사업을 계속한 결과 1922년에는 교회당 34처 목사 5인 교인 1,935명을 얻은 놀라운 성과를 거두어 시베리아 노회가 설립되었고 노회가 설립된 뒤에도 장로교 총회는 오순희, 최일형, 최홍종, 박창영, 한가자(韓佳子)등을 선교사로 보내어 선교를 계속하였다. 한편 감리교회는 1918년 시베리아 선교 재개를 결정하고 1921년에 배형식(裵亨湜) 목사를 파송하여 해삼위(海蔘威)[19]를 위시하여 시베리아 일대에 많은 교회를 설립하여 한국 교회사상 선교 사업에 큰 공을 세웠다.

3〉 만주 선교

만주 선교역시 장·감 양 교파가 거의 동시에 착수한 것이다.

1908년 감리교회는 이춘화 전도사를 북간도에 파송하여 선교사업을 착수하였다. 그러나 그곳 사상 파동과 개인 사정으로 중단 되었다가 1919년 배형식 목사의 현지 시찰과 다음 해 1920년 양주삼, 크램(W. G. Cram) 목사의 현지 시찰후 만주 선교를 결정하고 1921년 정재덕, 최수영, 배형식 목사를 남만주, 손정도, 동석기(董錫琪) 목사를 북만주, 김응태 목사를 하얼빈 등지에

---

19) 해삼위는 러시아 연방에 소속된 지금의 「블라디보스독」이다.

파송하여 맹활동을 벌렸고 다음해에 만주 선교 지방회와 연회까지 조직되어 만주 선교 사업은 활기차게 진행되었다. 1931년 남북만주 장·감 협의회를 만들어 전도, 종교교육, 청년사업등을 상호 협조하였다.

 장로 교회는 1910년 평북 대리회가 장로교 대한 노회에 만주 선교사 파송을 청원하였으므로 대한 노회는 동년에 김진근 목사를 파송하여 선교를 하였고 1911년에는 선천읍교회 여전도 연합회 부담으로 김덕선 목사를 봉천(奉天)에 파송하였고 1912년에는 평북대리회가 평북 노회로 승격하면서 그 기념으로 최성주(崔聖柱) 목사를 서간도에 파송하였고 1912년 장로회 총회가 조직되고 그 기념으로 김내범 목사를 북간도에, 1921년 양준식 목사를 북간도에, 1918년 김병룡 목사를 남만주, 조덕환, 이병하 목사등을 북만주등지에 선교사로 파송하여 만주 선교를 확대 하였다. 그리하여 1920년대에 벌써 교회

⇐ 만주조선기독교회
목사 연성회, 1941년

가 34처, 기도처소 109처, 교인 3,327명 목사 7인 미북장로교 선교사 1인, 장로 14인, 주일학교 34개 소학교 22개 성경학교 1개등의 교세가 확장되어 남만 노회가 성립되었다. 이에 북장로교 선교부는 홍경(興京)에 선교부를 설치하고 만주 선교를 협력하였다. 1921년에는 간도지역에 교회 43처, 기도소 131처, 교인 4,468, 목사 6, 캐나다 선교사 1, 장로 23, 주일학교 33, 소학교 31등의 교세를 가지고 북만 노회가 설립되는 놀라운 발전을 이루었다.

 이렇게 여러 노회가 조직된 뒤에도 김덕창, 김석찬(金奭燦, 후일 통합측 마

산문창교회 시무), 권중여, 김병렬, 백운학, 김세명, 김광현, 조학인, 최혁주, 이학인(李學仁, 서울 명동교회 시무)[20], 전수창, 장성각 목사등을 만주 지역에 파송하여 만주교회 발전에 크게 기여하였다. 또 만주선교 사업에 있어서 장로교 여전도회와 감리교의 여선교회는 매년 많은 선교비를 담당하였으며 직접 여선교사를 파송한 것이다. 감리교 측에서는 이경애, 최나오미, 양우루다, 이배세, 최신은, 장로교에는 한기자, 윤정희, 유안심, 김순효, 한영숙, 김순영 등이었다.

만주국에는 5개 교파가 선교하여 성공적인 교회 설립을 하게 되어 교파통합의 강요에 따라「조선기독교연맹」이 1941년에 조직되었고, 교회정치는 장로정치가 중심이었으며 봉천신학교를 봉천의 서탑(西塔)교회에서 개교한 것이다. 교장은 총회장인 정산인, 교수에는 박형룡, 박윤선, 기쿠치(菊池一郞), 강사로 김선두, 안광국, 이두성, 김세진, 계봉창이었고, 해방 전까지 3회 졸업생을 배출하였다.

4〉 중화민국 선교

중국본토의 선교는 원래 산동선교에서 시작된 것이다.

그리고 1906년에 한국교회의 원로목사 길선주는 중국선교의 소원을 가졌던 것이다. "한국전도는 미국이 한국에 선교한 것처럼 우리도 선교사를 중국에 보내어 전도의무를 수행하게 될 것"을 피력한 바 있다.

1912년 9월 1일 장로교는 총회 조직과 동시에 그 기념으로 중국 본토에 선교사를 파송키로 하고 이에 1913년 김영훈, 사병순, 박태로 3목사를 선정하고 중국산동 장로교독회(長老敎督會)에 선교지 선정과 협조를 요청하는 서한을 보내어 협의를 거쳐 산동성 내양현을 선교 구역으로 정하고 이에 3선교 구역으로 정하고 이에 3선교사는 임지로 떠났다. 산동성은 공자의 출생지로 외래 종교에 대한 배격이 강하여 미국 장로교 선교부의 수십년 선교에도 선교 실적이 거의 없는 불모지였다.

그러나 한국 교회는 이 불모지가 오히려 의의가 깊다는 사명을 품고 희생적

---

20) 이학인 목사 아들이 6·25 전쟁 때 남한의 군대에 입대하여 국기경례 거부로 총살형을 받아 부산 부민교회는 구명의 기도를 한 결과 총을 쏜 것이 맞지 않아 형이 면제되어 살아난 사건이 있다고 한다. 이는 아버지 이목사의 신앙을 아들이 본받아 지켰고 하나님이 그 아들을 살려 낸 사건으로 해석될 수 있는 사건이라는 데 이 사실을 소개하는 뜻이 있다.

선교를 감행한 바 1942년 선교 30주년에 교회 36처 세례교인, 1,710명을 얻어 중국 선교 사상 최대의 기적을 낳았다. 1917년 방효원, 홍승환 목사를, 1918년에는 박상순을 제 2, 3대 산동선교사로 파송되었으며, 1937년 방지일(방효원의 장남) 목사가 제 5대 산동선교사로 파송되었고 의료 선교와 교육사업도 활발히 전개하였는데, 1919년에 김윤식 의사가 의료 선교사로, 1932년에 안중호 의사가 지마현(卽墨顯)에 각각 선교 병원을 개설 하고 의료 선교를 하였고 내양에 애린학교 지마에 애도학교를 세워 교육사업도 병행하여 교세가 크게 확장되어 1933년에는 동 선교지역 안에 내양노회를 설립하였다.

한편 중국 본토 선교를 위한 선교 사업은 남경, 북경, 상해 등 교포가 많이 살고 있는 곳에 집중하였다. 상해 선교 사업은 1917년 여운형의 장로교 총회에 선교사 파송청원을 받고 다음해 선교사를 파송키로 하였으나 1919년 3·1 운동으로 중단하였다가 1921년에 민족 대표 33인중 1인으로 망명온 김병조 목사를 임시 목사로 모시는 한편 선교사 파송을 총회에 청원하여 총회는 송병조 목사를 파송하였고 1929년에는 교인이 185명으로 불어났다.

그리고 상해 한인 기독교청년회가 이 시기에 생겨서 김예진 목사와 차경신 지사와 같은 훌륭한 기독교 독립투사들을 탄생시켰으며 상해의 임정(臨政)의 요인(要人)들이 상해의 한인교회를 통하여 배출되었다. 「상해 조선인 예수교회」는 1914년 한일합방 이후 건너간 최재학을 중심으로 YMCA 미해군 회관에서 시작된 것이다. 그 후 평양신학에 다니던 여운형이 사역한 것이며 그의

⇐ 상해 면려회 임원들 : 1920년대 앞줄 왼편에서 셋째가 김예진 목사, 뒷줄 왼편에서 셋째가 차경신이다.

청원으로 목자가 부임하였는데 상해에는 너무 목사가 많아서 걱정이었다. 상해 교회의 인성(仁成)학교는 민족의식이 투철하여 독립군 양성학교로 인식될 정도였다고 한다.

남경의 선교사업은 1922년부터 시작되었다. 정치 망명객과 유학생 중에 신자들이 많아 1921년에 선우혁, 선우훈 형제가 중심이 되어 장덕로 목사를 모시고 교회를 설립하였고 후에 장로교 총회는 장목사를 선교사로 추인하였다. 그러나 장목사가 난리로 상해로 가서 1928년 남경한인교회는 해산되었다.

북경 선교 사업은 1923년에 그 곳에 유학온 김광현 목사에 의하여 시작되었고 1926년 북경 선교는 장·감 연합전도국에 이관되어 계속 추진되었다.

5〉 몽고 선교

몽고 선교는 1925년 감리교의 최성모 목사에 의하여 시작되었다. 그는 동년에 내몽고의 백음태래(白音太來)에 화흥교회를 설립하였다. 1935년에는 내몽고와 열하(熱河)에 있는 교포들이 장로교총회에 선교사 파송을 청원하여 총회는 의산 노회를 시켜서 조보근(趙普根) 목사를 파견하여 선교 사업을 시작하였는데 열하(Jehosheng)는 중국 동북부의 성이다.

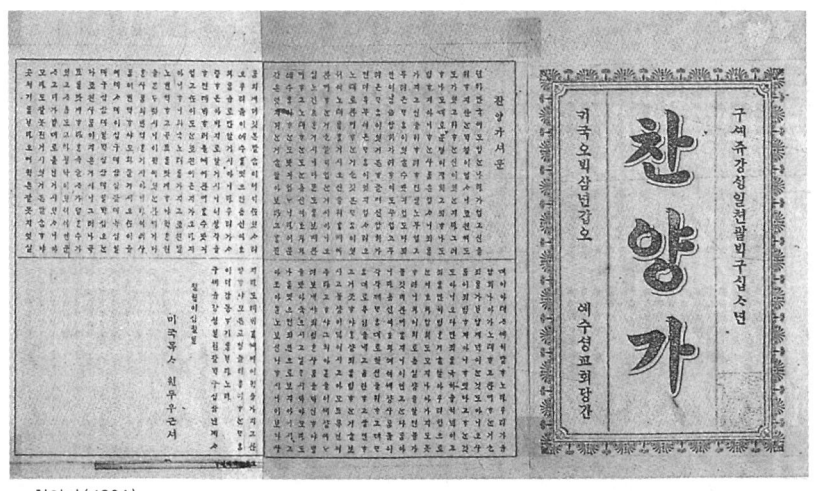

↑ 찬양가(1894)

2) 문화 사업

기독교문화라고 할 때 우리는 대개 기독교 자체를 위한 문화를 생각하게 된다. 그러나 일반 문화의 향상에 도움을 주는 면도 고려치 않을 수 없다. 한국 교회는 우리 민족의 정신에 민족주의(Nationalism)와 민주주의(Democracy)사상을 철저히 부각시켰고 아울러 한글의 재생과 일반화에 큰 몫을 하였고 현대 문학과 조국근대화 작업에 결정적 역할을 한 것이다.

1> 출판 사업

기독교 문화 운동중 가장 중요한 것은 성서 보급으로 성서를 역간하는 일이다.[21] 성서공회는 1910년 성경전서 완역을 발행한 뒤에 곧 개역 위원회를 조직하여 개역에 착수하여 1925년부터는 원전(原典, The Original Text)에 정통한 한인 신학자들이 개역 위원이 되어 원전에 가까운 개역 성경을 1956년에 출판하였다.

↑ 1897년 미감리회에서 펴낸 「찬미가」

⇐ 1898년 펴낸 마포삼열의 「찬셩시」

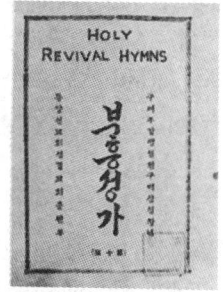
↑ 부흥성가

---

21) 1897-1899년 사이에 종종 번역 재촉의 글들이 신문에 실리고 있다. "평양에 사는 교우 한 분이 편지하였기로 좌에 기재하노라 …한문성경을 번역하는 일은 어쩌나 되었는지 답답하옵니다. 예수를 믿는 사람의 양식은 성경이온대 한문을 모르는 사람은 남녀간에 국문으로 번역한 성경 나려 보내시기를 배고픈 자의 밥과 목마른 자의 물과 같이 기다리오니…"
   1893년 1월 제1차 장로회 공의회에서 "모든 문서는 한문을 섞지 않고 순전히 한글로만 기록한다"는 방침을 정하고 기독교회는 민중의 문자로 한글을 사용하여 보급하기에 힘썼고 한글의 과학적 연구에 힘쓴 것이다. 그 결과 최현배, 김윤경 선생과 같은 이들이 나온 것이다.

찬송가는 1890년에 장·감 양 교파 공동 집필의「신정 찬송가」를 출간하였다가 1894년에는「찬양가」로, 1934년에 장로교는「신편 찬송가」를 출간하였다.「찬양가」는 원두우가,「찬미가」는 존스가,「찬성시」는 마포삼열이 독립으로 만든 것이다. 양 교파는 합동으로「찬송가」(1908)를 내어 전보다 장수(章數)가 몇 배 증가되었고 한국인의 작사가 많이 들어 있는 데서 찬송가의 발전된 모습을 엿보게 된다.「구세군가」(Salvation Army Songs)는 1912년 구세군 조선본영에서 간행한다. 또「부흥성가」(Holy Revival Hymns)는 1913년 동양 선교회 성결교회가 발간하였다.

예수교서회는 3·1운동 이후에 급격히 신장되는 신자들의 독서열에 부흥코저 하여 1931년에 사옥을 신축하고 교양서적과 세계 명저들의 번역출간에 힘썼다. 이 시기에 창문사(彰文社)라는 순 한국인의 출판사는 예수교서회와 쌍벽을 이룬 것이 이채롭다.

그리고 1921년에 평신도 중심의 광문사(廣文社)를 세워 주간지인「새생명」을 발간하였다. 그리고 각급 기관들도 기관지를 출간하였는데 YMCA의「청년」, 감리교 엡윗 청년회의「신생」, 성결교 청년회의「활천」(活泉), 장로교 면려청년회의「진생」(眞生), 주일학교 연합회의「아이생활」, 장로교 신학교의「신학지남」, 감리교 신학교의「신학세계」등이 있었다.

1928년에 와서는 전영택, 방인근, 임영빈, 최상연, 이은상(李殷相)등 기독교 문인들에 의하여 기독교 문학 운동이 활발히 전개 되었다. 특히 늘봄 전영택은 목사로서 많은 작품을 남겼고 특히 『화수분』은 그리스도의 부활의 뜻이 내재된 기독교 인도주의적 작품이다(『기독교와 한국문학』, p. 117-121).

2〉 신 교육

1915년에 발표된 사립학교 규칙 개정 가운데 기독교 학교가 수긍할 수 없는 조항은 제 6조의 교과 과정에서 성경을 정과목으로 할 수 없다는 것이었다. 1925년까지 소학교는 보통학교로 개편하는 10년 유예를 주고 그 기간이 지나면 기독교 사립학교들은 성경교육을 폐지하고 지속하느냐 폐지하느냐 하는 중대 위기에 봉착하였다.

감리교는 1916년에 이화학당, 1918년에 배재학당을 각각 고등 보통 학교로 변경시키는 것을 완강히 거절하였다.

1919년 3·1운동 사건으로 총독이 갱질되고 무단 정치가 문화 정치로 바뀌자 장로교 학생들은 성경을 정과목으로 가르칠 수 있게 되었다. 3·1운동으로 급격히 일어난 교회의 교육열에 부응하여 기존의 숭실대학, 세브란스 의학교, 연희 전문, 이화 전문만으로는 급증하는 고등교육 지망자를 감당할 수 없었다.

1920년 10월 2일 제 9차 총회는 기독교 대학을 설립하기 위하여 총회 안에 고등교육 장려부를 설치하고 후원회 회원과 기부금 모금을 시작하였다. 그러나 총독부의 방해로 좌절되고 부득이 제 10회 총회에서 대비(貸費) 외국 유학제도를 실시하였다.

한편 감리교회에서도 고등교육 장려운동을 일으켜 교직자 양성회를 설치하고 유능한 청년을 해외에 유학시켜 인재를 양성하기로 하고 감리교 선교회는 이화학당을 여자 대학으로 승격시킬 준비를 하였다. 총독부의 완강한 반대로 이화여자 전문학교로 인가를 받는 수 밖에 없었다. 그러나 1933년 12월에 27개교의 중학교 이상의 기독교 학교가 모여(YMCA) 기독교 교육연맹(이사장, 유익겸)을 창립하여 학생들의 종교 및 생활지도에 관한 문제를 연구한 것은 획기적이며 그 연맹은 금일까지 지속된다.

3) 사회사업

한국의 각종 사회복지 사업이 기독교회(천주교 포함)를 통하여 일어났고 발전되었음을 부인할 수 없다. 물론 불교나 기타 종교의 기관이 전혀 없는 것은 아니다. 벌써 1926년의 「기독신보」 사설은 경제문제 해결이 교회의 당면한 급선무(急先務)라는 강조를 하고 있고 3·1운동 이후 실력양성이 민족 자주 독립의 첩경임을 말하였으며 교회지도자들은 민중(民衆)의 선두에서 교육과 함께 사회복지에 큰 힘을 기울인 것이다.

(1) 농촌 계몽 운동

1920년대의 농촌 인구는 전 인구의 80%였고 교회는 7천여 촌락 문명의 중심이 되었다. 그런데 농촌은 경제공항으로 시달림을 받았다. 왜냐하면 일본이 한국의 영토를 잠식하려는 동양척식회사가 한국 농토를 반 강제로 매수하여 한국의 농토는 거의 일본인과 동양척식회사에 넘어가 농민들은 생활유지가 어려웠다. 그러므로 농촌문제는 교회의 제 1과제가 되었다. 앞에서도 언급했으나 1920년 북장로교 선교회는 농촌 담당 선교사 누소(D. N. Lutz)를 평양으로 보내어 농작물 다수확, 농토개량, 농촌 향상을 지도하였다. 그는 실로 한국 농촌 선교의 선구자였다. 물론 1916년 연희전문학교는 농과를 신설했으나 해마다 학생의 응모가 없어 중단된 일도 있다. 1924년 YMCA는 농총부에서 경기도 화성군 샘골에 최용신(崔容信)양을 파송하여 손수 학교를 세우고 10여리 먼 길을 내왕하며 어린이를 가르쳤다. 아깝게도 그녀는 과로에 지쳐 26세를 일기로 세상을 떠났다.

유달영(柳達永)의 "崔容信孃의 生涯"라는 시를 소개한다.

"솔을 베어 만든 배를
비바람에 보내노라
어진 어미 흰 돛을 끝까지 굳게 달게
겨레의 사는 길이 이뿐인가 하오니
창파에 가는 배야
네 어이 무심하리

암초 많은 바다에
상어떼가 사나우니
헐은 돛 낡은 닻이 모두 다 한(恨)이로다
미친 바람 큰 물결에 네 힘으로 어이하리
믿음으로 잡은 키엔
큰 힘 있어 이끌리라

무리무리 가는 배를
어둠 속에 보내노라.
주님 주신 별을 달고 의심없이 가리라
겨레의 사는 길이 이뿐인가 하노라
언덕에 보내는 가슴
피흘러서 젖노라"

― 나의 사랑하는 딸들에게 ―

작가 심훈은 최양의 갸륵한 뜻을 소설화하여 『상록수』라 하고 현상금으로 "상록학원"을 세워 최양이 못다한 일을 계승하였으며 1925년 YMCA는 서울 근교를 순회하면서 간이 농사 강습회를 열었고 1927년에는 신흥우 총무와 홍병선 간사를 덴마크에 파견하여 농촌을 시찰케 하고 돌아와 전국을 순회하면서 덴마크식 농사 강습회를 열어 큰 성과를 나타내었다. 동년에 미국의 우수한 농학자 클라크(F. O. Clark)박사를 초청하여 전국적으로 농사 강습회를 열어 큰 성과를 거두는 등 대대적 농촌 사업을 전개하여 큰 성과를 거둔 것이다.

⇐ 최용신(중앙)

심 훈 ⇒

1927년 9월 7일 제 17회 장로교 총회는 농촌부를 두고 산하 노회에 지부를 두어 모범 농촌설치, 신용조합의 설치보급, 기관지「농민생활」(農民生活) 간행, 농민학교 설립운동을 벌리고 1930년 9월 12일 제 19회 장로교 총회는 10월 3차 주일을 농촌 주일로 지키고 헌금하여 그 운동을 적극 후원하였다. 그러므로 장로교 총회는 농촌사업을 가장 광범위하게 장기간 실시한 것이다.

1931년 숭실전문에 농과를 설치하였고 1933년에는 동 농과에 병설 고등학원을 설치 하였고 동년 총회 농촌부는 상설 사무국을 설치하고 농촌 운동가 배민수(裵敏洙) 박사를 총무로 시무케 하고 원예 전문가 김성원과 박학전을 간사로 하여 전국을 순회하면서 농촌 운동을 일으킨 결과 농촌사업이 크게 발전한 것이다.

한편 감리교회에서도 1928년 연회 안에 농촌문제 연구 위원회를 두고 1933년에는 산하 지방회와 교회까지 확대시켰다. 이러한 농촌운동에 부응하여 1929년 한국 기독교 연합 공의회는 각 교파의 청년 대표로 구성한 농촌사업 협동 위원회를 조직하고 총체적인 농촌운동을 하였다.

(2) 절제운동

1919년 선교사 협의회는 사회복지사업 위원회를, YMCA는 금주 동맹회를 조직하고 활동을 전개하였다. 1922년에는 정주, 순천, 은율, 이리, 춘천, 철원, 양주 등지 교회가 금주, 단연 운동, 물산장려운동을 하였다. 1923년 세계기독교 여자 절제회 동양 특파원 크레스틴 틴링(Chrestine I. Tinling)양이 내한하여 한국 기독교 여자 절제회를 조직하여 회장 박인덕, 총무 정마리아를 취임케 하고 전국(서울, 평양, 개성, 해주, 원산, 광주, 대구, 재령 등지)을 순회하면서 약 300회의 강연을 하면서 절제 운동을 크게 일으켰고 한국인으로서 이화학당 교사였던 최활란, 유각경, 최에스더가 한국여성 절제회 조직의 주역이 되었다.

감리교회는 1923년 부터 절제운동에 착안하였고 1926년에는 연회에서 12월 3차 주일을 「절제운동일」로 정하고 전국 교회적으로 절제운동을 전개하였고 1930년에는 연회에 절제부를 두고 손(孫)메리를 총무로 선임하여 크게 활약한 것이다.

장로회에서도 1928년 절제회가 조직되어 회장 채필근, 총무 송상석 목사를 두어 미성년자 금주법의 실시를 적극 전개하였다. 또한 1933년 전국 주일학교 대회(제 4회)가 대구에서 모여서 금주운동을 위해 시가 행진도 하였던 것이다. 특기할 사항은 절제회 총무인 송상석(宋相錫)목사는 좌수의 약지를 끊

← 금주운동 시가행진
(1933년 대구)

어 혈서를 써서 당시 조선 총독에게 진정하면서까지 금주, 금연법을 제정한 것이다. 뿐만 아니라 이 절제 운동은 폐창 운동까지 벌려서 각 선교부, 각 기독교 기관, 기독교 연합 공의회등이 사이또 총독에게 공창폐지를 건의하는가 하면 앞장서서 폐창운동을 위한 계몽강연과 선전 운동을 전개하였다. 또 기생조합과 무당, 판수조합 폐지도 건의하고 선전문을 가지고 민중을 계몽한 것이다. 송목사는 "절제가 개인적으로 극기생활이 되고 사회정화, 종교적 신앙의 실제화가 된다"[22)]고 하였다. 그리고 1931년 신정 찬송가가 발행될 때 임배세 작곡의 「금주가」를 편인한다.

    금수 강산 내 동포여 술을 입에 대지 마라
    건강 지력 손상하니 천치될까 늘 두렵다
    패가 망신될 독주는 빚도 내서 마시면서
    자녀 교육 위하여는 일전 한푼 안 쓰려네

    전국 술값 다 합하여 곳곳마다 학교 세워
    자녀 수양 늘 시키면 동서문명 잘 빛내리
    천부 주신 네 재능과 부모님께 받은 귀체
    술의 독기 받지 말고 국가 위해 일할지라

    아, 마시지 말라 그 술
    아, 보지도 말라 그 술
    조선 사회 복받기는 금주함에 있느니라

(3) 구호산업

1903년 감리교 선교사 허을(Rosetta S. Hall, 1890-1933)부인에 의하여 맹인 여학교가 시작되었고, 1904년 마페트 부인에 의하여 남학교가 설립 운영되다가 1915년 남·녀 학교를 합하여 운영하였으나 유지 곤란으로 우여곡절을 겪다가 1935년 이창호 목사의 인수활동으로 크게 발전하였고, 1883년

---

22) 宋相錫, 『韓國節制敎育硏究史料集』, 聖光文化社, 1978.

프랑스 신부들에 의하여 명동에 설립된 고아원은 한국 고아원의 효시이다.

1886년 원두우(H. G. Underwood) 목사에 의하여 고아 구제원이 운영되다가 후에 「경신학교」가 되었고 1919년 손택수, 김병찬, 김태화 등이 「서울고아원」을 설립한 후 윤치호 등이 고아구제회를 조직하고 5만원을 모금후원하여 잘 운영하다가 오긍선 박사가 인수한 후 선교회와 교회는 당국의 후원으로 크게 확장 되었다. 고아 사업은 평양, 선천에서도 운영되었고 1923년 구세군에서도 남·여 육아원을 설립하였다. 양로원은 1907년 평양교회 도제직회에서 「평양 양로원」을 운영하였으니 이것이 한국 선교 연합회는 버림받은 문둥병자의 구호를 위하여 어빈(Irvin) 빈톤(Vinton) 스미스(Smith) 목사 등을 문둥병사업 위원으로 선정하고 1909년 부산에 수용소를 개설하고 1914년에는 그 수용소가 호주 장로교 선교회에 이관되어 운영되었고 남장로교 선교부는 광주 문둥병원과 순천 문둥병원을 운영하였다.

1928년 허을(W. J. Hall) 부인(2세 선교사)에 의하여 황해도 해주에 폐결핵 환자를 위한 「구세요양원」을 세워 한국 폐결핵 환자를 절망에서 구원하였고 마산결핵 요양원도 큰 몫을 한 것이다.[23]

또한 아동보호소는 서울 태화 여자 기독교회관 내에 「중앙 보건소」 개설을 첫 출발로 그후 선교사들이 있는 곳마다 그 부인들이 아동보건을 위한 여러가

⇧ 1928년에 세운 황해도 해주의 구세요양원

---

23) 이곳은 국립마산결핵요양소가 되어 있고 아동결핵요양소도 있다. 이곳 아동결핵요양소에는 영국의 귀족 아들로 많은 유산도 거절하고 의료선교사로 나온 훌륭한 분(Dr. Mrs. R. W. Pearsen)도 있다.

지 사업을 하였다. 또한 구세군은 해마다 크리스마스때 자선남비가 등장하여 자선사업을 하였다. 이는 성탄절의 풍속도 이기도하며 많은 이들에게 깊은 인상과 기독교 정신을 보여준다.

(4) 한편 장로교 총회는 1930년대에 마포삼열 기념관을 건립키로 하여 1935년 평양의 경창리(景昌里)에 그의 한국 선교의 업적을 기리는 건물을 세운 것이다. 그리고 1931년에 장로교총회는 금강산에 기독교 수양관을 세워 많은 교역자들의 휴식처가 되었다. 또 1933년 제 22회 총회는 감리교와 연합으로 한국선교 50주년 희년(1934년)대회를 하기로 하여 총회가 주관한 희년대회는 1934년 9월 10일 평양 숭실전문학교에서 성대히 거행하였고 그 때 희년음악회도 있었다.

⇧ 금강산 기독교 수양관 :
한석진 목사의 헌신적인 노력으로 설립(1930년)된 금강산 기독교수양관으로 초교파적 수양관이었다. 1941년 일제에 의해 강제 철거당하였는데 사진은 1936년에 개최된 제 1 회 장로교목사 수양회이다.

제 6 절 한국적 종파 운동과 이단

우리가 여기서 종파(宗派)라는 것은 반드시 이단적 종파가 아니라 한국적 교회를 형성한 것이며 이단에 대해서도 한국적 시대가 낳은 특수성을 결코 배제할 수 없는 것이다. 곧 그들은 한국의 특수한 상황에서 기독교를 바탕으로 형성된 이교적 집단이 된 것이다.

1. 종파운동

1) 최태용의 복음교회

최태용은 1897년 함남 영흥(永興) 태생으로서 수원 농림학교를 졸업하고 연희전문학교 농과선생으로 1919년부터 2년간 봉직하다가 일본에 가서 동경 영어학교에 다니면서 일본 복음주의자 우찌무라 간조오(內村鑑三)에게서 결정적인 영향을 받았다. 그는 1926년 6월에 「천래지성」(天來之聲)이라는 개인잡지를 창간하였고 1928년 12월에는 명치학원(明治學院) 신학부에 다니는 몸으로서 「영과 진리」(靈과 眞理)라는 개인 잡지를 창간하여 1937년까지 발행하였다. 그는 이 잡지들 속에서 한국적 기독교와 영적 기독교를 소리 높이 주장하다가 마침내 1935년 12월 22일 서울에서 교단창립을 선언하고 신앙고백과 표어를 채택하여 「조선복음교회」라 하였다. 다음은 「복음교회」의 선언이다.

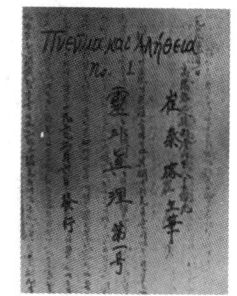
⇧ 최태용의 「영과 진리」

<우리의 고백>

1. 우리는 천지의 창조자 홀로 하나이신 하나님을 믿음.
2. 우리는 우리의 구주요 하나님의 독생자이신 예수 그리스도를 믿음.
3. 우리는 성령의 사귐을 믿음.
4. 우리는 사람은 하나님의 현전에서 죄인임을 믿음.
5. 우리는 하나님 아버지의 은총과 예수 그리스도의 공로를 믿음으로써 구원을 얻고 하나님은 성령으로 말미암아 다시 나게 하며 우리를 거룩하게 하며 우리는 창조하는 일을 믿음.

6. 우리는 하나님의 말씀의 자리요 믿는 자가 그 사정에서 하나님을 찬송하며 서로 덕을 세우는 장소요 복음 전도의 기관인 교회를 믿음.
7. 우리는 장차 하나님의 심판을 통하여 나타날 하나님 나라를 지망함.

<우리의 표어>
1. 신앙은 복음적이고 생명적이어라.
2. 신학은 충분히 학문적이어라.
3. 교회는 조선인 자신의 교회이어라.

그는 1936년 평소 그가 가졌던 사상을 스스로 포기하였는데 그 시대적인 것과 신비주의에 대한 태도이다. 그에게 있어서 신비주의는 상당히 압도적이었는데 후에 그것을 비판하였다. 그는 신약성경의 유일회성적(唯一回性的) 계시를 부인하였는데 다음과 같이 말한다. 왜냐하면 "하나님께서는 영원히 살아계셔서 자유로 사람 안에서 역사(役事)하셔서 새로이 기독교를 산출하실 뿐만 아니라 현재의 기독교에 예수 그리스도가 다 나타나신 것이 아니고 아직 그의 중대한 부분이 남아 있는데 현 복음(現福音)과 바울서신에 다하지 못한 예수가 있다."는 것이다.

또한 최태용은 삼위일체설을 부인하였다. 그것은 영적인 신의 계속적 역사에서도 그렇지만 교리가 희랍적 체계 속에 둔갑한 비 복음적 요소이기 때문이요 또 삼위(三位)를 전제함으로 종교적 직감과 경험을 흐리게 하고 하나님의 실험적이요 실습적인 합일과 대면을 막기 때문이라고 보았다. 그러나 그의 가장 현저한 신비주의적 경향은 소위 영지주의적인 신지체험적(神智體驗的) 신탁의식(神託意識) 속에 있었다. 그의 말에 이런 것이 있다. "나의 무진(無盡)한 한 삶을 가졌음을 느낀다… 만일… 한 마디로 말할 것이 없음을 느낀다. 나 스스로는 말낫다. 비엇다… 그르면 나의 말한바는 나의 것이 아니요 다른 이의 것임이 분명하다… 그러면 누구를 말하고 누구에게서 말하는가? 하나님의 아들 예수 그리스도이시다. 뎌는 무근(無根)한 말씀이다." "주는 충만이요 나는 비었노라"고 하는 주와의 신분 동일시는 속죄와 은총의 종교와는 거리가 멀었다. "회개의 절정(絶頂)은 사점(死點)에 立하는 것이니 여기에 니르러 그리스도의 死를 알 수 있습니다. 아니 믿음으로 말미암아 완전(完

全)히 合하여 하나이되는 것이 올시다. 죽음에서 그리스도와 나와 하나를 이룰진대… 신앙은 즉 나를 그리스도에게 던지고 그리스도를 나로 하는 일이올시다… 더 위대한 그리스도의 생명을 나의 것으로 함에 결과(結果)합니다. 그리스도의 권능이 나의 권능이요 그리스도의 영광이 나의 영광이요…" 이런 본질적 변형에서 주님과 같은 의식(意識)을 가지지 않기는 어렵다. "조선은 余輩의 안에 있는 일체(一切)의 멸망혼은 깨끗하게 씻으시면서 계시다. 위선 여배일인(爲先余輩一人)이 멸망치 아니할 것은 확실하다. 그리하여 또한 여배가 조선을 멸망치 않게 하리라."

요컨대 조선 민족의 흥망은 여배의 그리스도를 향하여 태도에 대하여 결정한다.

† 최태용 목사

그의 이 태도는 신비적 정숙과 통하였다. "너는 입을 봉하고 침묵하라" 라든가 전도무용(傳道無用)을 말하면서 "하나님께서는 자기의 일을 위하여 네 영혼을 원하니라. 네 영혼에 자기를 담으시랴 하시나니라." 할때도 그렇고 둔세적 경향도 "皮等은 생각하기를 純全한 복음만 가지고는 사람을 얻기 어려워 문화 사업도 하고 사람을 모아 놓고 福音을 전하고자 한다마는 복음이 모든 것이 되는 신앙업시 복음은 함께 하지 아니합니다." 라든가 "우리는 되는 것을 경험하기 전에 먼저 아니되는 것을 경험치 아니하면 안된다."에서도 여실히 표현되었다.

이 태도의 기초에 아련한 신비적 체험이 깔려 있었다. 곧 "1916년의 初冬의 엇던 밤에 나는 불의(不義)에 한 광명을 감하고 분명한 말씀이 내성령에 임하여 내 심신에 통하기를 복음을 위하여 네 몸을 밧치라 한다. 당시에 아 나는 아무것도 아지 못하고 다만 깃쁨에 족하야 잇셔 3, 4일 이었다. 이 사명에 몰려서 나는 출세의 길을 거절하고 적수공권으로 황야에 뛰어 들었다." 그의 엑스타시가 몸에까지 미쳤다는 점과 아울러 그 황홀이 오래 계속된 것은 이상하다. "그리스도는 모든 것보다 먼저 있는 실체(實體)이다." 그리하여 만물을 그의 안에서 지었다. 만물은 그 과거, 현재, 미래는 물론하고 영원한 자 뎌의 안에 있다. 만물은 그의 기원이 뎌로 말미암앗다. 그 목표(目標)가 뎌를 향하여 잇다. 현존재(現存在)는 또한 뎌의 안에 결합되어 있습니다… 결합이라 택한 원어(Kollao)는 부분이 한데 응결한다는 뜻이다."고 언급하고 있다. 그리스도와 만물과의 부분, 전체와의 관계시(關係視)는 확실히 위험한 신비주의적 일원론적 입장이다. 이런 생각에서 최태용은 신비를 좋아하는 한국에서 교회의 사명을 자각하기 시작하였다. 우선 그는 선교사를 공박하면서 그들이 한국교회를 「아희들과 갓치, 걸인과 갓치」취급하였다고 반발하고 조선교회의 독립을 주창하였다. 그것은 전통적 교회에 대한 반발과 동행했다. "예수 그리스도와 금일의 조선교회는 전연(全然)시 별물(別物)"이라고 혹평한 그는 "이 망할 ×××"이라는 욕을 불사하였다. 그 까닭은 "현재 조선의 교회는 진리의 빗침이 업는 암야(暗夜)이요. 진(眞)과 실이 업는 형(形)뿐인 현재의 교회를 미워하기 때문이요. 조선인 자신의 자각으로 기독교의 본질을 추구하는 노력과 자기가 소화한 진리의 표현에 있어서의 진보가 없다"고 보았기 때문이다.

이렇게 하여 그는 그리스도의 순육(純肉)과 영(靈)의 기독교를 표방하여 복음교회를 세웠고 교파의 정립을 공격하여 "신앙만 있으면 감리법도 가하고 장로 정치도 가하다"해서 일종의 교파적인 공동체를 목표하였다. 그러나 그는 1930년부터 본래의 입장이던 무교회주의 이탈을 선언(宣言)하고 역사적, 사회적 실존으로서의 교회제도와 설비를 불가피한 것으로 받아들이고야 말았다 (1935년 목사안수). 그리고 그의 벗인 김교신을 은퇴주의라고 오히려 공격하였다. "교회에 대한 일시적 반동으로서 무교회주의는 때의 사명이 있을 것이다마는 무교회 입장은 그릇된 것이다." 그는 이렇게 하여 옛 권위에 복종하고 권위에 머무는 하나의 교회인으로 정착하고 말았다.

최태용은 1931년부터 방학기간을 이용하여 전국을 다니면서 영적 기독교를 전파하는 중에 1931년 12월 양산에서 "화육"이라는 설교가 문제가 되어 박형룡에 의해 이단으로 정죄되기도 하였고 결국 그는 장로교 노회와 총회에서 더이상 용납할 수 없는 자가 된 것이다.

이와 같은 상황에서도 최태용은 1940년 일제의 탄압과 회유에도 굴하지 않고 일본에 건너가 조선 자치의 정부수립을 대장상, 척무대신 등 고위 관리들에게 요청하기도 한 것이며, 8·15 해방 후에는 대한독립촉성회(이승만 주도)의 총무부장 또는 국민훈련원 원장으로 일하다가 1950년 9월 서울에서 북한군에게 53세로 희생당하였다.

"제2의 내촌"이라는 최태용은 일본의 무교회주의에서 교회를 비판하는 방법을 수용하고 일본 기독교가 추구하는 일본민족주의(무교회주의가 목표한)에서 발전하여 한국 민족주의적 구원의 신학을 수립하려 하였고 그가 정치에 나선 것도 입신출세에 뜻이 있음이 아니라 국민계몽에 목적이 있었다 하겠다.

2) 자치교회의 조직

(1) 1910년 장로회 전라 대리회 지역에서 최중진 목사가 선교사들에게(전북 대리회) 5종의 건의를 하였는데 첫째 세례보다 쉬운 학습교인제도, 둘째 부안을 편입해 줄 것, 셋째 교구 내에 중등학교 허락해 줄 것, 넷째 상구(喪救)위원 2인 둘 것, 다섯째 집을 한채 사주면 안정된 목회를 하겠다는 요구를 들어주지 않아서 자유를 주창하여 부안, 정읍, 임실 등지에서 큰 소동이 일어났으며, 1911년에는 평북 대리회 지역인 의주군 노북 교회의 영수 김원유와 강계교회 장로 차학연 등이 선교사의 처사를 달갑지 않게 여기고 장로회 정치를 불복하고 이탈하여 자유교를 세웠는데 많은 교인들이 따라나가 교회를 혼란케 하였다. 이들은 전라도 지방의 최중진과 연결되어 평북지방 교회에 큰 어려움을 주었다.

(2) 1916년 황해 신원교회(新院敎會) 목사 김장호의 비정통적 성경해석을 들어서 그 총대권을 박탈한 사건이 생겼다. 김장호는 개전의 정이 없어 노회는 1918년 12월 제 15회 노회에서 그를 이단으로 정죄하고 제명처분을 하였으며 1923년 총회에서 이를 접수하였다. 장로교회에서 그를 단죄한 것은 두 가지 이유에서였다.

> 첫째, 그는 자유교회적 교회론을 주장하였는데 의회 정치를 불복하고 평민적 민주정치를 주장하였다. 그의 이런 통일성과 입체적 결속을 무시하는 교회론은 일제의 입장에서 볼 때 다루기 쉬웠으므로 조선 총독부가 이를 후원하여 주었는데 이는 일본의 회중교회(Congregational Church)와 비슷했던 것 같다.
> 둘째, 그의 자유주의적 성경해석이다. 이스라엘 백성이 홍해를 건넌 사건을 간조현상으로 설명하고 5천명을 광야에서 먹이신 사건은 모두 도시락을 지참하였다고 해석하였다.

이것이 교회에서 문제가 되었을 때 이 자유적 사상의 책임이 재령 주재의 공위량(Dr. William C. Kerr)이었다는 사실이 드러나 황해노회의 요청에 의

하여 공위량은 한국에서 추방되었다. 그래서 김장호는 신원교회를 차지하고 1918년 7월 7일에 "조선 기독교회"를 창설하였다.

그 강령 1조는 다음과 같다.

> "교리해석상에 문명 각국에 현행하는 진정고상(眞正高尙)한 신학설(神學說)을 자유 채용하고, 야매(野昧) 인종을 유도(誘導)하는 현혹미소(玄惑迷疎)하는 가설우언(假說寓言)을 일체효파각오(一切曉破覺悟)하야 동양교회에 신선한 정신을 격성신흥(激醒新興)케 할 것."

조선 기독교회의 설립목적은 첫째, 조선 백성의 구제사업은 조선백성의 능력과 책임아래 조선의 주권과 이익을 외국의 주권이나 이익보다 소중히 여기면서 운영하고, 둘째, 각 국 각 파의 선교사가 들어와서 제각기 세력을 증가하느라고 분쟁하여 민족을 분열이간하는 폐단을 막고 우리 민족끼리 교파를 세워 민족정신을 통일하기 위해, 셋째, 과학은 진보하고 지식은 넓어진다. 과학이 증거하는 종교와 과학을 뒷받침하는 종교를 가지기 위함이었다. 이런 교회는 1930년대에 몇 도(道)에 20군데가 있었다고 하고, 1930, 1940년대에는 일제와 유착되어 「어대전기념장」을 수여받기까지 하는 친일교회가 되고 말았다고 한다.

(3) 또한 이와 비슷한 1918년에 대구에서 이만집(李萬集)의 자치교(自治敎)가 일어났다. 대구 남성교회 목사 이만집이 선교사와의 불화로 당회원들에게 몰려 마침내 경북노회에서 파면의 위기를 받자 박영조 목사등과 같이 노회를 탈퇴하고 자치를 선언하였다. 자치 교회 운동은 부정적인 면으로 보면 기성교회 이탈이나 긍정적 측면으로 보면 당시 선교사들의 횡포 또는 일본 세력에 대한 민족교회의 독립이라는 쾌거로 볼 수 있다. 당시 언론(東亞日報)은 이를 아주 긍정적으로 평한다. 그리고 그의 항일 투옥 생활에서 결국은 교회의 혼란과 갈등을 초래 하였으며 그의 신앙과 인격 및 설교의 감화는 컸고 그의 신앙적 가통(家統) 역시 양호하다.

↑ 이만집 목사

그런데 여기에 총독부의 작용을 간과할 수 없다. 총독부는 교회의 힘을 분산하고 선교사들과의 반목을 위하여 여러가지 방안을 획책하다가 이만집을 비롯한 여러 자유교 집단들을 옹호하고 후원하여 교회 분열을 유도하였다. 1929년도에 자치교회는 모두 14개, 대구 10, 영양 3, 경주에 1곳이 있었다. 소위 이들의「자치선언」(1923. 3. 18)에 "30성상에 비롯 각오하였다. 우리가 믿음으로 살려면 진리에 속하자… 금아(今我) 대구교회는 저 권리를 주장하는 선교사의 정신지배를 받는 경북노회를 탈퇴하고 자치를 선언함."이라 하였다.

이와 같이 비슷한 운동들이 도처에서 일어났는데 그 이유는 두 가지로 요약될 수 있다. 첫째 선교사들의 불화인데 선교사들의 오만과 한국교회에 대한 무시가 크게 작용하였다. 둘째 일본 총독부의 교회 분열 정책이다. 이러한 정책적 배려는 교인들의 민족의식을 교묘한 방법으로 유도한 것이다(김남식, 『이만집목사 생애와 사상』참조).

(4) 마산 예수교회 : 마산 문창교회 박승명(朴承明) 목사가 선교사와 갈등에서 "4대 강령"을 내걸고 독립하였다. 그는 평남 출신으로서 3·1운동 당시(1919) 국민회를 결성하여 독립운동을 한 때문에 옥고도 치루었고 학문에도 열의를 보여 장로교 최초로 "비교종교학"을 저술한 것이다. 1925년 문창교회에 부임하여 크게 신망을 얻고 또 성경에 해박한 목사로 알려졌으나 1926년 스캔들로 인하여 구설수에 올라 인책 사직한 것이다. 그와 교인들 일부가 교권에 반항하여「마산 예수교회」라는 단일교회를 세웠는데 그 강령은 ① 우리의 유일신조는 하나님은 아버지요, 예수님은 구주시요 세계의 인류는 형제, ② 우리는 개인의 자유 신앙을 절대 공인하는 동시에 자유 신앙에 방해되는 편협된 고정적 신경조례를 부인한다. ③ 과두정치를 부인하고 ④ 민중 본위교회를 말한 것이다.

마산 예수교회는 지금 존재하지 않고 어떤 감리교회가 되었다 한다. 그리고 박승명의 최후가 별로 아름답지 못하다는 것이다. 심지어 서울 남산 무당골목에서 관상을 보고 있더라는 어처구니 없는 소문이다. 이것은 사실이 아니길 바랄 뿐이다.

3) 변성옥의 조선 기독교회

감리교의 선교활동은 1912년부터 만주지방에서 활기를 띠기 시작하였고 많은 목사(손정도, 정재덕, 최수영, 배형식, 이병하)를 파송하였다. 그 결과로 감리교와 선교연회까지 지역선교에 열심한 것이다.

이러한 선교과정에서 하나의 분파운동이 일어 났는데 1935년 2월에 만주선교 연회 북만 지방의 현성원, 한동규, 유인철, 박세평, 변성옥 등이 연명하여 한국 모교회를 떠나「조선기독교회」를 창설하였다. 이들의 이러한 분립 경향은 1934년부터 구체화하기 시작하였는데 동만지방 교역자 임시회의에서 이런 운동을 우려한 적이 있었다. 이들의 분립 동기는 양주삼 총리사와의 불화를 들고 있었고 배후 조종으로 선교사의 존재를 공박한 것을 보아서 목표는 교파를 초월한 새교회운동과 선교였으며 이를 실현하기 위하여 길림(吉林)에 신학교를 이미 설립하고 있었다.

이런 사실이 드러난 것은 1935년의 일이다. 총회에서는 전도국장 오기선 감리사와 교육국 총무 유형기 목사를 만주에 파견하여 저들과 회담케하여 진상을 보고하게 한 일이 있었다. 이때 변선옥일파는 첫째, 북만지방의 전도상 교파 초월이 필요하며 둘째, 자급자족이 필요하며 셋째, 기성교회의 부패증을 통감한 까닭에 조선 기독교회를 설립하였다고 해명하였다. 기성교회의 부패로서 이들은 1935년 장로교 총회의 분쟁, 감리교 총회와 중부연회에서의 비 기독교적인 행위, 적극 신앙단의 문제를 들고 있었다. 변성옥의 조선 기독교회는 장로교와의 초교파적 새 운동을 표방하고 있었으며 기본교리는 근본주의(Fundamentalism)라하나 이용도계의 조선 예수교와 매우 가까이 지냈고 김장호의「조선기독교회」와도 교류하면서 자치교회 연합전선을 구축하였다.

4) 하나님의 교회 : 성결교 분리(1936. 11. 30)

성결교 분파는 길보륜(E. A. Kilbourne)이 주관하는 동양선교회 즉 이사회와 1932년 3월에 자립한 총회와의 갈등에서 생겼다. 변남성 목사 일파는 제도권 교회의 복잡한 교리와 정치체제를 부인하고 소위「하나님의 교회선언」을 하였다.

1. 하나님의 교회는 그 명칭을 하느님께서 성서에 보이심에 의한 것임.
2. 하나님의 교회는 성서상 원래 단일성 존재이매 이 진리대로 모든 성도들이 주 안에서 하나이 되어야 할 것을 주장함.
3. 하나님의 교회는 신앙개조(信仰個條)를 제정치 않고 단순히 성서를 신

앙의 기준으로 함.

4. 하나님의 교회는 정치적 통제기구를 두지 않으며 또한 성서 이외의 법규를 세우지 않고 각 교회가 다만 교회의 머리이신 그리스도의 통치에 직속하야 성서를 유일의 정칙(政則)으로 함.

5. 하나님의 교회는 각 개교회의 협동을 도모하는 주의 사업에 대하여는 호상(互相) 연합하여 행함.

5) 김교신과 성서조선(聖書朝鮮)

무교회주의자로 알려진 김교신은 1901년 함흥출생으로 1920년 6월 유학중이던 동경에서 노방 전도를 듣고 결신하여 성결교회(Holiness Church)에서 세례 받았으나 그 곳 순박한 목사가 교인들의 궤술에 말려 쫓겨나는 모습에 비애를 느껴 그 해 11월에 우찌무라 간조(內村鑑三) 문하에 들어가 무려 7년간이나 그의 성경강해와 그의 신앙에 흠뻑 젖었던 인물이다.[24] 1927년 귀국하자 함흥 여자고등보통학교 교사를 비롯하여 영생, 양정, 송도, 경기고등보통학교에 봉직하면서 교사로서의 본을 보이는 동시에 민족의 비운을 통감하여 많은 눈물을 흘렸고 함석헌, 송두용,

↑ 김교신

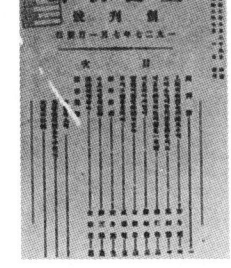

유석동, 정상훈, 양인성 등과 같이 「성서조선」을 창간, 1930년 주필로 편집 발행을 책임지면서 여기 그의 심혈을 다 기울여 왔다.

---

24) 金敎臣의 무교회주의는 다음 다섯으로 요약된다. ①공간 개념의 회당주의를 배격하고 마음 속의 교회와 예수 그리스도만 인정하고 ②성직제도 즉 인간적 권위와 권능을 인정치 않고 ③만인 제사설에 근거한 성경해석권을 논하며 ④모든 세속 직업의 신성 ⑤섭리 사관에 입각한 민족 고유의 사명이 있음을 인식한 것이다.

그뿐 아니라 경성 성서 연구회를 개최하고 이후 매년 일주일간의 동계집회와 함께 앞으로 10여년을 계속 여기에 종사해 왔다. 기성교회에 교적이 없었던 까닭에 어느 교회에서 10여년을 계속 여기에 종사해 왔다. 기성교회에 교적이 없었던 까닭에 어느 교회에서 교권상의 징계를 받은 일은 없었으나 1932년 12월 기독신보에 실린 사설에서 「이사벨의 무리」로 비난 받은 일은 있었다. 그는 1942년 3월 「성서조선」 158호에 실린 권두언 조와(弔蛙)가 문제되어 지령 158호를 끝으로 「성서조선」의 폐간과 함께 피검, 함석헌, 유달영 등 13인과 서대문 형무소에서 1년간 옥고를 치루고 1944년에는 흥남 질소회사에 입사하여 노무자의 복리를 위해 전력하다가 1945년 4월 25일 갑자기 조국의 광복을 보지 못하고 세상을 떠났다. 김교신은 자신이 평소에 자주 읽던 성경 속에 쓴 우찌무라 간조의 글귀인 "I for Japan; Japan for the World; The World for the Christ: And all for God."라는 글귀가 새겨진 것이다. 그에게 조선은 신앙의 바탕이요 사랑의 대상이 되어 조선의 지도를 걸어놓고 원고를 썼던 때문에 바울이 "내가 그리스도에게서 끊어지는 한이 있더라도 조국 이스라엘을 버릴 수 없다"고 한 고백과 같이 그도 조선을 결코 잊을 수 없었다.

그리고 그는 친히 주일 가정 성서집회와 일주일의 겨울성서집회를 가져 친히 성서지식 보급에 주력한 것이며 늘 모시 두루마기에 짚신을 신는 것을 좋아한 조선인이었고, 선생으로서 그의 별명은 "양칼"이라 할 정도로 모진 데도 있었으나 예레미야를 연상케 하는 눈물의 사람이었다 한다.

문제가 된 그 조와기(弔蛙記)는 민족의 곤혹을 개구리에 비유하여 민족혼을 일깨우는 글이다. "혹한에 죽은 개구리는 묻어주고 그 중에도 아직 두어마리가 살아서 기어다니니 아직 전멸은 모면했나보다"는 글귀에 일본인들의 심장이 찔린 것이다. "네놈은 지금까지 우리가 잡은 조선놈들 가운데 가장 악질부류이다. 결사니 조국이니 하면서 뛰어다니는 놈들은 오히려 좋다. 그런데 네놈은 종교의 허울을 쓰고 너희 민족의 얼을 깊이 심어 100년 후 아니 500년 후라도 독립이 될 수 있는 터전을 마련하려 하니 참으로 고약하기 짝이 없는 놈이로구나"하고 일본인 검사가 화를 냈으나 그는 침묵할 뿐 말이 없고 그 후 동지들에게 "일본 검찰의 눈은 똑바로 붙어 있었어 사물을 볼 줄 알고 있거든"이라고 한 것이다. 또 일본 천황은 신이 아니라 피조물이며 대동아전쟁은 어린이가 호랑이탄 격이라 결국 망한다고 했다. 그리고 「황국신민서사」가 「그리스도 왕국신민서사」가 될 것이라고까지 하였다. 그는 무교회주의로 출발하여 모교회로 끝났으며 성경연구와 주해에 노력하였고 스스로 「예수를 믿는 한 평신도」로 자처하였다.[25]

오히려 그는 교회를 비방하는 무교회주의의 탈선을 여러 곳에서 경고하고 있었다. 이런 점을 보면 그는 결코 위험한 인물은 아닌 것이 분명하다. 까닭은 밝혔듯이 교회가 분열로 치닫고 경중노회 문제라든가 적극 신앙단의 문제로 만신창이가 된 처지에 "그리스도인의 일원으로 이 교계 혼탁의 책임의 일부를 느끼지 않을 수 없었기 때문이었다." "어찌 그리스도의 이름에 관련된 개인이나 단체에 대하여 악감을 품어내랴" 하는 것이 충심이었다. 그리고 그는 "밤낮 무교회, 무교회를 연창함이 마치 나무아미타불을 연호(連呼)하는 속승(俗僧)과 같다"고까지 일격을 가하고 있었으며 그는 성서와 조선을 떼어 생각할 수 없었고 "조선은 우리의 연인이요 성서는 이에 들린 선물이다."라고 한 것이다.

그의 스승 '우찌무라 간조'는 결코 교회를 거부한 것이 아니라 일본 교회가 옳지 않다고 교회 출석을 거부한 것이다. 그는 성서적 신앙 속에서 새 한국의 모습을 구성하려 했던 인물이었다. 그의 논술 가운데 "오직 우리는 조선에 성서를 주어 그 골근을 세우며 그 혈액을 만들고자 한다. 같은 기독교로서도 혹자는 기도생활의 법열의 경(境)을 주창하며 혹자는 영적 체험의 신비세계를 역설하며 혹자는 신학 지식의 조직적 체계를 애지중지하나 우리는 오직 성서 위에 세우라."고 하였다. 그는 신앙과 생활에서 성경적 원리를 표준으로 하기에 노력하였고 일본의 창씨개명을 끝까지 거절하고 김교신으로 살았다.

그의 친교범위도 몹시 다양하여 동경대학교 총장이던 야나이 바라(矢內原忠雄) 등의 일본인들, 전계은목사, 이승훈장로, 손양원목사 등과도 교제하였다. 그는 강직한 신앙과 맑은 심정, 엄격한 계율적 생활 또는 수도원적 청빈으로 일관하였고 애국적 신앙은 많은 업적을 남겼다. 그는 자신의 업적만 아니

---

25) 그는 정릉에 살았는데 골짜기에 올라가면 기도처가 있어서 새벽마다 올라가서 눈이 오나 비가 오나 추우나 더우나 기도했는데 어느 봄날 체험한 것을 쓴 글 때문에 생명같이 여긴 「성서조선」이 폐간당한 것이다. 그러나 「성서조선」은 함석헌의 「씨올의 소리」로 그 정신이 계승된 것이라 하겠다.

라 유달영으로 하여금 '최용신'에 대한 글을 쓰게 하여 농촌계몽의 정신을 계승케 하였으며 함석헌으로 하여금 『성서적 입장에서 본 조선 역사』를 저작케 한 것이다.

6) 적극신앙단(積極信仰團)[26]

신흥우 중심의 적극신앙단은 한국적 신앙의 극적 표현이라는 긍정적 측면도 있으나 그 형성 과정이 독특한 지방색을 나타내었다는 데 부정적 측면도 있다. 한국 장로교는 서북 지방이 중심이 되어 평양신학교와 선교사들의 영향력이 매우 컸고 안창호의 흥사단과 정인과의 영향 아래 있었다. 그러나 서울은 협성 신학교가 소재했으며 감리교의 우세와 아울러 이승만의 동지회가 영향력을 발휘하였고 반선교사적인 토착적 요소가 있었다.

↑ 신흥우 박사

---

[26] 신흥우가 기초한 「적극 신앙단의 5개조 선언」
① 나는 역사와 자연과 예수와 경험 속에 계시되는 하나님을 믿는다.
② 나는 하나님과 일치되는 것과 악과 싸워 이기는 것이 인간 생활의 제1원리라고 믿는다.
③ 나는 성별에 관계없이 인간의 권리, 의무, 행위에 있어서 완전한 평등이 있어야 하며 다른 사람에게 방해되지 않는 한에서 완전한 자유가 있어야 한다고 믿는다.
④ 나는 새로운 사회의 건설을 위하여 개인적 취득 원인을 고상한 기여 동인으로 대치하여야 한다고 믿는다.
⑤ 나는 사회가 모든 사람에게 경제적, 문화적, 정신적 생활에 있어서 승등적(昇登的) 균형과 안전을 보장하여야 한다고 믿는다.
  <21개항의 실천요강>
1. 정결한 신체, 2. 정결한 마음, 3. 업무에 대한 헌신, 4. 토지에 대한 사랑, 5. 협동적 경영, 6. 절제 생활, 7. 조혼 배제, 8. 결혼 상대 선택 자유, 9. 도덕의 단일 표준화, 10. 가정과 사회의 동등대우, 11. 동일 노동에 대한 동일 보수, 12. 남녀 혼성 단체 활동, 13. 회의에 대한 충성, 14. 약자와 무산자에 대한 단체적 보호, 15. 집회 취미의 활동, 16. 구습 타파, 17. 도덕적 표준에 대한 재인식, 18. 정의와 진리에 대한 복종, 19. 산 정신과 실질적 사상 보급, 20. 고리대금의 철폐, 21. 관혼상제의 간소화

적극신앙단의 형성을 보면 1927년 신흥우가 YMCA총무로 있으면서 「기독교 연구회」라고 하는 반 선교사, 반 보수의 기치를 단 운동을 전개하면서 「조선기독교의 성립과 교파의식의 둔화」를 계획하였다. 1932년 6월 장로교(8명) 감리교(10명)의 동지들과 같이 적극신앙단을 조직하고 '21개의 실천강령'을 만들었다. "우리는 위대한 구주 예수께서 먼저 그 나라를 사랑하라 가르치셨다…우리의 나라는 대 일본제국이다. 우리는 종교인이기 전에, 조선인이기 전에 먼저 제일로 일본인이라는 것을 잊어서는 안된다. 천황폐하의 충성한 적자로서 다만 일본을 사랑하라. 이것이 조선 기독교에게 주어진 하나님의 명령이다. 나는 감히 이렇게 확신한다."라고 신흥우는 「동양지광」(東洋之光)이라는 잡지에 발표하였음을 보면 그의 사상을 엿보게 된다.

그들은 결국 구약적 종교가 민족주의 색채가 많으므로 신약적 종교로 대치하려는 의도인 것이다. 그리고 친일적 사상의 발로이기도 한 것이다. 적극 신앙단에 대한 감리교의 반응은 흥미로왔다. 양주삼이 감리교의 교권을 장악하고 있었는데 그는 홍사단 계열이었다. 그러니 양주삼이 신흥우의 이 같은 운동을 용인할 리가 없었고 YMCA 총무직에서 물러났다. 그리고 적극 신앙단에 결정적 쐐기가 된 것은 박인덕 여사와의 스캔들 사건이다. 또한 윤치호, 양주삼, 김정식 등이 이끄는 감리교에서는 신흥우의 적극 신앙단을 정죄하였다. 적극 신앙단의 인사들은 당시 스스로 진보적이며 애국적이요 이상적 교계 지도자로 자처하는 사람이었는데 이들이 서울의 장로교회와 감리교회, YMCA, 기독교서회, 성서 공회, 기독신보의 탈취등으로 혁명적 기세를 보인 이들은 감리교에서 단죄 되었다. 감리교의 3연회에서는 1935년에 '교직자는 총회가 승인하지 않는 단체에 가입하지 말 것'을 결의하였는데 이는 적극 신앙단을 두고 하는 말이다.

장로교의 경우 경성노회의 건의를 총회가 접수하고 1935년 총회에서 「적극 신앙단의 신앙 선언은 우리 장로교의 신경에 위배된 것이므로 그 적극 신앙단은 우리 장로교회에서 용납하지 않기로 함이 가하다.」고 결의하였다. 적극 신앙단은 이같이 뿌리를 내리지 못하고 실패하였는데 이는 신흥우 자신의 고백과도 같이 조급하고 경솔하며 독주하였기 때문이었다. 그리고 그의 신앙과 김교신은 대비가 되고 경건의 문제는 결국 고백의 문제보다 훨씬 고상하고 차원이 높은 것이며 경건이 없는 이론과 고백은 설득력이 없다.

2. 한국적 이단과 신비파

1) 이용도의 신비주의

이용도는 3·1운동 때 「송도고보」 학생으로 시위에 가담하다 체포되어 2개월간 구금이 되었으며 1920년 '기원절 사건'에 연루되어 체포되는 등 신학교 입학 전에 3년 이상 감옥에서 보낸 민족주의자로서 감리교의 협성(協成) 신학교를 졸업한 목사였다. 재학시절부터 가슴 깊이 새겨 진「고난 받으시는 그리스도」의 모습에 따라 감격과 열정으로 전국에 전도 여행을 다니면서 교파의 구별없이 부흥회를 인도했던 저명한 부흥사이기도 하였다. 그가 한번 부흥회에서 기도하면 설교도 듣기 전에 청중이 은혜를 받았다. 그는 나라의 서러움에 목매어 울었고 교회의 형식화와 교회의 창궐에 비판을 가한 당시의 전형적인 경건의 한 모델이었는데 "신조에 조직에 그 무엇에 선구자보다 회개운동의 선구자가 조선에 필요하다. 갱생을 초래하는 회개, 신생적 회개운동이 없어 다른 모든 운동은 의미가 없다. 미구에 쓸어질터인고로! 그래서 교계의 선구자는 완전한 신생자라야 한다."고 하였다.

그가 25세 되던 해 뜻 밖의 각혈 때문에 신병을 돌보러 그의 친구인 이환신(李桓信)의 고향인 강동에 정양을 갔을 때 그의 일생을 결정한 사건이 하나 생겼다. 그곳 작은 교회의 설교를 부탁 받았을 때 그는 강단에 서서 아무 말도 못하고 목매여 흐느껴 울었다. 눈물이 줄줄 쏟아져 내려왔다. 이것을 본 교인들은 다 감동에 눌려 흐느껴 울었다. 그 날의 설교 제목은 기록되어 있지 않고 그 날도 일기에 명기되어 있지 않다. 눈 앞을 압도해 오는 고난의 십자가 상, 그것은 1930년대의 한국 겨레의 비운과 교회의 참다운 시련으로 해서 더욱 처절하게 가슴에 매어 왔던 것이다. 이 설움은 그리스도에 대한 몸부림치는 사랑으로 표현되었다.

그의 진리는 말하는 데 있지 않고 사는 데 있으며 종교는 설교가 아니라 삶이라고 선언했다. 그리고 기독교의 진수는 믿음보다는 사랑에 있다는 확신이 그의 생을 지배하였다. 요한복음을 가장 소중한 성경이라고 권장하는 것도 그 때문이었다. 그러나 그는 무조건의 사랑을 표방한 나머지 사탄에게서 배울 것이 있으며 불경이나 사회주의 책에서도 배울 것이 있다고 강조하는 한편 신학과 교리의 기독교를 공격함으로써 신비주의와 같은 공통의 오류에 빠지고 말

앉다. 유일회적인 계시의 무시는 여기서 불가피하였다. 신약이나 구약이 다 불만족함을 느꼈기 때문이었다. 그리스도에 대한 그의 절대적인 사랑의 융합을 통해서「주님과의 혈관적 團結」을 이룬다고 믿고 있었으며 거기서 한 걸음 더 나아가 자기를 고난 당하시는 그리스도와 동일시하고 말았다.

"울어라 성자야 겟세마네는 어디 있어 나의 피눈물을 기다리누…오! 나를 위하여 홍포를 깁는자여…가시관을 엮는자여"라는 것은 "조선의 양은 누구를 보고 주를 생각하고 누구의 생활을 통해 주를 이해할 수 있나"하는 문제를 던지면서 쓴 유명한 그의 고별사 비슷한 산문시 중의 일부분이다. 그러나 한국교회는 그의 경건을 의심하였다. 먼저 감리교 경성 지방회에 불복한 그는 장로교의 황해노회에서 1931년 8월 12일 금족령을 받았고 이어 1932년 7월에는 평양노회가 그의 부흥회를 단죄했다. 장로교 총회가 그를 이단으로 단정한 것은 1933년 9월 제 22회 총회 때의 일이다. 1933년 감리교에서 휴직 처분을 받은 이용도는 얼마후 해주에서 여러 교인들의 돌을 맞고 원산에 가서 치료하다가 지병인 폐환으로 그해 10월 2일 세상을 떠났다. 그의 나이 33세였다. 그는 실로 1930년대 선교사의 영향력이 거의 없어지고 교회가 사회변화의 도전에 신음하던 때에 50년의 역사를 가진 한국교회의 자립과 <토착화의 실험>에 나서서 고고하게 음성을 내다가 사라져간 인물인 것이다.

↑ 이용도 목사

이용도 목사는 자신은「악의악식」(惡衣惡食)을 하면서도 타인을 사랑한 예수의 정신을 모방한 희대의 성자적인 인물이다.

그가 송창근의 유학비용으로, 선교사에게 얻은 전세금을 뽑고 자기의 단벌 양복을 준 것이다. 그는 결코 이기적인 자기애와 세속애를 떠나서 원수도 사랑하는 사랑 곧 걸인, 기생, 광인, 음부도 사랑하는 무분별적 사랑을 실천하였고 그의 신비적 사랑은 끊임없이 열려진 생활적 사랑이며 무차별적 사랑(undifferentiated love)인 것이다.

"나는! 나의 원하는 바는 세상이 버린 사람, 세상에서 쫓겨나거나 물리워나는 사람을 받아 그를 거두어 손을 잡고 울며 살려고 합니다. 나는 쫓기우는 자를 거두어 그들과 함께 우는 것이 나의 사명입니다."(변종호,『이용도 목사

전』, p. 198)

그는 또한 기도와 명상의 생활(vita contemplativa)과 사랑과 행동의 생활(vita activa)을 분리하지 않고 썬다싱처럼 "신은 우리를 동굴에서 살도록 만들지 않고 인간들에게 나가서 살도록 창조한 것"이라는 정신에 따라 유랑적 빈곤의 삶을 체득한 것이다.

2) 이용도 목사와 원산파 접신극

이용도가 세상을 떠났을 때 기왕의 친구인 김린서에게서 혹독한 비판과 반론이 나왔다. 김린서는 원래 이용도의 친구였고 평양기도단의 멤버였다. 김린서는 그의 「신앙생활」을 통하여 처음에는 이용도를 옹호하는 글을 많이 썼으나 후에는 이용도 비판의 기수가 되었다. 이렇게 김린서가 이용도를 비판하게 된 것은 이용도가 원산에 있는 백남주나 한준명(韓俊明) 일파와 어울려 소위 접신극에 말려 들었다고 단정한 데서 비롯되었던 것 같다. 강신극이란 대략 다음과 같다.

1927년 원산의 감리교회에 유명화(劉明化)라는 여자가 있었는데 그는 자기에게 예수가 친림했다고 말했으며 영흥교회의 부흥회에 가서도 예수처럼 모양을 내고 다른 여자에게 강신의 극을 자행했었다. 그런데 간도에 있었던 어학의 천재 한준명(일본 神戶中央神學校 출신으로 어학의 천재라는 평을 받

↑ 예수교회(1933년, 원산신학산)

음)이 여기 참여하게 되어 1932년 11월에 평양에서 이러한 신비극이 벌어질 때 그 주동역을 맡았다. 유명화를 통하여 이유신은 "한준명아, 박승걸아, 어서 모녀 모녀에게 장가가되 6월 9일에 결혼하여 한은 270여일 후 백주를 차지할 성자 광건을 낳고, 박은 석양을 차지할 광진을 낳으리라. 이미 난 성자 광재는 ○○의, 將生女와 결혼할 것이니 광건, 광진, 광재는 전무후무한 3대 성자이니 나의 최후 기록을 쓸 것이다."라고 예언하였다. 필자는 한준명 목사를 한때 교제한바 있고 그의 독자 광건군을 보았는데 그는 1·4 후퇴 뒤에 기적적으로 남하한 것인데 한목사의 조카딸이 대동하고 온 것이다.

이 입신의 결과를 통하여 얻은 주님의 내재감에 대하여 이호빈(李浩彬) 목사는 당시 이런 글을 남겼다. "주께서 스위든붉에게나 선다싱에게는 간접 나타나셨지만 유명화에게는 직접 친림했습니다. 주께서 우리 조선에 이렇게 친림하시니 이는 조선 지대에 영광이외다."[27] 그런데 문제가 제기된 것은 원산 신학산의 백남주(白南柱)가 유명화나 이유신과 같은 접신녀와 결탁해서 신탁(神託)을 빙자하고 이용도, 이호빈 등과 모의하여 「예수교회」라는 일파를 신설하면서부터이다. 그는 제손으로 신전(信典) 헌법 등을 초안하여 조직을 마치고 여신도 김정이와 동거했고 그것이 스캔들이 되자 신을 빙자해서 철산의 김성도라는 「새主」를 중심으로 성주교회(聖主敎會)를 다시 세웠던 것이다. 이용도가 이들 일파에 접속된 동기는 두가지였다. 하나는 유명화가 원산에 있을 때 이용도가 그의 목소리에서 예수의 음성을 들었다고 착각하여 그의 앞에 엎드려 "주여"라고 한 데서 시작되었으며, 다른 하나는 한준명과 어울려 그를 동정한 데서 비롯되었다. 이용도는 너무나 소박한 무차별 사랑으로 한준명을 동정하고 그에게 소개장을 하나 써 준 것이 이용도 몰락의 결정적 역할을 하였다. 그후 한준명, 백남주, 이호빈 등이 새 교회의 창설을 서두르게 되었고 이용도로 하여금 집회 포교계를 총독부에 제출하게 되었다. 이용도는 고난의 신비주의자로서 이와 같은 교회 분열에 대한 죄책감을 안고 흐느껴 운 사람이

---

27) 이용도는 다음과 같은 기도를 1923년에 드렸다 하는데 예수의 임재를 얼마나 소원했던가를 짐작케 한다. "오, 나의 주여! 사랑의 주님이시여! 내가 기원의 눈을 뜰 때 당신의 전체는 보지 못한다 해도, 다만 옷자락이라도 안개같이 고요히 드리워 주시지 않겠습니까? 그것이 끝이라 해도 나는 거기서 입맞춤을 얻어 만세의 질고와 천고의 원한을 씻어 내고도 남음이 있겠사옵니다."

었다. 또 이용도 목사가 죽자 이호빈 목사는 중앙선도원(中央宣道院)을 만들어 교역자를 양성하려 하였으며 한준명의 이원론적이며 교리무관주의적 성격과 교회들의 큰 반발, 또는 이용도와 같은 영적 계승자가 없어서 선도원은 계속되지 못한 것이다(張炳旭, 『한국교회유사』, 성광문화사). 이들은 1933년 『새 생명의 길』이란 소책자에서 그들의 신비사상을 표현하였는데 예수는 마리아를 통해 났으나 인간의 피를 한 방울도 받지 않았고 탄생일은 1월 3일이라 한 것이다(전택부, 『한국교회 발전사』, p. 228).

3) 황국주(黃國柱)의 피가름과 목가름

이와 같은 혼란의 시기에 황국주라는 열광적이고 왜곡된 일원적 신비주의자가 나타났다(1933년). 그는 황해도가 고향이었고 간도 용정중앙교회 장로의 아들로서 백일기도를 통하여 머리와 수염을 길게 길러 예수님과 비슷하게 꾸미고 특별한 계시를 받아 자신의 목이 잘리고 예수의 목이 자기에게 붙었다는 황당무계한 말을 하고 다녔다. 그는 간도에서 '머리도 예수님의 머리, 피도 예수님의 피, 마음도 예수님의 마음… 전부 예수화하였다'고 하면서 새 예루살렘 도성을 찾아 정처없는 순례의 길을 나섰다.

그가 서울을 향해 온다는 소식이 퍼지자 도처에서 예수의 화신을 구경하고자 운집해 오는 군상이 길을 메웠으며 가정을 버리고 따르는 유부녀들과 처녀 등등 60여명 일행이 서울에 입성할 때는 전국 교회가 떠들석 하였다(1935년 7월). 그의 모습은 흡사 예수처럼 머리를 기르고 수염도 길렀다. 어떻게 설교를 잘하고 기도를 잘 했든지 거기 도취되지 않는 자가 없었다. 아버지 황장로도 국주 앞에 읍하면서 "주님"이라고 경건되이 불렀다. 그러나 국주의 생활은 난잡하였다. 조승제 목사는 말했다. "…삼호교회 인근에 있는 무주리 교회 당회장이었던 관계로 그 교회를 순행하고 돌아오는 길에 예배당 부근에 와 보니 남여가 섞인 6, 70명 정도의 무리들이 예배당 부근 그늘 밑에서 피서하고 있었다. 이곳 저곳 앉아 있는 사람도 있고 그중 10여명은 유리창문 밑에서 이리저리 흩어져 누워 있었는데 그들의 혼잡한 모습이 목회자인 내 눈에는 일종의 난류들 같이 보였다." 스스로 예수로 분장하여 마음도 예수 전부가 예수화하였다고 호언한 국주는 성의 도취를 '완전에의 첩경'이라 외쳤다. 삼각산에 기도원을 세우고 목가름, 피가름의 교리를 실제로 가르쳤고 이를 영체의 교환이라 하였다. 안주 노회에서 조사단이 와서 혼음을 문책했을 때 '우리들은 요단강을 건너와서 남·여간의 성문제를 초월했다.'고 말했으며 그후 운산 모유치원 보모와 큰 죄를 범하고 삼십 육계를 쳤다. 결국 안주노회와 총회는 이단으로 규정하였다.

기독신보는 사설에서「이사벨의 무리를 삼가라.」단죄했고 1933년 안주 노회 역시 그를 정죄했으며 동년 가을 총회도 단죄하였을 뿐 아니라, 많은 학자들이 한국적 이단의 원흉으로 황국주를 지목한다. 결국 황해도 일대는 황국주의 피해가 많았고 이는 형식화된 교회가 낳은 역사적 필연으로 볼 수 있으며 신비적 신앙을 옹호하는 부류도 있었다. 황국주는「영계」(靈界)라는 잡지를 발행하는 창간사에서 "우주와 인생에 대한 천계시를 따라 살게 하려고 한다"는 뜻을 표명했으나 그의 지나친 예수화는 결코 단죄에 이를 수밖에 없는 비성경적 교훈으로 몰린 것이다.

4) 남방여왕

이 이단적 단체는 교주가 확인되지 않은 김해 지방의 한 여인에 의해 1930년대에 일어났다.[28] 소위 「시온제국」이라는 환상을 가진 이단이다. 「남방여왕」이라는 여인은 많은 남녀 수행원을 데리고 여러 지방을 순회하면서 교회당을 빌어 집회를 가졌으며 목사들을 비롯하여 평신도들에게 안수를 하였는데 그녀는 만병통치의 기적을 행한다는 소문이 퍼져 있었고 매일 아침 계시록을 한번씩 통독한 뒤에 병자에게 안수기도를 하면 만병이 치유된다는 것이었다.

1929년 김해읍 교회에서 집회하려는 것을 당시 당회장이었던 조승제 목사가 허락지 않았다 하는데 소위「남방여왕」은 그를 수행하던 한 남자와 진영역전의 한 여관에서 음행하다가 경찰에 상습범으로 구속된 것이다.[29]

5) 메시야 운동과 시온산 제국

1940년대를 전후하여 김백문(金百文)이「메시야 운동」이라는 특이한 사이비 기독교 단체를 만들어 당시 이단의 주류가 되었는데 김백문의 사상도 통일교의 혼음교리와 깊게 연결된다.

---

28) 대한기독교서회,『세계기독교회사』, pp. 446, 447.
29) 李章植,『韓國敎會의 어제와 오늘』, 大韓基督敎出版社, 1977, pp. 189, 190.

시온산 제국은 경산지방을 중심으로 일어나 일경(日警)에게 「이단」으로 구속이 되었다. 시온산 제국의 주창자 박동기는 종교적 항일주의(抗日主義)와 신비적 이상주의 색채를 지니고 있는데 그는 "십자가 영광의 신비체험"을 말하면서 이것은 "인류가 고대하던 그리스도의 재림 때 성령의 은사로 성도가 변화하여 공중 휴거하고 부활 성취의 예표"라 하면서 친히 대구 팔공산에서 성도들과 함께 묶어서 주의 재림을 두번씩이나 기다렸던 것이다. 그러나 예수는 재림하지도 성도의 휴거도 없었던 것은 너무나 자명하다.

시온산 제국은 1944년 4월 25일 국가 선포식을 가져 「국기」도 제정하고 국호를 계 14:1-5, 단 7:26-27에 따라 「성일본제국」이라 했으나 뜻이 좁다하여 「시온산 제국」으로 바꾸었다. 수도를 경주에 두고 내각을 성령의 열매(갈 5:22-24)에 따라 9개로 한 것이다. 연호(年號)를 도광(道光)이라 하였고(요한복음 1:1-5), 이스라엘 12지파에 따라 각도를 기업으로 나눈 것이다.

경 상 도 : 유다　　　　전라북도 : 레위
전 라 도 : 요셉　　　　충청북도 : 르우벤
충청남도 : 베냐민　　　강 원 도 : 단
경 기 도 : 시므온　　　평안북도 : 잇사갈
평안남도 : 스불론　　　함경북도 : 아셀
함경남도 : 갓　　　　　황 해 도 : 납달리

일제의 저항을 한 가정의 고모부 해창 조병국(海蒼 趙炳國) 의사의 영향으로 그는 굳게 항일하고 신사참배를 거부하여 검속이 되었던 것이며 신앙을 훼절한 자들을 "음녀의 교회"로 생각하고 자신들은 주님을 맞을 준비를 갖춘 흰옷을 입은 백성으로 본 것이다.

그들의 국가는 다음과 같다. 이 가사를 삼위께 드리려고 세번 불렀다.

"성삼위의 영광을
영원무궁 영원토록
이천지간 만물들과
천천만만 성도들아
다함께 찬송하세"　＜제1국가＞

"하나님 권세 이 세상 비춰니 할렐루야
　주 예수 큰 사랑 성신의 화평이 넘쳐 할렐루야
　죄악의 권세가 온 세상 흔들어 요란되니
　삼위의 큰 사랑 성신의 화평 우리는 영원히 구원 얻네
　능하신 그 사랑 한없는 그 자비 찬송하세
　무궁한 생명수 영원히 마시며
　우리 주 은총을 찬양하세"　＜제2국가－영국 국가의 곡으로 불렀다＞

　이러한 종파운동과 신비적 이단들은 한국적인 성격과 함께 일제시대라는 시대적 특수성과도 결코 무관하지 않음을 알 수 있다. 종파운동의 대부분은 선교사들의 오만에도 원인이 전혀 없지 않으며 특이 이용도 신비주의는 지나친 사랑의 실천에서 생겨난 것이라고 하겠다.
　특히 현대의 이단 운동이 대개는 이미 있어 왔던 종파적 색채 속에 거의 나타난 것으로 볼 수 있어서 어느 시대, 어떤 형태로 나타나든지 이단과 종파는 거의 같은 맥락에서 볼 수 있는 것이다.

VI

신앙투쟁기(암흑기)
(1938-1945)

제1절 신사참배 강요와 한국교회의 투쟁

1. 신도(神道)의 정체와 한국교회

① 신도(神道, Shindoism)는 일본의 토착적 종교(Indigenous religion)로서 국가적 신들을 섬기는 도(道)이다. 그 명칭은 중국에서 비롯되었으며 6세기에 불도(佛道)와 구별하려는 뜻에서 생겼고 신도가 일본에서 발원(發源)한 기원(起源)은 B.C. 660년으로 보는데 실제로 의식(儀式)이 생긴 것은 기원 후 9세기이다. 신도는 주로 신들과 자연의 세력을 신성(神性)으로 섬겼으며 태양신을 주신(主神)으로 섬겼으나 달이나 별과 같은 천체는 신으로 여기지 않고 폭풍의 신들과 비, 지진과 바다, 강들 또는 물, 땅과 그 소산물들이나 산과 나무와 불을 신으로 믿는다.[1]

---

1) G. W. Moore, *History of Religions*, T. & T. Clark, Vol, I, pp. 93-114.

1. 신도의 신관은 앞서도 말한 것과 같이 태양과 음식 등을 섬긴다. 즉 쌀의 신이라든지 또는 소금과 생선을 신으로, 혹은 새들과 과일, 채소 해초류를 섬긴다.
2. 신도 특유의 신전(神殿, Temple)이 있다.
3. 종교의식(宗敎儀式)을 행하는 제관(祭官)들이 있어서 특수한 복장을 한다.
4. 축제가 있고 아침과 저녁에 음식과 술을 바친다.
5. 신도 특유의 청결의식이 있다. 즉 일제 때 실행하였다는 "미소기"(禊)는 찬물을 뒤집어쓰는 것이며 이것은 일종의 속죄의식(贖罪儀式)인 것이다.
6. 윤리적 종교이므로 도덕을 가지며 단순한 기복종교(祈福宗敎)가 아닌 것이다.
7. 축귀적(逐鬼的) 신성들(deities)이 있다.
8. 죽은 자, 조상숭배와 같은 것이 있다.
9. 가정적 종교(Domestical religion)이다.

앞서도 일본제국의 조선 교회 탄압을 약술하였으나 일본군벌(日本軍閥)이 만주국 건설(1931)로 일본의 국력신장을 꾀하고 또 아시아 전역에 그 힘이 미쳐서 서구 세력을 배제할 정도였고 동아일보의 '일장기 말살사건'(손기정 선수)이 한민족에게 대해 탄압할 도화선이 되고 나아가 일본은 국제연맹을 탈퇴한 때라서 세계 여론이 안중(眼中)에 없어 동아일보를 폐간하고 '국체명징'(國體明徵) 또는 '내선일체'(內鮮一體)의 구호를 걸고 일본 천황에게 절대 충성하고 황민화 정책을 세워 민족사상의 거세(去勢)를 꾀한 것이다. 여기에 나타난 「황국신민의 서사」(皇國臣民 誓詞)는 다음과 같다.

우리들은 황국신민이다. 충성으로써 군국(君國)에 보(報)한다.
우리들 황국신민은 서로 신애협력(信愛協力)하여 단결을 굳게 한다.
우리들 황국신민은 인고단련(忍苦鍛鍊) 힘을 길러 홍도를 선양(宣揚)한다.

이 서사는 학교나 관청에서 매일 아침 조회 때마다 암송되었고 교회에서는 예배 직전에 서사부터 암송하고 예배를 시작한 것이다. 일제는 신사참배만 아니라 궁성요배(宮城遙拜) 또는 동방요배라 하여 일본천황이 있는 궁성을 향해 그 은덕으로 사는 것을 감사하라는 것이었다. 1937년 7월 지나사변(支那事變)이 일어나면서 9월 6일을 애국일로 정하고 신사참배를 시행하면서 아울러 궁성요배를 실시한 것이다. 이 궁성요배는 교회에서도 예배가 시작되기 전에 먼저 궁성요배를 실시 후 예배가 진행되게끔 한 것이며 국기게양도 교회마다 실시케 하여 일장기(日章旗)를 뜰 안에 달게 하였다. 또 근로봉사를 매월 실시하되 목사들도 동원했던 것이며 각 가정과 교회 안에 가미다나(神棚)를 설치토록 하여 신도(神道)를 강요한 것이다.

2. 신사참배 강요

1) 신사의 이론적 논쟁

일제의 대동아 침략 야욕은 지나사변을 일으켜 만주국을 쉽게 세우고 다시 중국대륙침략을 강행하면서 중국과 동맹이 되어 있는 미국을 치지 않는 한 승전이 어렵다는 판단에 따라 결국 미일 전쟁을 일으켜 하와이 진주만을 습격한 후 대미 선전을 포고하였다. 일제는 지나침략을 착수하면서 중국 침략 야욕이 있었으므로 승전 목표의 정신 통일을 일본 신사에 두었고 이에 한민족도 신사를 통하여 참전 정신을 통일시킬 정책으로 한반도 내 서울 남산에 조선신궁(朝鮮神宮)을 위시하며 전국 시·도·읍·면까지 신사를 지어놓고 이에 참배를 강요하였다.

신사참배 문제는 오랫동안 현안이 되어오던 일이지만 일본은 나라의 녹을 먹는 관공서 직원, 공립학교 교원, 학생과 기독교인들에게 그리 강요치 않고 있다가 만주사변 이후에 가서 조선의 소도시에도 마구 신사를 세워 본격적인

⇽ 조선신궁
(서울남산)

신사참배 운동을 시행한 것인데 그러한 때에 교회에 닥친 신사참배 강요는 큰 박해가 되었던 것이다. 이 때에 교회 지도자들 중에는 양론이 있었다. 신사에 참배하면서 교회와 학교를 유지하느냐 하는 문제에 봉착하였고 또 교회 지도자 중에는 신사가 과연 종교인가라고 총독부 당국에 문의한 바 신사 참배는 종교가 아니요 국민의례라고 변명하였다.

이에 국민의례라면 국민된 책임상 신사참배를 하며 교회와 학교를 유지하자고 나서는 편이 있는가 하면, 반면에 일본신사는 일본 국조와 국가 유공자와 유공 군인을 제사하며 그 신들의 의사를 받아 잘 산다는 벽사기양의 제사의식은 우상종교이므로 신앙 양심상 허용할 수 없다고 강하게 반대하는 편이 있었다. 어떻든 일본 신사는 거기에서 기원하고 제사하고 둘러 앉아 음식을 먹는 일종의 유교 풍조를 곁들인 종교임에는 틀림이 없다. 신사는 일본의 신도사상(神道思想)에 근거하며 일본의 천황이 곧 신이라 하고 황제와 황후들의 혼을 경배하기 위해 도쿄와 일본 주요 도시에 세웠던 것인데 1930년대에는 본격적 참배를 강요한 것이다.

일본의 신지사(神祉史) 연구가인 오오야마(小山文雄)는 조선 총독의 위촉으로 저술한 『神祉と 祖先』에 "우리들의 조선은 신에 대한 열렬한 신앙을 그대로 황실 존중 위에 옮겼다. 씨족조신(氏族祖神)의 존중은 바로 황실 존중에 귀일된다. 이에 천왕은 현인신(現人神)이다. 이 국민적 감격, 국민적 신앙에 비로소 세계에 관련된 만세일계제제(萬歲一系帝制)를 확립 할 수 있었다. 이 신념이야말로 금일 국운융흥의 기초를 열었다. 누가 선인(先人)의 유업을 추앙치 않고 누가 조선(祖先)의 위덕을 찬양치 않으랴. 이것을 종교라 칭할 수 있다면 참으로 세계에 비류 없는 위대한 종교가 되지 않으면 아니된다"라고 신사의 종교성을 확실히 규명하였다.

또 "국민으로서 수입종교를 신앙한다는 이유로 국체신조를 신봉하지 않는 자가 있다면 그것은 반 국민적이다. 다시 생각컨데 신도의 체제도 결국 동일부류의 전래 진리를 신앙하는 점에서 동일점에 귀일되는 것으로 믿는다. 그런데 타 종교를 믿는다고 신사참배를 거부한다는 것은 이 진리에 투철하지 못한 태도라고 보지않을 수 없다."고 하여 기독교와 신도를 본질적으로 동일 진리임을 역설하였으니 아마데라스 오미가미(天照大神)와 그리스도를 동등 신으로 규정하였다. 이로써 신사가 종교임을 확증하였고 기독교와 동등 종교임을 확인하였다. "종교적인 의미에서 만이 아니더라도 민족감정이 도저히 용납할 수 없는 빙탄불상용(氷炭不相容)의 관계가 아닌가. 일본이 패망 직전에는 매달 8일을 대조봉대일(大詔奉戴日)이라 하여 애국반 단위로 이른 새벽에 동민을 강제동원, 신사참배를 시키기까지 하였으니 과연 졸렬한 실정(失政)이라 아니할 수 없다. 이에 예수교인은 반항하고 일어섰다. 남산에 자리잡은 조선신궁과 모란봉 기슭에 위치한 평양신사는 경치가 좋은 곳이건만 산책도 그 길로는 아니 다닐 지경으로 교인들과 신사는 앙숙이었다."(조흔파,『사건백년사』, p. 220).

이러한 때에 진리수호를 위한 운동이 전국적으로 일어났으니 그 중심인물이 이기선, 주기철, 한상동, 채정민, 최봉석, 주남선 목사 등이요, 장로와 전도사 집사들 가운데도 훌륭한 진리운동을 한 이들이 많다(채기은,『한국교회사』, p. 192, 193). 지나간 50년 동안 유일신앙을 전파하고 실천해 오면서 끈덕진 조상숭배의 유혹마저도 거부해 온 한국교회는 이제 또 하나의 다른 신에게 굴복을 하든지 그렇지 않으면 그것을 거부하고 그 결과를 감수하든지 할 수밖에 없었다.

2) 기독교 학교에 신사참배 강요

1932년 평안남도 학무국은 평양에서 거행되는「춘기황령제」(春期皇靈祭)에 각급 학교의 참례를 요구하였다. 이 제례는 평양시 서기산(瑞氣山)에 있는 충혼탑에서 거행 되었는데 이 해에는 특히 만주사변의 전몰 장병 위령제를 겸한 것으로 기독교 학교에 참여를 강요해 왔다. 교리 위반으로 거부하는 학교

← 최초의 숭실학교 교회

책임자들에게 당국은 제사후 국민의례에만 참석해도 좋다고 교묘히 설득하여 숭실전문(Union Christian College), 숭실중학, 숭의여중학교가 참석했다. 이렇게 첫단계에서 성공한 당국은 동년 전국 각 학교에서 신사참배 실행을 명령했다. 문제가 중대함을 깨달은 교회는 동년 9월 제 21회 총회에서 기독교인으로서 신사참배할 수 없음을 당국에 교섭키로 했으나 그 교섭이 부진 상태에 빠졌다. 다시 1933년 전국 노회장과 1934년 황해 노회장의 신사참배 문제에 대한 문의 등으로 총회는 계속 교섭 위원을 시켜 당국에 그 시정을 요구하였으나 이를 교묘히 회피하던 당국은 각 학교는 총독부 교육 정책에 따라야 할 것을 말하면서 신사참배를 반대하는 학생이 있다면 이름을 밝혀 청원하라고 하여 어떨 수 없이 신사참배 문제는 교회적이 아닌 학교 당국이 신앙 양심에 맡겨지는 사태를 가져왔다.

드디어 1935년 신사참배 문제는 정면화 되었다. 이 문제를 처리하기 위하여 대만에서 전근한 평안남도 지사 야스다께는 11월 14일 도내 공사립학교 교장회의를 하면서 그에 앞서 평양 신사참배를 명령하였다. 신앙문제를 내세워 거부한 숭실전문과 중학교장 윤산온(G. S. McCune, 尹山溫), 숭의 여학교장 선우리(V. L. Snook, 鮮于梨), 안식교 의명학교 이의명(H. M. Lee, 1923)에게 60일간의 유예 기간을 주면서 불응하는 경우 파면 처분할 것을 경고하였다. 그후 이 의명은 신사 참배를 승인했으나 윤산온, 선우리는 이 사실을 선교사 회의에 보고하고 그 대책으로 모인 선교사들과 평양시내 27명의 한국인 목사들 회의는 단호히 이를 거부하기로 하고서도 학교를 살리려는 이사들의 견해는 학교 대표자(교장이 아닌)의 참배 용허 의견서를 제출하기로 했다가 그 직전 평양 신학교수 박형룡, 산정현 교회의 주기철 목사의 강경한 반대를 만나 당국에 신사참배 거부를 통고하였다. 그 결과 윤산온과 선우리는 파면되었고 전문학교는 총독부 학무국 소관이기 때문에 학무국을 통하여 동일한 처분을 받았다.

그후 선교부는 학교 존속을 강력히 요구하는 대부분의 교사와 학생들의 요구를 받아들여 폐교 계획을 바꾸어 숭실전문 교장에 모우리(E. M. Mowry, 牟于理)선교사를, 부교장에 동교 농과과장 이훈구 박사를, 숭실 중학 교장에 정두현(鄭斗鉉) 숭전교수를, 숭의 여학교장 서리에 동교 교사 김승섭(金承涉)을 임명했다. 그러나 학교를 구하려는 노력도 마침내 허사가 되고 말아서 선교부는 1937년 12월 매각 또는 양도하지 않기로 결정, 29일 당국에 폐교계를 제출했고 당국은 그후 중학교를 접수하여 제 3공립 중학교가 되고 숭실전문학교는 이종만씨에게 넘어가 대동공업 전문학교로 탈바꿈하고 말았다. 그 뒤 대구의 계성(啓星), 신명, 서울의 정신, 재령의 명신, 선천의 신성, 보성, 강계의 영실학교 등 각 학교와 세브란스 의학전문학교도 같은 운명을 걸었고 연희전문학교는 1941년까지 버티다가 어쩔 수 없이 총독부에 넘어가고 말았다.

신사참배에 대한 남장로교 선교부의 태도는 북장로교 선교부보다 훨씬 강경했다. 동선교부 총무 폴턴(C. D. Fulton) 박사는 일본에서 나서 자라 신사를 너무 잘 알던 자였기 때문이다. 그는 자녀들의 교육을 위하여 학교의 존속을 요구하는 신사참배 반대를 하던 목사들까지도 포함한 다수의 학부형들의 탄원과 압력 앞에도 단호하였다. 1937년 7월 중·일 전쟁이 터지자 당국은 9월 일본의 승리를 기원하는 신사참배를 강요하게 되자 이를 계기로 광주 숭일 남중학교, 수피아 여중학교, 목표 영흥남중학교, 정명 여중학교가 폐지되었고 순천 매산 중학교, 전주 신흥 중학, 기전 여학교는 자진 문을 닫았고 군산 영명학교 등 모두 10학교가 폐교되었다.

3) 교회에 신사참배 강요

1938년 2월까지 남북 장로교 선교부 관하의 학교들은 신사참배의 문제로

⇐ 신사참배하는 학생들

폐교시킨 총독부는 그 마수를 교회로 돌렸다. 우선 다루기 쉬운 소 교파부터 탄압하였다. 안식교는 1935년 12월초 동교단 합회평의원회에서 신사참배를 가결케 하고 다음해 1월 17일 우국화, 이희만, 벤손, 김철 등 4인이 평남지사 야스다께에게 그 뜻을 전했다. 그러나 결국 폐쇄시켰고 성결교회도 재림교리 강조는 전시 체제에 불부합하다 하여 폐쇄시켰다. 천주교는 그 「교리장정」(1925년)에서 신사참배는 죄라고 했으나, 당시 독·이·일의 삼국동맹 때문에 돌변하여 1936년 6월 5일 교황 비오(Pius) 12세가 포교선언을 통하여 「신사참배는 종교행사가 아니고 애국행사이므로 이를 허용한다.」하여 이에 응하였다. 1938년 2월 총독부 당국은 교회를 탄압하는 새 시정 방침을 세우고 교회에 신사참배를 더욱 강요하였다.

← 장로교의 신사 참배를 가결한 제27회 총회 (1938. 9)가 열렸던 평양 창동교회

- 시국인식의 철저를 위해 기독교 교역자 간담회를 열어 지도계몽할 것
- 시설 및 지도방침
- 교회당에 국기게양탑을 건설할 것
- 기독교인의 국기경례, 동방요배, 국가봉창, 황국신민의 서사 제창
- 일반신도의 신사참배를 바르게 이해하도록 하고 힘써 행하게 할 것
- 서양 연호(年號)사용을 삼갈 것
- 찬송가, 기도문, 설교에서 불온내용을 엄중히 단속할 것
- 당국의 지도에 불복하는 신자는 법적 조치할 것
- 국체에 맞는 기독교의 신건설운동은 적극 원조할 것

 전국에서 가장 교세가 강한 평북노회(53회)가 1938년 2월 19일 선천에 개회시, 선천 경찰서는 사전에 신사참배 결의 획책을 세우고 일제의 앞잡이 김일선 노회장의 술책으로 신사참배 결의안을 제출하여 정사복 경찰이 포위한 가운데 표결에 2, 3인이 응했을 뿐인데 가결을 선포하였고 이러한 강압술책을 전국에 뻗혀 23노회 중 17노회가 굴복을 당하였다.
 이렇게 성공한 총독부 당국은 1938년 9월 9일 제 27회 장로교 총회(장소:평양창동교회)를 앞두고 총회에서도 결정케 할 술책을 세웠다. 먼저 이를 적극 반대하는 교계 지도자 이승길을 포섭하는데 성공한「기독교 친목회」오문환은 동년 5월 24일 이승길, 김은순, 장운경 목사 등을 일본으로 데리고 가서 일본교회를 순방하며 신사참배에 대해 이해를 갖게 하고 돌아와 그들로 하

⇐ 1943년 일본에 가서 신사참배하다.

여금 신사참배의 정당성을 강조케 하였다. 이때부터 위정자(爲政者)들은 「지나사변」을 치루는 비상시국을 구실로 신사참배 거부는 비국민적 행위라고 교회를 위협, 공갈하기 시작했다. 각 지방 경찰서는 전국 23노회에 닥달하기 시작했다. 각기 총회 총대가 선정되는 대로 다음 총회시 신사참배를 결의할 것을 종용하고 불응하는 총대면 찬동하는 총대로 대치할 것을 강요했다.

총회 개회 전일에 평남 경찰국장은 꾸며진 각본대로 평양, 평서, 안주 3노회 대표를 불러 평양 노회장 박응률(朴應律)로 신사 참배는 종교의식이 아니고 국민의례이므로 기독교인은 솔선해서 수행할 것을 제안케 하고 평서 노회장 박임현은 신사참배 가결을 동의케 하고 안주노회 부회장 길인섭은 재창을 내락 받았다.

같은 날 선교사들도 경찰서로 초치(招致)하여 총회에 조선인 대표가 신사참배를 제안할 때 국적이 다른 선교사들은 이를 저지하는 행위를 하지 않는 것을 약속하는 서명을 요구하였으나 그들은 이에 불응했다. 총회는 경찰의 강요에 못이겨 총회 장소를 신의주로부터 평양 서문밖 교회로 옮기고 제 27회 장로회 총회는 1938년 9월 9일 오후 8시에 개회했다. 다음날 오전 8시 30분 속개되었을 때에 교회당 내에는 수백명의 사복 경찰관으로 포위되었고 아래 정면에는 평남도 경찰국장을 비롯하여 고위 경관 수백명이 긴 칼을 번쩍이며 앉아 있었고 총대들 좌우에 무술경관 100여명이 노한 눈으로 지켜보고 있었다.

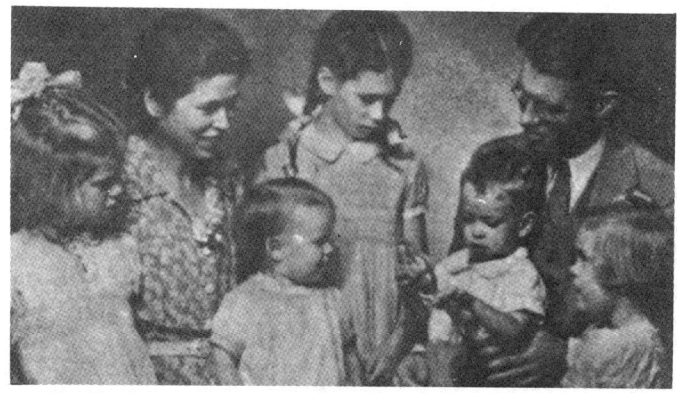

↑ 한부선 선교사와 그 가족들(1941)

이에 앞서 신사참배를 적극 반대해 온 주기철, 이기선, 김선두 3목사를 위시한 반대 지도자들은 사전에 예비 검속했고 경찰의 압력에 억지로 끌려나온 만주 4노회를 포함한 27노회 대표 목사 99명 장로 77명 선교사 30명 합 206명이 넋을 잃고 앉아 있을 때의 오전 10시 40분 이미 계획된 각본대로 평양 노회장 박응률이 신사참배 결의안 및 성명서 발표의 긴급 제안이 있었고 평서 노회장 박임현의 동의와 안주노회 부회장 길인섭이 재청하자 총회장 홍택기 목사는 전신이 떨리는 목소리로 이 안건이 가하면 "예 하시오"하니 겨우 10여명의 작은 목소리로 "예" 했을뿐 침묵으로 흐르니 이 침묵은 반대의 사이므로 임석했던 정, 사복 무술 경관이 일제히 일어나 위협했다. 사태가 이 쯤되자 총회장은 더 부를 묻지 않고 가결을 선포했다. 이때에 선교사들 중 방위량(W. N. Blair, 1901-1946) 목사 등 2, 3명의 선교사들은 회장의 불법 사회에 항의하고 신사참배 부당성을 주장하려 했으나 경찰의 제지로 발언이 금지되자 선교사 30명 전원은 일제히 일어나, "불법이요 항의합니다"라고 외쳤고, 만주 봉천노회 소속 한부선(B. F. Hunt, 韓富善 : 정통장로교 선교사, 고려신학 교수 역임) 선교사는 무술 경관의 제지를 무릅쓰고 불법 항의를 외치다가 옥외로 축출되었고 그 후에 한부선 선교사는 만주에서 투옥 되었었다(한부선의 옥중기 『증거가 되리라』 참조).

↑ 방위량(邦緯良) 선교사

그리고 평양시 기독교 친목회원 심익현(沈益鉉)목사는 총회원 신사참배 즉시 실행을 특청하여 동일 12시에 부총회장 김길창(金吉昌)을 선두로 경기노회 김영한, 경성노회 오천영, 황해노회 허 간, 평양노회 박응률, 평서노회 박림현, 안주노회 박선택, 평북노회 김일선, 용천노회 이기혁, 의산노회 이봉태, 삼산노회 장린화, 산서노회 최종진, 봉천노회 정상인, 남만노회 김석찬, 북만노회 이만기, 동만노회 서창희, 함북노회 박태한, 함준노회 안상필, 함남노회 김재황, 충청노회 남기종, 경북노회 김봉도, 경안노회 김진호, 경동노회 권영해, 경남노회 김석진, 전북노회 김세열, 전남노회 박연서, 순천노회 오석주, 제주노회 이도종 등 27노회장이 총회를 대표하여 평양신사에 참배하므로써 장로교단이 먼저 그들의 위협 강요에 굴하고 말았다.

동일 오후 1시 선교사들은 따로 모여 총회에 항의문을 제출했고 동월 22일

북미선교사로서 안동에서 사역하던 권찬영(Crothers, J. Y., 權燦永) 외 25명의 연서로「총회의 결의는 하나님의 율법과 조선 예수교 장로회 헌법에 어긋날 뿐만 아니라 우리들에게 발언을 허락하지 않고 강제로 회의를 진행한 것은 일본 헌법에 부여된 신교 자유정신에 위배된다.」는 항의서를 제출했으나 이것 마저 경찰의 강요로 기각되고 말았다.

↑ 권찬영 선교사

이에 앞서 감리교회는 동년 9월 3일 총리사 양주삼 목사의 명의로 신사참배 이행에 따른 성명서가 발표되었고 교회가 이에 호응하였으니 감리교의 신사참배 문제는 자진하여 굴복하고 말았다. 이리하여 한국교회는 일제의 강압과 박해에 못이겨 일본신사에 무릎을 꿇었으니 한국 기독교 사상 영원히 씻지 못할 굴욕을 자행하였다.

3. 신사참배 반대 투쟁

1) 평양신학교 학생의 반대운동

신사참배 반대운동은 기독교 학교들을 강제 폐쇄시키는 데서 시작되었고 본격적 항거운동은 1938년초부터 전국노회에 신사참배를 결의시키는 데 경찰의 위압이 불씨가 되었던 것이다. 1938년 2월 19일 평북노회가 먼저 신사참배 결의 사실을 발표한 소식이 먼저 평양신학교에 알려지자 교수들과 학생들이

← 평양신학교 교사

성토하였고 평양신학교 교정에는 평북 노회장 김일선 목사가 신학교 입학 당시 입학 기념으로 심은 기념 식수가 한 그루 있었다. 평북노회 신사참배 결의를 전해들은 동노회 소속 학생 장홍련 전도사가 울분을 참지 못해 기념 식수를 뽑아 짓밟아 버린 것이 도화선이 되었다. 학생들은 각 노회 단위로 결속하고 소속 노회로 돌아가 불참배 운동의 준비를 갖추고 떠나려는 무렵 이 기밀을 평양 경찰서가 탐지하고 동교 교수중에 반대 의사가 강한 박형룡(朴亨龍), 김인준 교수를 불구속으로 연금하고 주동 신학생들을 다수 검거했다. 이 소식을 들은 교역자들은 분개하기 시작하여 이 반대 운동은 자연 각 교회로 번지게 되었던 것이다. 또 평양신학교 반대운동은 계속되었고 1938년 첫 학기를 끝으로 학교가 폐교된 것이며 당시 최초의 한국인 교수로는 남궁 혁(南宮赫)박사(광주제일교회 장로)가 평양신학교에 봉직하였는데 그는 이용도의 이단을 엄히 경계하였고 6·25 때 공산당에게 납북되어 소식이 없다.

2) 선교사들의 불참배 운동

신사 참배에 대한 문제는 선교사들 사이에도 의견이 일치하지 않았다. 감리교 선교사들은 처음부터 미온적 태도였고 장로교 선교사 중에도 견해차가 있었다. 평양신학교 이사장 방위량, 교장 나부열, 북장로회 선교회 실행위원 소도열, 허대전, 노해리 등 유력한 선교사들은 강경한 반대 태도였고 그들은 일부 선교사의 반대에도 불구하고 신사 불참배 운동을 강력히 추진하였다. 동년 9월 28일 남 장로교 선교사들은 광주에 모여 신사참배 문제를 협의한 결과 두 가지 방안을 세웠다.

첫째는 각 선교부는 각기 소속노회로부터 탈퇴하고 비신도를 상대로 새 지반을 개척할 것. 둘째는 노회는 탈퇴하여도 개교회로부터 전도사업을 의뢰할 때에는 이에 호응하여 전도활동을 계속 할 것 등을 결의하고 9월 30일 개최된 전북 노회와 11월 4일 전남 노회석상에서 전기 2개 항의 결의를 통고하였다.

이는 신사참배 결의 노회는 탈퇴하되 신사참배를 배격하는 다수 교역자와 교인들을 구출하여 그들로 하여금 노회 내지 총회를 구성하여 한국 장로교회의 역사와 전통을 살리려는 심산이었다. 한편 동년 10월 21일 캐나다 선교회는 신사에 참배하며 교육기관을 계속 운영할 것을 언명하여 선교회의 신사 불참배 운동은 분열 상태에 놓였다. 그 외의 선교사들은 초지일관 노회를 탈퇴하고 불참배 목사들을 도와 불참배 운동을 물심 양면으로 전개하였던 것이다.

3) 박관준(朴寬俊) 장로의 진정서

앞서도 언급하였으나 영변교회 박장로는 평양 기독교 학교들의 신사 불참배 문제로 폐교된 소식을 듣고 이 문제가 장차 한국교회를 망칠 것을 우려하여 일본 정부 당국과 합법적으로 싸워 한국교회를 구출할 것을 결심했다. 이어 곧 장문의 진정서를 작성해 가지고 니시모도(西木) 평남지사를 위시하여 우가끼 조선 총독, 아라끼 문부성 장관 등에게 제출했다. 그러나 뜻을 이루지 못한 것이다. 박장로는 아호를 '염광'(鹽光)이라 하며 자신이 세상의 빛과 소금이 될 결심을 굳게 하였고 의사로서 개업을 하면서도 그는 전도를 먼저 한 것이며 또 병원 이름도 언제나 '십자병원'으로 한 것이다.

↑ 박관준 장로

진정서 내용은 다음과 같다.

(가) 여호와는 유일신으로 그는 천지 만물을 창조하시고 지배하시며 그의 섭리 아래 인류의 역사가 전개된다.
(나) 여호와는 하나님을 신봉하는 나라는 그의 축복을 받아 번성하고 그를 섬기지 않는 나라는 형벌을 받을 것이다.
(다) 한국 신도에게 일본 신사에 참배를 강요하는 것은 하나님을 거역하는 죄다. 그런즉 한국 신자들에게 신사참배를 강요하지 말고 또 무고히 구속된 신자들을 즉시 석방할 것.
(라) 당신이 만일 여호와 하나님의 진실하심을 믿기 어렵거든 하나님이 참 신인가 일본 아마데라스 오미가미(天照大神)가 참 신인가 시험하자. 그 시험방법은 나무 1백단을 쌓아 놓고 그 위에다 나를 올려 앉히고 불을 질러 내가 타지 않으면 여호와 하나님이 참 신임을 알게 될 것이고 그때에는 여호와 하나님을 일본의 신으로 섬겨야 할 것…

그후 우가끼 총독과 미나미 총독에게 신사참배 강요 철회를 요구하는 면담을 하려고 여러차례 방문을 하였다. 그래도 뜻이 이루어지지 아니하자 그는 1939년 1월 신사 불참배 문제로 선천 보성여학교 교사직을 사퇴한 안이숙양의 안내로 동경의 일본정부를 찾아갔다. 거기서 신학을 공부하는 아들 영창과 안양의 도움으로 전 조선 총독 아가끼와 문부대신 아라끼, 척무장관 야다 등 정부요인들을 역방하여 상기 진정서를 제출했다. 그들은 박장로의 진지한 태도와 열의에 감동되어 협조할 것을 약속했다. 때는 마침 일본 국회가 개회중이었고 1939년 3월 22일 신종교 법안이 상정되어 일본 종교계의 관심이 쏠릴 때이므로 그 신종교법이 토의되는 일자를 택하여 박장로는 2층 방청석에 자리잡고 있다가 종교법이 상정되어 심의 위원 야스후지가 그 설명을 위하여 단상에 올라갔을 때 박장로는 「아타구시와 여호와 가미노 다이시메이데스」(나는 여호와 하나님의 대 사명자이다.)라고 일본어로 외치면서 진정서가 든 큰 봉투를 던졌다. 이에 국회는 큰 소란이 일어났고 박장로는 즉석에서 체포되어 일본 경시청에 32일간 구속되어 있다가 석방 귀국했으나 그가 알리고자 한 신사참배 문제는 잘 알렸다.

그의 귀국에는 형사 50여명이 연속으로 감시를 한 것이며 귀국 후도 계속하여 이 운동을 벌리다가 검속되어 6년간의 옥고를 치루던 중 노쇠 병약하였으나 신앙의 절개를 굽히지 않고 옥중에서 순교의 반열에 참여했다. 그때 한국 교회는 일제의 강압에 눌려 기독교 본질을 떠나 달리고 있는 때에 그는 감옥에서도 찬송, 기도에 힘써 무려 70일을 금식한 것 때문에 병보석되어 1945년 3월 13일 별세하니 평양 교회의 공동묘지인 돌박산에 주기철, 최봉석 목사 옆에 묻힌 것이다.

박관준 장로가 일본국회에 투척(投擲)한 내용은 다음과 같다.

- 금일 동아(東亞) 5억의 사활은 이 회의에 달렸다.
- 여호와 하나님의 섭리가 국가의 존망을 좌우한다.
- 종교법안을 통과하여 정부가 종교를 지배하면 신이 진노하사 일본에 재앙을 내릴 것이다.
- 여호와 하나님의 명령과 법도를 지키면 일본이 축복을 받을 것이고 다른 가신을 섬기면 저주를 받을 것이다.
- 신도(神道)를 폐지하고 기독교를 국교로 제정하라는 것이다.

4) 김선두(金善斗) 목사의 일본 정계요원 동원 투쟁

증경 총회장이며 당시 봉천 신학교 강사 김선두 목사는 총회의 신사참배 결의 4개월 전에 평양에 와서 반대투쟁을 하던 중 1938년 4월 평양 경찰서에 구금되어 있다가 동경 유학생 김두영이 귀국하여 그 소식을 듣고 그의 알선으로 석방되자 김목사는 다시 동경에 가서 이 운동을 전개하려고 김군의 안내로 동경에 건너가는 도중 우연히 평양 여자 신학교장 윤필성 목사와 평양신학교수 박형룡이 동

† 김선두 목사

행되어 한국 교회를 대표할만한 팀이 되었다. 김목사 일행은 8월 24일 동경에 도착하여 박영출 목사의 안내로 일본 정우회 외무부장이며 중위원인 미쯔야마(松山常次郞) 장로, 군부의 원로 히비끼(日足信常) 장로, 세까야 궁내대신(차관) 등을 역방하고 신사 참배로 인한 한국교회의 수난상을 진정했다.

이에 전기 3인은 9월 1일 서울로 와서 현지 교회 지도자들과 선교사들을 방문한 후 미나미 총독에게 신사참배 강경책 철회 권고를 약속받았다. 그들은 이런 일을 할 수 있는 위인들로 약속대로 9월 2일 선두로 와서 김선두 목사의 안내로 총회장 이문주 목사와 교계원로 김익무, 장홍범, 강병주 목사 등과 선교사 안대선, 로해리(H. A. Rhodes, 魯鮮理) 등과 신사참배 문제에 대한 의견을 청취한 뒤 당시 일본 시찰을 마치고 돌아온 이승길 목사를 만나기로 약속되어 상경하자 갑자기 검거 선풍이 닥쳐 김선두, 이문주, 장홍범, 강병주 목사 등을 종로 경찰서에 구금했다. 그러나 히비끼 장군의 알선으로 석방되었다. 9월 4일 내한한 일본 정계 3거두는 미나미 총독 오노(大野) 정무총감 등 5인 회담에서 미나미(南次郞) 총독은 9월 19일 평양도경(平壤道警)에 행정 지시한 것이 잘못인 줄 알면서도 그 철회를 못내 회피하므로 히비끼 장군 일행은 한국 대표들에게 총회에서 신사참배를 부결하도록 하는 차선책(次善策)을 제안했다. 이에 김선두는 절충적 태도를 취하였으나 총독부는 그도 검거한 것이다.

5) 교직자들의 규합 투쟁

1938년 2-9월 사이에 교회 공적 기관들은 대부분 신사참배 할 것을 엄명(嚴命)했으나 많은 교역자들이 반대한 것이다. 1939년 초부터는 평북, 평남,

경남, 만주 등지에서서 조직적인 신사 불참배운동이 일어났다.

(1) 평양 산정현 교회 주기철의 항거

주기철 목사는 한국의 대표적인 신사참배 항거자로서 일찍이 부산일보에 신사참배의 부당함을 공적으로 발표하였고 그의 호 역시 「소양」(蘇羊)이라 하여 순교를 각오한 인물인데 1938년 2월 초에 제1차, 그해 가을에 제2차, 1939년 8월 제3차, 1940년 5월에 제4차로 최후 투옥 당하여 1944년 4월 21일 평양 감옥에서 순교할 때까지 전후 7년간의 옥고를 치루었으며, 모진 고문을 당하면서도 신앙을 지킨 한국의 절개높은 신앙의 파수군이다. 주기철은 1887년 웅천(熊川)에서 주현정 장로의 4남으로 출생하여 정주 오산학교를 나와 연전(延專) 상과에 다니다가 득병(안질)하여 낙향한 후 교남학교에서 교편을 잡고 있다가 김익두 부흥회에 은혜받아 신학에 들어가 30회로 평양장로회 신학교를 졸업하고 부산 초량, 마산 문창교회를 거쳐 조만식 장로가 시무하는 교회에 초빙을 받고 가서 충성스럽게 목회하는 가운데 신사참배 반대운동에 나서게 된 것이다. 그의 7년간의 옥바라지에 수고한 부인 오정모의 수고도 컸으며 산정현교회 장로 방계성, 유계준과 성도들의 지극한 기도와 후원으로 승리한 것이다. 혹 출옥하는 주목사에게 "승리요"하고 부인 오정모의 첫마디가 신앙투쟁을 격려하곤 했다고 하며, 심지어 대문을 두드려도 기척이 없어서 "주목사요" 하면 "감옥에 있거나 천당에 간 주목사는 알아도 다른 주

↑ 주기철 목사

주기철의 묘 ⇒

목사는 모른다"고 하였다 한다.

다른 항거자들도 모진 고문을 받았으나 주목사가 당한 고난은 필설로 형언키 어려운 것이었다. "장기간의 고난을 이기게 해 주소서"라는 그의 기도대로 그는 오정모 사모와 성도들의 후원으로 충절을 변치않고 지키다가 1944년 4월 21일 "내 여호와 하나님이여 나를 붙드시옵소서"라는 마지막 기도와 함께 주님의 부름을 받은 것이다. 그의 시신은 그의 유언대로 평양의 기독교 묘지인 돌박산에 안장한 것이고 지금 국립묘지에는 가묘가 있다.

(2) 한상동 목사의 항거

한상동(韓尙東) 목사는 부산 다대포 태생으로 1939년 12월 평남의 이주원의 신사불참배 투쟁 2개 기본정책에 대한 소식을 듣고 신사참배하는 노회를 떠나 새로운 노회를 조직하고 부산, 마산, 진주, 거창 등지의 주재 선교사들과도 협조키로 하고 주남선(朱南善), 최상림, 최덕지, 조수옥과 함께 적극적 신사참배 거부운동을 전개한 것이다. 1940년 3월 28일 주기철 목사의 최후 석방에 즈음하여 전국 동지 단합대회를 열기로 하고 부산은 한상동, 마산은 이찬수, 진주는 황철도, 거창은 주남선, 이북은 이주원, 또 이현속, 손명복 전도사도 함께 투쟁한 것이다. 이 일에 선교사 함일돈(F. E. Hamilton, 咸日暾), 마두원(D. L. Malsbary, 馬斗元)은 활동기금을 도와 주었고, 만주의 한부선(Bruce F. Hunt, 韓富善) 선교사는 신사참배 반대 이유서를 인쇄하여 만주 전역에 배포하는 일을 자원하였다. 한상동 목사는 초량교회에서 문창교회에 전입했으나 1940년 7월 3일 부산에서 검거되어 1941년 평양으로 이송되어 갖은 고문을 당했다. 그는 자신의 옥중기 『주님의 사랑』(파수군사, 단기 4287)에서 "순교적 신앙은 주님의 은혜"라고 하였다.

↑ 한상동 목사

(3) 관서(關西)의 투사 이기선(李基宣)

1938년 제53회 평북노회가 "신사참배는 종교가 아니며 국가의식이므로 국민들은 마땅히 참배해야 된다"는 결의를 했으나 당시 의주 북하동교회 목사 이기선은 교회를 사면하고 가정교회를 세우고 신사참배하는 학교에 자녀를 보내지 말 것과 현실교회 약체화 운동을 하다가 평양 대동경찰서에 입건된 것이다. 이 때에 같은 신앙동지로는 채정민(蔡廷敏), 김의창(金義昌) 목사가 있다.

고등계 형사가 "영감, 천황폐하가 기독교를 믿지 말라. 믿으면 죽이겠다 하면 어떻게 할꺼야"하는 묘한 질문을 하고는 대답을 못할 것이라고 의기양양한 형사에게 "할 수 있습니다." "예 할 수 있습니까?" "예 할 수 있습니다." "하나님이 예수 믿으라 했으니 예수 믿고 천황이 죽으라 했으니 죽으면 됩니다." 일본 형사도 대답을 못하고 아연실색할 뿐이었다. 그도 결국 6차나 검속이 되었고 8·15 이후에 출감한 것이다.

이기선 목사는 동지 포섭의 설교 중에 "신사참배 문제로 경찰서에 오라 하면 전도할 기회요, 감옥에 가두면 실천신학교에 입학한 줄 알고 감사하고, 끝내 인내하다가 죽이면 생명의 면류관을 받을 것이다"라고 한 것이다. 이기선 목사는 출옥 후 산정현 교회를 시무하면서「혁신 복구파」라는 재건교회를 이끌었다. 그래서 이북 5도 연합노회와는 행정적으로 단절한 것인데 이기선 목사의 이러한 교회 재건은 남한의 고려파 운동과도 일맥 상통한다.

(4) 전도왕 최봉석의 투쟁

최봉석(崔鳳奭)은 1863년 평양 태생으로 한 때 평양관찰사 서기로 근무하기도 했는데 1908년 신학교에 가서 공부보다는 전도에 힘써 어렵게 졸업하고 목사가 되어도 전도에 힘써 소위 최권능 목사라는 별명을 얻었다. 최목사의 신사참배 반대는 적극적이어서 "신사참배는 죄요 하나님의 원수이며 이를 가결한 예수교 장로회는 사탄의 집단"으로 규정하고 단호히 거부하다가 6년의 옥고를 치루고 해방되던 바로 전해인 1944년에 병보석으로 나와서 주님의 부름을 받은 것이다. 그는 "하늘의 오라는 전보가 왔다"고 하면서 "고생과

↑ 최봉석(최권능) 목사

수고 다 지나간 후"라는 찬송을 선창하고 가족들의 노래 속에 숨을 거두었다고 한다. 최권능 목사는 전도하지 않는 목사, 장로는 바른 기독교인으로 보지 않았으며 많은 "전도일화"를 남긴 것이다.

① 시집가는 가마문 열고 "예수 믿고 천당"이라 소리침. 신부는 늘 그 소리 때문에 번민하다가 신자가 되었다.

② 시골 전도 때 들에 있는 농부들에게 "불이야" 소리치니 달려 왔다. '어디 불이야?' "내 속에 성신 불이야"라고 하면서 전도하였다 한다.

③ 만주 전도 때 매우 시장하여 보니 말이 갓 먹은 콩을 누었는데 김이 난다. 그것을 강물에 씻어 먹으면서 "주님 만주 벌판에서 양식까지 먹여 주시니 감사합니다."라고 한 것이다.

④ 고문 때 치면 "예수"라고 했다. '이 영감 예수 밖에 모르나.' "내 속에는 예수가 꽉 차서 치면 예수가 나온다"고 하였다 한다.

⑤ 평양 신학교 기숙사에서 시험 준비 때 최전도사 노트를 비오는 밖에 던져도 가서 주어서 옷소매로 닦으면서 "이 사람들이 왜 이래"하고는 성내지 않았다 하며 전도에 힘써 공부를 많이 못하고 철야기도 했으나 시험에 생각이 나질 않으니 "성령도 시험에는 떤다"고 하였다.

⑥ 최봉석의 전도는 매우 단순하였다. 그가 외치는 소리 "예수 천당, 마귀 지옥", "회개하고 믿으라"는 외침은 순수한 복음 내용 그대로였다.

⑦ 길가는 "채○○" 목사에게 "예수 믿고 천당"하고 외치니 "최목사 나 채○○ 목사외다" "누가 채 목사인 줄 몰라. 목사가 되었으면 전도해야지 왜 벙어리 목사야?"라고 한 것이다.

⑧ 어떤 장로께서 성경을 끼고 예배하려고 교회 가는데 큰 소리로 "예수 믿고 천당"하자 깜짝 놀란 장로께서 뒤를 돌아보니 "예수 믿으라는데 놀라는 게 장로야?" "돈 장로 벙어리 장로" 하면서 최봉석은 지나 갔다고 한다.

⑨ 평양시장이 "예수 천당" 소리에 낙마하였다. 시장이 최목사를 칼로 치려 하니 또 "예수 천당"하고 빙그레 웃으니 미친 사람으로 여겨 지나갔다.

⑩ 한번은 최목사가 동룡굴 기도 후 집회를 인도하러 갔는데 강사를 역에서 기다리던 교인들이 최목사의 초라한 행색에 그만 강사인 줄 모르고 교회로 와서 보니 그가 최봉석 목사였다. 그날 밤에 큰 은혜가 있었다 한다.

⑪ 평양 기홀병원에서 병보석으로 나와 죽음의 시각을 기다리면서 "애들아

울지마라. 살이 피둥 피둥하여 주께 가면 내 평생 주를 섬기다가 70 넘어 가면서 어찌 주를 뵙겠느냐? 주님은 나를 위해 물과 피를 다 쏟아 주셨는데 내 몸에 아직 가죽이 붙어 있으니 부끄러울 뿐이로구나" 하면서 아들 광오와 광옥 남매를 위로하였다 한다.

⑫ 최봉석 목사가 1913년 신학교 때 졸업생 명단에 자기 이름이 없자 교수들을 찾아가 함께 기도하자 했다. 교수들은 왜 그러는지 몰라 따라 기도했는데 "오 주님, 공부만이 목사 후보생이 힘써야 할 일은 아닙니다. 저는 하나님의 종으로서 열심히 기도하며 때를 얻든지 못얻든지 복음을 전해야 하는 것을 믿습니다. 저는 전도하는 일에 너무 전념하는 바람에 공부를 제대로 할 수 없었습니다. 주님께서 이 시간 교수님들을 감동시키사 학교를 졸업하게 해 주실 것을 믿습니다. 아멘." 그후 교수들에게 "아멘"이라 했으니 졸업시켜 달라 하여 교수들은 그에게 은혜를 베풀기로 하였다는 것이다.

(5) 거창의 교황 주남선(朱南善)의 투쟁

1883년 거창에서 난 주남선은 때로는 주남고(朱南皐)라고도 한다. 그는 한학자 아버지의 덕택에 19세에 군수 밑에서 일을 본 것이다. 그가 1912년 예수를 믿고 평양 신학교에 가서 10년 만인 1930년 졸업을 했다. 그 후 거창에서 교역하되 성실히 하여 그 지방에 다른 교회가(이단들) 세워지지 않았으며 심지어 천주교도 들어오지 못했다 한다.

⇧ 주남선 목사

주목사의 신사참배 반대운동은 주로 거창을 중심으로 이루어졌고 한상동 목사와 함께 진행된 것이며 "신사참배는 계명에 위반되니 하나님 앞에 큰 죄입니다. 절대로 신사참배하면 안됩니다."라고 권한 것이다. 1940년 7월 16일 거창경찰서에 구금이 되어 진주 유치장으로 이감되어 거기서 최덕지(崔德智) 여전도사와 황철도(黃哲道) 목사(당시 전도사)를 만나게 되었다. 주목사가 끝까지 신앙을 지키고 이긴 데는 사모의 격려도 컸던 것이다. 주남선 목사는 8·15 이후 출감하여 거창교회를 섬기면서 고려신학교 설립과 고려파 운동에 산파역을 한 것이다. 주남선 목사는 개인적으로 꾸밈이 없고 외식도 없으며 또한 눈물의 종이었다. 그는 치리를 할 때도 눈물의 권징을 하였으며, 주목사의 평생 표어는 "죽도록 충성하라"(계 2:10)는 것이었다고 한다. 그가 별세 때 "쉬는 것도 주의 일인 줄 몰랐다."라고 휴식 못한 것을 후회한 것이다.

(6) 동방요배도 거부한 최덕지 여전도사

최덕지씨는 1901년 통영 출신으로 진주여자성경학원 교사로서 한상동, 주남선 목사와 함께 신사참배 반대운동을 하다가 일찍이 검거 투옥 되었으나 옥중에서도 동방요배를 거부하였고 1940년에는 경남 부인전도회 회장이 되었으며 평양 감옥에서 8·15 이후 출옥하였다.

최덕지는 일찍이 양친의 신앙에 따라 장로교인이 되어 통영 진명학원을 거쳐서 마산 의신학교 고등과와 평양신

↑ 최덕지씨

학교에 가서 졸업하고 미순회(美絢會) 마산지방 부인 전도사가 되어 사역을 하다가 신사참배 반대운동을 열렬히 전개한 불굴의 투사인 것이다. 그의 이러한 신앙투쟁은 높이 평가되어야 할 것이다. 그리고 진주여자성경학원 훈육을 맡은 교사로서 그녀는 너무도 엄격하고 강직했다 한다. 학생들을 철저히 교육하던 그녀는 결국 자신의 신앙을 지키는 데도 그처럼 철저하고 강직했다는 것은 참으로 좋은 신앙인과 교사의 본을 보인 것이라 하겠다.

(7) 손양원 목사

순천 나병원인 애양원 교회 손양원 목사는 창원군 칠원 출신으로 동 교회를 근거하여 개별적으로 평양신학교 졸업 전후부터 신사참배를 강력히 반대하였고 목사가 되어 애양원교회 강단에서 신사참배를 공격하였고 각처에서 부흥회를 인도하면서 우상을 섬기는 일본이 망한다고 절규한 것이다.

1943년 9. 25. 평양의 부친 손종일 장로께 보낸 서신 속에 다음과 같은 「신앙시」가 있다.

↑ 손양원 목사

「遠離本家入獄中
夜深獄深滿愁深

與主同居恒喜滿
獄苦四年果多日
與主同樂如一日
過去四年安保主
未來確信亦然主」

＜본가를 떠나 옥중에 오니
밤도 옥도 깊으니 수심도 깊으나
주와 동거하니 항시 기쁨도 가득하도다.
옥고 4년 많은 날이나
주와 동낙하니 하루와 같고
과거 4년 안보하신 주님
미래에도 주님일 줄 믿노라＞

  1944년 6월 24일, 옥종면 북방리 신도들에게 보낸 편지에 다음과 같은 격려편지가 있다.
  "그동안에 여러 가지 파란곡절이 너희들을 연단시켰구나. 파도는 지혜있는 사공을 만들겠고 한설(寒雪)이 아니더라면 송죽의 절개(松竹之節)를 누가 알리요 한설을 참고 견디니 매화는 아름답고 추상(秋霜)을 겪었으니 국화는 향기롭다. 신고(辛苦)를 감수하니 마음 속이 낙원이요 만난(萬難)을 극복하니 용사보다 강하구나. 옳다! 이 때에 너희들은 솔선하여 인내에 모범자가 되라. …수곡을 적게 받게 된다니 한편으로 섭섭하나 손해보는 자가 있는 것을 보아 확실히 덕을 보는 자가 있겠구나. 내 유익에 부하고 남이 억울하여 호소하는 것보다는 얼마나 나으냐? 범사에 감하라.…"
  1944년 9월 9일 편지에는 다음과 같은 글이 실려 있다.
  「흰 이슬(白露)은 이미 내려 대지는 시원하다. 심중(心中)의 고열(高熱)에 찬 이슬(寒露)은 언제나 내릴까? 뒷간에 있으면 어찌 악취를 피할 수 있으며 세상에 처하여 어떻게 고난을 면할 수 있으랴! 금세(今世)에서 안락을 도모하는 자는 마치 나무에 올라가 물고기를 구하는 격(緣木求魚格)이로구나. 이것이 죄악 결과의 현상이로구나. 옛날 바울 같은 성자도 "오호라 나는 곤고한 사람이구나. 누가 이 사망의 몸에서 나를 구원하랴" 하였거니와 세상에 있는 자 누구나 다 아이고(我以苦) 아이구(我而救) 함은 이구동성의 비탄이요, 사람마다 다 하늘에 호소하는 사실이 아니겠는가? 그러나 비록 너는 병고 중이나 주 안에 있는 너의 신앙은 범사에 감사하며 항상 기뻐할 것을 나도 믿고 이로써 안심하노라. "육체는 고난으로 단련함이 좋고, 마음은 항상 기뻐함이 좋으니라" "피죽을 먹고도 웃는 자가 있고 비단 옷을 입고도 근심하는 자가 있느니라" 그러므로 같은 세상에 살면서도 비관자와 낙관자가 있느니라. 육체의 고통과 마음의 기쁨(肉苦心樂)이 종교인의 실생활이니라.」

평양에서 신사 불참배동지 대회가 있은 후 이 운동이 전국적으로 확대되자 경찰은 온갖 정보망을 통하여 이 운동의 내용을 조사하여 가지고 1930년 7월 주기철 목사를 위시하여 전국 신사 불참배동지 대회가 있은 후 이 운동이 전국적으로 확대되자 경찰은 온갖 정보망을 통하여 이 운동의 내용을 조사하여 가지고 1930년 7월 주기철 목사를 위시하여 전국 신사 불참배 동지를 총검거했다. 그리고 일본이 1941년을 전후하여 선교사를 대량 축출하였고, 관헌은

⇧ 한국에 억류되었다가 그립솜 호를 타고 미국으로 돌아가는 선교사들(1942년)

1945년 5월 18일에는 그들에게 치안 유지법, 보안법 위반, 불경죄들을 적용하여 판결을 내렸고, 그 중 주기철 목사와 몇몇 동지들은 옥중에서 순교하여 순교한 자들의 수가 약 50명에 달한다고 하나 그 개인들의 순교사항이나 인적 사항과 순교문헌이 남아 있지 않음이 천만 유감이다.

6) 그밖에 투쟁 용사들

평북의 박의흠(朴義欽), 김윤섭 전도사, 정주의 서정명 전도사와 감리교의 이영한(李榮漢) 침례교의 전치규, 성결교의 손갑종, 안식교의 최태현 목사들이 주의 복음과 신앙의 지조를 위해 순교한 것이다. 전주 서문밖교회의 배은희(裵恩希)목사는 신사참배 반대죄로 금속령을 받고 전주경찰서에서 신구교 성직자를 모아 신사참배를 결의하려는 데 반대하여 거수하였고 이 일로 인하여 김가전(金嘉全)목사와 최양서는 구속되고 말았고 평양신학교가 폐교된 후 평북 의주 토교동(土橋洞)교회 김린희(金麟熙) 전도사도 반대운동을 하였다.

함남노회 소속인 이계실 목사는 자신이 시무(視務)하던 덕천교회, 동덕천교회, 기곡교회, 상수리교회, 장흥교회 등을 노회에서 탈퇴시키고 신사참배반대와 동방요배도 거부한 것이다. 이 일로 인하여 이 교회의 위병연, 서의균, 홍종선, 신필균, 이창수, 안승주, 한윤몽, 한치상, 한사몽, 한복현 등이 함흥경찰서에 구금되어 심한 고문을 당하였다.

전남의 신학생인 김용선(金容善), 박동환(朴東煥), 조용택(趙龍澤)등도 신앙지조를 지키다가 3-4년의 옥고를 치루었고 광주의 백영흠, 최기영, 문안식, 문천식, 김천배, 이수현, 정인세, 조일환, 김현승, 김현애, 조아라, 한성자 등도 광주형무소에 구속되었으며 또 강태국(康泰國)도 옥살이를 하다가 만주로 추방된 것이다.

그리고 해남(海南)의 목사 이우석(李禹錫)도 애국설교가 화근이 되어 오랫동안 옥살이를 하다가 그 후유증으로 별세하였다 하며 영암(靈岩)의 전도사 박병근(朴炳根)과 상월리(上月里)교회 나옥매(羅玉梅) 여전도사 역시 감옥살이를 하였다.

당시 순천노회는 이미 신사참배를 통과시켰으나 앞서 말한 여수(麗水) 애양원(愛養院)의 손양원(孫良源)목사와 순천중앙교회의 황두연 장로가 청년면려회 원탁회(圓卓會)사건으로 구속되고 그 노회 중진급이 모두 구금이 되없는데 김정복, 김상두, 김형재, 오석주, 나덕환, 선재련, 김순배, 김형모, 조상학, 양용근 목사등과 황두연, 박창귀, 선춘근, 김원식 장로 및 유재학 집사가 구속되어 3-4년의 형을 받고 광주형무소에서 영어(囹圄)의 삶을 하였다.

그런데 양용근(梁龍根)목사는 1943년 12월 5일 추운 감방에서 순교한 것이다. 누구보다 양목사는 고흥지방 도사경회(都査經會)에서 일본의 신사참배 부당성을 신랄하게 비판하였기에 더욱 많은 고통을 받았다. 목포의 양동교회 박연세(朴淵世) 목사도 신사참배를 죄라고 설교한 때문에 1944년 2월 추운 겨울에 대구 형무소에서 동사(凍死)하였다 한다. 박연세 목사는 일찍이 군산(群山)에서 3·1운동을 주동했으며 군산의 영명학교(永明學校, 기독교 계통) 교사로 재직하였고 3·1운동을 주도한 까닭에 곧 재판에 회부되어 고등법원이 있는 대구로 이감(移監)이 되었고, 그후 1942년 7월 7일 지나사변(支那事變) 5주년(週年) 기념을 기해 일본천황을 찬양하라 하였으나 박목사는 이 날의 설교에서 일제가 영·미(英·美)를 상대로 일으킨 소위 대동아전쟁(大東亞戰爭)은 약육강식(弱肉强食)의 전쟁에 불과하며, 또 다음의 설교에서 육체적으로는 천황을 존중해야 되나 영적으로는 그리스도를 제일 존중해야 된다고 하였던 것이다.

또 목포 연동교회 김창옥(金昌玉) 장로는 일제(日帝)의 종교통폐합정책에 따라 양동교회와 연동교회를 폐합할 때 반대하다가 목포경찰서에 검거되어 모진 고문 끝에 몸이 극도로 쇠약해졌고 8·15 해방과 동시에 출옥하였으나 끝내 회복지 못하고 세상을 떠난 것이다.

충북노회의 송용희(宋用熙) 목사와 허원훈(許元勳) 목사가 일제의 종교탄압에 맞서 구속되었고 허원훈(허성도)은 심한 고문으로 1944. 7. 13 대전형무소에서 순교한 것이다. 또 신앙을 지키려든 강종근(姜鍾根) 목사와 권원호 전도사도 서울 서대문형무소에서 순교한 것이다.

성결교의 신사불참배 운동은 교파가 해산된 후에도 계속되어 박봉진(朴鳳鎭) 목사가 철원경찰서에 구속되어 너무 심한 고문으로 석방되었으나 세상을 떠나고 말았으며 김연(金鍊) 목사도 일본 헌병의 혹독한 고문으로 옥살이도 할 수 없어서 재가(在家)요양을 하였으나 세상을 떠나고 말았다고 한다.[2]

---

2) 김연(?-1944)의 순교에 대하여 옥중에서 별세한 것으로 기록한 곳도 있다. 교문사, 기독교대백과사전, 3권, p. 217.

일제는 1941년 태평양 전쟁이 터지니 한국인에 대한 탄압이 극심하여 외국 선교사를 강제추방하고 투옥된 신자가 2,000여명, 폐쇄된 교회 200, 감옥에서 순교한 이들이 50여명이 된다고 한다.

7) 일본 조합(구미아이)교회(日本組合敎會)와 기타 교회

이 교단은 회중교회(Congregational Church)로 알려졌다. 1911년 6월 와다세(渡賴常) 목사가 내한하여 사역하였고, 서울 남창동에 하세가와(長谷川直吉) 목사를 비롯한 여러 명의 일본인 목사가 와서 일본인을 위한 교회당을 건립한 것이다(1934년도에 신도 1,015명이라 함).

그 후로 대전, 강경, 평양, 부산, 대구, 청주, 진남포에 교회가 있었다 하며 1919년 일본의 기독교 연감에도 벌써 서울에만도 5개처의 교회가 있었다 한다. 그러나 1945년 패전으로 모두 물러가고 일본에서 일본의 종교법에 좇아 1945년 "일본기독교단"을 형성하였다.

일본 조합교회는 한국교회의 일본화를 위하여 세운 것이다. 일본의 평신도

← 일본인 교회
한일합방을 전후하여 일본 교회(특히 조합교회)는 한국 선교를 시작하였는데 이는 일본의 한국 침략과 병합과 그 궤를 같이하는 것이었다. 사진은 해방전까지 일본인 교회로 사용되다가 해방후 덕수교회 예배당으로 사용되었던 건물이다. 서울 정동에 소재.

지도자 에헤라(江原素之)는 "한·일 합방은 훌륭한 일이며 천황의 성덕과 황제의 용단이며 특히 한국민에 대한 성급한 동화정책 보다는 종교를 통한 완전한 동화정책이 최상이다."라 하였으나 우찌무라 간조(內村鑑三)는 조합교회의 식민지 전도정책에 대하여 "조선은 일본보다 기독교에 있어서 앞장 섰으며 아무리 일본이 국토를 빼앗고 정부를 빼앗아도, 또 독립은 잃었지만 하나님으로부터 받은 영혼은 빼앗아 갈 수 없다. 일본이 대만과 사할린과 만주 또는 조선을 얻었다 하더라도 일본 국민은 많은 영을 잃었다"고 한 것이다.

이에 대하여 우에무라(植村正久)는 "일본인이 선진국으로서 한국을 합병할 수도 있고 또 그 합병이 하나님께서 일본교회에 부여해 준 권한이다"라고 하였다.

그 외에도 일본 메도디스트, 일본 기독교회, 일본 홀리네스 교회, 일본 성공회, 또는 일본 구세군 교회를 한국에 세웠던 것이다. 이들은 일본의 식민지 교회 정책의 일환으로 세워진 것이며, 이 조합교회는 처음 1919 이전에는 다소 발전하였으나 3·1운동 이후에는 교세가 크게 약화되었으며 한국인 신자는 한 사람도 없었다는 것이 특이한 것이다. 예를 들면

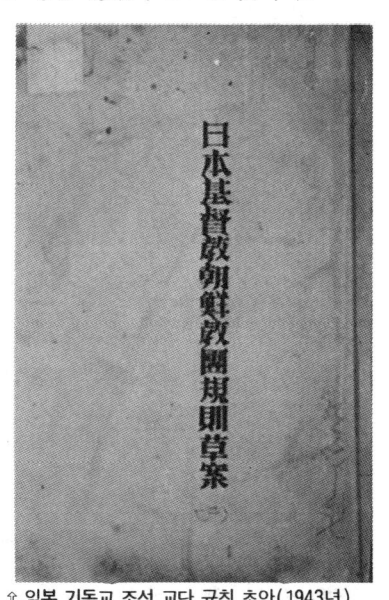

↑ 일본 기독교 조선 교단 규칙 초안(1943년)

1919년에 조합교회 교인은 14,951명, 1927년에 2,557, 1938년에 560명이 되었다 한다. 신사참배에 동의하면서 기독교 복음을 전하려던 와다세 목사는 1944년 서울에서 전쟁이 치열하던 때에 서울 길거리에서 뇌일혈로 쓰러지고 말았다고 한다.

제 2 절 한국교회의 순교적 신앙 전통수립과 신학적 갈등

"하나님은 우리를 사랑하시므로 독생자를 주셨다. 하나님은 우리를 사랑하시므로 성령을 주셨다. 하나님께서 우리를 사랑하셨으므로 계명을 주셨으니, 순종해야 마땅하다"고 주남선(朱南善) 목사[3]는 말했으며 한상동 목사 역시 그의 옥중기 제목을 『주님의 사랑』이라 한 것이다.[4]

또한 주기철 목사도 그의 설교에 "一死覺悟"가 있다.[5] 그리고 당시 한국교계의 신앙적 투쟁에 대해 그 동기를 다음과 같이 논한다.[6] ① 하나님의 계명에 대한 순종과 교회에 대한 사랑 ② 그리스도의 왕적 통치에 대한 종말적 기대 즉 천년왕국 기대와 개별적 신앙 ③ 진리에 대한 비타협적 신앙의 간증 ④ 순교는 하나님의 영광을 위한 것이라고 한 것이다.

그리고 투쟁적인 신앙인들은 악행하는 일본이 망할 것을 확신하여 담대히 질책을 하였던 것이며, 이들의 신앙과 정신은 오로지 성경적 신앙 즉 보수적 신앙이었다. 그리고 그들의 정신에서 기독교적 애국 사상이 없지 않은 것이다. 어떤 이는 신사참배 반대는 애국적인 차원으로만 해석하려는 자도 있으나 (민경배, 『한국기독교회사』), 종교적 동기와 정치적 동기를 분리하여 논할 필요는 없다. 결국 신사참배 반대자들의 신앙은 신앙지상주의자들이며 그들의 순교적 신앙은 최고의 신앙임을 다시금 보여 준 것이다. 기독교사에서 신사참배 반대인들의 순교적 신앙은 당시 태양신(太陽神)과 싸워 기독교 본연의 자취를 유감없이 나타낸 것이다. 당시 시국인식파 목사들의 작태는 참으로 어처구니 없다. 어떻게 목사들이 신사건립(충남 : 부여)에 노력동원을 하되 전국의 대표급 인사들이 총동원 되었으며 무기를 위해 헌금하고 그렇게 일본정부의 시녀(侍女)가 되는지 여간 의문스럽지 않다.

신앙의 투사들이 옥에 갇히고 1939년에 서울에서 "조선신학교"를 개교하

---

3) 심군식, 『해와 같이 빛나리』, 성광문화사, 1976. p. 125. 주목사의 사상과 신앙은 철저한 "하나님의 사랑"이었다고 한다. 하나님의 사랑을 받은 우리는 성심성의 하나님을 사랑해야 된다는 것이었다.
4) 한상동, 『주님의 사랑』, 파수군, 단기 4287년.
5) 김린서, 『한국교회 순교사와 그 설교집』, 신앙생사, 1962. p. 177.
6) Lee Kun-Sam, *The Christian Confrontation with Shintoism*, Free University of Amsterdam, 1966

여 채필근, 김영주, 함태영 등이 교수가 되고 1939년 11월에는 "평양 신학교"가 다시 문을 연다. 그러나 전통적 신학의 수립은 기대할 수 없었다. 서울의 "조선 신학교"창설자이며 오랫동안 교장이었던 김재준은 학교 설립 정신을 "서양 선교사들의 지배와 보수신학으로부터의 해방"에 둔 것이다(김양선, 『한국교회 해방십년사』). 보수신학적 전통주의와 신진(新進) 현대사조에 영합하려는 무리의 양극화는 특히 신사참배 문제에서 극명(克明)하게 나타난 것이다.

시국 인식파 교역자들은 신앙의 절조(節操)보다 현실적 생존이 더 중하였고 심지어 "순교는 개죽음"(강 ○○목사)이라고 여기는 이들까지 있는 것이며 어떤 이(용재 백낙준)는 "참 순교자는 주기철이 아니라 본 훼퍼"(D. Bonhoeffer)라고 하였다.

본 훼퍼는 새로운 측면에서 사회윤리와 사회참여(앙가즈망, Engagement)를 강조하는데 그가 적극적 행동주의적 태도를 취한 것은 독일의 교회가 처한 입장과 관계된다. 이것을 바로 알지 않으면 그의 사상을 알 수 없는 것이다.[7] 하여튼 일본의 신사참배 강요는 종교적이며 정치적인 이유에서 발생된 것이므로 우리는 이것이 독일의 상황과 같지 않음을 인식할 필요가 있다.

이에 대해 보수파 신앙자들은 "정교분리"라는 전통적 개혁주의 견해를 강조하였으며 주기철 목사는 특히 이 문제를 중요시 하였는데 그가 시무한 교회들은 거의 정치적 인물이 많았으나 그들이 주목사의 주장을 따랐던 것으로 볼 수 있다. "신사 참배 반대자들은 신사참배가 국민의례라는 정부의 설명을 배격하고 신앙을 고수함으로써 교회의 정치로부터의 독립(libertas ecclesiae)을 말하는 개혁주의 원리를 따랐던 것이라"(김영재, 『한국교회사』, 개혁주의 신행협회, p. 223, 4)는 말은 전적으로 동감(同感)할 수 있겠다. 그러나 한국교회가 서구(西歐)의 신학적 배경을 달리한 선교사들 까닭에 자연히 신학적 갈등이 생기는 것은 필연적 귀결(歸結)이었다. 같은 장로교에서도 북장로교 선교사들 보다 남장로교 선교사들이 더 보수적이었고 특히 카나다 장로회 선교부의 신학적 경향은 신신학이었다. 거기서 배우고 자라서 그 받은 물이 결코

---

7) 본 훼퍼는 미친 자가 자동차를 운전한다면 가만히 운전하게 두어야 할 것인가라는 가상적 질문을 하고서 이를 독일의 히틀러에 비유한 것이다. 이는 한국의 개신교회가 항일독립운동에 적극성을 띤 것과 비슷할 수 있다는 것이다.

없어지지 않는 것이며 감리교 선교사들의 경향도 매우 진보적이었던 것은 주지하는 바이다. 그러나 초기의 평양신학교는 참으로 정통보수신학이었다. 적어도 한국선교가 시작되어 1920년대까지는 정통신학이 지배적이었다. 그들은 철저한 칼빈주의자들로서 성경의 무오성(無誤性)을 믿었고 이같은 현상은 최초의 부흥년인 1907년 이후의 경향에서 더욱 확실하다.

고 김양선 교수의 책에 의하면 마포삼열 선교사는 그의 희년(禧年)을 기념하는 예배에서 그가 한국에 올 때 십자가 복음 외에는 결단코 전하지 않으려 하였다 한다.[8] "나는 조선에 와서 복음전도하기를 시작하기 전에 황주에서 하나님 앞에 기도하고 결심한 바 있었다. 이 결심은 내가 이 나라에 십자가의 도(道) 외에는 전하지 않기로 오직 하나님의 그 뜻대로 죽든지 살든지 구원의 복음을 전하기로 굳세게 결심하였다. 어떤 불교학자를 만나 예수교 이야기를 할 때에 불교도 좋고 예수교도 좋으니 둘 다 믿는 것이 가하다 하나 나는 그런 것이 아니라 오직 예수만 믿을 것을 말하매 그는 섭섭히 여기었다. 한 청년을 만나서 산에 올라가서 산보도 하고 봉천서 받은 한글 신약을 주면서 예수를 믿으라 전도하였는데 그 청년이 믿기로 작정하였다. 그는 곧 한석진 목사이다."[9] (조선교회에 기(寄)함, 역대 총회장 설교에서). 당시 원두우(元杜尤), 왕길지(王吉志), 방위량(邦偉良) 같은 이들의 설교나 기록은 철저한 복음주의 신학이었고 특히 방위량의 표현은 마포삼열과 같다. "우리는 조선에서 일을 시작할때 이 백성에게 믿으면 무엇을 얻게 되는 유도(誘導)로서의 기독교가 아니라 복음 그것을 주겠노라는 이 한가지 결의만을 가지고 있었다 ……복음의 메시지만을 가지고 직접 이 백성들을 찾아갔다."[10]

그리고 평신(平神)의 조직신학 교수였던 리눌서(W. D. Reynolds)의 사상도 철저한 성경주의였다. "주의 말씀은 세세토록 있도다"라는 1912년의 장로회 창립의 설교에서 그는 성경과 현세의 철학을 비교하였고 또 과학과 성경 및 성경의 영감성을 증거하고 성경은 결코 인간으로 말미암지 않았다는 것이다. 그는 또한 다음과 같이도 말한 것이다. "나는 종교와 경전과의 관계는 절대적이라고 본다…성경의 문자나 절구를 고친다든지 그 정신을 덮어 놓는다

---

8) 김양선, 『한국기독교 해방십년사』, 새롬사, p. 173.
9) 김건호, 『역대 총회장 설교집』, <마포삼열, 조선교회에 기(寄)함>, 1955. pp. 61-63.
10) W. N. Blair, Gold in Korea, Presbyterian Church in the U. S. A., 1957, p. 83).

든지 혹은 그 의미를 굽힌다든지 해서는 안된다. 그 성경은 그 원형을 그대로 보존하고 그 정신을 그대로 발휘하지 않으면 안된다"(김양선, 상게서).

더욱이 초대 선교사들이 학생시절에 위대한 부흥사 드와이트 무디(Dwight L. Moody, 1837-1899) 선생의 감화를 받았다. 그래서 한국에 온 선교사들은 이러한 배경에서 신앙훈련을 받았기 때문에 타교파에 대하여는 관대하였으나 타신학에 대해서는 단호히 도전적이었던 것이다.

그들의 신학은 소위 12신조(信條)에서도 표현되었으며 12신조는 간략한 내용이지만 칼빈주의 신학의 집약인 것이다. 장로교 목사들이 평양신학교에서 성경을 통독하는 식의 교육을 통하여 철저한 성경신학이 확립되고 이러한 성경관이 한국 개신교회의 신앙의 기초가 되었음은 천만다행이다. 중국에 와서 선교한 이들은 성서보다 천문학과 또 다른 과학적 지식으로 계몽하여 기독교를 전하려 하였던 것이다. 바울이 소아세아 전도에서 십자가 복음만 전한 것과 같이 한국에 온 초기 선교사들은 오히려 철저한 종말신앙을 갖는 전천년설을 믿었고 이것이 신사참배 반대에서 일본은 망하고 예수님의 왕국이 건설된다는 설을 믿었고 이것이 신사참배 반대에서 일본은 망하고 예수님의 왕국이 건설된다는 신앙이 된 것이며 이것이 일본으로 하여금 더욱 박해를 하게 한 것이다.

↑ 한국인 최초의 신학자요 종교학자로 꼽히는 최병헌 목사.

이러한 극도의 보수적인 신앙(Hiper-conservative faith)은 자신들의 단견(短見)에서 비롯된 것인데 먼저는 평양신학교의 교육정책이 너무도 현실적이었고 당시 신학생들의 질적 수준의 미달에도 기인(基因)했다고 본다. 그리하여 초기 한국교회는 근본주의(Fundamentalism) 또는 세대주의(世代主義, Dispensationalism)가 정설(定說)처럼 되었다.

이에 반하여 감리교 협성신학교는 1916년에 나온 기관지 「神學世界」에서 "예수·공자 양교병론(耶蘇孔子兩敎竝論)"이라는 글을 싣고 유명한 초대 감리교 신학자 최병헌(崔炳憲)의 "종교 변증설"이 실린다. 이는 그들이 벌써 타종교와의 대화 또는 비교를 하게 되어 기독교 신앙의 변증이라는 쪽보다는 비교 쪽으로 기운 것이다.

1930년대의 신학적 갈등 내지 논쟁은 감리교가 남북이 합하여 새 신조를 발표한 것에서 비롯된다. 그 신조에는 감리교 안에 잠재된 자유신학이 내포되었던 것이다. 그들은 하나님의 초월성 보다는 내재(Immanence)를 강조하고 있으며 인본주의적 원리에 더 관심을 표현하고 있으며 지상에 이상사회가 건설되리라고 확신한 것이다. 또 그런 동시에 하나님의 거룩, 의로운 심판, 그리스도의 동정녀 탄생과 사활(死活) 또한 재림(Parousia)에 대해 전혀 언급이 없다.[11]

당시 감리교의 대표적 신학자는 에반스톤(Evanston) 신학교 출신의 정경옥(鄭景玉)이었다. 그는 1930년대 초반에 「신학세계」에 칼 바르트와 디벨리우스 또는 루돌프 불트만을 소개하고 양식비판(樣式批判)도 소개하였으나 감리교는 별다른 충돌은 없었다.

그러나 장로회는 입장이 매우 달랐다. 카나다 장로회 선교사 서고도(William Scott, 徐高道)는 "성경 전체를 하나님의 말씀으로 믿는 것은 큰 잘못이다. 성경에는 하나님의 말씀이 아닌 것도 있다. 문학적 오류는 물론, 다수의 역사적 오류와 과학적 오류가 포함되었다." 고 교역자 연수회에서 말함으로 그 연수회가 중단되는 소동이 생긴 것이다.

1943년에도 신학적인 견해로 인하여 김영주(金英珠, 남대문교회) 목사와 김춘배(金春培)가 총회의 고발을

↑ 단권성경주석

당한 것이다. 전자는 모세오경 저자 문제를 의심하였고, 후자는 "여자가 교회에서 잠잠하라"(고전 14:34)는 데 대하여 "2,000년 전에 행해진 일개 지방 교회의 교훈과 풍습이 만고불변의 진리가 아니라"한 것이다.

이에 대해 총회가 강경히 권징키로 함에 따라 본인들이 사과(釋明書)함으로써 이 사건이 일단락을 맺었으나 여기는 한국교회의 보수신학의 대명사 처럼된 박형룡 교수의 역할이 컸다. 박교수는 미국의 구프린스톤 학파의 신학을 전수받아 그대로 한국교회에 심은 것이다. 이때 또 다른 문제는 소위 "아빙돈

---

11) 감리교 신조에 대해 생각해 보면, 1967년 미국 북장로교회가 발표한 "새신앙고백서"의 성격과 비슷하다.

(Abingdon) 성서주해"건이다. 장로교 목사들 중에 여기 번역원이 된 이들이 있어 당시 부흥사 길선주 목사가 항의한 결과 그들이 총회 앞에서 사과토록 하였던 것이다. 여기 문제된 이들은 채필근, 한경직, 송창근, 김재준 등 장로회 목사들이다. 채필근은 즉석에서 사과하였고 김재준 등 장로교 목사들이 기관지를 통하여 자신들은 기독교교리에 배치되는 일이 없으나 만일 위배된 점이 있으면 사과한다고 하여 일단락을 지었다. 그러나 이러한 결정에 송창근 목사는 불복하였다.

그런데 이때에 발맞추어 새로운 진보적 신학의 입장을 나타낸 이가 김재준 (金在俊)과 송창근(宋昌根)이다. 이들이 보수적 성향이 전혀 없는 자들은 아니다. 그러나 고전적 자유주의가 없던 한국교회에서 그들의 바르트 신학은 크게 반향을 일으킨 것이다. 더욱이 신사참배 문제와 결부됨에서는 서로가 정반대 입장이 되었기 때문에 처음에는 신학적 갈등이 나중에는 교회의 분열과 신학의 양극화 현상을 초래한 것이다. 보수신학 측에서는 신사참배는 부당하다는 데 반하여 자유신학 측에서는 거기에 따르고저 한 것이다. 그래서 신학적으로 이것을 정당화하려고 하였다.

조국광복 후 교회가 정돈되고 한국적 신학의 수립을 모색하는 때에 가서 본격적인 신학논쟁과 교파의 성립 또는 새로운 신학(중도적 입장)도 선보인다. 암울하던 시대를 지나서 이제는 신앙의 자유를 우리 민족에게 하나님이 선물로 주신 까닭에 그토록 오랜 수난의 때가 가신 것이다.

제 3 절 해방전 교회사 회고

이제까지의 역사에 눈을 돌려 보자. 지난 날의 한국교회사는 참으로 영욕 (榮辱)의 자취이다. 훌륭한 선교의 성과에 못지 않게 불같은 시련이 뒤따라 연약한 교회의 모습이 노출되었으나 일부의 순교적 승리는 한국교회의 자랑인 것이다. 그리고 경교의 전래(A. D. 751년)와 천주교의 수입 또는 단지파 기원설 등을 고려하면 해방전의 긴 한국교회 개신교사는 자료의 빈곤이 있지만 너무도 빈약한 역사탐구라고 하지 않을 수 없을 것이다. 주후 8세기부터 기독교와 접하게 된 우리 민족은 17세기부터는 서구의 문물을 뒤늦게나마 수입하게 되었고 한국 사회의 변천과 정치적 변혁에 따라서 새로운 시대가 전개되었고 구교와 개신교의 전래는 본격화된 것이다.

  한국에 경교(景敎)가 일찍이 전래된 것인데 아직도 사료(史料) 빈곤으로 그 역사적 탐구가 많이 진척되지 않고 있으며 유입(流入)의 경로나 전파에 대한 통일된 학문적 결론을 얻지 못하고 있음은 교회사학계의 숙제이며 필자가 제기하는 (벌써 여러 차례 언급했으나) 단지파 한민족 기원설도 금후로 많은 자료가 발굴되고 더욱 결정적 증거가 제시될 것으로 믿는다.

  천주교 관계사에 대하여 본서에서는 의도적으로 서술을 기피한 부분이 많다. 초기 천주교 전래와 박해에 관하여 다소 언급하였을 뿐 한일 합병 이후에는 천주교 정책이 토속적 문화와 갈등을 빚지 않으려 한 때문에 초기의 신앙과 이질적이 된 감은 없지 않은 것이다. 그러나 천주교사에 나타나는 구빈(救貧)과 자선사업 또는 교육에 대하여 논의할 부분이 적지 않은 것이다.

  해방전 한국교회사를 일별(一瞥)하면 지리적으로 극동에 위치하여 다소간 기독교 문물의 전래는 뒤졌으나 한민족의 우수한 종교적 천품으로 말미암아 또는 동양종교에 바탕하면서 복음의 씨앗을 잘 육성한 것이며 이웃 일본에서 천주교도들이 그토록 혹독한 박해를 당하면서도 굳이 신앙을 지킨데는 그들 대부분이 임진란 때 잡혀간 조선인이었다는 것은 결코 우연이 아닐 것이며 이는 기독교의 본질을 잘 나타낸 것이라고 하겠다.

VII

양적 증가 및 무질서의 시대
(1945-1963)

<해방 후 시대의 총론>

일본 군부는 1937년에 중·일 전쟁, 1941년 일·미 전쟁을 일으켜 초기에는 알류산 열도로부터 뉴기니아, 하와이에서 싱가폴까지 대동아 공영권 내에서 크게 성공했으나 1942년 후반기에 가서 미국이 승리케 되었다.

이탈리아의 뭇솔리니가 처형되고 1945. 5. 8 히틀러가 자결했으나 끝까지 버티던 일본은 1945. 8. 6., 1945. 8. 8 히로시마(廣島)와 나가사끼(長崎)에 원자탄의 세례를 받고 드디어 8년에 걸친 전쟁이 끝나고 새로운 시대가 온 것이다.

36년이라는 멀고도 험한 질곡(桎梏)의 시대는 이제 막을 내리고 하나님의 큰 은총의 때, 구원의 날(고후 6:2)을 맞아서 참으로 교회와 민족은 환희의 날이 되었으나 신앙의 자유는 방종이라는 또 다른 사탄의 술수를 만난 것이며 6·25라는 동족상잔의 비극과 유물주의 무신론자들인 공산당의 박해는 제국주의 일본의 탄압보다 극심하였다. 이제 또 다른 시대의 교회사를 형성한다. 이는 우리 시대사이며 더욱 정확한 사관(史觀)을 필요로 한다.

과연 8·15는 한민족에게 있어서 어떤 의미가 있는가? 일본의 잔재(殘災)도 결코 떨어버리지 못하였고, 나아가 제국주의 물결은 중앙청에다 「성조기」를 달고 군정을 시행한 것이며 3·8선의 설치로 조국의 통일, 그것은 민족적 과제가 된 것이다. 북한 정권이 무신론 사회주의를 표방함으로 기독교와는 충돌이 불가피해 진 것이며 맑스·레닌의 사회주의, 유물론적 이데올로기가 거의 퇴색된 작금, 조국의 통일과 북한의 기근이라는 과제 또는 냉전시대의 종식과 아울러 세계 열강들과의 외교전쟁, 무역마찰에서 남한의 정권과 교회의 역할은 자못 막중하다 하겠다. 특히 8·15 이후 혼란과 6·25를 거치면서 새로이 형성된 교회는 성장과 함께 많은 문제를 낳았고 해방후 한국교회사는 세속화라는 큰 숙제를 지닌 것이다.

제 1 절 조국 광복(祖國 光復)

1. 일본의 항복

1941년 일본의 대미 선전(對美 宣戰)과 동시 진주만 공격을 필두로 태평양상의 전쟁 요새지의 섬들과 필리핀까지 점령하였던 일본은 1942년 8월에 접어들면서 전세는 위축되었고 미군이 1944년에 이르러는 마닐라 군도를 탈환하고 1945년 1월 필리핀을 탈환하였다. 버마, 인도 방면에서도 일본은 연합군에 의하여 거의 전멸되고 중국에서도 해안선으로 후퇴하였다.

이에 앞서 1943년 12월 1일 미 대통령 루즈벨트, 영국 수상 처어칠, 중국 총통 장개석은 이집트 카이로에 회동하여 대일 군사동맹 정전 방침을 결정 발표하였다. "우리 동맹국은 자국을 위한 하등의 이익을 요구하는 것이 아니며 또 영토를 확장할 하등의 이익을 요구하는 것이 아니며 또 영토를 확장할 하등의 의도도 없다. 우리 동맹의 목적은 일본으로부터 1914년 제1차 세계대전 이후 일본의 탈취 점령한 도시 일체를 삭탈할 것과 만주 대만 등 일본국이 중국으로 부터 전취 점령한 일련의 지역을 중국에 반환함에 있고 일본국의 폭력과 탐욕으로 탈취한 지역을 구출함에 있다. 우리 동맹국은 조선의 노예상태에 유의하여 적당한 시기에 조선이 독립할 것을 약속한다."

1945년 8월 15일 드디어 이땅에 어둠이 걷히고 光復의 새 날이 왔다. 그리스도교인이 앞장서서 일제의 상징인 南山 의 朝鮮神宮을 부숴 없애고 그 자리에 정의와 사랑의 十字 架를 세웠다.

⇐ 남산신궁터에 세운 십자가

이 사실이 유포되자 일본은 종전을 서둘러 소련에 교섭을 의뢰했으나 소련 모르토프외상은 이를 무시하고 7월 14일 베를린 포츠담 회의에 참가하여 일본의 무조건 항복과 국토의 주권은 복주, 북해도, 구주, 시고구와 그 외 미·영·중 3개국이 인정하는 작은 섬들에 국한하고 언론, 결사, 사상, 종교의 자유 등을 결정했다.

미국은 대일 종전을 시급히 서둘러 8월 6일 히로시마에 원자탄을 처음 투하하였다. 이때에 소련은 대일 전쟁을 선포하고 만주와 북한을 침공해 왔다. 드디어 일본 천황은 무조건 항복의 조서를 천황 자신이 떨리는 목소리로 8월 15일 정오에 방송하였고 9월 2일 미조리 함상에서 항복문에 조인했다. 그리고 자신이 신이 아님을 정식으로 공포한 것이며 그는 현인신(現人神)으로 추앙되어 온 것이며 이제 어둠이 걷히고 조선신궁이 있던 남산에 승리의 십자가를 세우고 장로회 신학교(총회신학교)를 개교하게 된 것이다.

2. 대한민국 독립

1) 신탁통치 대한민국 수립

38경계선과 신탁통치 문제도 미국이 제안하였는데 그 이유는 한국에 친공 정권의 수립을 막으려는 의도 때문이었으며 모스코바에서 미·영·불·소 4국 외상 회의는 4개국 신탁통치안과 38선 설정을 정식결의 하였고 우리 국민은 이 소식을 듣자 좌·우익을 막론하고 극렬히 이 결정을 반대하였다. 그러나 좌익측은 1946년 1월 태도를 돌변하여 신탁통치 지지를 표명했다. 마침내 찬탁, 반탁운동은 서로 열을 올려 전국을 소란의 소용돌이로 몰아 넣었다. 결국 한국문제는 UN에 상정되어 1948년 5월 10일 남한에서 만의 투표로 국회의원이 선출되어 대한민국이 수립되었으나 이는 반쪽 나라의 형성이며 그러나 그동안 과도정부라고 미군정(美軍政)이 계속하였던 것이다. 주권을 찾은듯 했으나 사실상 주권은 없는 실정이었고 북한은 소련 군인들이 다스린 것이며 미국은 "유엔 감시위원단"이 한국의 독립을 보장케 했으나 이북은 이들의 활동을 금하므로 부득이 남한에서만 활동을 개시한 것이다(1948년 1월).

↑ 신탁통치 결사반대 시위

↑ 신탁통치 절대지지 시위

3. 교회 재건 운동

1) 북한정권의 수립과 교회의 재건

1> 북한 정권의 수립
1945년 2월 얄타(Yalta) 회담에서 카이로 선언의 재확인과 자주독립을 약속했으나 연합군 참모장 공동회의 결정에 따라서 전후의 한반도는 미·소 양군의 점령을 결의한 때문에 북한에는 소련군(당시)의 후원을 입은 소위 김일성 정권이 수립된 것이다.

2> 교회 정화 작업

일본 기독교 조선 교단으로 강제 통합 되었던 것이 해방으로 풀려나자 각 교단은 전 교단으로 복구하는 눈부신 활동이 있었다. 한편 지나 사변과 태평양 전쟁등 7, 8년간 전화에 시달리던 일반 시민들이 대거 교회로 밀려 들어 오므로 교회마다 대 성황을 이루었다. 이때에 교회의 새로운 부흥과 더불어 교역자들은 신사 참배와 전란에 시달린 자신들의 정화를 위하여 교역자 퇴수회(退修會)를 열었다. 평북 노회의 주최로 평북 6노회(평북, 평동, 용천, 의산, 선서, 삼산) 교역자 전원 99명이 1945년 11월 14일부터 1주간 선천 월곡동교회에 모여 출옥성도 이기선 목사, 만주 봉천 신학교장 박형룡 목사를 강사로 참회 기간을 가져 두 가지를 결의했다. 이때에 소위「이북 5도 연합노회」(1945. 11. 14)가 모여 잠정적으로 총회를 대신할 기구를 설치한 것이다.

첫째, 신사참배에 대한 죄책으로 목사는 1개월간 장로는 2주간 강단에서 물러나서 자숙하고 교역에 재 출발할 것.

둘째, 38선이 쉽게 열리지 않을 것 같으니 38선이 열릴때까지 이북5도 연합노회를 조직하여 시국에 대처하는 교회단체를 구성할 것이었다.

↑ 평북노회 신사참배 통회 수양회(1945)

뒤이어 평남 지방도 교역자 퇴수회를 열였고 위와 같은 자숙기간을 가졌다. 물론 이때에 신사참배를 결의하는데 앞장섰던 홍택기 목사는 "해외에도 도피한 자나 교회를 지키기 위해 나선 이나 수고한 것은 같다"는 이론으로 맞섰다. 그리고 "오히려 교회를 버리고 해외로 도피했거나 은퇴한 자들보다는 현실 교회에서 십자가를 진 이들을 더 높이 평가할 일이며 회개와 책벌은 하나님과 직접 관계에서 해결될 것이라는 성질"이라고 하였다.

2) 출옥 성도들의 재건 구상

일제 말기 신사참배를 결사 반대하다가 10여명은 순교하였고 남은 20여명은 출옥하였다.[1] 그들은 교회, 가정으로 가지 않고 주기철 목사가 시무하던 산정현 교회당에 모여 2개월간 체류하면서 한국교회 재건문제를 숙의(熟議)하였다. 그 결과 다음과 같은 교회 재건 원칙 5개항을 결의하였다.

← 출옥성도들(앞줄 오른쪽부터 서정한, 오윤선, 손명복, 이기선, 최덕지 뒷줄 오른쪽부터 주남선, 고흥봉, 김화준, 한상동)

1> 교회지도자 목사, 장로는 모두 신사에 참배했으니 권징을 자초하여 통회 정화 한 후 교역에 나갈 것.

2> 권징은 자책 혹은 자숙 방법으로 하되 목사는 최소 2개월간 장로는 1개월간 휴직하고 통회 자복할 것.

---

1) 평양형무소 : 이기선, 고흥봉, 한상동, 채정민, 김린희, 김화준, 방계성, 손명복, 최덕지, 서정환, 이현숙, 조수옥, 이주원, 오윤선, 김형락, 박신근, 장두희, 양대록, 이광록, 안이숙.
   대구, 부산, 광주 형무소 : 손양원, 주남선, 김두석, 김영숙, 엄애나, 이술연, 김야모

3> 목사, 장로의 휴직 중에는 집사나 혹은 평신도가 예배를 인도할 것.
4> 교회재건 기본 원칙은 전국 각 노회 또는 지교회에 전달하여 일제히 실행케 할 것
5> 교역자 양성을 위한 신학교를 복구 재건할 것

이러한 출옥 성도들의 교회 재건 원칙 발표에 대하여 찬반 양론이 대두되었다. 신사 참배자 측은 진리를 옹호키 위하여 투옥 고행함이나 현실 교회를 유지하기 위하여 고생한 것은 경중의 차는 있으나 일반이라고 반대하는 사람들이 있었다. 결국 출옥 성도와 기성 교회 교직자들의 간격에 융합이 안되어 양분되고 말았다.

3) 남한 교회의 재건 및 새 교단

1> 남부대회

해방이 되자 「일본 기독교 조선교단」 통리였던 김관식(金觀植) 목사와 송창근(宋昌根), 김영주(金英珠) 목사 등은 해방 후에도 과거를 자성하지 않고 교권을 지속하려고 1945년 9월 8일 새문안장로교회당에 회동하여 북한교회는 38선으로 막혔으며 남한교회만을 대표하여 기독교 남부대회를 열었다. 여기에 감리교와 장로교 두 교파가 참석하였는데 물론 김관식 목사가 강요에 못이겨 잠시 「일본기독교단」의 한국통리(統理)로 있다가 해방이 되었다.

↑ 김관식 목사

그런데 이 대회에 참석했던 변홍규, 이규갑 목사들을 중심한 감리교 대표자들이 퇴장하고 장로교 측에서도 자파 교단으로 환원하는 교역자가 속출하여 남부대회는 유야무야되고 말았다.

2> 감리교 재건

1945년 9월 8일 남부대회에서 퇴장한 이규갑, 변홍규, 김광우 목사 등은 동대문 감리교회당에 모여 감리교 재건중앙위원회를 조직하고 이규갑목사를 위원장으로 선출하고 감리교 재건을 선언했다.

1946년 1월 14일에는 동대문교회에 연합회를 소집하고 이규갑을 감독으로 선출하고 신학교 설립을 결정하고 신학교 교장에는 변홍규박사를 임명하였으나 이 때 일제시대의 교권을 남용하고 교회를 팔아먹은 교직자들은 따로 모여 감리교 부흥 위원회를 조직하고 강태희를 감독으로 선출함으로서 감리교는 재건파와 부흥파로 양립되었다.

3> 장로교 재건

장로교 측도 복귀를 찬성하여 경남노회(출옥성도 주남선, 한상동 목사 소속)를 필두로 1946년 봄까지 여러 노회가 다 환원 복귀하여 동년 6월 서울 승동교회에서 남부총회가 열렸고 1947년 4월 대구 제일교회에서 모인 제2회 남부총회에서 전기 제1회 총회를 일정말기(1942) 해체되었던 31회 총회를 계승한 장로회 제32회 총회라 결정하였고 이 총회는 쉽사리 조선신학교를 직영신학교로 승인한 것이다. 앞서 말한 경남노회(47회, 1945. 11. 3, 부산진교회당)는 현역 교역자들의 자숙안이 결의되었으나 이것을 실행치 않으려는 반대자가 적잖은 준동을 하여 후일에 세워진 고려신학교(1946. 9. 20)에 학생을 추천하지 않기로 하였다(제48회 경남노회, 1946. 12. 3).

⇑ 박형룡 교수

결국 한상동 목사는 자기를 추종하는 67교회와 함께 탈퇴하였으므로 1947년 3월 10일 구포에서 임시노회가 모여 노회장 김길창 목사 이하 임원이 사직하여 다소 교계는 안정되었는데 김길창 목사는 시국인식파의 선두주자였고 원래 고려신학교는 총회신학교가 될 것을 전제로 만주 봉천에 있던 박형룡 박사를 초청한 것인데 여기에는 남영환, 송상석 두 목사의 사선을 넘는 수고가 있었던 것이다. 박목사는 무려 5개월 만에 송목사의 안내로 한국에 오게 된 것이다.

1947년 10월 14일에 부산 중앙교회에서 박형룡 교수의 고려신학교 교장 취임을 한다. 그러나 박형룡은 1948년 4월에 고려신학교를 떠나 상경한 것인데, 여기는 박교수 자신의 생각과 그 배후에 소위 메이첸(J. G. Machen)파 선교사들과 남북장로교와 호주장로교 선교사들과의 이견(異見)에도 원인이 많은 것이다. 그 후 경남노회는 고려신학교 지지파와 반대파로 분열된 것이며 이것은 급기야 1948년 5월 34회 총회에서 고려신학교에 신학생 추천을 하지 않기로 결의하고 박형룡 교수는 일부 목사들(노진현 등)과 함께 서울 남산에「장로회 신학교」를 개교하여 평양신학교 졸업회수를 사용한 것이나 후일 여기서 또 총신대학과 장신대학의 분리를 본다(1959년). 흔히 이것을 고려파 분열, 조선신학파 분열에 이어 제3의 분열로 본다.

1950년 4월 대구에서 모인 36회 총회는 분규의 악순환이었고 총회 석상에서 분뇨소동과 함께 경관이 동원되었으며 그후 6·25가 터진 것이다. 이것은 결코 우연이겠는가? 깊이 반성할 과제이다. 1951년 5월 부산 중앙교회에서 36회 계속 총회에서도(전란중) 역시 출옥성도들을 여지없이 몰아세우므로 그들은 부득불 분립하여 1952년 9월 11일 진주 성남교회당에서 법통노회(총노회)를 조직하여 한국교회의 잘못됨을 시정코자 한 것이다. 이에 대해 후대의 역사가들은 당시 출옥 성도들의 자만심에도 문제를 지적하나 승리자들을 대하는 교회측에도 더 큰 잘못이 있다고 한다. 특히 김양선 교수는 이런 주장을 했다가 많은 질타도 받았으나 그는 결코 학자 양심을 버릴 수 없다고 한 것이다.

4> 성결교 재건

성결교회도 재건을 서둘렀다. 그동안 교회 문이 닫혀 장로교나 감리교로 가서 신앙생활 하다가 1945년 11월 9-10일 70명의 총 회원이 모인 중에서 의장에 천세광; 박현명 목사를 새 총리로 선출하고 교회 명칭을「기독교 대한 성결교회」라고 하였고 신학교를 재건하여 교장에 이건, 교수로 박현명, 김유연, 김응조, 최석모 목사 등을 임명하고 폐간된「활천」을 복간하였고 교단 교회 부흥 대책을 결의하여 진행시켰다.

5> 구세군 재건

구세군도 1946년 10월에 재건하여 황종률(黃鐘律) 정령을 서기장으로 임명하였고 다음해 4월 로드(H. A. Load)씨가 와서 사령관에 취임했고 동년 가을에는 사관학교를 재건한 것이다(1947. 가을). 사관학교는 1947년 개교되어 1950년 6월 26일 해방후 제 1회 사관임명식을 하려 했으나 6·25 동란으로 중지되었고 로드 사령관이 납치되어 다음으로 위도손(C. W. Widdowson)씨가 내한하여 사령관이 되었다.

6> 침례교 재건

침례교회는 김용해, 노재천, 장석천 목사들이 주동이 되어 1946년 2월 9일 충남 부여 칠산교회당에서 재건 회의를 개최하고 대리 감목에 노재천, 서기에 김용해 목사를 선출하였다. 동년 9월 강경대회 때 총회제도를 바꾸고 감목정치는 회중정치로 안사는 목사, 감노는 장로, 통장은 권사, 총장, 반장은 집사로 파송제로 하던 교역자는 청빙제로 바꾸었다. 그리고 1949년 3월 1일로 성경학원을 강경에 설치하였다. 또 종래의「동아 기독교」를 1949년에「대한 기독교 침례회」로 명의 변경을 하고 예요한(Rev. John Abernathy, 芮要翰) 선교사가 소속된 미국 남침례회와 정식 유대관계를 가졌다. 그런데 침례교회도「특수 침례교회」와「일반 침례교회」가 있어 신학적 경향이 판이(判異)하다.

↑ 재건된 침례교회총회(제41회)

7> 안식교 재건

안식교도 일제시 폐교와 함께 징발됐던 삼육원, 청량리 요양병원, 시조사, 합회본부와 선교사 주택 등을 회수하고 회기동교회를 재개하였고, 1945년 10

월 18일 합회 총회를 열고 재건 사업을 추진하였고 그들의 정식 칭호는 「제 7일 안식일 예수 재림교회」이다.

4) 복구파 및 재건파 탄생과 그 내력

출옥한 이들 가운데 특히 북쪽의 이기선 목사를 중심으로 1949년 5월 독노회가 생겨 후일 이를 「혁신 복구파」라 하게 되었고 남한에서는 법통노회가 생겨 후일 세칭 고려파가 되는데 채정민, 김의창, 고흥봉 목사도 기성교회에서 재건 운동을 전개하였으나 유독히 최덕지 여전도사는 부산지방에서(1948), 김린희 전도사는 이북에서 새로이 신조와 실천강령을 만들어 재건교회를 조직한 것이다(1946).

이들은 신사참배한 기성교회는 하나님이 버린 「사단의 회」라 하였고 교회당도 버리고 새 성전을 지어야 하며 타락한 교역자나 교인들과 인사도 교제도 해서는 안된다는 것이다.

그래서 부모와 자녀가 분가하는 사례도 많이 생겼다. 심지어 시장에서 떡을 사서 먹다가 신자라 하면 떡을 내던지고 달아났다 한다. 그러니 결혼식이나 생일 잔치의 경우도 동참죄가 된다고 가지 않는 경우가 많았다. 심지어 어떤 이는 신학교는 살인강도의 양성소라고 지탄하기도 한 것이다.

또 1952년 최덕지는 목사가 되어 따로 여권 반대파 주상수 목사와 나뉘어졌다. 그리고 김문제 목사는 이북의 김린희 전도사 계통으로 재건교회를 이끌게 된 것이다. 결국 남한의 재건교회는 위의 세 갈래가 된 것이다. 그러나 1970년대에 와서 강상은 목사파가 생겼다. 그리고 한국장로회 재건교회는 장로교단에 1980년대에 흡수된 것이다.

제 2 절 공산당과 교회의 충돌

1. 북한 교회의 수난

1) 교회박해

해방과 더불어 소련군의 진주(陳駐), 그리고 김일성 정권의 수립은 북한교회로 하여금 중대한 시련을 겪도록 하였는데 그것은 두가지 의미에서이다. 신교의 자유를 그 정강에 내세웠음에도 불구하고 원래 공산주의는 레닌의 공산당선언에서 벌써 종교 특히 기독교를 아편으로 여겼던 무신론 정치 체제요 사상이었고, 또한 일제의 탄압에서 해방된 교회는 단순히 교회의 재건만이 아니라 해방된 조국의 재건이란 성스러운 과업을 자각했기 때문이기도 하였다. 이리하여 교회는 교회의 재건을 힘쓰는 한편 조국의 재건을 위한 최초의 기초작업에 앞장서기도 하였다. 신의주에서는 윤하영, 한경직 목사를 중심으로 하는 남북한 최초의 정당「기독교 사회 민주당」이 결성됐고 각지에 그 지부를 설치하였고 그후에「사회 민주당」으로 개칭한 것이다. 평양에서는 김화식, 이유택 목사 등을 중심으로 민주주의적 정당조직을 모색하다가 김관주, 황봉찬, 우경천 등 동지들과 함께 고한규 장로를 당수로 추대하고「기독교 자유당」을 창당하려다가 그 전날인 1947년 11월 18일 김화식 목사 이하 40여명의 교회지도자들이 체포되었는데 교회가 적극으로 정치활동에 나선 것이다.

 이러한 교회의 움직임에 대하여 공산측은 처음에는 회유책을 들고 나왔다.「북조조선 임시인민위원회」를 만들어 부수상으로 홍기주목사를 서기장으로 강양욱 목사를 앉혀 놓았고「기독교 연맹」을 조직하여 김익두 목사와 산동성 선교사였던 박상순 목사를 강제 회유하여 가입시키고 북한 교회 지도자들을 끌어 넣으려 하였는데 강양욱 목사는 김일성의 척간이었다. 김일성은 본명이 김성주이며 독립운동가를 사칭하였고 처음에는「복당제」를 내걸고 종교도 자유를 준다 했으나 사회주의 소유체제를 골간으로 종교는 인민을 압제하려는 제국주의자들의 수단이며 종교는 어떤 종교이든지 미신이라는 것이었다.

 사태가 이렇게 되자 교회는 비상한 각오와 함께 이에 대비하지 않을 수 없었다. 탄압은 신의주 학생 사건으로부터 비롯된다. 그러나 이 사건은 신의주에서 터진 것이 아니라 용암포에서였다. 1945년 11월 16일「사회민주당」용암포 결성대회 때이다. 공산당의 사주를 받은 용암포 경금속 공장 직공들이 대회장을 습격했던 것이다. 대회는 수라장이 됐고 한 사람의 장로가 타살되었고 교회당과 간부들의 주택들이 파괴되었다. 이를 본 당시 중·고등학생들이 이들의 폭력행위를 막으려다 일대 충돌 사태를 빚어 다수의 부상자를 내었다.

 이 사태가 신의주까지 파급되어 신의주 시내 5천여 중·고등학교들이 일대 시위행진을 벌리면서 공산당 본부와 인민 위원회 본부를 습격하였다. 공산당은 기관총을 난사하여 학생들을 살상할 뿐 아니라 공중에서는 소련제 비행기가 기총소사를 하여 50여명의 사상자와 80여명의 검속자를 내고 끝냈다. 이 사건을 계기로 교육자들에 대한 엄중한 내사(內査)와 끊임없는 교회감시가 계속되었다.

둘째번 충돌은 1946년 3월 1일 기미년 독립운동 기념행사에서다. 교회는 성대하게 거행하려고 하였으나 공산정권은 이를 금지하였으며 급조된 북조선인민 위원회가 3·1절 기념행사에 교회를 참여시키려 하였으나 교회는 이에 응할리 없었다. 오히려 평양시 교역자 회의는 3·1절 예배 절차를 2월 21일 논의하고 있었다. 이를 탐지한 내무서는 25일 평양 시내 교역자들을 마포 기념관에 모으고 교회의 단독행사를 중지할 것을 강요하다가 교역자들이 불응함을 보고 26일 새벽 60명을 검속하였다. 그러나 남은 교역자들은 여전히 3·1절 기념 예배를 추진하였고 3월 1일 오전 약 1만명의 신도들이 장대현 교회에 모여 무장경비대에 의해 포위된 채 삼엄한 분위기 속에서 5천여 신도는 그 자리에서 3일간의 금식기도를 시작했다. 이때 설교했던 황은균 목사가 검속되어 대기중인 차에 실리자 5,000여 신도는 일제히 일어서서 십자가 태극기를 흔들면서 독립만세를 높이 외치면서 "믿는 사람들아 군병같으니"라는 찬송과 함께 시가 행진을 하고 시민들도 수만명이 가세한 것이다. 유대여, 김병삼, 양전백 등 3·1운동 당시의 민족 대표를 낳은 의주에서도 9천 신도가 의주 동교회에 모여 기념예배를 드리다가 김석구 목사는 잡혀갔다.

세번째 충돌은 1946년 11월 3일 북한 괴뢰 정부를 수립할 대위원 선거에서 있었고 3·1절 행사이후 북괴는 무슨 행사든지 주일을 택하여 교인들을 참석케 강요하였고 총선거도 고의적으로 주일을 택하였으므로 5도 연합 노회는 이를 반대하는 결의문을 아래와 같이 괴뢰 정부에 통고하였다.

1> 성수 주일을 생명으로 하는 교회는 주일에는 예배 이외의 여하한 행사에도 참가하지 않는다.
2> 정치와 종교는 이를 엄격히 구분한다.
3> 교회당의 신성을 확보하는 것은 교회의 당연한 의무요 권리이다. 예배당은 예배 이외의 여하한 경우에도 이를 사용함을 금지한다.
4> 현직 교역자로서 정계에 종사할 경우에는 교직을 사면해야 한다.
5> 교회는 신앙과 집회의 자유를 확보한다.

탄압만으로는 교회를 휘어잡지 못하게 된 괴뢰 정권은 박상순 목사를 위원장으로 한 기독교 연맹을 조직하였고 1949년에는 회장 김익두, 부회장 김응순, 서기 조택수 등을 간부로 한 기독교 연맹 총회를 조직하였고 5도 연합 노회장 김진수, 김철훈, 이유택, 허천기, 김길수 목사등 주요 간부를 검속하였으며 장·감 양교파의 신학교를 폐합하여 김응순을 교장으로 한 "연맹직영 기독신학교"를 만들었는데 장로교 평양신학교와 감리교의 성화신학교를 합하여 1,150명 중 120명만 제한하였으나 겨우 5, 60명 정도 등록하여 두어달 공부하고 6·25를 만난 것이다.

후일 김익두 목사는 연맹 가입을 후회하고 향리교회에서 새벽기도하다가 공산당의 총탄에 순교하였다고 하며(1950. 10. 14). 그 때에 박성근(朴聖根) 장로와 김재화 전도사 및 청년 두 사람도 공산군들의 다발총에 쓰러진 사실을 필자도 신천에 살았던 한 불신자에게서 직접 들은 일이 있다. 김익두 목사는 평생에 776회 부흥회를 인도하였고 150개 교회당을 건축했으며 28,000회 이상 설교한 한국 초대 부흥사요 권능의 종이었다.

2. 남한 교회의 수난

「한국교회 어머니」인 와그너 언더우드(Ethel Van Wagoner Underwood)는 원한경(元漢慶, H. H. Underwood) 부인으로 공산당에게 1949년 3월 17일 연희동 자택에서 공산당에게 저격당했다. 그리고 제주도에서 김도종(金道宗) 선교사가 1948년 4월 3일 남로당 사건으로 순교당하였다. 김목사는 장로교 총회 창립 기념으로 1926년에 파송받아 충성스럽게 사역하던 중이었다.

1) 여순 반란사건

1948년 10월 20일 여수와 순천지방에 공산당의 대반란이 일어났다. 여수와 순천지방은 삽시간에 수라장이 되었다. 민족진영 인사와 민주 투쟁 학생들을 색출하여 학살하는 폭동이 일어났다. 이때 손양원 목사의 두 아들 동인이와 동신이가 인민재판에서 총살형으로 순교하였다. 동인이와 동신이를 학살하기 전의 심문 중 "이제라도 예수를 버리면 살려 주겠다." "예수님은 나의 구주시요 그를 믿는 것이 나의 생명이므로 예수를 버리는 것은 내 생명을 버리는 것입니다." "그러면 죽어도 예수를 믿겠다는 거지? 어디 믿고 잘 살아 보아라" "이제 사형이다. 누가 먼저 죽을 테냐?" 아우 동신이가 형을 가로 막고 재판장에게 "나를 먼저 죽여 주십시오. 형은 우리집 가계를 이을 장자입니다. 나를 죽이고 형을 살려 주십시오." 그러자 형 동인은 동생을 가로 막으며 "아닙니다 나를 죽여 주십시오. 동생은 나이 어립니다. 형제를 대표하여 내가 죽는 것이 당연합니다. 부디 내 아우만은 살려 주십시오" 하며 애원하였으나 잔인 무도한 공산당은 형제를 한꺼번에 총살하였다.

손양원 목사는 아들 형제를 죽인 안재선을 사형치 못하게 하고 아들로 삼았으니 참으로 『사랑의 원자탄』이며 그 후에 손양원 목사도 순교한 것이다 (1950. 9. 28). 손목사는 여수 애양원 교회 시무 중에 큰 도시에서 초빙했으나 결코 이동치 않고 여수 애양원에서 나환자들과 같이 살다가 간 한국의「다미엔」이었다.

← 동인군, 동신군

2) 대구 반란 사건

1948년 11월 2일 일어난 대구 반란 사건은 당시 대구 주둔 부대가 여수, 순천을 진압하기 위해 주력부대가 총동원한 틈을 타 당시 정보과 상사 이정택, 곽종진 등에 의하여 일어났다. 이 사건의 특기할 사항은 현직 목사로 행동대원 이재복이 배후 조종자로 주동하여 반란을 일으킨 것이다. 그래서 동년 12월 14일 대구 서문 교회의 제45회 경북노회는 개회 즉시 개회 선언만 하고 대구 반란사건의 총 지휘자가 목사였다는 죄의 책임을 노회가 짊어지고 국가 평화를 위한 3일간의 금식기도를 선포하고 일제히 금식기도에 들어갔다.

3) 6·25동란의 수난

북괴군은 1950년 6월 25일 주일 새벽을 기하여 남침하였으므로 26일 서울 시내 교역자들은 예수교서회 회의실에 모여 기독교 구제회를 조직하고 구국 활동을 벌리고자 하였으나 28일 서울이 함락됨으로 일부 교역자는 피난했지만 이미 한강 다리가 끊어져 미쳐 피난하지 못하여 남은 교직자가 더 많았다. 그러던 중 7월 10일경 경동교회의 교인 김욱이란 자가 소위 기독교 민주동맹이란 간판을 Y·M·C·A에 걸고 기독교도 민주동맹 조직을 획책하였고 동월 15일 경에는 전직 목사 최문식이란 자가 종로 기독교서회 빌딩에 자리를 잡고 교직자들을 색출하여 괴뢰 정부에 충성하겠다는 위협을 가하여 8월 21일 승동 교회에서 기독교 궐기대회를 열고 기독교도 민주 동맹 결성을 하였고 교역자들에게 위원장 감투를 씌우고 김일성 앞잡이 노릇을 하게 하였다. 그러나 목사들이 그 저의를 알고 무성의하고 형식적으로 궐기대회에 참석하니 교역자들을 검거하기 시작하였다.

9·28 수복 직전까지 약 60여명의 교직자들이 검속되고 혹은 옥사하였거나

↑ 이유택 목사　　↑ 김윤실 목사　　↑ 김길수 목사

↑ 김예진 목사　　↑ 채정민 목사　　↑ 김응락 장로

피살되었다. 그 중에 전이선, 박연서, 이유택, 백영석, 김윤실, 백남용, 김예진, 전용섭, 김병구, 김주현, 이용선, 이종덕, 전병무, 김인석, 김병엽 목사와 김응락, 최지한, 장석팔, 김두병, 김계수, 조경의 장로 등이 있고, 전도사로는 조흥식, 임수열, 도복일, 김동훈, 문준경 여전도사와 이종덕 감목, 학생 김홍준이 공산당에게 순교한 것이다. 김응락 장로는 신앙을 지키고 당시 괴뢰 정부에 협조치 않다가 공산군이 쏜 총에 맞아 순교한 것인데 그의 순교비는 영락교회당 앞에 세워져 있다. 6·25때 납치된 교역자의 명단은 아래와 같다.

＊장로교 목사 19명 : 남궁혁, 송창근, 주재원, 안길선, 김두석, 김예진,
　　　　　　　　　 김경종, 정치호, 허 은, 최상은, 송태용, 김영주,
　　　　　　　　　 장덕노, 유재헌, 김태주, 박상근, 김윤실, 현석진
＊감리교 목사 19명 : 김유순, 양주삼, 방 훈, 전효배, 전진규, 서태원,
　　　　　　　　　 조상윤, 김원규, 차경창, 백한신, 신명섭, 김희운,
　　　　　　　　　 박만춘, 도복일, 조운여, 방승학, 이창주, 김유해
＊성결교 목사 6명 : 최성모, 이 건, 박현명, 김유연, 박형구, 유세근
＊구세군 사관 2명 : 김상석, 김 진

댕커(William J. Danker) 교수는 1964년에 낸 그의 *Two Worlds or None* (Concordia House, p. 264)에서 "한국교회는 그 척추 속에 강철을 지니고 있다. 한국 교회는 일본과 공산주의자들 아래서 혹독한 단련을 받았다. 수백의 목사를 포함하여 수천의 순교자들이 그리스도를 증언하기 위하여 피를 흘렸다 …"고 한 것이다.

제3절 피난 교회의 활동

1. 피난민 전도운동

피난한 교직자들은 애국운동과 교인들의 생활면에서 협조하여 다소 편안히 지낼 수 있었다. 1·4후퇴때 교직자나 교인 누구나 솔선하여 피난길을 떠나 주로 부산에 집결되었고 이때에 이북에서 온 피난민까지 합쳐 전국 교회가 부산

에 집결하게 되었다. 그리하여 교직자와 교인들은 피난민 전도에 힘을 썼다. 그 결과 피난지 교회들은 대성황을 이루었다. 이들이 수복된 교회도 일대 부흥이 일어났다. 이때에 특히 부산 중앙교회에서 열린 통회자복 기도는 간절하여 인천 상륙작전이 감행되게 한 것으로 볼 수도 있다.

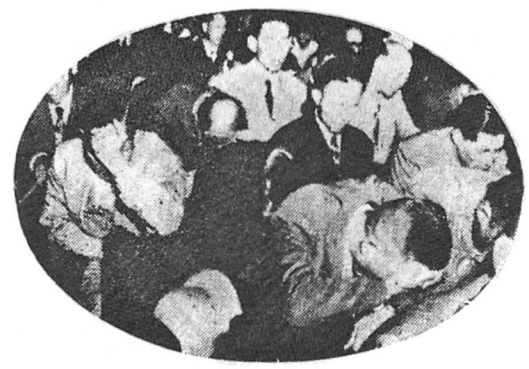

⇐ 통회 자복기도
(1·4후퇴시 부산중앙교회)

군목활동은 유엔군이 설치된 데 큰 작용이 있겠으나 쇼우(W. Show) 목사와 카넬(G. M. Carnell) 신부의 요청이 큰 힘이 되었다. 대한 기독교 구국회는 군목제도의 필요성에 감안하여 육·해·공군 전군에 군목제도의 창설을 시도하여 국방부에 군목제도 실시를 청원하는 한편 이승만 대통령에게도 군목제도를 청원하였다. 그리하여 1951년 11월 21일 이승만 대통령의 특령으로 군목제도 실시를 공포하였다. 이에 전군에 군목과가 설치되었다. 1950년 12월 해군의 군목실 설치를 필두로, 1951년 2월 7일에 육군, 공군은 1952년 3월 20일에 군목제도가 생겼다. 군목의 적극적 활동은 일선 참호에까지 미치어 신앙심 배양을 통한 국군 사기 진작(振作)에 큰 도움을 주었다.

3. 봉사활동

기독교 세계 봉사회(CWS, Church World Service)는 미국의 구호물자를 대량으로 공급하는 데 큰 공을 세웠다. 1951년 7월 위 봉사회는 한국위원회를 조직하고 1952년 2월 29일 봉사회와 국제 선교 협의회, 기독교 구제 위원회의 사절단이 내한하기 시작하고 속속 많은 구호 물자가 들어와 가난한 피난민과 교인들에게 많은 도움을 주되 특히 의복이 많았고「아동구호소」는 밀넣은 우유죽을 가난한 어린이들에 공급한 것이며 이런 아동구호재단은 피처(Gerge A. Fitch) 박사의 계획에 의한 것이다.

이러한 공로를 인정한 대한민국 정부는 그에게 대한민국 문화훈장을 1952년 1월 8일 최초로 수여하였다. 그리고 1952년 4월 이후 전후복구 사업의 일환으로 토리(Reuben A. Torrey, 1952-1959)박사가 운영한 의수족(義手足) 보급을 하였고 이를「직업훈련센터」(Vocational Training Center)라 하여 상이 군경에게 삶의 용기와 직업보도를 하였다. 이

⇧ 토리박사와 상이군인

기관은 세브란스 병원에 설치하여(1953) 많은 환영을 받고 청주, 대전, 대구도 설치하였고 당시 전란 중에서 많은 민간구호단체가 생겼으나 대부분이 교회기관이었다(694단체).

4. 예술활동

1951년 7월에는 6·25전란의 와중에도 피난도시 부산에서「한국교회음악협회」가 발족되었다는 것은 기독교인들이 환난 중에도 기뻐하는 신앙의 표출인 것이다. 또 웨스트민스터 합창단이 부산 영도의 연희대 교정에 와서 훌륭한 선율의 공연을 하였고, 1955년에는 연희대학교 신과대학에 아시아 최초의「종교음악과」를 신설하여 박태준 박사가 주도하였다. 그리고 그해 3월에 안익태 선생을 초청하여 '코리아 심포니'의 '할렐루야', '글로리아'를 지휘하여 청중들은 그의 특이한 지휘의 묘기에 흥분과 환희에 넘쳤으며 큰 은혜를 받았고 그의 방문으로 한국교회 음악계는 용기와 활기를 얻었으며 새로운 국면을

이룩한 일대 전기를 마련한 것이다.

← 안익태

↑ 박태준 박사

5. 문서활동

6·25동란에 기독교서회 남궁혁 이사장이 피납되고 서회가 부산에 피난가서도 출판사업을 계속하여 1951년 4월에 주일학교 공과(工課)와 스텐리 죤스(E. Stanley Jones)의 『그리스도의 인생고』, 설교집인 『고난의 극복』을 내었을 뿐만 아니라, 그 험한 전란에도 1952년 「새벗」을 창간하여 비참한 삶에 『새 사람의 길』(스텐리 지음, 장석영 번역)을 기독교서회가 발행한 것인데 이 책은 가정예배자료이다.

← 스탠리 죤스

↑ 장석영

6. 기독교 박물관 재건

1948년 남산에 세운 기독교 박물관(관장, 김양선)은 6·25전란에 소실되었으나 권세열(權世烈, Francis Kinsler)과 안두화(安斗華, Edward Adams) 목사의 호의로 일본에 군용기편으로 이송했던 귀중자료를 모아 재건하였다. 현재는 숭실대학 박물관에 소장되어 있는데 약 3천 600점이다. 여기는 경교 십자가를 비롯, 초기 성경번역본과 안중근 유묵(遺墨)이 여러 점이 소장되어 있다. 특히 김양선 목사의 희생적 노력의 결정체로 이룩된 귀한 공헌이다. 어떤분이 김목사에게 "어떻게 그토록 많은 문화재를 수집할 수 있었는가?"라고 했을때 그는 "나는 생명이 이것입니다. 나는 이 일을 하기 위해 세상에 태어났고 또 지금까지 살아 왔습니다. 수집된 것들은 다 내 개인의 것이 아니고 우리 민족 전체의 것이요, 한국교회 소유라고 믿고 있습니다. 사심(私心)이 없이 하나님을 위한 사명으로 알고 일 할 때 하나님께서 주어서 이렇게 많은 귀보(貴寶)가 모여진 것입니다"하였다.

↑ 사학자 김양선

제 4 절 전란을 극복하는 교회(1952-1953)

1. 교회 재건

1) 교회 재건 계획

6·25동란으로 폐허된 서울에는 정부 수복 전에 제각기 길을 찾은 시민과 특히 교인들이 많이 들어와 있었다. 그리하여 서울시내 교회를 재건해야겠다는 여론이 종합되어 1952년 1월 14일 한국 기독교 연합회의 주도하에 각 교파 재건 연구 위원회가 조직되었다. 서울서 시무하던 교역자들은 자기 교회로 돌아가 교회를 재건하고 교역자의 생활비는 선교부가 부담하였다. 그리하여 서울의 교회는 재건하게 되었다. 그러나 서울 환도 후에도 많은 교역자들이

교회 설립에 헌신치 못하고 방황하였으며 심지어 집장사를 하는 교역자가 많았다. 그들이 후일에는 다 교역을 하였을 것이다. 서울 중심의 ○○교회 같은데는 50여명씩 목사들이 예배드리곤 한 것이다.

2) 선교사들의 공헌

한국교회 재건사업 계획은 이 사명을 띠고 온 기독교 세계 봉사회 총무 보트 박사, 국제 선교 협의회 러스 박사, 기독교 국제 연합 위원회 놀디 박사 등 기독교 세계기구의 3대표의 내한으로 더욱 활기를 띠게 되었다. 감리교회는 1953년 6월 22일 미선교부로부터 한국 교회 재건 연구차 내한한 뉴웰 박사, 부롬보 박사 일행과 한미 합동 감리교 재건 위원회를 열고 복구 재건 방안을 구체적으로 협의하고 교회 재건사업을 적극 추진하였다. 장로교에서도 동년 6월 2일 선교협의회를 열고 교회 재건에 대한 구체적인 방안을 연구 검토하기 시작하였다. 성결교와 기타 군소 교단도 역시 이러한 방법을 취하였다.

교회 재건에 가장 큰 힘이 되었던 것은 각 선교부가 구호사업에 치중하였는데 있고 서울이 수복된 1953년부터는 사업방향을 교회 재건으로 돌렸다.

2. 신앙 부흥 운동

1) 각 교파의 신앙 부흥 운동

6·25동란으로 폐허된 교회는 내실을 기하기 위하여 신앙 부흥운동을 서둘렀다. 장로교는 1953년도를「신도 총동원 전도의 해」로 정하고 이 운동을 4단계로 진행시켰다.

  1> 1-3월 자체 부흥운동
  2> 4-5월 개인전도
  3> 6-9월 전도집회
  4> 10-12월 지도자 훈련

감리교에서도 1953년 웨슬레 탄생 250주년 기념 사업으로 장로교는 5개년 계획으로 무교회면 490처에 교회 신설을 추진하였고 감리교회도「1백교회 신설운동」을 전개하였다. 동년 3월 성결교회도「춘계 대부흥회」를 전개하여 각 교단은 제각기 일치하여 부흥운동을 전개하였다.

2) 세계적 부흥사 내한활동

1> 미국의 세계적 부흥사 피얼스(Bob Pierce) 목사는 1954년 가을부터 스완슨(E. Swanson), 핼버슨(D. Halverson)과 함께 전후 5차에 걸쳐 대부흥회를 가졌다. 부산과 대구 및 서울에서 열린 전도 강연회는 큰 은혜가 있었다. 수만명의 결신자가 생겼던 것이며 이때에 은혜받은 성도들이 도시 농촌할 것 없이 열심히 전도하여 6·25이전보다 교인이 훨씬 많아졌다.

2> 세계적 부흥사 빌리 그레함 목사는 6·25사변 중인 1952년 12월 15일 부산에서 1953년 2월 26일에는 서울에서 부흥회를 열어 많은 결신자를 얻었다. 빌리는 일찍이 대학의 학장을 지냈으며 많은 출판을 하는 동시에 세계적 전도에 주력하며 자신의 소양(素養)에 힘써 넓은 상식가로 알려져 있다. 그의 1973년 내한집회는 100만명 이상이 모였고 각 방송국이 중계한 것이다.

↑ 밥 피얼스와 빌리 그레함

3) 기독교 청년 학생 운동

1> YMCA

이는 기독교 정신으로 지, 덕, 체를 균형있게 양성하되 교회와 사회, 청년과의 가교(架橋)역할을 하려는 단체이다. 일제 말기에 굴욕을 당하던 YMCA를 해방과 더불어 재건하고 1946년 변성옥 박사의 총무취임과 1947년 YMCA 국제위원회 피취(G. A. Fitch) 박사의 내한원조로 본격적 재건에 매진하여 각 시·도에 지부를 설치하였다. 초기에는 공창(公娼) 폐지운동, 무당, 판수 조합 폐지운동도 하였다. 또 물산장려운동을 하였고 Y·M·C·A에서 이승만, 이상재 같은 인물이 배출된 것이다.

2> YWCA
수복 후에 명동에 웅대한 회관을 신축하고 다음과 같은 조항을 세웠다.

A. 인종 및 사회적 지위, 정치적 배경에 관계없이 모든 여성에 문호를 개방한다.
B. 여성에게 기독교 신앙의 참 뜻을 알 수 있는 기회를 제공한다.
C. 여성들의 교육, 국제 친선, 종교 봉사 활동을 통해 자질을 향상시킬 수 있는 기회를 제공한다.
D. 신앙의 생활화, 여성의 직업 개발, 어린이 복지 향상, 청소년 운동 강화, 책임있는 소비생활 등을 중심으로 삼고 활동한다.

3> CE
CE(Christian Endeavour)는 1881년 1월에 미국 메인 주(州) 포트랜드(Portland)에 있는 웰스턴 교회 클락크(F. E. Clark)가 창설한 청년 신앙운동으로 한국에는 1920년에 경북 안동에서 시작되었고, 한국의 개설자 안대선(W. M. Anderson, 安大善) 선교사는 3·1운동 후 일본이「문화정치」를 표명할 때에「기독청년면려회」를 조직하였다. 그해 10회 총회에서 전국교회가 CE조직을 결의하였고 그후 연합회도 생겼고 해방 후에도 CE는 계속 활동하며 1924년도 결정한 결의는 다음과 같으며 CE는 전란 후 교회의 큰 힘이 되었다. 클라크 목사는 CE 운동으로 자신이 목회한 웰스턴 회중교회와 남부 보스턴 교회를 일약 큰 교회로 부흥시켰고 CE의 세계적인 보급을 위해 5차의 세계 여행을 한 것이며 CE 운동은 한국교회에서는 보수적인 교회에서 주로 조직된 것이다.

↑ 안대선 선교사

1) 표어 : 하나님께 충성을 다하자
정직한 "나"가 되자
사람에게 신의를 지키자

2) 주장 : 쉬지않고 나를 교양하자
   나의 교회를 돕자
   방방곡곡에 전도하자
   외지에 전도하자
3) 작정 : 매년 1인 전도하자
   십일조를 바치자
   내 동네에서 신앙운동을 일으키자
   외지 동포를 구하자

⇑ CE 하기대회(1928)

4> SFC

 이 운동은 순수 한국적인데 SFC(Student For Christ)는 "그리스도를 위한 학도"라는 뜻으로 장로교 고려 교단에서 시작이 되었고 명칭은 한명동(韓明東) 목사가 지었다고 하며 승동측과 합동 후에도 계속하여 SFC는 교회에서 활동한다. 조국 광복과 더불어 제1영도교회 목사관에 뜻있는 몇명의 학생들이 모여 회개운동과 전도운동의 불을 일으키기 시작한 것에서 비롯된 SFC는 "개혁주의 신앙과 생활을 확립하여 세상의 빛과 소금이 됨을 목적"하고 어릴 때부터 칼빈주의를 가르침으로써 이단과 자유주의 신학을 비판하는 힘을 길러 준다.

5> IVF(Inter-Varsity Fellowship)
「한국기독학생회」이들은 직접, 간접(문서)으로 학원선교에 종사하는데 대학생용의 건전하고 교양있는 양서를 내고 있다. 1886년부터 촬스 시므온 (Charles Simeon, 1759-1836)의 노력으로 세계적 조직체가 되었으며 그의 캠브리지 대학에서의 성경공부 운동은 암울했던 학원가와 영국 사회에 큰 영향을 끼쳐서 이 운동은 세계적인 대학생 선교 운동체로서 지대한 영향을 끼치는 운동으로 확산되었다. 한국 IVF는 이정윤씨가 영국서 돌아와 황성수씨 계통과 연합하여 1956년부터 시작된 것이다. 그들의 목적을 이루기 위해 전도, 제자도, 선교란 세가지 방법을 사용한다.

제 5 절 전도 사업

1. 국내 전도

1) 새로운 전도 방법

1> 식자 전도 방법
식자는 심을 植, 불릴 殖, 먹을 食자를 뜻한다. 구체적 방법으로는 농촌교회에 1천평 농토를 사주어 교인들이 그 땅을 공동 경작하여 교회를 유지하는 것이다.

2> 교회 없는 지역에 개척 전도
3년에 걸쳐 교회를 세우되 그 위치는 각 노회 전도부가 선정한다.

3> 2, 3개처 교회의 공동 교역자 두는 방법

자전거를 사주어 한 교회는 오전 10시 다른 교회는 11시 30분 또 다른 교회는 오후 2시에 예배를 드리게 한다.

2) 학원 전도

각 학교에 YMCA가 조직되어 자발적 전도사업으로 1주간에 한두번 예배시간과 기독교 강좌를 가지는데 힘입어 교회는 학원전도에 관심을 두었다. 물론 기독교 학교는 자연히 예배, 기독교 강좌등을 통해 전도했다. 비기독교 학교도 기독교 자녀들을 망라한 기독학생회를 조직하여 학원전도에 힘썼다. 그리고 기드온(Gideon)협회는 성경을 학원과 기관에 무료배포함으로 큰 성과를 얻고 각종 기독교 학교에 교목(校牧)이 있어 학생의 신앙지도에 임하는 것은 내일의 한국교회의 밑거름이다.

3) 관공서 전도

1> 교도소 전도 - 형목(刑牧)을 두어(1947. 11. 18) 전도하고 교회절기 때 교회가 전도하였다.

2> 병원 전도 - 국립 의료원, 적십자 병원 등에 교역자를 파송하여 전도하고 있다. 1967년에 한국 병원전도연합회가 모였다.

3> 경찰 전도 - 경찰관의 교양과 미결수의 교화를 위해 경목제도를 두어 전도하고 있다(1966년부터). 1977년에는 교회와 경찰협의회가 모여 전국대회를 가져서 본격적인 경찰전도가 전개된 것이다.

⇐ 한국병원연합전도회
창립총회(1967)

4) 직장 전도(산업전도)

교회의 직장전도 관심은 서울이 수복되고 각 공장이 활발해진 1957년부터 활발해졌다. 공장이 많이 세워지자 교회는 산업전도의 필요를 느껴 전도사를 공장에 파송하여 전도하고 있다. 그러나 오늘 산업전도는 노사 공동 이익의 바탕 위에서 하지 않고 약자를 돕는다는 뜻에서 직공만을 두둔하는 일방행로로 물의를 일으키고 있는데 이것은 유감스러운 일이다. 그래서 한때 「도시산업선교회」가 들어가는 직장은 「도산」된다는 웃지못할 에피소드가 생겼던 것이다. 또 터미날 전도, 시장 전도, 운전자 전도 등도 생겼다.

⇐ 1970년대 급격한 경제성장 위주의 사회변동에 맞추어 교회는 산업선교에 활발하게 참여하였다. 사진은 1971년에 개최된 한국도시산업선교협의회 주최 세미나 광경이다.

5) 특수 전도

체육인, 예술인 교회등은 특수한 공감대 형성이라는 점에서 바람직한 것이다. 장애인, 또는 외국인 교회, 항공선교, 항만선교, 선박선교도 자리를 잡아간다. 특히 삼각산에 위치한 연예인교회는 '76년 3월 7일 곽규석, 구봉서, 고은아 등의 발기로 주일 첫 예배를 드림으로부터 시작하여 오늘은 많은 연예인이 모이고 있다.

6) 군목제도의 창설과 군대선교

1948년 정부수립과 함께 조선경비대가 생겼고 6·25때 한 미국 공병대 카추샤(KATUSA) 한 병사의 진정에 의해 1950년부터 군목이 생겼다. 초기에는 무보수 촉탁 목사시대로서 장병들의 사상지도, 신앙지도, 인격지도, 종교교육 및 야전예배를 담당하였다.

1955년에 이미 신구교 합하여 299명의 군종의 군목과 사제가 현역에서

↑ 초창기 군인교회

활동하였고 한국교회 지도자도 많이 배출한 것이다. 또 군대선교의 핵심인 진중 세례식이 1972년 육군 제20사단 진중 세례식을 필두로 해서 많은 장병에게 한국교회 목회자들이 세례를 베푼 것이다. 일시에 3,398명이 세례를 받기도 한 것이며 여기서 군대는 「황금어장」이라는 말이 나온 것이다.

2. 해외 선교

1) 장로교 선교

장로교 선교사업은 1912년 장로회 총회조직 기념사업으로 중국선교를 개시한 것이 출발이었다. 6·25동란을 겪고 서울 수복 후 급격히 발전한 교회는 국

↑ 대만선교: 대북에 모인 대만선교사 일동(1971년).

↑ 김영진 목사

내전도에 박차를 가하는 한편 해외선교에 관심을 두었다. 그리하여 대만, 중국, 태국, 브라질, 일본, 인도네시아, 방글라데쉬, 서독, 이란, 미국 등지에 선교사를 파송하고 있다. 고려파는 1958년 대만에 김영진, 1973년 유환준 선교사를, 합동도 대만에 계화삼, 채은수 선교사를, 통합은 1956년 최찬영, 김순일 선교사를 태국으로 파송하였다.

2) 감리교의 선교

감리교의 1979년 선교국 보고에 의하면 1970년에 동부연회가 재일교포를 위하여 이성주 선교사를 파송하여 8년간 선교하다가 지금은 오끼나와로 옮겨 선교 활동을 하고 있다. 중부연회의 종교교회가 1978년 5월에 동경에 김덕화 선교사를 파송하였다. 동연회는 재미교포를 위하여 이재은 선교사를 파송했고 아르헨티나와 뉴기니아 선교를 위하여 2천여 만원이 모금되어 선교사의 파송과 일체를 박창국 목사에게 일임하여 추진하였다.

이는 거저 받은 복음을 거저 주는 것이다. 선교는 참으로 귀한 일이니 우선적으로 힘써야겠는데 먼저 훌륭한 사명자 발굴이 급선무이며 계획적 사업 수립이 긴요하며 지속적 노력과 기도의 후원이 되지 않으면 성공키 어렵다. 무작정 파송해 놓고 보자는 식의 선교방식은 매우 위험하다.

제 6 절 교육 및 문화사업

1. 교육

1) 교육기관 재건

1> 연세대학교

한국 교회는 지도자 양성에 힘써 평양에 숭실전문 서울에 연희전문을 세웠다. 그러나 일제말기 신사참배 문제로 숭실대는 폐교하였고 연희 전문은 일제가 압수하여 일시 경제 전문학교로 운영된 때도 있었다. 그러나 해방후 창설

↑ 용재 백낙준

자 원한경박사가 내한하여 연희대학으로 재건하고 1950년 백낙준 박사가 총장으로 취임하여 종합대학으로 확장하여 대 발전을 이루었다. 한때 6·25이후 부산에 피난하였으나 이내 환도하여 학교를 정비하였고 그리고 세브란스와 병합하여 연세대학교가 되어 도약의 계기가 된 것이다. 그리하여 한국 사학의 명문다운 면모를 지니고 더욱 발전이 기대된다. 또 해방후에는 신학과를 모집할 수 있어서 더욱 기독교 대학의 면모를 갖춘 것이며, 100주년 기념관을 세우고 경영대학원은 인기가 높고 공과대학의 발전도 신망이 두텁고 연합신학대학원의 「목회자 강좌」가 의외의 성공을 본다.

2> 이화대학교

1887년 한국 최초 선교사 아펜설라박사와 시란돈(스크랜톤) 여선교사에 의하여 시작한 이화학당이 이화전문학교로 발전하여 많은 여성지도자를 양성했고 해방과 더불어 이화여자대학으로 승격되었다. 1946년 8월 15일 종합대학으로 다시 승격되었다. 한국 여성교육의 대명사인 이화여대는 긍지높은 학교로 발전을 거듭하여 명실공히 한국기독교적 여성고등 교육기관의 중추가 되고 있다. 이 학교와 초대 총장 김활란은 길이 잊을 수 없는 인연일 것이다. 오늘의 이화는 곧 우월의 피와 땀의 결정체이기도 한 것이다. 그리고 웅장한 강당의 건축과 아울러 여러 부속교육기관과 연구는 여성교육의 산 증인으로서 손색이 없다 하겠고 우월의 뒤를 이은 여러 총장들의 피땀의 덕이기도 할 것이다.

⇧ 김활란 박사

2) 교육 기관 신설

1> 숭실대학 재건

해방이후 남하한 숭실 교우들은 서울에 숭대 재건을 모색하다가 6·25동란으로 1·4후퇴시 부산에서 전 평양숭전 이사였던 고한규 장로를 중심으로 재건을 추진했다. 서울 수복후 1953년 10월 10일 숭실 창립 기념일을 맞아 그 날 오후 미리 재건된 숭실중고교 임시 교사인 성도

⇧ 고한규 장로

교회 구내 천막교실에서 우호익, 김취성, 박하성 등이 모임을 갖고 박하성이 사재를 희사하여 재단을 설립키로 합의하였다. 동년 10월 27일 영락교회에서 30여명이 회합하여 숭전 재건 확대 위원회를 열고 회장에 고한규 장로를 추대했다. 동년 13월 17일 영락교회에서 제 1 회 숭실대학 재건 기성회를 개최하고 회장 한경직, 서기 김양선 목사를 선임하고 이사회 규칙을 통과하고 이사 정형위원이 선정한 이사 배민수, 이인석, 한경직, 우호익, 김익성, 김윤찬, 김취성, 안광국, 박하성, 김양선 등이 소집되었고 1954년 1월 1일 제 2 회 이사회는 유지중, 강신명, 김형남, 김태선, 김규환, 허중수 5인과 선교부측 안두화, 인톤 등을 보충 선정했다.

1954년 4월 12일 동 이사회가 중앙교육 위원회에 제출된 숭실대학 설립청원은 재단법인 숭실대학으로 인가 되었고 학장에 한경직 박사를 선임하였다. 그러나 한목사는 학장직을 곧 사임하고 영락교회 목사로만 봉직한 것이다.

숭실대학은 발전을 거듭하여 숭실대학교로 되었고 상도동 1번지에 자리잡고 있고 한때 숭전대학이 되었다가 환원된 것이다.

2> 한남대학교

한편 남장로교 선교지역인 호남 지방에도 대학설립의 필요를 느껴 1953년 5월 6일부터 15일까지 전주에 남장로교 한국선교회 연차 회의에서 호남지방에 4년제 대학설치를 위하여 인돈(印敦, William A. Linton) 김기수(金基洙, Keith R. Crim) 유화례(Miss Frorence Foot) 등으로 대학설치 연구 위원회를 구성하였다.

1957년 9월 24일 대학설치 인가 청원서를 문교부에 제출하여 대전 장로교 대학으로 인가되었고 1959년 2월 대전 대학으로 개명했다가 지금은 한남대학으로 개명하여 발전하고 있으며 현재는 종합대학이 되었다.

3> 계명 대학교의 신설

대구에 교회가 급격히 늘어 나면서 고등 인재 양성 기관을 필요로 하게 되었다. 그리하여 1955년 2월 5일 문교부 장관의 재단법인 계명 기독 대학의 인가를 받았다. 1956년 6월 14일부터 계명 기독대학으로 승격 축하 및 감부열(甘富悅, Archibald Campbell) 학장 축하식을 가졌고 계명대학 신학과를 두어 교역자 양성에 큰 몫을 하고 있다.

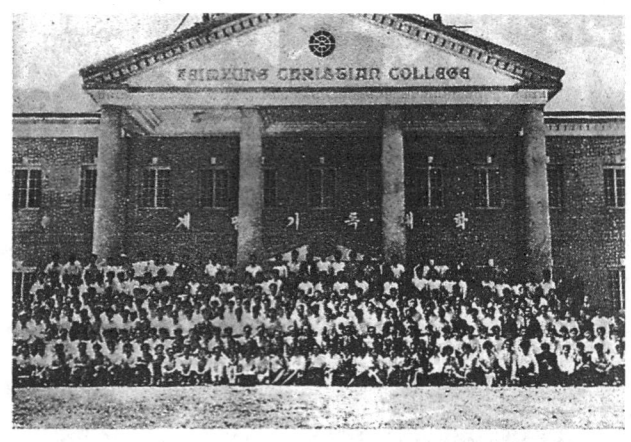
← 계명기독교대학

↑ 감부열 선교사

4> 서울 여자 대학 설립

대한 예수교 장로회는 여성의 고등 지도자 양성을 위한 여자 대학 설립의 필요를 느껴 1923년 9월 8일 제1교회에서 제12회 총회시 여자 대학 설립을 결의하고 총회는 당국에 인가 신청을 냈으나 총독부는 식민지 정책상 인가를 거절하였다.

제2차 대전과 8·15해방, 6·25동란의 격동기를 거쳐 서울 수복후 급격히 발전하는 교회에 여성 고등인재 양성을 위해 여자대학을 설립코자 1956년 9월 20일 새문안 교회에 모인 제41회 장로회 총회는 여자대학 기성회를 설립키로 하고 기성회 조직과 대지 준비를 경기노회에 일임하였다. 1956년 10월 18일 경기노회 임원회는 여자대학 기성회를 임원회가 대행키로 하고 동노회 회장 전필순, 서기 김성준 목사로 기성회를 설립키로 하고 기성회 조직과 대지 준비를 경기노회에 일임하였다. 경기노회 기성회는 전국적 기성회 조직 확대 중앙위원회를 설치키로 하고 1956년 12월 13일 전국 32개 노회장 회의를 소집하고 122명의 중앙 위원을 두고 임원은 회장 전필순, 부회장 한경직, 안두화, 서기 안광국, 부서기 김양선, 옥호열, 회계 배민수, 부회계 강만유, 인톤 등을 선임하였다. 이 기성회의 활동은 7차에 거듭되는 회의를 거쳐 경기노회 유지재단의 뒷받침을 얻어 1958년 7월 문교부로부터 재단법인 정의 학원 인가를 받아 1961년 3월 31일 개교식과 더불어 고황경 학장 취임식을 거행한 것이다.

3) 각급 신학대학 및 신학교

1> 장로교 신학대학들(장신대, 총신대, 고신대, 한신대)

장로교는 동교단 직영 평양신학교가 이북에 위치하여 재개 불능으로 이미 설치되었던 조선신학교를 총회가 승인하였다. 그러나 신학 사조의 파동으로

⇧ 남산총회신학교 교사(1954년)

⇐ 제1회
감리교신학교 졸업생

서울 남산에 평양신학 계승을 뜻하는 동지들이 장로회 신학교를 설립하였다. 그러나 교파의 난립으로 한신대학, 고신대학, 총신대학, 장신대학으로 발전하고 있으며, 또 총신대학은 합동신학대학원 대학 계열의 분립을 맛본 것이고, 특히 고신대학은 순교정신의 계승에 역점을 두고 있으며 기독교 종합대학으로 커가고 있다. 그리고 의학과를 두어서 기독교 의료인을 양성한다.

2> 감신대학

기독교 대한 감리회는 종전의 협성신학교(1901-8)를 감신대학으로 승격시켜 해교단 직영 신학교로 운영하며 대전에 목원대학이 있으며 상동교회당을 교사로 감리교 야간신학교가 있다. 그러나 현재 협성신학교는 독립이 되어있다.

3> 서울신대

성결교단에서도 과거의 성서학원을 서울신대(1991. 3. 13)로 승격시켜 운영하고 있으나 분열된 예수교 성결교회도 안양에 성결교신대를 운영하고 있다.

4> 강남대학교

중앙신학교(설립자 이호빈)의 계승으로 「예수교회」(원산)의 정신으로 강남사회복지학교로 운영하다가 현재는 강남대학교가 되었다. 여기에도 신학과가 있다.

5> 안양대학교

이 대학은 대한신학교(설립자, 김치선 박사)의 후계이다. 예수교 장로회 대신측과 관계를 맺고 운영하고 있다.

6> 침신대학, 삼육대학, 루터신학교

침례교회도 동교단 교역자 양성을 위하여 침신대학을 설립 운영하고, 안식교도 일찍이 삼육대학교를 설립하였고, 1965년부터 루터교회도 루터신학교(Lutheran Theological College, LTC)를 운영하고 있다.

7> 평택대학교

이 학교는 1912년 피어선(A. T. Person)에 의해 세워져 1959년 초급대학이 되었고 1981년 조기홍장로가 이사장이 되어 초교파 대학의 몫을 하고 있다.

8> 아세아 연합신학대학
이 학교는 소위 ACTS운동의 총본산이며 초교파 신학의 몫을 하고 있다. 마삼락(S. H. Moffett, 1955-1980, 馬三樂), 한철하(韓哲河) 교수의 수고로 훌륭한 기독교 인재를 배출하고 있으며 앞으로의 발전이 기대된다.

9> 성공회 신학교(천신신학교)와 구세군 사관학교, 나사렛 대학교, 그리스도신대 등을 손꼽을 수 있고 또 순복음신학교도 신학대학이 되었으며 웨스트민스터 신학교도 오랫동안 신학교육에 공헌을 하고 있다.

10> 기독신학대학원
새로운 비전과 세계 선교의 사명에 불타는 역군들의 새로운 배움의 터가 되고 있으며 서울에 본교가 있고 천안에 천안대학교와 국제대학원 및 천안 외국전문대학이 있어 중견 기독교 인재를 양성한다. 설립자는 장종현 박사이며 합동정통총회의 인준 교역자 양성기관이다.

11> 칼빈대학, 광신대학, 대구신학대학은 교단의 교역자 수급에 많은 기여를 하는 학교로 발전하고 있으며 호서대학교에도 신학과가 있고 한국성서대학도 오랫동안 기독교 인재 양성에 한 몫을 하였다.

2. 문화사업

1) 문서전도

1> 성서공회
성서공회는 외국성서공회 한국지부시대(1893-1903)와 3공회 연합기(1904-1907) 또는 영·미 공회 분리기(1908-1919), 영국 단독기(1919-1930)를 거쳐서 1939년에 조선성서공회가 탄생하여 성경발행과 각양 전도지를 발행하여 한국교회 영적 양식 공급과 전도사업에 봉사하고 있다. 1979년만 해도 1년에 성경전서 555,325권 신약전서 1,599,255권과 단편 전도지 점

↑ 완성된 성서회관(1912)

자 성경 등 총합계 34,183,325권의 막대한 발행을 하였다. 성서 공회는 참으로 한국 교회에 거대한 사업을 하고 있다. 그러나 성서공회도 기득권을 지나치게 주장하는 점은 기독교 문서의 발전을 위해 자제할 일로 사료된다. 서구에는 개인번역 성경이 얼마나 우수하고 많으며 기독교 전파에 큰 몫을 하고 있는가? 대한성서공회는 최근에 「표준번역」을 간행하여 신세대를 겨냥한 성경보급을 위해 힘쓴다.

2> 대한 기독교서회(Christian Literature Society of Korea)

기독교서회는 초교파적으로 신학과, 교리, 설교, 교양, 전도에 대한 단행본을 발행하여 한국 교회 문화 창달에 큰 공헌을 하고 있으나 신학적 편파성이 문제로 대두되고 있다.

선교사 헤론(J. W. Heron)에 의해 「한국성교서회」(The Korean Tract Society)라는 이름으로 1890년에 시작하여 1915년에 조선예수교서회(Korean Religious Book and Tract Society)라 고쳐 1919년까지 문서운동을 하였고 현재는 구세군, 기감, 기독교 대한 복음교회, 성결교, 성공회, 통합측 장로회, 기장 등이 주관한다. 또 대한 기독교 출판사를 1976년에 내어 기독교 서적만을 내고 있다.

↑ 1930년대 기독교서회 임원들 모습과 건물

3> 성광문화사, 기독교문사, 기독교 문서선교회

현재 한국 교인 수가 1,000만을 초과하므로 기독교 출판사도 헤아릴 수 없이 많이 생겨 한국 교회를 위하여 큰 공헌을 하고 있으나 너무 영세하고 난립하여 부실한 운영과 과당경쟁은 도리어 발전에 저해요인이 되고 있다.

4> 기독교 신문

대개는 주간 신문이며 국민일보는 일간지이다. 기독교 주간신문으로는 기독공보, 기독신보, 기독교보, 국제기독교 뉴스 등 4개 주간지가 있었고 지금은 기독교보 및 국제 기독교 뉴스는 폐간되고 기독공보는 한국기독공보로 기독신보는 여전히 기독신보로, 국제 기독교 뉴스는 크리스챤 신문으로 기독교보는 기독신문으로 개재 발행하여 교계의 문화 향상에 이바지하고 있다. 용문산 계통의 한국복음신보도 간행되고 있다. 최근에는 교회복음신보, 기독교 연합신문, 교회 연합신문, 기독교 신문 등이 나오고 있다.

5> 기독교계 잡지(정기 간행물)

새벗, 교사의 벗, 기독교 사상이 있고 새가정사의 「새가정」 등 다수의 기독

교 잡지가 있다. 특히 「기독교 사상」은 오랜 지령을 자랑하고 수준높은 교양을 제공함으로써 교계를 주도한 공로가 인정된다. 그러나 신학적으로 너무 편파적이라는 비난을 면치 못할 것이며 또 오랜 연륜을 자랑하는 「신학지남」(神學指南)은 평양신학교에서 1918년 3월 창간되었으며 지금도 그 정신을 계승한다. 감리교의 「神學世界」, 조선신학의 「十字軍」도 큰 몫을 하였으며 고신대에서는 「파숫군(把守軍)」이 교단 기관지로 오래도록 나오다가 승동측과 합하여 판권이 넘어가고 「월간 고신」을 발행하고 있다. 그리고 「현대종교」, 「신앙계」, 「신앙세계」, 「월간 목회」 등 많은 월간지가 나오고 있다. 연세대 신과대학에서 「神學論壇」이 나오며 「복음과 상황」, 「빛과 소금」, 「메시지」와 같은 종류도 나와서 기독교 출판계를 빛내고 있다고 볼 수 있다.

2) 방송국

1> 기독교 방송(HLKY)

기독교 방송국은 감의도(E. Otto DeCamp, 甘義道) 목사에 의해 1954년 12월 15일 장로교, 감리교, 성결교, 구세군 4교단의 연합 사업으로 창립 개국한 것으로 이는 한국 기독교 문화 사업에 최고봉이라고 할 수 있다. 또 민간방송의 효시이다. 기독교 방송은 일반대중과 접목에 힘쓰는 장점이 있는 동시에 보수계열의 반발에 직면하기도 하였다.

⇧ 감의도 목사

2> 극동방송(HLKX)과 아세아방송(HLDA)

극동방송과 아세아방송은 기독교인의 교양, 문화, 전도에 주력하며 특히 공산국가와 북한을 상대로 복음을 전파하고 있다. 신학적으로 정통과 보수를 지향하여 전혀 세속적 음악을 배제함으로써 수구적 신자가 대부분인 한국교계에서 적잖은 환영을 받고 있다.

극동방송은 1956년 12월 23일 TEAM 선교회 화도선(Tom Watson) 선교사가 세웠다. 이 방송은 "복음성가경연"을 주최하여 교회의 성가 발전에 크게 기여하고 있다. 아세아방송은 1973년 6월 30일 미국의 F. E. B. C.(Far East Broadcasting Company)에 의하여 제주도에서 개국되었는데 두 방송은 운영을 하나로 하고 있고 선교방송을 주로 한다.

병자나 교회에 정기적으로 출석치 않는 신자나 형편상 교회에 가지 못한 자들을 위한 방송예배는 새로운 은혜의 수단이며 찬송과 대담을 통해 많은 교도(敎導)를 하며 공산권 선교는 큰 성과를 보고 있다. 오늘에 있어서 방송보도 매체는 좋은 전도수단이므로 많은 교역자들이 방송설교로써 주의 복음을 전한다.

3> 기독교 TV 방송(Christian Cable TV)

1995년 12월 1일 개국한 "기독교 TV"는 기독교 범교단 연합사업으로 출발하는 호기를 얻었다.

앞으로 위성방송의 실시에 참여할 과제가 있고 어떤 난관에도 복음전파의 최대 효과적 보루가 될 TV 방송을 포기할 수 없다는 신념으로 다른 관련 방송사들보다 9개월이나 늦게 시작했으나 보수와 진보가 협력하여 달리고 있다.

하루 17시간 연장 방송과 해외 프로그램 공급 등 '복음방송'의 사명을 다하고 현재는 제2도약을 꿈꾸고 있다. 사장에는 이필용씨가 수고한다.

⇧ 이필용 사장

제 7 절 교회의 분열과 합동

8·15해방 이전의 교회는 거의 분열이 없었는데 그토록 바라던 조국 광복이 되자 도리어 흑암의 시대에 쌓인 각종 신앙적 타락의 원인에 의하여 분열케 되었으나 어쩌면 하나님이 역사를 주관하신다는 증거로도 여길 수 있을 것이다. 그리고 이것은 자신들의 숨겨진 내면세계의 표출(表出)로도 볼 수 있겠다. 종교개혁 자체가 형식적 교회일치에서 진리 즉 참된 교회의 추구에 있으니 개신교에서의 분리는 필연적 결과라 하겠으나 해방 후의 교회는 분열과 합동의 양상이 중첩되었고 그 역사적 의의를 찾기 어려운 경우도 없지 않다고 하겠다.

1. 교회의 분열

1) 기독교 감리교회의 분열

◆ 남북감리교의 합동

미국 북감리교회는 1885년 4월 5일 아펜설라 내한으로 선교가 시작되어 연회, 총회가 조직되었고 미국 남감리교회는 1896년 리드 선교사가 내한하여 선교를 시작하여 연회, 총회를 조직하고 각기 교단을 운영하여 오다가 1924년에는 양 교단의 연회, 입회규칙, 신학생 보조 등을 동일하게 제정 실시하였고 1925년 6월 17일-23일에 북감리회 연회가, 동년 9월 3일-5일의 남감리회 연회가 각기 양 교단 합동을 결의하였다. 그리하여 1930년 1월 18일 미국 남·북 감리회합동을 완전 결의하였고 양주삼 목사를 감독으로 추대함으로 비로소 조선 감리교회가 탄생되었던 것이다.

2) 재건, 부흥 양파의 분열

감리교회는 왜정 말기 소수의 부역 교직자들의 횡포로 다수의 유능한 지도자들이 교단에서 축출되어 초야에 묻혀 억울한 세월을 보냈다. 그러므로 감리교회는 해방 직후 왜정말기 교권을 옹호하던 교직자들과 재야 교직자들 사이에 교권에 대한 심각한 대립이 대두되었다. 일제 말기 일본 기독교 조선교단을 이끌어 오던 지도자들은 그들의 교권을 계속 유지하기 위하여 1945년 9월 8일 남부 대회를 꾀하였다. 이에 이규갑, 변홍규, 김광수 목사등 재야 교직자들은 동 대회를 불법으로 규탄하고 퇴장하여 동일 오후 동대문 감리교회에 회동하여 감리교 재건 중앙 위원회를 조직하고 이규갑을 회장으로 추대하여 감리교 재건을 전국 교회에 선포했다. 재건감리교회의 발족으로 인하여 남부대회 지속자측은 극히 곤란한 위치에 놓였다. 그리하여 재건 감리교회에 대립되는 부흥 감리교회를 조직하였다. 재건 감리교회의 목표는 완전 재건으로 일제의 잔재와 부역 교역자들의 완전 퇴진을 주장했고 부흥 감리교측의 주장은 죄가 많고 적음을 논할 것이 아니라 누구나 죄를 통회한 신앙부흥을 통하여 교회를 재건하자는 것이었다. 이렇게 양파는 재건, 부흥으로 분열되었다.

3) 재건파, 부흥파 일시 합동

양파의 세력은 백중하고 각기 주장도 강경하여 영도권 쟁탈의 분규는 마침내 감리교를 자멸 상태에 빠지게 할 정도였다. 그리하여 양파가 서로 격의없는 토론끝에 합동안이 성취되었다. 합동안은 첫째, 왜정시대의 반역행위자는 간부진에서 제외된다. 둘째, 간부는 양파에서 동수로 한다. 그리하여 1947년 1월 10일 종교 감리교회에서 합동총회가 확정되어 강태희 목사를 감독으로 추대하였다. 그러나 간부 선정에서 부흥파 인물이 절대 다수임에 불만을 품은 재건파측은 퇴장하고 말았다. 재건파는 1948년 1월 14일 동대문 교회에서 회집하고 장석영 목사를 감독으로 추대하였다. 이때 평신도들은 가산을 총판매하여 합동 비용에 제공하기로 하고 연서를 싸들고 교회마다 찾아다니며 합동을 호소했다. 그리하여 1949년 4월 20일 합동 총회가 다시 모여 김유순 목사를 감독으로 추대했다. 그는 양파의 신임받은 인격자였다. 이로써 감리교회는 4년간을 싸워 오던 영도권 문제는 일단락 되고 합동이 실현되었다.

4) 감독위원 선거와 호헌총회의 분열

6·25사변으로 감독 이하 총리원 주요 간부들을 상실한 감리교회는 1950년 7월 피난지 부산에서 응급 수습책으로 감리교 신학교장 유형기 박사를 총리원장 대리로 추대하고 피난시 당면 문제를 처리하였다.

1957년 9월 6일 부산 수정동 감리교 신학교 임시 교사에서 전국 감리사,

총리원 이사 연석회의로 모여 연회와 초회개회의를 위한 임시조치법을 결정하고 동년 11월 1일 장로교 부산 중앙교회당에서 임시총회가 열려 4개항의 임시조치법을 채택하고 동·서·중부 연회를 조직하고 다음날 연회에서 선정된 66명의 총회 총대로 총회를 개최하고 유형기 박사를 감독으로 추대하였다. 이에 일부 회원들은 감독의 자격 규정중 연회 회원으로 6년간 교회 시무를 해야 하는 규정을 내세움으로 유박사는 즉석에서 사임하였으나 미국에서 한국 감리교 재건을 위해 내한하여 총회의 임시 사회를 맡았던 무어 박사가 현재 한국 교회는 비상 난국에 처했으니 6년 교회 근무 조항은 잠정적으로 보류하자는 제안이 채택되어 유감독의 취임은 성사되었다.

그후 2년이 지나 감독 임기가 만료되는 1963년 3월 18일 대전에서 소집된 연회와 총회는 유감독 재선 문제로 재건계와 부흥계의 대립이 생겼다. 부흥측은 미국 교회의 원조를 받는 현실에서 유감독의 재선이 필요다는 주장이고 재건측은 임시조치법을 채택한 총회로서는 불법이라고 주장했다. 부흥측은 헌법에 규정된 총회 임기 2년을 2년 더 연장하여 4년으로 하자는 제안이었고 재건측은 2년연장 헌법 개정론을 폐기하고 헌법대로 감독을 선거하자는 주장이었다.

1954년 3월 15일 서울 정동교회에 제3회 정기총회는 마침내 유감독을 재선하였다. 개헌파에 반대하여 전 헌법을 고수하는 목사는 모두 퇴장하였다. 호헌파는 마침내 1955년 3월 1일 천안에서 신도대회를 열고 채택된 비상조치법에 의하여 연회와 총회를 소집하고 김응태 목사를 감독으로 추대하니 이로써 감리교회는 또 다시 분열되었다.

5) 중앙연회 설립

기독교 대한 감리교 12차 총회가 1974년 10월 23-27일까지 서울 정동제일교회에서 회집하여 감독 선거 과정에서 당시 감리교 신학 대학장 홍현설 박사를 추진하는 측과 총리원 김창희 국장을 추진하는 측의 극한 대립이 있었다. 제2차 총회도 무위로 돌아가고 제3차 총회도 희망이 없자 홍현설 박사측은 종교교회에서 별도 모임을 갖고 마경일 목사를 총회장으로 추대함으로 기독교 대한 감리교회와 기독교 대한 감리회 총회로 분열되었다. 그러나 통합을 애원하는 유지들의 애원을 받아들여 양측 총회에서 합동 총회를 형성하였고 합동위원은 10개항에 합의하고 1978년 2월 16일로 22일 사이에 총리원측 합동 위원장 박춘화 목사와 총회측 합동 위원장 박민수 목사가 합동에 서명함으로써 4년 동안의 분열의 상처를 씻고 통합하였다. "형제가 연합하여 동거함이 어찌 그리 선하고 아름다운고"(시 133 : 1).

2. 장로교의 분열

1) 독립노회의 설립

북한 공산당의 교회에 대한 탄압은 날로 가중되어 다수의 중견 교역자가 투옥되었다. 김일성의 친척인 목사 강양욱의 획책에 이용된 심익현, 김차곤, 박상순, 김응순, 나시산, 신영철, 김차곤, 배덕영, 곽희정 목사들의 발기로 소위 기독교도 연맹을 조직하고 교회와 교회단체의 가입의 강요는 물론 대한민국 정부의 비판과 김일성 괴뢰정부에 대한 무조건 찬성을 강요하는 등 북한 교회의 박해는 날로 더해 갔다.

이때에 이기선 목사를 중심으로 한 출옥 성도들은 기성 교회(旣成敎會)를 떠나 재건교회를 설립하기 시작하여 정주, 선천, 신의주, 강계 등지에 약 30여 교회를 설립하였다. 저들은 교회의 협력과 통일을 위하여 노회를 조직하였는데 기성교회와는 관련없이 독자적으로 설립 운영된다는 뜻에서 독노회라 하였다.

2) 소위 진리운동(일명 고려파)

출옥성도의 한사람인 한상동 목사는 평양 산정현교회를 담임하였으나 북한 정세가 계속 교역하기 어려움을 느끼고 남하하여 부산으로 가는 도중 서울에서 박윤선 박사를 만나 신학교 설립의견을 교환하였다. 이때 남한에는 경기노회 후원의 조선 신학교가 있을뿐 전국적인 장로교 신학교가 없었다. 경기노회원들은 조선 신학교를 총회 직영인 평양신학교와 대치하여 직영으로 하자는 의견이 집약되었다.

그러나 한상동 목사는 조선 신학교의 주동 인물인 김재준 교수(자신은 신학적으로 정통이라고 성명함)가 고등비

† 박윤선(朴允善)

평을 인정하는 신 신학자였으므로 장로교 정통신학교 설립을 주장하였다. 교계에서는 김재준 교수의 성명을 보고 신학교 문제는 신학 싸움이 아니라 교권 싸움과 지방 싸움으로 오해하여 후일 한국교회 신학수립에 큰 저해가 된 것이다(전용복, 『한국장로교회사』, p. 98, 김양선, 『한국기독사연구』, p. 216). 그리하여 마침내 1946년 9월 20일 부산 금성중고등학교 교사를 빌려 개교하고 박형룡 목사를 초대 교장으로 추대하였으며 고려 신학교가 설립되기까지의 산파역은 한상동, 박윤선, 주남선, 송상석 네 목사들이 하였다. 그때에 조선신학교에서 진정서를 내었던 51명 중 34명이 고려 신학교에 편입하였으나 박형룡 교장이 이듬해(1948. 4) 상경할 때 이들 모두 같이 가버렸다(월간고신사, 『하나님 앞에 자숙하자』, p. 264).

학생들이 제출한 진정서 전문은 다음과 같다.

『개혁교회는 성경에 절대권위를 두고 그 위에 건설된 교회입니다. 성경은 천계<天啓>와 영감으로 기록되었다는 초자연적 성서관을 우리는 견지합니다. <신구약성경은 하나님의 말씀이니 신앙과 본문에 대하여 정확무오한 유일의 법칙이니라>는 신앙 위에 조선 장로회는 섰고, 이 신조는 조선 교회 안에 영원히 보수되어야 할 우리들의 가장 순수하고 복음적인 신앙고백입니다.

그러나 우리들은 불타는 소명감에 몰려 장로회 총회 직영 신학교인 조선 신

↑ 고려신학교 개교(1947년 박형룡교장 취임)

학교에 적을 두고 성경과 신학을 배우기 시작한지 수년여에 우리가 유시로부터 믿어오던 신앙과 성경관이 근본적으로 뒤집혀지는 것을 느꼈읍니다. 이러한 현상은 우리 지식의 유치미발의 소치이겠읍니까?

신앙교양의 부족에 기인되는 바이겠읍니까? 그러나 신앙은 신앙입니다. 우리 신앙은 성경 이외의 아무데도 기인될 수 없읍니다. 우리 신앙의 유일의 기준은 오직 성경입니다. 이 성경이 살아 계신 하나님의 말씀으로서의 권위를 잃을 때 우리 신앙은 근본적으로 파괴당하고 말 것입니다. 그러므로 우리는 먼저 신앙은 보수적이나 신학은 자유라는 조선 신학교의 교육이념을 수긍할 수 없읍니다.

근대주의 신학 사상과 성경의 고등비평을 거부합니다. 자유주의 신학과 합리주의 신학을 배척하는 것입니다.

저들은 성경의 고등비평이나 자유주의 신학은 결코 신앙을 파괴하지 않는다고 변명하나 사실에 있어서 파괴당하고 있는데야 어찌합니까?

이같은 사조로 인하여 현 세계는 점점 비신앙상태로 들어가고 있읍니다. 그 때문에 독일과 일본이 망한 것을 우리는 보고 있지 않습니까?

그러므로 온 세계가 다 이 자유주의 신신학 사조로 흘러간다하더라도 우리는 단신 순 복음의 전사가 되어 전 세계를 향해 도전하는 것을 부끄러운 일로 여기지 않습니다. 교회사상 삼위일체나, 기독론이나, 기타 성경적 교리가 투쟁없이 제정되거나 완성된 것은 하나도 없읍니다. 무너져가는 우리 교계도 아다나네이세스 같은 진리의 이인이 일어나야 할 때가 왔읍니다. 루터와 같은 굳센 신앙의 용사가 일어나야 할 때입니다.

이날 우리들은 온갖 비난과 욕설과 방해를 무릅쓰고 이 중대한 신학 교육 문제를 전선교회에 호소하는 바이오니 제위는 이 어린 것들의 맑은 신앙 양심에서 솟아 오르는 가련한 호소를 물리치지 마시고 받으셔서 고찰하신 후 선히 지도하여 주시옵소서.

1974년 4월
서울 조선 신학교 정통을 사랑하는 학생 일동 근배』

1950년 4월 대구에서 회집되었던 총회가 개회 벽두부터 고려 신학교 문제와 조선 신학교 문제로 심히 소란하게 되어 비상정회를 할 수밖에 없었다. 이 소동이 있은 후 곧 6·25동안이 터졌다. 1951년 5월 24일 피난지 부산에서 모인 제36회 속회총회는 고려신학교파를 정죄하고 이들을 잘라내었다. 이는 정말 한국교회가 저지른 큰 교권남용이며 6·25라는 큰 채찍도 두려워 않고 회개치 않는 망만무도한 처사였다. 그러자 출옥성도들을 중심한 고려신학교파는 경남 법통노회를 구성하고 분립하고 말았다. 이것이 한국 장로교회의 제1차 분열이다. 신사참배 문제와 교회의 재건에 대한 견해차 때문에 한국 장로교를 분열하는 사태로 몰아갔다.

그때 고려신학교파에서는 대의명분이 뚜렷하였다. 즉 진리 파수라는 대 사명을 목표하고 분립하였는데 일부에서는 교회당 쟁탈 소송 사건들(특히 마산문창교회)이 일어나기도 했으나 빈손으로 깨끗하게 나온 지도자(한상동 목사는 초량교회를 떠나 삼일 교회를 세움)들이 많았다. 고신파는 철저한 청교도적 신앙과 회개 운동을 부르짖고 영남지방을 중심으로 교세를 확장하였다. 그러나 고려파는 순교자들의 모임이라 하여 신임을 받으려고 몰렸던 교역자들도 없지 않았던 것이며 선교사들 사이의 불협화음도 크게 작용을 하였으니 가능하면 교파의 분열은 피해야 된다(이영헌, 『한국기독교사』, p. 241).

3) 조선 신학파의 분열

고려신학교파의 분열은 신앙의 문제였으나 제2차 분열인 조선신학교파의 분열은 신학이 문제였다. 지금까지 한국장로교회의 정통적 보수신학에 도전하여 자유주의를 교육하는 김재준교수 등의 신학방법론에서 문제가 생겼다. 이것은 1930년대의 평양신학교 시대부터 내려오는 신학적 대립양상이었는데 이것이 해방후 서울에서의 혼란을 거쳐 피난지 부산에서 그리고 서울 수복 등을 전전하며 그 극에 달하였다. 특히 1949년 가을 프린스톤 신학교장 맥카이(J. A. Mackay)박사와 에밀 부루너(E. Brunner)가 내한하여 더욱 신학논쟁이 뜨거워졌으며 부루너는 영락교회에서 공공연히 예수의 동정녀 잉태를 부인한 것이다.

1951년의 제36회 속회총회는 조선신학교와 장로교신학교의 직영을 모두 취소하고 총회신학교를 직영하기로 하였다. 이 결의는 조선신학교의 합법성을 자연히 부인하는 것이 되어 그

⇧ 김재준 목사

결의에 따라 1951년 9월에 총회신학교가 대구에서 개교하게 되었다. 이렇게 되자 조선신학교파의 분립은 불가피하였다. 1953년 6월 10일 서울의 한국신학대학 강당에서 분립된 9개 노회총대 47명이 모여서 스스로 한국장로교회의 법통총회라고 선언하고 제 38회 속회총회를 선언하였다. 1954년 6월 10일 자기 나름의 제 39회 총회를 열어 교파 명칭을 "한국기독교 장로회"로 개칭하였다. 그리하여 장로회 총회는 총회파, 고려파, 기장파로 삼분된 것이다.

＜조선신학교 : 현 한신대학 이념＞

1. 우리는 조선교회로 하여금 복음 선포의 실력에 있어서 세계적일 뿐 아니라 학적 사상적으로도 세계적 수준에 도달케 할 것이다.

2. 그러기 위하여 우리 신학교는 경건하면서도 자유로운 연찬을 경유하여 자율적으로 가장 복음적인 신앙에 도달하도록 지도할 것.

3. 교수는 학생의 사상을 억압함이 없이 충분한 동정과 이해를 가지고 신학의 제학설을 소개하고 다시 그들의 자율적인 결론으로 칼빈신학의 정당성을 재확인함에 이르도록 할 것.

4. 성경연구에 있어서 현 비판학을 소개하되 그것은 성경연구의 예비지식으로 이를 채택함이요 신학 수립과는 별개의 것이어야 할 것.

5. 어디까지나 조선교회의 건설적인 실제면을 고려에 넣는 신학이어야 하며 신앙과 덕에 활력을 주는 신학이어야 할 것. 신학을 위한 분쟁과 증오, 모략과

⇐ 해방 직후 세운 조선신학교 건물. (서울 동자동)

교권이용 등은 조선교회의 파멸을 일으키는 악덕이므로 삼가 그런 논쟁을 피할 것.

<김재준 교수의 개교에 즈음하여>

"1940년 4월 조선 사람의 손으로 조선 신학교가 서울 승동교회 하층에서 개교되었다. 이것은 조선교회 50년 사상에 있어 처음되는 기록적 사건이다. 그것은 이날부터 참된 의미의 조선교회가 시작된 것이기 때문이다. 지금까지의 다른 기관은 모두 조선사람에게 내어준다고 할지라도 신학교만은 기어코 선교사들이 경영하려 하였다. 그러나 상술한 바와 같이 선교사 우월권, 선교사 주권을 유지하려면 조선 교역자의 질을 선교사 이하의 선에 정지시켜야 했으며 그렇게 하므로써 신학교육을 선교사들이 완전히 독점하는 방법을 취할 밖에 다른 길이 없었던 까닭이다. 그러므로 서울에 조선사람으로서의 조선 신학교가 설립되고 선교사가 일제히 귀국한다는 것은 비록 전쟁에 의한 불가피한 사태라 할지라도 벌써 선교사 집권시대는 지났다는 것을 의미한 것이 아닐 수 없는 것이다."

4) 장로교회의 3차 분열

1> 3차 분열의 비극

한국장로교회는 1951년의 제1차 분열(고려파), 1953년의 제2차 분열(기장측)의 상처를 입고 폐허에 쌓인 6·25의 참극 속에 고통당하고 있었다. 그런 중에서도 1959년에 제3차 분열의 비극을 겪게 되었는데 이것이 오늘날 세칭 합동측과 통합측이라는 이름으로 불려지는 비극이다. 1959년 9월 24일 장로교 제44차 총회가 대전에서 회집되었다. 경기노회의 총대권 문제로 회의가 진행되지 못하다가 증경총회장단의 제의대로 11월 24일까지 정회하기로 가결하고 선포하였다. 그러자 여기에 불만을 품은 인사들이 임원 불신임안을 긴급동의로 제안하고 기차를 대절하여 서울에 올라와 연동교회당에서 계속 회의를 한 후 총회를 구성하였는데 이 총회를 세칭 연동파라고 부른다.

대전의 제44회 노진현 목사가 결의한 대로 1959년 11월 24일 서울 승동교회당에서 제44회 속회총회가 모여서 임원을 개선하고 회무를 진행하였는데 이것을 세칭 승동파라고 한다. 연동파는 1961년 2월 17일 새문안교회당에서 모인 총회에서 흡수되었다. 이 총회는 노회장 연서로 소집되었으며 통합

발기위원회를 조직하여 개인자격으로 회집되었다.

그래서 이 모임의 계파를 세칭 통합측이라 하고 승동측은 1960년 12월 고신측과 합동하여 세칭 합동측을 형성하였으나 성실한 합동원칙 준수가 없어 결국 고려파는 환원한 것이다.

↑ 장로교 제44회 총회(대전 중앙교회)

2> 3차 분열의 성격

장로교 3차 분열은 여러가지 측면으로 고찰할 수 있으나 에큐메니칼 운동에 대한 견해 차이가 가장 큰 요인이었다. 1948년 네덜란드 암스텔담에서 창립된 W. C. C.는 성격이 뚜렷하게 보고되지 못하였다. 그러므로 이 일은 특별히 1956년 총회 이래 문제가 되어나오다가 1959년에 분열의 요인이 되기도 하였다. 에큐메니칼 운동에 대하여 장로교 총회에서는 몇가지 중요한 결정을 내렸는데 그 대략은 다음과 같다.

(1) 1956년 제41회 총회에서 경북노회의 헌의안에 의하여 연구위원회를 선정하였는데 위원은 한경직, 안광국, 황은균, 전필순, 유호준, 박형룡, 박병훈, 정규오 제씨였다.

(2) 1957년 제 42 회 총회에서 다음과 같이 보고 되었다.
  A. 조직 - 위원장 한경직, 서기 정규오
  B. 에큐메니칼 운동과의 관계
    (가) 1948년 암스텔담에 모인 W. C. C. 대회에 김관식 목사가 참석하였다가 귀국하여 보고하므로써 정식가입하게 되었다.
    (나) 1954년 미국 에반스톤(Evanston)에서 모인 W. C. C대회에 김현정, 명신홍 목사를 파송하였다.
  C. 에큐메니칼 운동이란 무엇인가? Ecumenical이란 말은 헬라어(오이쿠 메네)에서 나온 말로서 우주 혹은 한 집이란 뜻이다. 에큐메니칼 운동을 하는 지도자들 중에는 두 가지의 사상적 조류가 있는데
    (가) 전교파를 합동하여 단일교회를 목표로 하는 이와
    (나) 교회 간의 친선과 사업적 연합을 목표로 하는 이가 있다.
  D. 본 위원회의 태도
    친선과 협조를 위한 에큐메니칼 운동에는 과거나 현재에도 참가하고 있어 앞으로도 단일교회를 지향하는 운동에는 반대하는 태도를 결정하였다.
  E. 청원
    (가) 산하 각교회에 본 운동에 대한 사실을 조화시키기 위하여 팜플렛을 출판코자하니 출판비로 일금 30만원을 허락하여 줄 것이며
    (나) 본 위원회를 연속 허락하여 주시고 위원으로 인톤, 마삼락, 명신홍, 김형모 4인을 보강하여 줄 것이다.
(3) 1958년 제 43 회 총회때는 팜플렛을 발행하지 못했다는 보고만 하였다. 이러한 몇년간의 논의 배경에는 W. C.C에 찬성하는 인사와 반대하는 인사들 사이에 연속적인 갈등과 견해차이가 계속되었고 이것이 경기노회의 총대권 문제에서 시작하여 급기야 총회 분열의 한 요인이 되었다.

또 제 3 차 분열에는 용공시비(容共是非)도 적잖은 원인이 있다. 이 용공문제는 에큐메니즘(Eccumenism)에 근본 원인이 있다고 하겠다. 소위 N. A. E. 계통의 인사들은 W. C. C. 측을 향해 용공적이라고 공격한 것과 결코 무관하지 않고 기독교 복음은 원래 이데올로기(Ideologie)를 초월하는 것에 비하면 W. C. C. 계통의 주장도 가능한 것이다. 그러나 W. C. C.도 지나친 공산당

의 정책에 찬성할 수 없었던 것이다.

또 하나의 분열 원인은 총회 내분이다. 소위 「3천만원사건」(신학교 부지대금 문제)을 둘러싸고 영남세력이 심히 공격을 한 것이다. 그리고 총회는 경기노회 총대권 문제로 급기야 N.C.C 계열의 분리를 가져온 것이다.

3. 장로교의 연합운동

1) 승동파와 고신파의 연합

1960년 9월 24일부터 서울 승동교회당에서 회집된 제45회 총회에서는 정치부장 권연호씨의 보고중 결의한 제1안으로 신앙노선이 같은 고려파와의 연합에 관한 것은 연합하기로 가결하고 합동위원 9명을 선출하였다. 1951년 고려파의 분립 이후 몇몇 뜻있는 인사들의 계속적인 접촉과 노력으로 성취되었다. 1954년 3월 부산에서 회집된 고신측 총회에 몇몇 인사가 개인자격으로 고신총회의 의견을 타진하였다. 이때 고신측이 주장한 것은

첫째로 연합시기가 아직 이르다.

둘째로 고신단절의 과오를 사과 성명하여야 한다.

셋째로 W. C. C.와 미국 북장로 교회와 단절해야 한다고 주장하였다.

이러한 주장은 시간이 감에 따라 다 해결되었다. 1954년 안동교회에서 모인 총회에서 신사참배 결의를 취소하고 통일총회로서 법적 절차를 취할뿐 아니라 출옥성도 이원영 목사를 총회장으로 추대하였고 1959년 11월 제44회 속회 총회에서 W. C. C.의 탈퇴와 아울러 미국 북장로교회와의 관계를 단절하였다. 1960년 9월 20일에 부산에서 회집한 고신측 제10회 25-26일에 대전에서 회집하고 1960년 12월 12일 서울에서 회집하여 연합안을 결정한 후 쌍방 총회가 서울에서 다시 회집하여 연합안을 결정하고 1960년 12월 12일 서울에서 회집하여 연합안을 결정한 후 쌍방 총회가 서울에서 다시 회집하여 연합안을 결정하고 1960년 12월 13일 오후 6시 반에 서울 승동교회당에서 쌍방총대들이 회집하여 연합총회를 형성하였다. 연합원칙을 보면 웨스트민스터 신앙고백에 의하여 대한 예수교 장로회 헌법에 명시한 12신조를 신조(信條)로 하고 칼빈주의의 개혁신학을 총회의 신학으로 채택하였다. 그리고 신학교는 이원적으로 10년간 두기로 하였다. 그러나 얼마 되지 않아서 신학교를 합하여

부산의 고려신학교는 총회신학교 부산 분교가 된 것이다.
연합총회에서는 다음과 같이 결의하였다.

◆ 대한예수교 장로회 제44회 총회는 1912년 9월 1일 평양에서 제1회 총회로 창립한 총회로부터 일본교단과 신사참배를 제외한 동일성을 유지하고 전통을 계승한 유일한 대한예수교 장로회 법통총회임을 선언한다.
◆ 고신측 총회 10회 총회 기간사는 대한예수교 장로회 이원적 사실로 기록한다.
◆ 고신측 총회는 1949년 이래 경건생활에 치중하여 정통신학 교육에 힘쓴것과 예장측 총회가 자유주의 신학과 세속주의를 배격하기 위하여 W. C. C를 탈퇴하고 W. C. C노선의 에큐메니칼 운동을 반대한 것을 재확인한다.
◆ 1951년 5월 25일 제36회 총회에서 경남법통노회 제51회 노회에 대한 결의와 총회장의 포고문은 이를 취소한다.

이와 같은 전통계승의 원칙들은 한국장로교회의 전통을 유지하는 명문화된 규정이었으며 합동을 통하여 개혁주의 신앙을 가진 두 교단이 하나가 되어 힘을 다하여 나아갈 수 있었던 것이 가장 강한 의미를 주고 있다(이 합동원칙은 마산 제일 문창교회를 담임했던 송상석 목사의 초안이다).

2) 고신측의 환원(還元)

승동측과 고신측의 합동으로 한국장로교회사에서의 보수적 기운이 농후하여졌고 그 결과 개혁주의 신앙 형성에 큰 기대를 갖게 하였다. 연합기간 중에 국제기독교 연합회(I. C. C. C.)와 우호관계를 단절하였고 장로교의 단일교단 형성을 위한 재연합 운동이 추진되는 등 괄목할만한 일들이 계속되었으나 1963년 9월 총회는 고신측의 환원이라는 기치 아래 재분립하고 말았다. 그러나 과거 고신측 교회 가운데서 200여교회가 합동총회에 그대로 남아 있었으며 468교회가 고신측으로 환원하고 고려신학교를 복교하여 교단을 재정비하였다.

고신측의 환원에 대하여서는 여러가지 이유를 열거할 수 있으나 신앙생리와 교권이 가장 큰 원인이었다. 고려파 10년 동안의 경건주의 신앙형태가 합동으로 말미암아 잠식당한다는 의식이 생기기 시작하였고 배타적 생리가 적응하기에 어려움이 많았다. 그리고 신학생들의 시험부정과 한상동 목사의 처조카 이근삼 교수의 불채용과 또 교권문제가 크게 대두되어 직접적으로 분열의 불씨가 되었다. 환원한 고려파는 전교단적으로 목사와 장로들이 1주간 동안 자숙하기로 결의하고 교단 재정비에 박차를 가하였다. 그러나 별로 힘있는 출발로 보이지는 않았다. 그러나 고려파 운동의 순수한 신앙과 경건의 노력은 한국교회가 높이 본받을 전통일 것이며 이 「옛길」에로의 회귀만이 활로일 것이다.

3) 합동측과 통합측의 연합운동

1959년의 제3차 분열에 의하여 나누어진 양 교단에서 연합운동이 계속하여 일어났다. 특히 지방노회를 중심으로 일어난 이 연합운동에는 평신도들이 호응하여 연합 분위기가 매우 성숙하였다. 1967년 7월에 통합측 전북노회 창립 50주년 기념 교육대회가 전주에서 모였을 때 연합을 하자는 데 의견을 모으고 합동측 전북노회 인사들과 접촉하여 쌍방이 이에 찬동하게 되었다. 또한 1967년 9월 합동측 경북노회에서는 통합측과의 합동을 논의한 후 9명의 합동위원을 선정하였고 같은 기간에 모인 통합측 위원들과 협의케 하였다. 이와 같은 합동운동이 경북지방의 각 노회를 비롯하여 여러 지방에서 일어났고 서울지방에서도 연합촉진회를 구성하여 연합운동을 전개하였다.

이와 같이 지방에서 일어난 상향식 연합추진운동은 1967년 9월 제52회 총회에서 양측 모두 합동위원을 선정하고 정회하여 연합의 실현을 위한 법적 조처를 하였다. 양측 대표들은 수차례의 회의와 절충 끝에 합동원칙과 세칙 및 절차에 합의를 보고 합동안 통과를 위하여 속회총회를 1968년 3월 1일 오후 2시 대전제일교회당과 대전중앙교회당에서 모여 가결하여 양측 총회에서 통과되면 1968년 4월 30일 오후 2시까지 서울에서 양측 총회장 명의로 합동총회를 소집하도록 결의하였다.

이러한 과정 속에서 양측 각 지방 노회에서는 합동추진운동이 계속 일어났고 평신도들이 여기에 적극적으로 참여하였다. 그러나 통합측 일부에서는 합동저지운동이 일어났으며 여기에 미국장로교 선교부의 작용이 있었다. 이들은 W.C.C.와 N.C.C. 관계에 대한 합동조항을 못마땅하게 생각하였고 그 결과 합동저지운동을 조직적으로 전개하였다. 양측 합동위원들의 합의대로 합동측

속회총회가 1968년 3월 1일 대전중앙교회에서 회집되어 합동절차와 세칙을 많은 논의끝에 만장일치로 통과시켰으며 합동을 추진하는 준비작업을 완료하였다. 그러나 통합측에서는 합동위원들이 요청하는 총회 소집 요구를 당시 총회장 김윤식 목사가 거부하므로 속회총회가 소집되지 못하고 합동 운동이 실패로 돌아갔다.

결국 한국교회의 분열은 교인들보다는 교역자들에게 책임이 많다고 하지 않을 수 없다. 물론 이념의 차이와 외국기관의 작용은 더욱 교회일치를 꾀하기 어렵다. 교회일치를 가장 많이 말하는 외국기관이 결정적 순간에 가면 자기들의 복안(腹案)이 관철되지 않을 때 교회는 분열된다. 그러니 분열의 책임이 그들에게 있고 교회일치의 중요성을 인식치 못하는 지나친 보수주의자들(Hiper-conservatists)의 책임도 없지 않은 것이다. "모든 것이 가하나 모든 것이 유익한 것이 아니라"(고전 6 : 12)는 성경의 진리에 귀를 기울여야 될 것이다.

4) 고려파의 양분

고려파는 소위 환원이후 단일을 이루지 못하고 교회의 법정투쟁 관계로 고소파와 반고소파로 양분되었다가 이제는 합하였으나 소위 석원태 목사 계열은 잔류하였고(1976), 최근에 또 한 부류(개혁측)가 탈퇴한 것이다.

5) 합동측의 사분오열(四分五裂)

소위 문서설 관계로 비화된 분열은 주류, 비주류를 형성하였다. 또 비주류는 1970년대로부터 너무 복잡한 양상을 보이고 있다.

미국북장로교가 1967년 새신앙고백서를 채택함으로서 통합측에 보수신앙을 사모하는 이들의 노력으로 통·합동의 재합동의 기미가 적지 않았던 것이다. 그러나 "국내의 합동은 깨어져도 국제적인 W. C. C.와 제휴는 단절할 수 없다"는 일부 지도자들의 지도 원리로 이러한 꿈은 영원히 사라진 것이다. 그들이 살아있는 동안 일치운동은 가망(可望)이 없다. "새는 그 날개 색이 같은 것끼리 모인다"는 서양 속담이 맞는 것 같다. 결국 한국교회의 분열도 신학의 색깔에 따르는 것이며 신학적 이유라도 분열이 바람직하지는 않으며 분열은 대개 신학적이 아닌 영웅주의, 지방색, 독선, 배타심, 교권쟁탈, 교만에서 비롯되고 있다는 이 점에서 한국의 보수교회는 모두 크게 자성(自省)치 않으면 안된다.

제 8 절 한국에 들어온 기관과 자생적 기구 및 한국적 유사종교

기독교사의 입장에서 볼 때 개신교는 많은 분파가 특성이다. 이러한 현상은 교회발전에 도움이 되는 면도 있으나 교회의 질적 저하를 초래할 위험도 없지 않다. 현재(1987) 개신교 교파(교단) 수효는 모두 74개이다.

1. 한국에 들어온 기관과 자생적 기구 및 교파

1) 선명회(World Vision)

선명회는 하나님의 말씀을 널리 전파하고 사람들로 하여금 하나님의 말씀에 따라서 생활하게 하자는 목적으로 조직되었는데 한국동란으로 인하여 이재민이 많이 생기자 이를 구호하기 위하여 1953년 3월에 한국에 사무실을 설치하고 사업을 전개하였다. 이들은 주로 고아 구호사업과 교육사업을 실시하였고 미국의 부흥사인 피얼스(Bob Pierce) 목사가 여러 차례 한국에 와서 부흥집회를 인도하였는데 이것도 선명회 사업의 일환이었다. 선명회 어린이 합창단은 선교보다는 국위선양에 주력한다고 본다.

2) 구라 선교회(Mission to the Lepers)

구라 선교회가 처음 외지 선교회를 파송한 곳이 한국이다. 이 사업은 1910년에 부산(용호동)에서 30명의 환자들을 상대로 하여 시작되었다. 처음에는 환자들을 치료할 방법이 없었기에 그들에게 의식주를 제공하는 정도였으나 1918년부터는 치료법이 개발되어 차츰 그 사망율이 줄어들게 되었다. 1924년에는 처음으로 44명의 나병환자가 병이 완치되어 수용소에서 해방되었다. 1928년에는 나병환자를 위한 교회가 설립되었고 신자들을 교육하기 시작하였다. 그러나 이들이 병에서 완쾌되어 수용소를 나와 귀향하였으나 그 사회는 이들을 받아주지 아니하였다. 그래서 이들끼리 모여 집단부락을 형성하고 살게 되었는데 여기에 교회가 설립되고 교육시설이 있게 되었다.

↑ 1920년대 세운 부산 나환자 교회

3) 팀 미션(Team Mission)

팀 미션이 한국에서 선교활동을 시작한 것은 1953년부터이다. 그 사업 목적은 방송사업과 문서사업 등으로 교회는 세우지 않고 기성교회 사업에 협력을 목적삼고 교회없는 지방에 교회를 세우면 그 교인의 총의에 의하여 어느 교회든지 갈 수 있다.

문서사업으로는 20여종의 소책자와 많은 전도지를 발행하고 있으며 찬양대와 성가집과 청년찬송가도 발행하였다. 특히 뚜렷한 사업은 1956년 12월부터 극동방송국을 설치하고 국어, 영어, 중국어, 러시아어, 몽고어, 우크라이나어 등 주로 공산권을 상대로 전도 방송하고 있는 점이다. 그리고 1958년 설립한 팀 미션 회관은 개신교 교파이면 어느 단체든지 장소로 제공하고 있다.

4) 그리스도의 교회(The Christ Church)

이 교단이 1954년부터 포교가 한국에서 시작했으나 그 이전 1930년에 함경도 출신의 동석기씨가 미국에 유학하면서 이 교단에 가입하였고 일본에 와서 선교한 윌리엄 커닝헴(Wm. D. Cunningham, 1864-1936)의 파송을 받은 이완근, 이인범 전도인이 1932년부터 한국에서 이 교단 교회를 세웠다. 또 1936년에는 셀리(M. J. Shelley) 선교사가 미국에서 파송받아 1년간 사역하였으며 1935년 채이스 선교사가 내한하여 천신만고 끝에 평신도로서 등촌동에 부지를 확보하여 오늘의 「그리스도신대」를 이룩한 것인데 이에 대하여 그를 배제한 사실은 유감스럽다. 힐 요한(John J. Hill)도 선교사로서 활약한 것이다(1939-1977).

↑ 1935년 한국에 온 채이스 선교사 부부(그리스도신대 설립자)

5) 나사렛 교회(Church of the Nazarene)

한국에 나사렛 교회가 처음 생긴것은 1943년경. 한국인 장성옥이 서대문밖 영천에 처음으로 교회를 세우고 전도를 실시하였다. 1947년 미국 나사렛 총회는 당시 미국에서 활동하던 정남수 목사의 노력으로 한국교회를 승인하고 정목사를 한국지방장으로 임명하였다. 1954년 나사렛교회 선교사들이 내한하여 신학교와 교회를 설립하고 전도에 열심을 내고 있다.

6) 대한 크리스챤 교회(Christian Connection)

대한 크리스챤 교회의 한국선교 시작은 1935년부터 일본에 주재한 허일(許一, Harry John Hill) 선교사가 와서 선교에 협력했다. 왜정말기 일제의 탄압으로 선교사들은 부득이 고국으로 돌아갔고 폐지상태에 있다가 1948년에 또 다시 선교사가 나와서 선교사업을 시작했으나 6.25동란으로 다시 중단되었다가 서울 수복후에 교회재건활동을 전개하였다. 1954년에는 신학교도 신축하였고 40여명의 신학생들이 공부하고 있었다. 1955년에 그전 선교사들은 정년은퇴로 본국으로 돌아가고 후임으로 대더락(Harold P. Taylor) 부부가 일본으로부터 내한하였고 신학교 강의는 주로 일본 주재 선교사들이 담당했으며 1957년부터 기관지로 「한길」이란 월간 잡지를 발행하고 있다.

본래 미국의 크리스챤 교회는 감리회에서 1793년에 분립된 교파이다. 이들은 신조(信條)에서 벗어나려는 데 큰 뜻이 있다. 다만 성경을 신앙과 행위의 유일한 표준으로 삼고 결국 삼위일체 교리를 배격하여 그리스도를 신성한 구주로, 성령을 신의 힘이라 하며 침례를 주장하고 타파의 세례는 인정한다. 교회정치는 회중정치이며 연회가 있고 4년마다 총회가 있다.

7) 캠페손(Compassion)

미국의 스완슨(Everett Swanson) 목사가 전쟁 중인 1952년에 처음으로 한국에 왔다. 그는 여러나라를 역방하며 부흥집회를 하는 부흥사로 전란 중에 한국에 주둔한 미군인들을 위하여 부흥집회를 갖고 본국으로 돌아갔다. 그후 한국 군종감실 지도자들의 다시 한국에 와서 부흥집회를 해달라는 초청을 받고 1953년 다시 한국에 왔다. 그 때에 무수한 한국전쟁 고아들을 보고 느낀 바가 있어 한국 전쟁고아를 위한 사업을 하기로 결심하고 또 다시 한국에 왔다.

† 스완슨 목사

스완슨 목사는 처음에는 에베리트 스완슨 복음협회로 고아사업을 개시하였고 그후 명칭을 캠페손회로 개칭하였으며 이 사업이 한창 번성할 때에는 190처의 고아원에 원아 2만여명이 수용되어 있었다.

이 사업을 시작한지 얼마 안되어 고아원에는 보모가 있는 아이들이 많이 있음을 알고 보모를 찾아 보내는 일과 인척없는 완전고아는 교육을 시켜야 할 필요를 느끼고 직업학교도 세우고 자립교육을 시켰다. 고아들의 신앙생활을 위하여 종교교육담당 지도자를 두었고 건강을 위하여 진료도 실시하였다. 한편 농촌 교회 교역자를 위하여 생활비를 보조하는 일도 많이 하였다. 1천여명의 교역자들에게 약 3년간 보조하고 자립케 하였다. 그러나 캠페손은 그 활동을 종식하였고 최근에는 선진국들의 고아나 장애자 원조는 중단된 상태이다.

8) 홀트 양자회(Holt Adoption Program)

이것은 미국의 헤리 홀트(Harry Holt, 1905-1964)가 창설한 것이다. 그는 목재상이었으나 한국 휴전 직후에 한국에 왔다가 고아들 특히 혼혈아들의 비참한 모습을 보고 크리스챤인 그는 그것을 묵과 할 수 없었다. 1955년 한국에 왔을때 혼혈아 12명을 미국으로 데리고 가서 8명은 자기 집에서 기르고 4명은 친지들 집에 입양시켰는데 이를 본 사람들이 그런 아이들을 가질수 있느냐는 질문에 따라 사업화하기로 결심하고 홀트 양자회라는 기관을 등록하고 1955년에 창설된 이후 수천명의 고아들이 미국에 입양되어 살고 있다. 1970년까지 입양된 아동수는 약 6천명에 이르고 있다. 현재는 정신박약아들을 수용하는 모범적 복지기구이며 많은 자원봉사자들의 노력으로 움직이고 있으며 훌륭한 교육시설을 갖추고 있고 각계의 후원도 있다.

9) 한국기독교 봉사회

이것은 한국교회의 힘을 모아서 자체 사업을 하자는 목적으로 1963년 7월에 창설되었다. 당시 한국기독교 연합회에 가입한 6개 교단 기독교 사업기관의 대표자들이 조직하였다. 사업방향은 천재지변이나 어떤 긴급구호 사업대상이 생길 때 특별 구호품을 수집하여 구호하고 평상시는 교도소에 의복을 보내거나 윤락여성들의 구호기금도 기여한다.

10) 한국 대학생 선교회(C. C. C.)

대학생 선교를 목적으로 하는 대학생 선교회가 미국서 이 방면을 연구하고 돌아온 김준곤 목사가 주동이 되어 한국대학생 선교를 하고 있다. CCC(Campus Crusade for Christ)운동은 학원 복음화만 아니라 기성교회 활성화에도 적잖은 신선함을 준 것으로 평가되고 있고 창립은 1958년이다. CCC가 주축이 된 1980년 8월 250만명이 서울 여의도에 모인 세계 복음화대성회는 명실공히 한국이 동방의 빛으로 밝아가고 있음을 보여 준 장면이었다. 미국의 CCC운동의 창시자는 빌 브라이트(Bill Bright, Fuller 신학교 출신)에 의해 세워졌는데 전도, 육성, 파송(Win men, Build men, Send men)의 목표가 있다.

11) 성서침례교

성서침례교회는 한국에 주둔했던 미군인들과 함께 있던 사람들의 청원에 의하여 포수다(Issac Foster) 목사가 1954년 한국에 와서 전도사업을 시작하였는데 이 교파에 대한 심오한 교리적 탐구를 필요로 한다.

12) 한국 기독교 개혁선교회

이 선교회는 보은수(Boelens, 1961-1970)와 텐하브(Tenhave) 두 의사에 의하여 개인기관으로 시작했다. 그러나 1963년부터 현재의 선교회가 인계하여 운영한다.
이 선교회의 3가지 사업은 다음과 같다.
1> 의료사업
2> 양자사업 - 버린 아이나 고아들을 한국 가정에 입양시킨다.
3> 농장경영 - 양주군 지대에 종자금을 대부하다가 지금은 신용협동조합 조직 장려에 힘쓴다.

13) 루터교

독일인 곽실렵(K. F. A. Kutzlaff, 1803-1851) 목사가 한국에 최초의 선교사로 왔으나 1958년에 가서야 루터 선교회(KLM)를 창설하였다. 그해 1월 13일 발딩(L. Paul Barthing), 도로우(M. Dorrow), 보스(K. Voss) 세 (미국 루터교회 파송) 선교사가 와서 "깨끗한 출발"(clean beginning)이라는 뎅커(Wm. J. Danker) 박사의 선교신학에 따라서 문서음향 사업에 중점하며 개인접촉에 신중하게 사역하였고, 그들의 공식적 명칭은 「기독교 한국 루터교」이며 교회수는 22, 교역자 30, 교인수는 6,647명이었다. 현재는 방송 프로와 신학교를 운영하며 성서연구 프로그램(베델성서 연구반)도 잘 진행하여 좋은 반응을 보인다. 또 컨콜디아(Concordia) 서점을 하였고 기독교 통신 강좌와 사회사업을 힘써 하며 한국측 대표는 지원상 목사이다. 그런데 6·25 이후 종군 베르너 샬(Werner Saar)의 크나큰 활약이 있었음을 잊을 수는 없다.

⇐ 구즈라프 기념비

14) 오순절파(the Pentecostal Church)

공식적 명칭은 「기독교 대한 하나님의 성회」이다. 「하나님의 성회」가 미국에서 창설되기는 1914년이며 초기에는 예수의 이름으로만 세례를 받음을 주

⇐ 순복음신학교 1회 졸업식 (1955)

장하였고 그들은 「오직 작은 예수의 교회」(The Smaller Jesus Only Church)라고 했으며 또 보다 초기의 오순절 단체는 초대교회 경험처럼 성령의 충만한 증거는 방언을 말하는 것이라고 주장하였다.

이들의 특징은 은사를 중히 여기고 신학적으로는 근본주의이며 한국에는 1932년에 박성산 목사가 서빙고에 교회를 세웠다가 제 2차 세계대전으로 폐쇄되고 다시금 해방후 전남 순천교회가 1949년에 박귀임 전도사에 의해 발전되었으나 그도 6·25동란에 순교하고(1950. 9), 김성환 목사는 목포에서 교회를 세운 것이다. 그리고 제 1 회 대한 기독교 오순절 대회는 1950년 4월 9일에 있었으나 정식으로 모인 것은 1953. 4. 8일이었다. 한국에서 이 교파는 급속도의 발전과 성장을 보이는 현실이다.

15) N. A. E. (National Association Evangelicals).

1942년 미국 세인트루이스에서 창설된 개교회 보수 신앙운동 단체이다. 이 단체는 한국의 보수계열 교역자들이 참여하였다. 그래서 소위 N. C. C.와 상반된 신학에 바탕을 둔 국제적 기구이다.

⇧ N. A. E 전국대회(1956)

16) K. C. C. C. (Korea Council of the Christian Church).

소위 국제기독교 연합회(I. C. C. C.)의 지부로서 그 국제회장은 매킨타이어

(Karl McIntire) 박사이다. 이 단체는 W. C. C.와 투쟁하려고 생긴, 역사가 오랜 국제기구로서 한국의 보수계열의 교회가 참여하였다. 특히 칼 매킨타이어는 세계적 반공주의자로서 한국에도 여러차례 방한하여 강연을 하였고 영향을 많이 끼친 것이다.

↑ 매킨타이어

17) K. N. C. C.
　　(Korea National Council of Church)

원래 N. C. C.는 W. C. C.계통의 에큐메니즘적 성격을 띤 단체로서 「한국기독교 협의회」이다. 이 단체는 W. C. C.와 공식적 연계는 없고 1880년대 선교초기부터 한국에 왔으나 1970년부터 활발한 움직임을 보였다. 역대 총무는 유호준, 강신명, 길진경, 김관석 등이다.

18) 죠이 선교회(JOY Mission)

JOY(Jesus first, Others second, You third)는 첫째는 예수요, 다음은 이웃이라는 생활철학을 가지고 살면 성도에게 기쁨이 된다는 것으로서, 1954년 주한 미국 군인 리차드 포스터(Richard Foster)와 몇 선교사들이 고등학생을 위해 JOY Bible Class를 시작한 것이다. 이들은 지역교회와의 유대를 귀하게 여기고 대학생 중심으로 활동한다.

19) U. B. F. (University Bible Fellowship)

이 단체는 완전한 교회적 성격은 띄지 않으나 사역자가 있고 회원들은 교인이나 다름없이 연보한다. 해외전도와 막강한 조직력이 있다. 이 기관은 방계적 교회기관(Para Church Movement)으로 훌륭한 사역을 담당하고 있으며 광주의 이창우씨에 의해 4·19와 5·16의 혼란기에 탄생된 자생단체이다. 창설 당시 남장로회 미국 선교회 배사라(Miss Sarah Barry)의 지원이 있었고, 창립목적은 대학생들로 하여금 진리의 말씀인 성경공부를 통하여 예수 그리스도를 구주로 영접하고 올바른 기독교 인생관을 확립토록 하여 예수 그리스도를 본받는 생활을 통해서 축복된 조국에 참여하고 나아가서 주님의 명령인 세계 복음화에 참여하는 것이다. 현재 전국 43지구와 14개국에 52개 지부가 있어 평신도 선교사가 활동한다고 한다.

20) 네비게이토 선교회(The Navigators)

이 단체는 1934년 미국인 도슨 트로트맨(Dawson Trotman)에 의해 창설되어 1963년 론 욕(Ron York)과 유강식에 의해 소개되어 국제 네비게이토 선교회에 소속된 것이다.

그들의 주된 목적은 "너희는 가서 모든 족속으로 제자를 삼으라"(마 28:19)는 데 두고 "그리스도를 알고 그리스도를 알게 하라"(To know Christ and to make Him known)는 표어를 실시한다. 이들에게 문제는 주일 오후의 모임이 지교회와의 유대를 파괴하는 것이다.

21) 한사랑 선교회(The Love Mission)

1971년 김한식씨가 시작한 단체이다. 그들은 인격의 생명화와 삶의 생명화를 꿈꾼다. 국내는 대학, 직장과 지역의 조직이 있고 국외는 미국, 일본, 오스트리아, 스웨덴에 활동조직이 있다고 하며, 이들은 목요일과 주일에 전체 모임을 갖는다.

2. 자생적 유사종파 및 이단

유사종교는 대개 사회혼란이 배경이 되어 조성되는 경우가 많다. 6·25와 아울러 정치적 난기류와 사회도의 붕괴는 거짓의 무리가 발호할 발판이 된 것이다.

1) 전도관

박태선의 전도관 즉 한국예수교 전도관 부흥협회는 6·25사변 후에 한국교회와 사회에 물의와 아울러 충격파를 던졌다. 그는 김치선 목사의 창동교회에서 장로 안수를 받은 자로서 1955년 3월 남산 광장에서 김치선 목사와 미국의 스완슨 목사를 초빙하여 부흥회를 개최하였다. 그는 부흥회에서 스스로 신구약에 예언된 감람나무(사 41:1-29)라고 자처하면서 토속적인 민간신앙에서 흔히 사용하는 광란적 몸짓으로 집회를 이끌었으며 서울시내 요소마다 기적의 이야기로 흥분케 하였다. 이들은 일단의 성도적 공동사회 즉 천년성을 소사, 덕스, 기장 등에 세우고 자급 자족의 종교 경제 공산사회를 이룩하였다. 그는 또 자신이 평택의 피난지에서 성령을 받았는데 성령은 더러운 피를 정화한다고 하였다. 그는 스스로 감람나무로서 이 세상의 끝임을 자처하고 피가름이라는 혼음을 말하기도 하였다. 그의 이와같은 혼음교리는 1930년대에 백남주에게서 시작되며 이스라엘 수도원의 김백문(金白文)의 성신학과 관련이 있다. 박태선의 이러한 운동은 한국교회에 큰 충격을 주었다. 1955년 7월 한국기독교연합회는 전도관운동을 사이비운동으로 규정하고 기독교와 관계가 없음을 천명하였다. 전도관 운동은 오늘에 와서 많이 쇠퇴하였으며 자신들의 종교, 경제, 사회 형성을 통하여 그 명맥을 유지하고 있으나 이제는 거의 멸절되었다. 이단은 사라지는 날이 반드시 온다는 증거이다.

← 사회불안의 틈을 타 사이비 기독교가 성행하기 시작했다. 사진은 전도관 창시자 박태선의 천막집회 광경.

2) 통일교

이와 비슷한 시기에 문선명에 의하여 설립된 「세계 기독교 통일신령협회」 (The Holy Spirit Association For The Unification of World Christianity) 즉 통일교는 한국의 구세주적 사명을 강조하였다. 문선명(본명, 文龍明)은 16세때에 하늘로부터 특별한 사명을 받았다고 자처하고 1953년 부산에서 정주 출신의 유효원과 함께 교회 설립을 준비하다가 1954년 5월 1일에 통일교를 정식 발족시켰다. 통일교에서는 피의 순수성을 강조하면서 하와와 사탄 사이에 성적 교통이 있었음으로 그 피의 정화가 원죄에서 구속과 같다고 본다. 따라서 이 피의 순결이 횡적으로 한국에서 시작하여 전세계에 미치는 것이 중요하다고 보기 때문에 가족적 이미지로서의 순혈(純血)의 전수과정을 종교적 의례로 승화시켜 합동 결혼식 등을 강조한다. 통일교가 주장하는 원리를 요약하면 다음과 같다. 창조, 타락, 종말론 역사, 재림, 부활, 예정론, 기독론 및 복귀섭리론이 기본 교리이며(『원리강론』참조) 이들은 성탄절을 지키지 않는다.

(1) 십자가 공로의 부정이다.

예수의 십자가는 성공하지 못하였으니 다시 누가 와야 하는데 그것이 곧 문선명 자신이라고 스스로 암시하고 있다. 예수는 실패자라는 것이다. 복귀섭리 이론의 근거이다. 예수는 영혼만 구원했고 서로 교류하면서 죄값의 책임을 분담한다는 것이다.

(2) 통일교의 교훈이 경험적이다.

이 경험은 비성경적이다. 교주의 신령인 체험이 문제이다. 그들의 혼음은 공공연한 비밀이며 이단적 요소가 충분하며(신사훈 박사 주장) 비윤리성을 띠는 것이 이단의 특색인데 소위 중생식(重生式)이라는 동침의식(同寢儀式)을 행하고 근본적 타락을 믿지 않는 형식적 결례를 행한다(탁명환,『통일교의 실상과 그 허상』, 참조).

(3) 일관된 망상주의 사상이다.

통일교회는 세계를 향한 한국의 구속적 사명을 강조하며 일본, 미국, 구라

⇐ 1963년에 서울에서 거행된 124쌍 합동 결혼식

파 등 각지에서 물의를 빚으면서 계속 교세를 확장하고 있고 국내에서는 각종 사업 기관을 가지고 있고 기독교 산업주의가 아닌가 하며 확실한 내세관이 결여된다. 신구약의 미완성을 전제하고 소위 "성약서"(成約書)를 가정하여 성경보다 높인다(갈 1:8, "하늘로부터 온 자라도 사도들이 전한 복음외에 전하면 저주를 받을지어다").

3) 용문산파(龍門山派)

용문산 기도원은 애향숙(愛鄕塾)에서 출발되었는데 애향숙은 원래 애국운동 기관이었다. 설립자 나운몽(羅雲蒙)은 1914년 1월 7일 평북 박천 맹중리에서 태어나 오산중학 2년을 중퇴하고 일본으로 건너가 학업을 계속하려 하였으나 여의치 않아 귀국하여 다시 만주와 시베리아 유랑생활을 하다가 1940년 귀국하여 동년 6월 13일 용문산에 들어가 촌락이 붙은 산 일부를 사고 애향숙이란 사설학원을 세워 계몽사업을 하다가 일제의 감시가 심해 폐문했었다. 그러다가 해방이 되자 서울로 올라와 1946년 3월 수표교회에서 장로장립을 받았다. 그후 다시 용문산으로 들어가 1947년 4월 5일에 애향숙을 재건했다. 이번은 사설학원이 아닌 기도처로 재건하고 기도운동을 벌이던 중 입신 방언 등의 신비체험을 했다고 한다. 이에 나장로는 기도운동에 나섰으며 그의 전도 활동 목표는 전도서 4장 12절에 있는 하늘을 사랑하고 내 국가 마을을 사랑하여 하늘의 뜻을 이 땅에 건설하려는 기독교 토착화의 뜻이 담겨있다.

나장로의 생활신조는 1) 경천절대(敬天絶對), 2) 애인여기(愛人如己), 3) 친토일생(親土一生), 4) 근업역행(勤業力行), 5) 면학종신(勉學終身), 6) 신념확고(信念確固), 7) 성의발휘(誠意發揮), 8) 진리수행(眞理修行), 9) 의리견수(義理堅守), 10) 용기전진(勇氣前進)이었다. 용문산 기도원은 1950년 이후 줄곧 한국기독교 은혜의 대명사 노릇을 한 것이다. 특히「삼선봉구국제단」은 1960년 4월 31일부터 계속하여 기도를 하는 참으로 귀한 역사(役事)이다. 특히 1956년 돈 라이스(침례교 선교사)와 함께 전국 순회 집회는 큰 성과가 있었고 라이스 목사는「이세상은 나그네길」이란 복음성가를(당시 별세한 아내의 부고에도 불구하고 못가면서)작시했다고 한다. 나운몽씨의 『구국설교집』제 5권의 다음과 같은 내용을 들어 경북노회와 고려파 총회는 그를 이단으로 규정하였다.

(1) 공자, 석가도 신이 보낸 동방의 선지자요, 신의 뜻을 따라 내렸다. 이러한 해석은 광의적인 계시이론으로서 일찍이 서구의 신학자 에이치 에이치 로우리(H. H. Rowley)의 견해로서 역사의 위인들에게도 하나님의 계시가 있었다고 한다.

(2) 복음이 전파되기전 세대인은 유·불교를 통해 구원받은 사람들이 있다. 이는 기독교 유일구원 즉 예수를 통한 중보사역에 정면으로 배치되며 너무도 다원론적 이론이다.

(3) 유·불교가 기독교 안에 조화된 천국이다. 이는 감리교「선행은총」이론과 방불할 것이다. 물론 건전한 고등종교는 사회질서 유지에 도움이 되는 것은 사실이나 나장로의 견해는「어불성설」(語不成說)이다.

(4) 진리는 형에 있지 않고 질에 있으니 진리라면 유고, 불교, 기독교가 하나다. 이는 그가 말하는「고고극치」(孤高極致)일 것이며 또한 종교학, 신학에서 논하는「다원주의」와 통하는 것이고 형(形)을 거부하고 본질론에 입각하는 것도 현대 신학의 일반적 경향인 것이다.

그리하여 1954년 3월 16일 대구 제일교회에 제54회 노회는 용문산에서 3월 22일부터 모이는 집회에 참석을 금하고 조사단을 파견하였다. 1956년 9월 20일 새문안 교회에서 모인 장로회 제41회 총회에서는 박태선, 나운몽 등 비성서적 교훈을 가르치고 교회질서를 문란케 하는 자들의 집단을 불허하고 엄단키로 하였다.

한편 한국 기독교 장로회도 1957년 서울 노회에서 애향숙(용문산 기도원)의 나운몽 집단을 사이비로 규정하였다. 성결교회에서도 1956년 총회에서 나운몽을 이단사설로 규정하고 참가자는 엄단키로 결의하였으며 감리교도 1962년 10월 16일 총리원에 열린 연합 감리사 회의에서 나운몽, 백시웅 등 건덕상 해로운 자들을 초청하지 못하게 하여 이를 위반하는 자는 심사에 회부키로 결정하여 기성교단들은 거의 나씨를 이단으로 단정하게 되었다. 기독교는 은혜화 진리라는 두 수레바퀴가 균형있게 돌아갈 때 건전한 발전이 있다. 나운몽씨는 후일 목사가 되어 지금도 교단을 만들어 사역한다. 그와 오랫동안 사역했던 명향식(明香植) 선생도 나운몽씨의 은혜많음은 인정하나 교리는 문제라고 하였다.

4) 여호와 새일교단(교주 : 이유성)

1964년 9월 24일 신도안 상봉에「새일 수도원」을 만들어 자신은 "말세 비밀을 맡은 종"이라 하여 사회에 혼란을 일으켰고 자신이 죽었다가 예수님처럼 살아난다고 장담하고 연못에 빠져 심장마비로 죽은 것이다(1972. 8. 7). 교인들은 그 말을 믿고 이유성을 장례치 않고 부활하기를 기도했으나 살아나지 않으니 경찰의 종용으로 6일만에 장례한 것이다. 그는 고려신학교(현 고신대학)에 다녔으나 3학년에 중퇴하고 1961년 11월 침례교 목사안수를 받았고 그의 뜻에 따르지 않는 사람들을 죽였던 것이며 그는 소위「생수 가름설」도 주장하여 여성들과 은밀한 관계를 3번씩 가져서 생수를 받아야 구원을 받는다고 하는 터무니 없는 주장을 하였고 이 파에 속하는 "새일 수도원 말세 복음 부흥단"(교주 : 송진모), "세계 순금등대교회"(교주 : 김인영, 김화목)도 비슷한 물의를 일으킨 것이다.

5) 세계일가공회(교주 : 양도천)

↑ 일가공회를 만든 양도전

1964년 3월 1일 관악산 벧엘 기도원에서 기도하던 중 우주가 하나님의 집임을 깨닫고 계룡산에 입산하면서 면류관을 머리에 쓰고 세계 종교가 다 자기 앞으로 나아온다고 주장한다. 그가 주님을 위해 거세를 하고서 열정적으로 일하였고 남북통일을 위해 휴전선 근방에서 100일 기도를 드리는 특별한 열의가 있었으나 그만 사탄의 노예가 되어 애석하다 하겠다. 그는 자신을 백마 탄 하나님의 어린양이라 한다. 그리고 세계를 통일한 "성황한님"으로 부른다. 그의 탈선을 많은 이들이 안타까와 하는데 그가 한국 복음화 운동 때까지는 건전하였다고 본다.

6) 구원파(성수주일 무용론)

정달성은 평남 중화진에서 부흥회를 인도할 때 성경에 해박하고 박력도 있었으나 주일을 지킬 필요가 없다 해서 물의를 일으켰는데 세칭 구원파(권신

찬) 역시 중생 후에는 범죄해도 구원에 지장이 없다고 주장하여 도덕 폐기론
적 주장에 빠진 것이다. 그러니 그들의 도덕적 문란은 가히 짐작이 가고도 남
으며 사회에 큰 충격을 던져주는 사건들만 연출한 것이다. 이는 참으로 교회
의「쓴 뿌리」(히 12:15)인 것이다. 이들의 공식적 명칭은 "기독교 복음 침
례회"이며 실권자는 권신찬의 사위 유병언(삼우 트레이딩<주> 세모) 사장
이다. 권신찬은 목사 제명을 당하였고(예장경북노회, 71회) 극동방송에도 근
무하였으나 해임되었다(1974년 8월).

7) 다미선교회(이장림)

이들은 1992년 10월 재림이 있다는 주장을 하여 크게 물의를 일으켰다. 소위「시한부종말론」인데 이들의 교리는 비성경적일 뿐만 아니라 저변에는 탐욕이 있을 것이다. 세상끝이 왔으니 물질을 바치라는 것이다. 어떤 초신자에게 물질을 적게 바친다고 어제밤에 환상을 보니 아무 아무는「휴거」(Rapture)되는데 당신은「휴거」를 못하고 있더라고 하더라는 것이다. 이것을 보면 분명히 그들은 물질의 종이다. 근일에 약속된 시기가 지나가니 1992년 10월은 공중 재림의 날이고 지상 재림은 7년 뒤인 1999년이라고 한다는 것이다. 결국「시한부 종말론」은 꿈과 사이비 계시에 의한 비성경적이며 미혹(迷惑)의 영임을 알 수 있다. 이들의 무리는「다베라 선교회」(하방익)와「성화선교회」(권미나) 또는「마라나타선교회」(안병호), 전북 고창의 김여명, 사당동의「살롬복음선교회」(최병권), 화곡동「샘터교회」(김정희), 인천「온누리교회」, 부산의「서머나교회」(김태식)가 열성적 선전을 하였다. "하나님의 교회 안상홍증인회"(교주 : 안상홍)는 1988년 공중재림 믿었으나 교주가 1985년 2월 25일에 죽었다. "낙성대 교회"(교주 : 정명섭)는 1999년 7월 14일에 자신들이 인류를 심판한다는 것이다. 일명 애천교회라고도 하는데 정교주는 한때 통일교 승공강사였다.

8) 예수재림준비단(복중교회 허여인파), 애천교회, 신령운동파(삼각산, 성심기도원장, 정득은), **장막성전**(유재열), **영생교**(승리제단), **이스라엘수도원**(방호동). 특히 장막성전(이삭교회)은 교주가 "하나님이 보내신 보혜사"라 일컫고 또 "어린 종"이며 기존교회 목사는 모두 삯군이라 하였고 장막성전에

입주한 사람란 구원받는다고 한다. 그 산하에 "천국복음전도회", "신천지 안양교회" 같은 것이 있다. 이들은 전도관 계열로 20여 분파가 있다고 한다. 허여인파는 계통적으로 볼 때 황국주 피가름 계통이며 정득은도 비슷하며 애천교회는 몇 분파가 있으며 통일교 측근이다. 이러한 신비적 이단들의 내막에 대해 일단은 경계하면서 더욱 추이를 지켜볼 뿐이다. 애천교회는 정명석에게 초림의 예수의 영이 임했다 하여 성경을 자신만 풀 수 있다하고 1999년 말씀의 세계 심판이 있다고 한다. 승리제단은 믿음이 부족하여 죽는다 하여 영생학회를 형성한 것이다. 예수는 마귀의 자식이며 교주 조희성(1931. 8. 21일생)은 주님이며 이제는 이긴 자 하나님으로 부르며 본부는 부천시 역곡에 있다.

9) 그리고 한때 지나간 이들이지만 1950년대는 소위 **노광공, 엄애경파**도 이단사설로 교인들을 적잖게 유혹한 것이다. 특히 노장공은 동방교 일명 기독교 대한 개혁장로회라 하고 1955년 대구에서 출발한다. 그는 경남일대를 다니면서 부흥사로 행세하였고 "주간 기독교"라는 신문도 발행하였다. 그러나 그는 1959년 사기 및 유괴, 간음죄로 구속되는 등 여인들을 농락하고 재물을 갈취하고 또 교주의 가짜 사망설도 유포한 것이다. 노광공은 자신을 「두번째 오신 여호와」, 그 아들 노영도를 성자라 하고 차남 노영구는 성령으로 믿게 한다. 또 삼각산 특별기도원장 **백시웅**씨도 신학교도 마치지 않고 스스로 목사라 하여 물의를 일으킨 것이다. "**세계 순금등대교회**"(교주 : 김인영, 김오복)는 논산에 있고 마지막 때에 두 감람나무와 두 증인을 통해 지상낙원을 건설한다고 주장한다. 전북 이리시 주현동에 위치한 "**주현교회**"(교주 : 이교부, 1940. 7. 18일생)는 일명 삭발교라 하는데 심지어 강단에서 여신도와 나체춤을 추기도 한 것인데 주현교회와 관계된 경기도 이천의 「아가동산」은 크게 물의를 일으키고 있어서 기독교와 관련된 사이비 종파의 문제는 심각함을 보여 준다.

10) 1960년대에 "**신권도학연구소**"(神權道學硏究所)의 **신동수**(申東樹)씨도 하나님의 계시를 받았다고 하면서 신흥종교로서 사회에 물의(物議)를 자아낸 것이다. 그는 자신을 "하나님의 둘째 아들" 또는 "심판주, 재림주"라고 하였다.

11) **삼광수도원**(교주 : 안영숙). 1953년 9월 창교(創敎), 위치는 전남 장성군 수연산(隨緣山) 석수암터에 있고 경전(經典)은 성경이 중심이나 유불선(儒佛仙)의 일체 경전을 다 사용하는 효적 진선미성(孝的 眞善美聖)의 습합주의(習合主義)를 지향한다고 하겠다. 서울 삼각산에도 삼광수도원이 있다가 노량진으로 옮겨「효광교회」라 하고 원장으로 안영숙, 설교자 강삼운을 강사라 하는데 강삼운은 그리스도신대를 졸업하였다. 그리고 삼광(三光)은 계시된 진리로서 전체적 진리 즉 효(孝)를 아버지 앞에 바친다 하여 그리스도를 아는 지도(知道)단계, 기독교적 인격화 단계를 수도(修道)단계, 끝으로 행도(行道)이며 강삼운의 장발은 남녀양성의 종합으로 완전한 상태라 한다.

12) **해성교회**(교주 : 김기엽). 그 본거지는 서울 상도동 78-20이며 교주 김기엽은 1984년 12월에는 『말씀방주』라는 책을 펴내서 지금은 하나님의 때이니 인간 목자가 불필요하다고 한 것이다. 그는 종래의 유교와 불교 또는 선도(仙道)를 종합하여 서울에서는 "해성교회", 영월과 청양에는 "해십성교회"라는 이름으로 포교한다.

13) **한국 기독교 에덴 성회**(교주 : 이영수, 1942. 7. 20일생). 교회 30처, 신도 약 1,600명이다. 1973년 11월 17일 창립하였는데 교주 이영수는 전도관 출신으로 박태선의 감람나무 사명의 종료로 자신에게 사명이 승계된 것을 말하여 이긴 자, 감람나무, 하나님의 사람이라 한다. 구원관은 역시 자신을 통해야 구원이 된다 하고 그가 주는 생수를 먹음으로 죄씻음을 받고 병이 나으며 구원을 얻노라고 한다.

14) **칠사도 교회**(교주 : 예성실). 시한부 심판설을 주장하고 극단적 현실도피, 가산을 팔아서 바치게 하고 집단 유랑생활을 시키며 남녀가 집단 혼숙을 하여 남녀의 벽을 없애는 연습을 한다. 교주는 곧 보혜사이며 그의 말이 곧 하늘의 지시라 하나 지금은 없어졌다.

15) **엘리야 복음 선교원**(교주 : 박명호, 본명 박광규 1943. 10. 1일생). 현재 교세는 약 2,000명이다. 교주 박은 어려서부터 안식교에 입교했었으며

1981년부터 엘리야 운동을 전개한 것인데 4-5인의 전도단을 조직하여 활동하고 소재지는 강원도 원성에 천막을 치고 집단생활을 하는데 가정을 떠나게 하며 학업을 거부한다. 선악과는 독이 있었고 하나님의 태에서 인간을 낳았으며 하나님은 친아버지이다. 예수는 창녀 마리아와 연애하였는데 그의 중보기도는 필요없고 기성교회는 마귀이며 자신은 최후의 엘리야이다. 백합부부 합창단, 늘 푸른 선교단, 샛별노래 선교단을 가장하여 박씨의 테이프를 팔고 있다.

16) 하나님의 어린양 예수 그리스도교(교주 : 이희동, 1936. 12. 27일생). 교세 약 30처이며 성남시 수정구 은행동에 위치하고 교주는 통일교, 안식교, 전도관을 전전하였으며 목사직을 부인하고 제사, 장로직을 말하며 분무기로 세례를 준다. 그래서 이 종파를 혹은 「예수교 은행동 예배당」이라고도 한다.

17) 산성기도원(교주 : 계정열). 교단창설은 1960년이며 김옥순 전도사(혁신전도관)도 같이 사역하고 있으며 부산 산성마을에 위치하고 지상천국건설이 목적이다. 교주를 통하여 구원을 얻을 수 있다고 주장하는데 교주는 말세의 증인이라는 것이다. 그리고 세상교육을 거부하며 찬송가 대신 「성가」를 부른다.

18) 호생기도원(교주 : 김종규). 창립연도는 1964년이며 외형으로는 성경을 그대로 믿으나 여신도로 구성된 「12천사」가 있었고 교주를 '주님' 또는 '아버님'으로 부른다. 자기들의 거처는 피난처요 지상천국도 그곳이며 이탈신자의 증언에 따르면 비윤리적인 일이 많다고 한다. 현재 주소는 천등산(天登山)에 위치하고 있으며 풍광이 매우 좋은 곳이다.

19) 팔영산기도원(교주 : 전병도). 12관장의 처녀를 거느리고 교주는 다윗왕이라 하며 역시 자신이 재림주로 한국에 왔다고 하며 자신은 '살아있는 하나님'이라고 자랑하였다. 그러나 1969년 8월 송방원이 병을 고치러 갔다가 금식 중 죽으니 사망신고도 않고 암매장 하였다가 발각이 되었으며, 전병도는 여신도에게 자신은 고자라고 안심시키고 추행을 일삼았다고 한다.

20) 베뢰아(김기동 목사)의 귀신론

이 운동의 성격은 참으로 모호하다. 귀신에 관한 문제만 아니라 중생론과 은사론 및 구원론에 있어서 문제가 많다. 베뢰아 제 2 인자격인 김광신의 방언과 은사론도 인간창조를 모두가 성경보다 한 걸음 더 나아가 추측에 불과한 이론으로 전개한다. "하나님께서 우주와 인간을 지으신 목적이 마귀를 심판하고 진멸하기 위하여 예수님이 세상에 오시는데 그 통로로써 인간을 창조하였다고 하면서 또 한편으로 하나님께서 영광받으시기 위해 인간을 만드셨다"고 한다(이원열,『베레아 이단연구』, 기독교 이단연구학회, 1991. p. 48-56) 는 것이니 이들은 결국 불건전한 신비적 경향을 띤다고 하겠다.

제 9 절 각종 전도운동과 빈야드(Vine Yard)

예수님의 사역은 천국 복음을 전파하시고 가르치시며 병을 고치신 세가지 사역으로 집약되는데(마 4:23) 교회가 마땅히 복음전파에 힘써야 한다. 최근 한국 개신교에는 특별한 이름을 붙인「전도운동」즉「이슬비 전도」와「다락방 전도」가 크게 유행되고 있다.

전자(前者)는 전도지를 통하거나 서신으로 복음을 전하려는 시도(試圖)인데 다소간의 성과도 있었던 것이나 적잖은 한계가 있다고 하겠고 후자(後者)는 소그룹 운동 형태로 먼저 전도요원을 양성하기 위한 간략한 훈련이 있다. 그 훈련 교안의 내용은 쉽게 성경의 기초 도리에 접근하는데 많은 사람이 호응을 한다고 한다.

근자에「다락방 전도」에 대하여 논쟁을 하고 있는 것을 보면 대개 교회적 성격을 띤다는 공격이다. 다시 말하면「옥상옥」(屋上屋)이 아닌가 하는 것이다. 그리고 귀신론 문제인데「다락방」의 주창자 류광수 목사의 경력을 보면 신임이 간다. 그러나 어떤 운동이든지 방계적 교회(Para-church) 운동은 그 한계선을 지켜야 한다. 즉 기성교회에 해를 끼치지 않는 범위에서 활동을 해야 되는 것이다.

「빈야드 운동」은 원래 한국교회 자생운동이 아니다. 그러나 이것도「제 2의 오순절 운동」또는「이교적 영성」에 해당된다는 비판의 소리가 높다. 소위 성령을 받았다고 「개소리, 닭소리」를 낸다니 한심하기까지 한 것이 아닌가? 은사를 받는 일이 훈련으로 될 줄 생각하는 것부터가 문제가 있다. 이런 현상은 비단 「빈야드」 운동에만 국한되지 않고 많이 있어 온다는 데에 더욱 문제는 심각한 것이다. 윔베르(John Wimber) 목사가 부르짖고 있는 예수 시대로 돌아가는 성령 운동은 큰 반향을 일으켜서 6,000명이나 회집하고 있으나 그들의 모습을 정상적인 성령의 역사로 보기 어렵다. 성령이 임한다고 어떻게 "뒤로 넘어짐"이 「성령의 안식」인가?

VIII

한국적인 신학의 건설과 교회의 성장기
(1963 – 현재)

한국적 신학 수립시기를 1976년부터 잡는 이들이 있다. 그러나 필자는 평신도 신학과 토착화론에서 기산(起算)한다. 이 시대는 4·19의거가 1960년이요 이 때를 전후하여 복음화 운동이 발기된다. 그리고 민중에 관심을 두게 되는데 위의 세가지는 한국적 교회상을 정립하는 큰 핵으로 볼 수 있는 것이다.

제 1 절 각종 신학의 모색

1. 평신도 신학(Laymen Movement)

원래 평신도 운동은 「평신도 선교운동」(A Laymen's Missionary Movement)으로 1906년에 조직되었고 또 초교파적인 「평신도 해외선교연구회」(the Laymen's Foreign Missionary Inquiry)가 1931년에 발족하여 인도와 버마 또는 중국, 일본을 순방한 것이다. 우리 한국에서는 1963년부터 평신도에 관심을 갖게 되었으며[1] W. C. C. 총회가 에반스톤(Evanston)에 모였던 1954년에 평신도부를 둔 것이고 1971년 대구에서 평신도 전국대회가 모였다. 이 때는 장로교 분열의 와중에 있던 때라는 것을 기억할 필요가 있다.

평신도라는 말의 원어는 헬라어 '라오스(Laos)'인데 보통사람(the common people)을 뜻한다. 이러한 평신도 사상은 신구교를 막론하고 평신도 사제직에 대한 재인식이 세계 교회를 휩쓸게 되자 그 물결은 한국에도 들어와서 신학자들과 교역자들 간에 평신도 신학운동이 크게 부각되었고 이에 대한 반증으로 모 총회 교육부는 평신도 신학 총서도 간행한 것이다.

← 평신도 운동
1971년 대구에서 개최된 평신도전국대회 대표들이다.

2. 토착화 신학(Indigenization Theology)

선교신학에 있어서 복음은 전통문화나 정치와의 관계에서 배타적이거나 아니면 절충하거나 또는 재개념(Reconception)을 갖는데 이를 박봉배 교수는 배타주의(Exclucivism)와 상대주의(Relativism) 또는 변혁주의라 한다(대한 기독교서회, 『한국의 신학사상』, p. 249). 그는 한국적 신학의 토착화를 "토착문화의 긍정적 요소가 복음의 빛 아래서 기독교의 적극적인 요소와 상호

---

1) 한국기독교 교회협의회 70년 역사편찬위원회, 『하나되는 교회 그리고 세계』, 대한기독교서회, 1994, p. 36. 1963. 4. 26. 제1회 평신도 운동 연구 협의회 <온양에서> 주제 : "새로 움트는 한국교회의 평신도 운동의 과제와 전망".

작용하여 새로운 복음적 주체성에로 발전되어 나가는 것"이라 하였다(같은 책, p. 248).

한국교회의 토착화 신학도 신학논쟁의 태동과 때를 같이한다. 여기는 신학자만 아니라 철학자, 역사학자 또는 사회학자와 정치학자들도 동원되어 열띤 토론을 하였다. 이것은 어떤 면에서 한국에서 최초의 본격적인 신학논쟁인 것이다. 유동식(柳東植), 윤성범(尹聖範) 교수로 대표되는 토착화된 한국신학 전개론과 신정통주의적 서구 신학 전수론자와는 매우 첨예한 대립을 보였다. 다른 편에는 이장식, 이종성 교수로 대표되는 토착화 중도론 내지는 온건론이 있고 토착화 논쟁 자체를 거부하는 김의환, 박아론 계통의 보수신학이 있다.

"한국의 신학에서 환인, 환웅, 환검으로 삼위일체(Trinity)를 생각하는 토착화론은 소위 존재유비(存在類比, Analogia Entis)를 찾아보려는 노력으로 볼 수 있다. 그러나 부정적으로 보면 일종의 억강부회(抑强附會)일 뿐이다. 실로 세상의 많은 종교 가운데 기독교 신관에서만 하나님의 초월성과 내재성과 인격성이 신비하게 결합되어 있다"고 하였다(홍현설,『기독교 사상강좌』, 제3권, p. 262-263).

"필자는 토착화를 생각할 때 2단계 즉 외국에서 온 복음을 우리 땅에 뿌리박는 사고 방식이 아니라 3단계로 즉, 주 예수의 복음에 우리나라에 들어와서 한국적으로 채색된 것에서(물론 복음의 본질에 알맞게 채색된 것을 제외하고) 다시 복음의 본질로 돌아가는 3단계의 과정을 밟아야 한다고 본다."(이종성,『기독교사상』, 1963. 11. p. 25-26)고 하였다.

또 토착화 논쟁도 1960년대는 문화적 토착론이 주류를 형성했다면, 1970년대는 한국신학계의 토착화론은 정치적 토착화론이었다고 보기도 한다. 복음의 정치적 토착화론을 주장하는 학자들은 "복음은 문화적 차원에서 토착화하기 전에 그 복음이 살아있는 생명력이 있는 것이라면 정치적 사회적 차원에서 토착화를 시작한다. 기독교가 로마. 헬라 세계로 침투해 들어갈 때 로고스론이나 스토아 철학과 충돌된 것이 아니라 그들의 황제 숭배 곧 그들의 정치의식과 제일 먼저 충돌되었던 것이다."라고 한다(김경재, 대한기독교서회,『한국의 신학사상』 p. 310).

필자는 토착화 논쟁에서 한국문화라는 돌감나무에 복음이라는 참감나무를 접을 붙여 영생이라는 열매를 맺는 것은 한국교회가 지닌 지상과제(至上課

題)로 본다. 서구의 기독교회가 동양선교 과정(특히 중국에서)에서 토착화 방법으로 선교에 성공한 사례는 많다. 여기서 우리가 보다 심오한 신학적 토론을 하려는 것은 아니다. 다만 한국교회가 자주적으로 기독교의 정착을 모색한 역사적 사실을 지적할 뿐이다. 우리의 문화를 결코 그대로 수용(受容)할 수 있다는 것이 아니라 기독교 복음의 변혁적 기능을 통하여 새로운 기독교 문화가 탄생될 소지(素地)이다. "우리는 기독교와 동양종교와의 만남에서 반드시 대립적이고 배타적인 태도를 취해서 않된다. 유교적 전통을 지니고 있는 사회 속에서 기독교를 소개하고 기독교 문화를 꽃피우기 위해서 우리는 유교적 개념들 가운데서 기독교 신앙에 상응하는 개념적 등가어(Conceptual equivalent)를 찾아내어 그것이 지니고 있는 종교적 함축성을 천명함으로써 기독교 신앙을 설명해야 된다"(김영한, 『한국기독교문화신학』, 성광문화사, 1992. p. 151-152)는 탁견(卓見)에 귀를 기울일 필요가 있으며, 김문환의 『문화선교와 교회갱신』(엠마오, 1995)에는 "세속적인 종교적인 문화에 크리스챤들이 더 깊이 참여하는 것이 필요하다. 그것은 하나님의 역사와 그리스도의 현존이 곳곳에서 더욱 더 명백해지기 위해서이다."라는 토착적인 문화선교적 이론도 고려할 필요가 있을 것이다.

3. 미시오 데이(Missio Dei) : 하나님의 선교

「하나님의 선교」는 종래의 선교신학적 구조 즉 하나님-교회-세상에서 교회가 선교를 소유했다는 전통적 사상보다 교회자체가 선교의 기구이며 교회는 세상에서 유리된 존재가 아닌 것으로 해석한다. 이러한 「하나님의 선교」라는 말은 1960년대 후반에서 일기 시작하였다. 그런데 이러한 새로운 선교신학은 기독교 신학의 세속화 운동과 긴밀하게 발전되는 것은 명백한 사실이다. 그래서 자연히 「미시오 데이」는 에큐메니칼적 입장과 결코 무관하지 않다.

하나님의 선교는 보다 질적인 차원 높은 선교를 지향하여 삶의 모든 영역에 복음화 및 인간화를 모색한다. 그러므로 하나님의 선교 신학은 구체적인 현실 참여를 강조하고 뚜렷한 역사의식(歷史意識)을 갖는다. 그러나 복음은 어떤 역사적 현실, 이데올로기에 예속될 수도 없고 동일화 할 수 없는 절대적 초월성을 상실케 되는 때 기독교의 본질을 왜곡케 하는 과오가 있다. 민중을 비인간화하는 모든 힘에서 해방시켜 저들로 하여금 하나님의 뜻이 이룩되는 새로운 공동체를 형성함으로써 인류의 구원이 된다는 하나님의 선교신학은 자연히 「해방신학」과 맥락을 같이 한다.

앞서 말한 「오늘의 구원」은 곧 종래의 선교의 목적인 기독교화에서 그리스도 안에 있는 인간성을 선교의 목표로 삼는다. 그래서 비인간화의 모든 세력과 투쟁한다. 그러한 투쟁의 용기와 힘은 곧 그리스도를 만남으로 시작되고 예수와 그의 인격적 지체인 교회와의 친교 속에서 계속되고 더 나아가 자기를 내어주는(self-giving) 역설적 인간상에서 실현되고 이것이 최고의 선교라는 것이다.

4. 민중신학(民衆神學, Min Jung Theology)

† 안병무 박사

한국에서 민중신학의 효시는 서남동(徐南同)교수일 것이며 독일서 배워 와서 「한국 신학연구소」의 책임을 맡은 안병무(安炳茂)교수의 역할도 지대하다. 서러움을 받는 민중(Laos)은 복음의 제일되는 대상이라는 것인데 사실은 지배계층이나 피지배계층을 복음에서 첨예하게 구분한다는 것이 원 복음의 정신과 잘 부합되지 않으나, 시대적 이데올로기와 한국적 상황에서 민중신학의 제창이 세계 신학계에 한국신학을 대변한 공헌은 결코 무시될 수 없는 것이다.

서남동은 "현재 한국에서 전개되는 '하느님의 선교', 그 요체인 민권운동을 해석하는 데는 어떤 전거가 필요하다. 그러한 전거(典據)는 보다 많은 한국 기독교인들이 승인하는 것이어야 할 것이다. 나는 그러한 전거들 중에서 출애굽 사건과 십자가 처형사건, 그 전통을 이어받는 교회사, 그리고 한국에서의 민중운동의 전통—이 세 가지가 가장 뚜렷한 것들이라고 생각한다. 내가 여기서 전거라고 일컫는 말은 전통적인 신학적 규범인 계시에 대립되는 말이다. 계시는 종교적 사고의 범주인데 반해서 전거는 역사적 범주다."(서남동, 『민중신학연구』, p. 47-48)라고 한다. 서남동 교수의 민중론은 급진적 입장이라고 평가되고 있다(김경재, 종교다원론에 있어서 해석학의 의미, 『현대와 신학』제12집).

곧 해석작업을 통해서 「지평융합」이 생기되 참다운 실제적 주체는 성서적 의미지평도 아니요 상황이라는 한국문화(사)도 아닌즉, 두 의미지평이 교차되는 민중의 심령이나 삶이라 한다. 그래서 그의 민중신학은 철저한 삶의 주체적 신학인 것이다. 곧 성경의 전승자료와 한국 문화 및 역사전승 자료는 새로운 역사 창조의 자료이며 역사적 전거가 되는 것이다.

"한국의 민중신학은 성서전승 모체가 지닌 사회·경제적인 해석학 구성체 요소를 밝힘으로서 케류그마(Kerygma)의 실체를 보다 분명히 밝히자는 것이요 또 민중신학은 서구신학전승, 아세아 종교전승, 한국문화 전승을 민중의 삶 속에서 「지평융합」해 간다는 신학이라고 말할 수 있다. 전자의 과제는 안병무 교수를 중심한 민중신학 성서학자들의 「사회학적 성서해석」 연구요, 후자의 과제는 서남동, 현영학등을 중심으로 한 이론신학가들의 「두 이야기의 합류」 신학인 그것이다(상게서, p. 105)." 이들의 노력은 한마디로 한국적 그리스도인 상(像)의 노력인 것이다.

그리고 나용화 교수는 한국의 민중신학은 독일신학을 비롯하여 남미신학과 일본신학 또는 동학(東學), 맑스주의에서 영향을 받은 것으로 본다. 또한 민중신학은 토착화신학 또는 여성해방신학과도 밀접하게 논의된 것이다.

5. 여성신학

여성신학의 문제는 최근 세계 신학계에 크게 부각되고 풀어야 할 신학적 과제이다. 『기독교 사상』은 1980년부터 "여성신학"을 많이 다루고 있었다.[2] 여성신학(Feminist Theology)은 주로 미국에서 등장하였다. 심지어 현재 웨스트민스터 신학교에서도 여학생들이 안수를 주장하여 미국 정부가 정식으로 문제를 삼았다는 최신의 보도가 있을 정도이다. 한국에 여성신학자 협의회는 1980. 4. 21일에 창립되었다. 여성 신학자들도 서구신학의 종말을 단정하고

---

2) 전게서, p. 63, 1985. 12. 3. 「한국교회 여성의식화를 위한 자료」 발간
전게서, p. 64. 1986. 5. 14. NCC 각 위원회 여성위원 초청 간담회 개최
전게서, p. 65. 1986. 10. 6. 제1회 한국에큐메니칼 여성대회 개최 : 주제는 "여성, 참여, 평화" 「한국에큐메니칼 여성선언」 발표

여성해방과 여성의 역할을 남미의 해방 신학에서 빛을 받고자 한다. 즉 남성의 지배에서 더 나아가 평등한 미래의 사회를 제창하는 것이다. 그리고 교회의 제도적 변혁을 주장한다. 시대의 변천에 따를 수밖에 없다는 것이다. 곧 신학이 남성 독점물일 수 없다는 것이다. 또 서구 신학의 변혁적 사명을 여성신학이 담당코저 남성과 신학을 모두 구출하려는 장한 뜻을 가진다. 그러나 보수신학의 견해로 보면 여성신학은 본질적으로 성경의 정신 곧 창조질서와 남성의 권위에 대한 도전으로 본다. 단순한 여성의 역할 제고에 멈추는 여성신학이 아니라 여성의 안수와 연결된다. 그런데 성경의 정신에 따르면 여성의 본무(本務)를 가정에서의 역할 곧 남편을 돕고 자녀를 낳아서 양육함으로써 그 소임을 하는 것이라 한다. 어떤 여성은 남성보다 지력과 능력에 있어서 남성을 능가하는 이도 있겠으나 대개의 여성은 남성에 비하여 열등한 경우가 많다는 것이다.

6. 통일신학 시도

특히 우리 민족은 현재(해방 이후) 분단된 상황이 고착되어 있다. 이는 단순한 국토의 분단만이 아니라 우리의 삶도 제약을 받는다. 그래서 통일이라는 필연적 과제가 있다. 이 통일을 위해서는 자유와 평등을 확장시켜야 하며 여기에 「통일 신학」이 대두된다. 지금 남북화해 무드(mood)가 조성되는 시점에서 더욱 활기를 띤다. 여기는 어떤 획일적 국가이념이 있을 수 없다. 기독교의 정신은 자유, 평등을 강조할 뿐만 아니라 사랑과 화해로써 평화를 이루어가기 때문에 우리민족의 통일에 큰 구심점이 될 것이다. 연세대 노정선교수는 "통일은 외세의존으로부터 자주해야 하며 평화적 방법으로 해결해야 된다는 기본 입장을 찬성하면서 한국교회는 한 걸음 더 나가야 한다. 분단 이데올로기를 분단신학으로 발전시켰던 한반도 북쪽과 남쪽의 죄책을 먼저 고백해야 분단 신학으로부터 벗어나 해방된 주권을 되찾는 통일 신학을 추구해 나가야 할 것이다"(한울, 노정선, 『통일신학을 향하여』, 참조).

통일신학은 서구 신학계가 벌써부터 신물나게 다룬 정치신학, 혁명신학 또는 흑인신학과 맥을 같이한다. 그들에게 당면된 「이슈」가 그와 같은 문제였다면 오늘 우리들의 문제는 남북의 통일인 것이다. 그런데 당면한 통일은 먼저

↑ 남북통일기원예배 : 1955년 해방 10주년 기념 및 남북통일기원 연합예배에서 한경직 목사 통역으로 피어슨 박사가 설교하고 있는 모습

소위「탈공공증」(脫恐共症)이 필요할 것이다(강원용), 사회심리학자 하이더 (Heider)와 뉴컴(Newcomb)의 이론인 남과 북의 부적관계(否的關係) 또는 적대관계를 극복하고 정적(正的)관계 때 서광이 보이는 것이다. 그런데 남과 북의 통일에 앞서서 우리 사회와 교회의 양극화 현상 즉 가진 자와 못가진 자 또는 노사(勞使)의 문제 등이 통일의 저해요인이며 이를 해소하는 데 교회는 우선 밝은 초월의 음성을 들려주는 영광의 신학이 필요하다(한철하,『남북통일과 선교전략』, 1972. 12).

북한정권은 근자에(1986. 6. 2) 남한의 교회와 유대강화라는 미명하에 "종교인 방북초청 및 남북종교인 회담을 제외한 데 이어 다음과 같은 결실을 보았으나 그들의 '체제종교'를 경계할 필요는 있다."

그리고 1990년 7월 10-13일까지 재일본 한국 Y. M. C. A.에서「조국의 평화통일과 선교에 관한 기독인 동경회의」가 열려 남북교회의 대표들이 같이 예배하고 남북통일을 기원하였다. 이는 통일을 열망(熱望)하는 성도들의 노력의 일단인 것이다(『평화통일과 그리스도인의 역할』, 형성사, 참조). 그때에 평화통일 희년을 향한 합의문을 작성하는 성과가 있었다.[3]

무엇보다 우리는 통일이 가능한가?라는 희망의 문제가 제일 중요하다. 희망은 오늘의 삶을 이끄는 원동력이다. 이스라엘 민족이 그토록 오랜 고난에서도 그들의 평화를 희망한 것이다. 결국 우리의 통일 희망도 하나님의 구원을 믿는 가운데서 존재할 수 있는 것이다. 정말 희망은 우리의 "존재의 용기"(Courage to Be)요, "삶에의 용기"(Courage to Live)이다. 그런데 희망에는 가망성 있는 희망이 있고 절망성적 희망이 있다. 우리는 후자를 더욱 가치 있게 본다. 이런 가운데서 1994년 8월 15일「평화통일 선언문」(종교인 33인)의 발표가 있었다.[4]

끝으로 많은 통일 논의를 종합할 때 먼저 분열된 교회의 통일을 주장하는 목소리가 높다. 그러나 교회의 일치는 통일의 대전제일 것은 분명하나 외형적 통일 못지 않게 다양성 속에서의 일치는 결코 획일성(Uniformity)을 뜻하는 것이 아니다. 또 동구권 개혁에 종교가 지대한 영향을 끼친 것을 감안하여 남북종교인 교류가 북한을 개혁시켜 북한을 세계 사회의 일원으로 같이 공영(公營)되기를 기대하고 이러한 교류가 통일의 밑거름이 된다고 보는 데서 긍정적인 평가를 하게 된다. 현재 어떤 북방선교회는 평양, 청진, 신의주 세곳에 "처소교회"를 설치 운영한다. 앞으로 금년 안으로 10개 정도 확대할 계획으로 있는 모양이나 크게 반가운 일이 아닐 수 없다. 그래서 남한 교회는 나름대로 희망에 찬 준비를 한 것이다.[5] 즉 한국 기독교회협의회(KNCC)는 1995년을 한반도 평화와 민족의 평화를 위한 "민족의 희년"으로 정하였다. 이를 희년운동(禧年運動)이라 하고 여기는 신앙을 기본으로 총체적 삶과 생명의 운동을 뜻하고 모든 민족 성원 특히 못가진 자들이 하나님 나라에 직접 참여하는 하나님의 정의와 평화운동이며 또한 그리스도의 제사장적 화해와 평화를 민족사회에 실현하고 하나님의 해방의 역사를 축하하는 메시야 축제라는

---

3) 전게서, p. 73. 이것을 흔히「동경대회」라 하는데 남북한의 기독교 대표들이 공식적으로 회동(會同)한 것이다.
4) 전게서, p. 74. 이 대회의 공식 명칭은「조국의 평화와 통일을 위한 범민족대회」이다.
5) 전게서, p. 78. 1991. 2. 26. 평화통일 희년 준비위원회 구성.
  전게서, p. 80. 1991. 8. 10. 1991년 남북평화통일 공동기도 주일 지킴.

것이다(한국기독교학회, 『광복50주년과 민족희년』, 감신, 1995, pp. 12. 13).

7. 포스트모던 신학과 종교다원주의
(Postmodern Theology and Religious Pluralism)

최근 우리 한국교회는 소위 "종교다원론" 파동을 겪는다. 그런데 이 사상은 포스트모던 신학과 깊게 연관되고 있으며 포스트모던 신학이 무엇이냐 하는 정의는 먼저 포스트모던 시대의 도래(到來)를 살피게 되고 그 후에 살펴보게 된다. 그리고 "종교다원론"도 정확이 무엇을 뜻하는 것인가는 그리 쉽게 파악되지 않으나 종교들 사이에 "아이덴티티"(Identity)가 전혀 없을 수는 없기 때문에 종교들 간에 대화단절을 피하기 위해서는 반드시 이 문제를 해결해야 될 것이며 이는 소위 "엘렝틱스"(Elenctics)나 "비교종교론"에서 규명할 과제인 것이다.

종교는 모두 이질적이며 독립된 경전(經典)과 본질을 가진다는 이론이 있는가 하면 세계의 종교들은 동질성을 가지되 동질성이 많고 적음에 차이가 있다는 세가지 이론이 통설(通說)인 것이다. 이에 대한 도표나 상세한 해설은 필자의 논문집인 "역사적 입장에서 본 신학과 철학"(개정판)을 참고하길 바란다.

어떤 신학자는 "포스트마던 신학이 근대의 한개성을 드러내고 비록 불확실성을 수용하고 주객의 만남을 통해 새로운 파라다임을 제시하고 하나님의 신성의 가능성을 믿을 수 있는 기회를 제공할 수 있는데 대하여는 매우 긍정적 반응을 얻을 수 있을 것이다. 그러나 근대의 한계를 알면서도 그것을 채울 신성을 모른다면 전보다 더 악한 일이 벌어질 것이다. 지금이 그러한 사태에 직면한 것 같은 인상을 준다. 포스트마던 신학이 종교다원주의를 원칙으로 하고 신학을 하는 한 아무리 변명을 해도 예수 그리스도는 상대화되고 심하면 그리스도 없는 하나님만을 신앙하게 된다. 여기에는 하나님과 영은 있어도 그리스도는 크게 문제시 되지 않는다. 영은 다른 종교와 공통인수를 찾기 위하여 꼭 필요하게 된다. 하나님마저도 성령이라는 이름으로 영을 내세워 다른 종교에도 구원이 있다는 생각을 하게 된다. 물론 이것을 반대하고 교회 밖에도 구원이 있다는 말을 선택하게 된다. 하나님을 교회 밖에도 계신다고 하여 사실상 교회 밖으로 가게하는 결과를 가져온다. 사실상 교회는 벽이 있든지 없든지 믿는 사람이 있으면 형성될 수 있는 것이다. 구원은 믿는 자들에게만 주어지는 하나님의 선물이다. 믿지 않는 곳에 분명히 구원은 없다. 우리는 인격이신 하나님을 믿는다. 이 길만이 구원을 얻는 길이다. 그런데 포스트마던 신학은 너무 현세적이고 인간 중심적이다. 다시 말하면 포스트마던 신학은 저 세상적인 것을 비판하고 이 세상적인 것을 강조하며 하나님 중심보다는 인간중심을 통해 다른 종교의 구원에 너무 신경을 쓰다가 자기 것을 거기에 맞추는 듯한 인상을 주고 있다. 더욱이 우리의 힘과 노력으로 이 세상은 천국으로 변하지 않는다. 대화만이 다 되는 것이 아니고 때로는 침묵도 필요하며 말없이 본이 되어 따라오게 하는 것도 필요하다. 어쨌든 우리는 우리가 믿은 하나님, 예수, 성령이신 삼위일체 되신 하나님께서 중심이 되시고 우리는 그 분을 따르며 그 하나님의 구원역사를 세상에 선포할 수 있으면 한다"고 하였다(맹용길,『自然, 生命, 理論』, p. 433-435).

포스트모던 신학자들의 말을 보면 자신들은 세상과 만남에 있어서 변증법적인 만남이 아니라 능동적인(Dynamic) 만남(Encounter)을 실천(Praxis)하는 데 핵심이 있다고 한다. 신자들은 시온의 언어를 다시 배우는 것으로 만족할 것이 아니라 문화와 창조적으로 만나되 성서의 언어는 비유적 언어라고 하면서 그렇게 행해야 된다는 것이다(Rowan Williams).

우리는 전통적 신학의 우수성을 현실과 내세, 육체와 영혼을 골고루 강조하는 데서 발견하게 된다. 물론 포스트모던 신학의 배후에는 현대의 포스트모던 문학과 예술의 영향이 지대한 것이며 이러한 경향은 근대 신학의 자유주의(Liberalism) 또는 폴 틸리히(Paul Tillich)의 저서들 속에서 명백히 발견된다. 포스트모던 신학(Postmodern Theology)의 저자인 프레데릭 번헴(Frederic B. Burnham)이 현대의 과학문명은 우주관을 전환시켰으나 20세기 물리학의 양자현상(quantum phenomeno)은 실재 자체가 분명치 않아 소위 불확실성의 시대가 되었다는 것이다. 따라서 비결정적 성격을 지니고 물질의 본질에 대해서도 과학적인 명제도 기껏해야 근사치를 보여줄 뿐이라는 것이다.

그리고 로버트 벨라(Robert Bellah)는 "어떻게 우리가 이 근대 후기 시대의 다원적인 세계에서 기독교의 이야기를 들려줄 수 있겠는가?"라고 하였는데 그러나 포스트모던 신학은 현대사회에 적응되는 해답을 주고저 하는 것은 분명하나, 그들은 과학이 지녀왔던 문화적 헤게모니(Hegemony)는 이제 종막을 고했다고 보고 후기 산업사회의 근본적 특징은 바로 인식론적인 상대주의(Etymological Relativism)로서 인간 언어의 다원성(Plurality)이 이제 인간의 충성을 요구하고 있다는 것이다. 또 성경의 언어도 단지 여러 언어들 가운데 하나이나 기독교인들이 이제는 수세(受勢)에 몰릴 필요가 없다는 것이며 "근대 후기 시대에도 기독교는 여전히 지적으로 타당하다"(Diogenes Allen)고 하였다.

여성 포스트모던 신학자인 슈나이더스(Sandra Schneiders)는 "교회 자체가 성경 언어의 일식(日蝕) 현상에 대하여 큰 책임을 지고 있으며 지금은 교회가 많은 목소리 중 하나에 불과하며 다원주의적 문화 속에서 급속하게 소수자의 입장으로 전락해가고 있다"고 하였다. 그녀는 또 이렇게도 말한다. "학자들이 깨달은 것은 현대 기독교인들에게는 계시의 장(場)이 성서본문들 배후에 있는 사건들도 아니며 성서저자들의 신학도 아니며 심지어 교회에서 선포되는 성서본문의 설교도 아니며 오히려 독자들을 참여시키는 언어로서의 성서 본문들이라는 점이다." 우리는 이러한 학자들의 말에서 그들이 얼마나 성서 본문에 대한 근대의 객관화 작업을 힘쓰고 있는가를 엿볼 수 있는 것이다.

8. 영성신학(靈性神學)

기독교 자체가 신령적 예배를 실천적 요건으로 함에는 필수적으로 영성의 문제는 제기된다. 워치만 니(Watchman Nee)의 *"The Spiritual Man"*이 『영에 속한 사람』으로 번역된 것이 1972년이다. 그는 소위 "삼분설"을 주장한다. 한국교회의 영성운동에 일찍이 투신한 분으로는 "은성수도원장" 엄두섭목사를 생각하게 된다. 많은 저서와 실천으로 한국 기독교 영성 갱생에 큰 기둥이 되고 있는 것이다.

학자들이나 목회자들 가운데서도 근일에 영성신학 또는 영성개발에 많은 신경을 쏟고 있다. 바른 영성의 개발이 없으면 교회는 외형상 성장했다고 하여도 교회가 본래 지녀야 할 영적 능력을 상실한 채 표류하여 영적 아노미(Spirituality Anomie) 현상 속에서 성도들의 의식수준과 가치관이 너무 저질적이고 이질적이 되는 것이다.

그래서 이렇게 되지 않으려면 우선적으로 교회 지도자들의 영성훈련이 요청된다. 그런데 영성의 개발이라는 것이 과연 성경적으로 또는 신학적으로 타당성이 있는가의 문제이며 임상목회 차원의 영적 치유도 관심이 높다.

교회의 최근 서구 역사에 나타난 훌륭한 영성(Spirituality)에 관한 것은 오웬(John Owen)의 『성령론』(Πνευματολογία; *A Discourse concerning the Holy Spirit*, London, 1674), 모울(H. C. G. Moule)의 『창조주여 오소서』(*Veni Creator, do.* 1890), 모리스 고구엘(Mourice Goguel)의 『역사에 선행한 요한의 성령개념』(*La Notion johannique de l'espesprit et ses antécédents historiques*, Paris, 1902), 어거스트 사바티어(Auguste Sabatier)의 『권위의 종교와 영의 종교』(*The Religions of Authority and Religion of the Spirit*, London, 1904), 조지 스테븐(George Steven)의 『기독교 영혼의 심리학』(*The Psychology of the Christian Soul*, 1911), 헨리 졸리(Henri Joly)의 『성도의 심리학』(*The Psychology of the Saint*, 1898)을 들 수 있으나 이런 명저들의 일부가 국역(國譯)되었을 뿐이다.

그런데 영성신학 곧 영적인 삶을 강조하는 이들이 극복해야 될 과제가 있으니 하나님의 일반 은총을 소홀히 여기는 경향이 있다. 다시 말하면 반지성주의에 빠진다는 것이다. 그들은 중생한 이들의 신생(新生) 즉 경건생활은 강조하지만 금기(禁忌)의 세칙에 충실하려는 아디아포리즘(Adiaporism)에 빠져 협의적인 윤리를 말할 뿐, 더 넓은 의미의 윤리를 인식하지 못하는 경향이 교회의 역사에 나타난 신령주의(Spiritualism)의 경향이었다.

그러나 현대 교회가 속화되는 추세에서 생각한다면 영성개발의 문제는 참으로 급선무(急先務)일 것이며 바람직한 신학으로 본다.

국내의 학자들 가운데 「영성신학」에 관한 이론서를 간행하고 있는데 대개는 칼 바르트적 이론이다. 바르트적 계시는 본질적으로 커뮤니케이션(Communication)이 불가능하다고 본다. 즉 하나님은 자연적 또는 영적 대상이 아니라는 전제를 하므로 하나님이 말씀하신다는 것은 불가능하다고 한다. 그렇다면 이러한 신학에 근거한 「영성신학」은 어떤 성격이 되는가? 개혁주의 교회는 말씀으로 계시된 성령에 근거하고 또 성경에 입각한 영성의 문제를 다룬다. 그러나 성경이 곧 계시의 증거일 수 있다는 전제에 의한 영성은 그만큼 성경에 덜 의존하고 다른 인간적 방법에 따를 확률이 높다.

9. 생태학적 신학(Ecological Theology)

현대의 급박한 위기는 생태학적 위기(Ecological crisis)라고 한다. 지금까지의 생물학적 생체(生物學的 生體)와 새로운 기술환경 사이에 있어야 할 유기적 조화 곧 생태학적 균형(Ecological balance)이 깨어져 가고 있어서 문자 그대로 인종의 멸절이 다가오고 있다는 의식(意識)이다. 또 날마다 새로워지는 기술과학은 우주정복을 목표로 하고 과학공상(Science Fiction)을 하고 있는 형편이다. 지금 인류는 개인구원의 차원에서 사회구원을 논하고 또 한 사람의 병균이 전염되고 있어서 개인의 선악과 행 불행이 거의 사회적이다.

최근에 "리오 자연환경 국제 회의"를 가짐은 당면한 환경문제의 긴박성을 말해준다. 서남동 교수는 "人類種이 지금까지 당면하고 있는 생태학적인 위기는… 동양종교와 성서적 종교심만이 아니다. 생태학적 위기는 비단 인간(역사 文化)과 자연 환경의 소외에 국한하지 아니한다. 그것은 근본적으로 물질과 정신, 객관과 주관의 구별에서 지나친 대립, 종교와 과학의 소외, 자연과 역사, 사실과 가치, 육신과 영혼, 자유와 결정, 전체와 개체등의 대극적(對極的)인 균형이 깨뜨려져서 소외 대립하는 것까지를 포함한다. 이러한 소외(타락)을 치유하는 길로서의 생태학적 균형과 조화를 말한다"(徐南同, "生態學的 神學序說", 『基督敎思想』 1970. 11)고 하였다.

생태학과 신학이 어떻게 연결되는가의 문제는 있으나 모든 생명의 구성요소로서의 관계적인 현실성이라고 말할 수 있는 생태학은 바로 은총의 교리를 현대적으로 재해석하는 유일한 최적의 영역이라는 것이다.

한국에서 생태학적 신학의 논의는 1970년대에 벌써 매우 활성화되고 있었고 「인간환경선언」은 1972년 6월에 U. N. 인간환경회의에서 채택되었는데 이는 생명윤리에 근거한 것이다. 생태계의 보존은 곧 인간존재의 문제이기 까닭에 생태학적 신학이 자연히 대두된 것이다. 실로 자연과 환경은 두 가지 가능성이 있어서 잘 쓰면 인류에게 혜택을 주고 생활 수준을 향상시키나 만일 그릇되게 사용하면 막대한 위해(危害)를 가져온다. 인간은 자연을 오염시켜서 자연적 공해를 초래하고마는 것이다.

1991년 김균진은 『생태학의 위기와 신학』(대한기독교서회)을 통해 신학적으로 생태계의 위기초래의 근본원인을 나타낸다. ① 현대사회의 가치관 즉 소유와 소비향락과 피부적 행복을 추구함. ② 현대사회의 가치관은 특히 강대국들의 경제적 군사적 정치적 확장욕으로 집단화되어 나타남으로써, ③ 자연과학의 방법은 연구대상에 대한 지배와 이용을 목적함으로써 생태계의 위기를 가져온다. 자신을 자연의 일부로 이해하지 않고 자연을 대상화하여 분석, 재구성 또는 예속시키려는 태도에서, ④ 데까르뜨의 주객도식 즉 사유하는 인간은 자연에 속하지 않는 줄 알고 자연에 대한 착취와 파괴로 이어져서, ⑤ 가장 핵심적인 원인은 하나님 없는 인간의 이기적 욕망 즉 가능한한 많이 소유하며 소비하려는 태도가 생태계의 위기를 초래케 한다는 것이다.

1985년 최열은 『제3세계의 새로운 세계관 모색』(두레)에서 공해발생 원인을 ① 환경파괴를 무시한 기업의 극단적인 이윤추구 과정에서, ② 파괴적인 산업구조에서, ③ 기업 및 인구의 집중과 과소비로 생각하였다.

맹용길의 『自然, 生命, 倫理』(임마누엘, 1992)도 포괄적으로 생태학적 신학의 서술인 것이다.

위의 책에서 맹교수는 "자연은 여기서 하나님의 피조물로서 시간과 공간안에 있는 모든 것을 의미하며… 이것은 대단히 기초적인 주어진 것으로서 보전해야 할 곳이다. 하나님은 처음에 자연을 창조하시고 인간으로 하여금 보전하도록 허락하셨다. 인간은 그것을 질서있게 하나님께서 기뻐하신 대로 보전했어야 했다. 그러나 사람은 그렇게 하지 못하고 타락한 결과 땀 흘리고 애써야 보전할 수 있는 어려움을 겪게 되었다. 이것은 오늘까지 전승되었다. 오늘은 오염으로 인하여 더욱 악화되어 보전은 훨씬 힘이 들게 되었다"고 한다.

자연은 이제 한없이 오염되고 있다. 자연의 파괴는 아무런 관심이 없이 천당과 복음만 전하면 신학이 하는 일을 다하는 것인가라는 의문이 제기(提起)된 것이다. 원자핵의 문제는 지구를 철저히 파괴하며 큰 공포의 대상이다. 또 대도시에 사는 사람들은 자동차 배기 가스(Gas)를 마시며 중금속으로 오염된 물을 마신다. 시골의 땅과 물도 산성비로 말미암아 오염되고 있다. 원자로의 방사능 유출로 말미암아 기형아와 기형동물이 탄생한다. 그리고 쓰레기, 유독성 화학물질폐기, 산성비, 지구온난화와 같은 문제는 그냥 지나칠 성질의 것이 아니다.

이정배의 『생태학과 신학 : 生態學的 正義를 향하여』(종로서적, 1989)에서 환경오염의 신학적 원인을 다음과 같이 지적한다.

"개신교 전통으로 되어버린 이러한 자연이해는 데카르트 이래의 근대의 이분법적 자연(res cognito, res extentia)과 더불어서 오늘날 인류 모두를 위협하는 질적인 자연환경 파괴의 위기, 기계와 기술의 노예로 전락되는 위기를 가져오도록 할 것이다. 더욱 놀라운 것은 땅에 대한 지배가 인간속에 근원적으로 주어진 은총적인 속성(Attributo)으로 이해되어진 한에서 이제 그리스도를 통하여 새롭게 된 하나님 형상이란 17-18세기의 근대 시대의 도래 속에서 과학기술을 통한 자연에 대한 인간의 회복을 뜻하게 되었다는 사실이다. 다시 말하면 죄로 인하여 상실되어졌던 땅에 대한 지배권이 기술로서 획득되어야 한다는 근대의 기술과학적 진보 신념이 기독교적으로 더욱이 구속론적으로 승인되어 질 수 있게 된 것이었다. 요컨대 어거스틴에게서 구원이 되어있는 기독교 전통과 칸트를 경유하여 데카르트, 베이컨 등에 의해 마련된 근대 세계관의 이러한 만남이 오늘의 서구의 생태학적 위기상황을 고기의 배속에 갇혀있는 요나의 암울한 모습(Im Bauch des Fisches)으로 비유할 수밖에 없도록 만들어 놓았다고 볼 수 있을 것이다. 자연을 대상화함으로써 자연의 일부이기를 포기하고 그와 아나테마적으로 관계했던 인간은 이로써 자신의 동료, 환경 그리고 우주와의 전관련성을 상실해 버릴 운명 속으로 빠져들고 있는 것이다." 이제 교회는 급기야 「환경학교를 개교하기에 이른 것이며」[6] 선교도 환경적 차원으로 생각하기에 이르렀다.[7]

10. 성(誠)의 신학

감리교 신학자 윤성범은 일찍이 1972년에 『韓國的 神學―誠 解釋學』(宣明文化社)을 발표하여 한국적 신학 수립에 있어서 새로운 장을 연 것이다. 그는 성(誠)을 종교나 신학의 핵심으로 보아서 성의 신격화 작업을 서두른 것이다.
"誠의 궁극적 경지는 하느님과 같다는 말이 된다(至誠如神). '誠'이 없이는

---

6) 전게서, p. 85. 1992. 10. 12-11. 23. 수료자 32명.
7) 전게서, p. 88. 1993. 5. 10. 「제1회 환경선교 정책 협의회」 개최. 주제 : "한국교회 환경선교의 방향과 과제" 장소 : 유성온천, 80명 참석.

아무 것도 존재할 수 없다. 이것은 하나님의 말씀 없이는 아무것도 지어질 수 없음을 말한 요한복음의 경우와 일치된다. 하이덱거의 Sprache(말)은 동양의 '誠'과 일치하다고 할 수 있다. '誠'은 '참말'이기 때문에 Tat-Wort 혹은 Wort-Tat(言行一致)이며, Kant의 신성오성(Gottlicher Verstand)에 해당한다고 보아도 좋다. 창세기에 의하면 하나님의 말씀으로 천지만물이 창조된 것을 알 수 있다. 하나님의 말씀 즉 '誠'을 잊어버린 현대인에게 이 말씀을 다시 화제에 오르게 하는 것이 신학의 과제라고 할 수 있다."(상게서, p. 18)

↑「誠의 신학」으로 한국토착화 신학의 한 봉우리를 형성한 윤성범 박사

윤교수는 토착적 신학의 과제로서 '誠'의 신학을 제창한다. "우리의 신학은 이제부터 사상적인 식민지적 예속(植民地的 隸屬)에서 벗어나야 되고 이러한 '신학적인 바벨론 포로'에서 해방되어야 되겠다."고 하였다(『기독교 사상』1970. 11호 p. 134). 그리고 유교의 터전에 한국 얼이 깃든 신학을 수립해야 한다는 것이다.

물론 전기 윤교수는 기독교의 토착화의 가능성을 모색하면서 단군신화에서까지 한국인의 의식(意識)속에 있는 복음의 전이해(前理解, Vorverstständnis)를 발견코자 한다.

그러나 성(誠)의 신학은 단군신화를 통해 삼위일체적 흔적(Vestigium Trinitatis)을 모색하였고 그가 성(誠)이 기독교와 유교의 가교적(架橋的) 개념이 될 수 있다며 이 성(誠)을 인격화하려 한다는 것을 우리는 인지(認知)하나 기독교와 서구문화의 분리의 문제가 있고 성(誠)에 대한 개념의 정립이 우선되어야 되는 문제가 있는 것이고 또한 율곡(栗谷)의 誠(성)은 결코 인격적 개념이 아닌 것이다. 윤교수가 誠(성)을 言十成으로 보아서 말씀이 이룸(誠)으로 나간다. 율곡의 誠은 인간주의적 낙관주의일 것이다. 여기는 기독교의 은혜 개념이나 타율적 구원관이 없는 것이다. 더욱이 맹자의 誠(성)은 인간의 본성이 선하다는 소위 성선설(性善說)이다.

제 2 절　초대형 집회와 미래지향적 목표 설정

1. 복음화운동(福音化運動)

최초의 초대형 부흥집회가 바로 한경직 목사가 주도한「삼천만을 그리스도에게」라는 소위 복음화 운동이었다. 예비모임은 1964년 10월 16일 이화여대에서 가졌는데 김활란 총장은 "우리한국 교회는 일제시대에서 오늘에 이르기까지 그길이 너무 험하여 실망할 때도 많았으나 이제 우리는 한국의 복음화 운동을 하루 빨리 실시해야겠다. 이러한 운동은 남미 제국에서도 성공적으로 실시하고 있다."고 하였던 것이다.

한국 복음화 운동은 1960년 3월 1일 교회연합신문에 김영환 목사가 복음화 논문을 발표하였고 이기혁 목사가 처음 주창하였으며 62년 47회 장로교 총회가 결의하였다. 1965년 전국 복음화 운동이 발족되어 위원장 홍현설, 총무 김활란이었으며 그후로 73년, 74, 77년에 계속하여 서울 여의도 광장에서 대성회를 가져 많은 성과를 얻었다. 73년의 주강사는 빌리 그래함(Billy Graham), 74년의 주강사는 김준곤, 77년의 주강사는 신현균이었다.

이 운동의 원칙 설정은 다음과 같다.

　1> 2, 3개월 준비회합을 갖는다(헌신기도와 설교로 준비모임을 갖고).
　2> 기도조직(각 교회, 각 학교를 중심으로).
　3> 개인전도 요원 훈련

⇐ 전국복음화운동
　민족복음화를 위한 부흥운동이 1960년대 말부터 활발히 전개되었다.
　사진은 1965년에 개최된 제1회 전국복음화운동 전국지구 대표자회의.

4> 2명씩 방문전도, 김활란 자신은 처녀로서 어릴적부터 이화의 10인 전도대 원으로 이화의 총장으로 재직하면서도 계속하여 농촌활동과 전도를 실시하여 많은 성과를 얻었다.
5> 집회. 유년과 장년들을 위한 지방집회. 부산 초량 합심원광장 집회에 필자도 참석하여 은혜를 받았는데 당시 강사는 양도천 목사, 임영재 목사, 정운상 목사였다.
6> 구역 연합집회
7> 전국대회를 한 장소에서 갖는다.

이 복음화 운동의 특색은 구교와 신교, 성공회, 헬라정교회가 모두 참여한 것이며, 그때에 고려측의 명신익 목사가 주축이 되어 중국의 부흥사 조세광 박사의 큰 집회가 각지에서 거행되었고 서울집회는 놀라운 성령의 역사가 있었다.

2. 빌리 그래함 전도집회

1973년 서울 여의도 5.16광장에서 모인 「빌리 그래함 전도집회」는 100만의 성도들이 한자리에 집결한 민족 최초의 대 집회였다. 미국의 세계적 부흥사 빌리 그래함 목사를 강사로 한 이 집회는 한국교회의 저력을 세계에 보인 초대형 집회로서 한국교회에 큰 자극을 주었다. 그의 설교는 매우 평이하였고 일반 메스컴에서도 중계한 것이며 전 한국이 큰 감명과 은혜를 받았던 것이다. 그리고 낮에 여의도 광장에 무지개가 드리워져서 좋은 서광이 있을 징조라고도 한 것이다.

⇧ 빌리 그래함 전도집회(1973)

3. 엑스폴로 74(Explo 74)

1974년 3월에 한국 대학생 선교회(C. C. C.)가 주축이 되어 미국 Explo 대회에 따라 실시한 엑스폴로 74는 전도집회와 훈련이라는 측면에서 큰 성과를 거두었다. 이를 흔히「성령폭발 운동」이라 하였으니 민족의 가슴마다 그리스도를 심어 이 땅에 "성령의 계절"이 오게 하려는 것이었으며 더욱이 "나는 찾았네"라는 표어는 특이하였다. 젊은 청소년들의 가슴에 붙은 "라벨"에서 기이한 감동을 주는 것이었다. 당신의 진로가 그리스도로 결정되었단 말인가? 아! 참으로 귀하다하는 느낌이었다.

    Explo 74의 주제 : 1) 예수는 사랑이다.
                  2) 예수 혁명으로 세계를 정복하자.
                  3) 뜨거운 열정으로 전도의 폭발을 일으키자.
                  4) 참신앙은 전도로 사회에 참여하는 것이다.
                  5) 세계 복음화는 반드시 성숙된 것을 선언한다.
                  6) 복음 선교의 사명자들이 많이 일어나기를 바란다.
                  7) 전세계 크리스챤들은 행진중이다.

4. 민족복음화 성회

1978년 8월에는 한국의 부흥사들을 중심으로하여「민족복음화 성회」를 개최하였다. 이러한 대형집회가 일부 보수측 교역자들은 에큐메니즘에 입각한 것이 아닌가라는 의구심이 없지 않았으나 비교적 처음부터 호응이 좋아서 대단한 성과를 가져와 개신교의 수효를 크게 증대시켰다. 이 대형집회는 교리문제로 분열된 교회에서 교파를 초월한 일치와 또 토착화와 세속화에서 하나될 수 없는 것이 여기서는 하나될 수 있음을 보여준 것이다.

5. 각 교단의 목표(1984)

선교 100주년(1984년)을 앞두고 각 교단에서는 교회 성장운동을 전개하였으니 예장 합동측의「만교회운동」을 필두로 기독교 감리회의「5000교회운동」통합측의 「300교회 개척」 등 교단마다 교회의 성장운동이 일어났으며 1970년대 후반기에 일어난 이와 같은 경향은 한국교회의 시대적 사명을 다하는 것으로서 의의를 가지며 나아가서 교회의 성장을 통한 자기정화(自己淨化)의 길을 걷는 과정이기도 하였다.

이러한 운동을 통하여 한국교회는 이제 피선교지 교회(The Younger Church)에서 성숙된 교회상을 정립하려는 부단한 몸부림을 나타내었고 그것은 헛수고가 아니었다. 각 교파가 당초의 목표를 꼭 달성한 것은 아니나 교회의 생명력을 보여 준 것이다. 사회는 혼란하고 경제는 궁핍해도 교회는 결코 가난하지 않았다. 연보는 점차로 증가된 것이며 등록되는 교인의 수호가 크게 증대되되 대형집회가 있은 후에 현격한 차이가 통계적으로 나타난 것이다.

물론 교회성장이나 각 교단의 미래지향적 목표설정은 각기 해당교단의 활로와 아울러 선의에서 비롯된 경쟁심리도 작용한 것을 부인치 못한다. 1970년에 들어서면서 한국경제는 도약의 발판을 마련하였고 또 1979년에는 유신(維新)이 무너지고 소위 제 5공화국의 출범과 함께 가장 충격적 사건은 1980에 발생된 「광주 민주화운동」이다.

이는 군사정권과의 첨예한 민중의 대결양상을 나타낸 것인데 이러한 저항운동은 기독교에도 적잖은 영향을 주었다. 그리고 1976년에는 대교단 중의 하나인 장로교 합동파가 분열되어 「만교회운동」으로 힘차게 달리던 기차를 멈춘 결과가 되었다. 그 분열의 동기는 참으로 어처구니 없다고 본다. 소위「문서설」의 문제인데 사실상 별로 근거도 없는 소리를 견강부회(牽強附會)하여 매도하면서 소위 호남세의 준동양상(蠢動樣相)을 보인 것이며 교단 분열은 진리투쟁보다는 '헤게모니'(Hegemony)에 더 큰 이유가 있는 경우가 많음을 본다.

6. 전군신자화(全軍信者化)

군목제도가 1950년 창설되고 각 군에서 군종사병들과 군목들의 희생적 노력으로 예수의 복음이 많이 전파되었다. 특히 참호에 근무하는 병사들에게 '눈알사탕'을 사다주는 군목들도 있었다. 이제 1970년에 전군을 신자화하려는 대목표는 큰 성과를 거두어 어떤 부대는 수천명씩 한꺼번에 세례를 받게 되어 현역 목회자들을 각 교파에서 대거 차출하지 않으면 도저히 식을 거행할 수 없었고 이때부터 군대를 「황금어장」이라 하였다.

그후 1976년에는 「전군신자화 후원회」를 「군복음화 후원회」로 바꾸어 회장에 한경직 목사가 취임하였다.

← 국군 합동 세례식

← 전군신자화 운동
(공군기지교회)

7. 경목, 교도소

1966년 5월 1일 서울 경찰국을 위시하여 전국 경찰서에는 경찰 목사를 배치 복음전도를 본격적으로 전개하였고 음악에 능한 김득진목사는 아코디온을 메고 구치소마다 방문하였으며, 한국기독교 청소년 선도회(안재정), 기독교 세진회(유상근) 등은 전국 구치소, 교도소를 방문하여 소외된 자들에게 밝은 내일의 소망과 그리스도를 통한 새사람 운동을 한 것이다.

제 3 절 성경번역을 통한 선교
(한국적 신학수립의 일환)

한국교회의 양적 증대가 국가의 위기극복(6·25) 후에 온 것이며 이러한 성장은 성경의 수효를 급증케 하였고 1971년에는 『공동번역』(구교와 신교)이 대한성서공회를 통해 발간되어 적잖은 잡음이 있었으나 신구교가 함께 영원의 진리를 한글성서로 나타내었다는 것은 기독교 역사에 기념될 사항이고 신구약 전체의 공동번역은 1971년에 발간되었다.

그런데 소위『새번역』(현대인을 위한)이 1973년에 나와서 청소년과 새로움을 추구하는 이들에게 좋은 반응을 보였고 원문에 접근하려는 노력이 많이 보이나 좀 지나친 토착화는 기독교의 원리를 오도(誤導)할 우려가 많다.

그리고 보다 학적이면서 현대감각이 있고 정통적인『표준 신약전서』를 한국표준성서 협회가 1983년에 발행하였다. 그러나 구약에까지 번역이 미치지 못한 점이 다소간 유감이다. 그 뒤에 생명의 말씀사는『현대인의 성경』을 다시 내놓았다. 그 중에도 한국신학계에 주해에 있어서 독보적인 이상근 목사는

↑ 한국교회 100주년 기념관

개인의 노작인 『주해성서』를 내놓아 기독교 발전에 귀한 공헌을 하였다. 신학적 깊이있는 각주(脚註)는 타의 추종을 불허하며 귀한 화보는 책의 품위를 더하게 한다.

보다 앞서 장시화(張時華) 목사는 1965년에 『각주신약전서』를 발행하여 한국의 주석성경의 효시를 이루었다. 이 책은 약어 도표 또는 성경에 대한 각종 자료를 넣었으며 군데 군데 성화도 있다. 그리고 각 장명도 있어서 과거 성서연구의 자취를 더듬게 되는 유익이 있다. 육군본부도 1967년에 『쇼트 바이블』(요약성경)을 내어 쉽게 성경을 이해하게 한 것인데 상당히 우수한 번역임을 알 수 있는 귀한 책이었다.

특히 『공동번역』에서 「하느님」이라 번역한 것은 좋게보면 복음의 토착화이며 나쁘게 보면 범신론(汎神論, Pantheism)인 것이며 애국가에 나오는 「하느님」인 것이다. 여기에 유일신(唯一神) 사상이 있느냐 하는 문제가 된 것이다.

제 4 절 주는 교회로 발돋움하다

선교 1세기를 맞는 한국개신교가 「받는 교회에서 주는 교회」로 발돋움하고 있다. 한국 외국선교 단체협의회(총무 조동진)의 조사에 따르면 한국교회가 폭발적인 성장을 한 지난 2년간 해외에 파송된 선교사는 95명에서 3백 30명으로 3백 50%로 성장했으며 선교 대상국가도 26개국에서 40개국으로 증가한 것이다.

가장 많은 선교사가 파견된 나라는 서독(36명)으로 순복음(22), 예장합동(6명), 예장통합(3명)등 5개교단과 선교 단체에서 서독에 나가 있는 한국인 간호원과 광부를 대상으로 선교에 나선 것이다.

80년대에 급증한 해외파견 한국선교사는 현지 주민도 선교대상으로 하고 있으나 해외의 한국인을 주 대상으로 한 것이 특색이다.

아르헨티나(4명), 호주(7명), 사우디아라비아(2명), 스웨덴(3명), 스페인(4명), 프랑스(2명), 파견선교사는 1백% 한국인을 대상으로 하고 있다.

그러나 방글라데시(6명), 가나(2명), 인도(3명), 인도네시아(12명), 케냐

(1명), 네팔(2명), 파키스탄(4명), 파견 선교사들은 현지인을 위한 선교에 나서고 있다.

70년대 말부터 본격화된 한국교회의 선교사 해외파견은 예장합동, 예장통합, 침례교, 기장, 순복음, 기감, 기성 등 9개교단과 7개단체가 참여하고 있으며 7개국에 42명을 보낸 예장합동과 13개국에 61명의 선교사가 나가있는 순복음교회가 가장 열을 올리고 있는데, 다음은 1992년 12년 말 현재 파송된 선교사 현황이다.

1. 각 교단, 선교회 단체별로 파송된 선교사 수

대한예수교장로회(통합) : 272명	기독교대한하나님의 성회 : 12
대한예수교장로회(합동) : 177	대한예수교장로회(성합) : 11
대한예수교장로회(고신) : 66	대한예수교장로회(장신) : 10
기독교대한감리회 : 62	대한예수교오순절성결교회 : 6
예수교대한성결교회 : 52	구세군 : 5
대한예수교장로회(대신) : 44	그리스도의 교회 : 4
기독교대한성결교회 : 40	대한예수교장로회(재건) : 4
대한예수교장로회(고려) : 30	대한예수교장로회(찬양) : 3
대한예수교장로회(개혁) : 26	대한예수교장로회(독노회) : 3
한국기독교장로회 : 23	대한기독교 나사렛 성결교회 : 3
대한예수교장로회(합동 정통) : 17	기독교한국루터회 : 1
대한예수교장로회(정통) : 16	대한예수교장로회(합예) : 1
대한예수교장로회(개혁2) : 16	

2. 선교단체 파송 선교사 수

한국 외항선교회 : 88명	한국 지구촌교회 : 10
C. C. C. : 33	제자선교회 : 6
바울선교회 : 31	사단법인 새선회 : 5
한국 대학생 선교회 : 30	세계제자선교회 : 4

해외협력선교회 : 14
아시아선교회 : 14
대한기독대학인회(E. S. F) : 13
조이선교회 : 12
기독교 아세아인 복음선교사 : 3
방파선교회 : 3
두란노서원선교회 : 2
브니엘 선교회 : 2

오메가 선교회 : 4
한국선교회 : 3
한국기독교선교회 : 3
파이디온(어린이) 선교회 : 3
아세아 연합신학연구회 : 2
성경교육선교회 : 1
아가페 음악선교회 : 1
한국기독교국제선교회 : 1

3. 한국 선교사들의 파송된 나라들

한국 선교사들이 각국에 파송되어 가서 활동하는 피선교 국가들을 구별하면 다음과 같다(숫자는 파송된 공인 선교사의 수).

필리핀 : 170명
미국 : 115
일본 : 83
독일 : 53
태국 : 51
인도네시아 : 46
러시아 : 41
브라질 : 38
대만 : 37
케냐 : 32
싱가포르 : 23
인도 : 22
홍콩 : 19
영국 : 19
호주 : 18
캐나다 : 17

터키 : 11
방글라데시 : 10
나이지리아 : 10
러시아 연방 : 9
말레시아 : 8
칠레 : 8
스페인 : 8
독립국 연합 : 8
이집트 : 7
오스트리아 : 7
남아프리카 공화국 : 7
스리랑카 : 6
몽골 : 6
이스라엘 : 6
우간다 : 6
파키스탄 : 6

볼리비아 : 17
파라과이 : 17
아르헨티나 : 14
코스타리카 : 12
콜롬비아 : 12
네팔 : 12

뉴질랜드 : 5
헝가리 : 5
페루 : 5
중국 : 5
스리랑카 : 5
방글라데시 : 5

제 5 절 토착적 기독교 미술가들

제일 먼저 손꼽을 수 있는 이는 김준근(箕山, 元山人)인데 그는 케일 선교사가 번역한 『천로역정』(天路歷程)의 삽화를 판화(版畵) 형식으로 그렸다. 그는 천당을 남대문과 같은 누각(樓閣)으로 천사를 선녀(仙女)로 묘사하여 우리나라 독자들에게 상당히 친근감(親近感)을 갖게 하였다. 이것이 아마도 한국기독교 미술사의 효시가 될 것이다. 물론 지금의 중앙청 천정에 그려진 「양치는 목동」은 어느 서양화가의 작품이라서 한국기독교 미술이 아니고 다만 강원도 김화읍 교회당 전통 한옥식 건축양식에다 내부 벽면에 "한복입은 그리스도"를 그려서 기독교 토착미술을 나타낸 것이다(1941년경). 6·25전에 이당(以堂) 김은호(金殷鎬) 화백과 천종근(千鍾槿) 화백도 기독교 미술에 공헌이 많으나 기독교 미술의 장은 제자에게 넘긴 것이며 1954. 4. 22-5. 1에 화신

↑ 김준근의 「진충이 순교」

백화점 5층 「화신화랑」(和信畵廊)에서 「김기창, 성화전」이 열렸는데 멀리 경상도와 전라도에서 갓쓰고 두루마기를 입은 촌노인들이 올라와 성화 앞에서 합장을 하면서 그들은 한결같이 「예수님이 우리나라에 재림하셨다」며 기뻐한

↑ 기산 김준근 작품

↑ 천종근의 「자애」

것이다. 이러한 그림(繪畵)은 한권의 대형 화집으로 1978년에 경미문화사(庚美文化社)에서 『예수의 생애』라는 이름으로 발행하였다. 운보 김기창 화백은 어려서부터 예수를 믿었고 그는 "예수의 생애를 통해서 우리 한국인들의 자기체험을 접근시키려고 노력"한 것이다(『예수의 생애,』 p. 1). 홍대 미대 교수인 이경성씨는 "한국의 풍속화로 승화된 화격 높은 예술세계"라고 『예수의 생애』를 평한 것이다. 여기서 우리는 「갓쓴 예수」를 본다. 지극히 보편적 진리이신 예수는 제각기 제나라 미술양식으로 표현했던 것이다. 성경은 한글로 번역하면서 아무도 「도포를 입고 갓을 쓴」 그리스도를 그리지 않았다. 그분은 이제 검정 고무신을 신고 수염을 길렀다. 이제 예수는 이조의 한 선비인 것이다. 그는 정자나무 밑에 놓인 바위에 앉으셔서 수가

Ⅷ. 한국적인 신학의 건설과 교회의 성장기 / 401

← 김기창의 성화
「예수의 승천」

↑ 혜촌의 「바다 우로 걸으심」

성 여인(앞치마를 두른)에게 물을 청하되 그녀는 질항아리를 옆에 놓고 있다. 참으로 한국적 풍경이다.

세번째로 혜촌(惠村) 김학수(金學洙) 화백을 논하지 않을 수 없다. 김화백도 운보(雲甫)처럼 이당 김은호 화백의 제자이다. 그는 현직 감리교회 장로이며 기독교 성화사에 빼놓을 수 없는 자취를 남기고 있다. 『100주년 기념성서』에 여러점의 동양화로서 성화를 발표한 것이며 그 외에도 많은 작품을 발표하는데 섬세하면서도 청초하고 또 아름다움을 겸한 혜촌의 작품에서 우리는 참으로 한국적인 면을 발견하는 것은 우리 민족의 정서는 아무래도 우리 것에 더 친숙한 때문일 것이다. 환상을 보아도 우리는 종래의 도교나 유교적인 신선(神仙)을 구원자로 본다. 이것은 무엇을 뜻하는가?

제 6 절   한국적 찬송

한국교회 음악사에서 한국적 찬송의 효시는 영계 길선주 목사인데 그는 한국 찬송가의 멜로디를 찾으려고 무당을 찾고 국악사를 불러 묻고 배우면서 노력했다고 한다. 최초의 찬송가(1892)로부터 1949년에 나온 합동 찬송가는 결국 서구의 찬송을 이식(移植)한 것이나 1967년에 비로소 한국적인 찬송(개편찬송)에는 무려 27곡이나 한국인 작시의 노래가 수록된 것이다. 이는 주체성을 살리는 참으로 큰 의의가 있는 일이며 1983년에는 마침내 장·감·성『새찬송가』와 1962년의『찬송가』의 이원성을 합한 데 큰 뜻이 있다.

↑ 1931년, 신정찬송가

한국인의 찬송으로 제일 수작(秀作)은 아무래도 전영택 목사 작사를 1943년에 박재훈 박사가 작곡한 「어서 돌아오오」이다. 그리고 이호운 목사가 지은 「부름받아 나선 이몸」(이유선 박사 작곡)은 참으로 한국 찬송가 역사에 본격적 찬송인 것이다. 이 노래는 복음성가로 보이는 면이 있으나 청소년들 특히 사명자들의 노래인 것이다. "이름없이 빛도 없이 감사하며 섬기리다", "존귀영광 모든 권세 주님 홀로 받으소서 멸시천대 십자가는 제가 지고 가오리다"라는 가사는 참으로 훌륭하며 한국적 순교 신앙의 애절한 정서의 표출인 것이고 임군을 위한 충성이 곧 예수를 향한 것이니 충신과 열녀가 많기로 유명한 근역(槿域)에서 이렇게 귀한 신앙시는 산출된 것이다.

또한 반병섭 목사께서 지은 「가슴마다 파도친다」는 1967년 한국찬송가 위원회에서 청년을 위한 찬송시를 공모했을 때 당선된 수작이다. 작곡가인 이동훈씨는 목사의 자녀로 출생하여 일본 동경제국 음악학

↑ 통일 찬송가

교를 졸업하였고 한국찬송가 편찬에 많은 수고를 하였다. 그는 1974년 서거하였으나 이 찬송은 외국에 있는 한국 교포들도 애창한다고 한다(조의수, 원진희 공저, 『찬송가 해설 사전』 p. 583).

그 외에도 한국적 복음성가는 해방을 전후하여 유제헌 목사의 별곡조가 유행했고 박재봉 목사의 「저 목자여 깊은 잠을…」 찬송은 귀한 특별한 가사와 곡조를 담아 한국적 풍토를 나타낸 것이다. 그리고 오늘의 교회가 많이 사용하는 소위 「복음성가」도 토착성이 나타나고 있으나 보다 더욱 한국적이 되었으면 한다. 그리고 성공회성가(1972), 곡보부 구세군가, 정선카톨릭 성가집(1956), 새전례 카톨릭 성가집(1976)이 나왔다. 그리고 통일찬송가도 1983년에 선교 100주년을 앞두고 간행되어 찬송이라도 일치된 것이다.

제7절 서양 기독교 음악의 전래

한국교회의 서양음악은 찬송가 공부로 시작되는데 시란돈(스크렌톤)이 이화에서 영어 찬송을 가르친 것이 서양음악 교육의 효시이며 정동교회에서 당시 주일 오후에 여성집회가 열려 6명의 합창단이 생겨 처음 성가대가 찬양을 한 것이다. 그리고 이화의 대학부가 생겨 본격적인 서양음악이 전공된 것이며 남성들에게는 숭실과 연희로부터이다. 최초의 서양음악가 김인식(金仁湜)은 1907년 상동 청년학원, 배재, 경신, 기호, 진명학교에서 「조선정악견습소」에서 후진을 길러 홍난파, 이상준이 나온 것이다. 또 숭실이 낳은 박윤근(朴潤根)은 미국 유학 후 김세형, 박태준, 현제명, 김형준, 박경호, 차재일, 위혜진 등을 배출한 것이다. 숭실의 마두원(D. W. Malsbary)은 1929년부터 악대를 만들어 지방순회 연주를 하여 선교활동을 하였고 서원숙, 이용준, 김동진과 같은 인물을 내놓는다.

↑ 박윤근 교수

연희전문의 음악은 1915년 예배에서부터 합창과 찬송이 베커(L. S. Becker) 부인의 노력으로 시작되었고 1918년에 김영환(金永煥) 교수의 노력으로 본격적 음악교육이 되었으며 현제명은 숭실을 나온 후 미국을 유학하고 연전

(延專)에 와서 1929년부터 크게 활성화되는 교육을 한 것이다. 여기서 윤기성, 이인선, 이광준, 곽정후, 이유선, 김성태, 문학준, 김생려, 이인범, 곽정선, 정희석, 김재홍, 유한철 등이 배출되었다.

제 8 절 개신교 선교 100주년 대회

1884년 안론(알렌)과 매견시(매켄지)의 내한(來韓)으로부터 100년이 되는 1984년은 개신교 선교 100년이나 사실은 최난헌(토머스) 목사가 대동강변에서 순교한 때를 기점으로 삼아야 할 것이라는 주장도 있다.
먼저「100주년 기념관」을 건립하기로 1980년 제65회 통합측 총회가 결정하고 1984년 8월 31일에 종로구 연지동에 연건평 3,085평의 건물을 짓고 개관식을 하였다.
그리고 민경배씨에게『대한 예수교 장로회 100년사』를 집필케 하였다. 또 『일어나 빛을 발하라』라는 한국교회 100주년 기념설교집(총회교육부 발행) 상·중·하 세권을 발행하는 동시에「한국교회 순교자 기념탑」을 100주년사료

↑ 한국 기독교 100주년 선교대회(1984)

위원회와 한국 기독교 순교자 유족회 공동으로 1984. 9. 21 백주년 기념관 경내에 제막한 것이다.

　개신교 선교 100주년 대회는 1984년 8월 여의도 광장에서 성대히 거행되어 기독교의 성장과 저력을 보여 준 것이다. 초교파적인 에큐메니즘을 근간으로 각 교단의 중진들이 거의 망라된 거족적 대회였다. 그런데 100주년 기념의 해인 1984년에 많은 운동이 있었음을 기억할 필요가 있다. 1984. 1. 31. 재일한국인을 위한 서명운동을 전개하였고, 1984. 2. 3. 80년대 한국신학 정립을 위한 협의회를 개최하였으며, 1984. 4. 30. 「한국기독청년 반폭력투쟁 선언」이 있었고, 1984. 6. 4. 교회일치와 선교를 위한 협의회가 개최되었으며, 1984. 8. 18. 한국교회 100주년 기념 기독학생 국제대회가 개최되었고, 1984. 8. 23. 기독교 청년 협의회 교회야학단의 발족과 1984. 8. 31. 민족 자존을 위한 여성문화제를 실시한 것이다.

제 9 절　8·15 50주년 : 희년(禧年, 1995)

　1945년 8월 15일 그토록 바라던 해방의 날을 맞았다. 그러나 우리는 남북의 분단이라는 쓰라린 질곡에 빠진지 어언 50년 1995년이 되어 통일을 기원하는 희년의 행사를 한 것이다. 1994. 8. 16. '95년 희년맞이 토론회를 서울 타워호텔에서 가짐을 시작으로 통일희년교회 여성협의회도 결성되었고(1994. 8. 10), 평화통일 기원대회(1994. 8. 15)도 가진 것이며, 희년을 즈음한 각종 모임이 활발히 진행되었으나 일부에서는 희년의 의미에 대해 부정적 견해를 표명하기도 한 것이다.

IX

결 론
(Epilogue)

1. 한국교회의 어제와 오늘

　한국에 개신교가 전래된(1884년 4월) 이래 100년에 무려 한국 전체 인구의 약 4할이 기독교인이 되는 괄목(刮目)할만한 양적 성장을 가져온 것이다. 또 현재 개척교회 수효가 참으로 많이 증가되는 추세이며 신학교나 선교기관 및 성경연구 모임들의 설립이 우리 한국교회의 활력을 나타내는 증거일 것이다.
　우리가 이제까지 한국 사회의 변천과 더불어 교회 및 기독교 발전사를 약간 더듬었으나 이렇게 기독교가 한국에서 훌륭히 뿌리내리게 된 까닭은 아마도 초기 선교사들의 공헌에 있을 것이다. 그들의 투철하고도 헌신적인 전도와 연구와 봉사가 아니었더면 그토록 완강한 유교적 병폐의 인습과 사상에서 또 사회의 빈곤과 혼란에서 어떻게 새 종교가 싹트고 움이 돋았겠는가? 또 천주교의 박해에서 구교는 전멸될 것 같았으나 결코 생명의 복음은 꽉 덮었던 바위돌을 뚫고 나온 것이다. 우리는 본 논설에서 천주교의 내력에 대해 진지한 역사를 살필 겨를이 없었음을 안타깝게 여기고 구교가 교리장정에 있어 많은 흠이 없지 않으나 분명코 기독교임에는 틀림없다.

그리고 초기 기독교 전래 시대의 전통적 사회는 실로 종교적 공백기에 해당될 것이다. 종교적 전통이 있었으나 백성들에게 신망(信望)을 잃었던 것이니 선(仙)은 오래전에 생기를 잃어 약간 명맥을 유지한 것이며 불교도 려말(麗末)의 위신실추와 억불양유(抑佛揚儒)라는 이씨조선의 정책으로 인하여 민간에서 멀어졌고 유교는 사회계급의 형성과 문약 및 허례허식의 사회를 이루어 유교의 높은 도덕적 이상에도 불구하고 종교로서의 힘을 발휘치 못하는 지경이었다. 또 전통문화 역시 자연히 새로운 서구문화 즉 기독교의 수입에 눌리는 판이 되었다. 우리는 여기서 전통문화는 참으로 타기(打棄)할 문화인가 라는 데 대해서도 논의를 할 필요가 있는데 많은 이들이 전통문화가 참으로 훌륭했음을 공인하고 있으며 또 한국인의 도덕의식도 그 어떤 민족에게도 손색없이 출중하였다. 우리는 기독교가 구한말에 들어와 가장 큰 공헌을 했다면 민족주의 사상과 함께 한국의 고뇌를 같이 하고 내일에 대한 희망을 갖게한 일로 본다. 즉 개화사상의 원초적 역할을 담당한 데 큰 몫이 있는 것이다.

그리고 대부분의 선교사들의 신앙은 근본주의적이며 청교도적이었으므로 소위 네비우스 정책(Nevius Method)을 실현하여 자립, 자치, 자전(Self-Supporting, Self-government, Self-propaganda)이라는 한국교회 특유의 교회성장을 가져오게 하였고 한국교회 초대 교역자들과 신자들의 우수한 윤리의식은 결코 서양의 원조에만 의존할 수 없었던 것이다.

유교적 인후(仁厚)의 귀한 정신은 남에게 베푸는 정신이지 결코 무례하게 받으려는 소아적(小我的) 자세는 결코 아니라 본다. 그래서 선교사들에게서 귀한 복음을 들은 것으로 족하게 여겼고 그들을 존경했던 것이다. 당시 사회와 정치와 경제의 모든 방면이 참으로 빈약하고 비록 일제의 강점과 청국의 간섭과 또한 열강들의 호시탐탐 한국을 넘보는 와중에도 우리 민족과 교회는 자주적 노력을 결코 잃지 않은 것이다. 일부의 기회주의자는 사회이고 교회이고 할 것 없이 어쩔 수 없이 있는 것이다. 가룟 유다와 같은 이들을 어찌 탓하리요?

교회는 당하는 운명(숙명)에 길이 참고 신앙을 파수한 것이니 이것이 한국 기독교의 정신이다. 충신은 불사이군(不事二君)이요 열녀는 불갱이부(不更二

夫)라는 윤리와도 결코 무관하지 않을 것이다. 일제시대만 아니라 공산치하에서 이러한 충성심은 곧 「십자가 신학」(Theologia Crucis)을 탄생시켰다. 그들은 구차히 죽음을 면하려 하지 않았다.

그리고 한국교회는 초기부터 말씀에 깊이 토대한 교회로 성장한 것이다. 말씀은 신앙의 규범(Regula fide)이며 신학의 표준(Criteria theologica)이었다. 그러나 작금에 와서 규범보다는 상황(Context)에 맞추려는 경향이 농후해졌다. 이는 한국 기독교의 세속화를 가져왔으며 실제로 기독교의 무력화(無力化)인 것이다. 소위 말하는 「행동하는 신학」(Doing Theology)은 종교의 내면성과 경건성을 도외시하는 데 문제가 있다. 깊은 종교적 성찰과 성경의 빛에서 현재의 상황을 어떻게 대처할 것인가를 정해야 오류가 없는 것이다.

교회라고 해서 결코 역사 밖에 있는 존재일 수 없다. 민족과 시대적 소명을 같이 해야 되는 공동운명체이다. 과거 서양의 교회들이 그러하였다. 체코의 교회가 그러했고 동독, 중공의 교회가 그러하였음을 우리는 안다. 우리는 절대자를 믿고 피조물된 유한성을 인식해야 될 것이다. 인간은 신을 이해하지 못한다는 것이다(Homo non capax Deus est). 인간의 노력이 역사를 만드나 역사의 주인은 오직 하나님이시다. 주님의 통치(Regum Christus)를 믿으면서 내일에 대한 오늘을 사는 기독교인의 본무에 충실할 따름이며 여기에 실천적 신앙(Practical Faith) 또는 실천적 학문(Scientia Practica)이 요청된다.

역사는 순수학문(Theoretical Science)으로서만 아니라 사회실천을 희망하는 교훈적 예언적 학문이기도 하다. 여기에 교회사 연구의 가치와 본질이 있는 것이다.

또 교회는 단순한 조직과 행정기구의 편성에 있지 않고 도덕적 이상의 실현에 그 생명력이 있다. 초대 (한국)교회는 대체로 훌륭했으나 해방후의 교회는 많은 흔선을 빚었다. 교권의 쟁탈전, 6·25동란이 가져 온 경제적 극빈, 지나친 재건욕이 몰고온 교회의 저질화 현상은 교회의 본질 오해의 소지까지 있는 것이다. 본래 교회는 사랑, 관용, 희생의 정신을 구현하는 곳인데 교회는 싸우고 나뉘어지고 서로 비난하길 일삼았으니 한국 사회 속에서 기독교의 기여도는 과연 몇점이 될까? 지금 구교의 발전상이 놀라운 상황으로 변하고 있다.

개신교는 이제라도 새로이 본래의 교회로 환원해야 될 것이다. "경건의 모양은 있으나 경건의 능이 없다"(딤후 3:5)고 책망을 듣지 않기 위해 계속적인 교회갱신(Ecclesia Reformasta Semper Reformanda)을 힘쓸 과제가 있다. 이것이 없는 선교, 신학, 사회봉사가 무슨 열매를 가져오는가 들포도 뿐일 것이다(사 5:2).

2. 한국교회의 당면과제

앞에서도 "교회 본래의 자세로 환원"을 언급(言及)했으나 긴급하게 해결해야 될 문제점을 간략히 열거하고자 한다. 어떤 이는 현재 한국 교회를 보면 긍정적으로는 양적 성장, 기도에 열심, 교회 출석률, 성령체험 강조가 있고, 부정적 평가를 받는 것으로는 개교회 중심, 계층분화 현상, 교단간 대화 빈곤, 사회참여 부족이 있다고 한다.

1) 신학의 다양화

유명한 신학자 틸리히(Paul Tillich)는 "전통적 신학을 할 바에는 자기는 신학자가 되지 않겠다"고 한 것인데 신학의 나무에 잎과 열매가 무성하다. 그러나 먹을 수 있는 것인가? 먹어서 독이 되는 것은 아닌지 모르겠다. 마르크스의 이론 때문에 공산주의는 망한 것을 거울 삼아야 할 것이다. 획일적 분위기는 학문의 발전을 저해한다는 것을 기억해야 되고 더욱이 조잡한 사상은 참으로 금물이다. 현대 신학의 맹점은 체계화를 원하지 않음에 문제가 심각하다. 진리의 체계화는 진리를 파수함에 유익하다는게 정통적 입장이다.

2) 교역자들의 질적 저하

이 문제는 가장 예민한(delicate) 문제로서 실력보다 신앙이나 소명감에 핑계를 대고 세월이 갈수록 이 문제가 심화된다. 특히 양심 문제가 가장 심각한데 양심의 문제는 인격문제와 직결되기 때문이며 양심을 잃으면 신앙도 잃는다. 필자도 교역자가 꼭 실력으로 바람직하게 되는 것으로 여기지 않으나 교회를 바로 섬기려면 성경과 신학 또는 상식에 풍부하고 전문적 연찬을 요하는 것으로 본다.

3) 은사에 치중하는 교회들

교회가 역대로 복음전파의 수단으로 은사(병고침, 방언)를 사용했는데 현대 한국교회는 주객(主客)이 전도(轉倒)된 느낌이다. 또 은사의 본래 목적대로 주님을 참되게 섬겨야 하고 현대 한국교회는 말씀중심의 교회로 환원(還元)되지 않으면 안될 것이다. 은사를 강조하려면 성경대로 최대 은사인 사랑을 실천하도록 힘써야 될 것이다.

4) 기복신앙(祈福信仰)

이것도 본래는 기독교가 축복의 종교였으므로 당연한 귀결로써 복을 강조한다. 그런데 근일에는 "축복성회" 심지어 "축복심방"까지 생겼다. "별미"축복도 말한다. 기독교는 한마디로 "속죄 구령"(贖罪救靈)의 종교이다. 영혼이 잘되어야 범사가 잘되고 강건하다(요삼 1:2). 육신적 축복은 덤으로 온다. 육적 축복은 영적 축복의 증거이다.

5) 극도의 근본주의(Hiper-fundamentalism)

이들은 반문화적 기독교로 기운다. 기독교도 역사와 문화적 산물이며 문화는 우리의 삶의 수단이며 표현이므로 종교적 신앙도 문화적 표현으로 나타낼 수밖에 없다. 그러나 근본주의 교리 체계는 분명히 정통적이다. 한국의 보수주의는 대개 근본주의인데 근본주의적 기독교는 세속화된 기독교에 비할 수 없는 장점도 있다.

6) 개교회주의

교회는 본래 "하나 되는 운동"이며 그리스도 예수를 머리로 하여 구원받은 이들의 사랑의 공동체 형성이 목표이다. 그런데 개교회주의는 결국 분열을 낳고 바벨탑과 같이 공명주의(共名主義)가 되고 전체 속에 자신을 불태우는 역할을 할 수 없게 한다. 그러나 한국교회의 초창기는 마치 중국사에 나오는 "요순 문무우탕"과 같은 황금시대(The Golden Age)이며 그때는 사랑이 있었다. 신자들이 만나면 반가와 하였던 것인데 오늘의 교회는 기업화가 되고 있는 것이 아닌지 자못 의심스럽지 않을 수 없다. 소위「개교회 우선주의」는 교회들 간에, 교파간에 서로 비난하고 적대시(敵對視)하는 경우도 생긴다. 오히려 "작은 것이 아름답다"는 말은 진리이다.

7) 특색을 상실하는 교회들

어떤 교회사가는 장로교도, 감리교도 본래의 성격을 잃는다고 개탄한다. 일리가 있다. 실제로 교인들이나 교역자들의 사상이나 관심이 교회성장(Growth of the Church)에 편중되어 있다. 맹자에 나오는 이야기처럼 "벼"를 뽑아서 죽이는 결과가 될수도 있는 것이다. 그러나 본래 교회에 무슨 교파가 있었는가? 단지 교파란 역사적 산물이며 어떤 차선적(次善的) 현상이 아니겠는가? 일반 사회의 정치학에서 아무도 민주정치가 완전무결한 것으로는 말하지 않음과 같다. 어떤 교파가 가지는 색깔을 그대로 존속하는 것도 기독교 전체의 발전에 크게 보탬이 되는 것으로 볼 수 있는 것이다. 특성을 지키려면 역사연구가 우선되어야 한다. 그러나 미래지향적(未來指向的)이 되지 않으면 안될 것이다.

8) 해외 선교의 정책 부재

선교열은 좋으나 현명한 정책이 없어 실패하는 패잔병이 많이 속출한다. 더욱 심해지면 모처럼의 성의가 식을까 염려된다. 정책부재는 얄팍한 졸속주의가 낳은 소치이다. 또 선교가 어슬픈 사명자들의 도피처가 됨도 경계할 일이다. 근일에 개척교회 포화상태에서 개척이 잘되지 않는데서 선교쪽으로 지망할 경향이 농후하다고 볼 수 있다. 또 선교라는 이름도 그럴듯하고 하여 졸속한 결단을 하는 사례가 없지 않은 것으로 생각된다. 또「선교」라는 용어도 너무 남용되고 있음도 문제일 것이다. 국내에 복음을 전하는 것은 전도이지 선교가 아니다. 여기서 한가지 지적하고자 하는 것은 각 교단 총회가 산발적 개교회 선교를 지양(止揚)하도록 하는 용단이 있어야 할 필요가 있다고 본다.

9) 한국적 신학의 수립

독일교회는 독일신학이 있고 화란은 화란신학이 있다. 독일의 신학과 미국의 신학이 조금은 다른 것은 미국교회와 국민성과 문화가 다소 차이가 있기 때문이다. 그런데 한국교회는 신학의 식민지 현상을 탈피하지 못한 신학의 후진국이다. 보수측은 근본주의가 심기워져서 세상과 유리된 교회상을 낳았고 진보에는 다소 한국적 신학을 위해 노력하나 한국 전체 교회가 좇을 지표는 형성하지 못하고 있다고 해야 정직한 표현일 것이다. 일부 계층에서 중도 신학을 주창한다. 보혁(保革)의 갈등을 해소하고 건전한 한국적 신학의 건설을 위해 달리는 모습을 우리는 주시(注視)할 것이다. 기독교 복음이 들어가면 기존의 문화를 변혁시켰는데, 오늘 한국교회는 사회변혁적 문화를 이룩할 저력이 있는 것 같지 않은 것이 큰 문제이다. 기독교의 보편성이 그 문화의 본질과 속성에서 체현되지 않으면 안된다.

10) 한국적 순교신앙의 계승

본래 한국에는 충신과 열사(烈士)와 열녀가 많이 나온 "동방예의지국"이다. 또 구교를 비롯하여 개신교도 수 많은 순교자를 내었다. 6·25때도, 북한에서도 얼마나 많은 신앙적 절개를 지키려고 죽음의 길을 택했는가? 기독교 역사는 피의 역사인데(Tertullian), 이제 우리는 "예수 안에서 죽고자 하면 산다"는 이치(理致)를 잊고나 있지 않은가 하는 걱정이 앞서며 순교를 개죽음으로 매도하는 행동신학이 있으니 걱정이 아니될 수 없다. 한국에는 친일파는 출세하고 순국자의 가족이나 독립지사들의 설 곳이 없었던 것과 같이 신앙의 정절마저 가볍게 여기는 풍조마저 생긴감이 없지 않음이 개탄스럽다.

11) 여성 안수 문제

대한 예수교 장로회 총회 가운데서 오랫동안 여성 안수를 미루던 교단이 드디어 이를 총회적으로 허용하였고(1994), 이어서 신학자들도 찬성의 목소리를 높이고 있다. 좀 신학적으로 개방적인 교파에서는 오래전부터 여성 안수가 실시되고 있다(부록 V 참조).

그러나 문제는 신학으로 공이 넘어간 감이 있다. 「여성신학」에서 성경 자체가 남성 위주로 되었기 때문에 성경 절대성을 따를 수 없다는 주장이다. 그런데 성경의 권위를 부정하고 무슨 신학이 되며 교회가 존립하겠는가?

12) 양적 퇴보의 경향(개신교)

그토록 성장으로 달리던 교회가 어떤 이유로 1993년도부터 계속적으로 하향곡선을 긋고 있는 심각한 상황이다. 성장률이 −0.2, −0.45%라고 한다.

어떻게 하면 성장을 만회할 수 있을 것인가에 대한 다각도의 연구가 진행되고 있으나, 어느 한 원인에 있기 보다는 복합적인 문제로 인하여 초래된 결과라고 봄이 가장 타당할 것이다. 그러나 공통된 진단은 교역자들의 질적 저하와 아울러 신학교육의 불철저 즉 충성된 사명자의 양성에 실패하여 복음과 양떼를 위해 죽도록 충성하도록 하지 못한 데다가 신학 졸업 후에도 지나치게 교회 성장에 치중하고 총회의 정책도 현실성이 없는 가운데 한국 개신교회는 좌충우돌(左衝右突)한 것이며, 교회의 세속화는 영적으로 생명력을 잃게 되고 교회의 도덕적 순결을 더럽힘으로 교회 본래의 광명을 발하지 못한 것이다. 지금이라도 교회의 진리 파수에 힘쓰고 신앙을 제고(提高)하며 도덕적 순결을 지키기 위해 권징을 회복하여 보수적 교회로 돌아가지 않으면 한국교회의 미래는 더욱 어두울 수밖에 없을 것이다.

부　록
－韓國敎會史 特講－

Ⅰ. 한국교회 부흥소사(復興小史)
Ⅱ. 샤머니즘과 한국의 문화 및 기독교
Ⅲ. 근세조선의 역사와 기독교
Ⅳ. 한민족의 기원과 사상
Ⅴ. 여성의 지위(혹 안수) 문제에 대한 소고
　　－한국교회의 경우와 병행하여－
Ⅵ. 네비우스 선교정책에 대한 소고

부록
I
한국교회 부흥소사
(韓國敎會 復興小史)

　우리는 하박국 선지자의 기도대로 "주의 일을 수년내에 부흥케 하옵소서" (합 3 : 2)라고 호소한 결과 세계 선교역사에 아주 괄목(刮目)할 만한 부흥을 본 것이다. 이러한 획기적 성과의 원인을 규명한다는 것은 생각처럼 간단치 않다. 한국교회의 신학사조(神學思潮)의 흐름도 또는 기독교 교육의 발전사도 기술되어 있고 부흥의 자취도 더듬어 온 것은 만행(萬幸)이라 하겠다.

　교회의 부흥은 참으로 특이한 면이 있다. 그렇게 오랜 세월이 소요되는게 아닌 경우가 많다. 하나님의 섭리로 되는 까닭에 일시에 급전직하(急轉直下)로 꺼져가는 등불같던 교회에 생기가 돌고 활력에 넘쳐 놀라운 변화와 발전을 본다. 그런데 매사가 그렇듯이 교회 부흥의 주역은 부흥사들에게 있고 그들의 헌신적 노력이 없었다면 결코 부흥은 기대할 수 없었던 것이며 앞으로도 그럴 것이다. 본인은 여기서 부흥의 본질론을 전개하려는 의도가 아니며 부흥사를 인물중심으로 정리하려하는 바이다.

제 1 절 해방 전 시대 부흥

한국 개신교 전래(傳來)가 서양 선교사를 주축으로 개종한 한인(韓人)들의 공로가 적지 않음은 주지(周知)하는 바이다. 하나님이 그만큼 귀한 주의 종들을 미리 준비해 두신 「여호와 이레」의 은총인 것인데 그 분들의 인간됨과 사역(使役)을 우리는 재조명(再照明)할 필요가 있다. 물론 철저한 연구는 달리 계획할 문제로 보나 해방전 부흥의 배후에는 일제의 탄압정책이 반동적으로 작용한 것도 사실이다.

1. 하리영(하디, R.A. Hardie)이 주도한 부흥운동

1903년을 기하여 원산에 주재했던 몇 명의 선교사들의 부흥운동에 선봉장인 선교사(감리교) 하리영(河裡泳)은 중국에서 사역하다가 방문 온 미스 화이트(Mrs. M.C. White)와 일단의 사역자들의 집회에서 은혜를 받았다. 하리영은 본래 의료선교사로 입국했으나 이제는 1898년부터 남감리회 강원지역에서 사역하던 중이었는데 그는 마침내 여름 제직 사경회를 주도한 것이다. 이 때에 큰 은혜의 단비가 내려서 선교사들이 통회자복을 했고 신자들은 마치 초상집과 같이 통곡을 하면서 회개한 것이다. 그런데 일설에 의하면 하리영 선교사의 설교는 별스러운 내용도 아니었다고 한다. "중생하였는가"라는 요지였다는데 그렇게 놀라운 변혁이 생긴 것이라 한다. 물론 하리영 선교사는 당시 이름난 부흥사로 초청이 되었고 어떻게 보든지 그는 한국교회 부흥사의 첫 페이지(the First Page)를 장식한다. 하리영 박사는 일찍이 캐나다 대학선교회(The Canadian Collegian's Mission)의 파송을 받고 그는 이제 원산 이남 땅인 강원도에서 전도사업을 했으나 별다른 성과를 얻지 못한 것이다. 그러나 차츰 선교에 열매를 본 것이니 1901년 3월에 장년 15명에게 세례를 주었고 이들이 전도할 사업은 주로 부흥전도 운동이었다.

하리영 선교사는 사경회를 인도하면서도 자신의 선교 실패를 솔직히 고백하였고 그러나 좌절에서도 기도하는 중에 새로운 영감을 받은 것을 자각한 것도 간증하였다. 하리영은 한국의 신자들도 자기의 신앙체험을 나눌 수 있도록 다음과 같이 기록한 것이다.

"나는 성신이 내 안에 충만하신 실증(實證)을 가지고서 나의 부끄러움과 혼미(混迷)에 찬 얼굴로 나의 교만과 마음의 완악(頑惡)함과 신앙의 부족함과 또 그 상태가 빚어낸 모든 결과를 자복하니 회중(會衆)은 강한 죄의식과 회개의 신앙생활 체험상의 작용을 비로소 깨닫게 되었다. 나는 그들에게 하나님의 약속을 믿는 단순한 신앙으로 내가 성령의 은사를 받았음을 알려 주었다."(Methodist Church South Report for 1905, pp.39-44).

하리영 선교사의 부흥은 비록 지역적 부흥이었으나 이 은혜의 사실은 평양으로 전해져 같은 종류의 사경부흥회를 갖게 하였다. 하리영의 부흥운동은 1907년 한국교회 부흥년의 원동력이 되었던 것이다.

2. 영계 길선주(1869. 9. 15 – 1973. 11. 16)

길선주는 한국장로교회의 원로(元老)이었고 최초의 안수받은 목사로서 목회를 잘하는 동시에 경건과 은혜를 잘 유지(維持)하였으며 많은 성경연구와 저서를 남기는 동시에 훌륭히 교회정치에도 관여하였고 한국교회 독립과 또는 민족의 자존(自尊)과 갱생(更生) 및 교회부흥에 큰 공을 세운 한국의 보배였다. 장병일씨 표현대로 그는 "부흥운동의 횃불"이었다(『살아있는 갈대』, p.43).

↑ 길선주 목사

길목사는 1869년 9월 15일 평남 안주읍에서 길봉순씨의 차남(次男)으로 태어났는데 그 때는 신미양요(辛未洋擾)가 있었던(1871년) 때라 나라의 형세는 자못 어수선 했고 집안도 무척이나 빈한하였다. 소년 길선주는 비록 가빈(家貧)했으나 체격은 걸출했고 총명도 뛰어났다. 그러나 길선주는 한때 가난을 비관하고 실의(失意)에 젖어 술과 담배 또는 계집으로 세월을 보내기도 했고 또 선도(仙道)의 비밀을 안다는 친구를 따라 1893년 그의 나이 35세 때에 선도를 닦으려고 평안남도에 있는 안국사(安國寺)로 갔다. 그러나 3년의 수도(修道)에도 불구하고 성과가 없고 약을 선도와 함께 하면 유리하다기에 한약(漢藥) 공부를 하면서 약을 먹은 결과는 그만 한쪽 시력에 장애가 생겨 안경을 쓰면 겨우 성경을 읽을 정도였다.

그는 한때 돈을 벌어서 가난을 면해보고저 장사로서 장돌뱅이도 되었던 것인데 모든 것이 마음 시원한 게 없는 중에서 기독교 복음(즉 광명)을 받은 것이다. 1897년 그가 29세 때에 자기를 선도로 권유한 김종섭을 만나 하소연을 했다. 이때 그 친구는 벌써 기독교를 믿은 때문에 그에게 자신이 믿는 예수를 믿고 새 빛과 새 희망을 갖자고 권유하여 길선주는 이길함(Graham Lee, 李吉咸) 선교사를 만나고 신앙인이 되었다. 그리고 그는 1898년에 교회의 영수(領袖)가 되었고 1903년 평양신학교에 들어가 제1회로 나와서 1907년에 목사로 장립(將立)된 것이다.

길선주는 신앙을 갖는 때부터 대단한 열심의 소유자여서 많은 기도를 하였고 후일에 위대한 전도인이 된 것도 이 기도에 힘입은 것으로 보인다. 그는 초신자 때부터 매일 3차씩 기도를 하도록 시간을 정해놓고 실시했다고 한다. 특히 새벽마다 일찍 일어나서 그날의 과업과 문제를 기도로 도고(禱告)하고 하나님과 의논하였으나 그리고 30분은「계시록」을 모두 암송하였고 오전과 밤에 정시기도를 빠뜨리지 않았다고 한다. 이러한 기도는 아마도 선(仙)에서 행하는 영술과 같이 실현한 것으로 볼 수 있다. 길목사는 선교사들의 방식을 답습치 않았다. 선교사들은 대개 오전기도를 한다. 그리고 길목사가 최초로 장대현 교회 전도사(조사, 助事)로 있을 때 박치록 장로와 함께 새벽기도를 실시하였다는 것은 널리 알려진 사실이다. 처음에는 그들만 기도하다가 당회에 요청하여 새벽종을 울리고 전교인들이 함께 참여할 수 있게 되었다. 물론 길목사는 정오(正午) 기도를 주창하기도 한 것이다. 이러한 정오기도는 아직도 실시하는 기도원이 있다.

우리는 길선주 목사를 말하면서 그가 성경에 해박한 학자임을 지적치 않을 수 없다. 그는 목사가 되기 전에 벌써 한학에 조예가 깊었던 때문에 구약을 300독, 신약은 1000독, 계시록은 1만독 이상을 하였다고 한다. 요한1서는 500독, 창세기에서 에스더까지는 540독 이상을 하였다 한다. 그는 성경을 시력관계로 암송키 위해 그러한 노력을 한 것으로 보이며 그의 자유자재로 인용하는 성경에서 교인들에게 큰 감명을 준 것이다. 물론 그의 신학이 근본주의적이며 특히 말세론을 많이 가르친 것이다. 그는 계시록 강해를 통해 종말적 현상이 도래(到來)했음과 현대신학을 거짓 선지자(마 24 : 24)로 규정한 것이다.

그리고 그는 철저히 전천년설(Premillennialism)을 주장할 정도로 정통신학을 가졌던 것이다. 영계 선생의 저서는 『강대보감』(講臺寶鑑, 1920)과 『해타론』(1902), 『만사성취』(萬事成就)라고 개제(改題)하여 1915년에 출판하였고, 『총회사기』(總會史記, 1924), 『평양산정현교회사』(1924), 『평양연합 부인전도회 사기』(1924), 『말세학』(1930)이 있다. 그의 『말세학』에 다음과 같이 말한다. "말세학은 성경을 근거로 한 기독교의 교리 가운데 하나로서 인간과 세계의 상태를 연구하여 학적으로 논하는 것을 의미하는 것이다 … 우리의 신앙은 예수 그리스도의 십자가 터를 닦고 우리 소망을 내세 영원한 안식 세계를 바라보는 만큼 주의 재림은 말세학의 중심이요, 또한 초점이라… 주의 재림은 하나님의 경륜을 완성하시는 최후의 시기임을 의미하는 것으로써 이에 대한 명백한 성경구절을 부인하는 말은 넉넉히 변론할 가치조차 없다고 보는 바이다. 주께서 반드시 오셔서 천년 안식 세계를 건설하실 것은 성경 전부를 자세히 연구할수록 더 확실히 깨달을 수 있을 뿐더러 주께서 빨리 재림하실 것이 사실임을 더욱이 깨닫게 되는 것이다."(영계 길선주 목사 저작집 1권:기독교서회, 1968, pp. 21. 14-15) 그런데 길선주 목사의 저서에 특이한 것은 한국풍속과 이스라엘 풍속의 대조연구도 있다(이 문제는 부록 Ⅳ의 「한민족의 기원과 사상」을 보시오..).

영계 선생의 부흥사로서 생애는 1907년의 사역에서 비롯되었는데 자신이 친히 "나는 아간과 같은 죄인이올시다"라고 과거를 회개한 것이다. 자신이 친구의 사후 재산 처리 비용으로 미화 1백불을 가진 것을 부인에게 다시 주었다고 회개하니 온 회중이 마루바닥을 치면서 회개한 것이다. 이런 상태가 새벽 2시에도 그치지 않았다 한다. 이때 회개하는 소리는 천지를 진동하는 폭포와 같았다. 이러한 부흥의 불길이 전국으로 퍼진 것이다. 그 후로 그는 세상을 떠나는 순간까지 일신의 안일을 생각지 않고 1만 70회 설교와 60여 교회를 신설했으며 그가 세례를 베푼이가 3,000명에 달한 것이다. 그가 1927년 장대현교회의 배척을 받아 교회를 사임했는데 그 후로 그는 전국적인 부흥회를 인도하여 그의 전도로 목사와 장로가 된 자, 또는 교사가 된 자가 무려 800인이 넘었다. 그리고 그는 여전도회를 조직하였고 노동전도회도 만들었으며 1935년 11월 26일 세상을 떠날 때는 평서노회 도사경회(都査經會)를 만류를 뿌리치고 인도하다가 67세를 일기로 순직(殉職)한 것이다.

길선주 목사는 3.1독립선언서에 날인한 33인의 한 사람이라는 것은 다 아는 일이나 그는 직접 서명한 것이 아님을 표명했고 그가 일찍(1897년) 도산 안창호 선생과 함께 독립협회를 조직하여 평양지부 사업부장을 역임한 바 있으니 자연히 길선주는 민족대표로 지목을 받았고 남강 이승훈 선생이 승인을 받으려 갔던 것은 사실이며 그때 영계는 사경회 인도차 출가중이었다. 그리고 어떤 설명에는 "이승훈 선생이 평양 가흘병원에 입원했을 때 독립선언 이야기를 하기에 앞을 잘 못 보아서 경성에 가기 어려운데 그 일에 관계하지 않으면 안되는가 하니 그러면 경성에 가지 않아도 된다 해서 명의만 기재하고 인장이 필요하다 하였으나 인장은 없어서 날인은 못했다"고 검찰조서에 기록되었다고 한다. "그후 인장을 만든 후 안세환을 만나 청원서에 날인하게 해달라 한 즉 그는 그 인장을 달라고 하였다고"도 한다.

그리고 집회(장현리)가 끝난후 3.1운동에 참가한 독립서명자들이 구금된 종로 경찰서로 가서 자수하여 2년동안을 옥중에 있으면서 요한계시록을 탐독한 때문에 암송케 된 것이다. 길목사는 옥중생활로 더욱 시력에 장애를 받은 것이다. 그러나 타인들이 성경을 잘못 읽으면 바르게 봉독(奉讀)하라고 지적할 정도로 성경을 잘 알았던 것이다. 또한 영계 선생의 명성이 더 높고 많은 평양의 시민이 존경하니 어떤 화류계 여성이 음흉한 마음을 품고 유인하였을 때 이를 알아차린 길목사는 "사람들아 이제 길선주 죽네"하면서 하도 크게 고함을 치는 바람에 뜻을 이루지 못했다는 일화(逸話)도 전한다.

3. 신유(神癒)의 종 김익두(金益斗)

1874년 황해도 안악의 선비인 김응선(金應善)의 독자로 10세부터 선비교육을 받았다. 그는 16세 때에 과거에 응시했으나 실패하여 자신도 낙담하고 부친은 그후 득병하여 별세하였다. 18세 때 결혼했으나 뜻하지 않은 사기에 걸려 보증을 서서 천양의 빚에 유산을 모두 탕진하여 이때부터 그는 술에 빠진 탕아가 되었다. 여기서 김익두는 악명높은 불량아가 되어 "오늘 호랑이 익두인지, 억두인지 만나지 않게 해줍소서"하면서 성황당에 빌었고 어찌 강제로 돈을 뺏는지라 그의 별명을 "김내라"라고 하였다 한다.

그러던 그가 1907년 평양신학교에 들어가 1911년에 목사가 되어 1920

년에는 총회장이 되었다. 김익두 목사는 「한국의 세례요한」 또는 「한국의 엘리야」「한국이 낳은 무디」라는 칭호를 들으리만큼 철저한 회개운동과 십일조운동, 이적, 기사를 많이 행하였고 그를 통하여 회개한 사람의 수효는 부지기수이었고 많은 헌금이 나와 전도와 교육에 크게 유익되게 사용한 것이다.

1920년 6월 평양의 김익두 부흥회 광경을 김린서는 다음과 같이 묘사한다.

↑ 김익두 목사

"대정(大正) 9년 하(夏)라. 길(吉) 목사는 있지 않았다. 사람들은 새벽기도회에 모히면 회개하여 울고 슬퍼 울었나니 울고 울어 눈물의 집회였고 낮공부에 모히면 두려운 기운에 잠기었고 저녁에 모히면 웃고 또 울었다. 그런데 사람이 너무 많이 모인 때문에 다수의 회중은 김목사의 말을 잘 듯지도 못하면서 김목사의 모양만 보고 웃고 울었다."(김린서,『김익두목사 소전』(4), 신앙생활, 1941. 2. 9. 20).

그가 자기의 과거를 뉘우치되 사람을 때린 장소마다 찾아가서 방성대곡으로 울었다고 하며 부인의 목병을 고치기 위해 함께 산에 가서 기도하는 중 은혜를 크게 받았다 하고 앉은뱅이를 일으키며 벙어리를 고친 것이다. 김익두 목사는 당시의 폐풍을 개량하였고 신사참배를 거부한 때문에 사경에 이르도록 고문을 당했으며 목사직을 박탈당하여 황해도 고향으로 평신도로서 낙향하여 거기서 그는 죄수처럼 출입이 제한되는 삶을 살았다. 1945년 조국광복으로 목사직이 회복되었으나 이어 북조선 정부의 교묘한 마수에 걸려 한때 공산당에 협조한 것으로 보였으나 그는 곧 떠났으며 1950년 10월 14일 공산당의 총탄에 순직한 것이다.

전형적 부흥사 김익두 부흥회(한때는 그의 집회에 7천명이 모였고 금은패물이 수없이 쏟아져 나왔음)는 먼저 자신이 금식하면서 집회를 인도하였고 자신이 친히 십이조를 바치면서 십일조를 강조했다고 한다. 그리고 그는 조사 때부터 생활원칙을 세웠으니, ① 새벽에 은밀히 기도할 것 ② 신약, 구약을 각 2장씩 숙독할 것 ③ 냉수마찰 ④ 하루 3차 가정예배를 하였고 이것을 실행하려고 기도하며 걷다가 웅덩이에 빠지기도 하고 나무에 부딪쳐 상처를 입기도 했으며 아는 사람이 인사를 해도 미처 못보아서 오해를 받기도 하였다한 다. 그는 일생에 776회 부흥회를 인도했으며 2만 8000여회 설교를 하였고 민족애를 가지고 신천교회 시무할 때 명신학교를 세워 후진을 양성한 것이다.

그도 처음부터 이적을 행한 것은 아니었다. 1919년 10월 평남 어떤교회 사경회에서 이적을 확신하고 길가의 앉은뱅이를 향해 "일어나라"고 했으나 전혀 소용이 없었다. 그는 그후 계속 기도한 결과 한달 후부터 놀라운 이적이 나타나게 된 것이다. 그후 1919년 12월 현풍교회 집회 때 턱이 내려앉은 병자(박수진)를 위해 금식기도 한 결과 고침을 받았다고 한다. 19년된 혈루증이 낫고 소경이 눈을 뜨고 곱사등이 펴진 것이다. 그는 신유의 은혜가 놀라와 병자 근처에 서서 "병마야 물러가라"고 소리만 쳐도 병이 나았다고 전할 정도인 것이다. 김익두 목사는 중국, 시베리아, 일본까지 다니면서 주님의 복음을 전한 훌륭한 전도자요 부흥사였다. 그의 역사로 세워진 교회당이 150이며 그의 감화로 목사된 이가 200명이며 그 중에는 주기철, 김재준 목사도 있고 그의 부흥의 후계를 이은 사람으로는 전재선(全載先), 이성봉(李聖鳳) 목사가 있다. 또 김익두 목사가 부흥회를 인도하던 때에 길선주, 김종우, 임종순, 이용도 목사들도 전국을 다니면서 부흥회를 인도한 것이다.

그런데 김익두가 회개한 것이 소안론 선교사라는 기록도 있고 원두우 목사와 마포삼열 목사의 전도로 결신했다는 기록도 있다(『기독교 대사전』, 기독교서회, 1960, p.134). 그리고 김익두 목사는 서울 남대문 교회, 승동교회에서도 시무한 것으로 되어있다. 그리고 그는 세례받기 전(1902)에 신약을 100독 했을 정도의 열성가였던 것이다. 그리고 그의 전도부흥집회 때 반종교가들(공산주의자들)의 철근공격을 받아 예배가 중단되었고 이리(裡里)교회에서도 민중운동에 시달리기도 했다. 또 그가 시무하던 남대문교회의 소위 신진 유식신도층의 반대에 모욕을 당했으며 그 언어가 품위없다고 해직을 요구한 때도 있었다. 김익두 목사도 전기 영계 선생처럼 천년왕국적 종말론을 가르쳐 가난과 멸시와 천대를 받던 소외층에게 특히 환영을 받았고 그의 언어가 이들과 동질성을 가진 때문에 큰 호응을 더한 것이라고 볼 수 있다. 그리고 "예수 천당"이라는 속에는 한국교회의 내세관이 있다(손봉호, 『현대정신과 기독교적 지성』). 무엇보다 김익두 목사는 자신의 모든 일이 사람의 힘이 아니고 "하나님의 신기하신 능력의 열매"라고 하였고 "자기는 성경의 교훈대로 기도

하는 치병 방법에 따랐을 뿐이라"고 한 것이다. 그는 국내는 물론 간도, 제주도에 이르기까지 776개 집회, 치병자 일만여명으로 추산되고 임택권 목사는 "이적 증명회"를 만들어 책으로 증거한 것이다. 그런데 김익두 목사의 설교는 좀 직설적이고 원색적이다. "똥칠할" "대동강물에 빠져죽는 것이 올컷다." "눈이 멍청" "술먹고 계집질" "애비없는 자식" "이 벼락맞아 죽을 놈"이라는 말들이 사용된 것인데 이는 호소력에 기인한 것이라고 해야할 것이다. 그는 또 자기의 기적이 예수님의 기적에 미칠 수 없고 오직 기도에 의하여 낮은 기적이 생길 수 있다고 믿은 데 김익두의 겸손이 있다. 그는 또 성경을 절대 하나님의 말씀으로 믿었다.

4. 김종우(金鍾宇) 목사

감리교 목사인 그는 1883년 9월 21일 경기도 강화군 양도면(良道面) 홍천에서 아버지 김철교(金喆教)씨의 아들로 출생하여 6세에서 22세 때까지 그 아버지인 유학자(당시 강화사에도 나오는 인물)에게서 한문을 배우다가 1905년 11월에 배재학당(培材學堂)에 들어가 기독교인이 된다. 그 후에 1914년 협성신학교(지금의 감신대학)를 졸업하고 그 해에 정동교회 부목사로 시무하고 그후 동대문, 정동, 상동, 수표교 등의 교회목사 또는 서울 지방 감리사와 1937년에는 제 2대 대한 감리교 감독이 되었고 그는 신앙이 독실하고 관대하여 사랑이 넘치는 목사였던 것이며 전국을 순회하면서 부흥회를 인도한 것이다. 그러나 그가 신사참배에 대해 적극 대응치 못한 약점도 없지는 않다. 그는 1939년 9월 11일 새벽 57세를 일기로 소천(召天)한 것이다.

5. 감리교 김창식(金昌植) 목사

황해도 수안(遂安)에서 1857년 출생하여 11세 때부터 서당에서 한문을 배우기 시작하였고 21세 때에 고향을 떠나 많은 세월을 방랑하다가 29세때 결혼하면서 선교사 올링거(Rev. Olinger)의 집에서 일을 도우며 지내는 동안에 복음서와 교리문답을 공부하고 30세때부터는 지방 전도사가 되었고 홀(忽)(William James Hall, 또는 賀樂) 박사와 함께 평양에서 전도하였으며 1901년

† 김창식 목사

5월 한국개신교 최초의 목사가 된 것이다. 그는 1893년 평양으로 이사를 가서 전도하던 중 홀박사가 부재중에는 그의 일을 도맡아 하였고 여러가지 구습을 타파하며 기독교 전파에 전력하여 때로는 옥에 갇히며 때로는 돌에 맞기도 하였다. 그러나 그는 더욱 열심히 전도하였고 1894년 하기에는 청일전쟁(淸日戰爭)으로 평양이 싸움터가 되어 시민이 거의 피난했으나 그는 끝까지 남아서 남아있는 이들을 위하여 전도하며 뒤를 돌아보기에 헌신하였고 1895년에 그는 북한 최초의 감리교회와 학교를 세웠으며 1906년에는 한국 최초로 평양지방 감리사가 되었고 황해도 여러 지방에서 교역을 하였으며 수원과 해주의 감리사로도 있으면서 많은 교회를 세우고(48개), 부흥사경회는 125개 교회에서 인도한 것이다. 1929년 1월 해주에서 72세를 일기로 하나님의 부름을 받았다.

6. 임종순(林鐘順) 목사

임종순 목사는 1875년 황해도 곡산 출생으로 1911년 숭실(崇實) 전문을 거쳐 평양신학교를 1916년 제 9회로 마치고 목사가 되어 처음은 일본에 선교사로 파송을 받았다(1928). 그후 정주 오산(五山)교회와 평양에서도 유명한 서문밖교회를 목회하면서 큰 부흥운동에 종사한 것이다. 그러나 그의 말로는 서문밖교회를 부득이 사면하고 작은 교회(대라령 교회)에서 비참한 최후를 마친 것이니 반신불수로 살았다고도 한다.

그의 부흥회는 감화력이 많아 회개의 역사가 많고 눈물없이는 설교를 들을 수 없었다 한다. 임종순 목사의 묘향산 단군굴 기도는 특이하고 유명한데 양식도 없이 40일 기도를 하되 풀과 나물만 먹으면서 기도하여 성령의 충만을 받았다 한다. 그가 하산(下山)할 때 주일을 지키려고 묘향산 밑 작은 감리교회에 들어가서 주일 낮 설교를 전도사에게 부탁하니 허술한 거지행세를 한 사람이라 망설일 수밖에 없었다고 한다. 후에 그가 40일 기도한 것을 알고 강단을 허락하여 교인들이 모두 울음바다를 이루니 계속집회를 부탁했다 한다. 또 그의 처(곰보)가 병들어 입원했을 때 그 교회 장로님이 그냥 죽도록 두라고 했다가 살인죄를 지을려고 하느냐? 그가 심통궂은 것도 다 뜻이 있다하여 임종순 목사는 성자로 칭송을 들었던 것이다.

7. 순교의 대명사 주기철(朱基徹)

주기철의 고향은 웅천이다. 웅천은 소읍이요 별로 이름난 곳이 못된다. 우리 속담엔 "웅천도 제 날 탓이다"라는 말이 있는데 이 말은 과연 주기철 목사를 두고 하는 말이다. 그가 1926년 평양신학교를 마치고 첫 부임지는 부산 초량교회인데 거기서 목회를 충실히 하는 중에 신사참배 강요가 일어났다. 주목사는 당시 부산일보에 신사참배의 부당성을 장황하고도 명백히 표현하였고 교회당 앞에 큰 길이 나게 해 주시길 기도한 결과 도시계획에 따라서 큰 길이 났다고도 한다. 그후 마산 문창교회로 옮겨서도 목회를 잘하였고 영력이 높았다고 한다. 믿음없는 모 장로 부인이 새벽에 나온 것을 보고 아무개 사모님 기도하시오 하면서 기도를 시킨 결과 그 사모는 눈앞이 캄캄해서 뭣이라고 몇 마디 기도를 한 후 크게 통회한 뒤로부터 믿음생활을 잘했다고 하며 불신자들이 가정싸움을 하면 주목사 사택에 와서 피신하고 싸움을 그치게 하는 일이 종종 있을 정도로 신망이 두터웠으며, 창원은 원래 색한이 많아 아주 불경스러운데도 창원교회 당회장 순회를 가면 신불신간에 쥐죽은 듯이 조용히 설교를 들었다 한다. 그리고 혹시 고향엘 가느라 배를 타면 향리인들이 시끄럽게 떠들어도 주기철 목사는 눈을 감고 고요히 묵상을 할 뿐이었다 한다. 평소도 농담을 하지 않는 경건의 종이었다고 한다.

그러니 주목사는 많은 교회에서 부흥회를 인도해 달라는 청탁을 받았으며 가는 곳마다 성령의 역사를 크게 일으켜 전국적으로 큰 각광을 받았고 심지어 일본도 가서 부흥회를 인도한 것이다. 주목사는 정든 문창교회를 떠나 1936년에 평양 산정현교회 길선주 목사의 후임으로 간 것이다. 아무리 스승 조만식 장로께서 청빙하여도 선뜻 응할 수 없어 망설이는데 밤에 꿈을 꾼 결과 감나무가 북쪽에는 열매가 많고 남에는 적었다고 한다. 그는 이것이 주님의 지시로 알고 떠났으며 마산에서 본처를 여의고 새로이 처녀 장가를 간 것이다.

주기철 목사는 당시 한 교회의 목사가 아니라 한국의 주기철이었고 항일투쟁의 상징이었으므로 그는 순교로 옥사했으나 지금 독립지사 묘역에(국립묘지) 가묘로 있고 그의 본부인만 실묘로 마산에서 이장(1968) 하였다. 주목사는 검속되기전 "주님은 나를 위해 십자가에 못박히셨는데 내 어찌 죽음을 두려워 할 수 있습니까. 나에게 일사각오(一死覺悟)뿐입니다. 현재의 고난은 장래의 영광과 족히 비교되지 않습니다"라고 했다는 것이다. 그리고 이제 부임한 산정현교회를 새로이 건축하되 많은 공사비(당시 7만원)로 건축함으로써 주목사의 실력이 더욱 빛났던 것이다.

8. 소위 최권능 목사

그의 본명은 최봉석(崔鳳奭)이었고 그가 결신한 것은 33세 때이며 그는 다음해 평양에서 노보을(M.A. Noble) 선교사에게 수세한 것이다. 그는 열심히 믿어 집사, 영수를 거쳐 매서인(賣書人)이 되면서 그는 압록강 유역 여러 도시와 만주의 통화(通化)에 이르도록 매서하며 전도하여 4년 동안에 30교회를 설립한 것이다. 그리고 만주에 가서 12년 동안에 50곳에 교회를 개척하여 목사를 파송한 것이다. "예수 천당, 불신 지옥"하며 새벽 4시면 외치는 그의 전도는 참으로 특이하였고 마포삼열 기념관을 짓고 동상을 건립코자 할 때 최목사는 결사 반대한 것이다. "당신들은 세우시오, 나는 도끼로 찍어 넘길테니까" 결의가 되었으나 결국 동상만은 건립치 않았다. 최목사는 신사참배를 반대하다가 검거되었고 자주하는 금식기도 때문에 몸이 극도로 쇠약하여 병보석이 되었다. 그가 세상을 떠난 것은 75세 되던 1944년 4월 25일이었다. 그가 평소에 잘 부르는 찬송은 '예수사랑 하심은'과 '고생과 수고 다 지난간후'였다고 한다. 최권능 목사는 실천주의 전도자로서의 주초를 이루어 근대교회 부흥의 중요한 기초석이 되었다고 하겠다. 최목사의 수고와 고생은 필설로 가히 형언키 어렵다. 그토록 넓고 광활한 만주 땅을 누비면서 많은 사경과 박해를 통과하면서 특이한 전도방법과 기지(奇智)로서 사역한 하나님의 귀한 종이었다. 한번은 하도 배가 고파서 말똥 속에 있는 콩을 먹고 힘을 얻었는데 갓 눈 똥이라 뜨끈뜨끈 하였고 덜 삶은 콩이라 말이 소화를 시키지 못하여 껍질을 벗기고 물에 씻어 먹고는 하나님께 감사를 돌렸다니 그 고생이 오죽하였겠는가?

박용규 목사저 『평안도 그 한 사람』에 죽은 송아지를 놓고 3일 기도하여 살렸다는 기록도 있다. 그가 전도에 열심하느라 신학교 공부는 형편 없었다. 졸업을 할 수 없는데 44세 때에 교수실에 가서 기도하자 한 뒤에 졸업장 달라고 했다는 이야기는 우습기도 하고 최목사다운 이야기로 통한다. "아멘"하였으니 달라는 것이었다. 이런 식의 일화는 끝없다. 전도의 대명사, 능력의 종 최봉석 목사는 예수의 정신을 철저히 실천하였고 당시의 고식적인 신앙을 질책하며 생기를 불어넣은 전도자로서의 주초를 이루어 근대교회 부흥의 귀중한 초석이 된 것이며 세계교회사에 둘도 없는 독보적 존재일 것이다.

9. 신비가의 대표자 이용도(李龍道)

이용도는 1901년 4월 6일 황해도 금천출신으로 가정이 불우했고 경건한 모친의 감화로 그가 13세 때 깊은 기도생활에 몰입되기도 했다고 한다. 그리고 그가 1919년부터 독립운동에 여러차례 옥고를 치루고 1924년에 감리교 협성신학교에 입학하여 이호빈(李浩彬), 이환신(李桓信)과 친하게 된다. 뜻하지 않은 병에 걸렸으나 두 친구의 고향인 평안남도 강동(江東)에서 부흥집회를 인도하는 중에 은혜가 임하여 건강을 얻었다 한다. 그후 신학교를 마치고 강원도 통천(通川)으로 부임했는데 거기서 박재봉(朴在奉)과 친하여 둘이서 금강산에 함께 기도한 것이다. 1928년 이후는 그 지방뿐만 아니라 평양까지도 명성이 더 높게 되어 때로는 천명이 넘는 청중이 모였다고 한다.

↑ 이용도 목사

점차로 큰 역사가 일어나서 1931, 1932년에는 부흥의 절정기가 되었다. 결국 교파나 도시, 지방을 가리지 않고 삼천리 방방곡곡을 누빈 것이다. "그의 설교는 남달리 비장했으며 말이 무척 빨랐다. 마치 기관총에서 나오는 총알처럼 거침없이 쏟아져 나오는 그의 말은 사람의 심중을 쪼아 마음을 찌르고 가르기 때문에 그의 설교 앞에서는 죄를 두고는 결코 참을 수가 없었고 흐린 마음은 눈물을 흘리지 않을 수 없었던 것이다. 죄를 갖고 있다가 금방 천벌이라도 내릴 것처럼 생각될 정도였던 것이다. 또한 그의 설교는 결코 한 두 시간에 끝나지 않는다. 대개 3, 4시간이고 어떤 때는 선자리에서 6, 7시간도 줄

기차게 말씀을 전하기도 하였다"(김진환, 『한국교회 부흥운동사』, p.151). 그는 스스로 좌우명으로 고난은 나의 스승, 빈은 나의 처이며, 비는 나의 궁전, 예수는 나의 구주, 자연은 나의 친구라 한 것이다.

특이한 것은 이용도 목사는 기도에 참으로 감화력이 많았다 한다. 설교전에 폭포수 같이 쏟아지는 기도에 청중은 거의 은혜를 받았다고 한다. 또 그가 너무 포괄적 사상을 가져서 기성 교역자들에게 의심을 갖게 한 것은 사실이며 또 원산의 접신파와 연루된 것은 큰 과오일 것이다. 그러나 그가 당시 국가를 잃고 한없이 방황하는 민족에게 사랑의 복음을 전하여 큰 호응을 얻었고 비록 33세라는 나이에 요절(夭折)했으나 한국교회 부흥사에 획을 이루는 장거(壯擧)를 남긴 것이다. 그리고 이용도는 의리와 희생의 사람으로서 자기쪽에서는 결코 배신하는 일이 없었다 하니 이 점은 참으로 귀하며 송창근의 유학비용을 자기 전세금을 뽑아 주었다는 것은 결코 쉬운 일이 아니다(송길섭, 『日帝下 監理教 三大星座』, 聖光文化社, p.227).

10. 관북의 「믿음의 아버지」 전계은(全啓恩)

전계은(全啓恩, 1869-1942)은 1894년 봄 그의 나이 26세에 문천읍에서 선교하던 기일(J.S. Gale. 奇一)을 만나서 한문성경을 얻어서 밤새워 통독하는 가운데 "구하라 주실 것이요, 평안을 끼치노니 곧 나의 평안을 주노라"는 곳에서 변화를 받은 것이다. 그래서 신주(神主)를 불사른 때문에 작두에 목을 넣고 배교하라는 부친의 강요를 거절하고 부친에게 전도하였고 동리의 친족들도 귀도한 것이다.

↑ 전계은 목사

1903년 원산 창앞교회당 부흥이후에 전계은은 고향에 세운 문천읍교회에도 큰 성령의 역사를 일으킨 것이다. 1914년 평양신학교를 나온 뒤 목사가 되어 목회하는 가운데서 전도에 힘썼고 그의 영향으로 백남주, 이용도, 한준명의 기도운동이 생겼으나 그들의 "예수는 마리아의 피를 받지 않았다"는 데는 찬성치 않고 그 지역의 잘못된 신앙을 통회기도를 하면서 사경회를 인도한 것이다. 전계은 목사는 설교에서 예화도 학자들의 말을 인용하는 것도 반대하였고 총회가 이혼문제를 묵인하는데 대하여「귀정원서」(歸正願書)를 제출하고 적극 반대한 것이며 성경에 대한 주석도 약간 썼으나 출판하지 못하였다고 한다.

1920년, 30년대의 무교회주의 지도자인 김교신, 최태용, 또는 일본의 무교회주의자들도 한국에 오면 전계은을 찾았다 한다. 그리고 최태용이「복음교회」를 세운 때에 "하나의 교회를 깬다"고 크게 꾸짖었다고 한다.

11. 전도집회자 유한익(劉漢翼, 1862-1940)

서울태생인 유목사는 1916년 협성신학을 나와서 1919년부터 1929년까지 미국 감리교 선교 100주년 기념 순행전도단장으로 활약하였다. 그리고 1923-1926년에도 연회부흥 사업에 헌신하였다. 그 후에(1926-27)도 원산 중리교회, 춘천감리사로 시무하였고 1934년에 은퇴하여 1940년경에 소천한 전도부흥사였다.

12. 국내외에 전도한 감리교 정남수

정남수 목사는 1895년 평남 강서 출신으로 미국 이름은 Robert이며 에즈베리 신대를 나와서 1923년 안수를 받고 미주에서 부흥사로 활약하였고 1927년 귀국하여 정동제일교회 목사로서 전국으로 다니면서 전도집회를 하였고 1931년 성결교로 이적하여 개체교회 목회는 하지 않고「장막전도대」운동을 하면서「경성 성경학원」(현 서울신대)에 출강도 하였고 1936년에는 미국 순회전도 집회를 인도하였으며 1937년에는 귀국하여 계속적으로「장막전도대」활동을 하는 동시에 1948년에는 한국 나사렛교회 기초를 닦기도 하였는데 1965년 미국에서 별세하였다.

13. 이명직 목사

1890년 서울출생의 이명직 목사는 1911년 동경성경학원을 나와 1914년 최초의 성결교 목사가 되어 성경학원 교수 겸 사감으로 취임하여 후진을 양성했고 저술도 많이 했으나 학자라기 보다는 목회자요 전도자로서 영적 생활에 크게 치중하였고 학생들에게도 기도생활과 생명력 있는 목회자의 지향을 독려하였다.

14. 해방 전 사회상과 부흥

우리는 해방전 부흥의 자취에서 볼 수 있는 것은 일본제국주의 박해가 오히려 한국교회의 부흥을 가져 온 사실이다. 청일전쟁, 만주사변, 신사참배강요, 황국신민화 정책이 민족과

⇑ 이명직 목사

교회에 영적 위안을 갈망케 한 것이다. 그리고 해방전 1930년대에 만주지역에는 공산주의가 발호하여 순교자들이 많이 생겼던 것이다. 이것은 곧 '교회의 씨'가 되어 싹이 나고 자라서 꽃이 피며 열매를 맺은 것이다. 초기 한국교회와 민족의 가난 또는 수난사를 여기서 일일히 열거할 수 없다. 한가지 사실만 옮긴다.

"북만교회는 순교의 피로 쌓은 교회이다. 잔악에 극한 공산당원에게 망치에 맞아 순교한 자, 정수리에 못박혀 죽은 순교자, 머리가죽을 벗기워 죽은 순교자, 말못할 학살을 당한 여순교자 등 기십기백(幾拾幾百)에 달하였다. 죽임을 당하지 아니하였어도 어떤 목사집에는 집이 없어 토막(土幕)이요, 어떤 목사 부인은 옷다운 옷이 없고 아이들도 바람 가리울 옷을 입히지 못하였다"고 한다(김린서, 『한국교회 순교사의 그 설교집』).

그리고 국내의 종교탄압은 국외 여러지역(일본, 만주, 시베리아)에 부흥이 되었다는 것이다. 예루살렘에 박해가 일어나서 안디옥 교회가 섬과 같은 것이다(행 8 : 1-7). 또한 일제의 박해는 국내교회의 결속을 초래했다. 즉 반대파와 묵인자들간의 결속인 것이다. 물론 이것은 장단점이 있을 수는 있다. 그리고 공산주의 핍박은 반공사상의 확립을 가져왔다. 과연 일제말기 특히 1943년부터는 주일낮예배 외에는 모든 집회를 금했고, 주교예배는 일요수련회, 부흥회는「연성회」(練成會)로 개칭하는가 하면 예배전에 동방요배를 실시한 것이다. 또 농촌교회당은 일본어 강습소 또는 근로작업장, 군용공장으로

폐합한 도시 교회도 있었다. 이때 지하로 숨어서 예배를 하는 곳이 많았고 이들을 색출하여 명단을 작성하고 8월 17일을 기하여 어떻게 죽을까 하다가 해방을 맞은 것이다. 이 얼마나 감격스러운 구원과 해방인가.

우리는 지하로 숨었든지 망명을 했든지 또는 투옥되고 순교했든지 시대에 영합하고 친일(親日)하여 신앙의 지조(志操)를 잃은 종들보다는 더없이 귀한 신앙용사로 알아야 한다. 이들의 헌신적 투쟁은 이 민족의 교회부흥 및 발전에 큰 밑거름이 아닐 수 없다. 해방후 항간에 '순교는 개죽음'이라는 목사가 있어 크게 물의를 빚고 있었다. 계명 지킴보다 사회정의 실현을 위해 죽은 「본 훼퍼」의 공적이 참다운 것으로 보는 신학사조는 문제인 것이다. 한국교회가 진정한 부흥을 하려면 좀 더 진실해지고 순수해야 할 것이다. 양심이 의심스러운 자기변명에 급급하며 양두구육(羊頭狗肉), 구밀복검(口密復劍)의 교역자들이 판을 치는 현실에는 진정한 교회부흥은 기대하기 어려운 것이다. 물론 순교의 자만도 크게 금물이다.

밤하늘이 어두울수록 별빛이 더욱 찬연한 것처럼 부흥사의 존재는 참으로 귀하다. 하나님께서 이 민족과 교회를 긍휼히 여기사 때를 따라 돕는 은혜(히 4:16)를 주신 것으로 알고 감사할 뿐이다. 영계에 광명이며 새벽별되신 예수님(계 22:16) 이 갈길을 잃고 헤매는 어린 양들의 목자가 되신 것이다. 그토록 훌륭한 일을 해낸 부흥사들도 결코 자기 힘으로 역사한 것은 아니다. 종들의 넘어지고 섬이 제 주인에게 있음을 우리는 명심하고(롬 14:4) 남을 함부로 판단하지 말고 결코 자고(自高)치 않도록 마음의 허리를 동여야 한다 (벧전 1:13).

제 2 절 조국광복 후 부흥

어둡고 괴로왔던 그 시절이 지나고 비록 반동가리의 국토나마 조국건설이 되는 축복의 날이 왔다. 북에는 소련군이, 남한에는 미국의 군인들이 진주하여 조선의 완전한 독립국 건설을 이룩될 수 없었고 교회 안에서도 신앙의 변절자들과 승리자들 사이의 불협화음은 실로 개탄을 금할 수 없는 일이었다. 다 지나간 역사이긴 해도 오늘에 돌이켜 보면 참으로 믿음없는 군상(群像)들이 아니었던가. 빙탄불상용(氷炭不相容)의 원리일까. 그 책임은 누가 져야 하는지를 우리는 생각하게 된다.

교회의 정화(淨化)라는 지상과제(至上課題)를 실현하기는 결코 쉽지 않음을 우리는 해방후의 역사를 통하여 배우게 된다. 어떤면에서는 태양신(太陽神)과 싸운 이들의 훌륭한 역사를 가진 한국교회의 부흥은 사필귀정(事必歸正)일 것이다. 교회는 필연코 부흥하여야 된다. 예비된 신실한 주의 종들이 계셨던 것이다.

1. 장로교 부흥사 전재선(全載善) 목사

전목사는 1893년 11월 22일 평남 대동군 추을미면 이천리 전윤화씨 장남으로 출생하여 19세에 입신하였고 1926년 평양신학교에 들어가 목사된 후에 만주 무신교회 목사로 시무하였고 1946년 광복 이후에는 독립기념전도회 총무가 되어 북한지역 부흥사로 임명을 받았다. 6·25 때는 황해도 재령 동부교회 목사로 시무하다가 구사일생(九死一生)으로 월남(越南)하여 1950년 제주도 피난지에서 「기독교 연합전시 비상대책 전도부」 총무가 되었고, 그 후로도 「예장 전도부」 총무로 사역하였으며 인천 팔복교회 목사로 부임한 것이다.

↑ 전재선 목사

전재선 목사가 신학을 한 배후에는 미국인 어을빈(Eaelvin)이 만병수(萬病水)를 팔아 얻은 돈으로 그의 생활비를 부담한 것이다. 이 「만병수」는 당시 부산에서 퍽 인기높은 양약이었다. 그의 학비와 생활비를 모두 선불로 1,800원을 준 것이다. 이것은 전재선 조사가 양산읍교회 시무 때 기도한 결과라 한다. 우리의 쓸 것을 아시는 주님이 준비해 주신 것이 분명하다(빌 4:19). 그는 돈을 한성은행에 저축해 두고 어려움 없이 공부한 행운아였다. 그는 계획성있게 사역하여 1934년 희년전도회를 통해 41개처 교회를 개척하였고 교역자 생활비를 또 41교회를 도왔다고 한다. 이렇게 많은 교인이 호응한 것은 전재선목사의 부흥회에서 많은 사람이 은혜를 받았기 때문이다.

전목사의 1939년 1월에 목단강(만주) 중앙교회 집회는 큰 은혜가 있어서 10만원 헌금이 되었고 1946년 평양에서는 2개월이나 연합사경회를 열어 성황을 이루고 때로는 3,000명씩 몰려올 때도 있었다. 이들은 금식도 하고 철야하면서 통회자복의 큰 역사가 일어났다고 한다. 그는 일생에 634회에 걸쳐 사경회 인도를 했으며 24,240의 결신자, 18개 교회를 세우고 개척교회가 5, 목사된 자 9, 그에게 은혜받은 목사 36인이라 한다(박용규,『이 불을 끄지 말라』).

2. 신유의 종 박재봉(朴在奉) 목사

박재봉 목사는 호를 심언(心言)이라 한다. 해방후 감리교의 대표적 부흥사라면 박재봉목사를 꼽았다. 박목사는 1904년 성령의 뜨거운 체험을 받아 신학을 하였고 그의 첫 파송지는 강원도 홍천교회였다. 거기서 심령의 충족을 위해 금강산 지류인 백정봉(百鼎峰)에 같은 감리교 동역자 이용도 목사와 같이 올라가서 기도하는 중 큰 은혜를 받았는데 시간이 흘러가는지도 모르게 간 것이 약 보름이었다고 한다. 어떤 기록에는 10일이라 하나 필자는 직접 박목사에게서 1967년도 마산 오동동교회 집회때 들었다. 거기서 "잃어버린 내 양을 찾으라"(1929년)는 음성을 들었고 그후 그는 전국을 누비면서 부흥회를 인도한 것이다. 특히 박재봉 목사의 집회에는 신유의 은혜가 많았는데 오늘의 부흥사들처럼 안찰기도를 하지 않고 병자들의 이름과 병명을 적어달라 하여 집회 도중에 자신이 시간을 정하여 특별기도를 하는 중에 유독히 기도가 되어지고 불쌍한 생각이 떠오르는 환자가 치유되는 경우가 많았다 한다.

박목사의 7순 때까지(1974년)는 성역 54주년이며 1,552개처 교회에서 부흥회(사경회)를 인도하였으며, 31만명의 결신자, 수백명의 목사와 전도사를 배출한 것이다.

박목사는 노령임에도 불구하고 해운대 감리교회를 담당하여 후배 신학생을 많이 양성하고 자신은 극히 청빈스런 생활을 하였다. "서발 막대기 휘둘러도 거치는 것이 없다"는 박목사의 말은 이것을 단적으로 나타낸다. 부흥사의 생명은 재물, 명예, 이성을 조심함에 있음을 웅변적으로 보여 준다. 박재봉 목사는 한국교회 부흥역사에 빼놓을 수 없는 자리를 점한다. 한번은 40대 앉은뱅이를 고쳤다. 그 남자는 불신자였는데 예수를 믿는 것은 고사하고 "이전에 못 놀아본 내 한이여"하면서 기생방을 다니면서 방탕생활을 한다는 소식을 듣고 하나님께 "신유의 은사를 거두워 달라"고 했다고도 한다.

3. 전형적 부흥사 이성봉(李聖奉) 목사

그는 1900년 7월 4일 평안남도 강동군 간리의 이인실(李仁實)씨의 장남으로 나서 당시 풍속대로 중매결혼을 했다. 부부생활은 그렇게 원만치 않았고 가빈(家貧)이 또한 불행을 가중시켰다. 그러나 일찍이 기독교를 받았으며 어머니의 철저한 신앙교육으로 성봉은 6세에 기도를 하였으며 신약을 통독했다 한다. 특히 김익두 목사가 세운 신천의 경신소학교를 다니면서부터 김익두 목사를 존경하고 깊은 신앙을 갖게된 것이다. 그래서 그는 김익두 목사와 같은 부흥사가 되려고 마음먹은 것이다.

↑ 이성봉 목사

그러나 뜻대로 도지 않아서 중학교에 못가고 결국은 실의(失意)에 빠지기도 했으나 이를 악물고 장사에 종사하면서 기독교와 멀어진 것이다. 결국 그는 17세 때부터는 술, 담배는 물론 투전도 하고 기생들과 어울려 평양 모란봉에 가서 춤도 추었다. 이런 결과 그는 득병하여 21세 때에 회개한다. 철저한 회개를 하였다고 한다. 성경학원(동양선교회)에 입학한 뒤에 전일에 기차표 속인 것을 4배나 갚는 일이 있었다 하며 재학중에 주일학교 부흥회에 관심가져 방학에 여러 곳의 여름성경학교를 인도하고 부흥회를 계속한 것이다.

첫 부임지 수원의 사역이 놀라와서 이적이 나타나고 날마다 결신자가 생겼으며 회개의 역사도 각처에서 얼어나는 중, 7개월 누워 있던 무당에게 전도하니 곧 눈물을 흘리면서 예수를 영접했다고 한다. 그후 목포 성결교회 사역도 큰 성과가 있었고, 그의 전성기는 해방 후일 것이다. 이성봉 목사는 40년간을 한결같이 부흥을 인도한 자수부흥사로 이름이 높고 설교 때 가끔 수염을 휘날리면서 성곡을 부르면 멋이 있기도 하며 은혜도 많았던 것이다. 그리고 많은 신유가 따랐던 것은 물론이며 그의 부흥회 특색은 야단스럽지 않다는 것이다.

부흥회가 열리는 동안은 별다른 은혜가 없는 것 같으나 집회 후에는 교회에 평안이 있고 가정의 문제가 해결되고 예배당을 짓게 되었다 한다. 이성봉 목사는 "사랑은 수고하고 겸손은 오래 가느니라"는 자신의 유명한 어록처럼 겸손으로 40년을 한결같이 수종들었던 훌륭한 부흥사였다. 그리고 신유의 은사도 많이 나타난 것이며 사명자를 많이 배출한 것이다. 그의 설교는 언제 들어도 싫지 않았고 성경을 중심한 설교였다.

1957년 동양선교부 한국선교 50주년에 50집회를 이정률, 정운상 목사와 함께 인도하였고 1960년에는 9개월간 미국에서도 순회 부흥회를 인도하였으며 생의 끝이 다가 온 것을 인식한 그는 자원하여 전국의 1일 1교회 순회부흥회를 480여곳을 인도한 것이다. 교회를 찾아가 "이성봉 목사외다. 집회하려 왔다"하여 즉흥집회를 인도한 것이다. 이성봉 부흥사는 1965년 8월 2일 66세를 일기로 조용히 서거(逝去)하였다.

이성봉 목사의 『천로역정강해』는 참으로 쉽고 은혜로웠고 그의 설교유고는 후진 교역자들의 설교의 본이 된다. 그는 성결교가 낳은 최대의 부흥사이며 별로이 재물이나 이성에 대한 추문이 없고 은혜와 경건과 열정을 깊이 간직한 대설교가였던 것이다. 그의 귀한 자취는 길이 한국교회 교역자들이 본받을 사표인 것이다.

4. 용문산 기도원의 나운몽

그의 기도처인 용문산에 대해서는 이미 설명하였다. 그는 1914년 1월 7일 평북 박천 출신이며 기독교 가정에서 신앙교육과 함께 한학을 한뒤에 당시 명문 "오산고보"를 거쳐 일본에 가서 다소 공과공부를 한 것이다. 한때 야망을 품었으나 뜻을 이루지 못하여 실망하던 중 입산수도(入山修道)하게 되었으나 그것도 여의치 않아 찾은 곳이 용문산이다(1940.5). 거기서 나운몽은 애향숙(愛鄕塾)을 세워 민중운동을 하였다.

그는 해방 후에 강한 은혜의 역사가 있어 전국의 교역자 수련회를 가졌고 한국교회의 기도의 동산이며 수없이 큰 무리가 몰리는 기도원이 되었고 자신이 수없는 집회를 인도하였다. 나운몽은 은혜체험, 입신, 방언, 신유, 예언, 진동의 체험을 강조한 것이다.

← 용문산도원 전경
(1960년대)

그는 구변이 좋고 자기 식의 성경해석은 기성교회의 저항을 받는다. 그러나 나운몽은 목사가 되어 지금도 현역이며 문서활동(복음신보) 또는 많은 사역(만민교회)을 한다. 그의 부흥사역은 근대교회사의 한 페이지를 반드시 점한다. 많은 지원(支院)을 두고 후계자들이 많은 것도 특색이다. 「통일전도단」 300명을 조성하여 휴전선을 넘겠다고 우겨대던 일도 기이한 사건이었다. 나운몽은 한국민족 중심의 성경해석과 동방한국 사명설을 주장하였고 벧전 3:19에 근거하여 「영옥설」도 그의 특이한 해석이며 모든 진리는 하나로 통일된다는 고고극치(孤高極致)도 주장한다.

5. 최다의 집회인도자 박용묵

박목사는 경북 청도 출신이며 길림신학교를 나와서 대구 문화교회를 거쳐 서울 대길 교회에서 목회하면서 저력을 발휘했다. 그는 많은 저서가 있고 결신자가 많으며 힘들이지 않는 것 같이 구수한 설교에도 은혜를 받는 특이한 재능을 소유한 이웃 할아버지 같은 부흥목사님이며 신유 은혜도 많았다. 1975년 통계로 집회수효 656회이며 5만의 결신자를 내었다 한다.

6. 양도천

그는 1924년 10월 평안북도 청주군에서 나서 특이한 총명을 가져 22세 때 다니엘과 계시록을 암송했다고 하며 처음에는 평양신학교에 갔다가 1950년에 서울신학교를 나와서 전남 신안의 교역으로 그의 성역생활이 시작된다. 그가 한국 복음화 운동때 열심히 예비 강사로서 훌륭히 사역하여 큰 촉망을 받았는데 그만 탈선한 것이다. 1965년에 이단인「세계 일가공회」를 선포하고 비기독교화된 것이니 이것은 한국교회의 큰 손실이다.

7. 감리교의 이강산(李江山) 목사

↜ 이강산 목사

이강산목사도 훌륭한 부흥사였음은 주지하는 바이며 그는 90세를 수하였고, 이.손. 양 부흥단을 조직하여 충서(忠西)를 위시하여 전국 각지에 부흥을 일으켜 현대 부흥사들의 선구자 노릇을 한 것이다(이강산,『빛아래 성역 50년』, 참조).

8.「한국의 예레미야」김치선 목사

그는 함남 흥남에서 1899년 나서 함흥 영생학교를 다니다가 3.1운동에 가담 1년간 옥고를 치루고 연희전문 문과를 거쳐 고베 중앙신학교를 나와 목사가 되었고, 도미하여 웨스트민스터(Westminster)와 달라스(Dallas) 신학교

↑ 김치선(金致善)

에서 배웠으며 일본에서도 신앙을 지키다가 검속되었고 서울에 와서 남대문교회를 시무하면서 300만 부흥운동을 전개한 열성적 신앙인이며 많은 금식기도회와 눈물로 호소하는「한국의 예레미야」라는 별명을 얻었다. 그는 이북에서 피난나온 교인들에게 설교할 때나 기도할 때마다 울면서 "한국에는 2만8천의 자연부락이 있소. 동리마다 교회를 세웁시다. 우리 성도들이 집집마다 감나무 한그루씩 심어서 그 수입을 몽땅 선교비에 투자한다면 민족복음화는 물론 세계를 복음으로 덮으리라"고 이처럼 불타는 사명감으로 교인들과 후배들을 교육한 것이다. 김치선 목사는 한국 최초의 웨스트민스터 신학교 신학박사이며 그의 대한 신학교 설립과 후배양성은 시기에 부합된 것으로 보이나 안수문제로 성경장로회가 독립장로회 마두원(馬斗元) 선교사와 제휴하여 성립되었고 초대 총회장이 된 것이다.

9. 최근의 동향

김응조, 김창인, 임영재, 정운상, 박장원, 신현균, 이만신, 이호문, 김홍도, 오관석, 노재남, 박경남, 이천석, 조용기, 김충기, 강달희, 석원태, 김기동, 우심언, 김우영 목사 등 현역 부흥사들에게 한국교회의 장래를 기대해 본다. 특히 김응조 목사는 부흥회와 저서 및 교육사업과 보수적 신앙으로 교계에 끼친 공로가 지대하다고 본다. 여기에 거명치 않은 귀한 부흥사들이 많음도 사실이다.

10. 여성 부흥사들

이제까지 말하지 않은 여성부흥사 ① 명향식(明香植) 전도사를 소개한다. 그는 북한 출신으로 한때 공산당에 가담도 했고, 해방 후에는 용문산에서 나장로와 함께 일했으나 교리상 문제로 나뉘어져 김해 무척산 기도원을 세우고 금식하면서 많은 부흥회를 인도한 여성 부흥사였다. 명선생은 한때 서울 동산교회(박윤선 목사시무) 여전도사로 있기도 했다. 그는 50세라는 아까운 연세에 주님의 부름을 받았는데 필자는 한국의 여성으로 그분보다 설교 잘하는 이를 일찍 본 일이 없었고 그의 부흥회에 통회자복하고 신학교에 가게 되었다.

그리고 경북대구 지역을 중심으로 해방후에 부흥사역에 성실히 사역한 ② **우태숙** 선생도 큰 부흥사이다. 주로 말세론을 강해하였고 강단의 권능이 함께 하여 많은 성도들이 은혜를 받았던 것이다.

또 김천 직지사(直指寺)교회에서부터 이적 부흥회를 인도한 ③ **변계단** 씨도 크게 사역한 여성 부흥사였음을 기억할 필요가 있다.

또 한분 여성 부흥사는 ④ **최자실**이다. 『할렐루야 아줌마』로 통하여 훌륭한 사위(조용기 목사)와 아들(김성광 목사)을 길러내고 여의도 순복음교회를 세계 최대의 교회로 육성시키는 기초돌이 되었다. 특히 금식기도원을 만들어 한국교회 영적 운동에 획기적 공헌을 한 것이다.

이제 부흥소사의 끝에서 몇마디 부쳐 말해 본다면 과거에는 철야기도를 하면 조용히 이불을 덮고 묵상으로 무릎을 꿇고 밤을 지새우면서 기도의 줄을 붙잡던 풍조는 거의 퇴조한 것이다.

필자의 견해로는 옛날의 경건과 열성적 믿음을 겸했던 그때가 오히려 원색적 기독교가 아닌가 한다. 여호와의 세미한 음성은 불과 지진, 광풍에 있지 않았다(왕상 19 : 12). 깊은 물은 요동이 적고 쉬 뜨거우면 쉽게 식는다. 고요하면서도 내면 깊이에 심기운 신앙과 기독교 정신이 아쉽다. 착실한 계명준수, 철저한 정직, 순수한 양심 또한 백절불굴의 지조(志操)를 가져야 될 것이다. 결코 교만이 없고 넓은 사랑과 관용이 있는 신앙적 부흥이 절실히 요청됨을 지적하면서 주께서 피흘려 세우신 대한의 교회가 무궁토록 발전하여 자손만대에 피난처와 진리의 등대가 되기를 기도한다.

제 3 절 한국교회 100년의 개신교 인물 자료

<목회자>(15명) 주기철(일제에 의한 순교), 손양원(공산당에 의한 순교), 이기선(출옥성도), 주남선(출옥성도, 거창교회 시무), 한상동(삼일교회 시무, 고신대학교 설립), 한경직(영락교회 원로), 김창인(충현교회 원로), 강

원룡(경동교회 원로), 강신명(새문안교회 시무), 이상근(대구제일교회 시무), 곽선희(소망교회 시무), 김선도(광림교회 시무), 정진경(신촌성결교회 시무), 김홍도(금란교회 시무), 조용기(여의도 순복음중앙교회 시무)

＜**부흥사**＞(15명) 길선주(장대현교회 시무), 김익두(황해도 신천읍교회 시무), 이용도(통천교회 시무), 박재봉(서울 음성교회 시무), 이성봉(신촌성결교회), 박용묵(대길교회 시무), 이강산(천안감리교회), 임영재(독립문교회 시무), 박장원(방주교회), 신현균(성민교회 시무), 이만신(중앙교회 시무), 이호문(숭의교회 시무), 이천석(성복중앙교회 시무), 김진환(은평 중앙교회 시무), 석원태(경향교회 시무)

＜**교육계**＞(15명) 송창근(한신대학 초대학장), 백낙준(연세대 총장), 김활란(이화대), 임영신(중앙대 설립자), 주영하(세종대 설립자), 고황경(서울여대 설립자), 김연준(한양대 이사장), 유상근(명지대 설립자), 조영식(경희대 설립자), 강태국(한국성서대학 설립자), 전영창(거창고교 설립자), 김응조(성결대학교 설립자), 이호빈(강남대학 설립자), 김치선(안양대학교 설립자), 장종현(기독신학대학원대학 설립자)

＜**신학자**＞(14명) 최병헌(협성신학 교수), 남궁혁(평신교수), 김재준(한신대 학장), 박형룡(총신대 학장), 김양선(사학자), 채필근(평신교장), 지동식(연세신대 학장), 박윤선(합동신대 설립자), 신사훈(서울대 교수), 한태동(연세대 대학원장), 안병무(한국신학연구소 소장), 윤성범(감신대 교수), 서남동(연세신대 교수), 김영한(숭실대 교수)

＜**선교사**＞(8명) 원두우(장로교), 아펜설라(감리교), 안론(의사), 마포삼열(평신 설립자), 곽안련(평신교수 및 저술가), 시란돈(이대 설립자), 대천덕(예수원 설립자), 길보륜(성결교)

＜**문학가**＞(10명) 전영택(목사, 소설가), 윤동주(시인), 강소천(아동문학가), 박두진(시인), 박목월(시인), 김현승(시인), 황금찬(시인), 이은상(시인), 오화섭(영문학자), 최재서(영문학자)

＜**문학운동가**＞(3명) 황광은(목사, 아동문학), 조향록(목사, 수필가), 안용준(목사, 문학)

＜**사회운동가**＞(2명) 박형규(NCC관계), 이태영(가정법률연구소장)

＜**전도자**＞(4명) 최봉석(일명, 최권능 목사), 김준곤(CCC 총재), 오태

원(예수 전도단 설립자), 잭 홈(목사, 예수 페스티벌 운동 시작)
　　<계몽가>(7명)　안창호(민족운동가), 이상재(YMCA총무), 이승훈(오산학교 설립자), 조만식(장로·민족운동가), 김용기(장로·가나안 농군학교 교장), 남궁억(관동학회 설립자), 장준하(사상계 창간)
　　<정치가>(6명)　김구(상해임정요원), 이승만(초대 대통령), 김규식(장로·정치가), 이동휘(독립운동가), 박용만(하와이 독립운동가), 김영삼(장로·현직 대통령)
　　<사회사업가>(1명)　홀트(홀트 양자회)
　　<실업인>(4명)　최창근(장로), 김인득(장로), 최태섭(장로), 최순영(장로)
　　<절제운동>(2명)　송상석(한국절제회 총무), 손정도(여자절제회 총무)
　　<농촌운동>(2명)　배민수(기독교농촌연구회 설립), 최용신(상록학원)
　　<교단설립>(5명)　최태용(복음교회), 박성산(하나님의 성회), 지원상(루터교), 최덕지(재건교회), 함석헌(퀘이크)
　　<해외 선교사>(7명)　김영진(대만), 김순일(태국), 최찬영(태국), 계화삼(대만), 변재창(일본), 방지일(산동), 이대영(산동)
　　<국어학자>(3명)　주시경, 최현배, 김윤경
　　<사학자>(3명)　신채호, 홍이섭, 손보기
　　<혁명가>(2명)　장인환(Stevenson 저격), 이재명(이완용 저격)
　　<성경학자>(3명)　안병한(장로), 오종덕(목사·고려고등성경학교 설립자), 최정원(목사·대구성경학교 교장)
　　<의료인>(1명)　장기려(청십자운동 창시자)
　　<과학자>(1명)　이원철(초대 기상대장)
　　<연예인>(4명)　곽규석, 구봉서, 고은아, 신영균

제4절 한국교회 부흥회의 어제와 오늘

초기 한국교회 부흥회는 사경회(查經會)가 주류를 이루어서 조용하게 말씀에 귀를 기울이고 철저한 교회봉사와 사회에서의 빛과 소금이 되기 위해 노력한 것이다. 그래서 때로는 신유(神癒)를 행할 때도 안수하는 경우는 별로 없었고 손수건을 사용하거나 병자의 명단을 가지고 기도하여 고친 것이다.

그런데 작금(昨今)의 부흥회를 보면 복음의 근간이 되는 심령의 변화보다는 육적 치병이나 신령한 은사에 치중하는 현상이다. 소란하고 외형상으로 부흥이 되는 것 같으나 하나님은 꼭 그렇게 역사하는게 아니라 오히려 세미한 음성(왕상 19:13) 가운데 나타나신다. 이는 마치 천천히 흐르는 실로아 물을 버리고 르신과 르말리야의 아들을 기뻐하는 것(사 8:6)과 같은 것이다.

지난날 이성봉 목사의 부흥회는 집회 기간에는 별로 부흥이 되는것 같지 않았으나 집회 이후에 계속하여 인화단결이 되고 예배당을 짓게 되었다 한다.

우리는 "연내에 부흥케 하소서"(하박국 3:2)라는 선지자의 소원처럼 주께서 한국도상(韓國途上)에 오셔서 지난날의 부흥과 같은 부흥을 주시길 우리 모두 기원하자!

부록
Ⅱ
샤머니즘(Shamanism)과 한국의 문화와 기독교

1. 서론적 고찰

어떤 신학자가 기독교와 문화에 대해 이렇게 표현한 것은 적절하다 하겠다:

"기독교는 계시종교이며 동시에 문화종교이다. 계시와 문화는 뗄래야 뗄 수 없는 기독교의 두 본질적 요소이다. 계시는 하나님의 영원한 말씀이다. 이 계시는 무시간적 처소에 주어지는 것이 아니라 구체적인 역사적 정황, 즉 문화적 상황 속에 주어진다… 계시는 문화를 심판하고 조명하며, 그 궁극적 의미를 드러내는데 반해서, 문화는 계시가 드러나는 장(場)이며 계시가 드러나는 현시이고 통로이다. 문화는 계시가 전달하려는 메시지를 상대화 시키코자 하나 계시는 그 순간이 문화의 상대주의적 입장을 심판하고 그 초월적 입장을 견지한다.[1]"

이 말은 기독교는 어떤 문화나 이데올로기도 초극됨을 뜻한다는 것을 나타낸다.
한국은 유구한 동양 문화권에서도 특히 중화 문화의 지엽적인 문화를 지닌

---
1) 김영한,『한국 기독교 문화 신학』, 성광문화사, 1992. p. 5

것으로 보는 게 일반적인 정설(定說)이다. 이는 결코 독립 문명이 아니라 토인비의 표현대로 위성 문명(衛星文明)²⁾이라는 것이다. 과연 그러면 한국의 문화는 전혀 독창성이 없는 종속 문명일 뿐인가? 결코 그렇지는 않다. 브리테니카(Britannica)는 다음과 같이 기록한다.

"한국 문화는 대개 산동 반도의 고대 문화의 한 지류로서 고대 중국 문화의 한 요소로 구성되었고, 또 다시 남쪽의 일본으로 건너가 초기 일본 문화의 주요한 경향을 이루었다. 그리고 한국은 중국과 끊임없는 투쟁으로 문화적 항쟁과 아울러 중국 문명보다 더욱 발전시킨 것을 밝힌다."³⁾

그런데 우리 민족 문화의 중핵(中核)은 무엇인가? 이것을 규정하지 않으면 안된다. 한국 문명은 중국으로부터 문명의 빛을 받았기 때문에 자연히 깊은 암석층에는 천여 년의 중국 문물과 제도에다가 불교의 이데올로기를 가지고 있는 동시에 그 위에는 유교 문화의 지각(地殼)이 있다. 19세기말에서 오늘에 이르는 기독교를 통한 서구 문명이라는 지표층(地表層)이 있으나 그 가장 중핵에는 민족 고유의 '샤먼 사상'(Shamanism)이 있어서 외래 문화를 수용한 것으로 본다.⁴⁾ 우리 민족은 역사적으로 볼 때 샤머니즘의 토대 위에서 문화생활을 영위했으므로 우리의 심성 구조가 무속적(巫俗的)임은 결코 부정할 수 없다.⁵⁾ 어떤 이는 이렇게도 말한다.

---

2) Arnold Toynbee, *A Study of History*, XII, 1961, pp. 551f. 토인비는 처음 한국 문명을 소멸된 것으로 보았다가, 후에 주변 문명의 목록에 삽입시킨다.
3) *Britannica*, xxII, 1988, p. 515.
4) 柳東植, 『韓國 宗敎의 歷史와 構造』, 연세대 출판부 1975. 14, 15.
5) 김영한, 전게서, p. 479.
   文相熙, '韓國의 샤머니즘'『종교란 무엇인가』분도출판사 1978. p. 125, 126. "우리의 선조들은 아득한 옛날부터 아기를 낳으면 삼신제를 올리고, 병들면 푸닥거리로 풀고, 혼사엔 혼인제 초상이 나면 자리걷이를 지냈다. 그리고 온 동네의 평안과 풍년을 빌기 위하여 당굿이나 지신제(洞神祭) 같은 동신제(洞神祭)를 지내며 수천 년을 한결같이 살아왔던 것이다. 샤머니즘은 아주 끈덕진 생명력을 지니고 있는 주술적인 원시 종교이다. 대륙에서 불교, 유교, 도교 등 대종교들이 와서 크게 번창하였으나 어느 종교도 샤머니즘을 완전히 제압해 본 적이 없었다. 오히려 이들 외래 종교가 수용(受容) 과정에서 샤머지즘에 습합(習合)되어 변용(變容)되었던 것이다."

"그러면 도대체 우리의 생활 습속 중에서 어디서부터 어디까지가 샤머니즘의 영역에 속하는 것일까? 어떤 것들이 샤머니즘의 핵심적인 내용을 함유하고 있는가?…긍정적이든 부정적이든 간에 오랜 세월 동안 우리 나라 사람들의 생활 속에 근착(根着)한 샤머니즘 현상의 종교적, 사회적, 문화적 의미와 기능을 어떠한 눈으로 관찰하고 평가할 것인가?"[6]

미국 신학자 틸리히(Paul Tillich, 1886-1965)는 "종교는 문화의 실체이며 문화는 종교의 형식이라"[7]고 했는데, 이러한 사실은 고대사회(primitive society)나 전통 사회(traditional society)로 거슬러 올라갈수록 더욱 분명해지고 현대와 같이 문화적 활동이 종교의 관할을 일탈(逸脫)하여 세속화되어 버린 경우라도 그 종교적 뿌리는 결코 무시될 수 없는 것이다. 그것이 추구하고 있는 가치들은 또 다른 종교적 차원을 함유하고 있기 때문이다. 우리는 한국의 문화 현상 가운데 샤머니즘이 가지는 비중을 기독교 입장에서 논의하려는 것이다.

어떤 종교이든지 토착 문화의 토양에서 성장된 것이 외래 종교나 문화와 충돌될 때는 순기능(順機能)과 역기능(逆機能)이 있게 마련이다. 첫째는 기독교의 하나님과 그 세계를 쉽게 받아들이게 하였다. 무속(巫俗)에서는 많은 귀신과 함께 주제신(主帝神) 하나님을 믿고 있었으므로 이와 유사한 조직의 기독교 신령계를 쉽게 이해한 것으로 볼 수 있고, 또 무속은 기독교를 현실적 길흉화복(吉凶禍福)의 종교로 받아들였으며, 교역자들의 기능은 마치 무당(shaman)의 역할로 되었다.[8]

실로 무속 신앙의 영계에는 많은 귀신과 함께 최고신, 곧 유일지대신(唯一之大神)을 믿은 것이다. 이러한 신 이해는 성경이 증언하는 유일신과 귀신 이해에 대한 유비가 된다.[9] 실로 초창기 기독교는 샤머니즘이 말하는 최고신,

---

6) 이창근, 『韓國 社會와 宗敎』, 엘맨, 1990. pp. 95, 96.
7) 전게서. p. 3.
8) 김해연, 『한국 교회사』, 성광문화사, 1994. pp. 95, 96.
9) 김영한, 전게서, p. 479.
 任洞權, "民間信仰", 『종교란 무엇인가』, 분도출판사, 1978, pp. 197, 219. 한국인의 귀신(鬼神) 이해는 귀(鬼)는 음지(陰地)의 신이며 신(神)은 양지의 신이다. "鬼也者陰之靈 神之者陽之靈" 『성호쇄설』(이익)

하느님을 채용함으로써 기독교 선교에 성공할 수 있었다. 선교 신학에서 토착 문화와 복음을 대립적인 것으로 보는 입장과는 달리 전혀 해를 주는 것은 아니다. 초기의 한국 기독교는 샤머니즘의 이런 하나님 개념에다가 성경적 내용을 채웠다. 무속 신앙의 하느님은 세계를 창조했으나 멀리 초월해 있어서 세상사에는 간섭하지 않고 아래의 잡신들에게 맡기는 비인격적인 자인데 비해, 기독교는 하나님을 초월적 존재이신 동시에 이 세상의 지극히 세미한 것까지 장중에 붙들고 계시는 분임을 말한다. 여기서 소위 선교 신학에서 혼합주의가 주장하는 바와 같이 샤머니즘의 신관이 기독교의 복음의 증언하는 신관에 의하여 그 개념을 유지하고 있지만 그 내용은 변형되고 있다. 이는 돌감나무에다가 참감나무를 접붙이면 참감이 열림과 같지 않은가(롬 11:13-24)? 이를 흔히 '변혁주의적 종교 신학'으로 호칭하기도 한다.[10]

한국의 토착 문화는 비단 샤머니즘만 아니라 불교와 유교라는 오랜 종교적 전통과 함께 사회 각 계층의 형성은 물론 관습과 윤리 및 제례(祭禮)를 주도했다. 필자는 통속적으로 고찰해 볼 때 서양 사람들이 고기와 빵을 먹다가 된장과 간장을 먹는 것과 어려서부터 먹어 온 우리들의 입에서의 된장과 간장 맛은 느낌이 같을 수는 결코 없다고 본다. 그래서 우리 나라의 기독교는 유진 나이다(E. A. Nida)가 혼합주의(syncretism)에서 본 '이층의 종교'[11]로 인식될 수 있다. 한국 문화와 복음과의 상관관계를 배타주의(particularism)로 볼 것인가? 아니면 앞서 논한 바와 같이 이중 구조적으로 해석할 것인가의 문제가 있다. 그런데 한스 큉(Hans Küng)은 비기독교적 전통들은 인류의 절대 다수에게 있어서 오히려 '은총의 일반적 수단'(ordinary means of grace)[12] 이라는 것으로 본다.

그러나 성 어거스틴(St. Augustine)은 '이방인의 덕은 겉만 번지르한 부도

---

10) 김영한, 전게서, pp. 479, 480.
하비 콕스, 『세속도시』, 구덕관 역, 기독교서회, 1993. pp. 121-130.
11) Eugene A. Nida, *Religion Across Cultures: A Study in the Communication of Christian Faith*, New York, 1968, pp. 17-19. 하비 콕스, 『세속도시』 구덕관 역, 기독교서회, 1993. pp. 121-130.
12) Hans Küng. "The World Religions in God's Plan of Salvation." in *Christian Revelation and World Religions*, ed. Joseph Neuner, London:Burns and Oates, 1967. pp. 51-53.

덕'(splendid vices)이라 하였다.[13] 그는 이방 종교가 하나님의 창조와 구원을 위한 현존(現存, Dasein)에 응답할 가능성을 부인한 것이다. 우리는 일반 종교 곧 윤리성을 가진 고등 종교는 사회 일반적 선의 진작(振作)이라는 차원에서 긍정된다고 보아야 할 것이다. 사도 바울이 아덴의 전교(傳敎)-행 17:22-23-에서 '종교성'이 많다는 것에 근거하여 복음을 전파한 것이 분명하다. 그렇다고 흔히 현대 종교학자들 특히 도오(Donald G. Dawe)처럼 불교에서도 은총에 해당하는 '테라바다'(Theravada)가 있다는 보편주의(Universalism) 내지는 종교 다원주의를 그대로 용납한다는 것도 문제는 있다.[14] 바르트(K. Barth)도 일찍이 "다른 종교에서도 계시가 있는지 없는지에 관한 토론은 불필요하다. 발생한 것부터 다르고 여전히 발생하고 있는 계시들을 우리는 단지 곡해되고, 불확실하며, 개념의 의미를 성실한 계시들이라 부를 수 있다."[15]고 했다.

2. 샤머니즘의 본질

우리가 샤머니즘의 본질을 명확히 추출(抽出)하기는 어렵다. 다만 그 출처가 북쪽 시베리아(Siberia)라는 것에는 의견의 일치를 보인다. 학계에 지명도(知名度)가 높은 엘레아데(M. Eliade)는 '황홀경'(ecstasy)에다 샤머니즘 규정의 결정적 기준을 둔다.[16] 무속(巫俗)의 본질인 황홀경을 '입신'(入神,

---

13) Augustine. *The City of God*, V:12, XIX:25. 어거스틴은 인간의 '종교적 경향'(religious tendency)에 따라 하나님을 섬기지 않는 자들 곧 이방인들은 우상을 섬기는 자들이라는 데서 이러한 말을 한 것으로 볼 수 있다.

14) 도널드 G. 도오, 『종교다원주의와 기독교 신앙』, 한승웅, 나눔사, 1993, pp. 14, 194-212. 버지니아(Virginia)에 있는 유니온 신학교(Union Theological Seminary)의 도오(D.G. Dawe)와 팔리하와다나(M. Palihawadana)는 소승불교와 "남무아미타불"은 기독교의 기도와 유사함을 발견한 것이다. 그러나 기독교의 특수성이 주장되지 않으면 안된다고 하겠다.

15) K. Barth. *Revelation*, ed. John Baillie and Hugh Martin, New York: Macmillan, 1937, p. 45.

16) Mircea Eliade, *SHAMANISM-Archaic Techniques of Ecstasy*, Princeton University Press. 1974.
이 책의 제목에 벌써 '엑스타시'에 근거함을 나타내되 탈혼(脫魂, soul-loss) 곧 영혼의 타계 여행을 주장한다.

trance)에 두기도 하며, 신령에 의한 접신(Bessenheit durch Göter und Geister)-포제(possession)-에 두기도 한다.[17] 이러한 접신(接神)을 무속적 용어로 '빙신'(憑神, possession)이라고 한다.

그러나 '트랜스'(trance)를 의식의 단순한 변화 상태로, '엑스타시'를 탈혼 상태로, 그리고 '포제션'을 빙의(憑依) 상태로 보면, 트랜스는 의식 변화의 첫단계 그리고 다음 단계는 변화의 심도가 깊어져 '엑스타시'나 '포제션' 상태로 발전한다고 하는 이도 있다.[18]

또 다른 이론은 샤머니즘의 본질을 접신에다가 두고 이것이 엑스타시의 근본적 특성이라고도 한다(Schmidt). 그러나 슈뢰더(D. Schroder)와 같은 이는 황홀과 접신은 동전의 양면과 같다고 주장한다. 그런데 여기서 엑스타시에는 영혼과 저승 및 신령이 전제된다.[19]

사실상 샤머니즘은 정령숭배(Animism)에 근거하는데, 정령사상은 모든 물체에 정령(精靈)이 있다고 믿는 자연숭배 또는 정령숭배의 원시 종교이다. 원시인들은 죽음을 계기로 육체에서 떠난 영혼을 상상하고 그것이 초인적 능력을 가지고 있다고 믿었다. 그러므로 천지(天地) 사이에는 이러한 정령들과 영혼들이 충만하여 있으며, 이런 것들이 인간의 질병과 기근 등 모든 재액(災厄)을 만들기도 하고 또 복을 가져오기도 한다고 믿었다.[20]

결국 무속은 현대의 문명으로 볼 때 타기(唾棄)할 저급의 종교라는 견해가 있으나, 그 속에는 궁극성과 초월성이 있고 더 나아가 신성성(神聖性)을 지녔고 그것이 드러내는 표상이 이념적이고 실천적이며 공동체적으로 나타남을 볼 때, 우리는 무속을 종교라고 할 수 있다는 것이다. 그러나 샤머니즘이 단순한 사회 의식의 표출이되 그것도 편리한 환상에다가 자기를 던져 잊으려는 사회적 긴장 완화의 기제(機制, mechanism)로 보는가 하면, 샤머니즘은 우리 문화의 바닥으로서 거기서 온갖 한국인의 의식이 솟아났고 영글었기에, 그것을 보지 않고는 우리를 안다는 것이 아예 말도 되지 않는다고 하여 이른바 이를

---

17) 한국 기독교학회, 『21세기 한국 신학의 과제』(한국 기독교 신학 논총 11), 대한기독교서회, 1994. p. 312.
18) 김태곤, 『한국의 무속』, 태원사, 1991. p. 10.
19) 한국기독교학회, 전게서, p. 312
20) 柳東植, 『韓國 宗敎와 基督敎』, 大韓基督敎書會, 1965. pp. 15-16.

기층문화(基層文化) 또는 의식의 심층이라 한다. 그러므로 지금도 그것을 되새겨 새 문화를 일구지 않으면 문화 창조라는 것이 적어도 우리 형편에서는 뜻을 지닐 수 없는 바로 우리 본래의 삶이라 하기도 한다.

3. 무속의 이념(理念)

정진홍에 의하면, 무속의 이념은 "복을 빌고 재앙을 물리치는 것 즉 기복양재(祈福禳災)"이다.[21] 그렇다면 무교인 샤머니즘은 기독교와 같은 속죄(贖罪)라든가, 불교가 삶의 본디부터의 괴로움을 물음으로 하여 삶에서부터의 벗어남(解脫)에 이르러 해답을 찾는 것과는 전혀 다르다. 그러나 어떤 학자의 견해에는 무교에도 특수한 신관과 속죄관이 있다고 한다.[22] 그리고 무속의 복은 자연스러움이며 그렇지 못함이 화(禍)라는 것이다. 또 무속에서는 죽음도 역시 자연스러운 것이다. 그렇기 때문에 죽음을 피한다거나 극복한다는 이념은 없다. 차라리 죽음을 피하는 것은 부자연스러운 것이었다. 사람이 태어나서 죽는 것은 너무 당연한 자연스러움이기 때문이다. 그리고 무속의 복을 비는 것 역시 가까운 데서부터 마음을 쓴다. 자기의 부모 형제 또는 자손들을 위한 기복(祈福)을 하는 것이다.[23]

그런데 무속에서는 자연스럽지 못한 이유를 신령과의 관계에서 찾는다. 그 신령을 맞고 대접하고 다루고 보내는 태도, 그러면서 늘 옆이나 위에 두어 지니는 태도가 모든 복이나 화의 뿌리가 되는 것이다. 그러므로 무속에는 신령의 존재를 믿는 믿음이 깔려 있다고 말할 수 있다. 이 신령은 인간적인 차원을 초월하는 초월적 신성과 궁극성을 가지는데, 동시에 인간의 삶의 구석구석, 더구나 삶 중에서도 귀한 것들과는 제각기 몫을 나누어 서로 맺어져 있다. 그래서 무속의 신령은 삶의 경험과 통시적(synchronic, 通時的)이면서 또한

---

21) 鄭鎭弘, 『韓國宗教文化의 展開』, 集文堂, 1986. pp. 80-81.
22) 문상희, 전게서. p. 128. 문상희 교수는 단순히 '기복양재'(祈福禳災)라기보다는 '무당을 중심으로 일어나고 있는 종교적 현상일체'라고 정의한다. 이는 무당의 종교 체험, 사상, 제의, 교단적 활동을 포함하는 말로서 샤머니즘 또는 살만교(薩滿教)라 한다(崔南善, 『薩滿教箚記』啓明, 19, 1927).
23) 정진홍, 전게서, pp. 82, 83.

공시적(共時的)이기 때문에 역사적 전승을 통하여 구체화된 신격(神格)을 받아들이므로 수효도 그만큼 많다. 역사적 상황에 따라서 역사에서 신화가 된 인물들이 신령이 되기도 한다. 그 신령들은 제각기 개별적인 존재라고 보기는 어렵고 속성보다는 기능에 따라서 갈라지는 이른바 집합적 신격(collective deity)이다.[24]

무속의 신앙 대상신으로는 굿 제의의 주제신(主濟神), 무신도로 봉안된 신, 동제 신당의 제신(諸神), 가신(家神) 등이다. 무신은 이 네 부문에 걸쳐 총 273종에 해당된다고 한다.[25] (다음 쪽의 표를 참고하라.)

4. 샤머니즘과 한국 기독교와의 상관성

우리는 샤머니즘의 상세한 궁구(窮究)에 목적이 있지 않기에 이제는 한국 교회와의 상관 관계에 들어가려 한다.

1) 긍정적 영향

(1) 프레파라치오 에반젤리카(praeparatio evangelica)[27]로서의 한국의 샤머니즘

한국의 초기 선교 시대에서 샤머니즘과 복음은 대립적 관계에 있는 것으로 보아서 무속(巫俗)을 공격했다. 그러나 서론적 고찰에서 지적된 바와 같이, 무속적 신관과 기독교의 신관의 유사성은 새로운 서양의 종교인 기독교를 이해함에 도움을 주었을 것은 명백하다. 원두우(H.G. Underwood), 기일(Gale), 헐버트(Hulbert), 클라크(Clark) 같은 이들이 '천상의 존재'(heavenly being) 또는 단일신론적인 '단일자'(single being) 등의 의미의 최고신으로서의 하느님을 성경의 하나님과 접목시켜서 번역하고 그렇게 불렀던 것이다. 그러므로 샤머니즘적인 하느님 신관은 한국에서 성경의 신관 이해에 토양과 전이해(前理解)로서 작용하였고 기독교 신앙이 근착(根着)하는 데 기여

---

24) 정진홍, 전게서, p. 84.
25) 김태곤, 전게서, p. 54.
27) 이 술어는 Eusebius가 기독교에 대하여 타종교는 복음의 예비라는 뜻으로 쓴 것이다.

무신의 계통별 분류[26]

자연신(自然神)계 신의 무신	천상신(天上神) 계통	천신(天神) 계통 일신(日神) 계통 월신(月神) 계통 성신(星神) 계통
	지신(地神) 계통 산신(山神) 계통 노신(路神) 계통	
	수신(水神) 계통	수신(水神) 계통 용신(龍神) 계통
	화신(火神) 계통 풍신(風神) 계통 수목신(樹木神) 계통 석신(石神) 계통 방위신(方位神) 계통 문신(門神) 계통 신장신(神將神) 계통 사귀(邪鬼) 계통 명부신(冥府神) 계통 역신(疫神) 계통 물신(動物神) 계통 농신(農神) 계통 산육신(産育神) 계통	
	왕신(王神) 계통 장군신(將軍神) 계통	
	대감신(大監神) 계통 부인신, 각시신 계통 무조신(巫祖神) 계통 불교신 계통 도교신 계통 일반인신 계통	
기타		

---

26) 김태곤, 전게서, p. 55.
　任東權, '民間信仰'『宗敎란 무엇인가』분도 출판사, 1972, pp. 203-219. 여기서는 귀신의 종류로서 자연신과 동물신, 인신(人神), 가택신(家宅神), 질병신(疾病神), 도깨비로 나눈다.

한 것이라 하겠다.[28] 여기는 한국의 하느님이 기독교의 유일신적 신관이 아닌 단순하게 천신(天神) 사상을 기독교의 삼위일체 신관과 접목시킨 것은 부인할 수 없다.

사회학자 한완상은 무속종교가 서민의 종교였으나 이질적인 문화 요소와 가치관을 잘 받아들인다는 것을 지적하면서 독단성이나 폐쇄성과 비교한다면 샤머니즘 속에는 이질적인 것을 포용하는 개방성이 좋은 것 같다고 하였다. 이것이 기독교를 받아들이게 되는 장점으로 본 것이다.[29] 한국의 역사적 상황으로 고찰한다면 조선의 지배계급은 유교를 받아들였으나 종교적 욕구 충족을 위해서는 민중 속으로 들어간 불교와 무속을 끌어들였다. 결국 무속은 한국의 문화의 저변에 깔려서 기층문화를 형성한 것이므로 빈부귀천을 막론하고 무속적 영향 아래에 놓일 수밖에 없다. 이는 마치 서양 문명의 기저에 해브라이즘(Hebraism)과 헬레니즘이 있음과 흡사하다고 하겠다. 견해에 따라서는 사라센의 과학 문명도 서구 문명의 빼놓을 수 없는 기저를 형성한 것은 명맥한 사실이다.

게다가 무교(巫敎)의 영혼과 육체의 이원론적인 인간관, 질병의 원인으로서의 귀신관과 축사 및 기도, 내세관과 구원관, 중개자로서의 무당, 샤머니즘적인 신앙관(기복적 신앙) 등은 그 본질에서는 명백히 구별되지만, 외형적 또는 부분적으로 유사성을 가졌기 때문에 기독교 신앙의 정착에 선행적(先行的) 이해가 되었다.[30]

무속에서 인간은 신에 의해 세상에 태어나서 그 명이 다하면 다시 신이 타계(他界)로 소환해 간다고 믿는다. 그러면 인간이 죽어서 간다는 그 사후의 타계는 어떤 곳이며 또 인간은 사후에 어떤 형태로 존재하는가? 사후의 내세는 영혼불멸을 전제로 한다. 이것이 무속의 내세관의 중핵(中核)이 되고 있

---

28) H. G. Underwood, *The Religions of Eastern Asia*, New York; Macmillan, 1910, p. 110; J. S. Gale, *Korea in Transition*, New York; Eaton and Mains, 1909, p. 785; H. B. Hulbert, *The Passing of Korea*, New York, 1906; 연세대학교 출판부, 1969, p. 404. C. A. Clark, *Religions of Old Korea*, New York, 1932, 대한기독교서회, 1961, pp. 195-196.
29) 한완상, '사회학적 입장에서 본 한국문화의 주체성', 아세아 연합신학연구소, 『基督敎와 歷史解釋』, 1994, p. 201. "아들의 성공을 비는 어머니가 무속을 갖고 있는 경우에 종교를 가리지 않고 다 모십니다. 예수도 모시고, 붓다도 모시고…"
30) 김영동, '샤머니즘과 한국교회의 신학과 신학교육', 한국기독교학회, 전게서, p. 318.

다. 그래서 무교에서는 영혼은 살아 있는 사람과 동일한 인격을 갖는 것으로 생각하여 무의식(巫儀式)에서 인격적 대우를 받는다. 또 사후에 선한 곳(낙원)에 가는 것도 살아서 유복하게 살면 그 영혼이 선해진다고 믿는 것이 내세관이다. 신들 중에도 선신인 조상과 무조신은 인간을 수호해주고, 인간에게 병으로 괴롭히거나 재앙을 주어서 인간으로부터 희생을 받거나 굿을 받아먹은 원귀, 왕신, 몽당귀신(총각 죽은 귀신)은 악신에 속한다. 그리고 민간에서 흔히 '귀신'이라는 것은 인간 영혼의 사후 선악의 이중성으로 '귀와 신'을 합한 것이다.[31]

자연종교는 도덕이나 윤리적 규범에 대하여 별로 관심이 없는 것이 예사이나, 무속 신앙의 저변에는 선을 권하고 악을 멀리하는 권선징악(勸善懲惡)의 사상이 체계적이지는 않으나 소박하게 흐르고 있다. 무속에 의하면 죽은 사람의 영혼은 먼저 명부(冥府)의 십대왕(十大王)들을 거친다. 생전의 선악에 대한 심판을 받게 되는 증표가 사령제(死靈祭)인 진오기굿의 무가(巫歌)에 다음과 같이 묘사된다.

「극락행」

"뒤에 오는 배는 어느 밴고, 그 배에 오는 망제는 세상에 있을 적에 나라에 충신이요 부모에 효성 있고 동기간에 우애이요 일가에 화복하고 동네 사람에게 유순하고 가난한 사람 구제하며 선심으로 평생 살고 초단에 사제삼경 진오기 받고 시단에 세남 받고 심단에 법식 받아 성왕제 사십구제 백일제 받아 극락세계 사왕세계 왕생천도하여 가는 배로 성이라."[32]

「지옥행」

"또 그 뒤에 오난 배는 활 든 이, 총 든 이, 창 든 이, 머리 풀고 산발하고 의복 벗고 울고 결박하고 살기 충천하고 모진 악기 가득하여 오난 배는 어떤 밴고, 그 배에 오는 망제는 세상에 있을 때에 나라에 역적이요 부모에 불효, 동기

---

31) 김태곤, 전게서, p. 80.
32) 문상희, 『무속 신앙의 논리 연구』, 한국기독교 문화 연구소: 『한국교회와 신학의 과제』, 연세대학교출판부, 1985. pp. 216-272.

간에 우애 없고, 일가에 살이 세고, 동네 사람에게 불화하고, 시주 못하고, 남의 흉해 잘하고, 남의 말 엿듣고 억매 흥정하고 이간질하여 쌈 붙이기와 탐이 많아 작은 되로 주고 큰 마말 되로 받고 짐생 많이 살생하고 만법 공수에 비방한 죄로 항탕(항빙) 지옥, 칼산 지옥으로 가는 배로 성이다."[33]

이러한 선악의 심판 기준에는 유교적인 것과 불교적인 것으로 혼성되고 있음을 본다. 유교적이나 덕목과 불교적인 내세관에 근거하고 있는 인과응보 사상이 무속적인 사회 풍토에서 사는 사람들에게 큰 영향력을 미쳤으리라는 것은 짐작하기 어렵지 않다. 선인은 행복하여야 하고 악인은 죄를 받아야 한다는 신념은 생활과 행위의 힘이 되었을 것이다. 특히 도덕적 관념이나 원리 의식이 발달하지 못한 사람들에게는 권선징악이 삶의 지침이 되었을 것은 더 말할 나위가 없다. 그러나 무속 신앙은 윤리적 관념을 향상시키지는 못했다. 내세의 불행을 두려워하기 때문에 이 세상에서 선행하는 사실 자체는 그렇게 찬양할 사태는 아니나 비난할 것도 아니다.

고(故) 윤성범 교수는 무교의 긍정적 측면을 이렇게 말하였다.

"기독교가 이 땅에 들어와서 보다 빨리 전파된 이면에는 이러한 기독교적 영향을 지니고 있는 인간 종교가 바탕이 되어 있었기 때문이라고 생각한다."[34]

그는 샤머니즘을 일반 샤머니즘과 특수 샤머니즘으로 나누어 후자는 기독교, 불교, 유교와 같은 고등 종교의 영향 아래에 있다고 하였다. 또한 그는 특수 샤머니즘의 영육일치(靈肉一致), 유일신관(唯一神觀) 등은 기독교 종교의 모습을 어느 만큼 나타내고 있음을 알 수 있다고 하였다. 이러한 모든 영향이 기독교로부터 전래하였다고 단정할 수는 없으나 많은 부분이 고급 종교의 영향일 수밖에 없다는 결론이 나오게끔 되어 있다고 하면서, 고대 한국 사회의 '솟대'(蘇塗)는 피난처로서 죽을 죄인이라도 이 곳에 들어오면 잡을 수 없었다고 한다. 그래서 전기 윤교수는 기독교의 십자가 속죄의 의미를 여기서 찾

---

33) 문상희, 전게서, p. 240.
34) 윤성범, 『우리 주변의 종교』, 대한 기독교교육협회, 1965, p. 28.

고자 한다.[35]

(2) 기복신앙적인 샤머니즘

앞서도 부분적으로는 무속의 기복 현상이 언급되었으나 이러한 현세나 내세의 축복을 갈구하는 현상으로서 기복신사(祈福神事)인 기우제, 기은(祈恩), 기자(祈子), 또는 성황제, 별신사, 안택신제, 치병 기도, 액제 기도, 무주(巫呪), 금염(禁厭), 점복(占卜) 등이 성행했는데, 이는 한국민으로 하여금 지극히 현실주의적 성격을 갖게 하여 기독교회 역시 축복에 너무도 과민한 반응을 보였다. 교회는 샤머니즘을 비난해 왔으나 동시에 현세적이며 물질적인 축복을 강조하여 60년대 이후 우리 사회의 혼란과 고난, 산업화와 도시화로 인한 이농 현상과 도시 빈민의 증가, 실향민의 사회, 경제적 빈곤과 상대적 빈곤, 빈익빈 부익부의 사회적 불균형 또는 생의 안정을 갈구함이 샤머니즘적인 교회로 사람들이 몰리게 된 것이다.[36] 8·15 이전의 일제 시대 아니 그 이전의 구한국 시대로 거슬러 올라가도 역시 마찬가지 현상이었다고 생각된다.

원래 샤머니즘 특히 일반적 샤머니즘은 입신양명(立身揚名)과 생존권을 향한 간절한 소망에서 생겨난 것이다. "우리 민족은 일찍이 잦았던 전화(戰禍)와 권력 밑에서 시달리며 춥고 배고픈 생활을 통해 단련된 서민들에게 고등 종교가 강요하는 정신적 윤리성이나 내세적 구원의 의식이 자리잡을 겨를이 없있고 어떻게 하면 굶지 않고 병들어 죽지 않는 무속의 신통력에 의존하여 현실적인 복을 받을까 하는 데 관심이 집중된 것인데, 무속은 민간인에게 베풀어주는 역할 곧 불안의 해소와 생활에 희망을 주고 생의 이상과 의미를 부여하는 중대한 종교적 기능을 하였다."라고 김태곤은 말한다.[37]

기독교의 이신득구(以信得救)라는 진리는 그 내면에 엄청난 도의적 요청이 있는 것은 못 보고 단순히 의타적인 샤머니즘과 방불한 것으로 이해되어 생사화복을 좌우하는 무수한 신령을 신앙의 대상으로 하듯이 신령의 도움으로 길

---

35) 윤성범, 전게서, pp. 44-46. 솟대는 곧은 나무를 일정한 장소에 세우는데 높을수록 종교적 의미가 커진다 하며 솟대의 맨 꼭대기에는 비둘기 또는 오리 비슷한 새를 하나나 혹은 셋을 북방을 향하여 매달아 놓는다고 한다.
36) 김영동, 전게서, pp. 319. 이런 이유에서 성공 지향적인 교회, 축복 지향적인 교회가 급성장한 것이다.
37) 김태곤, 전게서, p. 118.

복(吉福)의 소원을 성취하고 악령의 재앙을 물리침으로 생활의 안전을 얻는데 온갖 관심을 집중하듯이 축복(현세적 안녕)을 구하는 기독교 신앙 형태는 소위 별미 축복, 신년축복성회 등의 전대미문(前代未聞)의 행사들을 유행하게 했다. 그러나 양적 교회 증가라는 긍정적인 면을 초래한 것은 부인할 수 없는 현실이다.

2) 부정적 영향

(1) 무당의 강신(降神) 체험과 성령 체험의 비교

한국 기독교 특히 카리스마적이고 신비적인 교회에서 성령충만은 마치 샤머니즘의 접신이나 강신 체험을 이해함과 같이 되는 경우가 없지 않다. 엑스타시 기술을 구사할 줄 아는 무당이 신령한 무당으로 인정받음과 같이 축귀, 신유, 방언 등의 은사가 있으면 신령한 목사, 신령한 교인으로 간주된다. 즉 성령의 충만을 체험했다는 한국 교인들의 증언을 보면 거의 모두가 손가락이 떨리고 몸의 진동이 오고, 몸이 뜨거워지는 느낌, 방언, 꿈, 환상 등이 있었다고 한다.[38] 샤머니즘에는 유희성과 아울러 신도들의 열광성이 나타난다. 한국의 민간 신앙 또는 신흥 종교에도 동일한 형태가 나타난다.

이들의 주관적인 성령체험을 기독교인됨의 시금석(試金石)으로 여기고 이것을 성경 이해의 전제로 여긴다는 데 심각한 문제가 있다. 여기서 성령의 인격성은 무시되고 그 역동적인 힘만 강조하는 결과가 되기 쉽다. 이것도 일종의 샤머니즘적 한국인의 종교의식(宗敎意識)이 그대로 남아 있는 데 따른 부작용이라고 볼 수 있다. 이러한 성령운동은 삼위일체적 신앙고백과는 다른 것이며 비성경적 성격을 그대로 드러낸다. 그들에게는 하나님의 뜻과 예수 그리스도의 십자가 구속 진리를 동시적으로 생각하지 않는 성령 운동이 되어, 하나의 신비운동으로 전락된다. 눈에 보이지 않는 하나님의 뜻을 생각하지 않고 보이는 성령의 표적만 강조하고 그것을 자기 소원 성취의 수단으로 삼는 것은 분명 주종(主從)의 전도(顚倒)인 것이다.

---

38) 김태곤,『한국 무속 연구』, 집문당, 1983, pp. 234-239.

(2) 역사의식(歷史意識)의 부재와 공동체 관념의 결여

무속 신앙에는 창조 신관이나 역사를 섭리하시는 이른 바 "역사의 주" (Lord of History)는 존재하지 않는다. 불트만은 인간의 실존은 역사성에 있다. 역사는 과거사를 재연되지 못하게 함으로써 새로운 현재를 창조하는 결단적 행위의 연속이라 하였다.[39] 한국 교회는 그 엘리트 신도들로 인하여 사회 정치적 복음 전개에 있어서 토착화(indigenization)시키고 있음에도 불구하고 일반 교회들의 역사의식은 극히 빈약한 차원에 머물고 있다.

무속에도 현상의 세계를 산출하는 한 시대적, 사회적 배경을 다소 반영하고 있기는 하나 뚜렷한 역사의식이 없이 단지 동일한 일을 천편일률적으로 되풀이하는 숙명론적 무사(巫事)의 반복이 기계적으로 성립된다. 그래서 거기는 역사의 방향과 목적, 의미에 대한 의식을 전혀 찾을 수 없다. 그러므로 순환적으로 생각하는 사상은 차라리 역사이기보다는 자연인 것이다. 역사는 자연에서부터 떨어져 나와서 비로소 기능하게 된다. 그러므로 무속 신앙에는 시작이 있고 종말이 있는 소위 직선적 역사관이 있을 리 없다. 그래서 무속적 영향을 받는 기독교회에는 역사의식을 기대할 수 없고 단지 피안적 신앙을 가지거나 기복적 신앙이 되기 쉽다. 또 개인의 영혼구원에 치중함에서 공동체 관념이 희박해진 것으로 볼 수 있다.

다음과 같은 지적은 일고(一考)를 요한다고 하겠다.

> "성경에서 볼 수 있는 기독교의 역사관, 하나님이 이스라엘에게 주었던 '신의 섭리와 인도에 따른 길로서의 역사라는 독특한 개념'은 한국 기독교에서 많이 약화되어 있다. 교회가 역사 속에서 해방하며 뜻을 이루는 하나님의 활동에 참여하고 역사를 갱신하기보다는, 청중이 듣고자 하는 달콤한 말(렘 5:31)과 보수에 따라(미 3:5, 11) 선포하고 예언한다면, 구약 성경의 거짓 예언자와 비교된 것이며, 이런 의미에서 한국 기독교의 샤머니즘화를 지적할 수 있다."[40]

(3) 주술적 신앙

무속 신앙은 종교라기보다는 주술(呪術)에 가깝다. 그래서 샤머니즘을 주

---

39) R. Bultmann, *History and Eschatology*, New York: Harper, 1962, pp. 1-11.
40) 김영동, 전게서, pp. 324-325.

술의 하나로 다루는 학자도 있다.[41] 그리고 주술에서 종교에로 이행되는 단계의 현상이라는 견해도 있다.[42]

주술은 불안에 대한 자기 방어를 위한 일종의 투사조직(投射組織)이다. 주술이 공포와 불안을 해소해 주는 심리적 기능이었으나 괴로워할 필요가 없는 공포와 불안을 인간에게 가져다 주는 것도 사실이다. 위험이나 불안이 많은 사회일수록 주술이 더욱 성행함이 이를 반영한다.[43]

일부 신비적 주술에 현혹된 신자들 중에는 가정의 운세 곧 남편의 사업, 승진 또는 자녀들의 대학 진학 문제를 교역자들에게 물으려고 가서 복채를 내놓듯이 소위 헌금을 내놓고 해답을 기다린다. 즉 신령하다는 교역자들에게 예언을 구한다.

극히 일부이기는 하나 교역자들 가운데 아나데마($\dot{\alpha}\nu\dot{\alpha}\theta\epsilon\mu\alpha$)를 사용하여 교계의 물의를 일으키는 예도 없지 않은 것이 한국 교회의 현실이다. 목사가 자기의 말을 듣지 않거나 교회를 떠나면 하나님이 벌을 내리신다는 말로 교인들을 공포에 떨게 만든다. 그리고 자신은 영권, 축복권, 물권을 소유했으므로 자신을 통해서만 복이 임한다는 것은 무당의 행사와 전혀 다름이 없다. 목사가 축복권이 있기는 하나, 이것이 어떻게 절대적인가? 하나님에게 복을 받을 일을 해야 복이 오는데 마치 목사가 복을 주는 것으로 오인(誤認)하게 만들고 있다.

루쓰 베네딕트(Ruth Benedict)의 말대로, "주술은 자산이라기 보다는 무거운 부채가 되고, 주술적 현상은 신경증을 구성하는 공포와 과대망상증과 유사한 것이다.[44] 교회에 이러한 주술적 경향이 생기는 데는 한국의 무속적 기층 문화가 없었다면 결코 가능치 않았을 것이며 교역자들의 무당화 현상도 문제가 아닐 수 없다. 무(巫)는 '工'에다가 '사람 인'(人)을 둘 쓴 글자인데 천지 간에 중보적 사역을 뜻한다는 것이다.[45]

---

41) J. B. Noss, *Man's Religion*, New York; Macmillian, 1956. pp. 15-17.
42) J. G. Frazer, *The Golden Bough*, New York: Macmillan, 1931, pp. 48-69.
43) B. Malinowski, *Magic Science and Religion*, Boston: Beacon, 1948, pp. 67ff.
44) Ruth Benedict, "Magic," *Encyclopedia of the Social Sciences* IX-X (1937), p.44.
45) 윤성범, 전게서, p. 22.

5. 종교와 문화의 상관성 : 타종교와의 대화

'종교사회학'으로 보면 타종교에 대한 기독교의 접근은 배타적으로 또는 보편적인 점을 인정하는 견해가 있다. 폴 틸리히는 이와 같은 배타 또는 보편의 대립에서 기독교와 타종교에 대한 태도가 불명료 했음을 지적한다.[46] 타종교의 가르침 가운데 윤리적으로 어두운 면을 보면, 이는 하나님으로부터 왔다기 보다는 사탄에게서 왔다고 하여 배타적인 태도를 가지나 샤머니즘과 같은 원시적 종교에서도 권선징악과 같은 진리의 요소들을 다소 긍정적으로 이해하려는 태도를 가지기도 한다.[47]

우리는 타종교와의 대화를 기피할 것이 아니라, 그들을 개종치 못한다 하더라도 부단히 대화하는 공동체(gemeinde)를 창조해야 한다. 그 대화는 언제나 평행선을 달리는 것이 아니라 타종교를 긍정적으로 이해한다 해도(보편성에 따라) 우리는 불가피하게 예수 그리스도에게로 돌아오는 이월(移越)이 필요하다. 이것은 선교변증학적(mission apologetics) 자세이다.[48]

결국 선교 변증학적 자세는 자연히 배타적 태도가 되어 기적이나 계시에 의존하는 독단적 사고 방식이 된다. 독단적 초자연적인 계시를 주장하는 입장은 기독교 밖에 있는 모든 것을 인간적 산물로 간주하게 된다.[49] 이렇게 절대성을 주장하는 견해는 타종교와의 대화를 기독교의 정체성(identity)을 상실하는 것으로 우려함에서 생겼다고 하겠다. 진정한 기독교 문화란 서구적인 기독교 문화, 한국의 재래적 문화, 그리고 한국의 현대적 구체적 상황 사이에 일어나는 지평의 융해(horizont verschmelzung) 사건이다. 한국 기독교 문화를 과거적으로만 또는 현재적으로만 또는 국수주의적으로만 이해해서는 안되며, 과거 유산과 현재 상황을 고려하며, 서구 기독교 문화와의 역동적인 대화 속

---

46) Paul Tillich, *Christianity and Encounter of the World Religions*, New York, Columbia University Press, 1963, p. 46.
47) Norman Anderson(ed), *The World's Religions*, London; Inter-Varsity Press, 1950, chap. 8. ff.
48) S. C. Neil, *Christian Faith and Other Faiths*, New York; Oxford University Press. pp. 17ff.
49) 나학진, 『기독교와 타종교』 안병무 기념 논문집 – 역사와 현존 – 대한기독교서회, 1982, p. 377.

에서 형성됨이 바람직하다. 루터주의는 세상과 복음을 두 왕국론에서 보수적이고 소극적이었으나, 칼빈주의는 루터의 두 왕국론을 수용하면서도 루터보다 훨씬 창조 질서와 역사에 대한 하나님의 주권과 기독교인의 책임을 강조했다. 칼빈주의는 정부 공직자의 책임, 신자들의 직업 윤리와 문화 창조의 삶을 강조하였고, 하나님의 주권의 대행 기관인 국가의 권력 남용이나 탈선에 대해 교회의 저항권을 강조한다.[50]

한국의 보수 신학은 참다운 칼빈주의 사상이 아닌 미국의 근본주의의 영향을 받아서 교파 분열, 현실 외면 경향, 극단적 교리적 독선주의, 타종교에 대한 대화 거부, 역사의식의 부재 등으로 본래의 개혁주의 신학의 변질을 초래하여 이것이 한국적 재래 종교가 지니는 부정적 사고 방식과 결합되면서 수동적이고 무의식적인 토착화 현상을 초래하고 있음을 샤머니즘의 부정적 측면에서 이미 지적했다. 이것을 흔히 극도의 보수주의(hiper-conservation)라 한다.

우리는 타종교 즉 샤머니즘을 일반은총으로 생각해야 될 것이다. 일반은총은 그리스도를 믿는 데서 얻는 은총과는 구별되나 하나님을 모르는 이방 세계에도 자연과 이성, 양심을 통하여 항상 반복되는 계시가 존재한다. 하나님은 이를 통하여 외방 세계에도 일정한 문화적 도덕적 축복을 허락하여 그 사회(인간)가 더 타락하지 않고 유지되도록 한다. 이런 일반은총에는 학문, 사상은 물론 제도와 문물, 예술, 종교가 포함된다. 화란의 위대한 칼빈주의 학자 바빙크(H. Bavinck)는 "일반 은총을 받는 저들 외방 세계는 진리의 단편을 갖는 것 뿐이지만 그것은 진리요 유익한 것이며 좋은 것이다. 실로 이교 세계에 산재하는 선한 철학 사상이나 아름다운 논리적 교훈은 그리스도에게서 그 통합적인 원의 중심을 발견케 될 것이며, 그리스도만이 그것들을 차고 넘치게 할 수 있으며, 따라서 기독교회는 단지 초자연적인 진리, 비의(秘義)의 보유자로서 멎지 않고 제2차로는 자연적 은총의 저장자이고 분여자가 되는 것이다."라고 하였다.[51]

실로 웨버(Robert E. Webber)는 과거의 기독교와 문화와의 관계를 분리

---

50) 김영한, 『한국 사회와 기독교 문화』, 서울대학교 기독교 동문회, 『한국 기독교와 기독 지성인』 풍만, 197, pp. 130-132.
51) 이만열, 『한국 기독교 문화 현실을 위한 반성적 과제』, 전게서, pp. 136, 137.

모델(콘스탄틴 이전의 교회의 재세례파), 동일시 모델(콘스탄틴 시대 교회와 루터파), 변혁 모델(어거스틴, 칼빈)을 말하면서 성육신 사건을 통하여 기독교가 문화에 접근해야 된다고 한다.[52]

기독교 문화관에 대한 명쾌한 지적은 리차드 니버(H.R. Niebuhr)에게서 찾을 수 있다. 첫째는 문화에 대립하는 그리스도(Christ against Culture) — 터툴리안과 톨스토이, 둘째는 문화의 그리스도(Christ of Culture) — 리츨과 서구 자유주의 신학, 셋째는 문화 위에 있는 그리스도(Christ above Culture) — 중세 문화, 넷째는 역설적 그리스도(Christ in Paradox) — Marcion, 마르틴 루터, 다섯째는 문화의 변혁자 그리스도(Christ the transformer of Culture) — 어거스틴, 칼빈, 바울, 에드워즈(J. Edwards), 존 웨슬리, 모리스(F.D. Maurice) 등을 가장 귀한 태도로 보았다.[53]

문화 변혁의 방법을 놓고 마르크스는 "종교에 대한 비판을 모든 비판의 선행조건"[54]으로 보고 해방을 정신적으로 보는 포이엘바하(L.A. Feuerbach)와는 달리 역사적 행위로서의 해방은 기존의 세계를 혁명하는 것, 다른 말로 하자면 존재하는 사물들을 공격하고 바꾸는 일이었다.[55] 마르크스는 종교에 대한 제 환상을 낳는 사회적 조건을 제거함이 없이는 종교의 환상들을 제거할 수 없다고 한다.[56] 이는 그의 역사 철학인 사회는 인간을 악하게 한다는 이론에 근거한 것이며, 유물주의 철학에 입각한 것이다 종교라는 상층구조는 사

---

52) 이만열, 전게서, p. 139.(R. E. Webber, *The Secular Saint: The Role of the Christian in the Secular World*, 이승우 역, 1984, 엠마오)
53) 이만열, 전게서, p. 138. H. Richard Niebuhr, *Christ Culture*, 김재준 역, 1958, 기독교서회.
54) Kal Marx, *Early Writings*, ed., T. B. Bottomer, New York: McGrawhill, 1964, p. 43. "Contribution to the Critique of Hegel's Philosophy of Right."
55) Karl Marx, Friedrich Engels, *The German Ideology*, p. 56.
56) Karl Marx, *On Religion*, Moscow: Foreign Languages Publishing House, 1958, p. 42. 마르크스는 여기서 종교 자체에 관심을 둔 것이 아니라 허위 의식을 초래하는 소외의 사회적 현상과 이데올로기라는 체계화된 신념 유형에 주목한 것이다. 기독교가 자본주의화(천민자본화)에 깊이 관련된 데 원인 있다는 견해가 가능하다. 종교는 신을 경외하는 중에서 인간은 소외된다고 본 것이다.
김성건, 『종교사회학과 이데올로기 이론의 만남』, 사회학 연구(6권), 한국사회학연구소, 1990, pp. 92, 93.

회제도의 영향 하에 놓인다는 것인데, 어떻게 상층의 정신 구조가 물질계를 지배함에는 등한시한 것인지 이해가 되지 않는다.

최근에 "비교종교학"에서 윌리엄 크리스챤(William A. Christian)과 스미스(Wilfred C. Smith) 또는 존 힉(John Hick)은 각기 종교들과의 대화에 대해 견해를 나타낸다. 크리스챤은 배타적인 태도를 표시했고, 스미스는 신앙을 총체적이라는 보편설을, 힉은 하나님과 세계를 관조하는 태도로, 또 Donald Wiebe와 Shivish Chandra Thakur는 보다 세밀한 종교 진리의 분석을 기획한다.[57] 곧 비교 종교에 있어서 각종의 대화 태도 또는 배타적 자세를 가져야 한다는 것을 엿볼 수 있다.

유동식 교수는 한국의 샤머니즘에 대해 기독교와 연계하여 문화적, 역사적인 논평에서 다음과 같이 결론을 맺는다.

> "요컨대 한국 교회의 신앙적 적극성을 형성하는 데에는 무교(巫敎)가 크게 작용하고 있다고 해도 과언이 아닐 것이다. 그러나 우리들의 신앙이 심령과 인간의 문제이기보다는 어떻게 오복(五福)을 누리느냐에 있는 실정이다."[58]

이러한 지적이 한국 교회 전반적 상황은 아니라 하더라도 기복적 현상을 잘 지적한 것으로 볼 수 있다.

우리는 이천년의 교회 전통과 현재 한국 문화와의 상황적인 관계 밑에서 한국 신학이 형성될 뿐만 아니라 수천 년에 달하는 한국의 문화적 전통이 지닌 정신적 유산과도 관계를 가져야 한다. 요컨대 우리의 전통 문화가 지닌 정신적 유산을 복음화 함으로써 한국의 역사 형성에 공헌해야 될 것이다.

어떤 선교 신학자는 "종교적 다원화의 사회에서 복음주의 교회는 방법은 부드럽게, 사상은 강하게 하는 자세로, 가능하면 사람을 얻기 위한 대화를 고려해야 할 것이다."[59]라고 하였다. 이런 견해는 그 배후에 기독교의 절대성과 최후성을 부정하며 회심을 전개하는 대화도 부정하는 로고스 신학, 우주적 그리

---

57) Hendrik M. Vroom, *Religions and Truth: Philosophical Reflections and Perspectives*, Eerdmans, 1989, pp. 69-94.
58) 유동식,『한국 교회의 토착화 유형과 신학』, 연세대, 신학론단, 제14집, 1980, pp. 24, 31.
59) 전호진, 기독교와 타종교와의 대화 문제,『한철하 박사 회갑 기념 논총』, 1984, p. 248.

스도, 익명의 신자, 또는 잠재적 교회라는 종교 신학을 견제하는 뜻이 숨어 있다고 본다.

또 어떤 교수는 복음과 사회에 대해서 '선지자적 비관주의'(Prophetic Pessimism)를 제창하며 인간은 인위적인 종교나 힘으로 선해지거나 사회가 개선되지 못한다는 은혜의 신학만을 갈구한다. 그러면서 그는 피안(Jenseitigkeit)을 궁극적 세계로 볼 때, 차안(Disseitigkeit)에서 독단적이 되지 않는다고 한다.[60] 기독교가 피안적이어야 하는가 또는 현세적이어야 하는가는 큰 문제이다.

종교는 결합적 경향(binding tendency)을 가져서 우리의 모든 정성을 하나님께로 향하거나 아니면 세속이나 우상에게로 향하게 한다. 그런 뜻에서 기독교만이 참다운 종교성(Godsdientig)을 가지는 여기에 최고선(*summum bonum*)이 있다고 한다.[61] 그런데 세속과 우상의 개념을 어떻게 얻는가? 인간의 신의 형상에 대한 이해는 계시가 없이는 결코 얻을 수 없다. 그리고 인간의 타락과 구원의 개념도 계시의 말씀(골 3:10)에 의한 형상의 회복을 의미함이며, 교제의 회복(고전 1:9)이다.[62]

종교와 문화에 대해 복음을 어떻게 접목시켜야 할까? 소위 혼합주의(syncretism)는 반대되지 않으면 안된다. 특히 무신론과 같은 사상을 하나의 적으로 삼고 어떤 희생을 감수하더라도 공통적인 종교 전선을 삼아 그들의 주장을 막아야 하는 대립적 태도를 가져야 한다. 혼합주의는 역사 속에 유일의 계시가 없다는 전제로 신에게 이르는 여러 방법이 있고, 종교적 진리와 경험의 모든 형식은 사람들의 성격에 따라 생긴 불충분한 진리의 표현에 불과하므로 가능한 한 모든 종교적 이념이나 경험을 조화시켜서 인류를 위한 하나의 보편적 종교를 창조해야 한다고 보는 것이다.[63]

---

60) 손봉호, 『현대 정신과 기독교적 지성』, 성광문화사, 1978, p. 369.
61) H. N. Lee, The Central Significance of Culture, The Presbyterian & Reformed, 1976. Appendix, *Religion and Culture*.
62) 데이비드 리온, 『기독교와 사회학』, CLC, 1978, pp. 68, 69.
　　G. E. Berkouwer, *Man: The Image of God*, IVP., 1973. 하나님의 형상의 회복은 인간의 사회적 책임성에 오히려 기대된다고 하였다.
63) J. N. D. Anderson, *Christianity and Comparative Religion*, 비교종교론, CLC., 1978, p. 263.

C. Geertz의 견해에 따르면, 종교와 종교와의 대화는 원칙적으로 가능하지 않다. "종교는 (1) 상징 체계인데 (2) 그것은 강력하고 깊이 스며들며 지속적이니 분위기와 동기를 인간들에게 지니게 해준다. (3) 그런데 그러한 분위기나 동기는 존재의 일반적인 질서에 대한 개념을 형성해 주며 (4) 그러한 개념들은 언제나 사실성의 후광을 입고 나타난다. (5) 따라서 그 분위기와 동기는 언제나 독특하게 현실적이다."[64]

이상의 종교 정의는 존재론적인 개념이 사실성을 지닌 것으로 수용되면 그것은 고백적인 차원에서만 현실화될 수 있고, 그렇게 되면 사실은 절대적인 진리의 상징 체계로 구체화되며 그렇게 되면 적어도 인간의 경험에서 자리하고 있는 종교적 지각은 그 지각 내용 이외의 것을 참이라고 인정할 수 없게 된다.

신학적 경향에 대해서도 보수주의를 참다운 기독교로 여기지 않는 급진주의도 있다. 다음은 돈 큐핏(Don Cupitt)의 주장이다.

"사실 보수주의와 근본주의는 참으로 기독교적 입장이 아니다. 왜냐하면 기독교는 궁극적으로 영의 종교이고 사회 내에서 진보적이고 역동적인 세력이었던 것이다. 16세기에서 17세기까지는 말이다. 그 이후에 좀 실수해서 점점 보수적이 되었으나 그전에는 기독교가 전통적으로 인간의 문화발전을 인도해왔고 영의 종교임을 구현해 왔던 것이다."[65]

한국의 샤머니즘이 한국의 특수한 역사 상황에서 산출된 토속 신앙이나 이것은 한국의 종교 문화의 기층을 형성하였고, 그 특수한 관용성과 현실적 성질은 종래의 불교와 유교의 전래에서도 독자성과 아울러 발전되었고 기독교회에도 적잖은 신앙적 영향을 주되 순기능과 역기능을 했다. 여기에서는 무속에 대한 자세한 탐구보다는 사회적 문화 현상과의 관계에서 이교와 기독교의 비교종교론적 고찰에 많은 지면을 할애한다.

복음 진리는 만고에 불변이나, 로마 제국에서 기독교가 범세계적 종교가 되었듯이, 한 나라라는 공간과 시간 및 역사적 상황에서 어떻게 이를 수용할 것

---

64) 정진홍, 『종교학 서설』, 전망사, 1985, p. 263.
65) 이승구, 『현대 영국 신학자들과의 대담』, 엠마오, 1991, p. 564.

인가의 문제는 매우 중요하다. 편협한 극단의 보수보다는 변혁적 자세로써 일반 은총의 영역에서 종교 문화를 대해야 될 것이다. 무속 신앙도 결코 무신론과 같은 기독교의 적수는 아니며 극도의 현세주의인 마르크스 사상처럼 되지도 않았다. 우리가 그들에게서 높은 종교 윤리와 가치를 찾을 수 없을 뿐이나 부분적인 진리를 인정하고 특히 보편성과 특수성의 조화가 필요하다. 특수성도 보편의 성질을 함축치 않는 것이 아니고 보다 탁월성을 지니는 것이라는 점을 인식할 때 양자의 조화도 가능한다.

필자는 모세의 기적과 애굽 술사들의 능력의 경우를 생각하면서 모세의 특수성은 하나님의 진리인 기독교요, 술사들의 기적은 일반적 종교 차원이 아니겠는가 라고 생각하게 된다. 이를 고 박윤선 교수는 '벙어리 냉가슴'이라 했는데, 무엇인가 알고 있으나 제대로 표현이 되지 못한 것을 뜻한다고 하겠다.

우리 한국에서 초기에 복음을 받아 목사가 되고 영계의 거성이 된 전계은(全啓恩)과 길선주(吉善宙)도 민속 신앙에 심취했던 인물이다.[66] 그들의 종교심의 성숙에는 기독교 복음을 받기 전의 진리 추구도 큰 도움이 되었다고 할 수 있다. 그가 선교사들이 가르쳐 주지 않은 새벽기도회를 시작한 것도 불교나 선도(仙道)의 치성(致誠)에 기인한다고 볼 수 있을 것이다.[67] 일본인들이 기독교를 받아서 그들의 기도하는 종래의 모습대로 합장을 하는 태도는 자연스럽다. 우리 민족은 일찍이 정한수(淨寒水)를 소반에 바쳐놓고 명성신(明星辰)에게 정성을 바쳐서 가업과 행운을 융성토록 한 것은 기독교 신앙의 열도(熱度)에 적잖은 공헌을 한 것이다.

우리 한국의 무교 문화(巫敎文化)는 헬라 문화의 패턴을 따르면 아마도 디오니소스(Dionisos)적 문화로서 박력과 정열 또는 생산과 황홀 및 자유로 요약된다. 그들은 술과 춤으로써 유발된 엑스타시 속에서 자아를 벗어나와 디오니소스에게 입신한다. 거기서 그들은 인간과 자연과 신령의 합일을 체험하게 된다.[68] 헬라의 아폴로적인 문화가 이성과 질서와 자제 또는 균형적인 데 비하여, 무속적 삶은 거기에 어떤 장애도 가리움도 없이 자기와 삶이 완전한 통합을 이룬다. 이는 지성과 감성의 통합이라는 이상(理想)이 있다. 여기에는 어

---

66) 전택부, 『한국교회 발전사』, 대한기독교출판부, 1992, p. 164.
67) 안길섭, 『한국 신학 사상사』, 대한기독교출판사, 1987, pp. 273, 275.
68) 유동식, 전게서, pp. 352, 353.

떤 지배 계층이나 사회적 관습과 종교와 막힘이 없는 자유로움과 희열의 창조적 문화가 있는 것이다.

문제는 이러한 토착 문화의 장점들이 오늘의 기독교회에서 어떻게 계시 진리와 만남을 가지는가의 문제에 있다. "노세 노세 젊어서 노세 늙어지면 못 노나니 화무십일홍(花無十一紅)이요 달도 차면 기우나니" 하는 식으로 무교적 유희성 또는 무당의 춤놀이처럼 신령적 카타르시스에만 치중함도 문제는 적지 않다. 소위 일부의 기도원 문화가 이런 것이 아닌가? 참다운 주권적 절대자를 신뢰하는 타율적 기독교 문화 건설에 뜻을 두지 못하고 지극히 주관적인 심령의 불안과 스트레스 해소적 차원의 기도원 출입은 샤머니즘적 신앙 행태가 아닐 수 없다. "주여, 주여"를 연발하는 태도라든지, 계속 찬송만 힘쓴다든지 하는 것도 지양되어야 할 것이다. '주여 삼창'도 별로 신앙에 도움이 되지 못한다고 본다.

전택부씨는 박태선의 전도관과 문선명의 통일교를 '신앙의 무속화'라는 제하에서 논하고 있는데,[69] 이는 이러한 종교 집단 또는 소종파 운동이 갖는 치병(治病)과 극단의 신비 사상을 두고 무속적이라 분류한 것으로 본다. 우리 민족 고유의 무속적 가무(歌舞)와 열정적 율동은 한국 교회의 예배나 부흥회 모습에서 재현되는 것이 아닌가 하는 의구심마저 생긴다. 이에 대하여 일부 학자들은 아주 걱정스럽게 진단하기도 한다.

6. 무속과 한국인의 의식 구조

샤머니즘이 오랜 역사 과정을 통하여 이 민족의 원시 문화를 전승하고 보존하는 창고의 역할을 하였음을 이제껏 고찰하였는데, 이제는 오늘 우리가 지닌 의식 구조와의 상관관계를 살펴본다. 우리 민족의 원시적 사상이나 가무(歌舞) 또는 신화와 민속놀이 등은 거의 모두가 무속이라는 장르를 타고 전승된 전통과 유산이다. 현재 민속 문화재로서 자랑하는 봉산탈춤, 남사당의 가면극, 흥겨운 농악이나 판소리와 같은 창(唱)도 대개는 샤머니즘을 근거로 하여 생긴 민속적 오락이다.[70]

---

69) 전택부, 전게서, pp. 323, 326.
70) 진성기, 『남국의 신화』, 서울: 아점출판사, 1965, pp. 138-158.

그렇다면 인간의 행동은 행동의 주제인 자아와 그 사회 체제 또는 가치의 규범이 되는 문화 체계와의 함수 관계로 결정되므로 민간 신앙인이 샤머니즘과 한국인의 정신 구조에는 긴밀한 관계가 있을 것은 명약관화(明若觀火)하다.

1) 귀신 신앙

샤먼은 귀신 신앙을 강화하여 "신풍파"니 '동티'니 '살'이니 하여 불안을 조장하고[71] 우리 이성의 힘을 마비시키는데, 이는 병 주고 약 주는 식의 샤먼의 말을 신탁(神託)으로 믿고 감지덕지하는 나약한 심정을 심어준다. 따라서 권위에 맹종하는 심성이 조성되었으며, 나아가 맹목적 의타심과 줏대없는 심성을 키워서 비판이 없는 맹목적 신앙도 생긴 것으로 볼 수 있다.

귀신 신앙은 종교의 신관을 바로 이해하는 데 저해 요인이 되고 있다고도 하겠다. 그러나 귀신 신앙도 범사에 신의 존재를 인식케 하는 데는 기여한 것이 아닌가? '손'이 있다는 무속 신앙은 행동의 자유는 제한했으나 길흉의 날을 택하고, 나아가서 방위를 보는 풍습까지를 낳았다. 이것은 일종의 금기(禁忌)인데, 주술적 행사와도 연계된다. 또 귀신 신앙은 여러 신들과 병행하여 발생되었다. 신은 양지의 신이고 귀신은 음지의 신으로 보기도 한다.

2) 운명 신앙

운명론적 사상은 만사를 기정(既定)의 팔자 소관으로 본다. 그래서 자기의 미래를 적극적으로 개척하려 하지 않고 체념하고 신세 타령만 하게 된다. 어떤 청년이 점을 보았는데 한 눈이 멀 팔자라 해서 한 눈을 싸매고 다녔더니 그 눈이 멀어 싸맨 눈을 풀어보니 그 눈도 멀어 있어서 결국은 두 눈이 멀게 되었다고 한다. 이러한 숙명론적 신앙은 철학의 결정론(determinism) 또는 기계론(mechanism)과 같이 되어서 진취적이거나 혁신적 개척정신이 결여된다. 결국 운명 신앙은 일종의 퇴영주의가 된다. 따라서 이런 신앙은 기독교의 섭리 신앙을 바로 가질 수 없다고 볼 수도 있다. 그러나 숙명론은 섭리가 있다는 것은 받아들이게 할 것으로 볼 수도 있다. "天不生無祿之人", "萬事分既

---

71) 村山智順, 『韓鮮の鬼神』, 朝鮮總督府, 1929, pp. 119-133.

定 浮生空自忙"과 같은 것도 동양의 숙명론이지만 이것이 기독교 복음으로 승화될 소지는 얼마든지 있다고 본다. 이것을 전적으로 기독교 신앙(섭리 신앙)과 배치되는 것으로 해석하는 것은 편협한 견해로 볼 수 있다.

3) 요행주의

운명론적 사상은 자연히 요행주의가 되어 이는 목적이 없는 운명에 집착하게 된다. 재숫군이나 일확천금의 꿈과 불로소득의 사행심도 여기서 나온 것이다. 샤먼은 굿거리로 인간의 모든 소원이 성취될 것이라고 약속한다. 이런 정신 토양에서 얕은 공리적 요행주의 및 현실주의적 심령이 잡혔다고 하겠다. 우리 민족에게는 "내일 지구의 종말이 와도 오늘 사과나무를 심는다"는 정신이 필요하다. "盡人事待天命"의 정신이 참으로 필요한 것이다.

이 외에도 샤머니즘에는 윤리와 역사에 대한 등한시와 혼합종교적 성경이 다분히 있다. 샤머니즘이 무속인 바에는 주술인 것은 너무도 당연하다. 주술이 심리적 위안을 주는 데는 도움이 되는 사고 양식의 합리화나 과학 정신의 함양을 저해한다. 무당과 점쟁이가 부적을 팔아서 치부하는 것은 샤먼적 정신 풍토에서만 가능한 기현상이다. 이러한 주술적 신앙은 비합리적, 비논리적, 비과학적이므로 의식 구조의 근대화에 크나큰 저해 요인으로 작용한 것이다.

7. 맺는 말

이제까지 우리는 샤머니즘의 본질에서 출발하여 이러한 기층문화와 기독교가 어떻게 연관되었고 또한 좀 더 깊이 문화와 종교 및 무속이 어떻게 우리들의 의식을 형성했는가를 간략히 고찰하였다.

일반적으로 샤머니즘은 우리의 정신 풍토에서 어떤 특정 계층에서만 발견되는 것이 아니다.[72] 무속적 신앙은 사회의 저변을 이루는 하층민, 무학자, 농민층에서부터 상류층과 지식층 또는 시민층에서는 정도의 차이일 뿐 쉽게 찾아볼 수 있고 심지어 기독교인들까지도 어려운 일이 닥치면 무당이나 점쟁이를 찾는 경향이 있다. 얼마 전 서울 시내 모 초등학교 1학년 어린이 60명 중 19

---

72) 문상희, "한국 민간 신앙의 자연관", 『신학론단』, 11집(1972. 60, p. 42.)

명에게서 부적이 나왔는데, 이는 교통사고를 막아준다고 부모가 사 준 것이라고 한다.[73] 또 입학기나 선거 때가 되면 무당과 점쟁이 집은 문전성시를 이룬다. 영화계나 기업계에서 고사를 지내는 것도 두루 알려졌고, 도서 지방의 풍어제나 기타의 방식으로 무속은 선행한다.

무속이나 민간 신앙은 샤머니즘의 한 양상인데 이는 고등 종교의 하부 구조가 되기도 하고, 또는 신흥 종교로 둔갑하기도 하며, 단순히 민간 신앙으로 남기도 한다. 어떻든 한 시대를 사는 우리는 어떠한 어려움이 있더라도 하루 속히 이 원시종교에서 탈피해야 한다. 우리 민족의 정신 구조 속에 샤머니즘이 지배하는 한 새로운 종교 문화의 변혁이 있을 수 없다. 숙명론이라든지 결핍된 역사의식 또는 요행의식을 불식해야 할 것이다. 이러한 샤머니즘의 부정적 측면을 극복하는 것이 이 땅의 모든 기독교인들에게 부과된 천부적 사명이 아닐 수 없다.

그러나 무조건 무속은 부정적인 것이라는 태도 역시 불식되어야 할 과제일 것이다. 여기서도 단도논법(斷刀論法) 또는 흑백 논리는 금물이다. 어차피 우리의 민족 문화 형성에 있어서 기조음(基調音)이 된 원시적 종교 형태라면 기독교와 타종교와의 대화 차원으로 생각해야 할 것이다. 이 세상에 일반 종교도 세상의 선의 조장(助長)이라는 차원에서 긍정되어야 한다.

필자도 일찍이(1962년경) 부산에서 신학교에 재학할 때 진리에 대한 명백한 식견도 없이 부처는 모두 사탄이라고 생각하고 점심을 먹은 후에 동료 학생 몇을 선동하여 암남동 신학교 뒷산에 세워진 부처상을 부수겠다고 도구들을 지니고 올라가다가 정신이 들어서 내려왔던 일이 있다.

---

73) 한국일보, "어린이 몸에 부적 유행", 1973. 5. 27.

부록
III
近世朝鮮의 歷史와 基督教

　우리의 교회사는 세상의 역사와 관련이 있으므로 우리가 세속사(世俗史)에 무관심할 수 없다. 특히 한국의 기독교 전래는 구교와 신교를 막론하고 사회의 격변과 크게 연결되어 있고 이에 대한 깊은 연구와 이해가 선행되지 않으면 교회의 실상을 파악할 수 없다.

　특히 잦은 외침과 퇴색된 유교의 붕당은 조선사회의 어두움이 극에 달하고 있다. 이것이 소위 서학(西學)과의 충돌에서 수많은 피의 역사를 산출한다. 그러나 당시 조정이나 유학자들이 상당히 신중히 대처함을 볼 수 있으며 유구한 역사를 지닌 빼어난 문화민족임을 알 수 있다.

제1절　조선 후기의 사회상과 문화

　조선의 초기에는 문화 창달의 시대로서 민족의 문자인 한글이 창제(創制)되었고 집현전(集賢殿)과 홍문관(弘文館)학자들이 많은 서적을 발간한다. 그리고 과학기술도 크게 발달하여 여러가지 발명과 저술이 나왔으니 1430년 세종 12년에 『농사직설』(農事直說)을 펴내어 한국에 맞는 농사법을 익히게 한 것이며 천문기상학이나 의학 및 인쇄술이 발달하여 1403년에 금속활자로서 책을 간행하였고 군사기술도 상당한 수준에 이르러 세종 30년(1448년)에 화포 제작법을 기록한 『총통등록』(銃筒謄錄)에는 그림과 한글로 자세히 기록이 되었다.

이씨조선 초기에는 훈구세력(勳舊勢力)이라는 소위 사대부(士大夫) 양반(兩班)들이 이조 사회의 실세적(實勢的) 계층이었으나 반대로 세상을 비웃는 청담파(淸談派) 선비들도 있었다. 그러나 이조 중기에 와서 지방의 사림(士林)들이 대거 중앙 정치무대에 등장함으로써 많은 사화(士禍)를 겪고 당쟁사회가 된다.

1. 병자호란(丙子胡亂)과 북벌론(北伐論)

선조 25년(1592년)에 임진왜란(壬辰倭亂)이 터지고 각 처의 의병이 봉기하여 국난을 막으려 하였고 또 1636년 인조(仁祖) 14년에 북으로 청 태종이 침략하니 이를 「병자호란」이라 한다. 이때에 인조는 남한산성(南漢山城)에 피한다. 청나라의 침략은 기간이 짧아 피해는 적었으나 서북지방에는 약탈과 살육이 많았고 그들의 문화적 우월감 때문에 청(淸)에 대한 반감도 대단하였다. 그래서 임경업(林慶業)장군은 명(明)과 합하여 청을 무찌르자고 한 것이다. 또 효종(孝宗)이 송시열(宋時烈)을 주축으로 북벌론(北伐論)을 세운다. 그래서 북한산성(北漢山城)과 남한산성을 수리하여 국방을 든든히 한다.

2. 사림(士林)의 문화와 당쟁(黨爭)

많은 사화(士禍)는 사림으로 하여금 경학(經學)에 관심하기 보다는 사색적, 이론적인 학문에 전념하여 성리학(性理學)의 융성(隆盛)을 보았다. 성리학은 본래 인간이 선하다는 이론이며 우주의 근본을 구명(究明)하려는 일종의 형이상학인 것이다. 성리학은 주리파(主理派, 대표자 이황), 주기파(主氣派, 대표자 李珥)로 나뉜다. 전자는 내향적(內向的)이며 내적 경험을 중히 여기고 이(理)는 기(氣)의 활동의 근거(根據)이며 기를 주제하고 통제하는 실체인 것이다. 후자는 우주의 근원을 이(理)보다 물질적인 기(氣)에 둔다. 그래서 후자는 외향적이며 지식주의적 입장이 된다. 그래서 이이(李珥)는 정치, 경제, 국방에 대해서도 개혁론(改革論)을 주장한다.

특히 당쟁의 시초는 동성동본(同姓同本)의 혈연(血緣)을 중시하는 사회가 되어 족보라든지 관혼상제의 가례(家禮)를 중히 여긴다. 그래서 김장생(金長生)의 『가례집람』(家禮集覽)이 출현한다. 당쟁의 시작은 효종의 상(喪)에 모후인 조대비(趙大妃)의 복(服)이 1주년이라는 송시열(宋時烈)의 주장에 맞서서 남인(南人) 윤전(尹烇)은 2주년이라 한 것이다. 사소한 문제의 싸움에 정치적 운명을 걸고 싸워서 서인(西人) 송씨파가 승리하여 송시열이 좌의정이 된다. 그러나 그 속에서 또 노론, 소론(老論, 少論)이 된다.

이러한 당쟁의 기반은 농장(農莊)인데 거기는 친척이 살고, 서원(書院)과 향교(鄕校) 및 향청(鄕廳)이 기반이 되어 사회적 경제적 세력이 확대된 것이다. 차츰 서원이 남설(濫設)되어 숙종 때의 서원은 274개가 되었고 이들 서원은 서울의 당파와 직결되어 조정(朝廷)의 인사(人事)에 대해서 당파적 시비를 일삼았다. 이렇게 하여 당쟁이 되풀이되고 당쟁 때문에 나라는 망했다고 하나 당쟁에 휘말리지 않으려고 부정부패가 크게 견제되었고 국민들은 비교적 평안히 지낸 것이다(中央學術研究院, 『韓國文化史新論』, p.181).

"당파싸움 때문에 이조(李朝)가 망하였다고 한다. 천부당한 말이다. 오히려 당쟁 때문에 이씨왕조가 오래 지속되었다고 할 것이다. 당쟁은 물론 우리 정치사의 오점이요, 허다한 비극의 원천이었다. 그러나 당쟁에도 적극적, 유효적 의의가 있었다. 이는 오늘의 야당이 건재(健在)하여 정치무대에서 백열전(白熱戰)을 벌이는 것이 백성에게는 나을 것이다."(金德龍, 『韓國史의 探究』, "당쟁의 효용(效用)" p.203, 204)

당쟁은 자연히 성리학 지상주의(性理學 至上主義)를 비판하고 자유로운 사상을 가질 수 있는 실학의 발현이 되고 현실을 부정하는 정감록(鄭鑑錄)이 생기고 서학(西學)이 싹트고 또한 주자(朱子)의 이론에 반대하는 양명학(陽明學)이 행해진 것이다. 양명학은 남송(南宋)의 육상산(陸象山)에 의해 세워진 실천적이고 직각적인 입장을 취하는데 이조는 이들을 사문난적(斯文亂賊)이라 하여 배척한 것이다. 후일 정조(正祖)이후로 탕평책(蕩平策) 즉 사색(四色)을 고루 등용하자는 이론으로 당쟁은 비교적 조용해지고 양반들 사이에 균형이 있어 왕권도 신장되었다. 그러나 탕평책은 당쟁의 근본적 해결이 못되고 오히려 관직을 바라는 수를 증가시킨 것이다.

또 영조(英祖)가 죽인 장헌세자(莊獻世子)를 놓고 이를 동정하는 시파(時派)와 죽음의 정당성을 말하는 벽파(辟派)가 생겨 더욱 난맥상을 빚는다.

3. 실학(實學)의 발달

1) 사회 정황(社會 情況)

17, 8세기에 문벌정치(門閥政治)가 시작되면서 소수의 양반가문이 정권을 독점하고 많은 몰락 양반이 생겼고 농촌에서는 부농(富農)과 영세농(零細農)이 생겨서 유민(流民)의 수효가 증대하며 도시에는 도매상(都賣商)들이 상공업을 지배하여 부를 축적하자 영세상인이 몰락하고 물가는 앙등하여 당시의 이조사회가 당면한 현실을 타개할 학문적 반성이 곧 실학인 것이다.

2) 실학 발전의 제요인(諸要因)

실학은 대체로 실용(實用)의 학문이라는 뜻으로 이는 영, 정(英, 正) 때의 문화의 특색이기도 하다. 성리학이 사단칠정론(四端七情論)에 치중하여 사회가 위기를 만나니 민중을 가난과 도탄에서 구하려는 정신에서 율곡(栗谷)이 일련의 혁신책을 주장한 것이 새로운 학풍의 시작이며 실학은 안민지술(安民之術)로서 반계(磻溪) 유성원(柳聲遠)에게 계승 발전되고 뒤에 성호(星湖) 이익(李瀷)에 와서 심화 확충된 것이다.

실학의 발생은 당시 사회, 경제적 모순의 격화도 원인이 되겠으나 난후(亂後)의 서양문물의 전래에도 자극을 받은 것이다. 명말(明末) 중국에 온 예수회(Jesuit Society, 耶蘇會) 선교사들이 천주교와 더불어 서구의 자연과학을 전하니 당시 중국인들이 과학기술에 관한 서적을 한역(漢譯)하였고 그것을 연행(燕行)의 사신을 통해 한국에 전래한 것이다.

선조 때 이수광이 서양 사정을 처음으로 소개하여 지리적으로 또는 문화적으로 중국이 세계의 중심이라는 중화적 세계관(中華的 世界觀)이 무너진 것이다. 이수광은 『지봉유설』(芝峰類說)에서 마태오 리지(Matteo Ricci)가 지은 『천주실의』(天主實義)를 소개한다. 이 책에는 서양과학과 천주교를 논평한 것이다.

　인조(仁祖) 9년(1631년)에 북경에 사신으로 갔던 정두원(鄭斗源)이 거기서 이탈리아 신부 육약한(陸若漢, Johannes Rodriguez)을 만나서 천문, 지리학에 관한 한역(漢譯) 과학서와 홍이포(紅夷砲, 洋砲)와 자명종(自鳴鐘)시계, 천리경(千里鏡, 망원경)을 가지고 돌아왔고 또 청에 볼모로 갔던 소현세자(昭顯世子)는 천주교 신부 탕약망(湯若望, Adam Shall)과 사귀어 천문학 및 천주교 서적과 지구의를 가져와 서양문물에 대한 관심과 이해가 많았다.

　효종(孝宗) 4년(1653년)에는 김육(金堉)의 건의로 시한력(時限曆)을 국가적으로 채용하여 서구문화의 첫 채용이 되었다. 또 인조 6년(1628년)에 화란인 벨트브레(Weltevre, 朴燕)가 표류하다가 억류되어 훈련도감에서 일하였고 효종 4년(1653년)에 하멜(Hamel) 일행 36인이 한국에 와서 15년이나 억류되었다가 탈출하여 서양에 대한 지식이 늘어간 것이다. 하멜은 표류기를 써서 한국을 서양에 처음으로 소개한 것이다.

　그리고 한국의 이조학계에 새로운 활기를 주입시킨 것은 서양 문물의 전래만 아니라 청의 새로운 학풍인 것이다. 즉 고증학(考證學)의 발달을 보았다. 중국에서 성리학에 대한 반작용으로 경학(經學)의 새로운 연구를 위한 고전(古典)의 재검토와 연구방법의 쇄신을 강조하는 운동이 전개되었으니 그 선구로서 나타난 학자가 청초(淸初)의 황종희(黃宗羲)와 고염무(顧炎武)이었다. 이는 고루한 훈고학적(訓古學的) 수법이나 막연공소(漠然空疎)의 양명학(陽明學)을 반대한 이들의 정신과 방법이 우리에게 각성과 모범을 주었다.

　한국에서 새로운 학문을 연구한 학자는 대부분 남인(南人)들 이었고 그들은 당쟁의 화를 많이 입은 계층이다. 그들은 곤궁한 생활 속에서도 공감을 가지고 농민생활을 살펴보며 가련한 그들의 처지에 동정하면서 불합리한 정치체제(政治體制)에 대해 개혁방도를 연구하였으니 나날이 격화되는 사회적 모순과 불만이 실학자들을 자극한 것이다. 현실의 불합리 속에서 허덕이는 서얼(庶孼)들도 비슷한 동기에서 실학에 열중하였다. 실학파는 "백성의 일용(日用)에 무보(無補)이면 학(學)이 아니다."라고 선명한 기치를 내세운 것이며 그리하여 정치, 경제, 농학, 역사, 지리, 언어, 금석(金石), 지도에 많은 명작을 발표한 것이다.

3) 실학파의 명사(名士)들

실학은 정치, 경제적 개혁론과 국학연구로 양분되고 개혁론은 중농주의적 개편론과 상공업 장려와 기술도입을 주장한 파로 양분된다.

경세치용(經世致用)의 학을 학문적으로 체계화한 학자는 효종, 현종 때의 유형원(柳馨遠, 1622-73)이었다. 그는 일생동안 농촌에 묻혀서 농촌사회의 현실을 스스로 체험해 가면서 학문의 연구에 전념(專念)하였다. 그 성과로 이루어진 것이 현종 11년(1670년)에 완성된 『반계수록』(磻溪隨錄)이었다. 그는 여기서 전제(專制), 교선(敎選), 임관(任官), 직관(職官), 녹제(祿制), 병제(兵制) 등에 대해 그 역사와 현실을 상세히 검토하고 비판한 것이다. 그는 옛날이 가장 이상적이라 하여 정전제를 다시 부활시킬 것을 주장하였다. 정전법(井田法)은 중국의 은(殷)과 주(周)에서 실시한 전제(田制)로 900무의 땅을 「井」자로 아홉 등분하여 여덟 농가에서 나누어 경작하고 중앙의 공전을 공동경작하여 그 소출을 나라에 바친 것이다. 유형원은 결국 실학파 중에서도 중농주의적 개편론자이었다. 모든 농민에게 생활을 보장할만한 땅을 균일되게 주고 백성으로 하여금 항산(恒産)을 갖게 하여 농민생활과 지배체제를 안정케 할 수 있다고 하였던 것이다. 그러나 그의 균전론(均田論)은 대농(大農)의 땅을 몰수해야 하는 이상론이었다.

여기서 유형원의 『반계수록』 서문을 보자.

"도덕은 하늘에 근원하고 정치법제는 땅에 근원하는 것이니, 하늘만을 스승으로 하고 땅을 알지 못하거나 땅만을 스승으로 하고 하늘을 알지 못함이 어찌 옳으리요. 세상에 문견이 좁고 학식이 적은 사람도 능히 도의 근원이 하늘로부터 내려옴을 말하고 있으나 저 지도(地道)를 헤아려서 왕제(王制)를 설함과 같은 것은 비록 유명한 신하나 큰 보필들도 눈만 멍하게 뜨고 있으니 이는 무슨 까닭인고. 천하에 정치를 말하는 자가 주(周)나라보다 더 갖춤이 없는데 주나라의 정치는 전토(田土)에 근본하였으니 성현이 또한 무슨 마음이리요. 천지(天地)가 자연의 도(道)에 순할 뿐이다. 형이상(型而上)자를 도(道)라 하고 형이하(型而下)자를 기(器)라 하는데 도는 원(圓)하고 기는 방하여 정치법제는 기라. 바야흐로 삼대의 전적(田籍)이 없어지지 아니할 적에는 도와 기가 함께 기재되더니 주나라의 말엽에 도와 기가 함께 없어지고 사나운 임금과 더러운 관리들이 그 기를 미워함이 더욱 급하여 그 기재되어 있는 전적(田

籍)을 아울러서 먼저 없애 버리고 또 백여년 뒤에 도를 기재한 전적이 또한 진 나라에서 불 타 버렸다. 그런즉 진, 한 이래 천 수백년 사이에 천지의 도가 거의 그치고 땅의 제도의 무너짐이 더욱 심하다. 그러나 정자(程子), 주자(朱子) 이후에 도가 밟지 아니하였다고 이를 수 없으되 기의 흩어진 것은 스스로 전과 같으니 도가 일찍 기를 떠나서 홀로 행하리요. 이제 궁(窮)에 처하여 글을 지은 자가 얼마나 많고 영달하여 국가를 위한 자가 얼마나 많은고."

이『반계수록』은 반계가 19년의 세월이 걸려서 당시의 부익부(富益富) 빈익빈(貧益貧)의 상태를 개혁하자는 이론서이었다. 반계는 키도 컸고 얼굴도 잘 생겼던 것이다. 이마도 넓고 수염이 좋고 목소리도 우렁찼다. 안광(眼光)도 빛났으며 그의 위엄과 동지(動止)가 보통 사람이 아님이 나타난 것이다. 그는 이 책 외에도 철학, 역사, 지리, 병법, 음운, 산술, 문학 기타 20여종에 가까운 문집이 있었다 한다.

또 아무리 조정에서 벼슬을 주려고 하여도 벼슬에는 아무 흥미도 없었다. 나라가 치욕을 당하고 오랑캐들이 들끓는 시대에 벼슬에 아무런 흥미가 없었던 것이다. 그는 죽기 전에 나라를 살리는 경륜을 써 놓아야 했던 것이다. 그는 경자유전(耕者有田)의 원칙을 엄하게 내세웠다. "부자의 땅은 끝없이 늘어나 경계와 맞닿을 형편이고 가난한 사람은 송곳 하나 세워 놓을 땅도 없게 되어 부익부, 빈익빈으로 급기야는 모리하는 무리들이 이 토지를 모조리 갖게 되는 한 편, 양민은 식구를 이끌고 떠돌아 다니다가 머슴살이로나 들어간다" (반계수록). 물론 반계는 북벌도 대비하여 준마를 기르고 활과 총 쏘는 법을 가르친 것이며 그는 51세에 세상을 떠난다.

그러나 그의 좋은 구상과 개혁사상은 후일 학자들에게 많은 영향을 끼쳐 성호(星湖) 이익(李瀷, 1681-1763)이 나왔다.

성호 이익은 어려서부터 광주(廣州) 담성리(瞻星里)에 퇴거하여 관도(官道)에 뜻을 버리고 독서 및 저술과 교육으로 일생을 보내면서 많은 학문을 익혔고 그의 지도하에 안정복(安鼎福), 이중환(李重煥), 이가환(李家煥, 연암(燕岩) 박지원(朴趾源) 또는 박제가(朴齊家), 다산(茶山) 정약용(丁若鏞)과 같은 당대 명문 학자들을 배출한 것이다. 그의『성호새설』(星湖塞說)은 넓은 학문을 명석히 고증한 불후의 명저이다.

성호는 "임금이 없어도 백성은 혹 그 몸을 기를 수가 있을 것이나 백성이 없으면 임금도 없는 것이니, 이것으로 보면 백성의 은혜가 임금의 그것보다 더 중한 것이므로 어찌 억조의 힘으로 임금 한 사람을 길러서 물자는 항상 부족하고 은혜가 항상 고르게 돌아가지 않게 할 것인가?"라고 하면서 왕의 뒤를 따르는 환관의 수가 335명, 궁녀가 684명, 그들이 나라에서 받는 녹만 해도 11,430석이나 된다고 하였다. 성호는 이조의 과거제의 폐단을 지적하되 문무 합하여 500자리인데 뽑기는 2,330인을 뽑아서 칼을 쥐어 보지도 않은 자가 많았고 어떤 때는 문과에 5,600명을 뽑고 무과에는 수천명을 선발했다 한다.

성호 이익의 저서는 반계수록 외에 『대학질서』(大學疾書), 『제경질서』(諸經疾書), 『근사록질서』(近思錄疾書), 『가례질서』(家禮疾書), 『사칠신편』(四七新編), 『관물편』(觀物編), 『백언해』(百諺解), 『해동악부』(海東樂付), 『관우록』 등이 있다.

그는 엄청나게 가난하게 살았으며 당시의 부패한 사회상을 통렬히 지적하였고 중산계급이 없고 노비와 양반만 있는 사회를 크게 개탄하여 노농일치(奴農一致)와 또는 사농합일(士農合一)과 양천합일(良賤合一)을 부르짖은 것이다. 그리고 근로정신을 높이 여겨 인생에게 일하는 것처럼 귀한 것이 없다 하였다. 이를 천명지위성(天命之謂性)이라 본 것이다.

성호는 일하는 사람을 많이 만들고 백성의 고혈(膏血)을 짜는 무리를 줄이자는 것이었다. 무슨 수를 쓰든지 벼슬 자리만 얻으면 고하를 막론하고 수탈과 착취를 일삼았던 것이다.

개인적으로 빼앗아 가는 것 말고 정식으로 받아 가는 것만 해도 상당했다. 1결(結) 40마지기에 나는 곡식은 약 320말인데, 주인하고 반분하면 160말이다. 한 집에 5, 6인 잡으면 230말을 가져야 일년 양도가 된다. 우선 70말이 부족하고 그런데 세금이 한 결에 12말 정도이고, 결국 23말 정도는 빼앗기고, 그 위에 시탄도로비 합치면 땅 한 결에 쌀 40말을 세금으로 받아가는 형편이었다고 한다.

또 군인을 나가는 대신에 면포로 바꾸어 내는데 본래는 한 사람이 두 필이었고 쌀로 내면 20말이 된다. 한 집에 장정이 3, 4인이면 5, 6섬이 필요했다. 결국 한 집에서 못내면 친척, 이웃에까지 미치고 어떤 때는 자손에게까지 미쳐서 어린애나 죽은 사람까지 영향을 받게 되는 것을 성호 이익은 족징(族

徵), 인징(隣徵), 황구(黃口), 백골(白骨), 징포(徵布)라 말한 것이다. 결국 그것을 낼 돈이 없으면 도망쳐서 승려가 되든지 남의 집의 노비가 되는 것이었다.

4) 북학파(北學派)의 명사들

북학은 선진 중국의 학문을 따르자는 주장이다. 북학파 인사들인 박지원, 홍대용(洪大容) 및 박제가는 연행(燕行)의 경험이 있었고 그들의 식견은 상호간 토론의 소산이었다. 특히 북학파의 대표격인 박제가의 『북학의』(北學議)는 박지원(1657-1805)의 『열하일기』(熱河日記)와 쌍벽을 이루는 대작이다. 박제가는 중국의 각 종의 차제(車制)를 배워서 물자를 유통케 하고 청(淸)에서 벽돌 굽는 기술을 배워서 성벽과 주택, 담장, 창고, 교량 등을 만들 것을 역설한 것이다. 농기구의 혁신, 상업과 공업을 장려하고 양반도 상업에 종사하며 천주교가 이단시되던 시대에 서양 선교사들로부터 기술자를 초빙하여 기술교육을 진흥시켜야 한다고 역설한 것이다. 심지어 쇄국의 시대에 있어서 구빈(救貧)의 첩경은 해외통상에 있다고 개국통상까지 주장하고 있으나 1876년의 강화조약(江華條約)에 의한 개국보다 98년이나 앞서서 자주적 개국을 말한 것이다.

이들의 두 저서는 노동하지 않고 무위도식(無爲徒食)하는 양반 유학자들을 비판하고 상공업과 농업을 높이 평가한 것이다. 또 균등한 교육에 의하여 직업적 관리를(官吏)를 양성하여 그들을 기간으로 한 새로운 이상적 관료기구를 만들어야 한다고 주장하며 신분제를 폐지하고 능력에 따른 분업을 실시하여 안민(安民)을 이룩할 것을 주장한 것이다.

정다산(丁茶山, 1762-1836)은 실학을 집대성한 대학자였다. 정약용(丁若鏞)은 목사(牧使) 정재원(丁載遠)의 아들로서 어려서부터 총명한 천재였다. 그는 한 때 서학(西學)에 기울어져 결국 신유교옥(辛酉敎獄)에 연루되어 19년에 걸친 유배생활에서 한국인으로는 유례없는 540권에 달하는 방대한 저작을 하였다. 그의 책은 모두 우국애민(憂國愛民)의 지성(至誠)에서 나온 주옥 같은 것이다. 대표적 저서는 『목민심서』(牧民心書), 『경세유표』(經世遺表), 『흠흠신서』(欽欽新書)이다. 그리고 『조선복음전래사』(朝鮮福音傳來史)도 썼다. 정다산의 기록에서 19세기 이조 말의 조선 사회상을 엿볼 수 있다.

← 정약용의 필적

시냇가 헌 집 한 채 뚝배기 같구나. 북풍에 이엉 걷혀 서까래만 앙상하네. 묵은 재에 눈이 덮혀 부엌은 차디차고 뚫어진 벽 틈으로 별빛이 비쳐드네. 방 안은 쓸쓸하여 가진 거란 거의 없고 모조리 팔아도 칠, 팔 돈이 안되겠네. 개 꼬리 같은 산조 이삭 세 줄기와 닭 창자같이 비틀어진 고추 한 꿰미. 깨어진 항아리는 헝겁으로 때웠으며 찌그러진 선반대는 새끼줄로 얽었도다. 구리 수저 벌써부터 이정한테 빼앗기고 무쇠 솥은 옆집 부자 빚돈 대신 가져갔네. 검푸른 무명 이불 오직 한 채 분이러니, 부부유별이란 말은 애당초 당치 않네. 어린 것은 옷을 입되 어깨가 다나왔고, 바지난 버선은 애당초 못 꿰었네. 큰 아이 다섯 살에 기병으로 등록되고 세 살란 작은 놈은 군적에 적혀 있네. 두 아들 군포세로 오백 돈을 물고 나니 제발 죽기 바라는데 옷이 다 무엇이랴. 아이와 강아지가 한 방안에 잠자는데 호랑이는 밤만 되면 울 밖에서 으르렁댄다. 남편 은 나무하고 아내는 방아 품 팔고, 대낮에도 사립 닫아 그 모습 참담하다. 점 심 굶고 저녁 굶고 밤에사 밥을 한다. 여름에는 솜 누더기 겨울에는 삼베 옷이 로다. 들 냉이나 캐려 하나 땅이 아직 녹지 않고 이웃집 술 거르거든 술찌기나 얻어 먹자. 지난 봄에 꾸어 먹은 환자(還子)가 닷 말인데 금년에도 이 짓하고 무슨 수로 산단 말가. 무섭고 힘상궂은 나졸 놈이 또 올레라. 관가 곤장 맞는 일이 이제는 두렵잖다. 어허 이런 집이 온 천하에 가득한데 구중 궁궐 깊고 멀 어 살피지도 못하누나. 한 나라 옛 제도엔 직지사자(直指使者) 파견하여 이천 석 관리(太守)라도 즉결처분 내렸거든 폐단과 어지러움 백리 채 못 뽑으면 공 황이 다시 온들 누가 다시 구해주랴. 정형의 유민도를 넌지시 못내 잊어 이 시

한편 그려내어 임금에게 드리고저.

정다산은 『목민심서』 첫 구절에서 "다른 벼슬은 구하여도 목민관은 스스로 구하지 말라."(他官可求, 牧民之官 不可求也)고 한다. 목민관은 봉사직이라는 뜻이다. 이는 철저히 기독교 정신이다. 당시 사또와 원님을 이렇게 묘사한다.

"승냥이여 이리여 우리의 소를 잡아 갔으니 우리의 양일랑 그만 두라. 장 안에 저고리도 없노라. 옷걸이엔 치마도 없노라. 항아리엔 남은 찬도 없노라. 뒤주 안엔 남은 찬도 없노라. 무쇠 솥 가마솥 다 앗아 갔고, 숫가락 젓가락 모두 돈쳐 갔노라. 도적도 아니고 원수도 아닌데 어찌 이렇게도 착하지 못하냐. 살인자는 이미 죽어 갔는데 또 다시 누구를 죽이려느냐. 승냥이여 이리여 우리의 큰 개를 잡아 갔으니, 우리의 닭일랑 묶지 말라. 사랑하는 자식마져 죽과 바꾸고 나의 아내 사 갈 자도 이젠 없구나. 너희들은 나의 가죽 벗겨 가고 이제 다시 뼈마져 부수누나. 우리의 논밭을 바라보아라. 그 얼마나 가엾은 모습이더냐. 피도 가래도 자라지 못하거니 다북쑥 물쑥인들 어이 자라리. 살인자는 이미 죽어갔는데 또 다시 누구를 헤치려 하느냐. 이리여 호랑이여 말 할 나위 없구나. 새여 짐승이여 나무란들 무엇하리. 나에게 부모 모시고 있지만 조금도 의지할 길 전혀 없구나. 내달아 찾아가서 하소연한들 귀담아 들은 채도 아니하누나. 우리늘의 논밭을 보아라. 그들은 참남된 몰골이너라. 흘러서 가다가 굴러서 가다가 시궁창 구렁텅이에 쓰러져 죽건만 애비여 에미여 사또여 원님이여 기장 밥에 고기 먹고 사랑방에 기생 두어 얼굴이 꽃 같구나."

심지어 군포에 시달리는 모습을 다음과 같이 처절히 정다산은 노래한다.

"갈밭 마을 젊은 여인 울음도 서러워라. 고을 문 내닫다가 하늘보고 통곡하며 남편 군인 징발은 오히려 있으련만 자고로 남절양(男絶陽)은 들어보지 못했노라. 시아버지 삼년상은 예전에 벗고 갓난애기 첫 목욕하기도 전에 삼대 이름 군적에 실려 있다니 억울한 하소연 가서 하자니 관가의 문지기 호랑이 같아 이정(里正)의 호령에 소를 뺏기곤 할 수 없이 칼을 갈아 방에 들어가 아기 난 죄로구나. ○○를 베었다. 잠실음형도 억울한 일이었고 민권거세도 애처로운 일이거든 나고 사는 법칙은 자연의 이칠레라…… 부자들은 평생동안 풍악이나 즐기고 쌀 한알 베 한치도 바치는 일 없구나. 모두 함께 나라의 백성이건만 왜 이리 후박이 고르지 못하던가. 내 시름 겨워 객창에 홀로 앉아 시구런을 읊노라."

그는 54세 때 고향에 돌아오나 계속하여 저술에 종사하고 1836년 헌종 2년 2월 20일 75세 때에 세상을 떠난다. 그 때 한국에 와서 있던 중국인 유방제(劉方濟) 신부의 종부성사를 받았던 것이다.

정다산은 기근에 시달리는 농민이 어찌 봉기할 줄 모르는 것을 분개하면서 세상을 하직했다고 한다. 이 때에는 소위 삼정문란(三政紊亂)의 때이다. 전정(田政), 군정(軍政), 환곡(還穀)에 있어서 극도로 혼란한 때였다. 정다산은 당시의 유학(儒學)과 기독교를 같은 것으로 이해하면서 심지어 의인(義人)에 대한 이상을 「군자」(君子)에 대한 유교의 이상과 유사(類似)한 것으로 보아서 기독교와 유교의 연속성을 논한 것이다. 다산은 일시적으로 신자가 된 것이 아니라 그의 신앙을 평생토록 실현한 서학(西學)의 최고 권위자임을 알 수 있다. 다만 일시적 배교는 흠이 된다.

제 2 절 천주교의 전래와 박해 및 신앙형태

1. 천주교 전래(傳來)

조선에서 천주교가 시작된 때는 1784년이었다. 이 때는 북경(北京)에서 프랑스 신부 그라몽(de Grammont)에게 영세(領洗)를 받고 귀국한 이승훈(李承薰)을 중심으로 한 신앙공동체가 서울에서 출발할 수 있었고 조선 천주교의 창설을 뜻하는 이 사건 이후에 천주교는 조선의 조야(朝野)에 일대파문을 던지면서 전파되기 시작한 것이다. 그러나 이승훈의 배후에는 이벽(李檗)을 비롯한 남인(南人) 학자들이 있어서 오래전부터 북경으로부터 들어온 서학(西學)의 책을 읽고 신앙생활의 길을 갈망한 것이다.

결국 이들 성호(星湖)좌파 계열의 학자들은 천주교를 실제적인 종교운동으로 전환시켜 나가되 천주교 창설 직후 이들과 같은 양반 지식층이 주도하는 일종의 신문화 수용운동(新文化受容運動) 성격을 강하게 드러내고 있었다. 이승훈, 이벽, 정약전(鄭若銓), 정약용(丁若鏞) 또는 권일신(權日身) 뿐만 아니라 김범우(金範禹, Thomas), 이존창(李存昌)을 비롯한 중인(中人)이나 양인(良人) 등에도 확대된 것이다.

한국의 천주교 전래는 서양 선교사들의 전교(傳敎)활동에 의한 것이 아니라, 동양 대륙의 끝 변두리 나라 안에서 지식인(知識人)들이 스스로 책을 얻어 읽고 공부하여 그리스도교 신앙을 실천에 옮겨 나간 능동적 활동이 있었음은 세계적으로 그 예를 찾기 힘들만큼 드문 일이며 중요한 현상이다. 이러한 신앙의 태동(胎動)은 기독교 토착화(土着化)에 좋은 근거가 되고 한국 정신사(精神史)의 발전 단계 안에 기독교 사상을 소화해 들이는 것을 용이하게 한다. 이들은 이승훈이 영세를 받고 돌아옴을 계기로 가교회(假敎會), 가성직단(假聖職團)을 구성하고 성직자를 북경에서 모셔오기에 성공하여 정식으로 조선 교회를 창설하는 과정은 경건한 마음으로 볼 필요가 있을 것이다.

조선은 14대 선조(宣祖)임금 때에 임진왜란을 겪고 16대 인조(仁祖)임금

↑ 『천주실의』의 한글역본

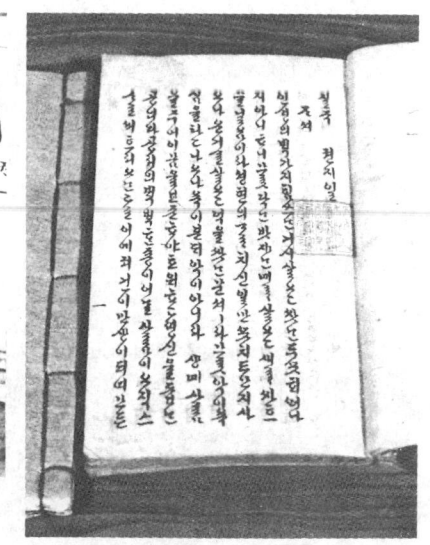

↑ 『칠극』의 한글역본

때에 병자호란을 겪었는데 이러한 난리들은 충신 이율곡(李栗谷)의 10만 양병론(養兵論)이나 허균(許筠)의 호족(胡族) 즉 청국의 침입을 경계해야 된다고 반역죄로 몰아 죽이고 율곡은 시골 글방 선생이 되게 한 뒤에 생긴 것이다.

나라가 이처럼 어둡고 권신(權臣)들 사이에는 당쟁(黨爭)이 그치지 않으니 양심적인 학자들은 초야(草野)에 묻혀 학문과 저술(著述)에나 힘쓰게 되어 많은 실학자(實學者)가 나온 것이다.

특히 성호(星湖) 이익(李瀷, 1681-1763)은 많은 천주교 신자인 실학자를 배출시켰으니 이벽, 정약전, 정약용, 이승훈, 권철신, 권일신, 황사영(黃嗣永), 김범우(金範禹) 등이며 그는 주자(朱子)의 예론(禮論)이나 공리공론(空理空論)의 폐해를 떠나 실학을 탐구하는 동시에 북경에서 들어온 『천주실의』(天主實義)와 『칠극』(七克)을 읽고 천주실의에 발문(跋文)을 붙였다. 기독교 서적은 북경에 천주당(天主堂)이 선 직후인 1603년에 마테오 리치 신부(神父)가 지은 『천주실의』를 비롯하여 『홍길동전』(洪吉童傳)의 작가 허균이 북경에서 『12단』(十二端) 기도문을 들여왔던 것이다. 성호의 발문 내용은 대략 다음과 같다.

"천주실의는 마테오 리치(李瑪寶)가 지은 책으로서 그는 구라파인으로 그곳은 중국에서 8만여리나 떨어져 천지개벽 이래 오고 가는 이가 없었는데 명나라 만력(萬曆) 연간(年間)에 예수회 동지 몇 사람도 같이 그와 함께 배를 타고 바다로 3년을 걸려서 왔다. 그 학문은 오로지 천주를 높이 섬긴다. 천주는 유가의 상제(上帝)인데, 그를 경건히 섬기고 두텁게 믿음은 불교에서 석가(釋迦)에게 함과 같다."

여기에 이어 예수의 생애에 대한 더 자세한 이야기가 씌어 있고 이수광(李수光)의 저서 『지봉유설』(芝峰類說)에 나오는 『천주실의』 소개와 함께 이익의 발문은 조선의 학자들에게 서양과 예수교를 소개하여 세상의 넓음과 새로운 진리의 존재를 인식시키는 데에 공헌하였으나 본격적으로 기독교 진리를 연구하고 생활에 적응시키려는 운동은 앞서 열거한 성호(星湖)의 제자들 특히 이벽(李蘗)에게서 시작된다. 이벽은 유학(儒學)에도 뛰어나게 통달했던 사람으로서 정다산(丁茶山)에게 중용(中庸)을 강의해 준 일도 있고 이 강의를 한 때는 1784년(甲辰年)인데 다산의 나이 23세, 이벽의 나이 31세 였으니 천주교의 진리를 연구하여 그들 나름대로 신앙의 경지에 들어가 있을 때였다.

정조(正祖)가 『중용』의 의문점 70가지를 적어서 젊은 학자들에게 답안을 써 올리라 하여 다산도 해답을 물으로 간 선비가 이벽이었고 나중에 정조가 정다산의 답안을 보고 "다른 선비들의 답안은 모두 거칠고 미숙한데 다만 약용(若鏞)의 것이 특이하니, 여기에는 반드시 어느 유식한 선비의 도움이 따로 있었을 것이다."하면서 매우 만족해 하였다고 한다. 뒤에 정다산은 강진(康津)에 귀양가서 1814년 다시 『중용강의』를 보충하여 쓸 때 "그 때 임금이

↑ 정약전의 유품인 철제 십자가

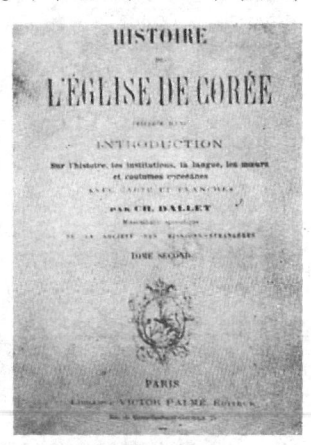
↑ 달레의 『조선교회사』

말씀하시던 다른 사람이 바로 광암(曠菴)이었다. 그가 죽은 지 이미 30년이 지났으니 이제는 질문할 곳이 없구나. 그가 아직 살았더라면 그 박학이 어찌 내게 비교되랴. 지금 나는 이 책을 부둥켜 안고 흐르는 눈물을 금치 못한다."고 하였다.

유학에 정통(精通)했던 학자들이 천주교를 연구하고 신봉(信俸)하게 되었던 것이 주목할 일이다. 즉 재래의 조선의 학문이나 사상으로써는 진리 안에

생활하는 자족감(自足感)을 느낄 수 없었던 것이다. 여기에 기독교가 이조 (李朝)의 정신사적 단계에 자리잡을 당위성(當爲性)이 있었다는 점을 인식해야 할 것이다.

이익의 제자 선비들이 모두 북경에서 들어 온 천주교 서적에 심취해 있던 중, 1779년(己亥年)에 경기도의 한 산 속에서「교회 연구회」가 열렸다. 광주(廣州), 양평(楊平), 여주(驪州) 3군의 접경지에 한강 상류를 끼고 우뚝 솟아 있는 노자봉이란 산이 있는데, 이 산 위에 천진암(千眞菴)과 주어사(走魚寺)라는 절간이 있다. 이 중 천진암에서 양평(당시는 陽根)의 권철신(權哲身), 마재(馬峴)의 정약전(丁若銓), 서울의 이승훈(李承薰)을 비롯한 10여명이 진리탐구를 위한 토론회를 갖게 되었고, 이 소식에 접한 이벽도 추운 겨울날에 백리길을 걸어서 밤에 그 모임에 도착하였다. 이들은 이 곳에서 10여일동안 토론을 계속했는데 사람이 늘어나서 등성이 넘어「주어사」로 자리를 옮겨가며 조선 전래의 유, 불, 선(儒, 佛, 仙) 이론도 검토하여『천주실의』와『칠극』등 기독교 서적을 연구한 것이다. 그 결과 이벽, 정약전 등을 필두로 하여 모두 그리스도교 즉 천주교의 진리에 감복하여 하느님의 실재(實在)와 신앙생활의 요령을 불완전한 대로나마 알게 되니 정약전이 마련한 규정에 따라 아침, 낮, 저녁에 한 차례씩 기도를 하고, 장엄하고 겸손한 자세로 강론(講論)을 시행하였다. 이들은 또 기독교에서 7일마다 하느님을 공경하는 사실을 알아 7일, 14일, 21일, 28일에는 모든 일을 쉬고 묵상에 잠김으로써 재계(齋戒)를 지켰다.

↑ 천주모경가

달레(Dallet)의『조선교회사』와『정다산전서』(丁茶山全書)의 기록이 밝히고 있는 위의 산상집회로 말미암아「노자봉」은 우리 나라 기독교 운동의 잊

부록 3. 근세조선의 역사와 기독교 / 489

⇐ 십계명가

을 수 없는 요람인 것이다. 또「주어사」집회가 끝나고 정약전은「십계명가」
(十戒命歌)를 지었고, 이벽은「천주모경가」(天主慕敬歌)를 지었다. 이 노래
들은 이조후기 가사의 4.4조(調) 형식을 취한 한글로 되었으며 이승훈의 『만
천유고』(蔓川遺稿)에 실려 전함으로써 국문학사(國文學史)의 훌륭한 유산도
되며 특히 이 학자들이 기독교를 알게 됨으로써 얻은 감명이 잘 니티니 있다.

  어와 세상 벗님네야
  이 내 말씀 들어 보소
  집안에는 어른 있고
  나라에는 임금 있네
  네 몸에는 영혼 있고
  하늘에는 천주 있네
  부모에게 효도하고
  임금에겐 충성하네
  삼강오륜 지켜 가자
  천주공경 으뜸일세
  이 내 몸은 죽어져도

영혼 남어 무궁하리
인륜도덕 천주공경
영혼불멸 모르면은
살아서는 목석이요
죽어서는 지옥이라

이 노래가 이벽의 「천주공경가」 앞 부분이다. 이벽은 또한 「성교요지」(聖敎要旨)도 한문으로 지어 같은 『만천유고』에 실려 전하는데 그 내용을 보면 기독교의 내용을 그 때의 학자들이 이미 상당히 알았음을 알 수 있다.

"세상에 사람이 나기 전에 한 상제께서 계셨으니 오직 하나이신 천주라 이르나니 모든 성신이 그와 비하지 못하도다."
천주 엿새 동안 힘써 만드시니 천지를 개벽하고 또한 만물을 만드시니 그저 기이하고 신기로운 것이니라.
흙을 빚어서 영혼이 있는 우리들 사람을 만드시니 이어 살아 갈 땅과 터를 주시고 또한 모든 것을 장만하여 주시었나니라.
사람으로 하여금 가족을 이루도록 한 여자를 지아비에 보내시니 이르시되 계집으로 하여금 지아비를 부르게 하시니 비로소 사람이 천주와 한뜻 되었는 것

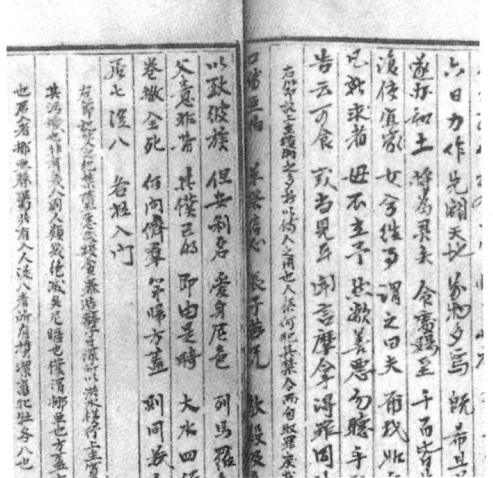

⇐ 성교요지

이라 하시니라.

　또한 천주께서 이들을 인도하시었나니 세상 복을 더하여 주시고 야소를 보내시니 이르되 바로 구세주라 하니라.

　야소는 만나신 선비네와 성약을 하시고 제자와 중생을 깨우치시니 예절을 정하시고 법도를 지키게 하시니 가운데 열 두 사람 제자를 명하시었나이다.

위에 든 이벽의 「성교요지」는 김옥희(金玉姬)씨 소장 한글본으로 한글 맞춤법에 따라 고친 것이다. 여기에 다 소개하지 못한 내용에는 아담과 하와가 무화과를 따 먹고 원죄(原罪)를 얻은 일, 노아의 방주와 홍수, 성삼위(聖三位)의 제 2위인 예수 등을 거론하고 또한 그의 「이벽선생 몽회록」(1977년 작)에 보면, 우주창조 섭리, 낙원추방, 예수구원, 유·불·도교의 허망함과 조상제사와 우상숭배, 하나님의 심판을 취급함을 보면 이벽이 성경의 지식을 상당히 알고 있음을 나타내 보여 준다(대한기독교서회, 『기독교와 한국문학』, p.28).

이러한 상황에서 이승훈은 이벽의 지시를 받아 북경에 가서 천주교 교리와 신앙생활의 방법을 더 자세히 배우고 교리책을 많이 얻어 오라는 이벽의 부탁대로 그는 북경에 가서 서양 신부들을 만나서 교리를 열심히 배운 후 책도 많이 얻어 가지고 돌아왔는데 이승훈은 수십종의 교리서와 십자고상(十字苦像)과 성화, 묵주 등을 가지고 와서 자기 집에서 신앙생활을 실천했으며 가지고 온 교리책들을 이벽에게 넘겨준 것이며 당시 이승훈은 평택의 현감이었다.

여기에서 더욱 감화와 신념을 갖게 된 이벽은 이승훈과 함께 신앙보급 운동에 나서서 양근(陽根)의 권신, 권일신 형제와 마재(馬峴, 지금의 양주군 와부면 능내리)의 정약전, 정약종(丁若鐘), 정약용 형제에게 세례(영세)를 베풀었다.

이승훈이 북경에서 돌아온 1784년 겨울에는 서울 명례동(明禮洞, 지금의 明洞) 김범우의 집을 교회당으로 삼아 주일(主日) 미사를 드렸고 다음 해 봄에도 역시 김범우의 집에서 이벽, 이승훈, 정약전, 정약종, 정약용, 권일신 부자등이 설교를 위한 집회를 갖고 이벽이 설교를 하니 며칠 동안에 양반 중인 등의 모인 수가 수십명에 이르렀다. 결국 관청에서 이 모임을 해괴하게 여겨 해산시키고 중인(中人)인 김범우는 충청도 시골로 귀양가서 그 곳에서도 신

↑ 정약종의 초상화

앙을 굽히지 않다가 형벌(刑罰)의 상처로 인해 세상을 떠났다. 그래도 그 이듬해 봄에는 다시 이승훈이 중심이 되어 「가성직단」을 조직해 신앙의식을 실천해 보기도 하다가 아무래도 정식으로 성직자를 초빙해야겠다는 각성이 있어 북경 주교(主敎)에게 사람을 보내어 신부 파견을 요청했다. 그러나 조선 정부의 천주교 탄압이 이미 시작되어 있어 좀처럼 신부가 들어오지 못하다가 1795년 정월에야 북경교구 소속 중국인 신부 주문모(周文謨)가 처음으로 서울에 들어왔으며 그 뒤 1831년에 이르러 조선교구(朝鮮敎區)가 설치되어 대단한 신앙공동체로 성장한 것이다. 다음의 자료는 좋은 증거가 된다.

"이승훈이 세례를 베푼 동료들 가운데 열심한 몇 사람을 교리교사로 세웠는데 덕분에 머지 않아 1천명이 넘는 한국인 남녀가 세례를 받고 새로 한국교회를 세우기에 이르렀다.(Gouva, 1790. 〈Gouva書信〉 "교회사 연구지" 2, p.63)"
"나는 어떤 학자와 더불어 하느님을 섬기도록 노력했는데 결신자(決信者)가 1천명에 이르렀고 그들이 세례를 간청하므로 나는 그들에게 세례를 주었다."
(Pages, *Histoire de la Religion Chretienne*, 1869. Paris, tome 1, p.122)

2. 1만여명 순교와 신앙자유 획득

가교회(假敎會)가 서고 성직자가 들어오고 교구가 설정된 것과는 관계없이 천주교회는 그 요람기부터 대원군(大院君) 은퇴시까지 많은 순교자를 내었다. 기독교 신앙의 나무는 순교의 씨로써만 싹 트고 자란난다는 것은 세계 기

↑ 김효임의 순교광경(1839년, 바티칸 벽화)

독교사가 증명하고 있지만 조선에서의 순교의 장렬함은 더욱 뛰어난 것이었다. 조선의 천주교사는 곧 순교사라고 해도 과언이 아니다. "한국의 역사상 진리와 정의를 위해 순교나 순절을 한 사람이 없지는 않았지만 매우 드물었다. 고대 국가인 신라 때 불교가 고구려를 거쳐 들어올 때 이차돈(異次頓)이라는 승려 한 사람이 순교를 하였고, 신앙을 위해서는 아니나 국통과 임금에 대한 충의(忠義)의 절개를 지켜 목숨을 바친 순절자로서는 고려 말의 정몽주(鄭夢周)와 이조 초의 사육신(死六臣) 등이 있었다.

그런데 이조 말에 천주교가 이 땅에 들어올 때에는 1791년 신해교난(辛亥敎亂)으로부터 1873년 대원군 은퇴에 이르는 80여년에 걸쳐 무려 1만여명의 순교자가 생겼다. 그리고 나서 천주교는 이 땅에서 비로소 신앙의 자유를 얻었다. 천주교 신자들의 이와 같은 순교는 한국 역사상 비교될 만한 사례가 없는 대이변(大異變)이었다. 그리고 이 이변은 순교자의 수에만 의하는 것이 아니라 정신사의 한 전환점(Turning Point)을 의미하게 된다. 즉 종래 한국 정신사의 내용이 되어 온 종교 및 사상의 실태를 볼 때 불교는 산 속에 은둔하여 속세를 떠나 있고 도교(道敎)는 무속(巫俗)과 섞이어 미신(迷信)에 묻히었으며 유교는 학자들의 전유물(專有物)이 되어 공리공론(空理公論)을 일삼았다.

이러한 때에 천주교라는 이름으로 그리스도 신앙이 이 땅에 들어왔는데 이 신앙은 신분의 귀천, 남녀노유(男女老幼)를 초월하여 인간은 모두 하나님의 자녀로서 평등하게 존엄(尊嚴)하다는 사실을 가르쳤다. 그리고 인간은 허무한 일시적 존재가 아니라 영혼의 구원을 통해 영원한 내세(來世) 즉 불멸의 본질계(本質界)에 들어간다는 희망을 안겨 주었다. 바로 이와 같은 정신적 원리가 많은 신자들로 하여금 목숨을 바치면서까지 신앙을 지키게 한 힘이었다."(로네, 『한국순교복자전』 改訂版 p. 1-2)

그러나 불교나 유교가 타락되어 있던 현실적 폐단을 비판하는 것이지 기독교가 각 민족의 전통적 지역문화를 무조건 전면적으로 거부하는 것은 아니다. 이 점은 기독교의 토착화(土着化)를 위해서도 마땅히 요청되는 사고원리(思考原理)이다. 이 관점(觀點)에 일치되는 예는 조선 천주교사 초기에도 나타나 있으니 이벽을 비롯한 남인 학자들이 생각하고 말하기를 기독교는 유교의 근본정신과 결코 상충(相衝)되지 않는다고 한 것이다. 그럼에도 불구하고 조선 교회에서 순교자가 많이 생긴 데는 별도의 지역적 요인(要因)들이 작용한 것이다.

그 지역적 요인의 첫째는 이조 정부 주변의 당파싸움이 교회를 박해하게 된 것이며 둘째는 교회당국의 토착화 전통문화(傳統文化)에 대해 이해와 아량(雅量)을 보이지 못한 것이다. 이러한 박해 요인들을 염두에 두고 이제 조선 교회 순교사의 단면들을 보기로 한다.

정신사적(精神史的)으로 유교에서 천주교로 발전하는 것이 부자연스럽지 않다고 주장했으나 결국 순교한 사람이 조상의 제사(祭祀)문제로 윤지충(尹持忠)이 1791년(辛亥年)에 순교한 것이다. 이 때의 일련의 파동을 신해교난(辛亥敎亂)이라고 한다. 우선 윤지충이 순교 직전에 진술(陳述)한 다음과 같은 말은 기독교와 전통문화와의 관계를 충돌치 않으려는 한 의도(意圖)로서 참고될 가치가 있다.

"나는 과거시험에 합격하여 벼슬아치가 되어 국왕에게 충성을 다하고, 부모에게는 효도하고, 형제에게는 우애있게 지내고자 하여 1783년 봄에 진사(進士) 시험에 합격하였다. 그런데 그 이듬해 겨울에 서울 명례동에 있는 김범우의 집에 들러 『천주실의』와 『칠극』이라는 두 책이 있음을 보았다. 이 책을 읽고 천주는 우리 공동(共同)의 아버지이며 천지(天地), 천사, 인간 그 밖에 만물의 창조주임을 알았다. 천주는 중국 서적에서 상제(上帝)라 일컫는 것으로서 사람이 천지간에 날 때 살과 피를 부모에게서 받으나 사실상 이것을 주는 이는 천주이다. 충성(忠誠) 뿌리도 천주의 명령이며 효도(孝道)의 뿌리도 천주의 명령이다. 이 교(敎)는 참된 마음으로 천주를 섬기는 종교이니 중국의 경서

(經書)에게 가르치는 바와 크게 합치(合致)되는 점이 있다고 나는 믿는다.
  이 교(敎)에서 실제로 몸소 행하여야 할 것은 『십계(十戒)』와 『칠극(七克)』에 들어 있다. 십계는
  (1) 천주를 만물 위에 높여 공경할 것.
  (2) 거짓 맹세를 하기 위해 천주의 이름을 헛되이 부르지 말 것.
  (3) 주일을 지킬 것.
  (4) 부모를 존경할 것.(왕은 모든 국민의 아버지이며 지방관은 지방민의 아버지이다)
  (5) 사람을 죽이지 말 것.
  (6) 그릇된 음란한 짓을 행하지 말 것.
  (7) 도둑질 하지 말 것.
  (8) 거짓 증참(證參)을 들지 말 것.
  (9) 남의 아내를 그리워 하지 말 것.
  (10) 남의 재물(財物)을 탐내지 말 것.
등이다. 이 십계는 천주를 만물 위에 높여 사랑하며 또 남을 나와 같이 사랑한다는 것으로 요약할 수 있다.
  칠극(七克)은
  (1) 오만(傲慢)을 극복하기 위한 겸손
  (2) 질투(嫉妬)를 극복하기 위한 애더(愛德)
  (3) 분노(憤怒)를 극복하기 위한 애덕(愛德)
  (4) 탐욕을 극복하기 위한 자비(慈悲)
  (5) 식욕을 극복하기 위한 절제
  (6) 사음(邪淫)을 극복하기 위한 제욕(制慾)
  (7) 태타(怠惰)를 극복하기 위한 근면이다."
  (柳洪烈,『한국천주교회사』, p.100-101)

 그런데 당시 양반계급의 지식인 천주교인들은 위의 책들 외에도 『진도자증』(眞道自證), 『교요서론』(敎要序論)과 같은 서학의 한역(漢譯)을 통하여 기독교에 대한 교리를 습득하였고 이를 『첨례강습』(瞻禮講習)이라 한다.
 윤지충의 진술에서 표현된 교리는 실로 종래 조선 사회의 정치적 가정적 윤리에 어긋나는 것이 없었다. 하느님에 대한 개념은 유교에서도 원래 천(天),

상제(上帝) 등으로 표현되어 우주의 주재자이며 도(道)와 법(法)의 근원으로 여겨지고 있었다. 동양(東洋)의 천의식(天意識)이 그대로 기독교적인 것은 아니었으나 그것은 잠재적(潛在的)으로 하느님 세계의 바른 원리에 일치되고 있는 내용이었다. 그러므로 이 동양적 문화 전통을 긍정하는 토대 위에서 기독교의 교리는 동양(東洋)에 이식될 수 있었고 결과적으로 하느님 세계의 자연스러운 확장(擴張)이 가능할 수 있었다.

그러나 「십계는 천지가 인류의 양심에 둔 당연한 도리」로 인식한 것이니 당시 순교자들은 왕법보다 양심의 법을 더욱 중히 여긴 것이며 이것이 한국 천주교회의 순교사를 형성하게 된 것이다. 결코 복음의 토착화는 시행되지 못한 것이다.

효도와 제사에 관한 문제도 그 엄격했던 조선 사회에서는 교리 적용을 어느 정도 융통성 있게 할 수도 있는 문제였다. 한국의 제사 축문(祭祀祝文)에는 이러한 내용이 들어 있었다. 즉 "어버이 돌아가신 날이 다시 돌아오니 멀리 돌이켜 생각할 때 길이 사모하는 마음 누를 길이 없노라"(諱日復臨 追遠感時 不勝永慕).

이렇게 제사의 근본정신은 우상이나 마귀를 섬기는 공포에서 동기된 것이 아니라 하나의 예절(禮節)의 추도의식(追悼儀式)이었다. 물론 제사 때에 지방(紙榜)을 붙이면 「신위(神位)」라는 문구를 사용한다. 제사가 유교에서 나온 것이니 그 근본이 효제(孝悌)인 것이다. 이 효제는 모두가 성(誠)의 덕을 가르침이니 제사에도 성(誠)을 다하라는 뜻에서 지방을 붙임이 아닌가? 또 제사는 부모와 선조(先祖)를 계승하고 그의 덕(德)을 추숭(追崇)하는 뜻도 있다(정종복,『유교철학사상개설』, p.115, 166).

오늘의 카톨릭 교회가 비기독교적 종교나 문화에 대해 또는 풍속에 대하여 어떻게 생각하는 가를 본다. 1965년에 발표된 「비그리스도교에 대한 선언」은 다음과 같다. "하느님은 모든 사람에게 생명과 호흡과 모든 것을 주시며(행 17 : 25), 또 구세주는 모든 사람들이 구원되기를 원하는 것이다(딤전 2 : 4). 전세계에서 볼 수 있는 다른 종교들도 교회와 생활규범과 성스러운 예식 등을 가르치며 여러 가지 방법으로 인간의 마음이 느끼는 불안을 극복하려고 노력하며 그 길을 제시한다. 교회는 이들 종교에서 발견되는 옳고 성스러운 것은 아무 것도 배척하지 않는다. 그들의 생활과 행동의 양식 뿐 아니라 그들의 규율과 교리도 거짓 없는 존경으로 살펴 본다. 그리스도는 길이요 진리요 생명이지만 그 분 안에서 사람들이 종교생활의 풍족함을 발견하고 그 분을 통해 하느님이 모든 것을 당신과 화해시키셨음을(고후 5 : 18-19) 교회는 선포하고 있으며 또 반드시 선포해야 한다. 그러므로 교회는 다른 종교의 신봉자들과 더불어 지혜와 사랑으로 서로 대화(對話)하고 서로 협조하면서 그리스도적 신앙과 생활을 증거(證據)하는 한편 그들 안에서 발견되는 정신적 내지 윤리적 선(善)과 사회적 내지 문화적 가치를 긍정하고 지키며 발전시키기를 신자(信者)들에게 권하는 바이다."

이러한 양식(良識)과 지혜는 교회사가 지난 때에 맺혀 있던 어떤 숙제를 풀어 주고 오늘과 내일에 있어서 떳떳한 입장을 취하게 한다. 물론 여기서 말하는 종교는 건전한 고등종교 즉 윤리종교인 것이다. 우리의 사교의 병폐를 국법으로도 금하는 것이다.

당초에 예수회가 중국에 전도할 때에는 이러한 유교식 제사의 취지를 융통성 있게 이해하여 전교(傳敎)에 큰 성과를 거두었으나 뒤이어 도밍고회(Dominicans)와 프란체스코회가 중국에 들어와서는 교회의 방침을 바꾸어 조상에 대한 제사를 금한 것이다. 그 결과 중국에서도 교난을 크게 겪었고 같은 동기에서 조선의 교회도 큰 수난을 당한 것이다. 윤지충은 1789년 북경에까지 가서 견지성사(堅持聖事)까지 받은 열렬한 신자로서 북경 교회의 교훈대로 외종(外從) 권상연(權尙然)과 함께 조상의 제사를 지내지 않을 뿐만 아니라 조상의 위패를 불살랐던 것이다(이는 북경의 주교 구베아(Gouvea)의 지시에 따른 것).

윤지충은 전라도 진산(珍山)의 남인(南人) 양반인데 모친 상(喪)을 당하여 상례를 폐한 것이라고도 한다. 윤지충은 당시로서는 대단한 교회의 지도층 인사이며「천주교도들의 주교」라고 불리워졌으며 확고한 종교적 신앙을 가지고 활동한 인물인 것이다. 그래서 윤지충에 대한 존경은 대단하였다. 그의 죽음을 애도하여 그 무덤 위에 교회당이 건립되리라는 풍설이 공공연히 나돌고 있었던 것이다.

한편 순교(殉敎)의 가장 아름다운 모습은 순수하게 신앙심이 동기가 되어서 이루어지는 경우이다. 예컨대 지엽적인 조건들이 동기가 되지 않고 신앙 자체가 박해의 동기가 되어서 되는 경우이다. 이런 경우는 1839년 9월에 순교하였고 뒤에 복자위(福者位)에 오른 최경환(崔京煥)의 경우가 그러하였다. 그는 김대건(金大建)과 함께 마카오 신학교에 유학하여 신부(神父)가 되었고「천주가사」(天主歌辭)를 많이 지은 최양업(崔良業)의 아버지이다.

그는 일찍부터 천주교를 믿어 여러 곳으로 다니며 가난하게 살다가 마지막에는 과천(果川) 수리골에 살면서 신도회장(信徒會長)이 되었다.

1839년에 천주교 박해가 서울과 인근에 엄습하였을 때에 최경환은 집안 사람들을 순교시킬 것을 작정한 것이다. 서울서 보낸 포교들이 1839년 7월 31일에 수리산에 와서 고함을 치고 욕을 퍼부으면서 문을 부수고 최경환의 집으로 달려들었다. "당신들 누구요, 어디서 왔어?"하고 물으니 "서울서 왔다. 우리를 모른단 말이냐? 너를 잡으러 왔다."라고 대답한다. 최경환이 마치 친한 벗이 찾아온 것과 같이 맞이하고 기쁘고 만족한 어조로 "어째 이리 늦으셨습니까? 우리는 오래 전부터 당신들을 고대하고 있었습니다. 우리는 준비는 다 되었으나 아직 밝지 않았으니 좀 쉬고 요기를 해서 기운을 돋우도록 하십시요. 그러면 있다가 다들 질서있게 떠나도록 하겠습니다." 포졸들은 이러한 환대로 인해 마음이 누그러져서 "이 사람과 집안 사람들은 모두 진실한 천주교인이니까 도망할 염려는 없겠지. 마음 턱 놓고 잘 수 있네."하고 땅바닥에 누워 잤다. 그 동안에 최경환은 동네 사람들에게 달려가서 "이번에는 박해가 전국적이어서 정부에서는 우리 교의 마지막 싹까지 없애 버릴 작정일세. 우리는 일망타진이 되었으니 다 함께 나가서 순교하세."하였다. 그리고 집으로 돌아와 가족들을 향해 "너희는 여기 남아 있는다 하여도 죽음을 면치 못할 것이다. 그러나 집에서 굶어 죽는 대신에 서울 옥중에서 죽으면 그건 참된 순교가 아니냐?"하고 격려하였다.

해 뜰 무렵에 최경환은 포교들을 깨워 음식을 대접하고 남루한 옷을 입은 포교 한명에게는 옷을 한벌 내어 주었다. 그리고 교우들을 모아 무슨 잔치에 나 가는 것처럼 즐거이 길을 떠났다. 최경환과 남자들과 큰 아이들이 앞장을 서고 그 뒤로는 부인들과 젖먹이들이 따라 오고 맨 뒤에는 포졸들이 따라 왔다.

때는 7월이라 찌는 듯한 더위로 일행은 빨리 걷지를 못하였고 어린 아이들은 피곤하여 울부짖었다. 도중에는 이 알지 못하는 한떼의 행렬을 보고 악담과 저주를 퍼붓는 사람도 있고 개중에는 불쌍하다고 하는 사람도 있었다. 그러나 최경환은 이런 요란스러운 소리보다 더 큰 목소리로 "용기를 분발하라! 주의 천사가 금자(金尺)를 가지고 우리의 걸음을 재고 세는 것을 보라. 우리의 앞장을 서서 갈바리아로 올라가시는 오직 예수 그리스도를 보라!"하고 부르짖으며 모든 이를 격려하였다.

  30리를 걸은 뒤에 일행은 주막에 들어가 요기를 하였다. 다시 떠날 때에 포졸들은 한사람 한사람에게 "너 천주교인이냐?"하고 물으니 아이들까지도 하나도 빠지지 않고 "나는 교우입니다."하고 대답하였다.

  서울 감옥(監獄)에 이르러 동네 신자들은 모진 매를 견디지 못하여 배교(背敎)하고 석방되었는데 최경환과 그의 아내와 일가의 부인 한명 등 세 명만이 배교하지 않고 순교하였다. 순교하기 전까지 최경환은 수도 없이 태형과 곤장을 맞았고 주리를 틀리고 뾰죽한 몽둥이로 살을 찔리었다. 피가 줄기져 흐르고 살점이 조각조각 떨어져 여기 저기 뼈가 허옇게 드러났다.

  그래도 정신이 들면 그는 기도를 하고 또 다른 사람에게 전교(傳敎)를 하기를 그치지 않았다. 9월 11일 최경환은 포도대장 대리 앞에 끌려 나가 다시 곤장 50대를 맞으니 이것이 최후의 출두요, 최후의 형벌이요, 최후의 신앙고백(信仰告白)이었다. 감옥에 와서 죽을 때가 임박한 것을 깨닫고 주위 사람들에게 "예수께 내 목숨을 바치고 도끼 날에 내 목을 잘리는 것이 내 소원이었습니다. 그러나 천주께서는 내가 옥중에서 죽는 것을 원하시니 천주의 성의가 이루어지이다."고 하였다. 그로부터 몇 시간 후 즉 9월 12일 숨을 거두니 모든 교우들은 자선사업으로 가득찬 그의 일생과 깊은 믿음과 백절불굴의 용기를 길이 기억하였다(로네,『한국순교복자전』, 개정판, p.121-123).

  다음으로 장렬한 순교는 1846년 9월 16일 한강변 새남터에서 참수(斬首)된 김대건(金大建) 신부의 경우이다. 그는 한국 최초의 신부로서 1821년 충청도 내포(內浦) 솔뫼에서 출생하였는데 그의 증조부와 부친도 모두 천주교 신자였다. 김대건은 1845년 8월에 유학을 마치고 상해(上海)에서 신부로 서품(敍品)을 받고 귀국하여 박해를 피하면서 복음을 전파하는 동시에 이듬해 6월에는 선교사의 입국과 청국 주재(淸國駐在) 선교회와의 연락을 위한 비밀 항로 개척 때문에 황해도 앞바다를 답사하던 중 순위도(巡威島)에서 체포되어 서울로 압송되었다. 상게서『한국순교복자전』에 다음과 같이 기록되었다.

☦ 김대건 신부

「김대건 신부의 사형 집행은 앞서 프랑스의 앵베르 주교와 두 전교 신부 사형 때와 같이 굉장하게 거행되었다. 1846년 9월 16일 많은 군사가 어깨에 총을 메고 서울서 10리 떨어진 강변 형집행 장소로 갔다. 이윽고 총을 쏘고 북을 두드려 대장이 도착함을 알리었다.

이 동안에 감옥에서는 김신부를 끌어 내어 팔을 등 뒤로 결박지워 들것을 올려 앉혀 많은 사람이 전후좌우로 둘러산 가운데를 지나 형장으로 나왔다. 모래 밭에는 병정들이 깃대를 세워 위에는 깃발이 펄펄 날리고 주위에는 병정들이 열을 지어 있었다. 그들이 길을 내어 김신부를 들여 앉힌 후 대장이 사형선고문을 낭독하였다. 낭독이 끝나자 김신부가 힘찬 목소리로 다음과 같이 외쳤다.

"나의 최후의 시각이 당도하였으니 여러분은 나의 말을 잘 들으시요. 내가 외국사람과 교제한 것은 오직 우리 교를 위하고 우리 천주를 위함이었으며 이제 죽는 것도 천주를 위하여 하는 것이니 바야흐로 나를 위하여 영원한 생명이 시작되려 합니다. 여러분도 죽은 후에 영복을 얻으려거든 천주를 믿으시오."

김대건신부가 이 말을 마치니 형리들이 달려들어 옷을 조금 벗기고 관습에 따라 화살을 두 귀에 꿰뚫어 꽂고 얼굴에 물을 뿌리고 회칠을 한 후 겨드랑이에 장목을 꿰어서 어깨에 메고 병정들이 진을 친 가운데를 세 바퀴 빨리 돌고 내려놓았다. 그리고는 무릎을 꿇려 놓고 머리털을 줄로 잡아매어 그 줄을 좌 깃대 구멍에 꿰고 잡아 당기니 머리가 번쩍 쳐들렸다.

이러한 준비를 하는 동안에는 김대건 신부(神父)는 태연한 안색으로 "이 모양으로 하고 있으면 칼로 치기가 쉽겠는가?"하고 휘광이들에게 묻기까지 하였다.

"아니, 조금 돌려라.…… 옳지 됐다."
"자, 준비가 되었으니 쳐라."

이에 휘광 열둘이 각 각 칼을 빼들고 싸우는 모양으로 그를 에워싸고 돌며 각각 한번씩 치는데 여덟번째에야 머리가 땅에 떨어졌다. 병정 하나가 머리를 소반에 담아 대장에게 보이니 그는 머리를 보고 나서 즉시 서울로 들어가 사형집행에 대한 것을 조정(朝廷)에 보고하였다.

국사범(國事犯)의 시체는 사흘 동안 형장(刑場)에 두었다가 이 기한이 지나면 그 친척들이 마음대로 장사지내는 법이었는데 김안드레아(金大建)신부의 시체는 대장의 명령으로 참수(斬首)된 자리에 묻히었다. 머리는 목에 다시 붙이고 몸에는 자주빛 홑조끼와 무명 바지를 입히고 자리로 염하여 아무렇게나 판 구덩이에 묻었다. 관원은 파수병정을 무덤 근처에 배치하여 교우(敎友)들이 순교자의 시체를 파가지 못하게 하였는데 40일 후에는 이 감시(監視)가 풀렸으므로 교우들이 시체를 거두어 서울서 150리 되는 용인(龍仁) 미리내 산에 안장하였다.」

↑ 척사윤음(1881)

그러나 현재는 카톨릭 대학 신학부 성당에 안치되었다. 1873년 대원군이 은퇴할 때까지 천주교 박해는 계속되었으나 그로서도 기독교 신앙을 멸절시킬 수는 없었고 오히려 순교의 피를 거름으로 신앙의 나무는 더 무성히 자라날 기세였다.

그런데 1880년에 이르면 국제정세가 조선에 기독교 신앙의 자유를 허용케 하는 실마리를 제공한다. 1880년 조선정부(朝鮮政府)는 김홍집(金弘集)을 외교사절로 일본(日本)에 보내었는데 그 때에 동경(東京)주재 청국 공사관 관리인 황준헌(黃遵憲, 1848-1905)이 『조선책략』(朝鮮策略)이란 책 한권을 김홍집에게 주었으니 거기는 조선이 취해야 할 대외정책에 관해 황준헌 나름대로 서술한 것이다. 그 요지는 「최근 러시아의 움직임이 수상하니 남침을 막기 위해서는 조선은 일본, 청국, 미국과 제휴하라」는 것이며 또 『역언』(易言)이란 책도 주어서 고종(高宗)과 중신(重臣)들이 돌려 보았다. 두 책은 개화에 크게 자극이 되는 동시에「천주교는 유교의 주자학에 일치한다.」는 내용이 있었다. 이에 대해 많은 관리와 유학인들이 항의하여 철저히 서학을 막고자 했으나 오히려 고종은 항의자들을 귀향 보내고(척사운동, 斥邦綸音, 1881년) 조선 정부는 서양의 미국, 프랑스 등과 외교를 맺고 쇄국정책(鎖國政策)을 버린 것이다. 그래서 자연히 천주교는 신앙의 자유가 확보된 것이다.

그러나 이러한 역사적 단계도 다 하나님의 섭리 안에 있고 그동안의 순교한 이들의 값진 전통과 토착화는 아주 훌륭한 한국 기독교 건설의 기초가 될 것이다. 그러나 막상 신앙의 자유가 생기니 자연히 지치고 맥이 풀린 상태인양 스스로 은둔적 신앙의 형태를 갖게된 것이다. 그리고 개신교와 전혀 어떤 역사적 연결이 없는 데서 한국 교회사는 이원적(二元的)으로 진행되는 것이다.

3. 조선 천주교 신앙공동체와 신앙형태

조선의 천주교가 서학(西學)으로 들어와서 실학(實學)과 병행되고 무실(無實)을 강조하여 개화사상을 크게 발전시켰고 특히 양반 지식층이 주도하는 신문화수용운동(新文化受容運動)의 성격을 띠는 동시에 많은 기존 유학자들의 반대 즉 이단사설(異端邪說)로 인식된 것이다.

그러나 초기 천주교세 신장은 참으로 놀라왔다. 그들의 신앙공동체는 양반계급의 지도가 있었으나 중인(中人)이나 양민(良民)에게도 전파된 것이다. 특히 처음에는 기호(畿湖)에 천주교 공동체가 급속도로 전파된 것이다. 이러한 추세는 신유(辛酉)에 일어난 박해에도 계속된 것이다. 그리고 교인들의 형식은 무식한 천민들이 많았던 것이다.

즉 주문모(周文謨)신부가 입국한 1795년 이후에 곧 신도 수는 1만명이 된 것이다. 또한 집단개종(集團改宗)의 예도 있었는데 조선 천주교회 창설된 직후부터 양반 신분층의 범주를 벗어나 각 계층에도 전파된 것이다. 그래서 18세기 후반기 조선왕조사회(朝鮮王朝社會)에서 성립된 천주교회는 일반 양반 지식층에 의해 신문화수용운동이었음과 동시에 민중종교운동(民衆宗敎運動)의 양상을 지닌다. 이렇게 민중종교운동적 성격 때문에 초기 천주교는 급격한 성장을 보였으며 이러한 민중종교운동의 추진을 가능케 한 직접적 원인은 당시 교회 지도자들의 효율적 활동과 천주교 서적의 언해(諺解)를 꼽을 수 있고 또 간접적 여건은 조선 후기의 사회적 변동의 결과로 나타난「봉건질서에 대한 반발적 기운」에 의해 조성된 것이다. 결국 18세기 후반기 조선왕조의 사회에서 자생적으로 형성된 천주교 신앙공동체는 신도 지도층의 자발적 활동에 의해 발전되어 나간 것이다. 그래서 이 공동체를 이끌 지도층 형성도 자발적인 것이 특색이다.

이들 지도층이 맨먼저 한 일은 천주교 교리 연구와 보급인데 마치 서당의 글공부한 듯 하다. 특히 정약종(丁若鐘, 1760-1801)이 교리의 연구와 보급에 힘썼다. 그는 한글로『주교요지』(主敎要旨) 두 권을 저술하였고 또『성교전서』(聖敎全書)의 저술의 진행이 상당히 되던 때인 1801년에 교난을 당한 것이다. 정약종과 함께 교리 연구에 동참한 인물은 최창현(崔昌顯, 1754-1801)이었다. 그는『성경직해』(聖經直解)를 한글로 번역한 인물이다. 또 이런 서적의 보급과 함께 신앙전파에 앞장섰던 이는 강완숙(姜完淑, 1760-1801), 정광수(鄭光受, ?-1801) 등이었다. 그런데 이들 지도층에 대개 교회에서 회장(會長)으로 통한다. 강완숙은 여회장(女會長)으로 활동하고 있었다. 또 최고자(最高者)라는 명칭도 있었으며 조선 정부는 이들 신앙공동체 지도자들을 교주(敎主), 사괴(邪魁), 와주(訛主), 사학지괴(邪學之魁), 사도지괴(邪道之魁)라 불렀다.

그러나 1790년에 입교한 최필공(崔必恭)과 같은 인물은 믿는 때부터 길거리와 광장에서 신앙을 설교하기를 그치지 아니하였던 용감한 사람이었다. 한때 신앙을 저버린 때도 있는데 이런 현상은 이승훈도 마찬가지이다. 새로이 지도층으로 등장한 가장 주목되는 인물은 황사영(黃嗣永)과 이존창(李存昌) 또는 유항검(柳恒儉)이다. 그런데 이들의 연령이 거의 30대와 40대의 사람들이었다. 이것은 천주교 신앙이 주로 신진청년(新進靑年)들에 의한 사상운동 내지는 신문화수용운동의 성격을 가지고 전개되었음을 의미한다.

이들 천주교 신자들이 서적으로 기독교를 받기 전에 그들은 유학에만 만족하지 않고 범유학적인 선진유학(先秦儒學)에 관심을 가지고 있었으며 어떤 신도들은 주자학적 풍토에서 이단으로 간주되던 도가사상(道家思想)이나 도교(道敎) 내지는 신선술(神仙術)에 기울고 있었으며 또 불가(佛家)에 심취

(心醉)하였던 인물들이었다. 정약종(丁若鍾)의 술회는「장생법을 터득하기 위한 노자(老子)의 도를 연구했지만 오래지 않아 이 이론이 가소롭고 허황된 것임을 깨달았다.」고 한 것이다.

초기 천주교 신앙공동체의 구성은 신앙적 갈망에 의해 입교된 신자들의 구성이 대부분이나 이들에게 종교 외적 동기인 현세구복적(現世求福的) 신앙 유형을 가진 것도 사실이다. "성교(聖敎)를 배우면 천주님의 복록(福祿)을 내려 주어 만사(萬事)가 저절로 이루어진다 하므로 이 몸은 그 말을 기꺼이 듣고 천주교 서적을 감습(感習)하였다"(『邪學懲義』, p.309). 또 "같은 동네에 사는 오호문(吳好文)의 처인 한(韓)여인이 이 몸에게 권유하기를 천주학을 하면 아들이 없으면 아들을 갖게 되고 죽은 다음 낙계(樂界)에 가게된다고 하므로 이를 믿었다"(상게서, p.216).

초기 천주교 신앙공동체가 현세구복적 형태를 낸 것은 마치 불교신앙이 무격(巫覡)과 혼합되는 과정에서 그렇게 된 것과 같다. 실로 초기 신도들의 경우에 그들의 신앙행위와 치병(治病)을 밀접히 결합시켜 순교자들의 유물이나 염주(念珠)를 치병의 목적에 활용한 바도 있다. 그러나 이러한 현상이 극히 일부라고 생각한다.

이보다는 더욱 중요한 신앙형태가 염세적 또는 내세지향적 성격을 형성했다는 점이다. 당시의 숱한 현실적 질곡(桎梏)에서 벗어나지 못하던 사람들로서는 현세도피적 경향이나 내세지향적 특성이 있음은 일견 타당한 일일 수도 있다. 어떤 신도는 불교에서 나무아미타불(南無阿彌陀佛)을 외우나 십계를 배우고 그대로 반복적 구송(口誦)을 하는 신앙행위로 죽은 후 천당(天堂)에 안주하길 소원한 것이다. 그러나 현세구복적 신앙이나 내세지향적 동기로 입교한 이들의 일부는 교난(敎亂)에서 배교(背敎)한 예가 있다.

그러나 천주교 신앙을 일종의 사회적 복음(Social Gospel)으로 또는 특이한 문화로 이해한 신도들의 경우도 있는 것이다. 이러한 유형(類型)의 신도들 중 천주교를 사회복음적으로 인식했던 인물들은 당시의 천주교에서 강조하던 평등(平等)의 이념(理念)에 심취했던 것이다. 신분질서(身分秩序)를 기반으로 한 조선 왕조의 사회에 전래된 천주교는 평등의 원리를 신앙의 기본으로 생각한 것이다. 이러한 평등의 원리는 천주교 신앙의 요체(要諦)가 되는 사랑의 실천이라는 측면과 긴밀히 연결되어 있고 여기서 파생된 것으로 볼 수 있다. 초기 교회의 신도들이 많이 읽었던『신명초행』(神命初行)에는 모든 이는 천주의 자식이기 때문에 형제같이 지내야 함을 말하고 인간은 인간의 인품이나 재능, 덕행을 사랑할 것이 아니라 인간 자체가 창조된 동일한 피조물이며 인간의 위(位)를 가진 때문에 사랑해야 된다는 것이다.「모든 사람을 천주의 모상(模像)으로 보아 자기와 같이 사랑해야」하고「사람을 사랑하거나 미워함이 천주를 사랑하고 미워함이 되는 것」으로 교육받은 것이다(상게서, 7a, 65a).

 이러한 이상(理想)은 초기의 가성직단(假聖職團)의 구성에서 나타난다. 권일신(權日身)과 같은 양반 유생 출신도 있고 이승훈과 같은 양반 관료, 토호(土豪)였던 유항검(柳恒儉)과 중인 역관(譯官)인 최창현(崔昌顯), 양인이었던 이존창(李存昌) 등이 교회를 지도했던 것이다. 특히 양반 출신의 신도들도 백정(白丁)출신이었던 내포(內浦)의 황일광(黃日光)을 평등하게 대우하여 방안에 들어와 앉을 수 있는 영광을 베풀어 준 것이다. 그래서 황일광은 "나에게는 천당이 둘이 있는데 하나는 내 자신의 신분에 비하여 지나친 대우를 받는 점으로 보아서 지상에 있는 것이 하나요, 다른 하나는 내세에 있다."라고 하였던 것이다(Dallet, 상게서, p.139-140). 심지어 충청도의 유군명은 기독교 신자가 된 후에 자신의 노비를 모두 해방시킨 것이다.

 그러나 당시 천주교가 사랑을 빙자하여 신분제도의 철폐(撤廢)를 주장하거나 직접적으로 사회적 평등을 요구하지는 않았다. 다만 신도들의 양심성찰(良心省察)을 할 뿐 교회는 주인과 노비의 상하관계를 묵시적으로 인정하고 있었다. 결국 교회는 상하신분 관계는 쌍무적(雙務的) 관계로 규정하고 있으며 당시의 교회가 전근대적(前近代的) 신분제 사회의 해체에 현재적(顯在的) 기능을 발휘하는 데에는 많은 제약(制約)이 있었을 것이나 천주교의 이러한 역할은 신분제 사회의 해체와 사회적 평등의 구현(具顯)에 일정한 기여를 하였음을 간과(看過)할 수 없다.

 또 부부윤리도 성리학적 윤리관에서 강조하던 수직적 관계를 수평적인 관계로 전환시킨 것이 명백히 나타난다. 그래서 입교 전에 첩을 두었던 이들은 첩을 포기하고서야 신앙생활을 인정받고 부권우위(夫權優位)의 제동인 것이다.

 초기 기독교(천주교) 공동체 구성에는 서학(西學)이라는 이질적(異質的) 문화에 대한 호기심으로 입교한 이들도 없지 않다. 이들은 종교적 관심보다는 신학문(新學問)을 수용하는 자세로 천주교를 수용한 것이다. 그리고 김일호(金日浩)와 같은 이는 지식욕(知識慾)을 가지고 천주교에 접근했던 것이다. "타인과 함께 수년동안 사서(邪書)를 강론했던 것은 그 책 가운데 취할 만한 설이 있다 하여서이다(多年相從 講論邪書者 謂以其書中 多有可取之說 故果爲蠱惑,『邪學懲義』, p. 157)".

우리는 이러한 사료(史料)를 통해서 당시의 일부 신도들은 조선의 기존 문화양식(文化樣式)이나 제도(制度)에 대해 낮게 취급하는 태도를 보게 된다. 결국 현실부정의 태도는 강한 대외지향성(對外志向性)을 드러내고 있었음을 알 수 있다. 그들에게 드러나는 이러한 경향이 이질적인 천주교 신앙을 수용할 수 있는 바탕을 마련해 준 것이다.

끝으로 초대 천주교는 많은 박해 속에서도 그들의 순수한 신앙 공동체를 이룩하여 기독교 본질인 사랑을 실천한 데 큰 장점을 가지고 있다. 이것이 천주교 신도 수효의 급증되는 근본적 원인으로 보인다. 개화와 구체제에 대한 반감(反感)이 새로운 종교에로 분출된 것이라고 할 수 있을 것이다. 한국의 대표적 문인 춘원(春園)은 "나도 천주교도 수만명 순교자를 존경합니다. 그 역사를 알 수 없음이 한이거니와 조선인이 수만의 순교자를 내었다는 것은 불후의 자랑으로 알며, 내 혈관에도 이러한 순교자의 피가 흐르거니 하면 마음이 든든하고 큰 긍지(矜持)를 느낍니다."(『三千里』, (1935.11))라고 한 것이다.

천주교 역사는 과연 초대 로마교회 교인들에 비해 조금도 손색이 없을 정도로 훌륭한 신앙의 길을 걸었다고 볼 수 있다.

제 3 절 조선정부의 천주교에 대한 인식과 정책

천주교가 전래된 18세기 후반의 조선왕조(朝鮮王朝)는 일종의 정교일치적 입장(政教一致的 立場, Caesaro-Papism)을 취하여 종래의 성리학(性理學)에 따른 가치관(價値觀)에서 대민통제(對民統制)를 지속한 까닭에 새로이 전래된 천주교 신앙은 그 수용 직후부터 정부당국(政府當局) 내지는 당시의 지배층과 심한 갈등을 겪게 된 것이다.

초기 기독교회 즉 천주교 신도들은 국가와 군주에 대하여 그 권위를 상대화(相對化)하고 있었으므로 그 결과는 천주(天主)를 군주보다 우위(優位)에 둔 결과가 되었다. 그래서 당시의 지배층에서는 천주교를 전통적인 충(忠)의 가치를 위반하는 집단으로 파악한 것이며 어떤 신도들은 천주교가 성행(盛行)되면 교황이 주시자(主試者)가 되어 새로운 과거를 시행할 것으로 전망한 자도 있으니 이런 행동들은 조선왕조가 가진 기존의 정치체제에 대한 거부(拒否)로 이해된 것이다.

또한 정부의 통제권 밖으로 벗어나 이향(離鄕)을 단행하거나 비밀 결사적 집회를 계속하고 있었다. 한편 1784년 이후 1801년에 이르는 기간에 있어서 당시의 천주교에서는 전통적인 유교의 효(孝)의 가치마저도 상대적인 것으로 평가하였고 조상(祖上)에 대한 제사를 거부함에 따라 지배층에서는 이러한 천주교도들의 인식(認識)과 행동을 패륜적 행위(悖倫的行爲)로 여긴 것이다.

또 그들은 천주교도들이 당시 내외(內外)의 예절을 무시하여 전통적 사회질서를 혼동케 하는 멸기난상(滅紀亂常)으로 파악한 것이다.

1. 조정의 천주교 인식

1) 천주교 신조에 대한 당시 조정(朝廷)의 인식

조선 정부는 왕조 창설 이래로 성리학 이외는 모두 이단(異端)으로 여겨 척사위정(斥邪衛正)의 입장에서 이러한 사상통제 정책은 18세기 후반에도 계속되었으므로 안정복(安鼎福, 1712-1791)과 신후빙(愼後聘, 1701-1761)과 같은 관료적 지식인들은 천주교 신앙은 성리학과 서로 양립될 수 없는 사상체계임을 분명히 밝혔다. 물론 서학의 서적의 우수성은 순암(順菴) 안정복도 인식하여「명경석유」(名卿碩儒)라 하였다. 그러나 순암은 천주교를 오직 죽은 후의 천당과 지옥만을 말하는 것으로 인식하였다(안정복, 『天學問答』 17:12a). 그리고 순암은 1758년에 영무(英武)라는 요망한 무당이 있어 생불(生佛)이라고 한 것과 같이 천주교도 백성을 미혹한 것으로 인식한 것이다. 심지어 유하원(柳河源)의 상소(上疏)에 의하면 천주교는 무당이나 영동(靈童)의 허망한 이치보다 더욱 요사허망(妖邪虛妄)하다고 한다.

그래서 당시는 불교 무부문군(無父聞君)의 도(道)로 여기고 있었으므로 천주교에 대한 지배계층의 인식이 불교나 도교와 비슷한 존재 또는 정감록(鄭鑑錄)과 비슷한 것인데 당시 불교 또는 도교(道敎)와 감결사상(鑑訣思想)은 정치종교의 기능을 가졌던 성리학(性理學)에 대한 안티·테에제(Anti-thesis)로서 민중에 의해 신봉되고 있었던 민중종교(民衆宗敎)였다. 그래서 결국 우리는 당시의 지배계층이 천주교를 민중종교로 파악한 것으로 결론을 내리게 된다.

즉 당시의 조정에서는 천주교 교리가 군신관계(君臣關係)에 대한 규정이 「천주십계」(天主十戒)에 없음을 지적한다. 심지어 천주교는 「임금과 신하의 의절의 도리」(則君臣之義絶矣)로까지 인식한다. 또한 천주교는 자선행위와 음난의 집단으로도 보았다(通貨通色). 실로 초기 천주교는 공동체적 생활에서 빈한 사람에게 입교의 동기를 주기도 하였을 것이다. 그래서 경제적 욕구가 충족되지 않아서 교회를 떠난 인물도 있다(金汝三, 달레, 상게서 p.435).

당시의 지배계층은 천주교를 남녀간의 윤리규범이나 경제윤리를 파괴하는 종교, 특히 조상의 제사와 같은 가족의 윤리를 부인하고 결혼제도와 같은 사회적 습관도 도전하는 세력으로 간주(看做)한 것이 분명하다. 결국 천주교는 혹세무민(惑世誣民)의 이단 가운데 가장 심각한 흉국화가(凶國禍家)의 위험한 사상으로 결론을 내린 것이다.

2) 천주교 활동상에 대한 인식

당시 전통사회는 천주교를 전통적 이단사설보다 더욱 도전의 세력으로 인식하여 위기의식을 느낀 것이다. 천주교는 자기운동(自己運動)의 원리를 가지고 사회운동의 일종인 민중종교운동으로 나가니 당시의 조정(朝廷)에서는 일종의 사회변혁(社會變革)을 기도(企圖)하는 것으로 보았다. 남인 계통의 홍시제(洪時濟)는 "천주교의 교리의 독창성을 인정치 않고 유가(儒家)나 불교의 경전의 교리를 빌린 것으로 보았고, 천하를 바꾸려는(易天下)의 사설로 알고 있었다. 그러나 그 가능성은 인정치 않은 것이다."(洪時濟, 訥菴記略, 5a. 邪學之術 其所爲說 出於釋氏餘套 又以經傳之語交飾之 慾以此易天下可乎).

또한 천주교인들이 기존의 정권쟁탈 과정에서 탈락한 폐번가인(廢藩家人)과도 접촉한 것으로 정부당국자들은 인식한 것이다. 그래서 강화도(江華島)에 유배(流配)중인 사언군(思彦君)이 역모사건(逆謀事件)에 연루된 까닭에

⇐ 신유박해시 천주교
인을 형신(刑訊)한
추조(秋曹)의 기록

천주교 때문에 사사(賜死)된 것이다(辛酉, 元年 3월). 그래서 천주교도들이 지역을 초월하여 골육(骨肉)보다 더욱 강하게 결속하니 그 현상을 주목하였고 조정은 그들이 「고향을 떠나 숨는 자」(離鄕匿跡者)로 또는 「반드시 당을 형성하여 반란을 음모하려는 무리」(必是聚會徒黨 將欲何爲是於云云)로 인식되다. 그래서 정부당국은 천주교도를 파당을 이루어 난을 일으킨 중국역사의 황건적(黃巾賊)이나 백련교도(白蓮敎徒)와 같은 반왕조적(反王朝的) 민중종교운동을 일으킬 조짐이 있는 흉도(凶徒)와 사적(邪賊)으로 규정하고 천주교에 대한 규제책(規制策)을 강구한 것이다.

2. 조선 조정의 천주교 대책

조선조정은 천주교를 이단사설의 하나로 규정하고 전통적 가치체계와 사회질서를 유지하기 위한 사상통제정책을 세우되 이는 정학(正學)을 밝히면 사학(邪學)은 종식(終熄)된다는 입장에서 천주교 서적 수입과 유포를 금지시키고 오가통법(伍家統法)이나 향약조규(鄕藥條規)와 같은 전통적 사회질서의 강화를 도모하였다. 이와 같은 전통적 질서의 강화는 천주교의 전파를 근본적으로 막으려는 원인치유책(原因治癒策)이다. 당시(1801년) 서학에 대한 한서(漢書)는 120여종, 한글 천주교 서적이 83종이나 있었다. 이것을 근절치 않고는 천주교 포교를 막기는 거의 불가능한 것이었다. 그래서 천주교 서적 소지자를 자수케 하고 그것을 불태워 버린 것이다.

조선 정부는 천주교 신봉자(信俸者)들에 대해 강경하게 사형하는 대신에 배교를 도출(導出)하려고 회유하기도 했으나 신도들을 기존의 사회질서로부터 격리시켜 본 것이다(流刑). 그러나 천주교 서적을 제작하거나 전파시킨 사람에게 사형을 언도한 것이다. 그리하여 1791년에는 홍문관(弘文館)에 소장된『주교연기』(主敎緣起) 등의 한역(漢譯) 서학 서적들이 불탔으며 규장각(奎章閣)에 수장된『주제군징』(主制群徵)을 비롯한 27종의 서학서적들도 소각된 것이다.

그러나 이러한 정책은 큰 실효를 거두지 못하고 1791년 소위 진산사건(珍山事件) 이후에 천주교는 더욱 확대되어 갔던 것이다. 그리하여 1801년 신유교난(申酉敎亂)이 생겼고 천주교 근절을 위해 보다 적극적 전통질서 강화책이 필요하다고 판단한 것이다. 그래서 조선의 정부당국은 오가작통제(伍家作統制)와 향약(鄕藥)의 강화(强化)를 시도(試圖)한 것이다. 그리하여 1801년 1월 10일 대왕대비(大王大妃)의 언교(諺敎)는 다음과 같다. "모든 성읍의 수령(守令)은 자기 지역의 오가통법(五家統法)을 고쳐서 그 통안에 사학의 무리가 있으면 그 통의 우두머리는 관청에 보고케 하고 징치(懲治)하며 그래도 고치지 않으면 나라의 법을 따라 죽여서 남은 종자(種子)가 없게 하라"(承政院日記, 97冊, p.287. 各色守令 各於其境內 修明五家統之法 其統內 如有邪學之類 則統首告官懲治 然有不駿 則國有法焉 矣盡滅無使違種). 이러한 오가작통의 법률은 천주교가 거주했던 지역에는 상당히 엄히 실시되었다.

그리하여 조선의 조정은 천주교를 탄압하여 추구하던 최대의 목적은 전통적 사회질서의 강화(强化)인 것이다. 또 향약은 원래 성리학의 실천강령적(實踐綱領的) 성격을 표방(標榜)하고 있으나 실제로 수령들의 향촌지배력의 강화로 천주교 탄압책으로 이용된 것으로 보나 확증할 만한 사료(史料)는 아직 없다. 단지 19세기 말엽 Mütel주교가 수집했던 일부의 향약관계 문서중에 서학 금지에 관한 명백한 규정은 표현되었다. 향약은 중종(中宗)시대 사림(士林)의 소장학자 조광조(趙光祖)는 유교적 도덕국가 건설을 정치적 목표로 삼고 유교적 미풍양속(美風良俗)에 어긋나는 미신(迷信)을 타파하고 권선징악

(勸善懲惡)과 상부상조(相扶相助)를 그 정신으로 하는 향약(鄕約)을 실시하여 유교적 도덕을 향촌에 확립코저 한 것이다. 향약은 덕업상근(德業相勤), 과실상규(過失相規), 예속상교(禮俗相交), 환난상휼(患難相恤)의 네 강목이 주된 정신이었다.

종 결

우리는 근세 조선의 사회의 변천과 천주교에 대하여 고찰을 하였다. 이조(李朝)가 성리학으로 국시(國是)를 삼고 중국을 섬기는 왕조정치(王朝政治)에서 사회는 폐쇄되고 중화(中華)이외는 교섭치 않는 병폐를 개화세력이 고치려는 과정 또는 신사조(新思潮)에 따라 서학(西學)으로 전래된 천주학(天主學)이 자연히 충돌된 것이며 여기서 천주교의 로맨틱한 순교사가 전개된다.

조선 후기 사회상 또는 문화의 이해는 한국 기독교의 근본적인 학습이 될 것이다. 우리는 본 논설에서 조선 후기의 정치, 경제, 문화 전반에 걸쳐서 고찰하지 않고 사상적 종교적 방면에 국한시켰다. 이조 후기까지 선진 서구의 과학이나 예술에 비해 뒤지지 않는 독창적 문화를 형성한 점을 결코 간과(看過)해서는 안된다. 부단한 근대화 노력 특히 갑오경장(甲午更張)이나 유길준(兪吉濬)의 『서유견문』(西遊見聞, 1889)을 통해 서양 각국의 지리, 역사, 정치, 경제, 사회, 학문을 한국과 비교하여 서양의 근대 문명을 소개한 것은 매우 훌륭한 일이 아닐 수 없다. 한국 문화사와 기독교 복음의 『지평적 융합』이라는 뜻에서 좋은 자료인 것이다.

비록 조선 후기 사회사(社會史)의 서술은 간략히 의도했으나 천주교에 관한 역사는 세밀한 내용을 담고져 한 것이다. 천주교 역시 개신교의 선각자(先覺者)들처럼 한국적 기독교의 형성을 이룩코져 한 면도 볼 수 있게 된 것이 적잖은 소득인 것이다. 다만 성리학과 천주교 사상의 비교분석에 더 정진(精進)치 않았다. 이에 대해서는 최석우(崔奭祐)교수의 『조선 후기 사회와 천주교』(한국의 현대화와 기독교, 숭실대, 개신교선교 100주년 기념논문)를 참고하시오. 토착화 논의가 아직 정립되지 않은 단계이나 앞으로 더욱 진지(眞摯)한 연구의 과제로 남는다. 다만 복음의 본질의 변화라는 측면의 우려를 표명(表明)하는 이들이 많음을 결코 간과(看過)해서는 안될 것이다.

부록
Ⅳ
한민족의 기원과 사상
(단지파 후예론에 근거하여)

1. 서론

우리 한민족(韓民族)은 셈족이며 북방의 잃어버린 10지파 중에서도 단(Dan, דן)지파일 것이 서의 확실하나.[1] 이것이 계시록 7:5-8에도 암시되었

---

[1] C. Levy, Sei Shi, 「KOREA, and The Ten Lost Tribes of ISRAEL with…,」 YOKOHAMA, 1879. "한국의 역사적 유물과 풍속에 철갑옷, 철투구, 전쟁에 쓰는 도끼, 평상시 쓰는 갓은 확실히 중국이나 일본과 타르타르(Tartar)로부터 온 것이 아니라 보다 유럽계통과 비슷하다. 또 길고 고불고불하며 흰 수염을 가진 민족은 동방에서는 예외적이며 솔로몬의 포로 귀환에서 두 민족이 빠진 것은 이들이 먼저 이주한 때문이다. 그래서 그들이 영국, 아일랜드, 덴마아크 또는 한국의 조상이 되었는데 특히 한국의 단군은 단자손이다."

EXTRACTS FROM THE ANCIENT HISTORY OF KOREA.

From the shape of the heavy iron armour, iron plated skall caps, battle axes, and tall stove pipe hats, which are certainly neither of Chinese, Japanese or Tartar origin: but more like European, and coupled with the tall and fairer complexion, and sandy coloured beards of some of the northern race in Corea, which is exceptional in this part of the east, would indicate a connecting link between the Dankun and the Teutonic element in Europe, which their ethnology goes far to confirm, as Dan and Zebulun were the Tyre and Zidon of Israel, of naval depots, and Solomon who had dealings with the

고 종족적으로 보아도 한민족은 황백인종이며 언어도 고대 슈메르(Sumerian)언어와 같이 교착어(膠着語)이며 특히 풍속에 있어서는 닮은 바가 너무도 많다. 그런데 한민족과 이스라엘 단지파의 연계성 및 사상에 대해 간헐적으로 주장되기는 하였으나 본격적 논구(論求)가 없었다고 판단되어 이에 대한 체계적 논의(論議)를 꾀하는 바이다.

물론 국사학계에서 한민족의 기원을 북몽골인이라 하며 알타이계 언어를 사용한 환웅족(桓雄族)이라는 것도 무리는 아니다.[2] 그러나 보다 세밀한 연구에 따르면 우리 한민족은 퉁구스계, 몽고계와는 형질인류학적으로 비교적 고립된 유전집단을 형성하고 있으며 이러한 사실은 한인들의 조상이 일찍이 고립된 종족단위였음을 말해준다. 한국 교회사 학자 용재 백낙준은 "한민족의 근원에 대하여는 아직 확실하지 못하다. 우리 자신도 민족기원에 확고한 학설을 세우지 못한다."[3] 하였으나 이것은 도리어 연구과제로 남았음을 뜻한다.

2. 한민족의 기원

---

whole earth, had a navy of Tarshish that made long voyages once in three years, and as there is no special mention of these two tribes having been carried into captivity, it is not improbable as they would be in possession of such a fleet that they made their escape with some of the remnants of Israel and about the same time took possession of Great Britain, Ireland, Denmark and Korea, it is said that part of Ireland and Denmark was taken possession of by the tribe of Dan, and the latter country like the Dan Kun in Corea, called after Dan their Father, as Leshem of Laish originally was, the locality and date when Zebulun was afflieted viz by way of the sea and Galilee of the Gentiles favors this supposition.

그리고 G. Wigodar는 "예수님 재세시(在世時)에도 흩어진 유대인의 보고가 많았으며 제9세기 여행가 엘닷 하다니(Eldad ha-Dani)는 자신이 단(Dan)지파라 하였고 그의 출처는 에디오피아(Ethiopia)라 하였다. 그러나 많은 학자는 그가 유대인으로서 중국에 흩어진 족속에서 본다. 제12세기 후반에 스페인 여행가 투델라의 벤야민(Benjamin of Tudela)은 고잔(Gozan)강 근처에 사는 단, 아셀, 스불론, 납달리 지파가 있다고 하였다. 그리고 아프가니스탄이나 파키스탄에는 유대인의 이름과 비슷한 르우베니(Reubeni←Reuben), 에프리다르(Efridar←Ephraim), 아수리(Ashuri←Asher)는 모두 잃어버린 지파들이다. 영국(British) 역시 히브리어 베리티쉬(Beritish) 즉 언약의 사람(man of the covenant)이 된다"고 하였다 (The Encyclopedia of Judaiism, Jerusalem, 1991).

2) 중앙학술연구원, 『한국문화사 신론』, 1981, p. 34.
3) 백낙준, 『한국개신교사』, 연세대, 1973, p. 7.

1) 먼저 단지파의 내력을 살펴본다.

위고다르(G. Wigodar)는 단지파가 솔로몬 사후인 B.C. 722년 앗수르 침공에 의해 북국의 르우벤, 시몬, 단, 납달리, 갓, 잇사갈, 스불론, 에브라임, 므낫세 반지파가 포로가 되었으며 세계의 곳곳에서 이스라엘 지파의 자손들이 발견되었다 한다.[4]

그런데 성경에 나타난 단지파의 행적을 볼 때 가나안의 소라와 에스다올 지방을 기업으로 받아 동쪽으로는 윳다지파와 경계하였고 서남으로는 블레셋, 북쪽으로 베냐민 지파와 경계하였다(수 19:40-47). 그런데 이곳은 메마른 산지에다가 물이 귀하고 다른 지파와의 왕래가 안되는 오지(奧地)의 작은 땅(1000km²)이므로 좁은 영토 때문에 블레셋과 자주 전쟁을 하였고 라이스를 점령하여 지명을 단이라 하였다(삿 18:29). 그리고 레센도 점령하고 단이라 한 것이며(수 19:47), 그들은 정착지마다 단이라는 이름을 사용한 것이다. 그런데 아몰과의 전쟁에서 쫓기고(삿 1:34), 그들이 분배받은 땅도 끝내는 점령치 못하여 지금의 유대 북쪽의 레바논 동편의 산지로 밀리는 유목민이 되어 생활의 터전을 소라와 라이스를 떠난 후로는 소식이 끊어진 것이다.

단지파가 B.C 1600년 경에 이동을 시작하여 그 근거가 불분명한데 한반도 북쪽 대동 강변에서 발견된 고대 와당(瓦當)에 고대 히브리어 문양(文樣)이 발견된 것은 단지파가 한민족의 기원임을 입증하는 주요한 자료가 된다.[5] 그

---

4) G. Wigodar, *The Encyclopedia of Judaism*, Jerusalem, 1989, pp. 714, 715.
5) 단(דן)은 대동강변에 "도착했다"(שפה, +9W)라는 와당 문양과 함께 몇가지 증거를 남겼다. "신의 나라에 단결하며 들어가자"(국립중앙박물관), "성도가 모여 기도함으로(하나님의 나라) 회복된다." "잠언을 가르치는 사사가 통치한다."

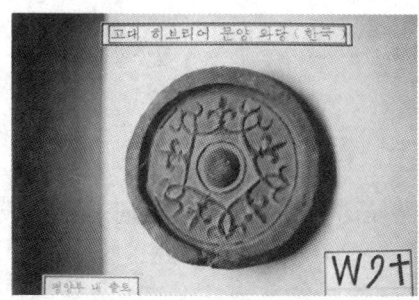

제작 연대를 B.C 1200년으로 추정하는데 이는 국사학자들이 새로이 생각하는 단군조선의 건국시기인 B.C 15-10와 아주 일치한다.[6] 이러한 결론은 사회 단계설(E.R. Service)에 따라서 ① 유단사회단계(level of band society), 촌

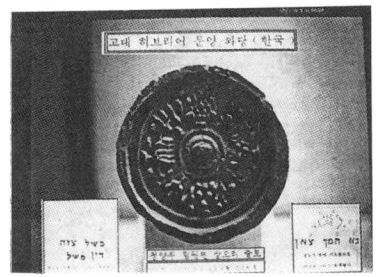

瓦當의 히브리어 紋樣:
오엽화와 협력하여 신의 나라에 들어가라

락사회단계(level of intervillage aggregate society), 국가 사회단계(level of state society)로 보는데 근거한다.

2) 언어와 종족에 의한 고증(考證)

흔히 한글을 우랄·알타이어에 소속된 문자로 생각하나 알타이어는 기층(基層)밖에는 없고 비알타이어이며 앞에서도 언급(言及)한 바와 같이 교착어로서 한민족의 근원이 될 환족(桓族)이 파미르 고원을 넘기 전에 이주자인 웅족(熊族)과 원주민 호족(虎族)과의 관계에서 서로 언어상 흡수 또는 동화된 것이고 현재 한국어는 노스트라제어(the Nostratian Languages)라 하여 인도 유럽어, 우랄·알타이어의 공통적 어원에 해당된다고 한다.[7]

미국의 알타이어 학자 스트리트(J. Street)는 북 아시아 조어를 사용했던 환족이 사용했던 언어의 맥을 현재의 한국어는 그대로 맥을 전승한다고 하며 다음 도표의 ?의 첫번째는 지역적으로 알단 고원에 해당되고 여기서 캄챠카어, 길리야크어, 아이누어 등이 분화되고 다음 ?는 부여어가 한반도를 거쳐 일본으로 전파된 것에 대한 표식이라 한다.

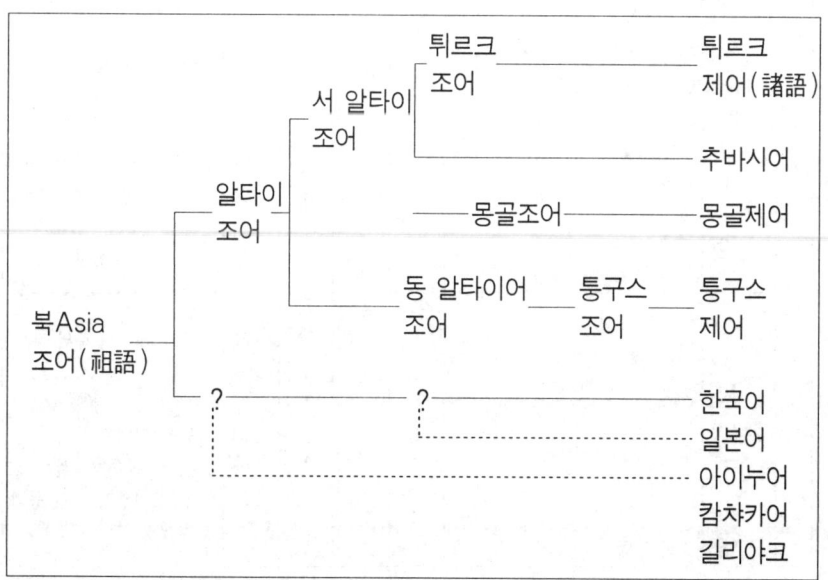

6) 申采浩 『註釋 朝鮮上古史(上)』, 李萬烈註, 단재기념사업회, 1994(6판), pp. 124, 125.
   이만렬, 『한국사대개(삼국편)』, 삼진사, 1973, pp. 48-57.
   　물론 윤내현은 그의 『고조선 연구』(일지사, 1995, pp. 136, 137)에서 양수리 고인돌 유적에 근거하여 단군조선의 건국을 2325년으로 보기도 한다. 또 이형구는 "단군과 단군조선"(사회과학원 단군발굴 보고서)에서 단군을 지금부터 5,011년이라 한다.

연 대 표

세 계 사		시 대	시대	한 국 사	
연 대	주요사항	서양 | 중국		연대	
BC 3000경	이집트, 인도 문명 시작				(구석기 문화)
2500경	황화 문명 시작	(은)			(신석기 문화)
2000경	고대 바빌로니아 왕국				
1800경	함무라비왕, 메소포타미아 왕국	고 (주)	선		
1500경	힛타이트의 강성		사		
	그리이스, 폴리스 형성		및	1000	청동기 문화의 전개
770	중국, 춘추 시대(-403)	춘추	부		고조선의 성립
671	앗시리아, 오리엔트 통일	시대	족		
525	페르시아 제국, 오리엔트 통일		국		
450경	그리이스 문화의 융성		가		
431	펠로폰네소스 전쟁(-404)	전국	사		
403	중국, 전국 시대(-211)	시대	회	300	철기 문화의 수입
334	알렉산더 대왕, 동방 원정				(부족 국가 시대)
264	포에니 전쟁(-146)				
221	진의 중국 통일	진		195	위만, 고조선의 왕이 됨
206	한의 건국	대		108	고조선 멸망
					한군현 설치
27	로마, 제정 시작				낙랑 문화의 형성
4	크리스트 탄생				
AD		한			
25	후한의 성립		삼	53	고구려, 태조왕 즉위
67	불교, 중국의 전파		국		
100	로마 제국의 전성기		시		
166	로마 사절 중국에 옴		대	194	고구려, 진대법 실시
220	후한 멸망, 삼국 시대 시작	삼국		206	후한, 공손씨 대방군 설치
		시대		260	백제(고이왕), 16관등과 공복 제정
280	진의 통일				

※ 1982. 3. 1. 2판, 저작권자:문교부, 편찬자:한국 교육 개발원 刊

결국 스트리트의 학설은 세계어를 인도·유럽어와 우랄·알타이어로 구분한다면 두 언어의 어원은 모두 환국어(桓國語)가 된다는 것이다. 그리고 핀란드의 람스테드(G.J. Ramstedt) 역시 "한국어에 대한 관찰"(1928)에서 "한국어는 불가사의한 언어이다"라는 결론을 내렸고, 포페(N. Poppe)도 "한국어는 알타이어 기층밖에 없다"[8]고 그의 연구의 결론으로 한 말은 오늘 비교언어 연구의 결과와 동일하다.

인종학(Ethnology)으로 보아도 한민족은 얼굴이 길고 넓어서 몽고인종과 다르고 두개의 용적이 큰 편이며 뇌 중량도 무거운 편에 속하고 몽고 퉁구스종에 속하면서 두골장경이 짧은데서 오는 단안(短顔), 그리고 이공두정 즉 얼굴이 오뚝하며 인종적 고립 또는 퉁구스 전통으로부터 이탈이라 할 수 있고… 한민족은 동아(東亞)에서도 특징있는 체격을 가진 고립된 일군(一群)을 형성하고 있는 것이다. 결국 한국인의 특징을 한마디로 표현하면「불가사의한 민족」이라고 하는 것이 가장 적절하다[9]는 것이다. 형질 인류학적으로 본다면 한국인은 북방기원설이나 고아시아족설 및 퉁구스족설이 타당치 않다는 결론이다(한국역사연구회,『한국역사연구』풀빛, 1995, pp. 97-100).

일찍이 프랑스의 유명한 지리학자 뒤알드(J.B. Du Halde, 1674-1743)는 한민족에 대하여 "보편적으로 잘 생겼고 친절하며 유순한 성질을 지녔고 그들은 중국어를 알고 있으며 학문을 숭상하고 음악과 춤에 소질이 있다."[10]고 하였는데 이는 우리 민족에 대한 간결하고 포괄적인 표현이지만 굉장한 통찰력을 지닌 표현이다. 실로 이스라엘 민족은 여리고 사람에 비하여 "메뚜기"같다는 표현(민 13:3)도 참고할 필요가 있으며 현대의 이스라엘 민족의 서구화는 역사적 현상이고 동아대백과 사전에도 두 민족의 골상이 같다고 하였다.

그런데 북조선 영변지에 발표된 16글자는 그 모양이 "전자(篆字) 같기도 하고 부적같기도 하여 고대의 신지(神誌)글자처럼 한자, 몽고문자, 범어, 일

---

7) 金東春『天符經과 檀君史話』, 기린원, 1989, p. 302.
8) 같은책, p. 301, 姜吉云,『韓國語系統論』형설출판사, 1991, pp. 35, 36.
9) 같은책, pp. 249, 250.
10) F.A. Mackenzie, *The Tragedy of Korea*, Yonsei University Press, 1969, p. 3.
  물론 맥켄지는 계속하여 한민족은 도둑질을 하지 않으며 간음도 없고 낮에는 대문도 닫지 않고 비록 혁명을 하여도 잔혹스럽게 하지 않아서 지금까지 타국에 충분한 모범이 된다고 하였다.

본어와도 구분된다는 것은 한글 이전의 원 한국문자 즉 히브리어일 것이다.[11]

11) 이형구,『단군 단군조선』살림터, 1995, pp. 114, 115.

실학자 이덕무의「청비록」에 10세의 장유가 중국에 갔을 때 고려에서 떠내려간 '슬'이라는 악기 밑바닥에 쓰인 글을 중국인들이 읽지 못하므로 한문(漢文)으로 번역했다는 것은 고려에 일정한 고유의 문자가 있었다는 것을 말해 준다. 특히 우리의 주목을 끄는 것은 훈민정음 창제 당시 집현전 부제학을 하던 최만리가 훈민정음을 반대하여 세종대왕에게 낸 상소문에서 "혹 말하기를 언문은 모두 본래 옛 글자이지 새 글자가 아니라 하는데…" 또는 "가사 언문은 전왕조 때부터 있었다고 하여도… 그대로 따라 쓸 것인가"라고 한 데서, 그때 사람들이 언문 곧 훈민정음이 원래부터 있던 옛 글자에 기초한 것이지 완전히 새로 만든 글자가 아니라 하고 또 그러한 글자는 훈민정음 창제 이전인 고려 때에도 있었다고 하였다는 것을 알 수 있다. 그러면 훈민정음 창제 이전에 우리 나라에서 어떤 글자가 쓰이였겠는가? 15세기 후반기까지 전해 온「삼성기」라는 책에서는 "단군 때에 신전(신지전자, 신지글자)이 있었다"고 하였으며 16세기 초의 학자 리맥의「태백일사」(「태백유사」라고도 한다)에서는 "단군 때에 신지전서(신지전자, 신지글자)가 있었는데 그것을 태백산과 흑룡강, 청구(조선), 구려 등의 지역들에게 널리 썼다"고 하였다. 16세기 말에 편찬된「평양지」에서는 법수교 다리에 옛 비가 있었는데 그 글자가 우리글자(훈민정음)도 아니고 인도의 범자도 아니며 중국의 전자도 아니라고 하면서 혹 말하기를 이것은 단군 때의 신지가 쓴 것이라고 하였는데 세월이 오래되어 없어졌다고 쓰고 있다. 또한 17세기의 북애자가 쓴「규원사화」에는 단군 시기에 신지가 사냥을 하다가 사슴 발자국을 보고 처음으로 글자를 만들었다고 하면서 "일찌기 듣건대 류진 지방에는 진나라 이전 시기 바위돌에 때로 글자를 새긴 것이 나타나곤 하는데 범자(고대 인도글자의 하나)도 아니고 전자(중국 한자의 옛 글자체의 하나)도 아니여서 사람들이 그 뜻을 해득하지 못한다고 하니 이것이 어쩌면 신지씨가 만든 옛 글자가 아니겠는가?"라고 하였다. 또한 이맥의「태백일사」에 인용되어 있는「대변설」(세조 때에 금지도서로서 국가적 회수목록에 들어 있던 책)의 '주'에서는 "남해협 량하리의 계곡바위에 신시(신지) 글자의 옛 새김이 있는데 그 글은 환웅이 사냥을 가서 세 신에게 제사를 지내다."라는 내용이라는 기록을 남기고 있다.

위에서 본 이러한 옛 기록들을 통하여 고조선 시기에 이미 신지글자가 있었을 뿐 아니라 우리 반도의 북쪽 류진 지역에서부터 남쪽의 남해 지역에 이르기까지 압록강, 두만강 이북의 고조선 영토 전지역에 이르기까지의 넓은 지역에서 쓰이여 왔다는 것을 알 수 있다. '신지'란 '신시'라고도 표기하였는데 원래 '큰 사람'이라는 뜻을 가진 말로서 처음에는 '왕'을 가리켰으며 나중에는 높은 벼슬 이름으로 되어 지배자, 통치자를 뜻하였으므로 '신지글자'란 "왕이나 지배자, 통치자의 글"이라는 말이다.「녕변지」에서 전하고 있는 신지글자 16자는 우편과 같다. 글자수가 모두 16자밖에 되지 않는 것으로 보아 글자를 다 보여 주는 글자표는 아닐 것으로 보인다. 그러나 글자 짜임의 특성으로 보아 이것은 뜻글자 류형이 아니라 소리글자, 그것

우리 고조선 시기에 이미 신지글자가 있어 반도 북쪽의 육진으로부터 남쪽의 남쪽의 남해지역에 이르기까지 압록강, 두만강 이북의 고조선 영토 전역에 널리 쓰였다는 것이며 단재 신채호(申采浩) 역시 한글이 몇차례를 거친 소리 글이라고 한다.[12] 하여튼 이 신지 글자는 단군시기부터 고조선에 쓰인 우리 민족 고유의 글자임이 분명하다. 16세기 말에 편찬된「평양지」에 평양 법수교 다리에 옛 비가 있었는데 그 글자가 우리 글자 훈민정음도 아니요, 인도의 범자(Sanskrit)도, 중국의 전자도 아니라 단군 때 신지가 쓴 것이며 세월이 오래되어 없어졌다고 한다.

실제로 고대 히브리어 자모(字母)를 보면 라멧(ㄅ)은 ㄴ(니은), 페(ㄆ)는 ㄱ(기역), 아인(ㄗ)은 ㅇ(이응)과 비슷하고 맴(ㄇ, ㄲ)은 그대로 ㅁ(미음)이다. 또 김믈(ㄹ)도 ㄱ(기역)과 흡사하다.[13] 이러한 사실은 별로 학술적 가치가 없고 단지 우연의 일치라고 보기는 너무도 닮은 것이며 고고학적으로 아람어는 고대 동방 특히 시리아 제국의 언어 발달에 크게 영향을 준 것이 명백히

도 소리마디 단위의 마디글자 유형이라고 할 수 있다. 또 이 글자는 단군시대부터 고조선 전역에 쓰여진 것임을 알 수 있다.

김도련, 유영희, 『한문이란 무엇인가』, 전통문화연구회, 1996, p. 33「篆書」참조. 전서는 소전, 대전으로 크게 구분된다.

소전자를 예도 들어보면 이해에 도움을 줄 싯이나.

象	鳥	鼎	壺
象	鳥	鼎	壺

12) 申采浩, 같은 책, pp. 118, 119,120. 심지어 단재는 3회로 지은 글인지 아니면 4, 5, 6회로 지은 글인지 모를 바라 한다. 그 이유는 보수성이 부족하고 지나(支那), 몽고, 일본의 대란이 잦아 제대로 문화를 아껴주지 않는 까닭이며 상고시대에 금관옥자(金簡玉字)로 만든 귀중한 책은 민간에 널리 전포되지 못하고 오직 상류사회가 알터이나 후세에 여러 난(嬴政, 胃頓, 劉徹)으로 왕궁이 불에 타고 서고가 탕진되었으나 신지의 역사는 구전되어(마치 梵經이나 Homer의 서사시 처럼) 삼국말에 고흥(高興), 이문진(李文眞) 등이 이를 모았다 한다. 다만 단재는 단군왕조의 실체가 4000년 전의 신석기 시대에 나타난 것은 실증적 역사인식(實證的 歷史認識)에 따라서 신지(神誌)의 기록을 받을 수 없다고 한다.

입증되고 있다.[14)]

강길운(姜吉云)도 그의 『韓國語系統論(上)』, 형설, 1991(수정판, p. 3)에서 "한국어는 알타이어와 비교될 수 있는 문법형태가 하나도 없다. 그러나 아이누, 길리야크어와 유사하다" 한다. 이런 주장은 선교사로서 1895년에 『조선민족의 기원』(The Korean Repository Ⅱ)을 쓴 홀베르트(H.B. Hulbert, 1863-1949)는 한국어의 9가지 문법적 특질을 들어 드라바다어(Dravida 語)와 동계설을 주장하였다. 한국어에 드라비다어가 유입된 경로는 허왕옥

---

13) Gesenius, *Hebrew and Chaldee Lexicon*, Eerdmans, 1971, Tables.

A COMPARATIVE TABLE OF ANCIENT ALPHABETS.

HEBREW.	NAME AND POWER OF THE HEBREW LETTERS.			RAB-BINNIC HEBREW	ARABIC.	SAMA-RITAN.	SYRIAC.	PHOENICIAN.	ANCIENT HEBREW.	ANCIENT GREEK.
א	Aleph	a	1	ḥ	ا ا	⋏	ܐ ܠ	⩓ ⩓	⩓	A
ב	Beth	b	2	ɔ	ب ب	9	ܒ ܒ ܒ	9 9	9 4	8 B
ג	Gimel	g	3	ɔ	ج ج ج	7	ܓ ܓ	7 7	ⓘ 1	⌈⌉
ד	Daleth	d	4	ɔ	د د	Ϥ	ܕ	4 9	9 4	△ ▽
ה	He	h	5	ɔ	ه ه ه	X	ܗ	σ σ	ⅎ	ⅎ E
ו	Vav	v	6	ɔ	و و	X	ܘ	0 0	⋎	F F
ז	Zain	z	7	ɔ	ز ز	/ʒ	ز ل	Z	. . .	I
ח	Cheth	ch	8	п	ح ح ح	Ϫ	ܚ ܚ ܚ ܚ	⧫	⊟	⊟ H
ט	Teth	t	9	⋃	ط ط ط ط	⋈	⋎ ⋎ ⋎ ⋎	⊙	. . .	O
י	Yod	y	10	ɔ	ي ي ي ي	m	⋏ ⋏ ⋏	m (/)	Z	⋜ ⋝
כ ך	Caph	k	20	ɔ ?	ك ك ك ك	Ϫ	⋎ ⋎ ⋎ ⋏	7 9 4	⋎	K
ל	Lamed	l	30	5	ل ل ل ل	Z	⋎ ⋎ ⋎	L L 4	ⓛ	4 1 1
מ ם	Mem	m	40	פ ɔ	م م م م	Ϫ	ܡ ܡ ܡ	ܡ ܡ ܡ	⋎	⋀ ⋀
נ ן	Nun	n	50	ɔ 1	ن ن ن ن	ɔ	⋎ ⋎ ⋎ ⋎	7 7	⋎	N
ס	Samech	s	60	⋃	س س س س	Ϫ	⊂ ⊂ ⊂ ⊂	⋎ ⋎	. . .	+ I
ע	Ain	e	70	⋃	ع ع ع ع	⋎	⋎ ⋎ ⋎	0 0	ⓞ	O
פ ף	Pe	p	80	פ q	ف ف ف ف	ɔ	⋎ ⋎ ⋎	⋎ ⋎ ⋎	ⓘ	Π
צ ץ	Tzade	ts	90	ɔ Γ	ص ص ص ص	⋔	⋎ ⋎ ⋎	⋎ ⋎	⋎	Z
ק	Koph	k	100	Ρ	ق ق ق ق	Ρ	⋏ ⋏ ⋏ ⋏	Ρ Ρ	Ρ Ρ	Ρ Ρ
ר	Resh	r	200	ɔ	ر ر	⋏	⋎ ⋎	9 4	9 4	9 9
ש	Shin	sh	300	C	ش ش ش ش	⋎	⋎ ⋎ ⋎	⋎ ⋎ ⋎	W	⋀ ⋀
ת	Tau	t	400	ɔ	ت ت	Λ	L Λ	h +	X +	4 T

ARABIC VOWELS. | HEBREW VOWELS. | SYRIAC VOWELS.

(阿踰陀國公主)의 가락국 도래와 관련이 있을 수 있고 허왕국이 기독교인이 라는 것을 1995. 2. 3호 신앙계를 통하여 조국현이 소상히 밝힌 바 있다. 즉 가야는 기독교 국가였다는 것이다. 그런데 김수로 왕능에 새겨진 쌍어(雙魚) 문양은 비단 기독교적 문물로 보기 보다는 인도의 불교문화의 영향일 가능성 이 크다. 왜냐하면 인도문화의 영향이 클 뿐만아니라 물고기 문양은 불교의 수행(修行)에 크게 이용된 때문이다.

특히 주목을 끄는 주장은 매우 포괄적이기는 하나 박용숙은 그의 저서『지 혜문명과 단군조선』(집문당, 1996)에서「수메르 인종과 셈 인종의 만남」을 논하였고「환단고기」에 나오는「가림토」(加臨土)문자는 고린도(哥林多)일 가능성이 높으며 그렇다면 미노아 문자와 한국어는 같은 언어구조라 한다(상 게서, pp. 14, 15).

언어와 종족에 대한 고증(考證)에서 우리가 얻을 수 있는 결론은 우리의 언어가 결코 우랄·알타이어 계통이기 보다는 북 아시아 조어(祖語)에서 찾을 수 있고 심지어 한국어는 어떤 의미에서 세계 언어의 모어(母語)에 속할 수 있다는 것이다. 우리가 단지파 선조설(先祖說)을 말함에 있어서 다른 어떤 고

---

14) 아람어는 히브리어와 사촌지간이다. 아람방언은 최고 3000년간 통용되었다. 기원전 600년에 서 기원후 700년 동안에는 팔레스타인, 시리아, 메소포타미아에서 기독교와 랍비의 유다주의 를 주로 형성하였고, 아람어 계통의 팔미라(Palmyra)는 실크 로드(Silk Road)의 거점도시 도시 대상들이 통과한 것이다. 시리아의 비빌론 사이에서 셈계의 인들이 이룩한 때문에 동아 시아에 아람어 및 알파벳이 널리 퍼진 것이다. 이 사실이 단지파의 한국에로의 이동과 직접적 연관이 있다는 것이 아니라 문자와 언어 및 종족의 동서교류라는 측면에서 큰 역사적 의미를 찾을 수 있는 것이다(한국일보, 오리엔트 문명의 원류, 1988, pp. 118, 156).

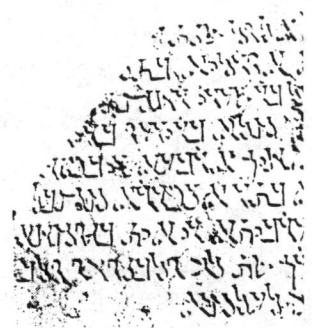

고학적 증거도 중요하나 언어와 인종에 의한 고증은 너무도 비중이 큰 것이다.

3) 고전(古典)과 풍속에 의한 고증

특히 우리 한민족이 슈메르족과 하나의 문화권이었음은 단군세기(檀君世紀)에 나타난다. "동(冬) 10월에 양운(養雲), 수밀이(須密爾)의 두나라 사람이 와서 방물(方物)을 바쳤다… 추(秋) 7월에 우르인(虞婁人) 20가(家)가 투항하여 왔으므로, 염수(鹽水)근처의 땅에 정착하도록 하였다."[15] 여기 수밀이는 슈메르이며 우르인은 우르(Ur)인 것이다.

위의 인용은 앞으로 더 논구되어야 될 과제이나 풍속통의(風俗通義)에는 창 2:7과 흡사한 문구가 나타난다. "천지가 개벽되어 사람이 있지 아니하였는데 여와(女媧)님이 황토를 다져서 사람을 지으시고, 힘써 진흙 중에서 사람을 건져 내다"(俗說天地開闢, 未有人民, 女媧搏黃土作人, 劇務力不暇供, 乃引繩於泥中, 舉以爲人)[16] 하였다. 또 참전 계경(參佺戒經)에는 "여와님이 흙을 이겨 사람 형상을 만들고 혼령을 불어넣어 7일만에 이루어 마쳤다."(女媧는 鍊土造像而注之魂하야 七日而成焉하니…)[17]고 한다. 위의 풍속통의는 한(漢)시대에 유향(劉向)이 편찬한 글로서 굴원(屈原)의 글들을 모은 것이다. 그리고 슈메르족의 씨름과 우리의 씨름이 똑같은데 이것은 슈메르족과 한국인이 원래 같은 민족임을 나타내는 증거이다. 이 구리로 만든 동상은 B.C. 25세기 것으로서 향로를 머리에 이고 씨름을 하는데 이는 씨름과 제사를 연결하는 것으로 보인다.[18]

풍속이 한민족과 이스라엘 민족과 유사(類似)하다는 주장은 오래 전부터 많은 사람들이 주장하였다. 그럼에도 불구하고 단군신화는 단지 신화일 뿐이라고 일축하는가 하면 애써 학문적 노작을 등한시(等閑視)한 감도 없지 않다. 일찍이 육당 최남선도 『조선상식』에서 환인, 환웅, 단군왕검을 삼일신(三一

---

15) 金東春, 『天符經과 檀君史話』, 기린원, 1989, p. 290.
16) 宋鎬洙, 『韓民族의 뿌리 思想』 기린원, 1991, p. 261.
17) 같은 책, p. 262

神, Trinity)이라고 단정한 것이다.[19] 그런데 박용숙은 그의 『지중해 문명과 단군조선』(집문당, 1996, pp. 65-66)에 환인(桓因)과 가나안을 연계하고 있다. 이것은 한민족의 단지파설의 근거를 제공하는데 적잖은 도움을 준다고 생각된다.

김성일은 이스라엘 사람이 장례 때 굵은 베옷을 입고 곡(哭)을 하는 것(왕하 19:1)과 같이 우리도 그렇게 하며 저들이 왕이 있기 전에 장자권을 존중하고 장로들이 중대사를 결정하듯이 우리 역시 화백(和白)이 있었고 7월 15일(초막절, 레 23:24)의 풍속은 한국의 추석에 해당되고(다스리월은 음력 8월임) 한글과 히브리 문자는 오른쪽에서부터 쓴다고 하였다.[20] 결국 한민족은 고대 이스라엘 민족과 같이 유월절 양을 잡아 그 피를 문설주에 바른 대신에 동지에 팥죽을 쒀서는 그 대신을 하였다. 그리고 기우제(祈雨祭)를 드리되 양 대신에 소를 바친 것이다. 한족에는 양이 없었다. 강화도 마니산 참성단(塹城壇)도 그 대표적 사례이며 병자호란 때 축성케 한 것은 민족의 정신 통일을 꾀한 왕명이었다. 또 산소마다 돌 제단이 있고 이것도 이스라엘과 우리나라의

---

18) 金東春, 같은 책, p. 262.

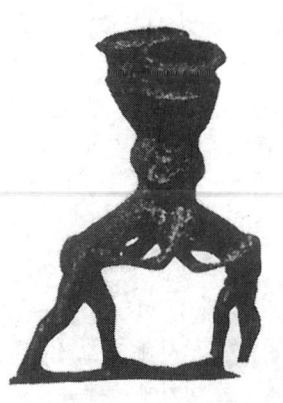

[수메르 족의 씨름 모습]
B.C. 2500년경에 구리로 만든 것이다. 머리에 이고 있는 것은 제사 때에 향로로 쓰이었을 것이다. 우리나라의 오리 토기 향도와 같나. 씨름과 세사를 연결한 것은 씨름을 중요시했다는 증거이고, 씨름하는 모습이 우리의 씨름 장면과 똑같음은, 수메르족과 한국인이 원래 같은 민족이었음을 뜻한다.

崔常壽, 『韓國의 씨름과 그네의 硏究』, 正東出版社, 1983, p. 18. 서양의 최초의 씨름을 Homer의 Iliad에 나오는 것이라 한다(B.C. 800년경). 한국의 최초 씨름 시작은 고구려 초기라 한다(B.C 4세기경). 한국의 씨름이 어깨를 맞대고 오른손으로 상대방의 허리 살바를 잡고 왼손으로 다리 살바를 잡는다.

19) 崔南善, 『朝鮮常識(風俗篇)』, 東明社, 1948, pp. 43, 44.
20) 김성일, 『성경과의 만남』, 국민일보사, 1990(8판), pp. 289-294, 김성일은 Israel이 「샬롬」을 우리는 「평안」이라 인사함도 같다고 한다. 그리고 중요한 의식 때 관을 썼고, 이스라엘인들과 같이 모자를 쓴다. 이는 山海經에서도 군자국에서 관을 쓴다고 기록되었음을 잘 지적한 것이다. 이 문제는 뒤에서도 언급하게 된다.

고유한 풍속인 동시에 여인들이 쓰게치마와 맷돌, 물동이 이는 습관이나 부추를 먹음까지도 같으며 심지어 이스라엘 향어는 두 나라 밖에는 먹지 않는다 한다.

3. 한민족의 사상

한민족의 형성은 실로 단순치는 않다. 한민족(韓民族)은 본래 북방으로부터 왔다는 전제하에서 중화사상과 연계하여 민족고유의 뿌리와 사상을 많이 논하였다. 그러나 앞서도 살핀대로 한민족은 단지파 후예라는 것이 거의 확실하다면 민족이 지닌 정신에 대해서도 이젠 색다른 고찰을 필요로 할 것이다.

우리 민족은 일단 지정학(Geopolitics)으로 볼 때 많은 외침(外侵)과 문물 및 종교들의 수입을 전제할 수밖에 없고, 실제로 역사가 그것을 증명한다. 전통적인 정령숭배(Animism)와 불교와 유교가 성행한 때문에 한민족의 사상을 하나로 말하기는 쉽지 않다. 그러나 먼저 춘원 이광수의 이론에 근거하여 생각해 본다.

일찍이 춘원(春園)은 "조선족은 한족(漢族) 또는 몽고족의 피도 어떤 비례로는 흐르리라 함은 지나간 역사로 보아서 추정할 수 있으나 조선족 특유의 혈통을 지녔다."[21]고 하였다. 한민족은 고유한 언어와 문자생활 또는 한반도에 정주(定住)하면서 많은 국난에서도 굳게 민족혼을 지켰다. 특히 단군의 자손이라는 것을 잊지 않고 이것을 민족의 정기(正氣)로 생각한 것이다. 한민족을 집산케하는 원동력이 되었다고 하겠다.

전기 춘원은 ① 한민족에는 "우리"라는 집단주의 문화와 사상이 있다고 하였다. 그 집단주의는 미풍양속에 반(反)하는 개인은 축출을 당한 것이다(逐出境外). 그래서 그와는 일체의 교제를 끊었다(水火不通). 이들은 갓을 쓰지 못하게 하였다. 즉 행세를 못한 것이다. 행세를 하려면 인사에 어그러지는 일(불효, 간음, 도둑질)을 하지 않아야 했던 것이다. 또 여기에 불문율로서 아비의 원수를 갚지 못한 자, 형제 불목(不睦), 내외불화, 빈객접대 아니함도

---

21) 이광수, 「민족개조론」, 우신사, 1993, p. 12. 춘원은 조선민족의 근원에 대해서는 언급치 않았다. 그러나 그는 조선 민족의 단일성을 크게 강조한다.

포함된다.[22]

② 춘원은 또 한민족에게 「구실」을 중히 여겼다고 한다. 이는 역할이며 봉사정신이다. "제구실 못한다"는 것은 큰 욕이었다. 아들 구실, 아비 구실, 아내 구실, 남편 구실 통틀어 사람 구실이 인생이 일생에 당연히 할 일이라는 것이다. 이것은 독일어 "졸렌"(Sollen)과 같은 것이다. 또 이는 칸트의 무상명법(無上命法)에 비교된다. 만일 조선인은 옛 조선의 구실의 정신, 도리의 정신이 부활한다 하면 조선인은 전연 다른 능력을 가진 민족으로 변할 것이라 하였다.[23]

③ 그리고 한국인에게 「팔자」라는 운명사상(運命思想)이 있다. 이는 잡신교와 연계되어 있음에 더욱 문제가 되었던 것이다. 인간이 할 당연한 의무도 하지 않고 질병이나 가난, 큰 재난을 모두 팔자 탓으로 돌렸다. 물론 꽁트(A. Comte)도 그의 『실증주의 철학』에서 "체념의 도리"를 주장했으나[24] 이 체념 또는 팔자개념은 많은 부진과 의욕의 상실을 초래하는 것이다.

한민족의 한반도 도래(到來)에 대하여 「은둔의 나라」(The Hermit Kingdom)라고 일컫게 되기까지는 하나님의 섭리가 있다. 이는 이탈리아의 애국적 정치가 마찌니(G. Mazzini, 1805-72)의 말 "하나님은 그 뜻의 한 줄씩을 각 민족의 요람 위에다 쓰셨다"는 것처럼 한민족은 우리 민족 특유의 생활습관과 사상을 지닌 때문에 훌륭한 민족이 된 것이며 앞으로 오는 세기에 세기적 사명을 담임케 된 것으로 안다. 그래서 주한 선교사들은 우리 민족의 이름을 "선민"(Chosen people, 조선)이라고 쓰고 부르기를 좋아한 것이며 철학자 베르쟈예프의 말대로 "인간의 운명은 역사 속에서 실현된다"는 사실을 증명할 것이다.

④ 단군신화에 나타난 「홍익인간」사상(개국이념)

문제는 「삼국유사」에는 풍월(風月)로, 「삼국사기」는 풍유(風流)로서 실

---

22) 이광수, 같은 책, pp. 21, 22, 실로 서양의 이기주의, 개인주의 때문에 옛 조선의 집단생활의 미풍이 유린된 것이라는 춘원의 지적은 백번 옳다.
23) 이광수, 같은 책, pp. 23, 24.
24) 강태국, 『지식사회학』, 사회문화연구소, 1994, p. 67. "실증적 단계에 도달하면 사회질서 안에서 실현된 자연법칙 앞에 환상적 당파적 이해는 굴복한다. 자연과학적 사고를 정치적 및 사회적 이론 안에 도입하는 것만이 안정적이고 지속적인 사회질서를 보증하는 「현명한 체념」(weise Resignation)을 갖도록 인간을 교육시킨다."

현한다는 데 있다. 그런데 풍(風)은 그 뜻이 도(道)가 아니라 교화(敎化)이며 풍속의 교화를 지칭하고, 월(月)은 일월(日月)이며 곧 역사이다. 그래서 풍월은 세월을 두고 교화한다는 것을 의미한다. 또 풍유(風流)는 앞에서 지적한 바와 같이 역시 풍은 풍속이며 유(流)는 정유(正流)를 뜻하여 풍속을 바르게 만드는 것을 말한다고 한다(鄭周永).[25]

그런데 풍유를 풍유도(風流道)로 해석하기도 한다(柳東植). 다만 우리는 홍익(弘益)의 정신에 눈여겨 보자.「홍익인간」은 "널리 인간을 유익하게 한다"(백낙준)[26]고 하기도 하고 "홍익인간은 신화적 고전인 동시에 인류공영(人類共榮)이라 함과 동의적 개념을 뜻한다"(박희병)[27]고 하였고, "홍익인간은 사람 사랑의 극치 즉 절대적인 신의 사랑(agape)과 연원이 상통된다"(임균택)[28]고 한다.

단군의 개국이념(開國理念)인 홍익인간은 곧 선민의 정신으로 보통의「조건적 인간애」와 다른 무조건적인 사랑이라는 것은 비록 한반도에 도읍을 정했으나(이사달), 이상(理想)은 전세계에 둔 국가 경영을 한 것이며 사실 고조선의 국토는 북경 근처인 란하(欒河)로부터 북쪽으로는 흑룡강과 접한 것이며 이러한 나라가 1000년의 왕권을 지속한 것은 단군이 거수국(渠帥國)들을 임명하여 간접 통치를 한 때문으로 볼 수 있고[29] 이것도 홍익정신의 구현(具現)이라 하겠으며 고조선의 외교정책도 평화우선 원칙을 지켜서 단군이 직접 서주(西周)의 왕실을 방문하여 융숭한 대접을 받았다고 전하고[30] 일본과 문화교류를 하였던 것이고[31] 심지어 일본 열도의 벼농사도 고조선으로부터 유래된 것이며 기타 문화의 전달과 아울러 일본에서 조선소국의 형성과 발전이 되었다.[32]

---

25) 정주영,『韓民族의 뿌리사상과 民族史觀』, (배달문화, 6호), 민족사바로 찾기 국민회의, 1992, p. 17.
26) 白樂濬,『韓國敎育과 民族精神』, 문교사, 1956, p. 25.
27) 朴熙東,『敎育法解義』, 교육주보사, 1953, p. 18.
28) 林均澤,『韓民族建國理念과 敎育理念의 道脈』배달문화, 6호, p. 60.
29) 윤내현,『고조선연구』, 一志社, 1995, p. 485.
30) _____, 같은 책, p. 765.
31) _____, 같은 책, pp. 809-826.
32) _____, 같은 책, p. 815.

"홍익인간의 개념은 신이 인간을 이롭게 하기 위하여 존재한다는 사상이지, 인간이 인간을 이롭게 한다는 근대 휴머니즘과 같은 사상은 아니다"(이어령, 『한국인의 신화』, 서문당, 1996. p. 15). 단군의 개국 사상은 어디까지나 하늘의 이미지는 그대로 살려 인간을 널리 이롭게 하되 환웅이 천부인(天符印) 세 개로 다스렸다는 것이다. 그러므로 홍익인간의 정신도 신중심(神中心)에서 나온 특이한 사상이며 이것도 단지파 유래설(由來說)에 큰 받침이 된다.

이러한 「홍인」 사상 해석은 일단 N. 프라이가 시도한 「구조분석법」(Archetypes criticism)에 근거한 신화(神話) 해석인데 물론 이러한 해석법은 신화를 기정 사실로 보려는 방법이나 합리적 해석에 속하는 Euhemerism, 또는 발생학적 해석보다는 진보된 해석이다.

곰이나 신도 신시(神市)에서는 모두가 인간에게서 떠나있지 않다. 또 곰이 인간이 되게 해 달라는 것을 보면 이미 한반도에는 선주민(先住民)이 있었다고 하겠다. 인간이 되려는 그들에게 어떤 지배하는 정복의 힘을 키운 것이 아니라 내면적 투쟁의 시험(쑥, 마늘, 어둠)을 한 것은 참으로 홍익의 정신에서 나온 것이다. 나라를 다스리는 힘과 인격은 정복적인 호랑이가 아니라 참고 견디는 곰(성자)에 둔 것이다. 서구의 정복 정신과는 대조되는 숭고한 한민족의 홍익이라 하겠다. 흑암과 인내의 날들을 지나고 「조선」(朝鮮)이라는 국호를 사용한 것이다. 아침은 인위적으로 봉화를 켜들고 광명을 얻으려는 행동이 아니라, 오직 어둠을 견디며 기다리는 자에게 온다. 여기 한국인의 미덕이 있고 약점도 있다. 그러나 적어도 남을 정복하고 해치지 않는다. 이는 기독교의 「온유」일 것이다.

홍인정신은 「처용가」 속에도 나타난다. 이면에서 싸운다. 이것은 명예를 위해 분노하고 복수하지 않는다. 이것이 우리 민족 문학의 가장 현저한 특성이기도 하다. 일본의 「무사」 또는 「헴릿」은 복수가 미덕으로 나온다. 복수를 못하는 것은 비겁이었다. 심지어 신들의 100m 경주에서 「복수의 여신」이 금메달을 받는다.

⑤ 한국은 동방예의국(東邦禮儀國)이었다.

한민족이 즐겨쓰는 이름자는 모두 착하다. 仁, 義, 禮, 知, 信, 順, 淳, 和, 德, 明, 良, 淑인데 비해 일본인들은 俊, 雄, 秀, 英, 武를 쓴다는 것과[33] 중국의 고전(古典)인 산해경(山海經)에 "군자국 사람들은 의관(衣冠)에 범(虎)

의 문양을 새기고 사환을 부리고 칼로써 짐승을 잡으나 서로 양보하고 싸우지 않는다. 그 나라에는 무궁화가 갖가지로 피며 짧게 피고 높고 오곡이 나며 햇살이 아침에 비취고 무명실을 뽑으며 청구(靑丘)라고도 하고 천하는 태평하고 상서(祥瑞)롭다."(君子國在其北衣冠帶劍食獸使二文虎在其傍其人好讓不爭. 其次往北方, 有座東口之出. 就是君子國的國度旣被稱爲君子, 自然形象不凡, 衣服帽子穿戴齊整, 腰間還掛著寶劍, 彼此都謙讓有禮, 一點也不起爭端. 每人都有兩隻班戴的文虎隨待在旁, 供作使喚. 他們以家畜或野獸作食物, 還食用一樺種木花, 因爲方圓千里的國境內, 盛産木槿花, 這種灌水, 開著紅色, 紫色或白色的花, 芬芳美麗, 可惜花期短促, 早晨盛開, 晚上就結萎了食用它. 却能不死 這個君子不死之國, 以人者長壽出名, 屬於東方的夫族)[34]고 하였다.

한민족이 고조선 때에 8조(條)의 금법(禁法) 밖에 없었다는 것도 이상국(理想國)이었음을 보여준다. 한국인은 의관(衣冠)을 정제(整齊)하지 않고는 문밖 출입을 하지 않았고 백의를 좋아하듯이 마음이 밝고 양심을 지켰으며 이것을 동학(東學)에서 각자위심(各自爲心)이라 하였다.

⑥ 한국 민족 특유의 사생관(死生觀)

우리 민족은 죽음을 산 자와의 절연(絶緣)으로 생각지 않고 비록 생사가 갈려도 언젠가는 만나리라는 기약과 믿음 속에서 산 것이다.[35] 그 대표적 사례를 먼저 가요에서 찾는다.

모죽지랑가(慕竹旨郞歌)[36]

눈 돌이킬 사이에 만나보도록 되오리,
낭(郞)이여, 그리운 마음에 가는 길,
봉문(蓬門)에 잘 밤 있겠나이까?(일부)

결국 우리의 선인(先人)들은 육신을 지닌 인간가멸자(人間可滅者)로서 불

---

33) 咸錫憲,『뜻으로 본 韓國歷史』, 한길사, 1991, p. 89.
34) 山海經,〈袖珍本〉, 臺北市, 民國 69年, pp. 189, 190.
35) 김인회, 정순목,『한국문화와 교육』, 이대 출판부, 1976, p. 95.
36) 金思燁,『國文學史』, 正音社, 1954, p. 162.

멸자(영혼, 신)에게 대하여 스스로의 유한성 곧 시간성을 심각하게 느꼈던 것 같지는 않다. 물론 이러한 사상의 배경에 불교의 환생(還生)이 있을 것이다.

원왕생가(願往生歌)[37]

달아 이제
서방(西方)까지 가시니잇고
무량수불전(無量壽佛前)에
닛곰 깊으신 불전(佛前)에 우러러
두 손 모아
원왕생 원왕생하며
그리워하는 사람 있다고 아뢰소서
아, 이몸 끼쳐두고
사십팔대원(四十八大願)을 이룩하올까.

이웃 어른이 별세하면「돌아가셨다」는 것은 물론 유교에서 생은 기야(生而寄也), 사는 귀야(死而歸也)라는 데 근거한 것이겠으나 기독교의 순례자 사상과 닮은 것이라 하겠다. 어떤 이는 한국인의 고대 사상은 미분화(未分化)로 보는 사람도 있다. 그러나 막연하지만 사후의 세계에 대한 동경(憧憬)과 함께 조선(祖先)의 실존 즉 영혼과 그 불멸을 믿었던 것이다. 이러한 사생관은「죽사리」(죽음+살이)가 보여 주듯이 언어구조 자체도 한 묶음으로 명사화되었고 유교, 불교 또는 샤머니즘(Shamism)의 영향으로 형성된 것이다.

특히 한국인들은 고대로부터 생과 사는 결코 분리되지 않았는데 이는 마치 이스라엘에서 죽음을「잔다」라고 표현한 것과도 결코 무관한 것이 아닐 것이다. 한국인들은 죽음과 삶을 양극적으로 분리되지 않는 전체로 보는데 그 증거는 고구려 시대 분묘의 벽화에 나타난다. 그 벽화는 대략 기원후 5, 6세기 그림으로 보이는데 그 그림에 비록 사람이 죽는다해도 지상의 삶이 지하에서도 계속되는 것으로 보았다. 무덤의 벽화에 한 남자와 한 여자가 나란히 앉아

---

37) 金東旭,『韓國歌謠의 硏究』, 乙酉文化社, 1961, p. 96.

있다. 이러한 사실은 평안도 용강의 유적에서도 증거되었다. 사자들 주위에는 종들이 그려져 있는 것이다. 그런데 이러한 한국인의 사생의 일치는 공자의 사상이 들어오기도 전부터 있었다. 신라시대에도 죽음과 삶을 하나로 여기는 사상이 나타나는데 왕릉 벽화에 전쟁(금성)에서 죽은 왕의 도움으로 이겼다는 내용이 있다. 여기서도 생과 사는 분명히 계속된 것이다(The people of Silla knew immediately that the dead king had quietly helped them to win the battle… The continuity of life and death is evident here. J. R. Burr, *Hand Book of World Philosophy Green Wood*, p. 525).

이러한 한국인의 전통적 사생관은 한(韓)이라는 철학으로 서양에 소개되어 이것이 한국을 대표하는 사상으로 인식된 것이다. 이 문제는 다음 항목에서 논하게 된다.

⑦ 끝으로 한민족 고유의 기(氣)에 대해 논하고저 한다.

흔히 「철학이 없는 민족은 망한다」고 한다. 한국의 대표적 철학을 한(韓)이라는 이도 많다.[38] 실로 한은 한민족의 핵심이며 또 성리학(性理學)이 이조 사회의 중심사상이라면 양반계층을 대표하는 「선비」사상도 한민족에게 매우 귀한 사상일 것이며 이는 서양 중세의 「기사도」에 비교될 수 있으나 우리는 특히 기(氣) 철학에 대해 살펴 본다. 기(氣)는 우주가 동적 변화라는 것을 뜻하고 생명력과 물질의 근원이 기라는 것이다.

그래서 기철학은 유교 사상 가운데서도 실학파의 핵심적 사상인 실사구시(實事求是)의 실내기설(實乃氣說)에 바탕을 둔다.[39] 물론 선도(仙道)의 기는 현실을 도피하는 은자(隱者)들의 안식처로 보나 죽림의 오현(五賢)이나

---

38) John R. Burr, Hand Book of World Philosophy, *Contemporary Developments Since 1945*, Green Wood Press, Westport, 1980, pp. 523-530.

　한의 뜻은 "하나의 큰 전체"(Han Means one large totality or whole)이며, 한의 철학은 진리의 표준으로 비이원론에 확실히 근거한다(In Han philosophy, the standard of truth is firmly based in nondualism).

　安浩相, 『한백성주의의 본바탕과 가치』, 대한교과서 주식회사, 1994, pp. 1-4. 안호상은 한의 뜻에 대하여 무려 15종류로 분석하여 큼(大), 하나(一), 하늘(天), 으뜸(元), 가장(太), 바름(正), 깊(長), 넓음(廣), 오램(久), 많음(多), 뭇(象), 모두(諸), 임금(君), 밝음(光明, 明), 나라(韓, 馬韓) 등이라 한다.

39) 정주영, 같은 책, p. 3.

칠현(七賢)들도 신비의 세계에 안식하려는 것이 아니라 미래를 여는 웅지(雄志)가 있었다.

실로 데카르트(R. Descartes)가 "생각한다. 고로 나는 존재한다"고 했을 때 그 생각은 수학적 생각 또는 이성을 뜻하듯이 기철학도 실제의 삶에 지배적 정신을 구성하여 어떤 외래문화가 들어와도 주체적 위치를 잃지 않는 생명력이 의거(義擧)의 항전으로 나타난 것인데 기철학의 참다운 사상은 사회적 실천을 통해서만 실현된다.

이러한 기철학의 사회 실천적 성격은 최수운(崔水雲, 1824-1864)의 생의 철학 즉 주체적 자각으로 나타난다. 그는 한울(하느님)의 마음은 곧 자기의 마음이므로 기독교를 받을 수 없었고, 주자학의 지배 이데올로기도 형식화(形式化)되어서 민중의 내면에 파고드는 신조화(信條化)에 실패한 것으로 보았다.

사실상 이씨조선 말기의 한국사회는 용재(庸齋)선생의 말대로 왕의 유약과 정부관료들의 부정부패, 나아가 도덕적 소질을 갖추지 못하고 정치철학도 행정원칙도 지킬 의욕마저 상실되었으며 허장(虛張)과 자기도취(自記陶醉)의 양반과 일반대중은 삶의 의욕마저 잃고 나라는 빚만 늘어간 사정이었고 사교(邪敎)가 창궐하여 민폐가 극심하였다.[40]

또 한국의 기철학은 동학(東學)을 거쳐서 독창적인 유기(唯氣)를 말한 최한기(崔漢綺, 1803-1879)의 사상으로 연결된다. 최한기는 선천적 인식능력(先天的 認識能力)을 인정하지 않고 철저한 경험론을 주장한다. 「만약 누가 종을 치지 않고 종소리를 듣지 않았으면 모른다」는 것이다. 또 「자식이 부모님께 효도함은 효도를 경험한 까닭이다」라고 한 것이다. 그런데 최한기는 경험의 주체를 신기(神氣)라는 용어로 표현하였는데 이것은 주객의 상응(相應)일 뿐, 어떤 선천적 인식(先天的 認識)을 인정치 않는다.[41]

그런데 기독교는 하나님을 알만한 것을 심령에 둔 것(롬 1:20)을 말한다. 이것을 칼빈(J. Calvin)은 「종교의 씨」(The Seed of Religion)라 하였는데 특히 변증신학(Christian Apologetics)에서는 이것을 종교적 본능으로 본다. 하나님을 아는 인식(認識)의 가능성이 인간의 체험에서 비롯되는게 아니라

---

40) 白樂濬, 『韓國改新敎史』, 연세대, 1973, p. 7.
41) 崔旼洪, 『東西比較哲學-韓國과 歐美哲學』, 星文社, 1979, p. 43, 73.

하나님이 신인식(神認識)의 능력을 인간에게 주심에 근거한다는 것이다.

4. 결 론

한민족의 도래(到來)는 레바논, 시리아와 이락을 거쳐서 러시아 남부의 우랄산맥을 타고 몽고와 만주를 거쳐 한반도에 온 것인데[42] 손진태(孫晋泰)도 한민족의 초기 역사 무대를 중국 서방(西方)으로 보았다. 그리고 단군이 창건한 연대에 대해 "동(銅)과 철(鐵)을 채관하여 군대를 조련하고 산업을 힘써 일으켰다"(闢土地採銅鉄鍊兵興産時)는 삼성기(三聖記)를 본다면 B.C. 1300 -1000경으로 보는 것이 타당할 것이다.

한가지 재미있는 사실은 어떤 소설가가 「아사달에 정착한 단지파가 앗수르 가문의 새 언어를 표준어로 생각도 했으나 잔시에와 신지가 표준어를 가르쳤다」[43]고 상상한 것이다. 이러한 것은 한글 창제(創制) 이전에 평양 근처에서 여러 문자와 언어가 있었다는 주장과 맞먹는다. 그리고 히브리어 문양(文樣)이 고조선에 발굴되어서가 아니라 옛 경주에서 많은 서구 문물의 출토는 한반도 특히 신라는 서구와 교류가 있었고(스키타이 문화) 일찍 가야와 기독교의 전래가 있었으나 삼한과 고조선 시대가 지나고 삼국의 정립(鼎立)으로 인하여 통일된 단 자손의 맥은 사라지고 불교의 전래 또는 이씨 왕조의 유교적 통치이념은 중화사상을 낳게 되었다. 그러나 한민족 고유의 전통과 생활습관 및 사상에는 단자손의 맥을 고스란이 잇고 있다.

그래서 본 논설이 지향한 바도 단지파의 건국과 함께 고조선의 이상향(Shangrila)을 묘사하고 그토록 훌륭한 혈통의 민족이 어떻게 이처럼 난맥상을 빚고 있는가를 문제 삼으려는 것이다. 그러나 훌륭한 선조(先祖)를 가졌다는 것은 후손으로서 더 없는 긍지이며 당연히 살펴야 할 과제이므로 이에 대한 연구를 더욱 진척시켜야 할 것이다. 다만 보다 세밀한 민족 구성론이나 경로에 대한 고찰을 역사학적으로 하지 않았다. 단군의 역사가 단순한 신화적 전설(Legend)이 아닌 역사성을 지닌 것이며 단군은 실존인물이며 그 설화의 내용이 신학적으로 용인(容認)되는 신관(神觀)을 가지되 종적·횡적으로 해

---

42) 金恩奉,「檀君選民의 歷史」, 해인, 1991, pp. 19, 20.
43) 김성일,『홍수 이후』, 4권, 홍성사, 1994, p. 247.

석될 수 있다는 것이다.
 그리고 샬롬(שלום)을 말하는 이스라엘이나 안녕(安寧)을 인사하는 한국에는 역사적, 현실적으로 평화가 없다는 것은 큰 아이러니(Irony)이다. 이는 땅의 평화가 없어야 천국을 동경한다는 논리인가? 참으로 이해가 곤란하다. 그러나 우리 민족은 한 혈통의 단(檀)자손이다. 이 단이 이스라엘의 단이라는 데 대하여 적잖은 의구심도 다소의 저항도 예상되나 지금까지 논의한 논증에 의거하여 우리 민족은 이스라엘의 잃어버린 단지파의 후예라고 말하는 것이다.
 대체로 하나의 민족형성이 한 근원이라고 말하는 것은 역사적 고증에서 무리인 것이나 한민족(韓民族)은 오랜 역사에서도 그 나름의 많은 특징을 보유하여 일정한 고립된 유전질(Isolated Gene Pool)을 형성하여 형질 인류학적으로나 또는 비교 언어학에서 보든지 한민족은 동양적 기원이 아닌 것이 분명하다.[44]
 최근 국사학계 동향을 보면 북한 자료의 유입과 함께 「한민족의 기원」에 관한 연구가 자못 활발하다. 그 한 예로서 「한림과학원」에서 『韓國民族의 起源과 形成』(上·下)[45]를 내었다. 일반 국사학계는 한민족의 기원을 단지파에 두지 않는다. 그러나 우리 민족을 손진태도 단군신화에 근거하여 천손민족(天孫民族)이라 한다.[46] 그리고 김용운도 한민족의 기원을 토착의 한국인과 천손족, 남방족이 융합되어 단군으로 상징되는 오늘의 한민족의 조상을 형성한 것으로 본다.[47]
 또 백암 박은식과 단재 신채호도 우리 민족은 단군의 자손으로 인재와 문물의 제조에서 타민족을 능가한다고 하였다.[48] 실로 세계 속에서 가장 찬란한 민족 가운데 하나인 韓民族이다. 민족주의 사학자 정명악에 의하면 우리 민족은 세계 문명의 원천이 되는 한문(漢文)을 만들었고 공자도 우리 민족이었다

---

44) 李鉉淙, 『韓國文化史』, 大旺社, 1993, p. 44.
45) 翰林科學院, 『韓國民族의 起源과 形成』 上·下, 小花, 1996.
46) 이봉은, 단군신화연구, 『단군신화에 표현된 사상의 특색』(손진태), 온누리, 1994, p. 44.
47) 金容雲, 『韓·日 民族의 原型』, 평민사, 1987, p. 24.
48) 白岩 朴殷植, 『韓國通史』 序言.
   金哲埈, 『韓國文化史論』, 서울大學校出版部, 1993, pp. 51, 52.

고 한다.[49]

필자는 본고에서 민족사상의 심오한 연찬(硏鑽)보다는 단지과 기원설의 제기(提起)에 뜻을 둔 것이다. 한민족의 우수성과 체구의 왜소함과 백의(白衣)를 선호함 또는 유일신(唯一神)의 발전은 참으로 신기할 정도이다. 고대에 한민족의「하느님」사상의 발전에 대해서는 "하느님 관념 발달사"[50]를 참조하시오.

---

49) 鄭命岳,『韓國全史』靜友社, 1966, p. 314.
    한문의 기원이 중국인들은 조선에 있다고 하나 조선의 역사 기록에는 언급(言及)이 없다는 게 아이러니(Irony)하다고 정명악씨는 말한다.
50) 高大民族文化硏究所,『韓國文化史大系』, Ⅵ, (宗敎, 哲學史), 1970, pp. 117-178.

부록
V
여성의 지위(혹 안수)문제에 대한 소고
(한국교회의 경우와 병행하여)

여권(女權) 문제는 성경해석의 문제인 동시에 교회의 장정(章程)의 문제가 된다. 교회는 신학적 배경에서 교회 특유의 직제(職制)를 가진다. 교회는 항존직과 임시직원을 두되 여자는 비 안수 임시직원으로 한 것이 종래 장로교의 전통이며 고전 14:33, 34 및 더 나아가 목회서신(딤전 2:12-15)에는 분명히 여자의 공적 직분의 진출을 금하고 있다. 여성의 안수는 곧 공적 지도력을 인허함인데, 성경의 정신은 남자에게 종속된 또 연약하여 꾀임을 잘 받는 여성에게 교회의 직분을 맡겨서는 안된다는 것이다. 요한 웨슬리(감리교 창설자)도 그의 주석 "Explanatory Notes Upon The New Testament" (London, Epworth Press, 1754, p. 776)에서 하와만 아니라 오늘의 여성도 남자보다 더 미혹을 잘 받기 때문에 공직(교회의 성직)에 나감이 불합(不合)하다고 해석한다." The preceding verse showed why a woman should not 'usurp authority over the man': this shows why she ought not 'to teach'. She is more easily deceived and more easily deceives. The woman being deceived transgressed— 'The Serpent deceived' her(Gen.iii. 13), and she transgressed." 여성의 성직에 대하여 천주교는 현재도 엄금하고 있으나 미국의 장로교 중에도 컴브랜드(Cumberland) 장로교가 1889년부터 안수하였고 북장로교는 1950년, 남장로교는 1960년대에 여성에게 안수하여 목사직을 허락한 것이며, 한국 감리교는 1930년대부터, 기장, 순복음, 오순절 성결교회, 성공회가 여성 안수를 찬성한다.

1. 김춘배(金春培) 목사의 여권 주장

전기 김목사는 1934년 8월 22일자「기독신보」에「총회에 올리는 말씀」을 기고한다. 그는 1932, 1933(제21회, 22회) 총회가 여성의 치리권 문제를 허용치 않음을 이해할 수 없다는 전제하에 이런 차별적 헌법을 고수할 경우 스스로 치욕이며 교회 발전을 거스리는 일이라고 주장한 것이며, 바울이 여자는 조용히 하라는 것이나 가르치지 말라는 것은 2천년 전 한 지방의 교훈과 풍습이지 만고불변의 진리는 아니라는 소신을 밝혔다.

이에 대해 24회 총회는 연구위원으로 S.L. Roberts, W.F. Bull, 염봉남, 윤하영, 박형룡으로 선정하여 김춘배 목사의 성경 오해를 바로 지적한 것이다. 결국 제25회 총회는 김춘배 목사의 자격 정지와 출교까지 건의케 된다. 그 근거로는 성경의 신성과 권위에 대한 능욕, 사람의 욕심에 성경을 갖다 맞추는 불경(不敬)이었다. 그래서 제명

↑ 김춘배 목사

을 당하게 된 김춘배 목사는 결국 총회의 권위에 굴복하여 위원회 앞으로「석명서」를 내어 자신의 문구가 성경에 위배된다고 인정하고 취소하겠다는 내용이었다. 그러나 형식적으로 김춘배 목사가 굴복한 것이지 그의 소신을 굽힌게 아니라는데 문제는 더욱 크다 하겠고 그 후도 계속적으로 여성단체의 여권신장 운동이 이어진 것이다.

2. 여권 문제와 김영주의 모세 저작 부인설 및 아빙돈 성경

1934년 조선주일학교 연합회 발행의「만국주일공과」에 장년부 편에서 창

세기가 히브리의 오랜 신화를 근본으로 삼았다는 것과 창세기의 저자가 실제로 불분명하다고 하였다. 이 공과의 집필자는 당시 남대문교회 김영주 목사가 집필한 것이다. 그러나 이 공과는 장·감 합동의 공과였기 때문에 김영주 개인에게 크게 문제는 비화되지 않았으나 1935년 24차 총회는 단호히 근본주의 입장을 천명하였다.

"창세기를 모세의 저작이 아니라고 가르치는 교역자는 크게 말하면 5경 전부 내지 성경 대부분의 파괴를 도모하는 사람이요 적게 말하더라도 5경의 증거와 구약 다른 여러 책의 증거와 예수 그리스도의 증거와 신약 여러 책

↑ 김영주 목사

의 증거를 거짓말로 인정하여야 성경의 권위와 그리스도의 권위를 무시하며 능욕하는 사람이니…우리 장로교회에는 용납할 수가 없나이다. 그런 사람은 우리 교회 신조 제1조에 위반하는 자이므로 우리 교회의 교역자됨을 거절함이 가하다 하나이다."

그런데 재미있는 사건은 위 두 김목사가 모두 일본 칸사이 학원(關西學院) 신학부에서 공부한 것이다. 이 학교는 현재도 고베에 있는 감리교 계통의 진보적 신학 경향을 띠고 있는 학교이다. 또 이 두 사람이 모두 함경도에서 신앙생활을 했다. 함경도는 카나다 선교회 관할로 자유신학의 진원지이었다(1925년 이후).

3. 여성 신학자 피오렌자(Schussler Fiorenza)의 해석학

일단 우리가 여성신학과 여성 안수 문제가 연관되기 때문에 피오렌자의 해석학의 핵심을 고찰해 보면 그녀는 여성의 교회에 대한 명료화된 경험을 신학적 숙고(熟考)의 중심으로 삼아 신화적(神話的) 원형으로서의 성경이해로부터 역사적 모형으로서의 성경이해로 전환을 전개시키는 데에 있어서 다음과 같이 생각한다.

모든 성경의 본문이 남성중심적 언어 안에 형성되었으며 가부장적인 사회구

조를 반영하기 때문에 비판적 페미니스트 해석은 동의와 긍정의 해석이 아니다. '의혹의 해석학'으로부터 시작한다. 그리고 그것은 역사적 진실성의 해석학이 아니라 '선포의 해석학'을 발전시킨다. 왜냐하면 성경은 아직도 오늘날 기독교 공동체 안에서 거룩한 책으로 기능하고 있기 때문이다. 성경의 해방적인 추진력을 페미니스트 원리나 하나의 페미니스트 성경 전통으로 환원시키지 않고 비판적 페미니스트 해석은 여성에 관한 성서의 본문으로부터 여성의 역사의 재구성으로 나아가는 '회상의 해석학'을 발전시킨다. 끝으로 이 모델은 무관심하게 거리를 유지하는(disinterested distance) 해석학으로부터 '창조적인 현실화의 해석학'으로 나아가는데 이것은 여성의 교회로 하여금 여성의 성경적 이야기에 대한 상상력 넘친 서술과 여성의 성경적 이야기의 지속적인 역사와 공동체 안에의 참여를 포함한다.

성경은 해석을 전제로 한 책이라는 데는 누구도 문제를 삼을 수 없다. 그러나 바람직한 해석은 성경으로 성경을 해석하고 더 나아가 역사적이며 문법적(Historico-Grammatico) 해석 및 신학적 해석을 해야 된다. 물론 역사 속에는 성경의 시대적 배경(Background)이 있다. 그러나 그 배경이라는 것 때문에 성경이 세운 반대의 원리 또는 권위에 오손되는 해석을 한다면 이는 오늘의 상황에 따라 성경시대 상황을 연계하는 실존적(Existential) 해석에 치중하는 것이며 키엘케골의 동시대적 해석(사도성까지도 부인)이 되고 성경이 말하는 신중심(God-centric) 신학에서 벗어나 철학적 이성주의 신학이 된다.

흔히 '목욕물을 버려도 아기까지 버려서는 안된다'는 서양 격언처럼 성경에 대한 의혹과 비판의 해석학은 고등비평이 아닌 하등비평 곧 성경 본문에 대해 동의와 긍정의 해석학과 균형을 이루어야 한다. 한마디로 피오렌자 같은 여성신학자의 해석은 성경의 경전을 경전 밖으로 내 몰아서 그녀 자신의 신학적 입장을 정당화시킬 수 없게 된 것이다. 곧 계시된 진리의 권위적인 근거보다 동등한 사도성에 기초한 대안적인 역사적 공동체에 그 근거를 찾으려 한다.

최근에 일부 개신교단에서 여성안수가 시행되고 있음을 주지하는 바이다. 이들이 한결같이 좌경된 신학적 성향을 지닌 교파에서 일어나고 있다. 과거 한국교회 역사에도 신신학을 배운 이들이 여성안수와 모세5경 저작 그리고 아빙돈 성경주석을 내어 물의를 빚었다. 우리는 「일언이폐지」하고 성경 전체의 문맥에서 어떤 문제를 해석해야 하며 성경의 절대무오성과 아울러 성경의 권위를 지켜야 한다. 따라서 역사적 교회가 세운 전통 즉 사도적 전통에 따라 여성이 남자의 종속적 지위에 있다는 것을 인정하고 총회(제35회)가 결정한 정신과 태도를 굳게 지켜야 할 것이다.

4. 채정민의「정통의 교회도 俗染은 可畏― 여자에게 言權이 없다」

제하의 글을 함께 게재한 것인데, 채정민은 예수 당시와 사도시대부터 강도권과 치리권은 남자에게만 주어졌으며 여자에게 봉급을 주어 교역을 시키면 누가 자녀를 낳고 교육하며 가산을 정리 하겠느냐고 주장하면서, 여자의 치리권 주장을 반박하는 동시에 그는 여자에게 치리권이 없음은 여자에 대한 하나님의 사랑이라고까지 말한 것이다. 여자는 언권과 치리권이 없음으로 여자는 더 큰 복을 받아 여자가 구원받는 수효가 많고 남자는 언권과 치리권을 담당하고 많은 고통을 당한다(기독신보, 1934. 6. 22일자).

여권신장(女權伸張)의 운동도 대개는 함경도 지방의 자유신학의 영향을 받은 자들이다. 전기 김춘배 목사도 함경도 성진중앙교회 시무 때 여성들의 촉탁을 받아서 자신의 견해도 겸하여 논한 것이며, 1930년대에 최경자도 감리교 계통에서 연회, 총회에 남자만 모이는가에 대해 항의한 일이 있다(기독신보, 1930. 1. 1). 또 1931년 감리교에서 여자 선교사 14인에게 목사 안수를 준 것이 계기가 되어서 1932년 제23회 총회에 경안노회가 여자장로 장립의 합법성 여부를 질의한 것인데 이는 미국 북장로회에서 여자장로를 세운데 그 발단이 있다. 미국 북장로회로 말하면 1920년대 이후로 칼 바르트와 에밀 부루너(Karl Barth, Emmil Brunner)의 신정통주의 영향을 받고, 또한 미북장로교회는 급기야 1967년에 와서는 「새신앙고백서」를 만들어 예수의 동정녀 탄생, 부활, 재림, 심판과 무궁세계에 대한 개념을 모두 모호하게 한 것이나 우리는 여기서 '67년 고백서' 문제를 더 논하고자 하질 않는다.

다시 총회 이야기로 가보면 제22회 총회도 여자에게 장로 자격을 주자는 헌의와 겸하여 최영혜 외 103인이 연서하여 여자에게 치리권을 주자는 청원서가 제출되었으나 "정치 제5장 3조를 개정할 필요가 없다"고 거절되었고,

그 다음 해에도 함경노회 소속 22개 교회의 여성들 639명이 6월 22일 여자에게도 교회의 치리권을 부여하라는 청원서를 제출한 것이다.

대한 예수교 장로회 헌법 제5장 3조는 장로의 자격을 "27세 이상 남자중 입교인으로 무흠(無欠)히 5년을 경과하고…"라고 규정되어 있다.

여기서 당시 24회 총회가 채택한 "김춘배 목사 성경해석 문제에 대한 답안"의 핵심을 소개하면 다음과 같다.

"성진중앙교회 목사 김춘배씨가… 바울이 '여자는 조용하라'는데 대하여 이는 만고불변의 진리가 아니라는 주장은 현대사조에 환영을 받는 해석은 되지마는 성경본문의 상하문맥을 살펴볼 때에는 도무지 용납할 수 없는 해석"(조선예수교 장로회 총회 제24회 회록 부록, pp. 85-86)이라 하였다.

"…(一) 13절(딤전 2:13)「아담이 먼저 지음을 받고 해와는 후에 지음을 받았으며」라고 말하며 창조의 차서에서 녀자가 남자보다 떨어졌다는 것을 지적하였나이다. 역사상 인물을 평가함에는 후대에 나타난 인물은 반드시 고대 인물보다 종속적 지위에 있다고 결론지을 수도 없지만 창조의 차서에 있어서는 하나님이 남자를 먼저 짓고 녀자를 후에 지어 남자의 협조자로 삼으셨으니 협조자라는 종속적 지위에 있을 것이웨다. 그래서 여자는 남자가 섞여있는 교회 회중을 가라치거나 주관함이 불가하다는 의미이웨다. (二) 다음에 14절에는 바울이 해와가 아담보다 먼저 유혹을 밧아 죄에 빠진 사실을 말하야 선천적으로 녀자는 남자보다 교도(教導)의 재능이 결핍함을 지적하였으니 그것은 여인의 교권을 금함에 보다 더 강한 리유엇나이다."(동 회의록 p.87)

사실상 고 박윤선 교수도 여성의 강도권 문제에 대하여 공교회 강단에서 보다는 여성의 회집 때 할 것을 권유하였고 아랫 강단을 사용하는 것이 좋다하였고 남자들이 자원하여 참석하는 것은 자유의 문제라 하였다.

앞서 출교처분을 건의한 김춘배 목사 건의 당시 내용을 보면 다음과 같다.

"…성경은 녀자의 교권을 불허한 것이 분명함에도 불구하고 녀권운동이 대두하는 현시대 사조에 영합하기 위하여 성경을 자유롭게 해석하는 것은 그 정신태도가 파괴적 성경 비판의 정신태도와 다름이 없나이다. 성경상하 문맥에 가라친 말삼은 불고하고 세상사람의 욕심에 맞도록 난데없는 딴 해석을 붙이는 것은 성경의 신성과 권위에 대한 막대한 능욕이웨다. 이렇게 성경을 경멸히 넉이는 인물들은 성경을 하나님의 말씀이요, 신앙과 본문의 정확무오한 유일의 법칙으로 밋는 우리 장로교회에 교역자로 용납할 수 업나이다. 그런 인물들은 우리 교회 신조 데일조에 위반하는 자임으로 우리 교회 교역자 됨을 거절함이 가하다 하나이다."(동 회의록 p.89)

5. 석명서(釋明書)

동 총회는 자유주의의 성경해석 방법을 따르는 교역자를 장로교에서 제거하기 위하여 "총회는 각 로회에 명령하야 교역자의 시취문답을 행할 때에 성경비평과 성경해석 방법에 관한 문답을 엄밀히 하야 조곰이라도 파괴적 비평이나 자유주의의 해석방법의 감화를 밧은 자는 임직을 거절케 할 일이오며 이미 임명을 밧앗던 교역자가 그런 교훈을 하면 로회로는 그 교역자를 권증조례 제六장 제 四十二조 四十三조에 의하야 치리케 할 일이웨다."라고 건의한 것이다. 그러나 전기 김춘배는 1935. 2. 20일 연구위원 앞으로 "기독신보에 게재된「여권문제」에 관한 필자의 석명"을 보낸 때문에 목사 면직까지는 가지 않앗다. 그 전문(全文)은 다음과 같다.

"기독신보 제 977조에 게재된「여권문제」중에 교회에 폐해를 끼칠 문구가 잇다하야 총회에서 논의되고 연구위원을 택하기에 이르러서 여러분들에게까지 걱정을 끼쳐드리게 됨은 필자로서는 황송(惶悚)함과 책임의 중대함을 감하고 이에 필자의 본의를 고하야 여러분의 참고에 공(拱)하려오니 하량(下諒)하소서.
一. 그 게재문의 본 의도가 성경을 해석하려함이 아닙니다.
二. 우리 조선 야소교 장로회에도 벌서브터 녀자가 교회에서 가라치고 잇는 사실에 의하야 그갓치 말한 것이 올시다.
三. 그러나 그 문구가 만약 성경의 권위와 신성을 손하고 교회에 폐해가 及할 념려가 잇다면 책임의 중대함을 감하고 취소하기를 주저치 아니하나이다."

이러한 결정은 장로교 내의 보수주의 승리이며 이제 교권의 확립이 마치 만세반석 위에 부동한 것과 같다고 평가한 학자도 있다(송길섭,『한국신학사상사』, 대한기독교출판사, 1987, p.322). 그러나 간하배는 "교회의 주도권은 아직도 분명히 보수주의자에게 있었지만 그리 확고부동하거나 명백하지는 못했다"(간하배, 『한국장로교신학사상』, 실로암, 1988, p.72)는 표현대로 되고 있는 설정이다.

혹자는 고린도전서 14:33-34의, "…모든 성도의 교회에서 함과 같이 여자는 교회에서 잠잠하라"는 것에 대하여 고린도에 국한된 것으로 해석하는 모양인데 일본의 칼 바르트 문화생인 구로사키 고기찌도 "여러 교회에 일반적으로 행하여진 좋은 습관에 따라서 고린도교회에 있어서도 여자는 창세기 3:16에 따라서 순종의 태도를 취할 것으로서 남자를 가르치는 것 같은 태도로 나갈 것이 아니다. 즉 남자 앞에서 말하는 것은 순종의 미덕에 반하여 자기를 남자 위에 놓는 태도가 된다."(그의 "신약성서주해" 4권, 박문출판사, 1973. p. 118)고 한다. 바울 역시 고전 11:5절에서 벌써 여성의 예언에 대해 말한 것을 보면 여성에게 예언을 허용한 것이다. 공식회중(고전 11장 참조)에서는 금지된 것으로 볼 수 있다(Women are allowed to prophesy but not when the congregation officially meets cf. Chapter 11, F.W.Grosheide, *Commentary on the First Epistle To The Corinthians*, Eerdmans, 1984, p. 341).

다시 여자가 교회에서 잠잠하라는 것에 대하여 결론을 내리면 여성의 권위적 지도를 금한 것이다(딤전 2:12). 그러므로 부분적으로 여성이 여성의 모임에서 가르침에 봉사할 수 없다는 것은 아니다. 고전 11:5의 "예언하는 자"라는 것을 보면 여성도 머리에 수건을 쓰고 교회에서 예언을 한 것이다.

그런데 고전 14:34에 나오는 "율법"은 창 3:16에 "…네가 수고하고 자식을 낳을 것이며 너는 남편을 사모하고 남편은 너를 다스릴 것이니라"는 것으로 해석할 수도 있다는 것이며, "복종"도 베드로전서 3:1 "아내된 자들아 이와 같이 자기 남편에 순복하라 이는 혹 도를 순종치 않는 자라도 말로 말미암지 않고 그 아내의 행위로 말미암아 구원을 얻게 하려 함이니"라는 성경과 연계적으로 해석될 수 있다.

그렇다면 초기 한국교회 채정민의 말대로 여성은 자녀를 낳고 교육하며 가산을 정리하는 본무에 충실해야 된다는 주장은 참으로 성경적 주장이라 하겠다. 문제는 여권신장과 함께 한국교회의 일각에서 그것도 좌경된 신학의 교단에서 여성안수를 결의한 것에 부화뇌동하는 자들이 있을까 심히 우려되는 바이다.

　필자는 『한국교회사』,(1993, 성광문화사)에서 "여성신학자들도 서구신학의 종말을 단정하고 여성해방과 여성의 역할을 남미의 해방 신학에서 빛을 받고자 하고 남성의 지배에서 더 나아가 평등한 미래의 사회를 건설할 것과 교회의 제도적 변혁을 꾀한다"고 하였는데 이러한 견해를 증명이라도 하는 듯이 최근 여성안수에 대한 찬성론이 다시 급격히 대두되나 여성계(기독교 계통)의 주된 취지는 여성의 안수가 본질적인 여권이나 교회 봉사에 있다기 보다는 대외적 연합사업의 주도권 문제에서 안수를 받은 여성 목사들에게 뒤진다는 속셈이 있음을 보아야 하고, 많은 여성에게 개인적으로 여성 안수 또는 성직을 원하는가 라는 질문에 오히려 반대한다 또는 부담스럽다는 말을 필자는 들었다.

　물론 여성안수 문제와 여성신학 또는 여성해방 신학은 별개의 문제라 할 수 있겠으나 그 신학적 풍조와 인맥이 서로 통하고 있음을 어떻게 하겠는가? 미 북장로회가 좌경한 데는 프린스톤 신학교의 좌경화와 무관하지 않으며, 메이첸(J.G. Machen)이 주동이 된 웨스트민스터 계통과 오늘도 프린스톤 계통 즉 총신대와 장신대, 통합, 합동(고신)과의 대결구도가 되는 것으로 보인다.

　이러한 상황에서 우리는 전통적 장로교회의 교리장정 또는 권징조례와 신조에 입각한 목회자가 되고 그 정신에서 성경을 해석해야 될 것이다. 상황적 또는 실존론적 해석은 현대 인간의 형편에 부합할는지는 모르나 그것은 본질적으로 신학적 해석이 되지 않으며 성경의 전체문맥에도 부합하지 않는다고 볼 수 있고 더 나아가 한국교회 전통적 신학의 흐름을 역행코자 하는 것으로 볼 수밖에 없다. 우리는 성경의 절대권위를 해치는 어떤 신학사조(神學思潮)도 용인할 수 없으며 해서도 안된다고 본다. 성경을 파괴적으로 회의적으로 하나님의 포도원을 허는 "작은 여우"(아가서 2:15)는 반드시 잡아야 될 것이다. 흔히 현대적 해석은 성숙된 신학이고 전통적 해석을 문자에 얽매인 미성숙이라고 매도하나 현대신학과 과학의 이성적 교만은 인류를 파멸로 이끌고 있으며 현대는 이성이라는 여신을 섬긴다고 본다. 여성안수론자들은 결코 자신이 현대의 이성주의에 동조하지 않는다고 할 것이나 「호리차」(毫哩差)도 문제이다. 우리는 보다 성경을 축차적으로 또는 믿음으로 깊이 상고(詳考)하여 말씀에 감복된 성도가 되고 그 맛을 알고 또 생활할 때 바람직한 체험적 신앙이 된다.

　필자의 주장에 논리적 비약이 있을 수도 있겠고 칼빈주의 아류(亞流) 즉 "복음주의" 주장에 대하여 본 소론에서 전혀 언급하지 않았음을 밝히며 상황적 이해와 현대 상황과의 연계성 내지는 연속, 불연속의 문제 또 해석학에 있어서 상황론적 해석과 실존철학과의 관계문제는 논외로 한다. 다만 필자는 독자들의 참고에 부응하고 또 한국교회가 어떻게 철저히 보수신학을 지키기에 정력을 바쳤으며 여성안수의 배경이 좌경된 이성신학이라는 점을 밝혀 현혹되는 이가 생기지 않기를 바랄 뿐이고 또 여성안수가 먼 훗날에는 적용되라는 주장을 하는 이들도 그 주장을 단념했으면 하는 바이다. 우리도 칼빈(J. Calvin)처럼 "나는 성경이 가는 곳까지 가고 성경이 멈추는 곳에서 멈춘다"는 신념에 일관해야 될 것이다.

부록
VI
네비우스 선교정책과 한국교회 영향

한국에 온 초기의 선교사들은 대개 20대의 젊은 용기있는 목사들이었으나 선교의 경험이 없어서 어떻게 선교를 해야 될 것인가에 대해 중국 지푸(芝罘)에서 사역하던 네비우스(John Nevius, 1854-1893) 목사 부부를 초빙하여 두 주간(1890. 6) 강연을 듣게 되었는데 원래 네비우스 선교정책은 영국의 헨리 벤(Henry Venn, 1796-1873)과 루퍼스 앤드슨(Rufus Anderson)에게서 연유(緣由)한다. 네비우스의 명저서『선교교회의 설립과 발전』(*The Planning and Development of Missionary Church*)을 읽은데 원인이 되어 네비우스 목사 부부를 원두우 목사가 초빙한 것이다.

그래서 7명의 선교사들이 서울에서 "선교사 수양회"(Missionaries Conference)로 모여 배운 내용을 곽안련(C.A. Clark)은 다음과 같이 그의 "한국교회와 네비우스 방법"(Korean Church and the Nevius Methods)에 요약한다.

① 선교사 한사람 한사람의 개인 전도와 순회 전도를 장려한다(Missionary personal evangelism through wide itineration).

② 자립 전도 - 즉 새 결신자를 막론하고 모든 신자들이 각자가 성경을 배우고 가르쳐야 한다. 교회에 속한 모든 회의 회원이 전도에 힘써야 한다(Self-propagation. Every believer a teacher of someone and a learner from someone else better fitted. Every individual and group seeking to extend the work).

③ 자립 정치 – 모든 신자의 회는 장차 목사가 될 사람으로 무보수로 일하는 전도인의 지도하에 교회를 운영하고 전도해야 한다(Self-government. Every group under its chosen unpaid leaders; circuits under their own paid helpers, who will later yield to pastors).

④ 자조(自助) – 교회 건물은 자체 내의 자금 조달로 지어야 하며, 교회가 일단 조직되면 전도인의 사례를 지급해야 한다(Self-support, with all chapels provided by the believers; each group, as soon as founded, beginning to pay toward the circuit helper's salary).

⑤ 체계적인 성경 공부를 함으로써 각 신자가 앞으로 성경 공부반을 지도하거나 도울 수 있게 한다(Systematic Bible study for every believer under his group leader and circuit helper).

⑥ 엄격한 성경 중심 생활을 해야 한다(Strict discipline enforced with Bible penalties).

⑦ 다른 교회와의 협조를 장려하며 적어도 서로가 지역을 분할하여 일할 것을 권장한다(Cooperation and union with other bodies, or at least territorial division).

⑧ 소송 문제나 그러한 류의 사건에는 선교사들은 관여를 삼가야 한다(Non-interference in law suits or any such matters).

⑨ 그러나 주민들의 경제 문제에는 언제나 도와줄 자세를 갖추어야 한다(General helpfulness, where possible, in the economic life of the people).

원두우는 네비우스 정책을 더 간략하게 네 가지로 요약한다.

① 그리스도인은 각자가 자신의 위치에서 자기 손으로 생계를 꾸려 모범적인 생활과 말씀을 통하여 이웃에게 그리스도를 증거해야 한다.

② 교회의 조직이나 교회적인 방법은 한국인의 교회가 스스로 책임을 질 수 있을 정도로 발전되어야 한다.

③ 교회가 전담 교역자를 택할 때는 자격을 잘 갖춘 사람으로 해야 하고 교회가 그들을 부양할 수 있어야 한다.

④ 교회 건물은 한국 고유의 양식을 따라 짓되 한국인들이 재원을 염출하여 자신들의 힘으로 짓도록 해야 한다(① Let each man 'abide in the calling where in he was found': teaching that each was to be an individual worker for Christ, and to live Christ in his own neighborhood, supporting himself by his trade. ② To develop church methods and machinery only so far as the native church was able to take care of and manage them. ③ As far as the church itself was able to provide the men and the means, to set aside the better qualified to do evangelistic work among their neighbors. ④ To let the natives provide their own church building, which were to be native in architecture, and of such style as the local church could afford to put up. (Allen D. Clark, *A History of The Church In Korea*, The Christian Literature Society of Korea, 1971, p. 114).

네비우스의 선교내용은 '삼자원칙'(三自原則) 즉 자급(自給. Self-Support), 자전(自傳. Self-Propagation), 그리고 자치(自治. Self-Government)는 한국인의 마음속에 있는 독립정신과 깊은 관계를 맺고 있으며 '스스로' 나아가는 자세를 가지게 하였다.

1. 삼자(三自)의 선교정책

1) 자급(自給)

한국 최초의 개신교 목사 선교사인 원두우는 초창기 한국교회의 양상에 대하여 다음과 같이 기록하였다.

"1888년 봄, 소래에의 두 번째 여행 때에 이 마을에 사는 그리스도인들이 우리를 기다리고 있었다. 그들은 자신들의 일의 과정을 설명하고 예배당의 필요성을 말하면서 선교부에서의 후원여부를 질문하였다. 이것이 다른 지역에서도 관계가 되면 안되기에 나는 '왜 안됩니까? 당신들은 당신 자신의 예배당을 지을 수 있습니다'고 대답하였다. 그들은 자신들의 어려운 형편을 이야기 하였으나 나는 '당신들에게는 여러분이 사용하기 원한다면 나무, 돌, 짚 등의 건축 재료가 있습니다. 여러분의 예배당을 건축한다면 나는 나무를 자르고 세우는 일을 기쁘게 돕겠습니다'라고 하였다."

대부분의 한국교회는 교회당 건축에 있어서 외국 돈의 도움이 없이 한국 교인들의 힘으로 건축되었다.

미국 장로교 외지 선교부 총무인 아더 브라운(Arthur J. Browm)은 한국 교회의 자급에 대하여 다음과 같이 말하였다.

"자금 역시 뚜렷한 결과들로 나타난다. 한국의 그리스도인들은 선교사들로부터 도움을 받지 않고 일하였다. 선교부가 교회당 건축에 재정 지원을 한 것은 선교부 지부(Stations)가 있는 큰 도시의 경우 뿐이다. 작은 마을에서는 작은 가옥에서 신자들이 회집하고 그들의 힘으로 예배당을 건축하였다. …그리스도인들은 불신자들 사이에서 전도활동을 전개하였다."

자급의 원리는 교회 설립 뿐만 아니라 학교 설립, 성경의 배포, 그리고 병원 사업도 적용되었다. 선교부에 의하여 재정적 자원이 있는 것은 20분의 1도 되지 못하였다. 3백여개의 초급학교 중 90%이상이 지역 교회의 지원을 받았다. "초창기부터 기관 사업에 있어서 제일 강조된 것 중의 하나는 한국 교회가 자급으로 '토착화'의 주춧돌이 되게 하자는 것이다."

자급은 재정적인 문제에만 국한된 것이 아니라 믿는 자들이 신앙의 힘으로 복음을 전하고 교회를 설립하는 일에까지 확장된다. 이러한 자급의 원리가 어디에서 온 것일까? 앤드슨과 벤에게서 영향을 받았으나 그의 원리는 사도 바울의 패턴을 따른 것이라 하겠다.

2) 자전(自傳)

자가전도(自家傳道)는 개인전도를 주로 해서 선교사 자신의 광범위한 순회전도를 말한다. 네비우스는 순회를 중심으로 하여 가두전도, 주막전도, 학교전도를 강조하며 모든 계층민을 상대로 하여 전도하는 계획을 볼 수 있다. 특히 부녀층에 관심을 크게 둔 것은 가정에 있어서 자녀교육에 지대한 영향력을 주기 때문일 것이다.

한국 교회에서의 자전은 자급과 연결된 관계에서 이루어졌다. 먼저 믿는 사람들이 교회를 조직하고, 이들이 나아가 전도하여 지교회를 세웠는데 이러한 관계가 자급과 자전의 유대를 보인다.

　자전하는 방안은 순회 설교, 노방 전도, 사랑방 전도, 여인숙 전도, 문서의 배부, 부흥회, 사경회 등 다양한 방법으로 나타났고, 믿지 아니하는 자에게 설교하는 형태로 정착되었다.

3) 자치(自治)

　자치는 자급 및 자전과 밀접한 관계를 가지고 있다. 어떤 면에서 자급과 자전의 결과이기도 한데 이는 한국 교회 초창기부터 실시되었다. 이러한 배경에는 한국이 가지고 있는 가족 관계나 사회적 구조, 정치적 양상의 특성이 있고 그런 형편은 브라운(A. J. Brown)의 1902년의 보고서에 보면 잘 나타나 있다.

>"교회 조직이라는 관점에서 볼 때 이례적이다. 다른 지역의 교회들은 매우 적은 수의 신도들로 교회를 즉시 조직한다. 한국에서는 교회조직이 매우 늦었다. 아직 노회가 조직되지 못하였고 선교사들은 본국 노회에 소속되었으며 한국 전체에 안수 받은 한국인 목사가 한 사람도 없다."

　자치에 관한 네비우스의 생각은 지교회에서 평신도 지도자를 뽑고 그들이 교회를 이끌어 나가게 하는 것이었다. 이 특성의 하나로 나타난 특이한 제도가 영수제도이다. 브라운의 지적과도 같이 한국 교회의 자치는 이례적이다. 그러나 1907년 독노회의 조직이 미국 북·남장로교회, 호주 장로교회, 카나다 장로교회 선교부의 지원 아래 이루어졌고 이 때부터 실질적인 자치 형태가 이룩되었다.

2. 네비우스 선교정책의 특징

1) 선교의 대상

　선교사의 관점에서 어떤 계층의 사람들이 사도들의 교회에 모였는지를 살피는 것은 매우 중요하다.

네비우스는 중하류계층의 사람들을 선교사업의 목표로 삼았다. 이와 같은 생각은 그의 저서 「*China and the Chinese*」에 잘 나타나 있다.

> "기독교는 이교도지역에 소개될 때 일반적으로 그 땅의 지식인들에게 제일 먼저 영향을 주지는 못한다. 그들을 통해 대중에게 소개되어 중하류계층 중에서 첫 번째 개종자를 만든다. 그래서 선교의 호소는 대중들에게 아주 조용히 그리고 거의 생각지도 못하게 작용한다. 그래서 널리 퍼지게 되고 원주민의 땅에 그것의 뿌리를 깊고 단단하게 내린다. 그래서 강력하게 원주민들의 마음을 감화시키고 통제한다."

실제로 네비우스가 중국에서 선교사업을 할 때 그와 그의 동료 선교사들에게 속한 교회 교인들의 계층도 이와 같음을 알 수 있다.

> "대부분의 우리 교회는 시골에 세워졌고 대체로 그들 중 아무도 소위 중류계급에 속해 있다고 말할 수 없다. 비록 그들 중 아무도 소위 부자는 아니지만 많은 사람들이 전국민 대부분과 비교해 볼 때 유복한 편이다. 많은 사람들이 낮에 일하는 노동자들이다. 또한 학교선생, 예술가, 행상인, 음식점 주인들도 있다."

네비우스는 선교사업의 대상으로 중하류계층 뿐만 아니라 상류층, 지식 계급에도 그들의 영향과 역할 때문에 강조점을 두었던 것 같다. 그러나 지식계급에 대한 선교는 그 자체의 어려움 때문에 중하류계층민을 위한 선교에 강조를 두게 된 것 같다. 실제로 그의 교회의 구성원에서 이와 같은 사실을 볼 수 있다. 그리고 그의 선교대상은 하류계층민들이었기 때문에 그의 선교방법도 결국 이들을 위한 것이 되었다. 그래서 네비우스는 이들에게 다가갈 수 있는 방법에 대해 다음과 같이 말했다.

① 내륙지방을 처음으로 방문할 때는 큰 무리에게 선포할 수 있는 기회를 가져야 한다는 것이다.
② 정기적으로 열리는 시장을 방문하는 것도 유익하다. 이곳에는 사람들이

모여들며 그들은 주위의 많은 마을과 먼 도시를 대표하는 사람들이기 때문이다.

③ 여관을 방문하는 것인데 여기서는 다소 길게 대화를 나눌 수 있다.

④ 그 곳의 학교를 방문하는 것은 때로 매우 흥미있으며 용기를 돋우어 준다. 이곳에서 담임 선생님의 성격에 따라 우리는 폭넓은 인식과 경험을 기대할 수 있다.

⑤ 선교사들의 간접적이며 겸손한 방법인데, 무리를 피해서 비교적 대중 설교는 하지 않는다. 선교사들이 사람을 찾아 다니는 것보다 그들이 선교사를 찾도록 한다.

⑥ 신앙적으로 관심있는 사람들, 진리를 추구하는 사람들을 조사한다.

2) 지도자 훈련

지도자 양성은 선교의 원리 가운데 중요한 일이다. 그래서 네비우스는 "중국에서의 복음 전파의 중심적 사역을 결국에 가서 원주민이 하여야 한다."고 말하였다. 왜냐하면 외국인들은 그 지역의 언어를 익히기에 많은 어려움이 있고 또 그 나라의 풍속과 사고의 습관을 이해하는 데 장애가 있기 때문이다. 선교사들의 환경, 즉 언어와 풍속의 문제가 네비우스로 하여금 본토민 지도자 훈련을 실시하게 하였다.

네비우스는 언어의 문제를 처음부터 중요한 문제로 보았다. "토착민 중, 믿는 사람도, 초신자도 없이 또한 언어의 장벽을 갖고 그 일을 시작하는 선교사에게는 처음부터 중요한 문제들이 발생한다." 그래서 그는 선교사로서 어떠한 일에 헌신하든지 그 일을 용이롭게 하기 위해서는 필수적인 선행조건으로서 언어에 완전히 익숙해지는 것을 선교사의 첫 번째 의무이며 시간과 힘을 쏟아야 한다고 했다. 발음, 기음(氣音), 관용어에서 실수를 범하기 쉬운 데다 지적인 토착민의 소리조차 정확히 듣고 재현해도 여러 사전에서 발견되는 완전히 정교하고 일관된 소리를 내지 못하기 때문이다. 또한 그 지방말에 익숙해지려면 많은 시간이 소모되어야 한다. 설사 언어를 익혔다 할지라도 네비우스의 말대로 어학 공부 외에도 또 다른 준비가 있어야 한다.

토착민 선교사를 세우는 데 중요한 문제는 사람들의 광범위한 공감을 얻는 것이다. 그런데 그것은 현 선교사업 중 가장 필요하고도 어려운 부분 중의 하나를 이루고 있다. 필요한 지적, 성경적, 영적 자질을 갖추지 못한 사람을 성직에 채용한다든지, 수줍음과 잘못된 편견에 의해 물질을 직접적으로 사용할 줄 모르는 사람들을 채용하는 이 두가지 극단적인 것은 위험하므로 가능한 한 피해야 한다. 선교사업의 초기에 있어서 문화적으로 신앙적으로 깊은 소양은 필수 불가결한 것이 아니라 필요한 자질은 열렬한 경건심인 것이다.

아주 중요한 본질적 자격과 자신감의 기반은 지정한 경건심이다. 적당한 소양과 더불어 경건심이 갖추어지면 앞에서 끌고 뒤에서는 그들에게 할 수 있는 좋은 훈련을 시켜서 이 세상과 싸울 수 있게 은혜와 힘을 하나님께 구하도록 하는 것이 그들을 강하고 유능하게 만드는 최선의 방법이다.

이처럼 네비우스는 진실하고 열정적인 경건심을 선교사의 교육보다 강조하게 되었고, 이 경건심은 지도자들로 하여금 예수 그리스도의 좋은 군사로서 고난을 참는 사람으로 성장케 하였다. 네비우스의 이러한 생각은 한국선교에 반영되어서 초기 선교사들은 자신을 헌신시키고 믿고 자신을 존중하는 전도자를 훈련시키기 위해 그의 원리를 따랐으니 네비우스의 가르침, 즉 재정적, 행정적, 사업적으로 자립하는 교회로 육성하라는 권고를 따라서 지도자 훈련을 시작했다.

또한 이눌서(李訥瑞)는 「한국 사람이 한국교회의 목사가 된다는 것은 우리의 목표입니다. 결코 뼈 없는 감상적이요, 반쯤 외교화되고 돈에 팔려 다니는 일꾼을 원하지 아니 합니다. 그보다 주체성이 있고 자립 자주하고 제 힘으로 전도하는 교역자를 만들기 원합니다.」라고 하므로 네비우스의 삼자 원리를 근거하여 지도자 양성을 한국적인 상황에 적용시키려고 했다. 다시 말하면 "독립되고 자립하며 진취적인 토착교회"(Indipendent, Self-reliant, and aggressive native churches)를 만들려고 한 것이다.

3) 치리권 위임

네비우스는 선교사의 치리권에 대하여 별로 언급하지 않았으나 설립된 교회가 정상적으로 발전한 후에 반드시 있어야 하는 과정으로 보았고, 그는 선교사들이 자국민 교회를 지배하거나 어떤 지위를 가지는 것은 "위임"을 불가능하게 한다고 보았던 것이다.

그러나 그는 치리권의 넘겨줌이 불가능한 본토민 교회에 대하여 선교사가 해야 할 과제를 제시하였다.

> "조그마한 교회들이 집중될 때 그는 얼마동안 토착민 교회에서 그 교회 자체의 직무에 적합한 사람을 발견할 때까지 그 교회의 목사로서 계속 임무를 수행할 의무가 있다. 그와 같은 토착민 기독신자가 앞으로 계속 가능한 한 양육되어져야만 한다. 그래서 그와 같은 기간(직무에 적합한 사람을 발견할 때까지) 보다 길게 토착민 교회에 관심을 가진 것처럼 하는 것이 그에게 적합한 일이 아니라는 것을 항상 기억하는 선교사가 절대적으로 필요한 것이다. 왜냐하면 그렇게 함으로써 그가 그 교회에 직접적인 상처를 입힐 수 있기 때문이다."

네비우스는 토착교회들이 독자적인 교회로 성장하기 위하여 선교사들이 자국민 지도자들을 양성하고 그들에게 교회의 치리권을 위임해야 한다고 말했다.

아담스(J.E. Adams)는 한국의 대구에서 이러한 선교정책이 채택되었다고 밝히고 있다. 개인적인 선교사들과 선교는 가능한 한 교회에 앞서서 나아가야만 한다. 즉 이 말은 피선교지교회(younger church)가 그 자신을 위해 가질 수도, 가지려고 하지도 않는 기회들, 그리고 내다 볼 희망을 아직 갖지 않는 피선교지 교회의 기회들과 기독교인들의 활동의 모든 영역과 미래의 장을 위해 활발히 활동을 확장하고 먼저 선취해야만 한다는 것이나. 선교는 오직 교회를 위해서만 존재한다. 그것은 영구불변한 것은 아니며 그래서 추구하는 목적이 달성되자 모든 사업이 뒤로 후퇴하는 경향을 띠고야 마는 것이다.

3. 네비우스 선교정책이 한국교회에 미친 영향

1) 긍정적인 면

한국교회의 급성장에 네비우스의 방법이 끼친 공헌은 부정할 수 없다. 그의 방법은 한국교회 선교정책 수립에 커다란 영향을 끼치게 되어서 이러한 네비우스의 방법은 새로 한국에 입국하는 선교사들에게 그들이 재임 1년만에 가지게 되는 시험에 필요한 교과서 역할을 했었다. 그래서 크라크(C. A. Clark)는 주한 선교사들에게 영향을 미친 네비우스 방법에 대하여 다음과 같이 언급했다.

> "1890년에 네비우스 박사를 맞았던 북장로교 선교사들은 전부라고 해야 불과 열명도 못되는 소수였다. 그들은 네비우스의 방법이 틀림없는 것처럼 확신하였다. 그렇게 확신한 끝에 그들은 그 원칙을 실질상 전적으로 받아들였다. 그리고 후에 도착하는 새로운 선교사들에게까지 주입시킬 목적으로 규칙을 정하여 새로 오는 모든 선교사들의 도착과 함께 필수과목으로 네비우스의 방법을 시험해 보도록 규정하였다."

네비우스의 방법에 깊은 감명을 받았던 선교사들은 장로회 공의회에서 선교정책을 수립할 때 그의 방법을 자기들의 입장에서 적용시켰고 상황에 따라 편리한 대로 규칙을 변경하였다. 물론 환경의 변화에 따라 그 적용도 변하는 것은 당연하다. 그러나 네비우스 방법에 대한 선교사들의 불신실성은 한국선교에 장애가 되었다. 이 점에 대하여 방위량(W.M. Baird)은 네비우스의 방법이 초기 선교사들의 선교정책을 결정하는 데 커다란 영향을 끼쳤으나 그들이 성실하지 못했기 때문에 문제점이 생겼다고 보았다. 그래서 그는 선교사들이 그의 방법을 성실하게 적용시켰다면 그들의 선교활동은 성공의 면류관을 썼을 것이라고 말했다.

그럼에도 불구하고 이 방법은 한국교회에 여러 가지 좋은 영향을 준 것이다.

(1) 교회의 급성장이 이 방법의 가장 큰 영향이다. 앞에서도 언급하였거니와 교회의 성장이 선교의 목표가 되었다. 만일 네비우스의 방법이 없었다면 한국교회의 급성장은 없었을 것이다. 초기 한국교회는 자생(自生)으로 복음을 수용하던 입장에서 자급, 자치, 자전의 선교정책은 한국인의 도의심(道義心)에도 부합된 까닭에 비록 일본의 학정에서 짜먹혀진 가난 속에서도 학교를 세우고 교역자들의 생활비를 연보로 감당한 것이다.

(2) 처음부터 네비우스 정책을 하지 않았다면 주는 교회로 발전하기가 어려웠을 것이다. 1907년 7명의 목사가 처음 안수를 받아 노회가 조직된 때에 기념으로 제주도에 이기풍 목사를 선교사로 파송한 일이나, 1912년 총회를 조직할 때 이를 기념하기 위해 3명의 젊은 일꾼들을 중국에 선교사로 파송한

일은 한국교회가 처음부터 주는 교회로 발전했음을 말한다. 해외선교는 중국, 시베리아, 일본, 만주 등으로 발전하였고 현재 수천의 선교사를 파송하고 있으며 앞으로도 많은 선교사들이 파송될 것이다.

(3) 한국교회는 성경으로 시작한 교회이다. 네비우스 방법은 성경 공부를 강조했으므로 이것이 한국교회를 세속화와 신비주의 및 샤머니즘의 경향으로 흐르는 것을 막아준 것이며 모진 박해에서 견디게 한 것이다. 성경중심의 교회는「사경회」라는 특수한 부흥회 형태를 낳기도 하였다. 그리고 교인들은 유교의 경전 읽듯이 소리내어 독경하기도 하였다.

(4) 토착적 선교원리 정립은 현지문화에의 동화로서의 토착이 아니라 성경적 원리의 적용이란 면에서 새로운 모델의 제시였고 이는 문화의 보편성이 아니라 특수한 개체성에 복음을 적용한 것으로 볼 수 있다.

(5) 평신도의 역할 증대를 가져와서 선교사들이나 목회자들이 교회 전체를 주장하는 것이 아니라 평신도들의 기능을 증대시키고, 그들이 교회 안에서 헌신하고, 교회 밖에서도 전도자로서의 역할을 감당하게 되어 초기 한국교회는 처음 개종한 신도들이 나가서 곧바로 전도자가 된 것이다. 그렇게 될 때 감화도 성과도 큰 것이다.

(6) 우리 민족은 오랜 기간 불교의 영향권에 속해 있었다. 따라서 운명론이 민족의 마음을 지배해 온 것이 사실이다. 운명론에는 진취적인 기상이 없으나 네비우스 방법의 자립경제가 자활정신을 불어 넣은 것이다. 일제하에서 그리스도인들이 독립운동 지도자들로 활동할 것도 운명론에서 이미 탈피하였기 때문이며 여기는「민족의식」의 발로이기도 하였고 성경에서 얻은 민족 공동체의 운명을 짊어지려는 자각에서 분연히 일어난 것이다.

(7) 자립경제 정책이 교인들에게 책임감을 발전시켰다. 이것이 한국에서 교회 부흥 원인 중 하나라고 할 수 있다. 교회의 자립은 선교사나 어느 다른 교회가 할 일이 아니고 그 교회 교인들의 의무라고 여기고 자립하는 교회가 될 때 교회는 성장하였고 심지어 선교회의 금전적 지원도 그들의 양심상 또는 한국적 양식으로 도저히 허용할 수 없었던 것이다.

2) 부정적인 면

이처럼 네비우스의 방법은 한국교회에 큰 영향을 미친 것은 사실이었으나 반면에 여러 가지 부정적인 모습들도 나타났다. 그 이유는 선교사들의 불성실이 보다 큰 문제였다고 보인다. 한국에서의 그 부정적인 모습들을 살펴보면 다음과 같다.

(1) 네비우스는 본토민 토착교회의 수립은 본토민으로 하여금 자립, 자전, 자치가 실행되어야 실제로 완성되는 것으로 보았는데, 초기 한국 선교사들은 그의 방법에 의존하여 한국인으로 하여금 교회수립을 강조하되 한국인으로 하여금 경제적인 자급만을 강조하였고 스스로 자치할 수 있는 권리는 주지 않았다. 자급, 자전, 자치하는 한국인의 본토민교회 수립을 목적으로 하였던 초기 개신교 선교사들은 그들의 목적과는 달리 선교사 자격만으로서 노회와 총회의 총대가 되었고 큰 권세를 행하기도 하였다. 그리하여 자치권이 너무 늦게 이양(移讓)된다.

(2) 신학교육 정책을 하향설정(下向設定)하다. 당시의 신학교육은 성경공부로 일관되었고 신학교는 실상 성경학교에 불과했다. 이러한 교육을 받은 한국교회 지도자들은 사회사조에 둔감했고, 일반학문들은 소위 '세상지식'이라 하여 반대하게 되었다. 그 결과 한국교회 지도자들은 질적인 퇴보를 가져왔고 동시에 선교사들보다 못한 지도력으로 말미암아 그들에게 의존할 수밖에 없었다. 결국 선교사들의 목표인 자립하는 본토민 토착교회의 설립이 그들의 낮은 신학교육으로 말미암아 좌초하게 되었다. 물론 선교의 효과적 성취라는 점과 학문 위주의 신학교육 보다는 성경을 통독케 하고 성경 중심의 신학교육에 치중하려는 의도는 수긍이 된다.

(3) 교회의 일치에 부족하였다. 경제적으로 자급을 강조하다 보니 개교회주의에 빠져버리는 경우가 많다.

(4) 민족주의의 자극이다. 그러나 기독교는 원래 이데올로기(Ideologie)를 초극(超克)하여야 한다. 일제하(日帝下)라는 한국의 특수성도 있으나, 3·1운동 등 구국을 위한 일에 교회가 깊이 관여되었다. 이것은 교회가 민족과 동행하는 면에서 강점이기도 하지만 선교와 타자(他者)에의 관심이란 면에서 약점이 되기도 한다. 물론 선교사들의 대원칙은 정교(政敎)의 분리였으나 일본군국주의의 지나친 비인도적 만행에는 동정적이 될 수밖에 없었고 독립투사들은 교회가 그들의 온상이 되었고 선교사들은 피난처였다.

(5) 선교사들의 정치중립 정책이다. 정치중립정책은 결국 한국의 멸망을

묶인 내지 협조한 셈이다. 선교사들의 선교 사업의 장인 한국교회는 국가의 멸망과 함께 존립할 '땅'을 잃게 되었다. 멸망한 나라 안에서 자립교회의 수립이라는 말은 참으로 어불성설(語不成說)이다. 꼭 한국 멸망의 원인이 선교정책상 중립에 기인하지도 않고 그 책임을 선교사들에게 돌릴 수는 없으나 선교는 특수하게 이데올로기(Ideologie)의 초극(超克)이라는 본질적 과제를 지니고 있는 동시에 선교 현장의 상황 또는 국가적 운명과도 불가분리에 있다. 주한(駐韓) 선교사들이 종교적으로 뿐 아니라 일본을 통한 제국주의 실현이라는 현실적 상황에 직면하여 정치적 중립정책이 최선책일 수 있었을 것이다.

선교사들은 자급, 자치, 그리고 자전하는 한국교회의 자립정신을 그들의 선교정책에서 강조하였다. 그러나 정치적인 불간섭, 중립주의를 표방하며 한국의 멸망을 방관했다는 것은 놀라울 정도로 이상한 일이다. 이러한 정책은 결국 한국교회의 교인의 수를 날로 증가시켰으나, 교회는 현실적인 책임의식을 상실해 갔고, 교인들의 관심은 개인주의적인 것이 되었고, 나라의 운명과는 상관없이 정치불간섭, 중립주의적 입장에서 선교만을 추구하려던 선교정책은 결과적으로 허실하였다.

3) 현대의 적용 가능성

한국이 선교사를 파송한 지역에서 네비우스와 같은 선교방법이 오늘날에도 적용 가능한가를 검토할 필요가 있다. 그것이 과연 토착화로 정착될 만한 정책이 될 수 있는가?

자력으로 교회를 유지시키는 일은 지역의 여건에 따라 다르다. 그러므로 성경공부, 자력전도와 자립, 교회개척과 유지에 관한 현상이 오늘날에도 기본적인 유형으로 제시되는데 이것이 어느 지역은 가능하고 어느 지역을 불가능한지에 따라서 적절한 선교전략과 정책, 방법 등을 수립해야 한다.

우리가 가질 네비우스의 토착성이나 자립의 의미는 다른 선교지에 어떻게 적용하느냐가 더 중요한 것으로 인식된다.

톰프슨(Brown. G. Thompson)은 "마포삼열과 네비우스 선교방법"에서 한국의 장로교회가 펼치는 세계선교에 있어서 네비우스 선교정책의 타당성을 긍정적으로 보고 있다. 그는 말하기를 지역마다 동일하지 않으나 네비우스의 원칙은 어느 지역에서든 적용할 타당성을 가진다고 하였다.

복음이 전해질 선교지의 문화이해, 토착화를 방해할 외래적인 문화와 이질적인 상황들을 피하는 일, 현지의 지도력을 향상 발전 양성하는 일 등이 주요한 문제가 된다. 열심으로 일하는 근면성에 가치있는 선교계획, 지침들, 정책으로 전도와 선교를 하므로 좋은 결실을 맺을 때 하나의 선교정책은 바로 적용된 것이다.

위와 같이 네비우스의 선교정책을 긍정적 그리고 부정적인 면에서 고찰하였으나 오늘날 우리가 가질 네비우스 선교정책의 토착성이나 자립의 의미는 다른 선교지에 어떻게 적용할 것인가는 더 중요한 것으로 인식되어 진다. 결국 중국에서 네비우스(J. Nevius)는 종래의 선교비에 의존하고 현지인을 교역자로 고용하던 방법에서 새로운 토착적 선교정책을 세운 것이 참으로 훌륭하였고 보수적 신앙의 형태에 속하는 성질의 정책인 까닭에 한국의 초기 선교사들에게 공감을 갖게 한 것이다. 중국에서 선교비에 의존하는 선교는 토착인들의 의타심(依他心)을 키우고 관료계층과 불목(不睦)하게 하여 결국에는 관료들이 교회를 핍박하게 되고, 이것이 한국의 대원군 박해의 원인(遠因)이 된 것이다.

부록 VII
한국 기독교 초대 여성운동사

제1절 기독교 여성운동의 자취

한국 여성의 개화는 기독교의 전래와 더불어 시작되었다고 해도 과언이 아니다. 천주교회의 형성기부터 남녀평등의 사상이 대두되었고 그것이 개신교 시대에 들어와서는 보다 구체적으로 한국 사회에 확산되었다. 기독교가 한국 여성의 개화와 근대화를 촉진시킨 주요한 요소를 이태영(李兌榮)은 다음과 같이 지적하고 있다. "첫째, 여성도 남성과 똑같이 영혼의 소유자임을 깨닫게 하고 신 앞에서는 남녀가 평등하게 태어났다는 원칙적인 진리를 알게 하였다. 둘째, 기독교는 그 설교 내용이 어디까지나 약자를 위한 복음으로 사회적 민족적인 번민에 위안이 되어 주었고, 특히 주일마다의 예배당 출입은 그동안 규중(閨中)에 유폐되어 온 여성들의 해방을 약속해 주었다. 셋째, 일반 여성이 성경을 읽고 설교를 듣기 위하여 한글을 배워 스스로 문맹퇴치를 하게 되었고, 나아가 여성 사이에 문자보급운동으로 번졌으며 일제 치하의 여성에 의하여 민족문화가 수호되는 특기할 현상을 가져왔다."

1. 초기 범국가적 여성운동

1) 여우회(女友會)
　　(설립시기… 1898년, 축첩 반대)

우리나라에서 맨 처음 조직된 여성단체이며 「여학교 찬양부인회」로서 회원은 4백여명이고 설립은 1898년으로 추측하며 여성운동의 시초이기도 하다. 1899년 3월 여우회(女友會)에서는 덕수궁 포덕문(佈德門) 앞에 플랭카드를 세우고 "축첩 반대" 데모를 한 일이 있었다. 원래 동양인의 축첩제도는 중국인의 다처주의에서 기원되었다고 할 수 있으며 중국과 인접해 사는 우리나라는 정치 문화 각 방면과 아울러 축첩의 폐풍도 그 영향을 받았다.

삼국시대부터 역대 제왕은 정비 외에 여러 후비를 두었고 조선시대에 와서는 축첩제도가 법전상에 공인되었다. 거슬러 올라가 보면 서자해방을 부르짖었던 율곡 이이도 축첩을 하였고 황진이가 끝내 유혹할 수 없었던 서화담도 죽은 후에 첩을 둘씩이나 거느렸던 사실이 드러났다.

첩이라는 것은 한번 등장하게 되면 남편의 관심은 첩에게 쏠리고 아무리 금슬 좋았던 내외간일지라도 결국은 반목질시(反目嫉視)하게 되어 집안은 헝클어지기 마련이며 첩은 남편의 총애가 깊다고 할지라도 노리개감 이상의 대우는 받지 못하였다. 이러한 횡포와 멸시들을 여성 스스로가 단결하고 궐기하여 차제에 이런 비극의 씨는 근절해 버려야겠다는 것이 상소 데모를 하게 된 여우회(女友會)의 취지이며 목적이었다.

2) 여자 교육회
  (1905~1910, 애국계몽운동, 초대수장: 권중현(權重顯))

200여명의 귀족 부인들이 회원이 되어 범사회적인 개화 계몽을 추진하였다. ① 양반회의 폐단 ② 한문의 폐단 ③ 여자 출입 부자유의 폐단 ④ 여자 의복 개량 문제에 대하여 강연회나 토론회를 통하여 인식개혁과 아울러 여성교육의 중요성을 강조하였다.

초기 여성운동으로는 1900년을 전후하여 순성회(順成會) 자혜부인회와 같은 고관의 부인들의 모임도 있었던 것이다.

3) 여자 보학원 유지회
  (1908. 5. 10)

여자교육회가 남여 지도자를 협력하여 "여자지남(女子指南)"이라는 창간호를 1908년에 내었다. 이 기관은 후일 양원여학교(養源女學校)를 설립하여 여성 교육에 힘쓴 것이다. 여기 임원으로는 윤치오(尹致旿), 이달원(李達遠), 최재학(崔在學), 강윤희(姜玧熙)이었다.

2. 초기 기독교 여성운동

1) 송죽회(松竹會)
   (1913년, 여학생 구국단체)

이 땅의 독립쟁취의 길을 모색하던 평양의 숭의여학교 교원 이효덕, 황애덕과 숭현여학교의 박정덕, 김경희, 숭의출신으로 가정부인이 된 안정석이 한자리에 모여 학생들에게 국가의식과 민족정신을 고양시키는 특수한 교육방침을 수립하기로 하고 은밀히 두뇌가 명석하고 애국심이 뛰어난 학생들을 선별하여 특수지도를 하기로 방침을 세웠다.

이러한 목적과 취지 가운데 맨처음 선발된 학생이 박현숙이며 황신덕, 채광덕, 이마대(馬大), 송부신들로 선생들을 합해 20여명정도가 되었는데 그녀들은 항상 단심가(고려충신 정몽주의 시)를 애송했다. 모두가 조국과 대의를 위해서는 생명을 초개처럼 여기겠다는 굳은 결심으로 모이면 하나님께 호소의 기도를 올렸다.

송죽회는 각자가 자기들 본위의 사람을 얻어 죽형제를 삼았기에 송형제가 20명이면 그룹의 죽형제는 20개로 형성되며 총본부를 알리거나 합석하는 일이 절대 없기에 1대1로 그치고 만다. 회비는 매달 30전으로 학생들은 수예품을 만들어 팔아 성금을 모았는데, 회비들은 망명한 애국지사들의 가족을 돕는 일과 해외에서 밀사가 오게 되면 그들의 여비와 체류비로 쓰여졌다. 이들은 상급생은 송(松)회원, 하급생은 죽(竹)회원이라 하였던 것이다.

또한 지방에 있는 송형제들을 통하여 교회마다 공개적인 부인계몽 단체들을 결성하였으며 각 교회 부인회에서는 월 회비 15전씩을 각출하였고, 중국 남경이나 북경 등지의 송죽회 지방책임자들을 보면 다음과 같다.

전주/박현숙   사리원/박경애
평양/황신덕   강서/이마대
황주/채광덕   해주/정의경

목포/최자혜   제주/서매물

또한 일본에 유학가는 회원은 일본 책임자가 미국으로 떠나면 그곳의 책임자가 되었다. 송죽회는 교묘한 조직으로 많은 여성들에게 투철한 민족정신을 함양시킨 것과 조직이 일본경찰에게 발각되지 않았으며 특히 지키기 어려운 비밀들을 누설하지 않은 점들은 높이 평가받아야 할 것이다. 이 송죽회는 같은 취지로 설립된 대조선 독립애국 부인회와 합동하여 동년 10월 19일 대한민족애국 부인회를 창설했는데 간부들의 잇따른 투옥으로 오래 지속되지 못하였다.

2) 여선교회(The Women's Missionary Society)
   (1913. 12. 20 창립)

한국 전도부인 11명이 원산성경학교에 모여 발족하였고 1920년에는 서울, 원산, 춘천, 개성 등지의 전도부인 82명이 모여 연합회를 결성하였는데 이것이 연선교대회(감리교)이다.

3) 기독교 대한 성결교 여전도회
1907년 노회별 부인회로 시작되어 오다가 1947년에 총회가 되어 활발히 움직인다.

4) 구세군 가정단(Home League)
   (1908. 10. 8 창립)

해방 전에는 일제의 탄압으로 정지되었다가 부활되었다. 예배와 교육, 친교, 봉사를 목적으로 군대식으로 조직을 갖고 있다.

3. 농촌운동
   (1920년대부터 시작, 농촌지도자 배출)

기독교 농촌운동은 YMCA와 YWCA 등 기독청년학생단체와 장로교, 감리

교 조직을 통하여 이루어졌다. 초기 YWCA는 YMCA와 연합으로 농민강습회를 여는 것으로 시작하였으나 1931년부터 경기도 수원조처인 샘골을 YWCA연합회 농촌사업 지역으로 선정하여 감리교 협성신학교 출신인 최용신을 파송하였다.

또한 1934년부터는 주부들을 대상으로 하는 "농촌부녀지도자 수양소"를 열었는데 2개월 과정으로 등록금은 없었으며 매학기 20명씩 선발해 기숙사 생활을 시켰다. 교과과목은 가정관리, 가정위생, 아동복지, 초등역사 및 지리 등 12과목이었고, 강사는 YWCA농촌부 위원인, 황에스더, 홍은경, 최미권, 모윤숙, 김활란, 홍에스더, 최마리아, 장정심, 서은숙, 박마리아, 신홍우, 홍병선 등이었다.

이 "농촌부녀자 수양소"는 1936년까지 지속된 것으로 보이며 많은 여성 농촌 지도자를 배출하였을 것으로 추정된다. 그후 농촌사업은 1938년 한국 YWCA가 일본 YWCA지부로 되면서 중단되었다. 농촌운동이 추구하는 궁극적인 목적은 이 땅에서 하나님 나라의 확장이라는 선교에 있었으며 이러한 목적의식이 뚜렷하였기에 현실 속에 과감히 접근하여 커다란 성과를 올릴 수 있었던 것이다.

4. 절제운동(節制運動)
(1932년 9월, 금주, 금연)

본격적인 절제운동은 3·1운동 이후인 1923년으로, 세계 기독교 여자절제회에서 파송받은 틴링(C. I. Tinling)이 내한하여 6개월간 머물면서 서울, 평양, 개성, 해주, 원산, 광주, 대구, 재령 등지를 순회하며 절제 강연운동을 벌였는데, 이 운동은 1874년 미국에서 조직되었으며 1892년 여선교사 커틀러(M. M. Cutler)가 평양에 내한, 개인적으로 절제운동을 소개한 적이 있다.

같은 해인 1923년 9월 한국에 나와 있던 여선교사들이 중심이 된 여자절제회가 먼저 설립되었으며 한국인에 의한 여자절제회는 1924년 8월 이화학당에서 "조선여자기독교절제연합회"가 창설되어 이화학당 교사로서 조직의 주역이었던 손정규가 초대 총무로 선임되었다.

창립 당시 지방절제회가 이미 15개가 있었는데 이처럼 선교사와 한국인이 별개 조직을 갖고 출발한 절제회가 1926년 통합하여 "조선여자금주회"로 명해졌다가 그후 다시 "조선여자절제회"로 환원되었다. 1928년에 이르러 여자절제회는 전국 52개 지회에 3,217명 회원이 참여하는 여성운동단체로 성장하였다.

초대 총무 손정규는 금주운동이야말로 "조선을 살리는 운동"으로 보고 일년 내내 모든 시간을 지방순회에 할애하며 절제강연회를 갖는 등 활약이 지대하였다. 후임 총무인 이효덕은 기관지 「절제」를 창간해 발간하였으며 1930년대에 들어서는 금주, 금연 외에 색의(色衣) 입기 운동을 벌였다. 1932년부터 조선예수교연합공의회와 합동으로 2월 9일을 "금주선포일"로 선포하고 대대적인 가두시위를 벌였는데 집회에는 2000여명이 참석하였으니 이것은 단순한 금주선전만이 아닌 기독교의 교세를 나타내기 위한 시위이기도 했던 것이다. 이러한 여성들의 절제운동은 기독교계 전반에 자극을 주었으며 많은 영향을 끼쳤다.

5. Y.W.C.A
(여자기독교청년회, Young Women's Christian Association)
(한국 1921년, 지·덕·체(智·德·體) 복지를 위한 종교 생활지도)

1855년 영국에서 시작되었으며, 단체 조직의 기원은 키니아드(Mrs. Arehur Kinniard)가 크리미아 전쟁에서 돌아온 간호원들을 위해 개설한 여성 생활훈련소 사업과 엠마 포버트(Miss Emma Fobarte)가 주도한 여성기도단의 관심과 활동에서 비롯되었으며 이렇게 자란 두 조직이 1877년 정식으로 "여자기독교청년회"라는 명칭 아래 통합 발족하였던 것이다.

미국에서는 1858년 뉴욕에서 포버트가 기도단을 조직하였으며 처음으로 YWCA라는 명칭을 사용하였다. YWCA는 교회의 해외선교활동 팽창과 더불어 국제적 여성 기독화운동에 관심을 두어 1917년과 1921년 사이에 170명의 해외 간사들을 중국, 일본, 인도 등 각국과 남미 여러 나라에 파견하였다. 이들은 당시 정신여학교 교사인 헤네스(Mrs John F. Henes) 집에 유하며 재경(在京) 여성 지도자들을 초대하여 YWCA 이념과 조직활동을 지도하였고 이에 힘입어

평양 여자기독교청년회(1920. 5)
신의주 여자기독교청년회(1920. 5. 5)
성진 여자기독교청년회(1920. 5)
선천 여자기독교청년회(1920. 6. 29)
대구 여자기독교청년회(1920. 3. 6)

등이 창립되었다.

1921년 김필례는 재경선교사들과 여성지도자들을 찾아 YWCA연합회 조직을 상의하였고 1922년 3월초 동지인 신의겸, 유각경, 김활란 등과 YWCA 연합회조직을 구상하여 같은 해인 3월 27일 발기회를 열었으며 1922년 6월 18일~22일까지 죽청정 협성여자 성경학원에서 제1회 조선여자기독교청년회 하령회를 열고 한국 YWCA를 발족시키기로 합의하였다.

1923년 8월 18일 전국 34지방 대표가 서울 협성여자성경학원에 모여 동 연합회 창립 총회를 조직하였으며 1923년 8월에 열린 제2회 총회에서는 세계 YWCA 가입 추진을 결정하였는데 그후 1924년 5월 워싱톤의 실행위원회는 한국 YWCA를 개척 회원국으로 승인하게 되었다.

사업 활동으로는 수양회와 하령회, 금주, 금연, 실생활개선, 여성의 지위 향상, 공창폐지, 물산장려운동, 지방여학생들을 위한 기숙사 설치 등 신앙운동과 사회운동을 함께 벌이며 여성향상에 크게 공헌하였다.

6. 기독교 문화운동
(1920년대~)

음악의 경우 1925년 이화전문학교가 되면서 음악과가 설치되자 많은 음악인과 교사를 배출하였는데 이곳 출신으로 1920년부터 1930년 사이에 해외 유학을 마치고 돌아와 활동한 대표적 인물로는 피아노를 전공한 김앨리스, 조그레이스, 고봉경, 김메리, 송경신, 박현숙, 김영의 등이 있으며 성악을 전공한 윤성덕, 임배세, 박루사, 유부형, 정운모, 이채리, 채선엽, 한복덕, 종교음악 및 이론을 전공한 이로라 등이 있다. 1930년대 문단에 등단한 여성 작가는 노천명, 임옥인, 모윤숙 등이며 해방 이후에 본격적인 문학활동을 하였다.

7. 근우회(槿友會)
(1927년, 여성 해방을 주장)

신간회의 자매기구로서 근우회는 기독교 여성민족주의 세력과 사회주의 계열인 조선여성동우회의 합작형태로 이루어졌다. 초대 회장은 코베여자신학교 출신인 김선이 맡게 되었으며 치사백, 방신영, 유각경, 황신덕, 김영순, 김활란, 이현경, 홍에스더 등이 중앙 임원으로 피선되었다.

"여성 스스로 해방하는 날 세계가 해방할 것이다"며 여성해방을 주창했던 근우회의 초기 활동은 가정방문과 강연회를 통한 계몽운동에 주력하였으며 보다 적극적인 사회활동은 1928년 이후이다. 1929년 7월에 열린 3차 전국 대회에서 채택된 행동강령을 보면

1) 여성에 대한 사회적 법률적 일체 차별 철폐
2) 일체 봉건적 미신 타파
3) 조혼금지 및 결혼의 자유
4) 인신매매 및 공창 폐지
5) 농촌부인의 경제적 이익 옹호
6) 부인노동의 임금 차별 철폐 및 야업(夜業) 폐지
7) 부인 및 소년공(少年工)을 위한 노동 및 산전 산후(産前産後) 임금 지불

등이다. 그러나 기독교 민족운동 세력과 사회주의 세력간의 연합제휴는 광주 학생사건을 계기로 균열이 생기게 되자 1930년 해소되고 말았다.

제 2 절 한국 기독교 초기 여성의 중심 인물

본서에서는 38명을 중심으로 약술하려 하나, 자세한 연구는 후일을 기약하며 이들의 출신 지역과 출생 연도별로 참고 자료를 제공하려 한다. 대부분 경기 이북 출신이며 경상도와 전라도 여성의 수효는 너무도 적다는 것이 특색이다. 통계는 약 100여명을 대상으로 한 것이다.

출신 지역의 분포 현황

① 함경남도 (함흥, 원산, 영흥, 북청, 덕원) ················ 8명
② 평안북도 (선천, 구성, 용천, 박천, 신의주, 강계, 곽산) ··· 11명
③ 평안남도 (용강, 강서, 평양, 대동, 숙천) ················ 17명
④ 황 해 도 (장연, 서흥, 평산, 신천, 소해, 황주) ············ 12명
⑤ 경 기 도 (인천, 개성, 수원, 가평, 제물포) ··············· 13명
⑥ 충청북도 (병천, 금산, 천안) ························· 2명
⑦ 충청남도 (충주, 제천, 예산) ························· 6명
⑧ 전라남도 (나주, 광주, 영암, 무안) ···················· 5명
⑨ 경상북도 (포항, 영양) ······························ 2명
⑩ 경상남도 (진주, 동래, 마산) ························· 3명
⑪ 서울 ·· 18명
⑫ 부산 ·· 3명
　 기타 ·· 3명
☞ 계 ··· 105명

사회적 직위 및 교직의 현황

① 전도사 ·· 32명
② 독립운동가 ······································· 20명
③ 교육가 ·· 18명
④ 사회 사업가 ······································ 6명
⑤ 의사 ·· 4명
⑥ 목사 ·· 3명
⑦ 여성운동가 ······································· 2명
⑧ 민족운동가 ······································· 3명
⑨ 구세군사관 ······································· 2명
⑩ 정치가 ·· 2명
⑪ 음악가 ·· 2명
⑫ 문학가 ·· 2명

- ⑬ 선교사 ··· 2명
- ⑭ 농촌운동가 ··· 1명
- ⑮ 순국열사 ··· 1명
- 　기타 ·· 3명
- ☞ 계 ··· 103명

출생 년도별 분포 현황

- ① 1840년대 ··· 2명
- ② 1850년대 ··· 4명
- ③ 1860년대 ··· 6명
- ④ 1870년대 ·· 13명
- ⑤ 1880년대 ·· 15명
- ⑥ 1890년대 ·· 36명
- ⑦ 1900년대 ·· 19명
- ⑧ 1910년대 ··· 3명
- ⑨ 1920년대 ··· 5명

1. 최초의 세례인 전삼덕

(1843?~1932?, 평안남도 강서, 전도부인)

전삼덕은 일찍이 한문과 언문을 깨우쳤으며 17세에 강서 김선주에게 결혼하고 1885년 서울에서 살다가 보령 군수로 부임한 남편을 따라 보령으로 갔으나 1890년 사임 후 고향인 강서에 정착한다.

그녀는 남편의 축첩으로 소외되어 살다가 스스로 평양에 있던 미국 감리사 홀(W. J. Hall)을 찾아가 교인이 되었으며 시댁의 구박 속에도 굽힘없이 평양 남산현교회에 출석했다. 1895년 새로이 부임한 스크랜톤(W. B. Scranton)에게 세례를 받고 최초의 북쪽 세례인이 되었는데 이 무렵엔 남편의 박해도 적어졌다. 그후 전삼덕은 강서읍 교회를 설립하게 되었으며 아이들을 모아다 가르치는 한편 사경회에 열심히 참석하여 신앙훈련을 쌓았고 1901년에서 1910년까지 전도부인으로 파송을 받아 함종에서 충실히 사명을 감당해 나갔

으며 환갑이 넘어 건강악화로 사임하고 고향에 내려와 있으면서 1917년 학동교회와 숭덕학교를 설립하여 여자아이들을 무료로 가르쳤으며 그의 전도를 받아 교인이 된 사람이 6백명이나 되고 그 중에는 교회는 물론 사회 각 계층의 지도급 인물로 성장한 사람이 많았다. 1925년 2월 27일 9개 교회연합으로 전삼덕 여사 30주년 기념식이 학동교회에서 베풀어졌으며 그녀는 이때

"나는 눈이 있어도 보지 못하고
귀가 있어도 듣지 못했으며
입이 있어도 말하지 못했다.
그러나 예수를 안 후로 나는 자주하는 인간이 되었다."

고 술회하였다고 한다.

2. 사회사업가 백선행(白善行)
(1848. 11. 19~1933. 5. 8, 경기도 수원, 사회사업가)

백선행은 1848년 경기도 수원에서 출생하여 1861년 평양에서 결혼하였는데 2년 후에 남편이 죽자 모진 고생에 들어섰으며 이때부터 닥치는대로 온갖 험한 일을 하며 재산을 모으기 시작하였으며 마침 강동군 송호리에 사두었던 땅이 시멘트 원료인 석회암 광석으로 밝혀져 큰 부자가 되었고 모은 재산을 뜻있게 쓸 수 있는 길을 찾던 평양 YMCA와 물산장려운동의 회장으로 있던 조만식 장로를 만나 그의 권고로 학교와 사회에 재산을 헌납하는 자선사업가가 되었다. 그녀는 이런 일만 아니라 그 훨씬 뒤인 1925년 2월 감리교 학교인 광성소학교에 1만 4천여평의 땅과 장로교 학교인 창덕학교에 6천원을 기부하였으며 숭인상업학교에 1만3천원을 기부하였고 1925년 10월 숭현학교에 땅 2만 5천평을 기부하여 재단법인 설립을 도왔고, 또한 조만식, 오윤선 장로의 권고를 받아 1929년 5월 7일 평양에 1천 2백명 수용능력의 3층 석조 건물을 지어 각종 집회 장소로 이용하게 하였는데 평양 유지들은 이 건물을 「백선행 기념관」이라 이름하였다. 그녀는 말년이 되자 자신의 재산을 사회기관에 분배하였으며 총독부가 주려던 표창도 거절하고 민족주의 사업가로서 뚜렷한 족적을 남긴채 1933년 평양에서 별세하였다.

1931. 10. 31 송현여학교에 기념비가 건립되었으며
1932. 11. 15 광성보통학교에도 백선행 기념비가 건립되었다.

3. 이화학당 최초의 한국인 교사 이경숙
(1851 ?~1930. 1. 9, 충청도 홍주, 교육가)

그녀는 15세에 서울 남자와 결혼했으나 초례치른 후 가버렸다가 1869년 18세 때 죽었다는 기별이 왔으며 1888년 37세에 서울 삼촌댁에 와 살림을 거들며 생활하던 중 우연히 친척을 통해 스크랜톤(M. F. Scranton) 부인을 소개받아 인생의 변환기를 맞았고, 1890년 스크랜톤 부인집에 들어가 가사를 돌보며 이화학당 학생들에게 한글과 한문을 가르쳤는데 6명이던 학생이 그해 8월에는 80명으로 늘어났다.

그녀는 1890년 9월 '두루실라'라는 세례명과 함께 세례를 받았는데 이화학당의 교사생활이 6년째에는 전도부인이 되어 있었다. 또 그녀는 1909년 10월 8일 수원지방에 파송받아 종로교회의 여선교회 사업과 교회에서 설립한 삼일여학교의 교육사업을 돌보게 되었는데 주거를 수원으로 옮기고 열심히 활동한 결과 열명 미만의 교인이 70여명에 이르렀고 학생수 2명이던 것이 20명으로 늘어났고 40대 정신이상이 된 무녀(巫女)를 기도로 고치자 소문을 들은 많은 여성들이 교회에 나오게 되었으며 선교사들 사이에도 "귀신을 내쫓는 여인"으로 널리 알려지게 되었다.

1911년 60이 되던 해 그녀는 전도 일선에서 은퇴하여 상동교회 안 조그만 방에 머물다 별세하였는데 은퇴시까지 받은 봉급과 축하금을 모아 두었다가 자신의 장례 비용으로 쓰도록 배려했던 섬세한 여인이기도 했다.

4. 자선사업가 왕재덕
(1858. 6. 18~1934. 6. 17, 황해도 신천, 자선사업가, 교육가)

왕재덕은 1858년 황해도 신천(信川)에서 수천석을 거두는 유족한 집안에서 출생하여 18세 때 신천에 사는 이영식과 결혼하나 29세 때에 남편을 잃고 막중한 시댁 살림을 꾸려나가며 30년을 하루같이 손수 밭을 갈았고 수수한

옷을 입으며 꾸준한 근검절약을 계속한 결과 1만석 지기 땅과 50만원의 재산을 모았으며 그녀는 땅을 지키는 데 남다른 신경을 썼다.

그녀의 딸이 안중근의 동생인 정근과 결혼한 후 1919년 만주로 망명하여 어려운 생활중에 은밀히 찾아오자 독립자금을 건네주었으며 1919년 아들 승조가 일경의 고문으로 나이 30세에 병사(病死)하자 1920년에 이르러 자선사업가로 변모하였다. 자신은 쌀 한 톨, 동전 한 알을 아껴 생활했지만 이웃에겐 크게 베풀었고 운영난에 허덕이는 지방학교들도 도왔다. 이로 인하여 황해도와 평안도 일대에는 "왕과부" 이야기가 널리 퍼지게 되었고 민족운동가로 알려졌다. 1920년 이 땅의 살 길은 농업이라고 여겨 농업학교를 세우기로 결심하고 1929년 10월 땅 10만평과 현금 1만원을 내놓아 신천농민학교를 설립하였다. 1930년 2월 12일 정식 학교 인가 후 학생이 늘어나자 6만원을 기부하고 교사(校舍)와 농사 시험장을 건축하였으며 직원을 늘리고 매년 4, 5천원의 경상비를 학교에 기부하여 발전에 온 힘을 다했다.

77세가 되던 1934년에는 자신의 재산 12만원을 내놓아 재단법인을 설립하였다. 신천농민학교는 학비가 무상이었고 오히려 학생가정에 농사 자금을 융자해 주었다. 특히 실습을 강조하여 소문난 학교로 전국 각지에서 학생들이 모여들었다. 재단 설립 후에는 그녀는 헌금 6천원을 들여 혼자 힘으로 교회를 세웠고 1934년 6월 17일 건강이 악화되어 별세하였는데 그녀가 기독교에 귀의한 여부는 명확치 않다.

5. 민족혼에 불타던 전도부인 오신도
(1860. 5. 26~1933. 9. 5, 평안남도 강서, 전도부인)

오신도는 1860년 평안남도 강서에서 출생하여 22세에 강서에 사는 손형준과 결혼하여 네 아들을 낳았으며 1902년 아들과 며느리의 전도로 기독인이 되었고 1909년 미국감리회의 유급전도부인이 되어 평양지방에서 활동하였다.

1912년 민족운동가였던 목사 아들로 인해 그녀도 일경의 감시를 받게 되어 나이 53세도 전도부인직을 내놓고 1918년 그녀의 아들 손정도 목사가 상해로 망명하여 임시정부 요인으로 독립운동을 추진하였는데, 독립운동을 지지하는 애국부인회 일이 추진이 되어 그녀는 60고령에도 불구하고 총재로서 활동

전면에 나서 평남 일대를 순회하면서 군자금을 모집하고 조직을 확대시켰으며 모아진 헌금들을 상해에 전달케 했는데 1년간 모은 헌금이 2417원으로 자신이 모금한 것만도 2백원이었다.

1920년 10월 일경에 의해 조직이 탄로나서 그녀도 체포되어 옥고를 치루었고 출옥 후 며느리와 함께 중국 길림으로 망명하여 아들의 교회를 뒷바라지 하였으나 1931년 2월 아들이 과로로 쓰러지게 되자 1933년 중국 생활을 청산하고, 셋째 아들이 거주하게 된 평양에서 머물다가 강서 중산에 있는 고향집에 내려가 지내던 중 1933년 9월 5일에 소천한 것이다.

6. 전설적인 전도부인 김세지
(1865, 10. 17~?, 평안남도 풍원, 전도부인, 여성운동가)

김세지는 12세에 정씨 성을 가진 남자와 결혼하였으나 2년만에 남편이 사망했으며 4, 5년 후 개화된 인물인 평양의 김종겸에게 재혼하였고 남편의 8촌 아우를 통하여 전도를 받았는데, 이 무렵 남편이 빠져있는 주색잡기를 막고자 믿음의 길에 들어섰으나 남편의 박해는 혹독하였으나 이에 굴하지 않고 신앙생활에 전념하였다.

1894년 동학난이 일어나고 청일전쟁의 난리통에 교회 또한 해를 입었으나 평양에 있던 선교사들의 헌신적인 희생이 주민들에게 깊은 감명을 주게 되어 오히려 교회에 대한 편견이 불식되었으며 이듬 해인 1895년 가을에는 그녀의 남편도 교회에 나가기 시작하였다.

그녀는 여성기도회 모임에 나가 한글을 깨우치고 1898년에는 성경학원을 졸업하였으며 1899년 미국감리회의 유급전도부인이 되어 평양시내의 인근 아홉개 고을들을 다니며 전도하고 교리 전도서를 팔았다. 1902년 콜레라로 남편을 잃은 후에는 전도생활이 그의 전부가 되었으며 과부, 기생, 무당, 판수, 고아 등 소외된 계층의 여인들이 전도대상자였다. 1903년 ~1915년간의 보고에 의하면 그녀는 매년 2천~3천회의 가정방문을 하였고 매년 30여명의 새신자를 얻은 것으로 나와있다.

1903년 오늘날 감리교 여선교회의 모체인 평양 보호여회(保護女會)를 창설하고 회장이 되어 평양지역의 여성운동자로서 부상하였다. 1919년 평양의 장로교와 감리교 연합으로 대한애국부인회가 출범하게 되자 그녀는 이 조직의 부재무장으로 감리교회 여성들의 실질적인 모금 책임자로 일했으며 1920년 10월이전 1년간 2,107원을 독립자금으로 만주에 보냈다. 조직이 일경에 탄로되어 동료들과 함께 검거되어 55세에 옥고를 치르고 나온 뒤 1923년 철성문 밖에 교회를 개척하였다. 1925년 일본경찰에게 받은 고문의 후유증으로 전도부인직에서 은퇴하였고 1933년 제3회 감리교 종교 교육대회에서 표창을 받았으며 해방후 월남하여 사위 변홍규 목사댁에서 살다가 별세한 것으로 전해진다.

7. 애국여성 조신성(趙信聖)
(1867. 10. 3~1953. 5. 5, 평안북도 의주, 독립운동가)

조신성은 1871년 평안북도 의주(義州)에서 출생하여 16세에 결혼하였으나 3년이 지나지 않아 남편이 죽자 시집 식구의 학대를 못이겨 가출하게 되었으며 이러한 불우한 환경 가운데 기독교의 개종이 이루어졌으며 미국선교사의 주선으로 일본에 유학하여 시모노세끼의 바이꼬(梅光) 여학교의 요코하마 사범학과 심상과를 졸업한뒤 귀국하여 이화학당 총교사로 취임하여 학생들에게 한글을 가르치며 민족혼을 고취시켜 주었다. 1906년 3월 평양의 기존 애국여학교를 인수하여 진명여학교로 개칭하고 대성학교의 자매학교로 키워나갔는데 이 무렵 그녀의 삶은 민족운동가인 안창호 선생과 알게 되어 철저한 애국 여성이 되었다.

1913년 한일합방으로 학교가 폐쇄되자 농촌교회 전도사로 시무하면서 농촌계몽을 시작했으며, 평남, 영월, 덕천, 맹산 교회들을 찾아 만세시위를 일으키도록 독려하며 군자금을 모아 상해에 보냈고 1920년 8월 평남 도청 투탄 사건에 연루된 자를 형사 앞에서 도피케 하였으며 1920년 11월 호국 독립단 창설에 참여 폭탄과 총으로 무장하고 친일파들에게 발포하는 한편 군자금 모금운동을 적극적으로 벌였으며 같은 해인 11월 8일에 독립단원 3인이 일경의 불심검문을 받고 체포되자 무장한 순사를 안고 딩굴어 그들을 도피케 하였으나 자신은 공무집행 방해 죄로 구속되었고 1921년 10월 출옥하던 날 호국독립단에 연루된 것이 탄로되어 2년 6개월 재수감 되었다.

만기 출옥 후인 1927년 5월 27일 여성 민족운동가들이 근우회(槿友會)를 조직하자 60세 나이인 그는 평양지회 회장이 되어 지회를 탄생시켰고 1935년 대보산 중턱에 송태산장이란 수양소를 건축하여 안창호와 그의 동지들이 집회 장소로 사용하게 하였으며 이곳에서 수양동우회(修養同友會)가 조직되어 일제 말기 민족 항일운동을 주도한 민족운동체가 되었다. 그녀는 해방되기 전까지 7년간을 미친 사람 노릇하며 지내다 1945년 11월 27일 월남하여 서울에 정착한 후 대한부인회 부총재, 재남(在南) 조선민주당 고문을 맡아 여성 민족 운동의 방향을 잡는 데 혼신의 힘을 기울였으며 그녀는 이윽고 6·25사변으로 부산으로 피난가서 극심한 가난으로 고생하다가 신망애(信望愛)양로원에 들어가 거하다 1953년에 별세하였는데 장례는 조선민주당 사회장으로 엄수되었다.

조신성은 영변(寧邊)경찰서에 갇혀 있을 때 순사 나신탁(羅信鐸)을 권유하여 경찰서를 습격하기도 한 투철한 기독교 애국부인이었고, 김일성이 그를 여맹위원장을 삼으려 한 사실은 다 아는 역사적 사건이다.

8. 교육가 김정혜
  (1868. 10. 12~1932. 12. 17, 경기도 연천, 교육가)

그녀는 1868년 경기도 연천에서 나서 11세에 개성에 사는 김영종과 결혼하였으나 14세에 어린 청상과부가 되어 무거운 생활을 꾸려나가다가 남편의 재산을 정리하여 16가족에게 분배하고 자신은 희나무골(槐洞)에 정착하여 지닌 재산으로 놀이에 치중하여 살아가니 재색이 겸비한 그 이름은 송도 화류계에까지 알려졌다.

그러나 공허함을 메꾸지 못하고 예배당을 새로운 구경거리로 찾아다니다가 교회생활을 하게 되었으며 비슷한 처지의 어윤희와 최나오미 등을 만나 친하게 되었다. 1906년 4월 그녀는 크램(W. C. Cram) 부인과 함께 "송계학당"을 설립하여 학교의 설립재정을 도맡으며 자신과 같은 처지의 여성들을 모아 기술교육과 성경을 가르쳤으며 미성년자의 교육의 중요함을 깨닫게 되어 11월에 자기집에서 새학교를 시작하였는데, 처음에는 7명으로 시작하였지만 곧 학생이 백여명으로 늘어났으며 1910년 "정화"라는 이름으로 정식 사립인가를 받았고 자신은 개성 북부교회의 갬블(F. K. Gamble) 목사에게 세례를 받았으며, 1918년 보통학교 교단이 설립되자 15만원을 희사하였으며 1912년에서 1930년 동안 불우아동을 위한 야학교는 자신이 전담하여 가르쳤고 1928년 학교 안에 정식으로 기예과를 설치하고 양잠과 제사(製絲) 수예를 가르쳤는데 수예품은 전국적으로 유명하게 되었고 판매 수익금을 학교 재정에 보탰다. 또 그녀는 1921년 개성여자 교육회를 창설하여 초대회장에 취임하여 개성 주변에 있는 농촌에까지 운동 범위를 넓혔으며 1932년 여름에 신축 교사 기금을 위하여 조카인 양창희를 데려다 소인(素人) 음악회를 열어 큰 성과를 거둬들였으나 일제가 이를 알고 기부금 모두를 회수하려들자 이 일로 충격을 받아 눕게 되어 영영 일어나지 못하고 별세하였다고 한다.

9. 전도부인 여메례
(1872. 2. 22~1933. 2. 27, 경상남도 마산, 전도사)

그녀는 이화학당 스크랜톤(M. F. Scranton) 부인의 양녀로 보내져 학당 초기 학생으로 공부하여 세례를 받고 메례란 세례명(메례는 한자의 음역)을 얻게 되었다. 그녀는 특히 영어가 뛰어나 정동에 있는 여성병원인 "보구여관(保救女館)"에서 홀부인의 조수로 근무하였고, 1899년경 황씨성의 남자와 결혼하였으나, 곧 사망하여 신혼에 과부가 되었고 1900년 정농교회와 이화학당에서 여성사업을 추진하였으며, 1903년 이화학당 안에 학생 자치단체인 사랑회(Loving society)를 창설하고, 1904년 상동교회에서 성경과 영어를 가르치며 엡워드 여자청년회를 조직하여 민족운동을 전개하였고, 수원 삼일여학교에서 영어를 가르쳤으며, 1907년 평양을 방문하여 안창호와 강연을 하였으며, 1910년 양홍묵과 재혼하나 남편이 별세하자 서울의 성결교 성서학원에 입학하여 1923년 졸업후 부사감으로 근무하였고, 1925년 교수로서 영어를 가르쳤고, 1929년 성서학원 여자 부사감, 1931년 성서학원을 떠나 목회지인 청주교회에서 1년간 시무하였고, 1932년 조치원교회에서 목회하였다. 당시로서는 그녀만큼의 여성인물이 없어서 여메례는 고종황제 앞에서 통역을 하였고 왕실의 후원을 입어 전국에 이름을 떨치며 일했던 그녀는 1933년 2월 7일 조치원에서 별세하였다.

10. 무장한 독립운동가 남자현
(1872. 12. 7~1933. 8. 22, 경북 영양, 독립운동가)

남자현은 1872년 경북 영양(英陽)에서 출생하여 어려서 한글과 한문을 익히고 19세에 안동에 사는 김영주에게 결혼한다. 1896년 7월 11일 을미사변이 일어나자 의병으로 출전한 남편을 잃었고 복수할 것을 기다리던 중에 1919년 3·1운동이 일어나자 남대문 교회를 중심으로 한 만세에 참여하였으며 같은 해 3월 9일 만주로 망명 상해임정산하 무장독립 단체인 서로군정서(西路軍政署)에 입단하여 본격적인 항일투쟁을 시작하였고 아들 또한 독립군 양성소인 만주 신흥 무관학교에 입학시켰다.

그녀는 만주에서 기독교인이 되어 기독교신앙 아래 한편으로 전도하면서 독립운동을 벌였다. 1922년 3월 만주독립단 내에 내분이 일자 금식기도와 혈서로써 통합을 외쳤다. 1922년 9월 한국에 잠입하여 군자금을 모금했으며 남만주 전역을 돌며 여자권학회를 조직해 계몽에 나섰다. 1926. 4. 사이또 조선총독 암살계획으로 국내에 잠입했으나 다른 청년이 이 일을 행하다 체포되자 포기하고 귀환하였다.

1928년 7월 길림에서 체포된 안창호와 47명의 동지들을 항의로써 석방케 했다. 1931년 만주사변으로 조사단인 릿튼이 하르빈에 오자 왼손 무명지를 잘라 인편에 "朝鮮獨立願"이라 쓴 손가락을 싸 전달코자 하였으나 일본영사관에 압류당한 일도 있어 일경의 감시는 더욱 강화되었다.

1933년 만주 전권대사인 부토오(武藤信義)의 암살계획을 세우자 3·1만주 건국 이념일에 거사키 위해 국경인 신경(新京)에 잠입했으나 2월 27일 밀고로 체포되었는데 당시 나이는 61세로 옷속에는 37년전 남편이 입었던 옷을 입고 있었다. 심한 고문과 악형을 노구에 받으며 단독범을 주장하면서 옥중에서 단식투쟁하자 단식 9일째 가석방되었다.

가석방 후 조선여관에서 신변을 정리하며 지녔던 249원 80전 중에 200원은 조선이 독립이 되면 축하금으로 아들에게 남기고 "조선사람다운 조선사람이 되어 달라"는 유언을 병상에 둘러선 560명의 동지에게 남긴채 단식 17일이 되던 날 별세하였는데 유해는 하르빈 안강에 있는 외국인 묘지에 안장되었다.

11. 선교사 최 나오미
   (1873. 11. 19~1949. ?, 경기도 개성, 선교사)

그녀는 젊은 나이에 개성에 사는 김성률에게 결혼했으나 아이를 못낳자 시댁과 남편의 냉대로 고통 속에 살던 중 1898년 하다(R. Q. Hardie) 의사가족이 개성에 오자 구경꾼과 함께 그녀도 구경다니다 하디부인과 딸들하고 친해지며 1891년 11월 개성교회 예배도 참석하였다. 집안에서는 놀랐지만 그녀는 전보다 알뜰히 살림을 꾸리며 시어머니와 남편을 더욱 공경하였다. 이후 남편도 스스로 예배에 출석하여 1900년 1월 모든 가족이 세례를 받았고 최부인은 나오미(Naomi)란 세례명을 얻고 부부가 열심히 교회일에 봉사하였다. 1900년 10월부터 그녀는 전도부인이 되었고 1901년 하디가족을 따라 원산으로 가 남편은 교회일을 보았고 그녀는 캐를 선교사의 전도에 나섰으며 원산지역의 여성선교 주인공이 되었다. 1903년 원산루씨 여학교의 학생보모가 되며 1907년 개성여자 성경학교의 학생이 되고 1911년 서울로 올라와 협성신학교에 1년간 봉사한 후, 1912년 개성에 있는 남성병원소속 전도부인으로 환자들을 돌보며 전도하였고 1917년 개성남부교회 전도부인으로 시무 1918년 11월부터 서울종교교회 전도사로 부임하였으며 1920년 12월 6일 남감리회 조선여선교회의 초대회장이 되어 각지방 여선교회 조직을 독려하면서 회원의 회비를 모아 국내외의 선교사업을 체계적으로 추진하였다.

최나오미는 1922년 5월 원산에서 열린 제3차 여선교회 대회에서(남감리회) 시베리아로 파송되는 한국인 최초의 여선교사가 되었다. 1923년 10월, 시베리아 블라디보스톡에 있는 신한촌(新韓村)에 도착하자 시베리아와 북간도지역 한인교회 소속의 전도부인들의 지휘관할 책임을 다하며 니콜스키 여자 성경학원 예비원을 설립 전도부인 양성에 착수하였다. 1923년 10월~1924년 9월 1일 1년간의 업적보고를 보면, 여선교회 8개조직, 사경회 1회 인도, 강연회 15회, 기도회 30회였고 박해가 중단된 어려운 상황에도 불구하고 시베리아 만주의 광범위한 지역을 순회전도하였다가 1926년 5월 귀국하였고 1927년 개성 고려여자관소속 전도사로 지방사업을 주관하였으며 1933년 12월, 개성북부교회에서 최나오미전도사업 33주년 기념식을 열어 그 공을 치하하였으며 은퇴후 서울에 사는 양녀 김노득의 집에 거하다 해방 후인 1949년 별세하였다.

12. 전도부인 노살롬
(1894. 12. 15~?, 평안남도 숙천, 전도부인)

그녀는 평남 숙천(肅川)출신으로 17세에 평양에 사는 김재찬에게 결혼하였으며 1895년 4월 이 가정에 기독교 신앙이 들어와 노씨부인이 먼저 교인이 된 후 1895년 7월 스크랜톤 목사에게 세례를 받고 살로메(Salome)란 세례명을 받았다. 남편의 혹독하고 심한 반대에도 굴하지 않고 1896년 노블부인의 학당에서 한글을 깨우치는 신교육을 받았으며 이 무렵에 남편도 교인이 되었고 1899년 2월 강서읍에 이주하여 강서학원에서 학생들을 가르침과 동시에 집집마다 다니면서 조상신주와 우상단지들을 불태우며 가난한 집 아이들을 데려다 한글과 성경을 가르쳤고(오전) 오후에는 어른들을 대상으로 전도하며 쉴새없이 지방과 시골을 다니며 전도하였다.

1903년 여선교회 보고에 의하면 1년동안 심방과 전도한 횟수는 339회 매주일 세곳에서 기도회를 인도하였으며 맡은 고을 수는 20여곳이며 1905년 남편 김재찬이 신학 졸업 후 정식으로 전도사가 되어 1906년 삼화로 파송을 받아 목회하는 동안 삼흥여학교를 설립했으며 그녀 역시 교육에 힘을 기울였고 1911년 남편이 목사가 되어 황해도 봉산에 파송받자 목사 사모가 되어 목회를 돕는 한편 창덕여학교의 학생들을 가르쳤다.

1914년부터는 영변에서 10년간 목회하였는데 그녀는 야학을 맡아 부녀자 계몽운동에 힘을 기울였고 1924년 남편이 목회에서 은퇴하자, 사리원에서 말년을 보냈으나 남편은 6·25사변중에 폭격으로 희생되었으며 그녀는 월남하는 가족들을 사리원에서 만난 후 소식이 두절되었다.

13. 교육가인 하란사(자비 유학생)
(1875~?, 평양, 교육가, 여성운동가)

그녀는 하상기란 정부관리의 후처로 결혼하였으나 가정에 매여있지 않았으며 1896년 서울에 있는 이화학당에 찾아가 기혼자로서 당당히 입학을 하였다. 세례명을 낸시(Nansy)의 한자 음역인 '란사'를 써서 남편의 성을 따라 하란사로 불리게 되었다. 남편의 후원으로 1900년 일본에 1년간 수학후 귀국

1902년 한국최초의 자비유학생으로 미국으로 유학하여 1906년 오하이오의 웨슬리안 대학에서 문학사(B.A)학위를 받고 귀국 후 상동교회 안의 영어학교 교사직을 맡았다.

1908년 이 학교가 영어학교에서 성경학교로 전환시켜 나가기 시작하니 그녀는 4년동안 학교를 위해 혼신의 힘을 기울였고 1910년 9월 이화학당에 대학과가 신설되자 유일한 한국인 교사로 총교사(總敎師)가 되어 이화학당 사감으로 영어와 성경을 가르쳤으며 욕선생으로도 유명하였으며 1911년부터 이화의 지교(枝校)에도 나가 가르쳤으며 자모회를 구성하여 육아법과 가정의학을 가르치며 계몽강연을 통해 여성들의 자각을 촉구하였고 1916년 한국감리교 평신도 대표로 미국총회에 참석 후 미국전역을 돌며 교포들에게 강연하였으며 교포들의 헌금을 모아 1918년 정동교회에 한국최초의 파이프 오르간을 설치하였다.

그녀는 고종(高宗)의 통역을 맡기도 했으며 엄비(嚴妃)와도 자주 만났으나 1919년 6월에 열릴 파리강화회담에 파견할 대표를 구상하며 추진하던 중에 갑자기 고종이 승하하자 일을 이루지 못하고 얼마후 북경으로 갔는데 그녀의 분명한 목적은 알 길 없으나 단순한 여행이 아님은 분명하고 도착 직후 교포들이 마련해준 만찬회에 참석하여 먹은 음식이 잘못되어 그곳에서 별세하였다. 죽음 후 일본 스파이였던 배정자가 미행했다는 소문이 나돌아 타의에 의한 독살이 아니었나 추측되어질 뿐이다.

14. 하나님의 충실한 종 박에스더
  (1876. 3. 16~1910. 4. 13, 서울, 여의사)

박에스더는 부친의 인도로 이화학당에 입학했으며 1891년 1월 25일 올링거(Ohlinger) 선교사에게 세계를 받자 김에스더의 이름을 갖게 되었다. 1890년 영어에 뛰어난 그녀는 보구여관(保求女館) 의사이며 교사였던 셔우드(R. Sherwood)를 알게 되어 일하게 되었으며 1899년 여름밤에 있었던 회심을 통해 그리스도를 위해 살기로 작정했었는데 의료인으로서 자기 인생을 헌신코자 보구여관에서 양의학을 배우게 되었다 1893년 5월 24일 홀의 조수인 박유산과 결혼하여 이름이 박에스더로 바뀌어졌으며 특히 박유산은 아내를 위해 헌신적인 삶을 산 인물이었다.

1894년 5월 평양 개척선교의 사명을 띠고 홀부부가 이주할 때 그녀 부부도 동행하여 동학난과 청일전쟁의 격전지인 평양의 민중구호 사업에 매진하였다. 1895년 2월 홀부인을 따라 미국에 온 부부는 뉴욕의 리버티 공립학교에 그녀가 입학하였고 9월에는 뉴욕유아병원 간호원으로 실습하며 1896년 10월 볼티모어 의과대학에서 정식으로 의과수업을 받았고 1900년 6월에 졸업하였다.

이 모든 과정 중에 남편은 농장농부가 되어 아내의 뒷바라지를 하다가 그녀의 졸업을 21일 앞둔 날 폐결핵으로 사망하였다. 1900년 11월 20일 귀국하자 서울 보구여관에서 활동을 시작했으며 1903년에 평양의 기홀병원에 부임하여 초인적인 진료활동을 펴가며 10개월동안 3천명의 환자를 치료하는 등 놀라운 기록을 세웠다. 또한 선교사로 임명 받아(미 감리회) 황해도의 평남지역을 순회 전도활동에 매진하였고 맹인학교와 간호학교의 교사로 활약하였으며 1909년 4월 28일 고종황제로부터 은장(銀章)을 받았다. 그러나 과중한 업무로 결핵을 앓게 된 그녀는 한창 일할 나이인 서른 넷에 1910년 4월 13일 아깝게 별세하였다.

15. 선교사 양우로더
(1877. 8. 16~1943. 6. 6. 서울, 선교사, 교육가)

그녀는 19세 때 결혼과 함께 가정의 파탄을 맞아 먼저 기독교인이 된 동생의 권면에 1906년 상동교회 교인이 되어(세례교인) 전덕기 목사의 추천으로 성경학교에 입학했으며 1908년 남대문 밖에다 동생의 후원으로 학교를 세웠으며 교회도 설립하였고 1912년 성경학교 제1회 졸업생으로 학원의 전도부인이 되자 학생들의 신앙지도를 책임하였다.

1914년 10월부터 1915년 4월 반년 동안에 성경학원 학생들과 함께 전도한 실적을 보면 새신자 187명, 비신자 전도 730명, 교인상담 9611명, 비신자 심방 2350회, 교인심방 2114회로 바쁜 나날을 보냈음을 알 수가 있다. 그녀는 1920년 4월 자신이 설립한 염창교회가 전도부인으로 2년간 시무했으며 1922년 종로 중앙교회에서 2년간 시무하였다.

1924년 미감리교회 여선교회에서 그녀를 해외선교사로 파송하자 1925년

11월 만주 하르빈으로 출발하여 그곳 만주 지역교회를 순방하며 보호여회(保護女會)를 조직하여 교회 안팎의 선교활동을 추진하였고 3년후 귀국하여 자신이 설립한 연화봉여학교의 경영난에 어려움을 알게 되자 전도부인을 사임하고 학교를 살리는 일에 혼신의 힘을 기울였다.

1930년 연화봉여학교는 교지 190평 교사 26평으로 9회에 걸쳐 74명의 졸업생을 배출하였으며 1938년 그가 설립한 연화봉교회는 같은 지역의 용산교회와 합해져 청파동교회가 되었는데 그녀는 다시 그 교회의 전도사가 되어 열심히 헌신하였다. 일제 말기 어려운 시기에 연화봉여학교의 교장으로 학교를 지키다가 23회 졸업생을 배출한 해인 1943년 6월 6일 별세하였다.

16. 선교사역에 큰 발자취를 남긴 주룰루
(1879. 4. 24~1960. 9. 3, 경기도 개성, 전도부인)

그녀는 무당의 딸로 1879년 경기도 개성에서 무당의 딸로 태어났으며 어려서 스스로 한글공부를 깨쳤고 1895년 해주로 피난을 가(청일전쟁) 그곳에서 김기섭과 결혼하면서부터 남편의 구박 속에 살며 1899년 아들 하나를 낳았는데 1901년 어느 날 우연히 한 부인을 만나 전도받게 되자 자기 대신 무당인 외힐미니를 전도해 볼 것을 부탁하여 부인의 인도로 흔쾌히 할머니는 예수를 믿게 되었으며 3년 후엔 무당인 어머니도 예수를 믿게 되었다고 한다.

1901년 6월 24일 주룰루는 갑자기 병으로 7일을 앓게 되었는데 찾아온 외할머니의 기도로 치유가 되었지만 믿음으로 인한 혼돈으로 그후 미쳐버리고 말았다. 쇠사슬에 묶여 교회에서 예배드리는 중에도 온갖 난동을 부려 갇혀지냈으나 어느 날 돌연히 낫게 되었다. 1905년 8월 1일 맑은 정신으로 어머니를 따라 해주읍교회에 나갔는데 그해 9월에 사경회에 참석하였고 같은 해 12월 크리쳇드(C. Crichett) 목사를 통해 세례와 세례명인 룰루(Lulu)란 이름을 받았다.

시댁과 남편의 핍박은 가혹하여 몽둥이로 맞아 살이 터지고 피가 흐르는 시련 속에 집을 나와 교회 일에만 전념하였고 그후 의정학교에 나가 한글을 가르쳤다. 시댁으로 돌아간 후 1906년 10월 시숙부가 이유없이 앓다 죽었는데 다음 해인 1907년 2월 회개하고 믿기로 작정한 남편이 교회에 다녀온 닷새후 세상을 떴으며 같은 해 가을에 갓낳은 아이도 죽었으니 시댁의 구박은 더욱 심하여졌고 또 그녀는 1907년 힐만 선교사의 청에 의해 전도부인이 되어 4년 동안 온 힘을 기울여 17개 개척교회를 설립하였고 신도 수가 수백명에 이르렀다. 1910년 배천에 파송받아 1백여리나 흩어져 있는 20여 교회를 1년에 서너차례씩 순방하였다. 1918년에는 연안으로 파송받았으며 이듬해인 1919년 3·1운동이 일어나자 서울과 해주사이의 만세운동 책임자였던 아들이 체포되어 옥고를 치르자 옥바라지로 인하여 1년 정도 전도사 일을 중단하였으나 아들 출옥 후에는 다시 해주읍 남본정교회 전도사로 시무하였다.

17. 타오르는 불꽃 어윤희
(1880. 6. 30~1961. 11. 18, 충청북도 충주, 전도부인, 민족운동가)

어윤희는 16세에 부친의 뜻으로 홍학준에게 결혼하나 신혼 3일만에 집을 나간 남편이 죽었다는 소식을 듣자 집을 떠나 전전하다 30세 되던 1909년 우연히 개성 북부교회 예배에 참석했다가 기독인이 되기로 결심한다. 같은 해 6월에 갬블(F. K. Gamble) 선교사에게 세례를 받고 미리흠 여학교에 입학하였으며 그후 1915년 3월에 개성 호수돈여학교를 졸업하자 전도부인이 되어 개성 동부교회에서 목회를 시작하였고 1917년 토산지역으로 파송받아 농어촌과 산간벽지의 교회들을 순회하며 전도활동을 벌였으며 1919년 개성 여자성경학교 사감으로 봉직중에 3·1운동이 나자 3월 3일 개성 만세 시위를 앞장서 이끌다가 체포되어 상상을 초월하는 악형을 받았다. 그에 대한 다음과 같은 기록이 있다.

"어윤희는 왜경에서 체포되어 심한 고문을 받았다. 왜놈들은 여자 독립 투사들에게 인간으로 차마 할 수 없는 갖가지 만행을 가했다. 여자를 발가벗겨놓고 심문하는 것은 보통이고 발가벗긴채 짐승처럼 기어다니게 하고는 그것을 보고 히히덕대고 끌어다가 또 때리고 불로 지지고 하였다."

수감 중에는 1920년 3·1절 1주년 만세운동의 옥중 만세 시위를 벌였으며 이때 의료 선교사인 스코필드(F. W. Scofield)와 평생의 남매를 맺기도 했으나 만기 출옥 후(1년 6월) 조직적인 항일 민족운동을 전개하며 교회 여성들을 조직화하여 민족계몽과 교육을 추진하였다. 또 그녀는 1920년 12월 6일 남감리회 여선교회 전국대회에서 부회장에 피선되며 이 조직을 통해 전국 규모의 여성집회가 가능하게 되었다. 어윤희는 또 1921년 개성경찰서 폭파를 계획한 청년 셋을 숨겨두었다가 발각되어 잡혀가 곤욕을 치루었으며 1923년 독립운동가 김성권을 집에 숨겨 발각되자 남천경찰서에 붙들려 갔었고, 1929년 광주학생사건으로 개성 호수돈 여학교 명휴 사건이 터지자 주모급 학생들이 체포되어 악형을 받고 나오자 갈 곳 없는 그들을 자기 집에 거두어 격려하며 고향에 가도록 세심한 배려를 아끼지 않았으며, 1937년 개성 고려정에 유린보육원을 설립하였으며, 해방 후에 월남하여 서울 마포 서강에다 유린보육원을 재건하여 그가 죽는 날까지 고아들의 할머니 역할을 다하였고 1952년 서강교회 장로로 피택되었으며 1953년 나이팅게일 상을 받았고 1949년 인권옹호 공로 표창을 받았으며 1961년 11월 2일 보육원에서 별세하였다.

18. 절제운동가 손메리
(1885. 11. 19~1963. 10. 5, 서울, 여성운동가, 전도부인)

그녀는 양반 가문의 외동딸로 출생하여 17세 때 상동교회 독실한 교인이었던 남편 손봉순을 만나며 기독교를 믿게 되었고 1906년 4월 스크랜톤 목사에게 세례를 받으며 메리(Mary)란 세례명으로 불린다(남편성을 따름).
남편은 그녀를 진명여학교에 입학시켰으며 잇달아 감리교 여학당의 제1회 졸업생이 되어 1912년 성동교회로 파송을 받아 청년회를 맡아보며 서울 근교의 전도부인으로 활동하였고 1915년 이화여자보통학교에서 성경과 가사를 가르쳤으며 1923년 국내에 절제회가 설립되자 한국의 책임자로 추천을 받아 지방 순회 강연을 하며 회원을 모으기 시작 1923년 말에 1,508명의 회원을 얻어 16개 지방에 절제회의 조직을 갖추었다.
1924년 8월 28일, 한국인들로만 구성된 조선 여자 기독교 절제회가 이화학당에서 창립되었는데 그녀는 총무로 취임하여 전국을 순회하며 절제운동의 계몽강연회를 개최하였고 그후 절제운동은 일제에 저항하는 민족운동으로 발전하게 되었으며 1919년 그는 절제회 총무직을 이호덕에게 넘기고 물러나와 일제 말기인 1920년대에는 교육가로서 대성학원과 홍아가정여학원의 원장으로 활약하였다. 해방 후에는 경성 여자고등기술학교를 설립했고 1949년 정명여자중학교를 설립했다.

6·25사변 이후인 1952년 학교재산과 학생 모두를 이화학교의 재단인 유하학원에 기증하고 그녀는 그 학교의 명예교장이며 명예이사로 지냈다. 그를 빛으로 인도하여 빛을 남기며 살게 했던 남편은 1947년에 별세하였고 말년에 건강이 나빠지자 가까운 궁정동 교회에 출석하며 지내다가 79세의 나이로 소천하였다.

19. 독립운동가 박치은
(1887. ?~ 1953. 12. 4, 평안남도 대동, 독립운동가)

박치은 여사는 17세에 스스로 교회를 찾아가 기독교인이 되었으며 부친은 딸의 영향으로 교인이 되어 선교사를 따라 미국에 건너가기까지 하였다. 이 무렵에 그녀는 교인 곽치문과 결혼하였으며 1919년 3·1운동이 일어나자 남편과 함께 평양만세 시위운동에 참여하였고 군자금을 모금하기 위해 "향촌회"를 조직하였는데 상해임시정부와 연결되면서 이 단체는 대동청년단(大同靑年團)은 무장한 본격적인 항일운동체가 되었다.

그녀는 "대한독립부인회 청년단"을 조직하여 부단장에 선출되었는데 군자금 모금과 은신처 제공 독립운동가들의 연락을 맡는 등 1920년부터는 활발한 활동을 하였으며 그의 집은 독립운동가의 피신처였고 집 지하는 무기고로 사용되었다. 1921년 3월 평남일대의 독립군 소탕작전 때 일경에 의해 동지들과 남편이 체포되고 같은 해 4월 20일 그녀는 체포되어 더구나 산후(産後)의 고통 속에 일경의 혹독한 고문을 감내해야만 했는데 밖에 두고온 네아이 중에 둘은 돌봐줄 이가 없어 죽고 말았다. 그녀는 2년의 형을 받아 수감되자 옥중투쟁을 전개하여 주일이면 옥중에서 예배를 드리며 수감자들의 급식 해결을 위하여 금식투쟁도 불사하였다.

출옥 후 남편은 2, 3년 동안의 악형고문으로 얻은 병과 혈암으로 먼저 세상을 떠났으며 그녀는 남은 두 딸을 데리고 닥치는대로 일하며 노력하여 식당을 하나 차려 살아갔으나 그의 집은 항상 부랑자와 거지들이 끊이지 않아 항상 궁핍한 생활을 할 수밖에 없었고 6·25사변중에 월남하여 부산과 제주도에서 피난살이를 하다가 1953년인 12월 4일 별세하였다.

20. 독립운동가 김경희
   (1889. ?~1919. 9. 19, 평양, 독립운동가)

훌륭한 독립운동가인 김경희는 1889년 평양의 개화된 집안에서 태어나 교회에 나가며 1897년 평양에 있는 신양리의 소학교 한국인 교사 송정신의 가르침에 영향을 받았으며, 1903년 제1회로 졸업하였고 1908년 5월에는 숭의여학교를 졸업하여 이 학교 교사로 수학과 지리를 가르쳤으며 3년 후에는 목포에 있는 정명여학교에 갔다가 1913년 평양 송정여학교 교사가 된다.

1913년 후배인 황에스더가 찾아와 비밀결사대를 조직한다고 하니 쾌히 승락하여 송죽형제회(松竹兄弟會)를 조직하자 초대 회장이 되었다. 이 조직은 대외적으로는 친목단체처럼 꾸몄으나 실은 회원들에게 일정한 회비를 거두어 해외에 있는 독립운동가들을 지원하는 데 목적이 있었다. 3·1 평양만세 시위에 송죽형제들은 태극기 제작과 배포를 맡았으며, 시위에 참석하였는데 그녀는 이 때 중국으로 망명길에 오르던 중 1919년 4월 17일 봉천에서 만난 김원경 조직과 애국부인회 조직에 심혈을 기울였다.

1919년 8월에 평양으로 귀환하여 개별된 평양감리교와 장로교 부인회의 통합을 추진하여 양단체의 통합이 순조로이 진행되게 하였다. 그러나 그 크고 뜨거운 열정은 3·1운동 전 일경에게 당한 고문으로 얻은 폐질환이 악화되어 다 펴보지도 못한채 처녀로서 1919년 9월 19일 별세하고 말았다. 그녀는 임종 직전에 "나는 독립을 못보고 죽으니 후일 독립이 완성되는 날 내 무덤에 독립의 뜻을 전해주시오. 대한 독립의 만세를 부르리다"라는 말을 남겼다.

21. 민족교육 운동가였던 이혜경
   (1890. 1. 18~1968. 1. 4, 황해도 소래, 민족교육 운동가)

그녀는 기독교 문서 번역자인 이창직의 딸로 출생하여 소래학교에서 신교육을 받았으며 1899년 서울로 이사오자 연동여학교에 입학하여 재학중에 일본의 침략 행위를 체험 목격한 후, 졸업하는 해인 1907년 일본에 유학하여 "토오쿄여자학원" 영문과에서 3년을 공부한 후 1910년 귀국하자 "정신여학교" 교사로 부임하였다.

　이어서 함흥 영생여학교, 성진보신학교에서 원산의 진성여학교의 마르다 윌슨 여자신학교에서 학생 겸 교수로 활약하였다. 3·1운동 당시 원산에 독립선언서를 전달하는 책임자였으며 3·1만세 직후 서울을 왕래하며 동창들을 중심으로 한 비밀결사조직에 심혈을 기울였다. 1919년 10월 19일에 정신여학교에서 대한민국 애국부인회가 창립되자 그녀는 부회장인 동시에 원산지부장이 되어 조직결성에 본부와 각 지부인장 제작의 책임을 맡았다.

　이 조직의 회원들은 한 사람이 한 사람만을 알았으며 횡(橫)으로는 전혀 알지 못하는 비밀조직이었다. 1919년 11월 조직이 완성되자 원산에 내려와 조직적인 모금운동을 벌이던 중 1919년 11월 조직원의 밀고로 검거되어 수감되었다. 1921년 9월 19일 만기출옥한 후 마르다 윌슨신학교에서 강의를 재개하였는데 이때 의사인 김성국과 1922년 결혼하였다.

　1924년 "부산성경학교" 교수와 1926년에는 "대구성경학교" 교수를 지내며 교육을 통한 민족운동을 계속하였다. 대구 제일교회에 출석하여 교회의 일과 남편의 병원 일을 도우며 해방 직후에는 "대한부인회" 회장 "대한적십자회" 중앙이사 겸 조직위원장으로, 6·25사변 중에는 통역일을 맡기도 했으며 난민구호에 적극적인 활동을 보였다. 1951년 대구 수성교회 장로가 되어 봉직하였으나 1968년 1월 4일에 봉덕동 자택에서 별세하였다.

22. 전도부인 문준경(순교자)
　　(1891. 2. 2~?. 10. 5, 전라남도 무안, 전도부인)

　문준경은 17세에 무안사람 정근태와 결혼했으나 남편에게 버림받자 시아버지 별세 후 서른 여덟에 우연히 전도부인을 만나 목포 북교동에 있는 성결교회에 100리가 넘는 뱃길임에도 열심히 다녔는데 담임자는 이성봉 전도사(한국 대표적 부흥사)였다고 한다. 그녀는 1928년 6월 동양선교회 성서신학원에 입학하자 처음 파송받은 곳이 임자도로 교인이 전혀 없는 섬에 들어가 전도하였고 같은 해인 12월 7일 임자도교회가 설립되자 방학 중에는 임자도에서 전도하며 교회를 이끌어 갔으며, 1936년에(졸업 후) 임자도에 교회에 파송받아 시무하였는데 1938년의 교인 수는 세계교인을 합하여 37명이었으며 1936년 9월 후증도교회를 개척하였고 1938년 후증도교회의 교인수는 세례교인을 합하여 95명이나 되었고 1939년 2월 대조리에 교회를 개척하여 이성봉 목사의 전남도서 지방을 순회하며 전도하는데 혼신의 힘을 쏟았다. 1943년 성결교회가 일제 말기에 해산당하자 그녀는 교인집을 왕래하며 신앙생활을 지도하였다. 해방이 되었지만 친일파의 좌익세력의 행패로 교회핍박은 여전하였으며 6·25사변 중에는 친일파들이 교인들을 처형하는데 혈안이 되었다. 그러나 그녀는 후증도교회를 끝까지 지키며 함께 있던 두 명의 전도사를 탈출시켰으나 그들은 모두 체포되어 사살당하고 양민 또한 무수히 희생되었다. 그녀는 이성봉 목사로부터 섬지방이 완전히 복구되면 들어가라는 권면을 들었으나 "내가 죽을지언정 나 때문에 우리 신자 한사람이라도 죽어서는 안된다"며 후증도로 향했다.

후증도에 찾아온 그를 10월 4일밤 체포하여 갇혀있던 사람들과 함께 이튿날 중동리 해변가로 끌어가 곤봉으로 치고 쓰러지자 그 위에 확인사실까지 하였다. 후일 순교한 터위에 성결교호남지방에서 순교기념비를 세웠다.

23. 여성독립운동가 김성무 (절제운동가)
(1891. 3. 24~1967. 10. 12, 평안북도 용천, 여성운동가, 전도사)

그녀는 기독교 가정에서 출생하여 1911년 선천보성여학교를 제1회 졸업하고 선천명신학교에 취임하면서 1912년 민족운동가 안병균과 결혼하였고 1912년 보성여학교 교사로 재직하였고 1915년 남편이 재령명신여학교 교장에 취임하니 그도 교사가 되어 재령으로 옮겼으며 3·1운동이 일어나자 3월 9일 재령만세시위 현장에서 만삭인 그녀도 체포되자 벌거벗기우는 수치와 고문을 받으면서도 동지들의 비밀을 굳게 지켰다.

1920년초 남편이 신정중학교 교감으로 서게 되자 그녀도 보성여학교 교사로 임용되었으나 같은 해 3·1운동 1주년만세시위를 주도하다 체포되어 한살박이 아기를 안고 의주형무소에서 옥고를 치르고 출감하여 남편의 옥바라지와 "신천여자 기독교 청년회"를 강기일 등과 창설하여 유치원을 설립 보모로써 유아교육도 맡았다. 그녀는 또한 1925년 만학으로 평양 숭의여학교 유치원

사범과를 졸업하고 1933년에는 보성여학교의 이사, 1937년 선천 YWCA 사업인 영덕학원 이사장으로 불우아동을 위한 일 등 사회사업에도 힘을 다했다. 1941년 평북노회 성경학원을 졸업하고 해방 후 월남하여 영락교회 교인이 되어 58세 되던 1948년 "장로회 신학교"에 입학, 1951년 6·25사변중에 부산에서 졸업하게 되자 부산부전교회 순회총무가 되어 장로교 여전도회 재건을 위해 헌신하였다.

그녀는 1954년 대한기독교 계명협회 총무로써 문맹퇴치와 강연에 힘썼으며 1962년 대한기독교 여자절제회 회장으로 노구에도 불구하고 거리를 행진하며 금주, 금연, 국산품 애용, 축첩반대, 근검절약 등을 외치며 절제회 운동으로 전념해 살다가 1967년 10월 12일 중앙청 앞에서 군용트럭에 치여 별세하였다.

24. YMCA 운동가 김필례
　　　(1891. 11. 19~1983. 7. 30, 황해도 소래, 교육가, YWCA 운동가)

그녀의 온 집안은 기독교 가정으로 9세 때 언더우드 목사에게 세례를 받았고 재령성경 학교에 다녔으며 1907년 서울정신여학교를 졸업하고 1910년 일본에 유학하여 토쿄 여자학원을 1916년 졸업한 후 귀국하여 모교인 정신여학교 교사로 봉직하던 중에 1918년 학교 사임후 광주의 의사출신인 최영욱과 결혼하여 그곳에서 야학을 열었으며 1919년 광주수피아 여학교 교사로 재직하면서 김마리아와 함께 광주부인회를 결성 독립운동을 하였다.

또 그녀는 1922년 김활란, 유각경과 함께 한국 YWCA를 창설하기 위해 전국을 누볐으며 같은 해 중국 북경에서 열린 기독교 학생대회에 한국대표로 참석하게 되자 독립운동의 정당성을 알렸고 미국에 유학하여 엑네스칸 여자대학과 콜롬비아 대학원을 졸업하고 1927년 귀국하여 광주수피아 여학교 교감으로 재직하면서 YWCA사업 확장을 위해 헌신하였다. 그리고 또 그녀는 1928년 인도에서 열린 세계기독교 학생대회에 한국대표로 참가하였으며 해방 후에는 광주 수피아여학교 교장으로 봉직하였고 1947년부터는 모교였던 정신여학교 교장에 취임하였으며 1950년 이후 장로교 여전도회 연합회 회장이 되어 미국 북장로교 여전도회에 참석하던 중에 6·25사변을 알게 되었고 남편은 그때 공산군에게 피살당하였는데 그 후 1963년 정신학원 이사장이 되어 학교 발전에 진력하다가 1983년 7월 30일에 별세하였다. 김필례와 한국 YWCA는 떼어놓을 수 없는 인연을 갖는 것이다.

25. 민족 운동가였던 차경신
(1892. 2. 4~1978. 9. 28, 평안북도 선천, 민족 운동가)

차경신 여사는 12세 때 선천보성여학교에 들어가 신교육을 받게 되는데 불굴의 신앙인인 박신원이 바로 그녀의 어머니이고 1회 졸업생으로 강계에 있는 명신여학교 교사로 4년간 봉직하다가 1914년 3월 서울 정신여학교 사범과 입학 제1회 졸업생으로 정식교사 자격증을 취득 영생여학교에서 1년, 원산 진성여학교에서 1년을 봉직하면서 학생들에게 민족운동을 일깨워 주었고 그녀는 민족운동가들과 교분을 나누기 시작했다.

그녀는 1918년 일본에 유학하여 요코하마에 있는 여자신학교에서 공부하던 중에 1919년 3·1운동으로 학업을 중단하고 김마리아와 함께 2·8독립선언문을 베껴 반입하였고 선천에 도착하여서는 모친과 함께 각마을을 다니며 독립선언서와 태극기를 나누어주며 만세운동을 준비해 나갔다. 또한 대한여자애국단을 조직해 군자금 모금을 벌이면서 만주와 상해의 독립운동가들과 국내 운동가들의 연락을 받기도 하였다.

1919년 만주로 망명한 후 국내 군자금 조직과 접선하면서 독립운동에 매진하였으며 그녀의 집은 독립운동의 연락기지이며 주일이면 예배당으로 사용되어졌고 1920년 상해로 옮겨 계속 군자금 모금과 연락망 구축을 통한 독립운동을 전개하였으며 1923년 11월 미국으로 망명하여 샌프란시스코에 도착하자 미국인 가정에 식모로 들어가 살면서 한편으로 국민회 회원, 대한여자 애국부인회 일을 계속 전개해 나갔다.

1925년 3월 26일 도산 안창호의 중매로 민족운동가 박재형과 결혼하였는데 그녀는 교포 2세들에게 한글과 민족정신을 가르쳐 주는 것과 함께 로스엔젤레스 성서학원에 입학하여 1931년 졸업하였고 그해 남편과 10년만에 그리던 고국에 귀국, 어머니와 동생들을 만난 후 일경의 감시 속에 총총히 미국으로 떠나 샌프란시스코와 로스엔젤리스에서 "대한여자애국단" 총무라는 공식

명함을 가지고 여성교포들을 중심으로 한 독립운동을 추진하였다.

해방후 6·25사변으로 조국이 피폐되자 미국 전역을 순회하며 강연회를 열고 조국에 보낼 구호금 모금에 앞장섰으며 휴전 후에는 로스엔젤레스에 머물며 교인회 일을 도왔고 그곳 한인교회 권사로 교회 일에 전념하다가 1978년 9월 28일 별세하였는데 그가 남긴 재산은 유언에 따라 모교였던 "보성여학교"의 장학금으로 기부되었다고 한다.

26. 여성운동가이며 교육가였던 황애덕(黃愛德)
(1892. 4. 19~1971. 8. 24, 평양, 여성운동가, 교육가)

황애덕 여사는 온 집안이 기독교 가정으로 어려서 노블 감리사에게 세례를 받고 세례명을 에스더로 13세에 정진소학교 상급반에 편입해 1907년 5월 1등으로 졸업, 서울에 있는 이화학당 장학생으로 입학 중등과를 졸업한 후 19세에 평양 숭의학교 교사가 되었다. 1913년 송죽비밀결사대를 조직하였으며 1914년 이화학당 대학과에서 1년을 공부한 후 의학공부를 1년 그후 서울총독부의 학교에서 1년을 청강한 후 평양에 내려와 숭의학교에서 4년간 봉직하였다. 또 그녀는 1919년 일본에 유학하여 동경여자전문학교를 다니다 2년만에 중퇴하고 귀국하여 1919년 10월 19일 대한민국 애국부인회 총무로 피선되자 13도에 지부를 두어 지부장에는 송죽회의 동지들을 배치하여 독립운동을 일으킬 계획 중에 동료의 밀고로 체포되어 대구감옥에서 4년간의 옥고를 치루었다. 옥중에서도 그녀는 죄수들을 전도하는데 힘을 다했으며 출옥 후 1923년 이화학당 대학과 3학년에 편입하여 1924년 졸업, 모교에서 강의도 하며 기숙사 사감으로 재직하였고 태화여자관 공장부인들을 위해 무료 야학을 열기도 하였다.

1925년 여름 미국에 유학하여 1928년 콜롬비아 대학원에서 교육석사 학위를 받아 귀국하였다. 1929년 4월 감리교 여자신학교 농촌과장으로 부임했으며 상록수의 주인공인 최용신을 샘골에 파견했던 시기이기도 하며 1930년 39세에 박순보와 결혼하여 남편과 만주로 가서 계몽운동과 학교와 교회를 세우는데 진력하다가 2차대전으로 3년만에 귀국하였고 해방 후에는 문교부 성인교육과정, 신탁통치반대운동 여성단체총연맹 등 위원장을 역임하며 활발한 활약을 하였으며 1948년 2월 14일 유엔총회차 도미, 1949년 4월 세계여성 대회에 한국 대표로 참가하였고 1950년 영국에서 열린 여자절제회 세계대회에 참가하여 세계본부 파견 한국 총무로 임명되었다.

또한 황애덕은 1951년 11월 피난지인 부산으로 돌아왔으며 1952년에는 전쟁미망인을 위한 원호사업으로 희망원을 서울에 설립하여 간이기술을 가르쳤으며, 전국여성단체 총연합회 회장을 역임하였다. 1963년 독립 유공자 대통령 표창을 받았으며 경기도 부평에서 부부가 해로하다가 1971년 8월 24일에 별세하였다.

27. 여성 최대 민족 운동가 김마리아(金瑪利亞)
(1892. 6. 18~1944. 3. 13, 황해도 장연, 민족운동가, 교육가)

김마리아는 기독교 가정에서 출생하여 소래학교를 졸업하고 1906년에 서울에 있는 이화학당에 입학한지 20일만에 연동여학교로 옮겨 그곳에서 1910년 6월 16일 제4회로 졸업하게 되자 교사로서 광주수피아여학교에서 3년간 재임하였으며 1913년 모교인 정신여학교로 옮겼다. 또 그녀는 1914년 일본에 유학, 히로시마에 있는 금성학원에서 1년간 어학을 익힌 뒤에 토오쿄오 여자학원에 입학하였는데 이곳에서 토오쿄오한인 YWCA를 중심으로 한 민족운동 세력과 접하게 되었다. 1918년에 조선청년독립단이 조직되자 그녀 역시 회원이 되어 열심히 집회에 참석하였고 1919년 1월 28일 일경에서 조직이 감지되어 동지들과 함께 체포되었으며 석방되자 2·8독립선언서를 국내에 반입할 임무가 그에게 주어지자 2월 15일 미농지에 등사한 선언서를 가지고 부산에 도착하여 대구와 대전, 광주, 서울에 다달아 동지들을 만났으며 국제강화회의에 보낼 조선여성대표를 뽑기 위해 이화학당에 자주 들렸다.

황해도 봉소에서 3·1 서울만세시위 소식을 접하자 그녀는 3월 5일 서울에 올라와 정신여학교에서 만세시위에 참여한 학생들과 체포당하여 상상을 초월하는 고문과 악형을 받았고 거듭되는 고문으로 병을 얻게 되자 가석방으로 세브란스 병원에 있게 되었는데 이때 그녀에게 주어진 임무는 산란한 서울소재 애국부인회 조직들을 일원화시키는 일이었다.

1919년 10월 19일 감마리아 출옥 환영회가 정신여학교 교장사택에서 열렸는데 이곳에서 통합된 "대한민국 애국부인회"가 결성되었으며 그녀는 회장으로 선출되었다. 이 조직은 상해임시 정부와 긴밀한 연관을 맺으며 한달 사이에 6천원이란 군자금을 상해에 보낼만큼 활발한 운동을 벌였으나 1919년 12월 28일 그를 포함한 핵심간부 전원이 체포되어 극심한 고문과 악형을 당해야만 했다.

후에 스코필드(F. W. Scofield) 주선으로 병보석이 되어 세브란스에 입원 치료중인 1920년 7월 20일, 매큔(F. S. McCune)의 알선으로 탈출하여 중국 산동으로 망명하였다가 도착하여 그곳에서 병치료를 하며 대한민국 애국부인회와 임시정부 황해도 평의원 등 독립운동을 계속하면서, 한편으로는 남경대학에서 공부하였다. 또 그녀는 1923년에 미국으로 건너가 야채상을 하며 파크대학에서 사회학을 전공하였으며, 1928년 시카고대학에서 공부하다가 1930년 뉴욕으로 옮겨 성서신학교에서 신학을 공부하면서 재미 대한민국부인회를 조직하였으며, 흥사단에 가입하여 민족운동을 벌였다.

1933년 그녀는 귀국하게 되자 원산 마르다윌슨 신학교의 교수의 일경의 감시를 받으며 요한계시록과 다니엘서를 강의하였고 말년에는 일제의 고문으로 얻은 병이 더욱 중하여졌고 심한 공포증과 정신분열증세까지 겹친 고통과 투병의 생활로 보내었으며, 병이 더욱 악화되어 1943년 3월 13일 새벽에 별세하였다. 김마리아는 참으로 숱한 고문의 연속에서도 큰 자취를 남긴 걸출한 여성이며 민족의 여성의 별인 것이다.

28. 근역3천리를 도안한 장선희
(1893. 2. 29~1970. 8. 28, 평양, 교육가, 독립운동가)

장선희 여사는 어려서 피난지였던 황해도 안악에서 양산 소학교에 다니다가 1905년 안신소학교로 옮긴 후 1908년에 졸업하자 이 학교 교사가 되어 가르치는 한편 틈틈히 수를 놓아 베겟보나 침낭 등을 만들어 팔아 오빠의 학자금도 도우며 모인 돈으로 평양숭의여학교에 진학하였다. 그녀는 1912년 서울정신여학교 2학년에 편입하고 1914년 6월에 졸업하자 경성여자 고등보통학교 기예과에 편입해 전문수예교육을 받아가며 정신여학교 자수선생으로 학생들을 가르쳤고 1915년 이 학교 정식교사로 부임하여 미술, 자수, 편물 등 조선의 전통수예를 가르쳤으며 1919년 2월 김마리아가 그녀를 찾아오게 되자 김마리아를 통하여 국내외의 독립운동 상황을 알게 되었다.

3·1운동에 함께 참여하기로 하고 독립선언서와 선언문을 옷 속에 감추어 3월 3일 재령으로 가 만세시위 사건을 확인하고 3월 6일 서울로 돌아왔으나 일경의 감시로 숙소로 가지 못하고 세브란스 병원에 위장 입원한채 잡혀들어가지 않은 동지들이 협성애국부인회를 만들자 그녀는 가담하였다.

이 조직이 후일 대조선 애국부인회로 정착되었을 때 그녀는 지방통신원으로 지방조직을 책임하여 조직 및 군자금 모금을 본격적으로 추진하였고 1919년 10월 19일 대한민국 애국부인회의 조직이 개편되자 재무부장이 되어 전국에서 보내오는 독립운동자금을 거두어 상해임시 정부에 보내는 핵심적인 일을 하였으나 동지의 밀고로 조직이 탄로되어 11월 28일 학교 안에서 체포되었다.

그녀는 옥중에서 주일마다 예배를 드리며 죄인들을 대상으로 성경과 한글을 가르치기도 하였는데 특히 그가 기예과 출신임이 밝혀져 형무소에서는 자수공방을 만들어서 죄수들을 가르치게 하였으며, 1922년 2월 5일 4년의 옥고 후 가출옥 석방이 되자 일본으로 건너가 토오쿄오 여자미술전문학교 자수과에 입학하였고 1924년 졸업 후 귀국하였다.

1926년 3월 목사인 오학수와 재령에서 그녀는 결혼하였으나 상경하여 정신여학교와 경성여자상업학교에서 자수를 가르쳤고 1927년 8월에 "조선여자기예원"인 자수학원을 설립하여 전통조선 자수와 동양과 서양자수를 무료로 가르쳤다. 일경의 감시를 계속 받는 생활 중에도 민족혼을 수호하고자 힘썼으며, 특히 그녀가 고안한 "근역3천리 도안"은 조선 13도가 무궁화꽃이 만발한 모양으로 널리 사용되었고, 자수로써 번 돈은 상해임시정부나 계몽운동 자금으로 보내어졌다.

해방 후 6·25사변으로 남편은 납북되었으나 그녀는 1955년 "장선화 조화연구소"를 설립했으며, 대한민국 국기와 대통령기, 유엔기를 제작하였고 국전 초대작가로 활약하였고 1959년 대한여자 미술학원을 설립하여 여성공예 발전에 큰 공을 남기었으며 미국에서 열린 만국박람회에 작품을 출품하여 국제적인 이름도 얻었으며, 말년에는 새문안교회에서 교회 일을 도우며 자신의 연구실에 꽃을 만들며 지내다가 1970년 8월 28일 별세하였다.

29. 민족운동가 강기일

(1893. 10. 16~1956. 1. 1, 평안북도 곽선, 민족운동가)

그녀는 어린 시절에 매큔(G. S. McCune) 선교사의 양녀로 들어가 양육되어진 것으로 알려져 있으며 명신여학교를 거친 후 1910년 4월 7일 제1회 보성여학교 졸업생이 되었고 1913년 6월에 안식년이 되어 본국으로 귀향하는 매큔선교사를 따라 미국으로 가 그곳에서 2년간의 유학을 마치고 귀국 후 1915년부터 모교였던 보성여학교에 봉직하였다.

1917년 일본에 유학하여 "요코하마공립여자신학교"에 들어가 2년을 수학하고 귀국 후 3·1운동이 일어나자 보성 동창들을 중심으로 "검박회(儉朴會)"를 조직하였는데 이 조직은 겉으로는 절제운동을 표방하였으나 목적은 군자금모금 운동이었으니 1920년 3·1만세운동 1주년기념시위가 일어나자 그녀는 선두에서 이를 주도하여 시위를 벌이던 중 체포되어 구속되었으며 출옥 후에 새로이 여성들을 깨우쳐 의식화를 시키면서 민족운동을 전개해 나갔다. 서울에서 YWCA가 창설될 무렵 이미 선천에서는 여자 청년회가 활발한 운동을 전개하였다.

1920년 6월 29일에 창설된 선천여자 기독교 청년회가 선천 YWCA의 역사적 근원이 되었는데 1919년 8월 결성되었던 검박회 핵심 인물들로 구성되어 있다. 그녀는 선천과 지방교회들을 순방하며 강연회 연사로 활약하였고 야학과 유치원을 설립코자 기금마련을 위해 동분서주 하였는데 1924년 총독부로부터 선천 YWCA의 추진사업이었던 야학과 유치원이 인가를 받게 되자 그녀는 곧 평양여자고등성경학교에 진학하여 1929년 졸업하였다.

1930년 황해도에서 민족운동가이며 음율읍교회 담임인 김경하 목사와 결혼하자 남편의 목회를 도우며 교인 돌보는 일에 전념하였고, 1936년 남편이 선천읍 서부교회로 전임하게 되자 그녀는 황해노회여전도회장을 역임했으며 1943년에 사상범 예비단속에 걸려 부부가 선천경찰서에 구금당하기도 하였다.

6·25사변 중에는 부산에서 목사부인회 회장으로 전쟁난민 구호사업에 헌신했으며 또한 대구 고등성경학교 교수로 봉직하였고 수복후 서울에 올라와서는 군인수용소를 찾아다니며 구호활동을 벌이다가 과로로 쓰러져 별세하였다.

30. 음악가 김엘리스

(1893. ?~?, 동란중 사망, 제물포, 음악가)

김엘리스는 기독교 가정에서 출생하여 제물포 소학교에 입학하였으며 선교사 밀러와 메리힐만의 주선으로 이화학당에 입학하였고, 1909년 이화학당 중등과를 졸업하게 되자 모교에서 연설과 노래, 글씨를 가르쳤고 1914년 이화대학과의 첫학생이 되었으며, 1917년 일본으로 유학하여 "나가사끼 활수여자 전문학교"에서 3년간 음악전공을 하게 되었는데 재학중 천연두에 걸려 얼굴에 마마자국을 남기게 되었다.

그녀는 귀국하자마자 다시 미국으로 유학 엘리슨화이트 음악학교에서 음악 정규수업을 받았으며 1923년 한국인 최초로 서양에서 음악학과를 졸업하고 귀국하면서 음악교육을 담당하여 1925년 이화학당 음악과 과장에 취임하였으며 같은 해 6월에 의사인 정일사와 결혼하여 행복한 가정을 꾸려나갔다.

그녀는 학교에서 음악이론, 작곡법, 음악사, 청음(聽音) 및 시창학(視唱學), 음악감상법 등을 가르쳤는데 이화창립 50주년에 근속 15주년 표창을 받았으며 1950년 11월까지 모교에서 봉사하다가 동란중에 별세하였다.

31. 이화인 신마실라

(1893. ?~?, 경기도 가평, 교육가, 독립운동가)

신마실라 여사는 기독교 가정에 출생하였으며 이화학당에 입학하자 계속 진학하여 이곳에서 대학과가 설치되자 대학과 제1회 졸업생이 되었다. 졸업 후에 모교에서 교편을 잡게 되었으니 철저한 이화인이라 말할 수 있겠다.

1919년 그녀가 파리강화회의에 우리나라 대표로 거론되자 그녀는 황에스더가 평양에서 마련해온 여비를 건네 받고는 파리회의에 참석하고자 일본과 상해, 북경 등지로 다니며 독립운동 관계자들과 이 일을 상의했으나 성사치 못하자 하와이로 건너가서 다시 이 일을 주선, 역시 이루지 못하고 지녔던 여비를 독립운동자금으로 제공한 뒤 미국에 입국하여 강연도 하며 의연금도 거두어 이승만 박사와 그 동지들과 더불어 독립운동에 전력하였으며 또한 능숙한 영어로 백화점에서 견본장사도 하면서 펜실베니아 대학에 진학, 학사학위를 받았다.

　1945년 해방 후에는 미주를 순회하면서 우리나라 5천년의 역사와 문화를 소개하는 선전강연을 다녔으며 그녀는 일생을 독신으로 살다가 필라델피아에서 고령으로 별세하였다.

32. 시인 장정심(張貞心)
　　(1898. 9. 9.~1947 ?, 경기도 개성, 시인)

　그녀는 기독교가정에서 출생하여 어려서부터 신교육을 받으며 자랐으며 1915년 호수돈 여학교 고등과를 졸업하자 이화학당 유치원 사범과에 진학하고 졸업 후(1918) 호수돈 여학교 부설 유치원 교사로 봉직하였다. 그녀는 여성단체활동에 적극 참여하였으며 특히 개성감리교회 "엡윗청년회"에서 적극적으로 활동을 하며, 개성여자 교육회 강사와 임원으로 서울에 이르기까지 1930년대에 큰 교회의 예배강사로 활동하였고, 1920년 서울감리교 협성신학교에 들어가 기숙사 생활을 하면서 본격적인 시를 쓰기 시작하였는데 1927년 2월 <청년>지에 "기도실" 및 "병상"이란 시를 발표하여 시인으로 알려지게 되었다. 그녀의 시는 한국의 전통시조의 운율을 살리면서 내용은 기독교의 순수신앙을 담았다.

　1929년 3월, 협성신학교를 졸업하고 그녀는 서울에 머물면서 시인으로 활동하였으며, 1933년 그동안 써두었던 시들을 정리하여 <주의 승리>란 시집을 발행하였는데 200편 중 90편은 성경을 읽으며 느낀 감상으로 나머지 110편 역시 신앙생활과 밀접한 관계를 가지고 있다. 1934년 두번째 시집인 <금선>을 출판하였는데 그녀의 시는 기독교계 뿐아니라 일반사회에도 널리 알려져 소개되었고 일제말기에는 조선기독교 여자 절제회 제4대 총무로 활발한 운동을 벌였으며 1934년 <조선기독교 50사화>를 편찬해냈다.

　1938년 다른 문인들과 함께 일경에 끌려가 친일행각에 참여할 것을 강요받고 참여할 것을 선언하였으나, 다행히 친일행각에 동원되지는 않았고 해방 후에는 병으로 인하여 큰 활약을 못하다가 개성에 있는 자택에서 별세하였다.

33. 여성교육의 대명사 김활란(Hellen Kim)
   (1899. 2. 27~1970. 2. 10, 경기도 인천, 여성교육가)

　김활란 박사는 7세 때 세례와 함께 세례명을 헬렌으로 받았고(활란은 헬렌의 한자음역), 인천 영화학교에 다니다가 9세가 되던 해 가족이 서울로 이주하자 이화학당으로 학교를 옮긴 후 별세하기까지 60년을 이화인으로 살았고 이화를 졸업한 해가 1918년으로 이화교사로 봉직하면서 1920년에는 7인전도대를 조직하여 농촌을 순회하며 유각경과 함께 한국 YWCA를 창설하였으며 같은 해에 미국 유학길에 올라 1924년 6월 웨슬리안대학과 보스턴대학원을 졸업하였으며 그 다음 해인 1925년 귀국하여 이화여자 전문학교 교수로 취임하여 은퇴하는 1961년까지 여성고등교육의 현장에 헌신하였다. 1930년 미국 콜롬비아 대학에서 「한국의 부흥을 위한 농촌교육」이란 제목의 논문으로 철학박사 학위를 받았고 1939년 4월 한국인으로서 첫번째 이화전문학교 교장이 되었다.

　이 무렵에 일제는 신사참배를 강요하는 정책을 폈는데 교장과 이사장직을 겸직했다. 그녀는 학교를 유지시키기 위하여 일제시국에 협조하였고 일생 최대의 오점을 남긴 일이 되었고 1945년 9월 해방후 이화여자대학으로 승격되자 초대 총장으로 취임하였으며, 1953년 유네스코 한국위원회 집행위원, 공보처장, 전시국민 홍보외교 동맹전체 위원장을 지냈으며, 1959년에는 대한적십자 부총재를 역임하였고 세계 YWCA대회 국제기독교 선교대회, 감리교 세계대회, UN총회, 유네스코 등 한국대표로 참가하며 활발한 사회활동을 하였다. 또 김박사는 1960년에 "금란전도협회"를 창설했고 "국제기도친교회"를 조직하였으며 1961년 9월 30일 정부에서 문화공로상을 수상하였고 막사이사이상을 수상하였고 1963년 10월에는 다락방상을 수상하였으며 1964년 5월 미국 웨스트하우스 타임캡슐 교육부분 위원에 위촉되었다. 그리고 1964년 10월 한국복음화운동 발기인대회를 주도하였는데 평생을 독신으로 살았으며, 그녀의 초년과 말년에는 전도로 세월을 보내었다. 임종시 장송곡 대신 장엄한 승리의 행진곡으로 개선가 속에 장례를 치루어 달라고 유언했던 그녀는 여명기에 찬란한 빛을 남기고 1970년 2월 10일 별세하였다. 특히 김활란과 이화여자대학교는 영원히 떼어놓을 수 없는 관계인 것이며 그의 독신주의를 따르는 많은 여성 기독교인이 있는 것이다.

34. 정치가 임영신(任永信)
   (1899. 11. 20~1977. 2. 17, 충청남도 금산, 교육가, 정치인)

임영신은 기독교 가정에서 출생하여 어려서부터 기독교 교육을 받으며 성장하였고 "전주기전 여학교"에 입학하여 재학중에 민족주의 사상가였던 김인권 목사로부터 『동국역사』란 책을 얻게 되자 독서회를 조직하였으며 일본천황의 사진을 떼어내어 버리고 일본국가 거부운동을 벌이기도 하였다.

1918년 졸업 후에 그녀는 천안부근에 있는 광산촌 학교 교사로 재임하던 중에 3·1운동을 맞아 전주만세시위에 참여했으며 시위중 체포되어 옥고를 치루었고 출옥 후에 일본으로 유학하여 히로시마 고등학교를 졸업하고 1921년 귀국하여 공주영명학교 교사를 거쳐 1922년 4월 서울 이화학교 교사로 봉직하였으며 1923년 미국으로 유학하여 "서든캘리포니아대학"에서 수학하였는데 이즈음 이승만과 동지적인 결속을 맺었고 1932년 1월 귀국하게 되자 서울 YWCA총무로 취임하여 교육사업에 뜻을 두고 "중앙보육학교"를 인수하였으며 한강변 흑석동에 땅 20만평을 구입하였다.

1937년에 다시 미국으로 건너가 임영신은 학교 모금운동을 벌이던 중에 여류사업가였던 파이피로부터 거금을 희사받게 되어 중앙대학설립의 기초를 이루게 되었다. 1941년 경성유치원을 설립했으며, 1945년 10월 중앙여자전문학교를 설립하여 교장에 취임하였고 같은 해인 1945년 여자국민당을 창당하여 당수로서 정치에 들어섰으며 1948년 중앙 대학을 설립하여 학장이 되었으며, 1949년 1월 민의원에도 당선되었다. 그 외에도 많은 요직을 두루 거쳤는데 상공일보 사장, 여성계 사장, 대한체육회장, 영왕산업 주식회사 사장, 제헌동지회 회장과 민주공화당 창당위원, 대한동지회 회장과 민주공화당 창당위원, 대한여자청년당 단장, 대한교육연합회 회장, 중앙대학교 이사장 등 활발한 사회활동을 벌이다 1977년 서울에서 별세하였다. 그녀는 비록 여성으로 출생하였으나 남자와 같은 기질의 소유자로서 남자 못지 않은 업적을 남긴 그리 흔치 않은 여성 기독교 정치가였던 것이다.

35. 순국열사 유관순(柳寬順)
   (1904. 3. 26~1920. 10. 12, 충청남도 천안, 순국열사)

　유관순 순국열사의 부친은 일찍이 개화된 인물로 마을에 교회를 세우기도 하였고 관순은 어려서부터 교회에 다녔으며 14세 되던 1916년 이화학당 보통과 3학년에 편입하여 1918년 고등과에 진학하였는데 그녀는 부지런하고 인정이 많아 기숙생들의 빨래를 해주기도 했으며, 식비를 못내는 학우에게 대신 밥값을 물어주기도 하였고 하루도 거르지 않고 새벽이면 일어나 텅빈 기도실에서 기도하기를 쉬지 않았다고 한다.
　1919년 유관순이 이화의 2학년 되던 해 3·1운동이 일어나자 만세시위에 가담했으며 3·4일 시위에도 참여하였고 3월 10일 학교에 휴교령이 내려지자 고향으로 돌아가 부친이 세운 지령리교회 교인들을 설득하여 4월 7일을 거사일로 잡고 아오내장날 정오를 기하여 옥천 뿐만 아니라 인근 천안, 진천, 청주, 연기 등에서 모여든 군중들과 함께 만세시위를 벌였다.
　시위 현장에서 부모는 일경의 총탄에 희생되었고 그녀도 체포되어 천안헌병대를 거쳐 공주검사국으로 이첩되어 1심에서 징역 3년형이 언도되자 이에 불복, 상고하여 판결을 받게 되었는데 일본인에게는 재판을 절대 받지 않겠다는 재판거부와 재판정에서 벌인 소동으로 법정 모독죄가 추가되어 형량이 갑절로 늘어난 7년으로 구형되었다.
　당시 그녀는 16세의 미성년이었는데도 중죄인으로 취급이 되어 황토빛 수의를 입혔으며 숱한 고문과 악형으로 총대로 맞아 등뼈가 튀어나왔으며 칼끝으로 젖가슴을 찔려 등까지 관통상을 입게 되자 치료를 하지 못해 피고름이 흘러내렸고 상상을 불허하는 고문으로 자궁까지 파열되었으니 그 고통을 이루 말할 수가 없었다고 한다.
　그럼에도 그녀는 시시때때로 만세를 외쳤으며 1920년 3·1만세 1주년을 맞게 되자 대대적인 옥중만세 시위를 벌였고 같은 해 10월 12일 간수들에게 모질게 맞은 태독으로 옥중에서 순국하였는데 시신은 칼로 난도질당한 참혹한 형상이었으며 서대문 형무소 석유궤짝에 넣어져 이화학당 교사들에게 인계되어 10월 14일 정동교회에서 장례예배가 베풀어졌으며 유해는 이태원 공동묘지에 안장되었으나 일제 때 이장을 못해 결국 무덤마저 실묘(失墓)되고 말았다고 한다. 우리 한국교회가 이러한 만고순국의 소녀를 가진 것은 더 없는 영광이 아닐 수 없다고 하겠다. 그녀의 혼은 우리 민족 역사와 함께 영원할 것이다.

36. 제1호 여성목사 전밀라
(1908. 11. 15~1985. 10. 30, 충청북도 제천, 목사)

그녀의 부친은 감리교인으로 제천, 청양, 충주, 원주 등지를 순회하는 초기 교인이었으며, 전밀라는 부친을 좇아 여러 곳에서 초등교육을 받았으며 공주에서 영명학교를 졸업하였고 1931년 감리교 신학교에 입학하였고 1935년 졸업 후부터 해방되기까지 원주와 원산에서 전도사로 시무하였다.

해방 후에도 전도사로서 시무하는 한편 인천여선교회 총무로 활동하였으며 6·25사변 이후에 목사가 되리라는 결심을 세우고 목사안수를 받기 위해서는 3년동안 담임목회자가 되어야 하는 감리교의 규정에 따라서 1951년 인천에서 갈월교회를 개척하여 담임으로 시무하였고 1955년 3월 13일 감리교 중부연회에서 명화용 목사와 함께 목사안수를 받게 되었으니 개신교복음이 이땅에 들어온지 70년만에 감리교 최초의 여성목사가 된 것이다.

1955년 4월에 그녀는 인천 창영교회 부목사로 시무하였고 1960년에는 서울 불광동에 영광교회를 개척하였으며 1965년 이화여대에서 종교인상을 수상했고 1966년 총리원부녀국 총무 및 여선교회 전국연합회 총무로서 여선교회 사업을 관장하였고 1974년 다시 영광교회 부목사로 시무했으며 1979년 영광교회를 정년은퇴한 후 안식관에 들어가 생활하다가 1985년 10월 30일 별세하였다.

37. 상록수의 주인공 최용신(崔容信)
(1909. 8. ?~1935. 1. 23, 함경남도 덕원, 전도사, 농촌계몽 운동가)

일찍이 기독교적 분위기 속에서 성장하여 최용신은 1918년 원산 루씨여학교에 입적하였으며 학교 성적은 항상 만점이었고 졸업식 면담에서 그녀는 농촌에 들어가 농촌계몽운동에 일생을 바치겠다고 대답하였다고 한다.

1928년 감리교 협성신학교에 입학 재학 중에 그녀는 미국 콜롬비아대학 출신이며 농촌운동이론 분야의 전문가인 황에스더 교수의 지도를 받으면서 김노득과 함께 황해도 수안에 내려가 계몽운동과 청년들을 모아놓고 교육을 하면서 농촌경험들을 쌓게되었으나 1929년 이론과 실제의 차이를 실감하자 신학을 중단하고 농촌사업에 전념하게 되는 데 계기가 된다. 이에 농촌 운동가로 변신한 처녀 최용신은 다시금 1930년 경북포항에서 농촌실습을 하였으며 1931년 10월에 신학교를 중퇴하고 YWCA 후원으로 샘골인 천곡에 들어가 1934년 봄까지 2년반동안 천곡학원에서 아이들을 가르쳤는데 처음에는 마을사람들의 몰이해와 일본경찰의 방해로 인하여 숱한 어려움을 겪었으나 그녀는 불굴의 정신으로 학교의 새건물을 마련하였고 본격적인 궤도에 올리게되자 학생들이 1백여명이나 모여들었다.

　그녀는 어느 한틈도 쉬지 않으며 농민을 대상으로 한 강습회와 교회에서의 성경공부 및 부인강습회 등 불철주야 헌신하였다. 천곡주민들은 그녀에게 감복하여 적극적으로 돕고 나섰으며 30여호가 사는 곳에 한집을 제외하고는 모두가 교회에 나왔다. 1934년 봄 일본에 유학하여 농촌운동을 더깊이 연구하고자 코오베여자신학교 사회사업학과에 입학하였으나 반년만에 각기병에 걸려 1934년 9월 귀국하였다.

　귀국시에는 고향인 원산에 돌아가 수양을 하려고도 생각했으나 샘골에 돌아오라는 천곡주민들의 간곡한 애원과 그녀 자신도 샘골을 못잊어 죽더라도 샘골에서 죽겠다고 마음먹고 천곡에 돌아와 예전 일들에 다시 전념하였으나 건강은 호전되지 못하고 장중첩 증세에 복막염까지 겹쳐 스물일곱의 나이인 1935년 12월 3일 샘골에서 "우리는 배워야 한다. 牛馬를 기르는 것보다 사람을 길러야 한다"는 유언을 남긴채 별세하였다. 그의 정신을 본받아 심훈은 『상록수』라는 소설을 썼으며 용신봉사상도 제정이 된 것이다.

38. 가난한 이웃의 천사 방애인
　　(1909. 9. 26~1933. 9. 16, 황해도 해주, 교육가)

　방애인 여사는 1909년 황해도 해주(海州)의 기독교인 가정에서 태어나 7세 때 양성학교에 입학하여 1921년 3월 우등으로 졸업한 후 평양숭의여자고등학교 보통학교에 들어간지 3년 후에 개성에 있는 호수돈 여자고등 보통학교로 옮겨 다니다 1926년 졸업 1926년 4월부터 1929년까지 3년간 전주기전여학교 교사로 봉직하였다.

이후 고향으로 내려와 모교인 양성학교 교사로 재임하는 중인 1930년 신생(新生)의 체험을 하게 되었고 1931년 9월 그녀의 모습은 겉모습과는 완전히 다른 순수검박한 모습으로 변했고, 학생들을 자애로 가르쳤으며 학교시간 외에는 거리로 나가 가난하고, 병든 사람들의 친구가 되어주며 전도를 하였는데 그녀가 근무하고 있던 학교엔 그녀를 찾아 나병환자들이 몰려들기도 하였다고 한다.

그야말로 거리의 성자 모습을 한 그녀는 거리에서 만나는 모든 사람들과 그 중에서도 특히 병들고 가난한 사람들에게 복음을 전하는 것이 큰 기쁨이며 보람이었다. 1927년 전주서문밖교회 전도실 안에 부실히 운영되던 고아원을 제대로 운영하게 하기 위하여 자신의 월급을 쏟아넣는 것은 물론이거니와 전북지역 교회들을 순회하면서 고아원 설립기금을 모았으며 전주시내 안에 8천가구를 일일히 방문하여 도움을 얻게 되자 독립가옥을 구입하여 1931년 성탄절에 고아원 설립예배를 드릴 수 있게 되었으며, 이러한 그녀의 모습은 전주시민들의 눈에 아름답게 비쳐지기 시작하였다.

그러나 그녀는 학교와 교회, 고아원으로 막중한 일들을 감당해 나가니 과로로 인하여 몸져 누울 때가 많았으며 더욱이 부친이 신앙을 버리고 첫살림을 시작하게 되자, 1932년 1월 5일부터는 부친을 위해 아침금식을 시작하였고 이 금식은 죽는 날까지 지켜나갔다.

1933년 여름방학을 고향에서 지낸 후에 아직 쾌유되지 않은 몸으로 학교에 부임하였으나 갑자기 건강이 악화되어 장티푸스의 발병으로 인해 24세의 나이로 임지인 전주에서 별세하였으며 방애인의 장례는 전주 주민들의 애도 속에 엄수되었다고 한다.

한국교회사

초판 1쇄 / 1993년 4월 30일
2판 1쇄 / 1997년 10월 30일(개정판)
2판 4쇄 / 2006년 3월 30일
2판 5쇄 / 2007년 7월 30일

지은이 / 김 해 연
펴낸이 / 이 승 하
펴낸 곳 / 성광문화사

121-011 서울 마포구 아현동 95-1
☎ (312)2926・8110, (363)1435
FAX・(312)3323
Email sk1435@chollian.net

출판등록번호 / 제 10-45호
출판등록일 / 1975. 7. 2
책 번호 / 578
파본은 교환해 드립니다.

값 25,000원

ISBN 978-89-7252-079-5 03230
Printed in Korea